# STUDIEN ZUR GESCHICHTE DER KULTURBEZIEHUNGEN IN MITTEL- UND OSTEUROPA

## V

herausgegeben vom
Studienkreis für Kulturbeziehungen in Mittel- und Osteuropa

# BEFÖRDERER DER AUFKLÄRUNG
# IN MITTEL- UND OSTEUROPA

Freimaurer, Gesellschaften, Clubs

herausgegeben von

Éva H. Balázs, Ludwig Hammermayer, Hans Wagner und Jerzy Wojtowicz

Redaktion
Heinz Ischreyt

1979
VERLAG ULRICH CAMEN BERLIN

CIP-Kurztitelaufnahme der Deutschen Bibliothek

**Beförderer der Aufklärung in Mittel-
und Osteuropa:**
Freimaurer, Gesellschaften, Clubs / hrsg. von
Éva H. Balázs . . . Red. Heinz Ischreyt. — Berlin:
Camen, 1979.
(Studien zur Geschichte der Kulturbeziehungen
in Mittel- und Osteuropa; 5)
ISBN 3-921515-04-1

NE: Balázs, Éva H. [Hrsg.]

Studienkreis für Kulturbeziehungen in Mittel- und Osteuropa
Sekretariat: D-2120 Lüneburg, Herderstraße 1

Copyright © 1979 by Verlag Ulrich Camen, Berlin
Gesamtherstellung: Composersatz Heidi Garbereder, Walheim
Buchdruck + Offset Walter Wulf, Lüneburg
Printed in Germany

ISBN 3-921515-04-1

# VORWORT

Die achte Konferenz des Studienkreises für Kulturbeziehungen in Mittel- und Osteuropa, die im September 1976 in Lüneburg stattfand, befaßte sich mit einem Thema, das am Rande der Diskussionen schon vorher immer wieder aufgetaucht war, mit der Rolle freimaurerischer und ähnlicher Gesellschaften bei der Verbreitung der Aufklärung in Mittel- und Osteuropa. Auf dieser Tagung sollte versucht werden, die strukturellen, sozialen und ideologischen Züge dieser „Gesellschaften mit universalen Zielen" genauer zu charakterisieren, um dadurch ihre Bedeutung für den Austausch von Informationen und Ideen sowie für das Zustandekommen „geistiger Strömungen" zu kennzeichnen.

Das Ergebnis, das jetzt vorgelegt wird, kann nicht beanspruchen, eine abschließende Darstellung zu geben. Zu gering ist die Zahl der Vorarbeiten, zu unterschiedlich die Quellenlage und der Forschungsstand, zu groß und vielgestaltig der Raum, auf welchen sich die Untersuchungen beziehen, als daß Lückenlosigkeit und Endgültigkeit erreicht werden konnte. Dennoch dürfte diese Veröffentlichung einen nicht unwichtigen Beitrag zur Geistesgeschichte Europas in der Periode der Aufklärung darstellen.

Aber auch etwas anderes sollte berücksichtigt werden. Es ging nicht in erster Linie um die Erforschung der Freimaurerei in Mittel- und Osteuropa, sondern um die Darstellung von Bedingungen, unter denen sich Kulturbeziehungen im 18. und beginnenden 19. Jahrhundert entwickelt haben. Und dieser Frage sind alle Bände der „Studien zur Geschichte der Kulturbeziehungen in Mittel- und Osteuropa" gewidmet; mithin ergänzen sie sich und hängen viel enger zusammen, als das bei Reihen im allgemeinen üblich ist.

Trotz Lücken und Unausgewogenheiten in einigen Teilen auch in bezug auf die Erforschung der europäischen Freimaurerei in der Aufklärungsepoche darf die vorliegende Publikation für sich beanspruchen, zur wissenschaftlichen Diskussion neue Aspekte, bisher unbekanntes Material und zur Korrektur einiger irriger Meinungen beigetragen zu haben.

# INHALT

# ZUR GESCHICHTE DER EUROPÄISCHEN FREIMAUREREI UND DER GEHEIMGESELLSCHAFTEN IM 18. JAHRHUNDERT

Genese — Historiographie — Forschungsprobleme

*Von Ludwig Hammermayer*

Über den eminenten wissenschaftlichen Rang dieses Themas sollten Zweifel nicht mehr erlaubt sein. Allein in den vergangenen zehn bis fünfzehn Jahren sind sowohl von freimaurerischer als auch, mehr und mehr, von nichtfreimaurerischer Seite eine wachsende Zahl quellenfundierter Werke und Studien, vor allem in Frankreich, in steigendem Maße aber auch in anderen europäischen Ländern, erschienen. Wie intensiv mittlerweile das Interesse der Fachwissenschaft geworden ist, läßt sich etwa daran ablesen, daß im Jahr 1976 mindestens drei anspruchsvolle Kolloquien zu unserem Thema veranstaltet worden sind: an der *Freien Universität* zu Brüssel[1], in der *Lessing-Akademie* zu Wolfenbüttel[2] und schließlich im Rahmen des *Studienkreises für Kulturbeziehungen in Mittel- und Osteuropa* in Lüneburg[3]. Das ist eine bemerkenswerte Entwicklung, wenn man bedenkt, daß noch in den späten sechziger Jahren der englische Historiker J. M. Roberts die Formel geprägt hat: „Freemasonry — possibilities of a neglected topic!"[4]

In diese komplexe und komplizierte Materie einzuführen — wie es hier versucht wird —, wirft Schwierigkeiten auf, die fast der Quadratur des Kreises gleichen, denn eine solche Einführung möchte und sollte dreierlei erreichen. Sie möchte *erstens* die Entfaltung und innere Struktur der europäischen Freimaurerei und Geheimgesellschaften nachzeichnen; sie möchte dann *zweitens* das bedeutende, doch arg vernachlässigte und dringend revisionsbedürftige Thema der freimaurerischen Historiographie des 19. und 20. Jahrhunderts aufgreifen und die heutige Forschungssituation umreißen, um dann von hier aus *drittens* einige zentrale Forschungsperspektiven aufzuzeigen, die sich dem wissenschaftlichen Erkenntnisinteresse stellen, genauer, Probleme, die mir als einem nicht-freimaurerischen Historiker wesentlich und dringend erscheinen.

Eine derartige „Einführung" kann jedoch nur mit Mut zu einer weithin skizzenhaften Analyse und Darstellung geleistet werden, sie muß generalisieren und verkürzen, sie wird manches nur andeuten oder gar ungesagt lassen, in der Hoffnung, daß weitere zentrale Fragen in den folgenden Beiträgen ausführlicher zur Sprache kommen.

## I. GENESE UND EXPANSION IN EUROPA

Daß die Entstehung und Entfaltung der regulären Freimaurerei[5] und der verschiedenen para- und pseudomaurerischen Geheimgesellschaften ein bedeutungsvolles Phänomen der Geistes- und Gesellschaftsentwicklung des achtzehnten Jahrhunderts darstellt, darüber besteht wohl allgemeiner Konsens. Schon der äußere Ablauf bleibt erstaunlich, ja phantastisch. Die Stationen sind im wesentlichen bekannt: 1717 Gründung der Londoner Großloge, sechs Jahre später Publikation der sogenannten *Andersonschen Konstitutionen*, womit der Übergang von der Operativen zur Spekulativen Maurerei und ein den vielschichtigen Bedürfnissen und Interessen der bürgerlich-adligen Gesellschaft entsprechender Anpassungsprozeß vollzogen war, wie viele und wie verschlungene Wege sowie Vor- und Übergangsstufen dabei auch immer anzusetzen sein mögen.

Von Großbritannien her faßt die Freimaurerei schon vor 1730 auf dem europäischen Festland Fuß, zunächst in Frankreich und — überraschenderweise — auch in Spanien, zu Beginn der dreißiger Jahre dann in den Generalstaaten, in einigen Zentren der italienischen Staatenwelt von Neapel über Rom und Florenz bis Mailand und Turin, und nicht zuletzt bereits in St. Petersburg. In der zweiten Hälfte der dreißiger Jahre verbreitet sich die englische Freimaurerei nach Portugal, in die österreichischen Niederlande, nach Polen und endgültig ins Reich; hier führt der Weg zwischen 1737 und 1741/42 von Hamburg über Berlin nach Breslau, Wien, Prag, Dresden, Frankfurt am Main, Bayreuth und bald schon in weitere Städte Mittel- und Norddeutschlands. In den vierziger Jahren öffnen sich schließlich auch die skandinavischen Königreiche Schweden und Dänemark der Maurerei, gelangen die Logen über Wien, Polen und Frankreich ins Königreich Ungarn und nach Siebenbürgen; noch vor der Jahrhundertmitte ist der europäische Expansionsprozeß im wesentlichen abgeschlossen und verlagert sich nun auf eine intensive Ausbreitung der Logen innerhalb der einzelnen Staaten und Territorien. Und nicht zu vergessen: Sehr früh schon, in den ersten Ansätzen bereits um 1730, hatte sich eine rasch ausgreifende Logentätigkeit auch in britischen und französischen Überseegebieten entfaltet. Besonders hervorgehoben seien in diesem Zusammenhang die nordamerikanischen Neuenglandstaaten.

Ein wahrhaft imponierendes Ergebnis also, und dieser Eindruck verstärkt sich, bedenkt man, daß auch regierende Fürsten dem Freimaurerbunde beitraten, an ihrer Spitze Friedrich II. von Preußen, bereits 1738 als Kronprinz, und noch früher, 1731, Herzog Franz Stephan von Lothringen, der spätere Gemahl Maria Theresias und Kaiser des Hl. Römischen Reiches Deutscher Nation. Manche Regierungen, keineswegs nur katholische, blieben mißtrauisch, wobei ihr Argwohn durch frühe „Verräter"- und Enthüllungsschriften genährt wurde. Die offizielle römische Kirche verbiß sich schon sehr bald in prinzipielle Gegnerschaft, wie die päpstlichen Verurteilungen von 1738 und 1751 zeigen; die Inquisition schritt gegen Logen ein, und noch in den siebziger Jahren kam es in Venedig und Portugal zu Verfolgungen. Doch all dies hat den Expansionsprozeß in den protestantischen Ländern und auch in Frankreich nicht gehemmt, ihn eher gefördert; lediglich in einigen katholischen Territorien, etwa in Süddeutschland, in Österreich und im italienischen Raum, erfolgte eine gewisse Phasenverschiebung und ein Intensitätsgefälle maurerischer Genese und Entfaltung.

Neben die rapide räumliche Ausbreitung der Freimaurerei trat seit den vierziger Jahren und verstärkt seit der Jahrhundertmitte eine innere Differenzierung und Weiterentwicklung in System und Ritual, aber auch eine wachsende Veruneinigung, ja Spaltung innerhalb des europäischen Maurerbundes. Die englischen Logen, Wiege der gesamten Maurerei, spalteten sich damals in sog. „Antients", „Moderns" und Anhänger der Großloge von York, brachten sich damit um einen gut Teil ihres europäischen Ansehens und trugen wesentlich zur Schwächung der Symbolischen Maurerei in der zweiten Jahrhunderthälfte bei.

Zum anderen aber machten sich in der gesamten Maurerei immer stärkere Tendenzen bemerkbar, die drei Johannesgrade des Lehrlings, Gesellen und Meisters zu erweitern, aus welchen Bedürfnissen und Interessen diese Entwicklung auch immer hervorging. Als Ergebnis etablierte sich auf den Britischen Inseln und bald schon in Nordamerika ein vierter Grad, der sog. „Royal Arch" mit diversen Vorstufen. Auf dem Kontinent aber entstand, ausgehend von Frankreich, der vierte Grad eines „Schottischen Meisters" oder „Schottischen Ritters". Damit begann die ritterlich-aristokratische Überhöhung der kontinentalen Maurerei, eine fast unbegrenzte Ausuferung in Hochgrade und Systeme; damit war aber auch die Voraussetzung geschaffen für eine verstärkte offene oder geheime Adaptation esoterischer Strömungen, seien sie nun hermetisch-alchimistischer, mystisch-spiritualistischer, theosophischer oder christlich-kabbalistischer Provenienz.

So erarbeitete im mitteldeutschen Raum um Naumburg/Altenburg der Reichsfreiherr Karl Gotthelf von Hund seit den frühen fünfziger Jahren ein wesentlich hermetisch-alchimistisch orientiertes maurerisches Tempelritter-Hochgradsystem, das bald schon *Strikte Observanz* genannt wurde, sich in den sechziger Jahren einen Großteil der Symbolischen Logen Deutschlands unterwarf und sich in die Habsburger Monarchie, nach Polen, Rußland, Skandinavien, aber auch nach Norditalien, in die Schweiz und in den Westen Frankreichs ausbreitete. Dieser erstaunliche Erfolg war freilich begleitet von ständigen inneren Auseinandersetzungen, vom Auftreten mehr oder weniger seriöser Konkurrenten, von latenten Legitimationsproblemen. Es sei hier nur an die Auseinandersetzungen um das sogenannte „Heermeisterpatent" des Freiherrn Karl Gotthelf von Hund und um die Existenz sogenannter „Unbekannter Oberer" erinnert.

Diese Entwicklung war begleitet von neuen Abspaltungen und Ausuferungen im ritterlich-maurerischen Hochgradsystem und Ritual: In Rußland entstand das esoterische System des Generals Melessino, das die Konstruktion eines sogenannten *Tempelherren-Klerikats* durch Johann August Starck im norddeutschen Raum vermutlich wesentlich beeinflußte; in Preußen gründete der Generalarzt Johann Wilhelm Kellner von Zinnendorf die *Große Landesloge*, die sich rasch bis nach Rußland verbreitete und sich eng an die *Schottische*

*Hochgradmaurerei* in Schweden anlehnte, die unter theosophisch-swedenbor-
gianischem Einfluß eine ebenso bemerkenswerte wie folgenreiche Sonderent-
wicklung nahm. Zu nennen sind noch das „pietistische" ritterliche Hochgradsystem, das der Freiherr (Graf) von Haugwitz, der spätere preußische Minister,
während der siebziger Jahre errichtete, ferner das vor allem von französischen
Offizieren gegründete hermetische *Bon Pasteur-System* mit Schwerpunkt Polen
und schließlich die *Drašković-Observanz* in den kroatischen und ungarischen
Ländern der Habsburger Monarchie.

In Frankreich war die Symbolische Maurerei zwar ebenfalls geschwächt, un-
eins, gespalten; sie hatte sich aber durch den Einfluß der Aufklärungsbewegung
im ganzen doch besser behauptet als in Zentraleuropa. Es ist bezeichnend,
daß die vielfältigen esoterischen Strömungen, die seit den fünfziger Jahren in
die französische Schottische reguläre Maurerei eindrangen, zunächst nicht von
der Hauptstadt Paris, sondern vom Süden und Südwesten ihren Ausgang nahmen; das gilt für Martinez de Pasqually, seinen kongenialen Schüler Louis-
Claude de Saint-Martin und für den Lyoner Seidenkaufmann Jean Baptist Willermoz, der zu einer zentralen Figur des maurerischen Europa aufsteigen sollte.
Die Logen des von Willermoz erarbeiteten *Rektifizierten Schottischen Ritus*
verbanden sich 1772 der bisher wesentlich in Deutschland zentrierten *Strikten
Observanz*, ein wichtiger Vorgang, denn er schien erstmals eine Art französisch-
deutscher maurerischer Großmacht oder Hegemonie anzuzeigen und kehrte
für kurze Zeit das für die Entwicklung der europäischen Freimaurerei bisher
konstitutive West-Ost-Gefälle ins Gegenteil um.

Jene drei Jahrzehnte zwischen 1755 und 1785 sahen aber auch Entstehung
und Aufstieg eines wesentlich neuen Typs von pseudo- und paramaurerischen
Geheimgesellschaften heterogenster Herkunft und Zielsetzung. Es handelte sich
dabei um Assoziationen, die de jure gewiß außerhalb der regulären Maurerei,
de facto aber häufig an deren Randzonen angesiedelt waren, wobei sich fließende Übergänge, Doppelmitgliedschaften und oft abenteuerliche Querverbindungen ergeben sollten, vor allem aber Versuche, die regulären Symbolischen
oder Schottischen Logen zu unterwandern und zu Pflanzschulen und Tarnor-
ganisationen zu denaturieren und zu degradieren. Auch hierüber nur einige
Stichworte: Von Süddeutschland und der Habsburger Monarchie aus verbreiteten sich etwa seit 1755/60 die Zirkel der sogenannten *Gold- und Rosenkreuzer*, die religiös vertieften hermetisch-alchimistischen Lehren anhingen; aus
Frankreich sind gewisse Gruppen von Anhängern des Martinez de Pasqually zu
erwähnen, die außerhalb der Schottischen Logen und des Willermozschen *Rektifizierten Schottischen Ritus* verblieben waren, ferner die bemerkenswerten
*Illuminés d'Avignon* des Ex-Benediktiners Pernety mit all ihren kuriosen und
chiliastischen Abspaltungen; in diesen Rahmen gehören auch der *Ägyptische
Ritus* des Abenteurers „Graf" Cagliostro und die logenähnlichen französischen
*Sociétés d'Harmonie Universelle* des Magnetiseurs Dr. Mesmer. Ihren Ausgangspunkt in der Habsburger Monarchie nahmen um 1780 die *Asiatischen Brüder*,
genauer die *Ritter und Brüder St. Johannes des Evangelisten aus Asien in*

*Europa*, eine christlich-kabbalistisch beeinflußte, ursprünglich rosenkreuzerische Abspaltung, die ausdrücklich auch Glaubensjuden als Mitglieder willkommen hieß.

Am entgegengesetzten Ende dieses geistes- und religionsgeschichtlichen sowie ideologischen Spektrums steht der radikal-rationalistische, tendenziell politisch-revolutionäre Geheimbund der *Illuminaten*, den der Rechtslehrer Adam Weishaupt 1776 in der bayerischen Universitätsstadt Ingolstadt gründete. Dieser Illuminatenorden faßte schon bald in der Hauptstadt München Fuß, unterwanderte die dortigen regulären Logen, entfaltete eine zielbewußte und erfolgreiche Infiltrationstätigkeit im staatlich-politischen und publizistisch-wissenschaftlichen Bereich; nach 1780 verbreiteten sich die Illuminaten rasch über fast ganz Deutschland und sogar über die Reichsgrenzen hinaus. Sie müssen eindeutig als pseudo-maurerischer Geheimbund definiert werden, der im Vorfeld von Jakobinern und Carbonari angesiedelt war und die regulären Logen nur zum Zweck der „Umfunktionierung" benutzte. Plastisch und treffend hat dies Jean Baylot formuliert: La voie substituée[6].

*

Um die fast heillos verwirrten Begriffe etwas zu klären, seien einige verdeutlichende, stichwortartige Thesen genannt:

*Erstens*: Jede Darstellung der europäischen Freimaurerei und der Geheimgesellschaften des achtzehnten Jahrhunderts muß von der Binsenwahrheit ausgehen, daß die regulären Freimaurerlogen zwar allesamt Geheimgesellschaften waren, daß aber längst nicht alle Geheimgesellschaften der Freimaurerei zuzuordnen sind.

*Zweitens*: Es bleibt genau zu differenzieren zwischen regulärer Freimaurerei und den para- und pseudomaurerischen Geheimbünden, von den *Gold- und Rosenkreuzern* bis zu den *Illuminaten*.

*Drittens*: Innerhalb der regulären Maurerei zeigt sich deutlich ein Doppelcharakter: einerseits die Symbolische Maurerei, wiewohl weithin geschwächt und unterwandert, andererseits die schottische Maurerei in einer schier unerschöpflichen und nicht selten hybriden Variationsbreite. Das bedeutet aber auch, daß nicht nur die Arbeiten der Rationalisten und Aufklärer in der ambitionierten Pariser Loge *Les Neuf Sœurs*, sondern auch die Arbeiten eines Hund, Starck, Zinnendorf und Willermoz innerhalb der regulären Maurerei vor sich gingen.

*Viertens*: Nur andeutungsweise erwähnt sei die Aktivität mancher ehemaliger Mitglieder des 1773 von der römischen Kurie aufgehobenen Jesuitenordens. Diese sogenannten „Exjesuiten" sind ein wichtiges, relativ spärlich erschlossenes Thema sui generis. Manchen ihrer Zusammenschlüsse und Zusammenkünfte mochte wohl Geheimbundcharakter zukommen, falls man diesen Begriff sehr extensiv interpretiert. Richtig aber ist, daß manche Exjesuiten eine

führende Rolle im publizistischen Kampf gegen Freimaurer und Illuminaten
spielten und wesentlich zur Entstehung und Verbreitung der konservativen und
konterrevolutionären Varianten der Verschwörungstheorien und zu manchen
Vorformen konservativer politischer Strömungen beitrugen, wie Fritz Valjavec
schon vor einem Vierteljahrhundert erkannt hat[7]. Andererseits aber wurden
diese Exjesuiten Sündenböcke und Opfer der radikalen Aufklärungspublizistik
und deren Versionen der Konspirationslegende. In Wahrheit waren die Exjesuiten zu keiner Zeit und in keinem Land ein monolithischer Block, den man als
Hort einer wie immer definierten „Reaktion" ansehen sollte; denn, wie gesagt,
d i e  Exjesuiten hat es nie gegeben!

Mit dem Hinweis auf „Konspirationstheorien" bzw. „Verschwörungslegen-
den" haben wir in unserer Darstellung zeitlich etwas vorgegriffen, denn wir
gingen ja von einer ansatzweisen Analyse der europäischen Maurerei und der
Geheimgesellschaften um 1770/80, also in der Zeit vor den revolutionären Ereignissen in Frankreich, aus. Die in den siebziger und achtziger Jahren allenthalben im maurerisch-geheimgesellschaftlichen Bereich zutage tretende Zersplitterung und innere Unsicherheit, vor allem die fortschreitende Zersetzung
der regulären Maurerei verlangten dringend nach Abhilfe. In der Tat begannen
schon in den siebziger Jahren vielversprechende Reformen. Hierzu gehört 1773/
1775 die Konstituierung des *Grand Orient de France*, die bis zur Revolution
einen Aufschwung vor allem der Symbolischen Maurerei einleiten sollte; dazu
gehört ferner die Reform des Willermozschen Lyoner Hochgradsystems, das
sich 1776/78 unter dem prägenden Einfluß Saint-Martins als System der *Chevaliers Bienfaisants de la Cité Sainte* konstituierte. – Vier Jahre später, im
Sommer 1782, versammelten sich Vertreter dieses Systems und der *Strikten
Observanz* zu einem europäischen Freimaurerkonvent in Wilhelmsbad bei
Hanau. Man wollte Ersatz für die maurerische Tempelritter-Legende finden,
deren historischer Gehalt sich endgültig als nichtig und fiktiv erwiesen hatte.
Dieser Wilhelmsbader Konvent bedeutet in mehr als einer Hinsicht ein zentrales
und weiterwirkendes Ereignis in der Geschichte der europäischen Freimaurerei
und der Geheimgesellschaften. An seinem Rand agierten und agitierten para-
und pseudomaurerische Geheimbünde, von den Gold- und Rosenkreuzern bis
zu den Illuminaten; in den Sitzungen wurden Reformvorschläge fast jeder Tö-
nung vorgebracht, phantastische, „reaktionäre", traditionelle, aber auch rationalistische, die eine Rückkehr zur einfachen Johannismaurerei empfahlen, und
nicht zuletzt wurden sogar Stimmen laut, die jedwede maurerische Assoziation
für die Zukunft ablehnten. Man einigte sich schließlich mit Mehrheit auf die
Übernahme des christlich-theosophisch-martinistischen Systems von Willermoz.

Der Erfolg blieb indes weithin aus; statt dessen zerfiel die *Strikte Observanz*
rapide, entstand neue Konfusion, konnte der radikal-aufklärerische Illuminatenorden zu seinem denkwürdigen Fischzug in der Erbmasse der Tempelrittermaurerei ansetzen. Damit begann die letzte, hybride Phase des Aufstiegs der
Illuminaten; sie endete bereits 1785/86 mit dem Verbot des Ordens, zunächst

in Bayern, bald auch in anderen Territorien. Betroffen hiervon aber wurden auch die Symbolische und die Schottische reguläre Maurerei, vor allem erstere, die sich eben aus der Beherrschung durch die *Strikte Observanz* und aus der Unterwanderung durch die Illuminaten zu lösen versucht und neue reformerische Wege — etwa in Gestalt des sogenannten *Eklektischen Bundes* mit Zentrum in Frankfurt am Main — eingeschlagen hatte. Sie geriet jetzt, unschuldig, in den Würgegriff staatlicher Verbote oder, wie im Österreich Josephs II., unter festes obrigkeitliches Reglement.

Illuminatenkrise und -verfolgung zeitigten indessen noch eine andere folgenschwere Wirkung. Jener um 1780 einsetzende und sich rasch beschleunigende Prozeß, der die Freimaurerei und die Geheimgesellschaften vor den Richterstuhl einer selbstbewußten und rigorosen aufklärerischen bzw. „konservativ"-kirchlichen Kritik und damit vor die Öffentlichkeit zerrte und ihres „Geheimnisses" entkleidete — und zwar wirkungsvoller als die „Verräterschriften" oder die päpstlichen Verbote es je vermocht hatten —, jener Prozeß der Entlarvung und Denunziation erhielt durch die Illuminatenverfolgung nach 1785 einen entscheidenden Auftrieb.

Zwei Spielarten einer *Verschwörungstheorie und -legende* gewannen jetzt endlich feste Gestalt, zwei Formen, die aber vielfach kombinier- und auswechselbar, in Extremfällen sogar untereinander vertauschbar waren. Es handelt sich dabei erstens um die aufklärerische Verschwörungstheorie, die sich gegen Exjesuiten, Gold- und Rosenkreuzer sowie gegen Tempelritter- und Hochgradmaurerei richtete, zweitens um die von kirchlich und politisch „konservativen" Kräften getragene anti-aufklärerische Verschwörungslegende, die vor allem in den Illuminaten, dann aber auch in der Symbolischen Maurerei gleichsam den Ursprung alles Übels auf Erden zu erblicken glaubte.

Noch vor 1789 waren also Grundmuster sowohl einer aufklärerischen und tendenziell revolutionsfreundlichen als auch einer „konservativen" und dezidiert konterrevolutionären Konspirationslegende vorhanden und brauchten nur noch intensiviert und aktualisiert zu werden, und dies geschah von Bode und Bonneville bis zu Knigge und der jakobinerfreundlichen Publizistik einerseits, vom Abbé Le Franc und dem bayerischen Hofrat Carl von Eckartshausen bis zu Leopold Alois Hoffmann in Wien und zu Barruel, Robison, Cadet-Gassicourt auf der anderen Seite, um hier nur einige wenige repräsentative Namen zu nennen.

Das alles war Theorie, Legende, auch Agitation, Denunziation, mit einem unterschiedlich gewichtigen Kern an Wahrheitsgehalt. Was aber geschah nun wirklich mit den Logen und den para- und pseudomaurerischen Geheimgesellschaften? Der radikal-aufklärerische Illuminatenorden war spätestens 1786/87 in seiner Groß-Organisation endgültig zerschlagen, doch wirkten Illuminaten oft individuell oder in kleinen Gruppen weiter, sei es im konstitutionell-reformerischen, sei es im revolutionären Sinne, in der Publizistik, in Lesegesellschaften, in Klubs, von der norddeutschen Aufklärungspublizistik und Karl Friedrich Bahrdts Projekt einer *Deutschen Union* bis zu den Mainzer und

Straßburger Klubisten und bis zu jenen ungarisch-österreichischen Kreisen zur Zeit Leopolds II., die sich als „Illuminaten" verstanden oder doch als solche bezeichnet wurden und werden. Die Gold- und Rosenkreuzer wiederum, die im Preußen Friedrich Wilhelms II. 1786 mit Wöllner und Bischoffswerder auch politische Macht erlangt hatten, scheinen gerade damals ihre Zirkelarbeit eingeschränkt und auf die fällige Ordensreform verzichtet zu haben; beim Regierungswechsel zu Friedrich Wilhelm III. 1797 wurde ihr Einfluß weitgehend ausgeschaltet und lediglich die weitere Existenz der loyalen drei Altpreußischen Großlogen gesichert.

Die reguläre Freimaurerei, die Symbolische wie die Schottische, war durch die Illuminatenverfolgung stark in Mitleidenschaft gezogen und wurde dann in den neunziger Jahren in vielen Ländern ein Opfer ihrer Gegner von „links" und „rechts", genauer: Sie wurde in Frankreich vom revolutionär-jakobinischen Konvent ebenso unterdrückt wie im konterrevolutionären Österreich, in Bayern, im Rußland des letzten Jahrzehnts Katharinas II. und unter Paul I. Um die Mitte der neunziger Jahre schien die europäische Freimaurerei auf einem Tiefpunkt angelangt; nicht wenige wähnten ihr Ende nahe.

Doch gerade damals sollten Pläne zu tiefgreifenden inneren wie äußeren Reformen des Logenlebens reifen. Zwei große Wege boten sich an: zum einen die entschiedene Rückkehr zur humanitären Symbolischen Drei-Grad-Johannismaurerei, zum anderen eine klare Neuordnung der Hochgradsysteme, etwa im Sinne einer Entaristokratisierung und Entmythologisierung. Politische Ereignisse haben manches dieser Projekte sehr bald schon Gestalt annehmen lassen. So ergab sich in Frankreich bereits im späten Directoire und dann verstärkt im Konsulat Bonapartes eine Situation, in der die Arbeit der Symbolischen und Schottischen Logen und auch des *Grand Orient* wieder aufgenommen werden konnten. Im bonapartistischen Frankreich fand dann um 1804 auch jenes reformierte umfassende Hochgradsystem des *Alten und Angenommenen Schottischen Ritus* eine erste feste europäische Basis. Diese Logenarbeit unter Napoleon geschah allerdings an der goldenen Leine des Staates, sie war funktional integriert in das Herrschaftssystem Frankreichs und bald auch der napoleonidischen Satelliten von Westfalen bis Warschau und Neapel. Außerhalb des französischen unmittelbaren Einflußbereiches, etwa in Nord- und Mitteldeutschland zwischen 1795 und 1806, kamen wichtige Logenreformen im Sinne einer Rückbesinnung auf die humanitäre Symbolische Maurerei zustande; sie sind untrennbar verbunden mit den Namen Friedrich Ludwig Schröder, Ignaz Aurelius Feßler und Friedrich Moßdorf — aber auch mit der Anteilnahme eines Johann Gottfried Herder und Johann Gottlieb Fichte. Diese deutschen Reformen wirkten bis ins Rußland des Zaren Alexander I., der 1803 die Logenarbeiten offiziell wieder gestattete. — Als zehn Jahre später auch die rivalisierenden englischen Großlogen ihre langjährige fatale Spaltung überwanden, waren wesentliche Voraussetzungen für die weitere Entwicklung der regulären Maurerei Europas im neunzehnten Jahrhundert und bis in unsere Gegenwart geschaffen.

## II. FREIMAURERISCHE HISTORIOGRAPHIE UND HISTORIOGRAPHIE ÜBER FREIMAUREREI UND GEHEIMGESELLSCHAFTEN

In der Zeit der Reformen während der beiden ersten Jahrzehnte des neunzehnten Jahrhunderts begann auch eine verstärkte und vertiefte maurerische Besinnung auf die eigene Herkunft und Geschichte. Feßlers historische Studien[8], Schröders gewichtige Quellensammlungen und -veröffentlichungen — die Materialien, der Signatstern, die Ritualsammlung —[9], das Werk des schottischen Freimaurers Alexander Lawrie[10], dann die beiden Bände Acta Latomorum, die der gelehrte Pariser Bürgermeister und Freimaurer Claude Thory 1815 veröffentlichte[11], schließlich die in den zwanziger Jahren nach deutschen und französischen Vorbildern entworfene und von Moßdorf bearbeitete dreibändige maurerische Enzyklopädie von Lenning-Hesse[12], all dies sind nur die herausragendsten Zeugnisse des Beginns einer genuinen maurerischen Historiographie[13].

Innerhalb dieser sich nunmehr rasch entfaltenden europäischen freimaurerischen Geschichtsschreibung lag die Führung zunächst im deutschsprachigen Raum, während die französische Forschung einen höchst respektablen zweiten Platz behauptete. In Deutschland gingen freimaurerische Historiker sehr unterschiedlicher Qualifikation, aber mit gleich großer Begeisterung daran, die Vergangenheit ihrer lokalen Logen zu erhellen, und die kühnsten und besten unter ihnen wagten sich an die Darstellung der Geschichte der großen maurerischen Systeme im deutschen Sprachgebiet, aber auch in Frankreich und in Großbritannien. Vier Persönlichkeiten müssen hier vor allem genannt werden, die in der gesamten maurerischen Ökumene — wenn auch nicht in der profanen Welt — die verdiente Aufmerksamkeit erfuhren: der Frankfurter Arzt Dr. Georg Kloß[14], der mecklenburgische Ober-Appellationsgerichtsrat Christian Carl Freiherr von Nettelbladt[15] sowie der Gießener Drucker und Verleger Wilhelm Keller[16], vor allem aber der aus Bamberg stammende Buchhändler Gottfried Josef Findel, dessen Werke z. T. in englisch, französisch, ja sogar in spanisch übersetzt wurden[17].

Aus der Reihe prominenter deutschsprachiger maurerischer Forscher bis zum Ersten Weltkrieg wären u. a. zu nennen: der pommersche Theologe Gustav Adolf Schiffmann[18], der Berliner Philologe Dr. Wilhelm Begemann[19], der preußische Staatsarchivdirektor Dr. Ludwig Keller[20], der die Comenius-Gesellschaft gründete und sich durch neue Fragestellungen über maurerische Vor- und Frühformen hohe Verdienste erwarb, ferner der Hamburger Gymnasialrektor Friedrich Kneisner[21], dessen lokale, regionale wie übergreifende Untersuchungen wegen ihrer quellenfundierten Methode hervorragen. Mit wertvollen bio- und bibliographischen Publikationen und historischen Einzeluntersuchungen erwarb sich der württembergische Oberzahlmeister und spätere preußische Rechnungsrat Reinhold Taute bleibende Verdienste[22], doch die monumentale maurerische Bibliographie legte unmittelbar vor dem Ersten Weltkrieg der Berliner Bibliotheksdirektor Dr. August Wolfstieg vor[23]. Nicht zu vergessen sind daneben die Gesamtdarstellung und das Handbuch aus der Feder des Schweizer

Fachhistorikers und Maurers Dr. Heinrich Boos[24] und der gewaltige Torso jener noch immer unentbehrlichen Logengeschichte der Habsburger Monarchie,
die der Ungar Ludwig Aigner-Abafi in den neunziger Jahren vorlegte[25].

Noch zu Ausgang der Weimarer Republik, um 1930/33, stellte die freimaurerische Historiographie deutscher Zunge ihren Rang unter Beweis, etwa mit
Ferdinand Runkels dreibändiger Geschichte der deutschen Freimaurerei[26],
dem Internationalen Freimaurer-Lexikon von Eugen Lennhoff (Wien) und Oskar Posner (Karlsbad)[27], den für die Jahre nach 1770 besonders wichtigen Studien von Adolf Pauls[28] zur Maurerei in Aachen, dann den Rosenkreuzerstudien
von Arnold Marx[29] – erschienen im ebenso bemerkenswerten *Freimaurer-Museum*[30] – und endlich den frühen Veröffentlichungen des Bayreuther Arztes
und prominenten Freimaurers Dr. Bernhard Beyer[31]. Bald darauf wurden
die Logen Opfer der nationalsozialistischen Herrschaft, ihre Archive konfisziert und Studienobjekte einer von der SS ausgehaltenen Forschungsgruppe;
hier geschah bis 1945 „Wissenschaft" vorwiegend im Zeichen von Manipulation,
Denunziation, Verfälschung[32]. Die meisten der vom Reichssicherheits-Hauptamt beschlagnahmten Archivbestände scheinen im Zweiten Weltkrieg verlorengegangen zu sein oder sind verschollen, möglicherweise in der DDR unter Verschluß[33].

*

Die Führung in der freimaurerischen Historiographie ging nach 1933 an
*Frankreich* über. Dort liegt sie noch heute, und dort wird sie wohl bleiben[34].
Allerdings darf dabei nicht vergessen werden, daß die einschlägige französische Forschung schon vor dem Ersten Weltkrieg erheblich an Bedeutung gewonnen und die führende Position der deutschsprachigen maurerischen Forschung in Frage gestellt hatte. Der Aufstieg der französischen Historiographie
über Maurerei und Geheimgesellschaften erklärt sich nicht zuletzt daraus, daß
in Frankreich auch nicht-logengebundene Fachhistoriker höchst unterschiedlicher weltanschaulicher Couleur vom bedeutenden und hochkontroversen
Thema „Freimaurerei und Revolution" angezogen wurden. Bereits die Geschichte der französischen Logen, die der Nichtfreimaurer Gustave Bord 1909
vorlegte und die in einem ersten Band leider nur bis 1773 gedieh[35], bietet ein
Muster an exakter Quellenanalyse und fairer Darstellung. Noch vor dem Ersten
Weltkrieg erschienen auf französischer Seite etliche methodisch wegweisende
und inhaltlich sehr ergiebige Studien über lokale und regionale Logen[36], und
1914 konnte der Fachhistoriker René Le Forestier seine außerordentliche
„Thèse d'Etat" zur Geschichte des bayerischen Illuminatenordens vorlegen[37].

In den zwanziger Jahren hat sich Le Forestier dann der Erforschung der
Schottischen Hochgradsysteme zugewandt[38], etwa zur gleichen Zeit, als Gaston
Martin[39] die Französische Revolution als Errungenschaft des *Grand Orient*
pries und Albert Lantoine die ersten Bände seiner bedeutenden Gesamtdarstellungen vorlegte[40], nicht zu vergessen jene zwei Bände von Auguste Viatte[41]

aus dem Jahre 1928, *Les sources occultes du Romantisme*, die bis heute grundlegend geblieben sind und denen in den dreißiger Jahren die Forschungen und Publikationen u. a. von Alice Joly, Gerard van Rijnberk, Anne-Louise Salomon und Eugène Susini wesentliche Anregungen verdankten[42]. Nach dem Zweiten Weltkrieg konnte die französische Forschung ihre Führung fast unangefochten verstärken. Das bezeugen die Gesamtdarstellungen — unterschiedlicher maurerischer bzw. nichtmaurerischer Position und wissenschaftlicher Qualität —, die seit den frühen sechziger Jahren in eindrucksvoller Zahl erschienen sind[43]. Gewiß boten sich in Frankreich seit 1945 geradezu ideale quellenmäßige Bedingungen, da die Archive des *Grand Orient* und der *Grande Loge* in der Bibliothèque Nationale zu Paris und zahlreiche Logenarchive in der Provinz fast mühelos zugänglich sind. Hinzu kommt, daß das Thema „Freimaurerei und Geheimgesellschaften" von der neueren französischen Forschung in seiner vollen Tragweite und Vielfalt erkannt und mit den Fragestellungen und Methoden heutiger Religionswissenschaft sowie Geistes- und Sozialgeschichte angegangen wurde. Aus dem weiten Kreis anerkannter, zum Teil vorbildlicher Forscher sei nur eine halbwegs repräsentative Auswahl von Namen angeführt. Zu den ersten, die bald nach dem Zweiten Weltkrieg mit quellenfundierten Publikationen zur Logengeschichte hervortraten und sich um eine Klärung der Positionen mühten, zählten auf maurerischer Seite der dem *Grand Orient* verbundene H. F. Marty[44] sowie auf katholischer Seite der aus Belgien stammende Theologe und Historiker P. J. Berteloot[45]; wesentliche Veröffentlichungen über Ritus, Symbolik und Systeme der Maurerei legten Jules Boucher und Paul Naudon, später auch Jean Bayard, Jean Tourniac u. a. vor. Der erste aber, der zum Thema „Freimaurerei" über die Grenzen der Logen und Frankreichs hinaus Gehör fand, war der katholische Jurist und spätere Freimaurer Alec Mellor[46], dessen wichtigste Arbeiten aus den sechziger Jahren auch ins Deutsche, Spanische, Italienische und Englische übersetzt wurden.

Letzteres ist leider noch nicht der Fall bei Werken, die mindestens gleiches, wenn nicht stärkeres Gewicht beanspruchen dürften, so bei den Untersuchungen von Pierre Chevallier über die ersten Dezennien der französischen Logen und seine jüngst erschienene dreibändige Geschichte der Freimaurerei in Frankreich[47]. Sehr zu rühmen sind die quellenfundierten und auch methodisch überaus gelungenen sozialgeschichtlichen Studien von Alain Le Bihan über die Entwicklung des *Grand Orient* bzw. der *Grande Loge* bis zur Revolution sowie über die Logenentwicklung im Pariser Raum und in den französischen Überseegebieten[48]. Hohen Quellen- und Informationswert besitzt die Darstellung von G. H. Luquet über das Verhältnis von Staat und Logen im Ancien Régime[49]. Einen Markstein französischer Forschung über Logen und Geheimgesellschaften setzte das von Daniel Ligou u. a. herausgegebene und 1974 veröffentlichte zweibändige enzyklopädische Lexikon; über dieser Leistung sollten indes Ligous sehr verdienstvolle Spezialuntersuchungen und seine jüngste Quellenpublikation nicht vergessen werden[50].

Wesentliche Beiträge zur Erhellung der Geschichte der regulären Maurerei wie der para- und pseudomaurerischen Geheimgesellschaften des achtzehnten und frühen neunzehnten Jahrhunderts hat Jean Baylot — prominenter Maurer — geleistet[51]. Die führende Position der französischen Forschung spiegelt sich in den Referaten der von Albert Soboul initiierten Kolloquien über Logen im Umkreis der Revolution bzw. über die Geschichte des *Grand Orient*, nachzulesen in den *Annales Historiques de la Révolution française* 1969 und 1974. — Nachdrückliche Erwähnung verdient das 1970 von Antoine Faivre herausgegebene opus posthumum von René Le Forestier *La franc-maçonnerie templière et occultiste*; in der Tradition eines Auguste Viatte werden die francozentrischen Standorte notwendig verlassen und europäische und besonders deutschfranzösische Verflechtungen ins Zentrum gerückt[52]. Ähnliches gilt von den Werken und den zahlreichen Studien von Antoine Faivre über die esoterischen Strömungen innerhalb und am Rande der französischen, deutschen und europäischen Maurerei und Geheimgesellschaften[53].

*

Angesichts solch eindrucksvoller französischer Forscherleistung verwundert es nicht, wenn der eingangs zitierte britische Historiker J. M. Roberts — wir verdanken ihm eine wertvolle Untersuchung über die *Mythologie der Geheimen Gesellschaften* mit Schwerpunkt auf den Verschwörungstheorien[54] — an der maurerischen Forschung auf den *Britischen Inseln* eine gewisse selbstzufrieden-dilettantische Sterilität beklagt, die sich immer noch nicht von „Hagiographie" und Spekulation völlig zu lösen vermöge, die hohe Bedeutung der Freimaurerei für die allgemeine Geschichte und ihre vielfältige Verflechtung in sie weithin ignoriere und sich einer vertrauensvollen engen Zusammenarbeit mit der „profanen" Wissenschaft versage[55]. In der Tat geschieht freimaurerische Forschung im gesamten angelsächsischen Sprach- und Kulturbereich — wie übrigens auch in Skandinavien — immer noch in bewußter Distanz von der Fachhistorie. Solange die Logenarchive „profanen" Gelehrten verschlossen bleiben[56], ist das Interesse der Wissenschaft entsprechend gering; Forscher wie J. M. Roberts oder der Literaturhistoriker Robert Shackleton[57] bilden die Ausnahme.

Dennoch wäre solch ausschließlich negative Bilanz unbillig und unvollständig, sowohl für die Vergangenheit wie für die Gegenwart. Denn anders als in Skandinavien, wo sich auch eine genuin maurerische Forschung nur verhältnismäßig kärglich zu entfalten vermochte[58], entstand und besteht in Großbritannien eine aktive und blühende maurerische Historiographie, deren Ansätze, wie auf dem Kontinent, im späten 18. Jahrhundert liegen[59]. Die Überwindung der Großlogen-Spaltung im Jahr 1813 vermittelte neue Auftriebe[60]; doch erst in den siebziger und frühen achtziger Jahren hatte sich — um R. F. Gould, Ch. Crawley, W. J. Hughan, J. Lane, D. M. Lyons, W. H. Rylands, H. Sadler, G. W. Speth, A. F. A. Woodford u. a.[61] — eine respektable Gruppe von maurerischen

Historikern gesammelt, die sich dann 1884 zur Forschungsloge *Quatuor Coronati* in London zusammenschlossen.

Ihr war es zu verdanken, daß die britische maurerische Historiographie binnen kurzem beinahe den Rang der dominierenden deutschen und französischen brüderlichen „Konkurrenz" erreichte. Marksteine auf diesem Weg bildeten vor allem R. F. Goulds[62] monumentale sechsbändige Geschichte der Freimaurerei auf den Britischen Inseln und in Nordamerika (1882/87), die von J. Lane 1886 publizierten und auch für die Geschichte der kontinentalen Logen zum Teil sehr ergiebigen *Masonic Records*[63], H. Sadlers grundlegende Untersuchungen zur Abspaltung der sog. „Antients" und damit zu einem zentralen Problem der englischen Logengeschichte des 18. Jahrhunderts[64], vor allem aber die Zeitschrift *Ars Quatuor Coronatorum* (1886 ff.), die bis zum heutigen Tag floriert und die im Grunde nirgendwo, nicht einmal in Frankreich, auf Dauer ein gleichwertiges Pendant finden sollte[65]. Herausgeber und Mitarbeiter dieser Zeitschrift waren sich von Anfang an im klaren darüber, daß Großbritanniens Führungsrolle bei Entstehung und Ausbreitung der europäischen und der Welt-Freimaurerei eine thematische Begrenzung auf die Britischen Inseln, das Empire oder den angelsächsischen Sprach- und Kulturraum verbot, vielmehr universale Weite und Zusammenarbeit auch mit ausländischen – maurerischen – Forschern verlangte. So erschienen noch vor dem Ersten Weltkrieg in der *Ars Quatuor Coronatorum* u. a. auch wesentliche Untersuchungen zur Logengeschichte in Westeuropa[66], in Deutschland und in der Habsburger Monarchie[67], sogar in Mexiko[68]; der deutsche maurerische Historiker Wilhelm Begemann konnte mehrmals über seine Forschungen zur englischen und irischen Logengeschichte berichten[69]. Zur Zweihundertjahrfeier der Londoner Großloge 1917 faßte Albert Calvert die Ergebnisse der älteren Forschung, vor allem der drei Jahrzehnte tätigen Forschungsloge *Ars Quatuor Coronatorum* zusammen[70].

Zwar blieben die offiziellen Verbindungen der englischen Großloge zu den deutschen Brüdern nach dem Ersten Weltkrieg eingefroren, doch eröffneten maurerische Emigranten aus dem bolschewistischen Rußland und dem faschistischen Italien der *Ars Quatuor Coronatorum* weitere Forschungsperspektiven[71]. Eine neue Generation britischer und irischer maurerischer Historiker erwarb sich seit den zwanziger Jahren verdientes Ansehen; genannt seien nur die – innerhalb wie außerhalb der *Ars Quatuor Coronatorum* erschienenen – Studien von J. Heron Lepper über Irland, die anglo-italienischen Logenbeziehungen und die Maurerei in Spanien um die Wende vom 18. zum 19. Jahrhundert[72], dann von Lionel Vibert über maurerische Vor- und Frühgeschichte und die Andersonschen Konstitutionen[73], schließlich von J. E. S. Tuckett[74], E. M. Moss[75], W. K. Firminger[76] u. a. über zentrale Fragen der französischen Logengeschichte des 18. und frühen 19. Jahrhunderts. Folgenreich war der Aufschwung der höchst komplizierten enzyklopädischen Forschungen und Editionen. Der Amerikaner A. E. Waite, Experte für esoterische Geheimbünde und vor allem für Rosenkreuzer, veröffentlichte 1920 eine im ganzen gelungene, doch einseitige Enzyklopädie[77]; als Reaktion hierauf begannen anglo-amerikanische maurerische Forscher die weithin überholte Enzyklopädie des Amerikaners A. G. Mackey gründlich zu überarbeiten und zu ergänzen. Das Ergebnis war jenes zwei- und endlich dreibändige Standardwerk[78], das um 1930 das *Internationale Freimaurer-Lexikon* von Lennhoff und Posner inspirierte und ihm wertvolle Informationen lieferte [79]; in dieser Neufassung ist das Werk von Mackey immer wieder aufgelegt worden.

Am Anfang der dreißiger Jahre begannen die an der Universität Manchester lehrenden Wirtschaftswissenschaftler und Freimaurer D. Knoop und G. P. Jones mit ihren Studien und Publikationen über die mittelalterlichen Bauhütten und die frühesten maurerischen englischen Urkunden, auch über Verbindung von operativer und spekulativer Maurerei und die Frühgeschichte der englischen sowie schottischen Logen und nicht zuletzt über Pamphlete und Katechismen als zentrale Quellen[80]. Ihre Forschungen krönten sie 1947/48 mit der grundlegenden Studie über die *Genesis of Freemasonry*[81].

Dieses Werk war gleichzeitig ein verheißungsvoller Auftakt britischer Logengeschichtsschreibung in der Nachkriegsära. Ihre Leistungen während der vergangenen drei Jahrzehnte sollten, bei aller notwendigen Kritik an hartnäckigem Dilettantismus und starrer maurerischer Autarkie, doch überwiegend günstig eingeschätzt werden. So ist das maurerische Kompendium von Bernard E. Jones aus dem Jahre 1950 bis heute immer wieder aufgelegt bzw. nachgedruckt worden[82]; gleichfalls in den frühen fünfziger Jahren hat der englische Theologe und Freimaurer Herbert Poole das unentbehrliche, doch höchst verbesserungsbedürftige Werk von R. F. Gould überarbeitet und gestrafft[83].

Welche Phalanx fähiger und aktiver maurerischer Forscher Großbritannien heute aufzubieten hat, zeigen die vielgestaltigen enzyklopädischen Bemühungen[84], die Studien über Symbolik und Ritual[85], der gelungene Sammelband zur 250. Gründungsfeier der Londoner Großloge[86] und nicht zuletzt die neueren sog. *Prestonian Lectures*, die nicht länger einseitig auf Ritualistik fixiert sind, sondern auch wesentliche historische Fragen behandeln[87]. Die derzeit von Harry Carr erfolgreich redigierte Zeitschrift *Ars Quatuor Coronatorum* hat es verstanden, den Blick aufs maurerische Universum zu wahren und gleichzeitig auch die frühe lokale, regionale und nationale Logenhistorie Englands und Schottlands zu intensivieren und wesentlich zu vertiefen[88], mehr noch, manche Beiträge behandeln Fragen von allgemeinhistorischem, politischem oder geistesgeschichtlichem Interesse[89] oder wagen es sogar, Quellenprobleme und grundsätzliche Fragen der Historiographie und Methode aufzugreifen[90] und ältere maurerische Standardwerke kritisch zu durchleuchten[91]. Daneben wandte sich die *Ars Quatuor Coronatorum* auch verstärkt der älteren kontinentalen Logenentwicklung zu, vor allem der zeitweise stark von England beeinflußten maurerischen Frühgeschichte in Frankreich[92], der Rolle des schottisch-jakobitischen „Chevalier" Ramsay[93], den Verbindungen zwischen Londoner Großloge und den Niederlanden[94] sowie der Logensituation in Skandinavien[95], Malta[96], Rußland[97], Österreich und Böhmen[98], sowie im kroatisch-ungarischen Raum[99]. Daß schließlich P. A. Tunbridge 1968/70 eine Analyse der europäischen Logenentwicklung des 18. Jahrhunderts vorlegte[100], zeigt eine Entwicklung britischer maurerischer Forschung und Historiographie, die auch von der „profanen" Wissenschaft in Großbritannien wie auf dem Kontinent positiv-kritisch und mit hohem Gewinn zur Kenntnis genommen werden sollte[101].

\*

In der *Bundesrepublik Deutschland* und in Österreich konnte nach 1945 eine organisierte maurerische Forschung nur unter großen Mühen und nicht ohne Rückschläge praktisch von einem Nullpunkt aus wieder aufgebaut werden. Um so höher ist anzuerkennen, daß heute gleichwohl etliche respektable lokale, regionale und sogar übergreifende Untersuchungen vorliegen, etwa von Adolf Kallweit über Hessen-Kassel, von Bernhard Beyer über Bayreuth und München, von Karl Demeter über Frankfurt am Main, von Ernst Glaser-Gerhard über die Entwicklung der Großen Landesloge und von Ernst Geppert über Zahl und Charakter der deutschen Logen im Überblick[102]. Manfred Steffens[103] hat eine informative geraffte Geschichte der deutschen und Kuéss-Scheichelbauer[104] eine Studie über die österreichischen Logen publiziert; über die letzteren vermitteln die jüngsten Studien von Ernest Krivanec[105] und Hans Wagner[106] wertvolle, auch den allgemeinhistorischen Rahmen berücksichtigende Einsichten. Die heterogenen esoterischen Strömungen innerhalb, am Rande und außerhalb der regulären Maurerei behandelt gründlich das der neueren französischen Forschung weithin verpflichtete große Werk von Karl R. H. Frick, das mittlerweile auf zwei Bände angewachsen ist[107].

Diese Entwicklung maurerischer Forschung im deutschen Sprachraum sollte von der Fachhistorie ebenso positiv registriert werden wie die Existenz der Bayreuther Forschungsloge *Quatuor Coronati*, der von dieser herausgegebenen Zeitschrift[108], des Deutschen Freimaurermuseums zu Bayreuth[109] und seines jüngeren österreichischen Pendants auf Schloß Rosenau bei Zwettl[110]. Seitdem eine stattliche Reihe maurerischer älterer Standardwerke – Kloß, Taute, Nettelbladt, Wolfstieg, Lennhoff-Posner u. a. – im Reprint und einige neuere ausländische Publikationen, wie die von Knoop und Jones sowie Dierickx[111], in guter deutscher Übersetzung vorliegen, haben sich die Grundvoraussetzungen fruchtbarer Forschung spürbar verbessert[112].

Und so wandten sich im vergangenen Dezennium endlich auch im deutschsprachigen Raum die Fachwissenschaften, vor allem die Historiker, dem Thema „Freimaurerei und Geheimgesellschaften" mit rasch wachsender Intensität zu, wobei zunächst allerdings nicht so sehr die regulären Logen, sondern die para- und pseudomaurerischen Geheimbünde der Gold- und Rosenkreuzer und vor allem der Illuminaten im Vordergrund standen. Zunächst muß hier auf Fritz Valjavecs geniales Torso über die *Entstehung der politischen Strömungen in Deutschland* (1951) als auf einen Vorreiter verwiesen werden[113]; in einigem zeitlichen Abstand folgte Reinhart Koselleck mit seinem ebenso bedeutenden und tiefdringenden wie in manchen Thesen anfechtbaren Werk *Kritik und*

*Krise* (1959), das sich sowohl den regulären Logen als auch den Illuminaten zuwandte[114]. Angeregt von Alec Mellors frühen Untersuchungen widmete Albert Mirgeler 1963 der europäischen Maurerei eine inspirierte „geistesgeschichtliche" Betrachtung, die dennoch auch die Kategorie des konkret Politischen berücksichtigt[115].

Die wichtigsten einschlägigen Studien seit Mitte der sechziger Jahre seien nur auswahl- und stichwortartig angeführt: der Deutschamerikaner Klaus Epstein über die Entstehung des Konservativismus[116], Hans Graßl über Illuminaten, Gold- und Rosenkreuzer[117], Walter Grab über Geheimbund-Affiliationen norddeutscher Jakobiner, über Hamburger Logen und über den rheinischen Franziskaner, Illuminaten und Revolutionär Eulogius Schneider[118], ferner Illuminatenstudien von Max Braubach[119], Alfred Becker[120], Richard van Dülmen und anderen[121], Horst Möllers exzellente Darstellung des Berliner Aufklärers und Maurers Friedrich Nicolai[122], der Schweizer Theologe Max Geiger und der deutsche Literarhistoriker R. Ch. Zimmermann über esoterische Strömungen[123], Johannes Rogalla von Bieberstein über Verschwörungstheorien „konservativer" Provenienz[124]. Auf archivalisch gut gesichertem Grund arbeiteten Edith Rosenstrauch-Königsberg über Wiener Freimaurerei[125] und Winfried Dotzauer in zahlreichen Einzelstudien[126] sowie einem wichtigen zusammenfassenden Werk[127] über Logen im linksrheinischen Gebiet des späten 18. Jahrhunderts und der Napoleonischen Ära. Die Untersuchungen von Rudolf Vierhaus zur Gesellschafts- und Herrschaftsordnung Deutschlands im späten 18. Jahrhundert berühren auch Ideologie und soziale Wirklichkeit der Logen[128], während Eberhard Schmitts Vorstudien zu einer Typologie der Geheimgesellschaften genuin historische wie politikwissenschaftliche Methodenansätze glücklich verbinden[129].

In der *Deutschen Demokratischen Republik*, wo die Logenarbeiten auch nach dem Ende der nationalsozialistischen Zeit untersagt blieben, schwieg sich die marxistisch-leninistische Geschichtswissenschaft lange Zeit über Freimaurerei und Geheimgesellschaften aus, beachtete sie allenfalls im Zusammenhang von radikaler bürgerlicher Aufklärung und republikanischen sowie (vor)jakobinischen Tendenzen[130]. Daß in der DDR seit etlichen Jahren — bei grundsätzlich unverändertem Erkenntnisinteresse — dennoch vertiefte Reflexion und verstärkte Zuwendung zu diesem Thema festzustellen sind, dafür zeugen aufschlußreiche Bemerkungen von Walter Markov[131] über den Charakter der regulären Logen sowie die jüngsten Forschungen über Illuminaten und über Karl Friedrich Bahrdts *Deutsche Union* aus der Feder von Agatha Kobuch[132] und vor allem von Günther Mühlpfordt[133].

\*

Auch in anderen europäischen Ländern gibt es seit einem Jahrzehnt hoffnungsvolle Anzeichen für eine Renaissance der Forschungen über Freimaurerei und Geheimgesellschaften. In *Belgien*, einem Nachfolgestaat von Territorien mit bewegter maurerischer Geschichte im 18. Jahrhundert, widmet sich seit etlichen Jahren an der Freien Universität Brüssel ein Kreis von Historikern sowie Politik- und Literaturwissenschaftlern dem Thema mit vielversprechenden Ergebnissen; die Untersuchungen von Hugo de Schampheleire sind inhaltlich wie methodisch von hohem Gewinn und denen der französischen Forscher um Le Bihan ebenbürtig an die Seite zu stellen[134]. In den *Niederlanden*, den einstigen calvinistischen Generalstaaten mit ihrer besonderen Bindung an die Londoner Großloge, besteht seit vielen Jahrzehnten eine gediegene Forschung, die sich mit Vorliebe grundsätzlichen Problemen der Maurerei zuwendet[135]. Die Generosität und Liberalität des Groß-Ostens der Niederlande, der seine wertvollen Archive auch „profanen" Wissenschaftlern öffnet, verdient besonders hervorgehoben zu werden.

Nach fast vier Jahrzehnten erzwungener Stagnation und Logenverbot haben in *Spanien*[136] seit den frühen siebziger Jahren die Werke von José A. Ferrer Benimeli bahnbrechend gewirkt[137]. Der gleiche spanische Historiker und Theologe hat auch unsere Kenntnis des Verhältnisses von römischer Kurie, d. h. der offiziellen katholischen Kirche, zur europäischen Freimaurerei des 18. Jahrhunderts anhand von Akten des päpstlichen Geheimarchivs auf eine neue quellensichere Grundlage gestellt. Ferrer Benimelis großem vierbändigen Werk, 1976/77 in Madrid erschienen, kommt in seiner Verbindung von Darstellung, Quellendarbietung und Gesamtbibliographie sogar Handbuchcharakter zu[138]. — Die Erforschung der einst auch politisch höchst einflußreichen *italienischen* Freimaurerei konzentrierte sich lange Zeit auf das „Risorgimento"; demgegenüber mußte die Logenhistorie der vielgestaltigen italienischen Staatenwelt des 18. Jahrhunderts zurücktreten. Dennoch konstatiert man auch hier bemerkenswerte Ergebnisse von Forschungen im lokalen und regionalen Rahmen, bis in die Zeit nach Mussolinis Logenverbot von 1925[139]. Nach dem Ende der faschistischen Ära ließ ein Aufschwung genuin maurerischer Forschung zunächst auf sich warten. Immerhin liegen jetzt u. a. vor: eine verdienstvolle Gesamtbibliographie, besorgt von Agostino Lattanzi[140], Gesamtüberblicke über Freimaurerei bzw. Rosenkreuzertum von Carlo Ambesi[141], Giovanni Gamberini[142] und Michele Moramarco[143], auch eine Reihe wichtiger Studien über Ritus, Symbol und System[144]. Wesentlich ist die Tatsache, daß mit Aufklärung und Revolution befaßte Fachhistoriker bereits um 1960 auf das Thema Logen und Geheimgesellschaften aufmerksam wurden, etwa Renzo de Felici in seinem m. E. zu wenig beachteten Werk über esoterisch-chiliastische Geheimbünde im franco-italienischen Raum zwischen Paris, Avignon und Rom sowie mit einer Darstellung der italienischen Jakobiner[145], ferner Franco Venturis Untersuchungen über Träger der italienischen Aufklärung und das von ihm angeregte und mitherausgegebene bedeutende Sammelwerk *Illuministi italiani*, das immer wieder auch auf die Logen des Settecento eingeht[146]. Überraschenderweise erschienen um 1970 eine Reihe gediegener und z. T. weiterführender italienischer Publikationen, die sich mit der seltsamen — nicht ohne weiteres und ausschließlich als „Scharlatan" abqualifizierbaren — Gestalt des Joseph Balsamo

alias „Conte" Cagliostro und dessen (para)maurerischen Aktivitäten befaßten[147]. — Eine zusammenfassende Darstellung der Logengeschichte von den
Anfängen bis zur Französischen Revolution liegt seit 1974 aus der Feder von
Carlo Francovich vor[148]. Hier wurde erstmals voll berücksichtigt, daß ein bedeutender Teil Oberitaliens mit dem Zentrum Mailand damals der Habsburger
Monarchie zugehörte und in der reformerisch-josephinischen wie in der maurerischen Bewegung der Gesamtmonarchie eine Rolle sui generis spielte.

Vorwiegend nach Wien blickte man auch im Königreich *Ungarn*, wo Logen
und Geheimgesellschaften seit dem letzten Drittel des 18. Jahrhunderts wesentlichen Aufschwung nahmen. Daß die Einflüsse aus der Kaiserstadt zwar domi-
nierten, aber Ungarns Verbindungen zu deutschen protestantischen Zentren wie
Göttingen und Berlin und auch — unmittelbar oder über Polen — ins vorrevolutionäre Frankreich und sogar nach Großbritannien nicht zu übersehen sind,
das wurde von der Forschung schon verhältnismäßig früh erkannt[149]. Doch erst
seit den fünfziger Jahren gelangte die marxistische wie die nichtmarxistische
einschlägige Forschung zu erweiterten und vertieften Ergebnissen; nur wenige
Namen seien genannt: Kálmán Benda[150], Éva H. Balázs[151], Ernst Wangermann[152]
und Denis Silagi[153]. Jetzt erst erhellt in vollem Umfang Ungarns einzigartige
Entwicklung während der spätjosephinischen Ära, vor allem aber unter Leopold und in den ersten Jahren Franz I., jenes Neben-, Gegen- und Miteinander
nationalkonservativer, demokratisch-konstitutioneller und schließlich auch
tendenziell und offen revolutionärer Bewegungen, die Verschwörungen, Prozesse — und die Rolle von Freimaurern und sogenannten „Rosenkreuzern"
und „Illuminaten"[154].

Im Vergleich zu den deutschen und ungarischen Landen der Monarchie
wurden die Logen und Geheimgesellschaften in dem ethnisch, ökonomisch und
geistesgeschichtlich hochbedeutsamen damaligen Habsburger Kronland *Siebenbürgen*[155] sowie in dem verfassungsrechtlich mit Ungarn verbundenen Königreich *Kroatien*[156] eher stiefmütterlich behandelt, sehr zu Unrecht, denn gerade
hier verdienten die europäischen Verflechtungen wie die eigenständigen mau-
rerisch-esoterischen Tendenzen und Systembildungen besondere Aufmerksamkeit.

Ähnliches gilt von *Polen* zwischen den ersten Logenbildungen um 1738
und dem Logenverbot durch die russische Regierung im Jahre 1822. Ob im
machtpolitischen bzw. geistig-maurerischen Einzugsgebiet des Zarenreiches,
Preußens oder der Habsburger Monarchie — die polnische Logenhistorie spiegelt allemal ein breites, europäisches Spektrum, sie war eng verbunden mit
Frankreich und Westeuropa und in sehr eigener und tragischer Weise Teil von
Polens Ringen um Wahrung oder Wiedergewinn der nationalen Unabhängigkeit[157]. Daß dabei die wissenschaftliche Erforschung der Logen und Geheimgesellschaften lange auf sich warten ließ und dann nur zaudernd einsetzte, erklärt
sich aus dem Verlust der staatlichen Souveränität, den Logenverboten in Rußland und in der Habsburger Monarchie und schließlich aus der Dominanz des
deutschen Elements in den weiterbestehenden Logen der neupreußischen Ge-

biete im ehemaligen Westpolen[158]. Die Arbeiten von M. S. Goldbaum[159], Ernst Friedrichs[160] und vor allem das zweibändige Werk von Stanislaus Zaleski[161] scheinen indes darauf hinzudeuten, daß zu Beginn unseres Jahrhunderts in Österreich-Ungarn und – mit deutlichem Abstand – auch in Preußen die Erforschung der Logen im einstigen Polen langsam in Gang kam. Dieser Ansatz fand in der Polnischen ersten Republik, wo die Logen bis zu einem neuerlichen Verbot von 1938 wieder arbeiten konnten, jedoch keine adäquate Fortsetzung[162]. Ein wirklich tragfähiger multiperspektivischer wissenschaftlicher Ansatz gelang polnischen Historikern und Literaturwissenschaftlern in den sechziger Jahren unseres Jahrhunderts mit Studien über den Breslauer Bischof und Freimaurer Graf Schaffgotsch und über das Werk des Zacharias Werner[163]; aber erst die Untersuchungen von Ludwik Hass zielten unmittelbar und fundiert auf die Symbolischen wie die Schottischen Logen Polens im 18. Jahrhundert[164]; sie wurden in jüngster Zeit erweitert und intensiviert durch die Studien von J. Wojtowicz[165]. Die polnische Forschung über Logen und Geheimgesellschaften hat damit internationalen Rang erreicht.

In der bewegten Logengeschichte *Rußlands* vom 18. Jahrhundert bis zu den Verboten Alexanders I. von 1822 kreuzten sich – ähnlich wie in Polen – höchst heterogene esoterische wie rationalistische Strömungen. Neben dem erstaunlich und permanent starken theosophischen Schwedischen System waren in Rußland aktiv: die preußische Große Landesloge, die *Strikte Observanz*, die Symbolische Großloge von London, die paramaurerischen Gold- und Rosenkreuzer mit Zentrum Berlin; hinzu traten seit den späten siebziger Jahren mystisch-spiritualistische martinistische Einflüsse aus Frankreich, die dem Willermozschen System der *Chevaliers Bienfaisants* eine Chance zu eröffnen schienen[166]. – Die Erforschung dieser höchst komplexen Vorgänge muß von den noch heute maßgeblichen Studien und Quellenpublikationen ausgehen, die in Rußland zwischen 1900 und 1917 erschienen sind[167]. In den folgenden Jahrzehnten wurde die einschlägige Forschung wesentlich in der Emigration und sporadisch auch in der Sowjetunion weitergeführt[168]; in der jüngsten Zeit hat sie wichtige neue Auftriebe sowohl durch sowjetische Forscher[169] als auch von Osteuropa-Historikern empfangen[170].

III. FORSCHUNGSPERSPEKTIVEN

Überblickt man diese gesamteuropäische Entwicklung, so möchte man glauben, es sei nunmehr endlich in weiten Teilen Europas eine Bresche in die komplexbeladene Distanz zwischen genuin freimaurerischen Forschern und der Fachwissenschaft geschlagen, in jenen „Mur de la Honte", von dem Alec Mellor einmal gesprochen hat[171]. Diesem seinem Diktum ist beizupflichten, gerade auch darin, daß Mellor diesen unerquicklichen Zustand beiden Seiten gleichermaßen zur Last legt: den Freimaurern, weil sie allzu lange und penetrant ihre Archivschätze hüteten und im Falle Großbritanniens und Skandinaviens noch

heute hüten, der Fachwissenschaft aber, weil sie vor dem Thema „Freimaurerei und Geheimgesellschaften" zurückschreckte, teils aus methodischer Einseitigkeit und Befangenheit – weil sie fixiert war auf politisch-diplomatische Geschichte, Geistesgeschichte oder aber auf die Erforschung sozio-ökonomischer
Strukturen –, teils aber auch aus einer ideologisch wie immer begründeten
Gegnerschaft zur Freimaurerei[172]. Um es simpel zu sagen: Die „historische
Zunft" hielt das Thema für nicht seriös, nicht aktuell, nicht opportun, auch
nicht für sonderlich ergiebig. Hinzu trat allerdings auf Seiten der Fachwissenschaft eine sehr verständliche und berechtigte Enttäuschung über die verschlos-
senen Logenarchive, über mangelnde wissenschaftliche Exaktheit vieler freimaurerischer Publikationen, über amateurhafte Spekulationen, vor allem und
immer wieder über fehlende oder sporadische, ungenaue und zudem nicht veri-
fizierbare Quellenbelege. All dies bot der Fachwissenschaft lange Zeit einen
bequemen und halbwegs sogar plausiblen Vorwand zu betonter Distanz und
Abstinenz.

Das ist heute auf beiden Seiten anders geworden, oder es scheint, anders
zu werden, gerade auch im deutschen Sprachgebiet. Hier haben bereits 1968/
1969 sowohl der von Fritz Wagner betreute vierte Band des *Handbuchs der
Europäischen Geschichte* als auch der zweite Band von Max Spindlers *Handbuch der Bayerischen Geschichte* den Logen und Geheimgesellschaften den
ihnen gebührenden Platz zuerkannt[173]; ein gleiches gelang Eberhard Weis in
seinem 1978 erschienenen Band der *Propyläen Geschichte Europas*[174].

Hier ist nun zu fragen, was wir denn wissen wollen, wenn wir uns mit Freimaurerei und Geheimgesellschaften des 18. und frühen 19. Jahrhunderts
befassen. Unser Erkenntnisinteresse zielt heute vor allem auf die Verbindung
von Freimaurerei und Geheimgesellschaften zur politischen und sozialen Welt,
zu den geistigen und religiösen Kräften, kurz auf die Verflechtung mit der
sich entfaltenden adlig-bürgerlichen Gesellschaft und ihrer staatlichen Herrschaftsordnung. Fragen des maurerischen Systems, Symbols und Rituals[175]
– so bedeutungsvoll sie sind – müssen davor zunächst zurückstehen. Drei über-
zeitlich-aktuelle Forschungsprobleme sollen nun im folgenden kurz und deswegen skizzenhaft beleuchtet werden, nämlich *erstens* Freimaurerei und Politik, *zweitens* die soziale Schichtung und die Wirkung von Logen und Geheimgesellschaften auf die Gesellschaft, schließlich *drittens* das Verhältnis zu Aufklärung und Geistesleben.

Bei all diesen drei Fragepunkten scheinen sich zunächst unaufhebbare Widersprüche zwischen Ideologie sowie sozialer und politischer Realität aufzu-
türmen. Denn in einer Zeit absoluter Fürstenmacht, territorialer Zersplitterung
ausschließlicher Konfessionalität, zählebiger Intoleranz und noch weithin starrer gesellschaftlicher Schranken und Besitzverhältnisse – in einer solchen Zeit
haben sich die Logen und Geheimgesellschaften als übernationale, überkonfes-
sionelle, tolerante Institutionen jenseits postfeudaler ständischer Barrieren
etabliert. Und noch ein Widerspruch tritt hinzu: In der Epoche staatlich-abso-
lutistischen Herrschaftsmonopols war das freimaurerische Bekenntnis zu völli-

ger politischer Abstinenz eine existentielle Notwendigkeit. Und dennoch wurde diese an sich und grundsätzlich unpolitische Maurerei immer wieder und auf mancherlei Weise Instrument der Politik, teils „von oben" gezwungen, also mithin im Dienste der Herrschaft, später auch „von unten", also im Widerstand zur staatlichen Herrschaftsordnung, sei es aus eigenem Willen oder auf dem Wege der Subversion.

*

*Freimaurerei, Geheimgesellschaften und Politik*, diese Frage steht bereits an den Ursprüngen der Logen, in Großbritannien während der ersten beiden Jahrzehnte des 18. Jahrhunderts. Bis um die Jahrhundertmitte geschah die maurerische Expansion in einer höchst merkwürdigen und komplizierten Verflechtung mit der großen europäischen Politik, im Spannungsfeld von Jakobiten und Anhängern der neuen Hannoveraner Monarchie, somit im Wirkungskreis britischer Europa- und vor allem Frankreichpolitik[176]. Wir sollten nicht vergessen, daß es vielfach Jakobiten, also Anhänger der vertriebenen katholischen Stuarts waren, welche die Maurerei von Großbritannien nach Spanien, in den italienischen Raum, vor allem aber nach Frankreich und vielleicht sogar nach Rußland getragen haben. Auf der anderen Seite aber spielten die Logen in Politik, Gesellschaft und Kultur des Hannoveranischen England der dreißiger bis späten fünfziger Jahre eine bedeutende Rolle[177]. All diese weit ausgreifenden Themen sind von der Forschung noch längst nicht hinreichend geklärt. Das gilt auch und nicht zuletzt von der zwischen „jakobitischer" und „Hannoverscher" Parteinahme schwankenden maurerisch-politischen Rolle des scoto-französischen „Chevalier" Ramsay und seinem programmatischen maurerischen *Discours* von 1736/37[178].

„Politik" in einem sehr weiten Verständnis stand wohl auch hinter der Trennung nationaler Logen von der Londoner Großloge in Zeiten kriegerischer Auseinandersetzungen, praktiziert von den französischen Logen 1755/56, von den spanischen Logen 1778, jeweils also am Vorabend machtpolitischer Konflikte. Mehr noch, eine Untersuchung der politischen Haltung mancher Logen und Systeme in Kriegszeiten – etwa der *Strikten Observanz* im Reich während des Siebenjährigen Krieges – wäre möglicherweise ergiebig. Ähnliches ist mit Sicherheit von Forschungen über die Verflechtung von Logen und Geheimgesellschaften in nationale Unabhängigkeitsbewegungen zu erwarten, etwa in Irland seit den siebziger Jahren des 18. Jahrhunderts, und zwar bei der anglo-irischen *Protestant Ascendancy*, der noch dünnen katholischen Führungsschicht und nicht zuletzt bei den *Irish Volunteers*, ganz allgemein also bei den katholischen wie nicht-katholischen Anhängern einer religiösen und staatsbürgerlichen Emanzipation der irischen Katholiken bis ins dritte Jahrzehnt des 19. Jahrhunderts[179]. In den Kontext von „Logen, Geheimgesellschaften und nationale Unabhängigkeitsbewegung" gehört natürlich auch die Haltung der Logen während der Ständerevolution in den österreichischen Niederlanden 1787/

1793[180], selbstverständlich in Ungarn und in Polen[181] und — nunmehr strikt als Herrschaftsinstrument — im Machtbereich Napoleons und der napoleonidischen Satellitenstaaten[182]. Es geschah in dieser Zeit, 1807, daß der preußische Staatsmann und Freimaurer Graf Hardenberg in seiner *Rigaer Denkschrift* die Maurerei als „Hebel für große Dinge" bezeichnete[183]; fast drei Jahrzehnte zuvor scheint der Maurer und konstitutionelle Revolutionär Graf Mirabeau die französischen Logen ganz ähnlich als Vehikel innen- und sozialpolitischer Reformen angesehen zu haben[184].

*

Dies führt zu dem lange und heiß umstrittenen Thema „Freimaurerei und Französische Revolution", das nur sehr bedingt in den hier behandelten Problemkreis gehört[185], denn als Institution hatten d i e Logen keinen wesentlichen Anteil an Vorbereitung und Verlauf der Revolution, wohl aber einzelne, gelegentlich sogar zahlreiche Mitglieder bestimmter Symbolischer wie Schottischer Logen, und zwar innerhalb des gesamten politisch-ideologischen Spektrums[186]. Neuere Untersuchungen zur politischen Option individueller Logenmitglieder haben darüber hinaus zu allgemeinen, auch methodisch bedeutungsvollen Ergebnissen geführt, vor allem hinsichtlich *sozialer Schichtung und gesellschaftlicher Wirkung* der Logen und Geheimgesellschaften.

Diese wesentliche Frage — und mit ihr sind wir beim zweiten Punkt der Übersicht über die Forschungsprobleme — wäre anhand quellenfundierter Einzelanalysen nach Art von Fallstudien zu untersuchen und zu klären. Die Unterscheidung in „Adel" und „Bürgertum", die sich zunächst aufdrängen mag, trägt allerdings weithin Leerformelcharakter und ist m. E. höchstens zu einer „Grobsortierung" tauglich; weit feinere Raster sind nötig. So ist bei Adel und Bürgertum stets genau zu trennen und aufzuschlüsseln nach Herkunft, Besitzverhältnissen und Stellung[187]. Die „Bürger" sind etwa zu unterscheiden nach Unternehmern, Bankiers, Kaufleuten, akademischen bzw. nichtakademischen Beamten, Ärzten, Apothekern, Gelehrten, Lehrern verschiedener Bereiche, vielleicht auch schon kleinen „bürgerlichen" Gewerbetreibenden und Handwerks-meistern. Besonders differenzierende Analyse gebührt der sogenannten „bürgerlichen Intelligenz", auch dem Klerus protestantischer wie katholischer Konfession, ferner allen neunobilitierten Gruppen sowie bestimmten herausgehobenen Kunst- und Feinhandwerkern[188].

Ins Blickfeld des Interesses und der Untersuchung rückt auch die maurerische Aktivität einiger Gruppen von ausgeprägter Mobilität, allen voran natürlich die meist (doch keineswegs ausschließlich) adeligen Offiziere, und zwar aktive wie verabschiedete; sie wirkten in zivilen Logen, aber auch in eigenen sogenannten Militärlogen, sie gründeten Logen sogar in „Feindesland" und bildeten ein in seiner Bedeutung wohl noch längst nicht voll gewürdigtes Vehikel maurerischer Expansion und Entfaltung[189]. Hinzu kommt das Wirken von Kauf- und Handelsleuten, von Seefahrern und von Gelehrten, die ja im 18.

Jahrhundert von hoher Mobilität waren und sein mußten, nicht zuletzt von Hofmeistern, Schauspielern und Künstlern.

In dieses Umfeld gehören auch Untersuchungen über das Gewicht religiöser Minderheiten innerhalb der Freimaurerei und Geheimgesellschaften und deren jeweilige rechtliche und soziale Situation. Das gilt etwa für die Hugenotten in England und auf dem Kontinent, für die Katholiken auf den Britischen Inseln und für die Juden ganz allgemein. Daß Hugenotten und Hugenottenabkömmlinge in der Freimaurerei erheblichen Einfluß erlangten — man denke nur an die Rolle von John Theophil Desaguliers in der Londoner Großloge[190] —, ist zumindest in Umrissen bekannt; daß aber mit Lord Robert Edward Petre 1772 ein prominenter Vertreter der damals rechtlich immer noch diskriminierten katholischen Minderheit Großmeister der Großloge von England wurde[191], daß sich ferner in London die Katholiken, auch die aus den Mittel- und Unterschichten, in der *Freemasons' Tavern* versammelten[192], das verdient doch besondere Beachtung. Über das Verhältnis der (Glaubens-)Juden zur Freimaurerei und zu den para- und pseudomaurerischen Geheimgesellschaften wäre viel zu sagen, es ist ein bedeutendes Thema; hier sei nur auf das grundlegende Werk des in Jerusalem lehrenden Soziologen Jacob Katz verwiesen[193].

Das Fernziel bei all diesen schichtenspezifischen Untersuchungen wären Typologien von Logen in horizontaler wie vertikaler Ordnung. Horizontal etwa nach der Art, wie Alain Le Bihan die französischen Logen aufteilte[194]: in hauptstädtische, Provinz-, Militär-, Marine- und Koloniallogen. In Deutschland wäre wohl anders vorzugehen, etwa nach Logen in Residenzstädten, Landstädten, Reichs- und Hansestädten. Eine Typologie vertikaler Provenienz aber müßte der jeweils quellensicher erkannten sozialen Struktur folgen und trennen nach Logen adliger Dominanz, adlig-bürgerlichen „Mischlogen", wesentlich großbürgerlichen „Honoratiorenlogen", Logen, die sich auch mittelbürgerlichen, in Ansätzen vielleicht sogar kleinbürgerlichen Schichten öffneten[195]. Anschließend wäre zu klären, welche soziale Gruppen jeweils die Positionen der Logenbeamten innehatten.

Diese umfassenden Analysen sollten dann weitergeführt werden in Untersuchungen über die Verbindungen von Logen untereinander und über die Teilnahme von Logenmitgliedern in entfernt ähnlichen Assoziationen, als da sind: Lesegesellschaften[196], Klubs, gelehrte, ökonomische und patriotische Sozietäten, Akademien der Wissenschaften[197]. Gerade die Affinität zu gelehrten Sozietäten wurzelt ja tief in maurerischer Vergangenheit und Pflicht und hat sich im 18. Jahrhundert immer wieder deutlich manifestiert: zum einen in einer regen Aktivität von Logenmitgliedern (bzw. Angehörigen von Geheimgesellschaften) an eben diesen gelehrten Gesellschaften — Stichworte: Royal Society in London[198], Académie des Sciences zu Paris und französische Provinzakademien[199], Enzyklopädie und Freimaurerei[200], Infiltration der Bayerischen Akamie der Wissenschaften in München durch die Illuminaten[201], Akademieprojekte des Illuminaten und Freimaurers Joseph von Sonnenfels im spättheresianischen und josephinischen Wien[202]. Zum andern aber haben manche ambitio-

nierte Logen und Geheimgesellschaften immer wieder versucht, sich selbst als
eine Art von gelehrter Sozietät en miniature zu etablieren, so die dezidiert aufklärerische Loge *Les Neuf Soeurs*[203] sowie die sog. *Philalethen* des Savalette
de Lange zu Paris[204], die Illuminaten Weishaupts, auch die Loge *Zur wahren
Eintracht* des Ignaz Freiherr von Born in Wien[205]. Eine enge gesellschaftliche
und zum Teil inhaltliche Verbindung zwischen Logen, Patriotischer Sozietät
und Lesegesellschaften zeigt sich im späten 18. Jahrhundert im Raum Ham-
burg/Altona[206], mit bedeutenden Wechselbeziehungen nach Norddeutschland,
Schleswig-Holstein, Dänemark und Großbritannien.

Erst auf dieser Stufe der Betrachtung, so scheint mir, ist oder wäre eine Position erreicht, wo Grundfragen unseres Forschungsinteresses etwas näher erhellt werden könnten, vor allem die Standortbestimmung von Logen und Geheimgesellschaften innerhalb der bürgerlich-adligen Organisations- und Kom-
munikationsformen des 18. Jahrhunderts sowie ihre Funktion im Verlauf der
sogenannten bürgerlichen Emanzipation. Und noch eine Frage stellt sich in
diesem Zusammenhang, nämlich die nach dem Selbstverständnis der einzelnen
Freimaurer, die Frage also nach dem „Warum", dem Motiv der Logenmitglied-
schaft. Hier stoßen wir wohl an sehr enge Quellengrenzen und werden auf
Umwege verwiesen. Was dabei vielleicht helfen könnte, ist das Studium maurerischer Systeme, der Entwicklung der Symbolik[207], die Kenntnis maurerischer
Katechismen, Reden, Lieder[208], Bilder, Medaillen und Kupferstiche[209]. In dieser wesentlichen Frage bleiben wir nichtfreimaurerischen Forscher weitgehend
und dankbar der genuin maurerischen Forschung verpflichtet.

Das alles führt zum dritten und letzten Punkt unserer skizzenhaften Bemerkungen über Forschungsprobleme und -perspektiven, nämlich auf das *Verhältnis von Logen und Geheimgesellschaften zur Aufklärung und zum Geistesleben.*
Noch einmal stoßen wir auf eine Aporie, ja auf d e n Grundwiderspruch maurerischer Ideologie und Praxis, auf das Postulat der Gleichheit[210]. Gewiß haben die Logen innerhalb bestimmter mehr oder weniger begrenzter adlig-bür-
gerlicher Schichten „Gleichheit" praktiziert, ohne Zweifel ein bedeutendes
Verdienst. Doch konnte diese Gleichheit unter den Bedingungen der postfeu-
dalen Gesellschafts- und der absolutistischen Herrschaftsordnung nur eben im
„Arcanum", im geheimnisgeschützten „Logenraum" realisiert werden, um den
Preis einer exklusiv-elitären Absonderung von der profanen Welt[211]. Das Ergebnis war neue Ungleichheit.

Aber immerhin existierte jenes Gleichheitspostulat, es wurde in den Logen
in wichtigen Ansätzen verwirklicht und mit ihm eine Grundforderung der Aufklärung. Und noch mit anderen zentralen Prinzipien der Aufklärung bestand
grundsätzlicher Konsens, etwa mit der Forderung nach Toleranz, Humanität,
Moral, in der Wertschätzung der Erziehung. Mit Recht aber hat Rudolf Vierhaus betont, daß diesem Konsens keine Identität, nur eine Affinität von Aufklärung und Logen entsprach[212]. Aufklärung implizierte stets Öffentlichkeit,
Polemik, Diskussion, offenes Eintreten für Reformen, so wie es die Publizistik
und die gesamte europäische „république des lettres" praktizierte[213]. Gerade

hier aber wird der Unterschied zu Logen und Geheimgesellschaften sehr deutlich, die jenes Prinzip der Öffentlichkeit nicht kannten und nicht kennen durften. Und noch ein wesentlicher Faktor im Verhältnis von Logen und Geheimgesellschaften zur geistigen Entwicklung bleibt festzuhalten. Dieses Verhältnis darf keinesfalls auf das eine, wiewohl unverzichtbare Thema „Aufklärung" reduziert werden; denn ein bedeutender Teil der Logen und Geheimbünde gründete eben nicht im Rationalismus, sondern in vielschichtigen esoterischen Geistes- und Wissenschaftstraditionen, und auch dieser Entwicklungsstrang blieb zukunftsträchtig und sollte zu Positionen führen, die der rationalistischen Aufklärung entgegengesetzt waren[214]. Gleichwohl, ob Aufklärung oder Esoterik, beide Entwicklungsformen der Logen und Geheimgesellschaften haben ihren eigenen und wertvollen Beitrag im Prozeß der geistigen Verschmelzung Europas geleistet.

*

Abschließend noch einige sehr kursorische Anmerkungen zu *Methode und Methodologie*. Die Erforschung der Logen und geheimen Gesellschaften des europäischen 18. und frühen 19. Jahrhunderts sollte in dieser Hinsicht drei Hauptbedingungen erfüllen: Sie sollte *erstens* multiperspektivisch angelegt, *zweitens* interdisziplinär durchgeführt werden und *drittens* in einem übernationalen Zusammenhang erfolgen. „Multiperspektivisch" meint hier grundsätzliche methodische Offenheit, kombinatorische, nicht eindimensional-lineare Analyse, konkret: Verwendung der Fragestellung und des Begriffsinstrumentariums der politischen und Sozialgeschichte[215], Religionswissenschaft[216], der empirischen Soziologie und historisch „offenen" Politologie[217], der komparatistischen Literaturwissenschaft[218], auch der Kunstgeschichte[219] und sogar der Linguistik[220]. Damit ist auch die zweite Forderung, die nach „interdisziplinärer" Erforschung deutlich umschrieben. Der Geschichtswissenschaft aber fällt dabei, wie ich meine, eine besondere Aufgabe zu, und dies dank ihrer fachspezifischen Quellennähe, ihrer Distanz im Urteil, ihrer Absage an Dogmatismus, rückwärtsgewandte Prophetie und an eine geschichtsfeindliche und unwissenschaftliche Aktualisierung[221].

Eine mit Freimaurerei und Geheimgesellschaften des 18. und frühen 19. Jahrhunderts befaßte Forschung muß selbstverständlich auch ideologiekritisch-funktionalistische Analysen verwenden, sozio-ökonomische Grundstrukturen und Prozesse klären und politische wie ökonomische Interessenhintergründe, Interessenverflechtungen und Verschleierungsmechanismen bedenken[222]. Indes lassen sich Freimaurerei und Geheimgesellschaften nur bis zu einem gewissen Grade mit diesen zweckrationalen Erklärungsmustern fassen und deuten. Wesentliche, ja konstitutive Dimensionen bleiben außerhalb eines solch linearen Betrachtungshorizonts: etwa die der Geselligkeit und der Freundschaft[223], überhaupt die Kategorie des Homo ludens, ferner sehr menschliche Schwächen, Eitelkeiten und Begierden, aber auch selbstlose humanitär-philanthrophische Impulse – vielleicht im Sinne von Lessings anima naturaliter masonica – und nicht zuletzt die ehrliche Suche nach religiösen Wahrheiten, nach verschütteten esoterischen Quellen und Erkenntnissen, das Bemühen, in der Maurerei das Christentum zu vollenden und zu neuer Spiritualität und Ökumene zu gelangen[224].

Erst wenn auch diese zentralen Dimensionen gesehen und in den methodischen Ansatz einbezogen werden, sollte man sich an das große Thema „Freimaurerei und Geheimgesellschaften" wagen. Wie schon eingangs gesagt: Über seinen eminenten wissenschaftlichen Rang sind Zweifel nicht mehr verstattet. Die Arbeit der Forscher wird sich lohnen.

*Anmerkungen*

1  Vgl. den Sammelband „Klasse en ideologie in de vrijmetselarij – Classes et ideologies dans la Franc-Maçonnerie" = Tijdschrift voor de studie van de verlichting, Bd. 4, Brüssel 1976. Der zweite Teil in Bd. 5 (1977).
2  Die meisten Referate dieses Symposiums werden in den „Wolfenbütteler Studien zur Aufklärung" Bd. 5/I, Bremen-Wolfenbüttel, 1978 erscheinen [im Satz].
3  Vgl. die Beiträge des hier vorliegenden Bandes.
4  In: English Historical Review 84 (1969) 323–335; zu den weiteren einschlägigen Veröffentlichungen von J. M. Roberts vgl. Anm. 54; 185; 210.

I. Genese und Expansion in Europa

5  Da im ersten, darstellenden Teil fast ganz auf Anmerkungen verzichtet worden ist, sei auf das Verzeichnis maurerischer Bibliographien, Enzyklopädien und Handbücher im Anhang die Anmerkungen zum zweiten und dritten Teil dieser Skizze verwiesen. – Weitere Literatur- und Quellenangaben auch bei L. Hammermayer: Der Wilhelmsbader Freimaurer-Konvent von 1782. Ein Höhe- und Wendepunkt in der Geschichte der deutschen und europäischen Geheimgesellschaften. = Wolfenbütteler Studien zur Aufklärung Bd. 5/II, Bremen-Wolfenbüttel 1978, 1–241 [im Satz]. Detaillierte Belege bietet auch meine vor dem Abschluß stehende Studie über maurerisch-geheimgesellschaftliche Verbindungen zwischen Frankreich und Deutschland im 18. Jahrhundert, die in der vom Deutschen Historischen Institut zu Paris herausgegebenen Zeitschrift „Francia" erscheinen wird.
6  Vgl. Anm. 51.
7  Fritz Valjavec: Die Entstehung der politischen Strömungen in Deutschland 1770 bis 1815. München 1951. Eine überarbeitete, ergänzte und vor allem um ein Register bereicherte Neuedition dieses grundlegenden Werkes ist ein Desiderat.

II. Freimaurerische Historiographie und Historiographie über Freimaurerei und Geheimgesellschaften

*Deutschsprachiger Raum*

8 Vgl. Peter F. Barton: Ignatius Aurelius Feßler. Vom Barock-Katholizismus zur Erweckungsbewegung. Wien-Köln-Graz 1969, bes. 138–150, 180 ff., 223–236, 253–305.

9 F. L. Schröder: Materialien zur Geschichte der Freymaurerei. 4 Bde., Rudolstadt 1806; ders.: Der Signatstern, oder die enthüllten sämtlichen sieben Grade der mystischen Freimaurerei nebst dem Orden des Lichts für Maurer und die es nicht sind. 16 Bde., Berlin 1803/21; ders. (Hrsg.): Ritualsammlung. 26 Bde., Rudolstadt 1805/16 (ein von C. J. Baum besorgter Reprint der Ritualsammlung erschien 1977 in limitierter Auflage); vgl. auch Fritz Bolle: Auf der Suche nach alten Ritualen. In: Eleusis 31, 1976, 178–181. Eine große moderne Biographie fehlt; vgl. Wilhelm Hintze: Friedrich Ludwig Schröder. Der Schauspieler – Der Freimaurer. = Die Blaue Reihe, Heft 22, Hamburg 1974 (u. a. Auszüge aus Schröders Korrespondenz mit Herder).

10 A. Lawrie: The History of Freemasonry. Edinburgh 1804 (1870²), erschien bereits 1804 zu Freiberg/Sa. in einer deutschen Übersetzung unter dem Titel: Geschichte der Frei-Maurerei aus authentischen Quellen nebst einem Berichte über die Große Loge in Schottland von ihrer Stiftung bis auf die gegenwärtige Zeit und einem Anhange von Original-Papieren.

11 C. A. Thory: Acta Latomorum, ou chronologie de l'histoire de la Franche-Maçonnerie française et étrangère, contenant les faits lès plus remarcables de l'institution, depuis ses temps obscurs jusqu'en l'année 1815. 2 Bde., Paris 1815; ders.: Annales originis Magni Galliarum Orientis. Paris 1812. – Die Entfaltung maurerischer Historiographie im napoleonischen Frankreich verdiente nähere Untersuchung.

12 C. Lenning (= Hesse): Enzyklopädie der Freimaurerei, nebst Nachrichten über die damit in wirklichen oder vorgeblichen Beziehungen stehenden geheimen Verbindungen. 3 Bde., Leipzig 1822/28; eine von H. T. Schlatter und M. A. Zille bearbeitete zweite Auflage erschien in vier Bänden unter dem Titel „Allgemeines Handbuch der Freimaurerei", Leipzig 1863/79; die von R. Fischer redigierte dritte Auflage umfaßt zwei Bände (Leipzig 1900/01). Eine in den zwanziger Jahren geplante und vorbereitete Neuauflage kam nicht mehr zustande.

13 Erste Ansätze einer ernsthaften und distanzierten Reflexion und Erforschung der Geschichte der Logen und Geheimgesellschaften von maurerischer oder nichtmaurerischer Seite lassen sich bis in die späten siebziger und in die achtziger Jahre des achtzehnten Jahrhunderts zurückverfolgen, werden jedoch erst innerhalb der europäischen maurerischen Reformbestrebungen im ersten Drittel des neunzehnten Jahrhunderts wirksam; die Wechselwirkung zwischen Forschung bzw. Reformansätzen in Deutschland und Frankreich verdiente dabei besondere Aufmerksamkeit; vgl. den Anhang, der maurerische Bibliographien, Enzyklopädien und Handbücher enthält.

14 G. Kloß: Bibliographie der Freimaurerei und der mit ihr in Verbindung gesetzten geheimen Gesellschaften. Frankfurt/M. 1844 (Reprint Graz 1970); ders.: Die Freimaurerei in ihrer wahren Bedeutung, aus alten und ächten Urkunden der Steinmetzen, Masonen und Freimaurern nachgewiesen. ebd. 1845; ders.: Annalen der Loge zur Einigkeit, der englischen Provincial-Loge, sowie der Provincial- und Directorial-Loge des eclectischen Bundes zu Frankfurt am Main, 1743–1811. ebd. 1842; ders.: Die Geschichte der Freimaurerei in England, Irland und Schottland aus den ächten Urkunden dargestellt (1685–1784), nebst einer Abhandlung über die Ancient Masons. Leipzig 1848; ders.: Geschichte der Freimaurerei in Frankreich, aus ächten Urkunden dargestellt (1725–1830). 2 Bde., Darmstadt 1852/53. – Über den Kloßschen Nachlaß vgl. „Handschriften der Klossianischen Bibliothek". In: Beschrijving der Verzamelinger van het Groot-Oosten der Nederlanden, s'Gravenhage 1880. – Eine Studie über die maurerische Bedeutung und die historiographische Leistung von Kloß wäre sehr zu wünschen; erste Hinweise u. a. bei G. R. Kués: Die großen deutschen Historiker der Freimaurerei = Blaue Reihe, Heft 7, Hamburg 1956; Karl Demeter: Die Frankfurter Loge zur Einigkeit 1742–1966. Frankfurt 1967, 11 f. u. passim.

15 Chr. C. F. W. Frhr. v. Nettelbladt: Geschichte freimaurerischer Systeme in England, Frankreich und Deutschland. Berlin 1879; das Werk entstand jedoch bereits in den dreißiger Jahren und lag als „Manuskript für Brüder" 1836 vor; es wurde über vier Jahrzehnte später unverändert in Druck gegeben und war von der Forschung damals bereits überholt; vgl. Reinhard Horn: Zur freimaurerischen Historiographie des frühen 18. Jahrhunderts: C. C. F. W. Frhr. v. Nettelbladt. Phil. Magisterarbeit München 1978 (ungedruckt). Zu Nettelbladts Studie zur russischen Maurerei vgl. Anm. 166.

16 W. Keller: Geschichte des eklektischen Freimaurerbundes. Gießen 1856 (1867[2], 1876[3]); ders.: Geschichte der Freimaurerei in Deutschland. Gießen 1859.

17 J. G. Findel: Geschichte der Freimaurerei. Von der Zeit ihres Entstehens bis auf die Gegenwart. Leipzig 1861 (1870[3] und weitere Auflagen), spanische Übersetzung bereits 1882; eine neue französische Übersetzung Paris (Lacroix) 1966. — Findel veröffentlichte ferner u. a.: Das Zeitalter der Verirrungen im Maurerbunde. Leipzig 1892; Geschichte der Großloge „Zur Sonne" in Bayreuth. Leipzig 1897; Schriften über Freimaurerei. 6 Bde., Leipzig 1892—1900. Über Findel und den wesentlich von ihm mitbegründeten „Verein deutscher Freimaurer"(1860/61) wäre eine Untersuchung lohnend; erste Hinweise bei H. Wanner: Geschichte des Vereins deutscher Freimaurer. Berlin 1911.

18 G. A. Schiffmann: Geschichte des Capitels der Großen Landesloge von Deutschland und seiner Akten. Stettin 1876; ders.: Die Freimaurerei in Frankreich in der ersten Hälfte des XVIII. Jahrhunderts. Leipzig 1881; ders.: Die Entstehung der Rittergrade in der Freimaurerei um die Mitte des XVIII. Jahrhunderts. Leipzig 1882; ders.: Andreas Michael Ramsay. Eine Studie zur Geschichte der Freimaurerei. Leipzig 1878.

19 W. Begemann: Die Tempelherren und die Freimaurer. Berlin 1906 (Antwort auf eine Schrift Ludwig Kellers; vgl. Anm. 20); ders.: Vorgeschichte und Anfänge der Freimaurerei in England. Bd. 1: Die alten Werklogen und ihre Sprößlinge; Bd. 2: Gründung und Weiterentwicklung der Londoner Großloge, die Ancient Masons und die Vereinigung der beiden Großlogen. Berlin 1909/10; ders.: Vorgeschichte und Anfänge der Freimaurerei in Irland. Berlin 1911; ders.: Vorgeschichte und Anfänge der Freimaurerei in Schottland. Berlin 1914; ders.: Der alte und angenommene Schottische Ritus und Friedrich der Große. — Begemanns fruchtbare wissenschaftliche Kontakte zur englischen Großloge werden geschildert bei: D. Knoop, G. P. Jones: Begemann's History. In: Ars Quatuor Coronatorum 44, London 1941; die in dieser englischen Logenzeitschrift publizierten Beiträge Begemanns in Anm. 69.

20 Vgl. u. a. L. Keller: Zur Geschichte der Bauhütten und Hüttengeheimnisse Leipzig 1889; ders.: Graf Albrecht Wolfgang von Schaumburg-Lippe und die Anfänge des Maurerbundes in England, Holland und Deutschland. Berlin 1901; ders.: Die Tempelherren und die Freimaurer. In: Vorträge und Aufsätze der Comenius-Gesellschaft 13/4, Berlin 1904; ders.: Die italienischen Akademien des 17. Jahrhunderts und die Anfänge des Maurerbundes in den romanischen und nordischen Ländern. Berlin 1906; ders.: J. G. Herder und die Kulturgesellschaft des Humanismus. Ein Beitrag zur Geschichte des Maurerbundes. Berlin 1904, ebd. 1910[2]; ders.: Die geistigen Grundlagen der Freimaurerei und das öffentliche Leben. Berlin 1911. Ferner zahlreiche weitere einschlägige Aufsätze in den „Monatsheften" der von Keller 1893 begründeten — an sich logenungebundenen — „Comenius-Gesellschaft für Volksbildung und Geisteskultur". Kellers wissenschaftliche, organisatorische und maurerische Aktivitäten, seine Auseinandersetzungen mit maurerischen Forschern wie Begemann (vgl. Anm. 19) sowie seine deutsche und europäische Rezeption verdienten eine eingehende Untersuchung.

21 Vgl. u. a. Fr. Kneisner: Geschichte der Provinzialloge von Niedersachsen zu Hannover. Berlin 1902; ders.: Geschichte der deutschen Freimaurerei. Berlin 1912; ders.: Die Niederschriften der „Loge d'Hambourg" von 1737 bis 1741. Berlin 1920; ders.: Landgraf Carl von Hessen und seine Wirksamkeit in der deutschen Freimaurerei. Berlin 1917.

22 R. Taute: Johnson und die Strikte Observanz (o. O. 1885); ders.: Maurerische Bücherkunde. Leipzig 1886 (Neudruck Graz 1971); ders.: Die katholische Geistlichkeit und die Freimaurerei. Leipzig 1895 (Berlin 1909[3]); ders.: Ordens- und Bundesromane Ein Beitrag zur Bibliographie der Freimaurerei. Berlin 1917 (Nachdruck Graz 1977); ders.: Der Wilhelmsbader Konvent und der Zusammenbruch der Strikten Observanz.

= Bücherei für Freimaurer 18/19, Berlin 1909; ders.: Der Freimaurer-Konvent zu Altenberge. Leipzig 1914.

23 A. Wolfstieg: Bibliographie der freimaurerischen Literatur. 3 Bde., Leipzig-Burg 1911/13; ein vierter, von Bernhard Beyer bearbeiteter Band erschien unter gleichem Titel 1925 (vgl. Anm. 31). A. Wolfstieg: Ursprung und Entwicklung der Freimaurerei. 3 Bde. Berlin 1920; ders.: Die Philosophie der Freimaurerei. Bearbeitet von Alfons Dirksen, 2 Bde., Berlin 1922.

24 H. Boos: Geschichte der Freimaurerei. Aarau 1894 (2. erweiterte Aufl. ebd. 1906); ders.: Handbuch der Freimaurerei. Bern 1894 (französische Übersetzung „Manuel de la Franc-Maçonnerie", Bern 1894).

25 L. (Aigner-)Abafi: Geschichte der Freimaurerei in Österreich-Ungarn. 5 Bde., Budapest 1890/99; vgl. Anm. 149.

26 F. Runkel: Geschichte der Freimaurerei in Deutschland. 3. Bde., Berlin 1931/32.

27 E. Lennhoff und O. Posner: Internationales Freimaurer-Lexikon. Wien 1932 (Reprint 1973). Vgl. u. a. Eugen Lennhoff: Politische Geheimbünde. Wien 1930 (Reprint 1966). Ders.: Die Freimaurer. Geschichte, Wesen, Wirken und Geheimnis der Königlichen Kunst. Zürich-Leipzig-Wien 1932; ders.: Die nordamerikanische Freimaurerei. Ihr Geist, ihre Tätigkeit, ihre Tendenzen. Basel 1930. Vgl. u. a. Oskar Posner: Am rauhen Stein. Ein Leitfaden für Freimaurer-Lehrlinge. Reichenberg 1925; ders.: Bilder zur Geschichte der Freimaurerei. Ebd. 1927.

28 A. Pauls: Geschichte der Aachener Freimaurerei. Bd. 1 Clausthal-Zellerfeld 1928; ders.: Düsseldorfer Freimaurerei im 18. Jahrhundert. Ebd. 1929.

29 A. Marx: Die Gold- und Rosenkreuzer. Ein Mysterienbund des ausgehenden 18. Jahrhunderts in Deutschland. Phil. Diss. Berlin 1929; gedr. in: Das Freimaurer-Museum Bd. 5, Leipzig 1930, 1–168. – Zum gleichen Thema von freimaurerischer Seite Joh. Schultze: Quellen zur Geschichte der Rosenkreuzer des 18. Jahrhunderts. = Quellen zur Geschichte der Freimaurerei, Bd. 3, Leipzig 1929; ders.: Die Rosenkreuzer und Friedrich Wilhelm II. In: Mitteilungen des Vereins für Geschichte Berlins 46, 1929, 41–51. – Der um die Erhellung des esoterisch-tempelritterlichen Maurerei in Deutschland verdiente Gustav Krüger (u. a.: Die Rosenkreuzer, Berlin 1932) war dagegen m. W. nicht Freimaurer.

30 Das Freimaurer-Museum. Archiv für freimaurerische Ritualkunde und Geschichtsforschung, hrsg. v. geschichtlichen Engbund des Bayreuther Freimaurer-Museums, 6 Bde., Leipzig 1927/32.

31 B. Beyer: Bibliographie der freimaurerischen Literatur. Leipzig 1926. = Ergänzungsband zu Wolfstieg, wie Anm. 23; ders.: Das Lehrsystem des Ordens der Gold- und Rosenkreuzer. Leipzig 1925. Zu den weiteren Veröffentlichungen Beyers vgl. Anm. 102.

32 Gleichwohl bleiben manche dieser nationalsozialistischen Publikationen unentbehrlich, weil sie, wie tendenziös auch immer, inzwischen verlorengegangenes Quellenmaterial verwenden. Das gilt etwa für Adolf Roßberg: Freimaurerei und Politik im Zeitalter der Französischen Revolution. = Quellen und Darstellungen zur Freimaurerfrage Bd. 2, Berlin 1942; Heinz Gürtler: Deutsche Freimaurer im Dienste napoleonischer Politik (ebd. Bd. 3) Berlin 1942; Hans Riegelmann: Die europäischen Dynastien in ihrem Verhältnis zur Freimaurerei. (ebd. Bd. 4) Berlin 1943; ferner Franz Alfred Six: Studien zur Geistesgeschichte der Freimaurerei. Hamburg 1942 (1943[2]). – Vgl. hierzu die noch ungedruckte Dissertation von Helmut Neuberger: Freimaurerei und Nationalsozialismus. Die Verfolgung der deutschen Freimaurerei durch völkische Bewegung und Nationalsozialismus 1918 bis 1945. Phil. Diss. München 1977.

33 Demeter (wie Anm. 14) S. 13 f.

*Frankreich*

34 Zur Entwicklung der einschlägigen historischen Forschung und ihrer heutigen Probleme und Methoden vgl. u. a. Daniel Ligou: La Franc-Maçonnerie française au XVIIIe siècle. Position des problèmes et état des questions. In: L'information historique, Paris 1964, 98–111 (hervorragende Einführung!); ders.: Sur l'histoire de la Franc-Maçonnerie. Une maçonologie scientifique est-elle possible? In: Dix-Huitième

siècle Nr. 4, 1972, 61—77; ders.: La Franc-Maçonnerie. = Documents Histoire, hrsg. v. Claude Fohlen, Bd. 19, Paris 1977 (mit wertvoller „introduction" S. 9—60); ferner Louis Molet: La Franc-Maçonnerie Française. In: Revue d'Histoire et de Philosophie Religieuse 56, 1976, 405—421; Sammelbände: La Franc-Maçonnerie et la Révolution française = Annales historiques de la Révolution française Nr. 196, Paris 1969, sowie: Deuxième centenaire du Grand Orient de France. Ebd. Nr. 215, Paris 1974.

35 G. Bord: La Maçonnerie en France des origenes à 1815, Bd. 1, Paris 1909, ders.: Liste des francs-maçons ayant fréquenté les loges françaises constituées avant la fondation du Grand-Orient. In: Revue Internationale des Sociétés Secrètes 7, Paris 1914, 1—112.

36 Aus den Jahren unmittelbar vor dem Ersten Weltkrieg vgl. u. a. die Studien von Charles Bernardin: Notes pour servir à l'histoire de la franc-maçonnerie à Nancy jusqu'en 1805. Nancy 1909; Emile Lesueur: La franc-maçonnerie artésienne au XVIIIe siècle. Paris 1914; François Vermale: La franc-maçonnerie savoisienne de 1793 à 1804. In: Annales Historiques de la Révolution française, 1912, 50—86.

37 R. Le Forestier: Les Illuminés de Bavière et la Franc-Maçonnerie allemande. Paris 1914. — Enttäuschend das etwa gleichzeitig entstandene, gleichfalls einem wesentlichen deutschen und mitteleuropäischen Thema gewidmete Werk von J. Blum: J. A. Starck et la querelle du crypto-catholicisme en Allemagne. Paris 1912.

38 R. Le Forestier: L'occultisme et la franc-maçonnerie écossaise. Paris 1928; ders.: La franc-maçonnerie occultiste du XVIIIIe siècle et l'ordre des Elus Coëns. Paris 1928; vgl. auch Anm. 52.

39 G. Martin: La franc-maçonnerie française et la préparation de la Révolution. Paris 1925 (1926[2]); ders.: Manuel d'histoire de la Maçonnerie française. Paris 1929 (1934[3]); ders.: Essai d'une interprétation symbolique des grandes intermédiaires entre Maître et Rose-Croix. Toulouse 1932.

40 A. Lantoine: Histoire de la Maçonnerie française. 3 Bde. Paris 1925/35; Bd. 1: La franc-maçonnerie chez elle (Paris 1925), Bd. 2: Le rite Ecossais Ancien et Accepté (Paris 1930), Bd. 3: La franc-maçonnerie dans l'Etat (Paris 1935). Ders.: Hiram couronné d'épines. Paris 1926; ders.: Un précurseur de la franc-maçonnerie: John Toland' Paris 1927.

41 A. Viatte: Les sources occultes du romantisme: Illuminés — Théosophie. 2 Bde., Paris 1928 (1965[2]).

42 Alice Joly: Un mystique lyonnais et les secrets de la franc-maçonnerie. Macon 1938; A. Joly, Robert Amadou: De l'agent inconnu au philosophe inconnu. Paris 1962; Gerard van Rijnberk: Un thaumaturge au XVIIIe siècle: Martines de Pasqually. Sa vie, son oeuvre, son ordre. 2 Bde., Paris, Lyon 1935/38; ders.: Episodes de la vie ésoterique 1780—1824. Lyon, Paris 1949; Anne-Louise Salomon: Friedrich-Rudolf Saltzmann. Son rôle dans l'histoire de la pensée religieuse à Strasbourg. Paris 1932; Eugène Susini: Franz von Baader et le Romantisme mystique. 2 Bde., Paris 1942; ders.: Lettres inédites de Franz von Baader. Paris 1942. Vgl. Anm. 52 u. 53.

43 Nur die wichtigsten seien hier genannt: Paul Naudon: La franc-maçonnerie (collection „Que sais-je") Paris 1963 (1971[2]); Jean Palou: La franc-maçonnerie. Paris 1964; Serge Hutin: Les francs-maçons (collection „Le temps qui court") Paris 1960 (1962[2]); J. A. Faucher, A. Ricker: Histoire de la franc-maçonnerie en France. Paris 1967; Alain Guichard: Les francs-maçons. Paris 1969; Jean Saunier: Les francs-maçons, Paris 1972; Christian Jacq: La franc-maçonnerie, histoire et initiation. Paris 1975; Armand Tourret: La franc-maçonnerie (collection „Clefs") Paris 1975; D. Ligou (wie Anm. 34). Standardwerke zur Symbolik vgl. Anm. 207.

44 H. F. Marcy: Essai sur l'origine de la franc-maçonnerie et l'histoire du Grand Orient de France. 2 Bde., Paris 1949 und 1956.

45 J. Berteloot: La franc-maçonnerie et l'Eglise catholique. 2 Bde., Lausanne, Paris, Brüssel 1947; ders.: Les francs-maçons devant l'histoire. Origine et diversité. ebd. 1949.

46 A. Mellor: Nos frères séparés, les francs-maçons. Tours-Paris 1961 (deutsche Ausgabe: Unsere getrennten Brüder, Graz 1964); ders.: La franc-maçonnerie à l'heure du choix. Paris 1963 (deutsche Ausgabe: Logen, Rituale, Hochgrade. Handbuch der Freimaurerei, Graz 1967); ders.: La charte inconnue de la franc-maçonnerie chrétienne. Paris 1965; ders.: Lord Chesterfield. Paris 1970; ders.: Dictionnaire de la

franc-maçonnerie et des francs-maçons. Paris 1971; ders.: La vie quotidienne de la franc-maçonnerie française du XVIIIᵉ siècle à nos jours. Paris 1973; ders.: Les mythes maçonniques. Essai maçonnologique. Paris 1974.

47 P. Chevallier: Histoire de la franc-maçonnerie française. 3 Bde., Paris 1974/75; Bd. 1: La maçonnerie: école de l'Egalité, 1725–1799; Bd. 2: La maçonnerie, missionaire du libéralisme, 1800–1877; Bd. 3: La maçonnerie, église de la république, 1877–1944. Während Chevallier hier auf weiterführende Literatur- und Quellenangaben verzichtet, sind seine Einzelstudien reich dokumentiert, etwa: Les ducs sous l'acacia. Les premiers pas de la franc-maçonnerie française. Paris 1964; ders.: La première profanation du Temple Maçonnique, ou Louis XV et la fraternité. Paris 1968; ders.: La maçonnerie en 1771/73. In: Annales Historiques de la Révolution française 215 1974, 15–24. – Pierre Chevallier ist nicht zu verwechseln mit C. H. Chevalier, dem Verfasser eines wertvollen Beitrages „Maçons écossais au XVIIIᵉ siècle" (Annales Historiques de la Révolution française 196) 1969, 393–408.

48 A. Le Bihan: Francs-maçons Parisiens et la Grande Loge de France au XVIIIᵉ siècle. Paris 1966; ders.: Loges et chapitres de la Grande Loge et du Grand Orient de France, 1750–1800. Paris 1967; ders.: Personalité et milieux sociaux des maîtres de la Grande Loge de France. In: Annales Historiques de la Révolution française 196, 1969, 415–423; ders.: Francs-maçons et ateliers parisiens de la Grande Loge de France au XVIIIIᵉ siècle. Paris 1973; ders.: La franc-maçonnerie dans les colonies françaises du XVIIIIᵉ siècle. In: Annales Historiques de la Révolution française 215, 1974, 39–62.

49 G. H. Luquet: Quelques précisions d'histoire maçonnique (Le Symbolisme). Paris 1950, 106–117; ders.: Quelques questions d'histoire maçonnique (ebd.) 176–181; ders.: L'Encyclopédie fut-elle une entreprise maçonnique? In: Revue d'histoire littéraire de la France, 1954, 23–119; ders.: La franc-maçonnerie et l'Eglise en France au XVIIᵉ siècle. In: Revue Grand Collège des Rites, Bulletin Nr. 43, Paris 1955, 33–71; ders.: La franc-maçonnerie et l'Etat au XVIIᵉ siècle. Paris 1963.

50 D. Ligou (Hrsg.): Le Dictionnaire universel de la franc-maçonnerie. 2 Bde. Paris 1974. – Neben den in Anm. 34 genannten beiden Publikationen vgl. von Daniel Ligou u. a. folgende Veröffentlichungen: Les francs-maçons de Macon à la veille de la Révolution. = Actes du congrès de l'association bourguignonne des Sociétés Savantes. Macon 1963; Structures et symbolisme maçonniques sous la Révolution. In: Annales historiques de la Révolution française Nr. 197, 1969, 511–516; Chansons maçonniques des XVIII et XIX siècles. Paris 1970; Les assemblées qui ont créé le Grand Orient de France. In: Annales historiques de la Révolution française Nr. 215, 1974, 28–38.

51 J. Baylot: Dossier français de la franc-maçonnerie régulière. Paris 1965; ders.: La voie substitué. Recherche sur la déviation de la franc-maçonnerie en France et en Europe. Liège 1968. Zum folgenden vgl. Anm. 185.

52 R. Le Forestier: La franc-maçonnerie templière et occultiste aux XVIIIᵉ et XIXᵉ siècles. Paris-Louvain 1970.

53 A. Faivre veröffentlichte folgende Darstellungen: Kirchberger et l'Illuminisme du XVIIIᵉ siècle. Den Haag 1966. – Eckartshausen et la théosophie chrétienne. Paris 1969. – L'Esoterisme au XVIIIᵉ siècle en France et en Allemagne. Paris 1973. – Les conférences des élus cohens de Lyon (1774/76) aux sources du Rite Ecossais Rectifié. = Bibliothèque internationale d'etudes maçonniques, Bd. 2, Braine-le-Comte 1975. Von den zahlreichen Einzelstudien seien genannt: Un familier des sociétés ésoteriques au XVIIIᵉ siècle. In: Revue des Sciences Humaines 126, 1967, 255–289. – Un martinésiste catholique: L'abbé Pierre Fournié. In: Revue de l'histoire des Religions, 1967, 33–73, 131–172. – Une collection maçonnique inédite: le fonds Bernard Frédéric de Turckheim (ebd.) 1969, 47–67. – Pour une approche figurative de l'alchemie. In: Annales 35, 1971, 76–92. – Rose-Croix et Rose-Croix d'Or en Allemagne de 1600 à 1786. In: Revue de l'histoire des Religions, 1972. – Rosicruciana. Ebd. 1976, 73–99 und ebd. 1977, 157–180. – Le Temple de Salomon dans la maçonnerie mystique au XVIIIᵉ siècle. In: Australian Journal of French Studies 9, 1972, 274–289. – Mystische Alchemie und geistige Hermeneutik. In: Eranos 42, 1973, Leiden 1975, 323–360. – J. C. Lavater: Charles de Hesse, et l'école du nord (Werkgroup 18ᵉ Eeuw) Nijmegen 1974, 37–52. – Friedrich Tieman und seine deut-

schen und russischen Freunde (in diesem Band). Eine repräsentative Auswahl der
Aufsätze von A. Faivre liegt nun in einem Sammelband vor: Mystiques, théosophes
et illuminés au siècle des lumières. Hildesheim 1977.

*Großbritannien und Irland*

54 J. M. Roberts: The Mythologie of the Secret Societies. London 1972 (Taschenbuch-
Ausgabe ebd. 1975); weitere einschlägige Studien des Verfassers vgl. Anm. 4, 185
und 210.

55 „ ... The startling growth of the craft was one of the most remarkable facts of English social history in the eighteenth century, and we have still no scholarly investigation of its sociology. Even if it be allowed that the traditional domestic approach
of scholarly freemasons to their own history need not deter the profane from entering
the field, official masonic history is at least open to the reproach that it has failed
to reveal the wider perspectives which ought to excite the curiosity of professional
historians ... faithful reproduction of traditional hagiography and at worst lunatic
speculation. This has, combined with masonic self-absorption, to produce a selfper-
petuating situation. Historians who have looked at freemasonry, having satisfied
themselves that English masonry was indeed, as its apologists claimed, politically in-
significant, have been content to leave the reputable side of the subject to the anti-
quarians and ignore the rest. This is short-sighted ..." (Roberts: A neglected Topic
324 f., wie Anm. 4). – Aus etwas größerer Distanz bemerkt der Franzose Daniel
Ligou: „ ... Dans le monde anglo-saxon, où les Loges de recherches sont pourtant
riches et actives, il semble que l'histoire maçonnique ne s'attache encore qu'à l'évé-
nementiel ou à ce qui est la ,Maçonnerie chez elle' ... les Grandes Loges anglo-saxon-
nes continuent à le penser, qui n'ouvrent guère leurs bibliothèques ou leurs Archives
et ne distribuent leurs publications qu'à des maçons ,dûment' reconnus ..." (La
Franc-Maçonnerie, Paris 1977, 16 u. 18, wie Anm. 34).

56 „ ... the United Grand Lodge of England denied me permission to use their archives,
their excuse being their desire to keep their affairs away from public controversy"
(Jacob Katz: Jews and Freemasons in Europe, 1723–1939. Cambridge Mass. 1970,
230); der israelische Forscher bedankt sich jedoch gleichzeitig für anderweitige tat-
kräftige Hilfe seitens prominenter Mitglieder der Grand Lodge.

57 Robert Shackleton: The Encyclopedie and Freemasonry. In: The Age of the Enlightenment. Studies presented to Theodore Besterman, Edinburgh, London 1967, 223–
237; ders.: Montesquieu. Oxford 1961, bes. 124 ff., 138–141, 172 f.

58 Von *schwedischer* Seite liegen lediglich vor: Carl Dahlgren: Frimureriet med tillämp-
ning pa Sverige. Stockholm 1842; C. L. H. Thulstrup: Anteckningar till Svenska fri-
mureriets historia, Meddelanden fran Svenska stora landlogens arkiv och bibliotek.
2 Bde. Stockholm 1892/98; Johann Rudbeck: Karl Friedrich Eckleff, Begründer
des schwedischen Freimaurersystems. Berlin 1931 (orig. schwedisch). Es scheint bezeichnend, daß ausländische maurerische Publikationen zur schwedischen Maurerei
selten und ohne Konsultation (auch ohne Benutzungserlaubnis?) der schwedischen
Archive entstanden sind; vgl. etwa B. Jacobs (wie Anm. 95); B. Telepnev (wie Anm.
168); George Emil Selter: Die Quelle des Meister-Rituals des schwedischen Systems
der Freimaurerei. Eine Konkordanz. In: Quatuor Coronati Jahrbuch 12, 1975, 41–
57; Walter Jaskulewicz: Wie die schwedische Lehrart nach Hamburg kam und sich
dort verbreitete. Ebd. 13, 1976, 41–56. – Bemerkenswert sind die zum Teil in der
Auseinandersetzung mit G. A. Schiffmann (wie Anm. 18) entstandenen Publikationen des schwedischen Theologen und Nicht-Freimaurers Fredrik Nielsen: Die Schwedische Loge und die christliche Kirche. Leipzig 1883; ders.: Freimaurerei und Christentum. Leipzig 1882[2].

59 Vgl. u. a. William Auld: The History of Freemasonry. Edinburgh 1772; William Pre-
ston: Illustrations of Masonry. London 1772 (deutsche Übers. bereits 1776!); Thomas Johnson: A brief History of Freemasonry, collected from the most approved
authors, to which is added a concise system of Christian Masonry. London 1784;
A Lawrie (wie Anm. 10).

60 Vgl. u. a. G. Oliver: The historic Landmarks and other Evidence of Freemasonry,
explained, arranged on the System which has been enjoined by the Grand Lodge of

England, as it was settled by the Lodge of Reconciliation, 1813. 2 Bde., London 1845/46. Oliver, der sich bereits seit den frühen zwanziger Jahren intensiv der maurerischen Forschung zugewandt hatte, veröffentlichte u. a. 1829 auch W. Prestons Werk (wie Anm. 59) in neuer Auflage. – Zu klären bliebe, ob Olivers Werk von 1845/46 angeregt wurde durch die Entdeckung der ältesten echten englischen maurerischen Urkunde, des im späten 14. Jahrhundert entstandenen sog. Regius-Manuskripts, durch den jungen nichtmaurerischen Forscher J. O. Halliwell. Dessen „The early History of Freemasonry" (London 1840) dürfte auch der kontinentalen maurerischen wie nichtmaurerischen Forschung wesentliche Impulse vermittelt haben; es wurde bereits 1842 ins Deutsche übersetzt und dürfte das Werk von G. Kloß (wie Anm. 14) ebenso mit angeregt haben wie die Urkundensammlung des nichtmaurerischen deutschen Forschers Carl Heideloff über „Die Bauhütten des Mittelalters in Deutschland" (Nürnberg 1844). Die englische wie die deutsche Forschung konnte anknüpfen an das ebenso bemerkenswerte wie vom sachlichen Ergebnis weithin dubiose Werk des Maurers und prominenten Fichte-Schülers Karl Christian Friedrich Krause: Die drei ältesten Kunsturkunden der Freimaurerbruderschaft. 2 Bde., Dresden 1810/13 (Zweite, u. a. um englisches Material vermehrte Auflage ebd. 1820/21); eine solidere Basis boten die Forschungen nichtmaurerischer Gelehrter wie Fr. Hoffstadt (1840), Chr. L. Stieglitz (1792/98 u. 1820) und A. Reichensperger (1856); neuerdings mit vorzüglichen Literatur- und Quellenverweisen Günther Binding, Norbert Nussbaum: Der mittelalterliche Baubetrieb nördlich der Alpen in zeitgenössischen Darstellungen. Darmstadt 1978. – Die ganze Frage ist wichtig in sich, aber auch im Hinblick auf eine thematisch wie zeitlich leider nur punktuell zustandegekommene Begegnung maurerischer und fachspezifischer Forschung. Eine gesonderte Untersuchung lohnt sich.

61  Vgl. die einschlägigen Artikel in den Enzyklopädien von Lennhoff-Posner (wie Anm. 27) und Mackey (wie Anm. 78). Eine Untersuchung der britischen maurerischen Historiographie des 19. Jahrhunderts, insbesondere der Vor- und Frühgeschichte der Forschungsloge „Quatuor Coronati" ist ein Desiderat. Besondere Bedeutung erhielten in den siebziger und beginnenden achtziger Jahren die publizistischen Aktivitäten des Theologen A. F. A. Woodford (Zeitschriften „The Freemason" 1873/85 und „Masonic Magazine" 1873/84) sowie die anregenden historischen Publikationen von W. J. Hughan: History of Freemasonry in York (London 1871); ders.: Memorials of the Masonic Union of 1813 (ebd. 1874).

62  R. F. Gould: The History of Freemasonry. 6 Bde., London-Edinburgh 1882/87; ders.: A concise History of Freemasonry. London 1903; zur Neubearbeitung vgl. Anm. 83.

63  John Lane: Masonic Records, 1717–1886. London 1886; ders.: Handy Book to the Study of the Lists of Lodges, 1723–1814. London 1889; ders.: Centenar Warrants and Jewels comprising an Account of the Lodges under the Grand Lodge of England. London 1891.

64  H. Sadler: Masonic Facts and Fictions. London 1887 (französische Übersetzung: Facts et fables maçonniques, Paris 1973!); wichtiges Material zur Logengeschichte der zweiten Hälfte des 18. Jahrhunderts enthält Sadlers Werk „Thomas Dunkerley, his Life, Labours and Letters" (London 1897).

65  Ars Quatuor Coronatorum, being the Transactions of the Quatuor Coronati Lodge Nr. 2076. London 1886 ff., künftig abgekürzt: AQC. Diese Publikation ist auf dem Kontinent viel zu wenig bekannt und geschätzt; vollständige Ausgaben finden sich lediglich im Brit. Museum London und in der Pariser Nationalbibliothek, jedoch nicht im Deutschen Freimaurer-Museum Bayreuth und nicht einmal in der Bodleian Library zu Oxford. Sie ist in keiner staatlichen Bibliothek in Deutschland vorhanden. Aus diesem Grund sei im folgenden auf den Inhalt dieses führenden maurerischen Pubikationsorgans etwas ausführlicher eingegangen.

66  Nur einige Beispiele: W. K. Firminger: Studies in eighteenth Century continental Masonry. (AQC 19, 1906); W. J. Chetwode Crawley: Contemporary Comments on the Freemasonry of the eighteenth Century. (AQC 18, 1905); ders.: The Templar Legend in Freemasonry. (AQC 26, 1913); J. P. Vaillant: Freemasonry in Rotterdam 120 Years ago. (AQC 2, 1889); E. J. Crowe: Masonic Certificats of the Netherlands. (AQC 16, 1903); G. Jottrand: Lodge La Parfaite Union at Mons. (AQC 16, 1903); G. W. Speth: English Lodge at Bordeaux. (AQC 13, 1899); Goblet d'Alviella: Qua-

tuor Coronati in Belgium. (AQC 13, 1899); ders.: A Belgian Daughter of the Grand Lodge of Scotland. (AQC 26, 1907); ders.: The Papal Bulls and Freemasonry in Belgium. (AQC 25, 1912); vgl. auch die unmittelbar vor dem Ersten Weltkrieg beginnende Publikationstätigkeit von J. E. S. Tuckett (wie Anm. 74).

67 Etwa G. Greiner: German Freemasonry, past and present. (AQC 9, 1896); C. Kupferschmidt: A Glimpse of Freemasonry in Germany. Ebd.; L. de Malczovic: Freemasonry in Austria and Hungary. (AQC 4—9, 1891/95).

68 R. F. Gould: Freemasonry in Mexico. (AQC 6—8, 1893/95).

69 Bereits im ersten Band der „Ars Quatuor Coronatorum" (1886/88) konnte W. Begemann „An Attempt to classify the Old Charges" veröffentlichen; es folgten die Studien: Notes on the William Watson Manuscript. (AQC 4, 1891); The Craft Legends. (AQC 5, 1892); The Assembly. (AQC 6, 1893); Establishment of the Grand Lodge of Ireland. (AQC 12, 1899); Remarks on the „Sloane Family of Old Charges". (AQC 14, 1901). Vgl. Anm. 19.

70 A. Calvert: The Grand Lodge of England, 1717—1917, being an Account of 200 Years of English Freemasonry. London 1917.

71 Vgl. die in der „Ars Quatuor Coronatorum" zwischen 1922 und 1946 veröffentlichten wichtigen Beiträge zur Geschichte der russischen und polnischen Maurerei bzw. über Cagliostro aus der Feder von Boris Telepnev und Boris Ivanov (wie Anm. 168 u. 147). Ferner: E. R. Radice: The Carbonari. (AQC 51—54, 1938/41); ders.: Les Philadelphes et Adelphes. (AQC 55, 1942); ders.: Charbonnerie in the 19th Century. (ACQ 60, 1947).

72 In Weiterführung der wichtigen Studien von W. Begemann (wie Anm. 19) und J. Ch. Crawley (AQC 8—28, 1895—1915) veröffentlichte John Heron Lepper u. a.:Freemasonry in East Antrim, 1800—1850. (AQC 36, 1922); ders.: Anglo-Irish Masonic Relationships. (AQC 37, 1924); ders.: Poor Common Soldier. Irish Ambulatory Warrants. (AQC 38, 1925); ders.: History of the Grand Lodge of Ireland. London 1925. — Ferner: The Earl of Middlesex and the English Lodge at Florence. (AQC 58, 1955); ders.: Freemasonry in Spain under Fernando VII. (AQC 62, 1948; 63, 1949); ders.: Les Sociétés secrètes de l'antiquité à nos jours. Paris 1933.

73 L. Vibert veröffentlichte u. a.: The rare Books of Freemasonry. London 1923; ders.: Anderson's Constitutions of 1723. (AQC 36, 1923); ders.: Early Freemasonry in England and Scotland. (AQC 43, 1930); ders.: Oxford Incorporation Charter of Freemasons and Charpenters. (AQC 40, 1927); ders.: Early Elu Manuscripts. (AQC 44, 1931). — Ferner: Freemasonry before the Existence of Masonry. London 1930 (französische Übersetzung Paris 1950). — Neuedition und Kommentar der „Constitutions of Freemasons" von James Anderson, aus Anlaß der Zweihundertjahrfeier (London 1923).

74 J. E. S. Tuckett: Dr. Richard Rawlinson and the Masonic Entries in Elias Ashmole's Diary. (AQS 25, 1912); ders.: J. Morgan of the Phoenix Britannicus. (AQC 26, 1913); ders.: Nicolas Perseval and La Triple Union. (AQC 27, 1913); ders.: Napoleon I and Freemasonry. (AQC 27, 1914); Savalette de Langes: Les Philalethes and the Convent of Wilhelmsbad. (AQC 30, 1917); Minutes of a Loge des Maitres at Amiens 1776/90. (AQC 31, 1918); Early Masonry in France. (AQC 31, 1918); Origin of Additional Degrees. (AQC 33, 1919); The true Function of Tradition in Masonic Research. Ebd.; A Templar Chapter at Edinburgh in 1745. (AQC 32, 1920); L'Ordre de la Felicité. Ebd.; Old Charges and Chief Master Mason. (AQC 36, 1923).

75 W. J. Moss: Freemasonry in France, 1725—1735. (AQC 47, 1934); ders.: A Note on Graham Manuscript. (AQC 51, 1938).

76 W. K. Firminger: Lectures at the Old King's Arms Lodge. (AQC 45, 1932); ders.: Freemasonry in Savoy. (AQC 46, 1933); ders.: Romances of Robison and Barruel. (AQC 50, 1937); vgl. auch Anm. 66.

77 A. E. Waite: A New Encyclopedia of Freemasonry and of cognate instituted Mysteries: their Rites, Literature and History. 2 Bde., London 1921; vollständige Neuausgabe in einem Band. New York 1970.

78 A. G. Mackey: Lexicon of Freemasonry. New York 1845 (London 1860[2]); ders.: Encyclopedia of Freemasonry. New York 1874 (Philadelphia 1896[2], London 1908[3]). Eine zunächst von R. Clegg bearbeitete zweibändige Edition erschien 1924 in London; die zunächst von Clegg, dann von N. Haywood besorgte dreibändige Edition erschien in Chicago, New York 1927, 1935[2], 1966[3].

79 Lennhoff-Posner (wie Anm. 27) S. 975 (Art. Mackey).
80 D. Knoop, G. P. Jones: The Medieval Mason World, an economic History of English Stone Building in the Late Middle Ages and Early Modern Times. London 1933 (1967[2]); dies.: The London Mason World in the seventeenth Century. London 1935; dies.: An Introduction to Freemasonry. Manchester 1937; dies.: The Scottish Mason and the Mason Word. London 1938; dies.: The earliest two masonic Manuscripts: The Regius Manuscript and the Cooke Manuscript. Manchester 1938; dies.: The Early Masonic Catechisms. Manchester 1943 (1932[2]); dies.: Early Masonic Pamphlets. Manchester 1945. — Hinzu kommen einschlägige Beiträge in den Bänden der „Ars Quatuor Coronatorum" der Jahre 1931 bis 1944 und 1946.
81 D. Knoop, G. P. Jones: The Genesis of Freemasonry. = Publications of the University of Manchester, Bd. 299, Manchester 1948 (1949[2]). — Eine von Fritz Blum und Dieter Möller besorgte deutsche Übersetzung erschien im Rahmen der Freimaurerischen Forschungsgesellschaft Quatuor Coronati e. V. unter dem Titel „Die Genesis der Freimaurerei", Bayreuth 1968.
82 Bernard E. Jones: Freemasons' Guide and Compendium. London 1950 (1956[2]; 11. Nachdruck 1977).
83 R. F. Gould: History of Freemasonry, embracing an Investigation of the Record of the Organization of the Fraternity in England, Scotland, Ireland, the United States of America..., revised and brought up to date by Herbert Poole. 4 Bde. London, Chicago 1951/52; 1956[2], 1968[3]. — H. Poole veröffentlichte u. a. einen aufschlußreichen Beitrag „Freemasonry in Gibraltar before 1813" (AQC 64, 1951).
84 Vgl. etwa E. L. A. Hawkins: A concise Cyclopedia of Freemasonry, or Handbook of Masonic, compiled from various sources. London 1947; Henry Wilson Coil: Masonic Encyclopedia. New York 1961; ders.: Freemasonry through six Centuries. London 1967; Ernest Beha: A comprehensive Dictionary of Freemasonry. London 1962; H. Iman: Masonic Problems and Queries. London 1964; Fred N. Pick: The Pocket History of Freemasonry. New York 1953; neu bearbeitet von G. N. Knight und F. Smyth, New York, London 1973[5]; ferner die Neueditionen der Enzyklopädien von Waite und Mackey (wie Anm. 77,78).
85 Aus einer Fülle von Untersuchungen seien engeführt J. Ward: An Interpretation of masonic Symbols. London 1956; ders.: The masonic Handbook Series. 5 Bde. London 1966; R. S. Lindsay: The Scottish Rite for Scotland. Edinburgh 1957; J. F. Smith: The Rise of the Ecossais Degrees. London 1965, Alex. Horne: King Salomon's Temple. London 1972; Harry Carr: 600 Years of Craft Ritual. (AQC 81, 1968); B. Jones: Freemasons' Book of Royal Arch. Neu ediert von H. Carr und A. Hewitt; London 1970; J. B. Thomas: A Brief History of the Royal Arch in England. (AQC 85, 1972); L. A. Seemungal: The Rise of Additional Degrees (AQC 84, 1971); bemerkenswerter Versuch einer Zusammenfassung unter europäischem Aspekt bei F. R. Worts: Development of the Content of Masonry during the 18th Century. (AQC 78, 1965).
86 Grand Lodge, 1717—1967, printed for the Grand Lodge of England at the University Press (Oxford 1967), mit wesentlichen Beiträgen u. a. von Harry Carr über „Freemasonry before Grand Lodge" (S. 1—46).
87 H. Carr (Hrsg.): The collected „Prestonian Lectures", 1925—1960. London 1967 (u. a. Beiträge von D. Knoop, H. Poole, B. Jones, L. Vibert u. a.).
88 Zu Schottland vgl. neben den in Anm. 73 u. 85 genannten Arbeiten u. a. G. S. Draffen: Scottish Masonic Records. (AQC 64, 1951); ders.: The Library of the Grand Lodge of Scotland. (AQC 71, 1958); ders.: Scottish Masonic Usage and Custom. (AQC 80, 1967); J. R. Clarke: Why was James Boswell a Freemason? (AQC 79, 1966); L. Vibert: Freemasonry in the Two Kingdoms: England and Scotland. (AQC 85, 1972). — Zusammenfassende Darstellung der Vor- und Frühgeschichte bei G. S. Draffen: Freemasonry in Scotland in 1717. London 1971.
89 Vgl. u. a. die Beiträge von H. C. Bruce Wilson: Mirabeau's Scheme for Political Penetration of Freemasonry. (AQC 57, 1944); ferner J. R. Clarke: The Change from Christianity to Deism in Freemasonry. (AQC 78, 1966); ders.: John Locke and Freemasonry. Ebd.; ders.: The Royal Society and Early Grand Lodge Freemasonry. (AQC 80, 1967); E. Ward: Anderson's Freemasonry not deistic. (AQC 90, 1967).
90 Ansätze u. a. bereits bei J. E. S. Tuckett: The true Function of Tradition (wie Anm. 66) sowie bei G. W. Daynes: Lodge Histories: the Importance of early Minute Books.

(AQC 43, 1930); ferner R. J. Meekren: The Lodge. An Essay in Method. (AQC 51, 1948); J. R. Rylands: Apathy as regards Masonic Research. (AQC 66, 1953); B. W. Oliver: The Preservation of Documents for Masonic History. (AQC 70, 1957); H. Carr: Three Phases of Masonic History. (AQC 77, 1964).

91  A. R. Hewitt: R. F. Gould's „History of Freemasonry" − a bibliographical Puzzle. (AQC 85, 1972).

92  Vgl. u. a. J. R. Dashwood: Phoenix Lodge in Paris. (AQC 51, 1948; 53, 1950); E. Mc Ewen: John Moreau. (AQC 70, 1957); A. J. B. Milborne: The early Continental Exposures and their Relationships to contemporary English Texts. (AQC 78, 1966; 83, 1970); C. N. Batham: The early French Exposures of 1737/51. (AQC 86, 1973); ders.: A Famous French Lodge: Les Neuf Sœurs. ebd.; ders.: The Compagnonnade and the Emergence of Craft Masonry in France. Ebd.; Harry Carr: The early French Exposures. London 1971; behandelt zwölf französische maurerische Katechismen und „Verräterschriften" von 1730 bis 1760 und ihre Wirkung auf Großbritannien.

93  C. N. Batham: Chevalier Andrew Michael Ramsay: a new Appreciation. (AQC 81, 1968), ferner G. D. Henderson: Chevalier Ramsay. London 1962. Vgl. Anm. 200.

94  E. A. Boerenbeke: The Relation between Dutch and English Freemasonry, 1734/71. (AQC 83, 1970); ders.: The Quatuor Coronati in the Netherlands. (AQC 79, 1966).

95  B. Jacobs: Scandinavian Freemasonry. (AQC 72, 1959); F. Smyth: Freemasonry in Finland. (AQC 78, 1965).

96  D. Caywood: Freemasonry and the Knights of Malta. (AQC 83, 1970).

97  A. G. Cross: British Freemasonry in Russia during the Reign of Catherine the Great. (AQC 84, 1971); vgl. auch Anm. 170.

98  A. Sharp's Masonic Music. (AQC 69, 1956); E. Winterburgh: Mozart and his Contemporaries. Ebd.; F. Bernhart: Freemasonry in Austria. (AQC 76, 1963); E. Winterburgh: Prague, a Centre of Freemasonry. (AQC 77, 1964). F. Smyth: Br. Mozart of Vienna. (AQC 87, 1974).

99  E. Laxa u. W. Read: The Drašković Observance − eighteenth Century Freemasonry in Croatia. (AQC 90, 1977).

100  P. A. Tunbridge: The Climate of European Freemasonry. (AQC 81, 1968; 83, 1970).

101  Mit Erfolg versuchte dies m. W. erstmals Antoine Faivre in seinen wertvollen „Addenda bibliographiques et notes" zu dem von ihm edierten opus posthumum von René Le Forestier (wie Anm. 52), S. 987−1019; ferner J. M. Roberts (wie Anm. 54).

*Bundesrepublik Deutschland und Österreich*

102  A. Kallweit: Die Freimaurerei in Hessen-Kassel. Königliche Kunst durch zwei Jahrhunderte. Baden-Baden 1966; B. Beyer: Geschichte der Großloge „Zur Sonne" in Bayreuth. 3 Bde., Frankfurt 1954/55; ders.: Geschichte der Münchener Freimaurerei des 18. Jahrhunderts. Frankfurt 1973; Karl Demeter (wie Anm. 14); Ernst Glaser-Gerhard (Hrsg.): Zur Geschichte der Großen Landesloge der Freimaurer von Deutschland. Berlin 1970; Ernst-G. Geppert: Die Freimaurer-Logen Deutschlands 1737 bis 1972. = Freimaurerische Forschungsgesellschaft Quatuor Coronati, Quellenkundliche Arbeiten Bd. 7, Hamburg 1974; ders.: Die Herkunft, die Gründung, die Namen der Freimaurerlogen in Deutschland seit 1737. Hamburg 1976.

103  Manfred Steffens: Freimaurer in Deutschland. Bilanz eines Vierteljahrtausends. Frankfurt 1966[2] (Flensburg 1964).

104  G. Kuéss u. B. Scheichelbauer: 200 Jahre Freimaurerei in Österreich. Zum 175. Geburtstag der Großloge. Wien 1959.

105  Vgl. u. a. E. Krivanec: Die Loge „Aux trois canons" in Wien, 1742/43. In: Quatuor Coronati Jahrbuch 12, 1975, 95−118; ders.: Die Loge „Aux trois cœurs" in Wien (ebd. 13) 1976, 19−40.

106  Hans Wagner: Die Loge „Zur wahren Eintracht" 1781−1785. Das Ende der österreichischen Freimaurerei im 18. Jahrhundert. In: Festschrift „Fünf Jahre Libertas", Wien 1965, 24−58; ders.: Die Freimaurer und die Reformen Kaiser Joseph II. In: Quatuor Coronati Jahrbuch 14, 1977, 55−74. − Zu den Logen in der Habsburger Monarchie des 18. Jahrhunderts. vgl. auch Anm. 110, 149−156, 205.

107  K. R. H. Frick: Die Erleuchteten. Gnostisch-theosophische und alchimistisch-rosenkreuzerische Geheimgesellschaften bis zum Ende des 18. Jahrhunderts. Graz 1973;

ders.: Licht und Finsternis. Gnostisch-theosophische und freimaurerisch-okkulte Geheimgesellschaften bis an die Wende zum 20. Jahrhundert. Teil 1: Ursprung und Anfänge. Graz 1975.
108 Quatuor-Coronati-Hefte. Gemeinsame Veröffentlichungen der Freimaurerischen Forschungsgesellschaft e. V. und der Forschungsloge der Vereinigten Großlogen von Deutschland, Bruderschaft der deutschen Freimaurer Quatuor Coronati in Bayreuth, 1963 ff. (seit 1975 unter dem Titel: Quatuor Coronati Jahrbuch).
109 Vgl. u. a. Herbert Schneider (Hrsg.): Deutsche Freimaurer-Bibliothek. Verzeichnis der Bibliothek des Deutschen Freimaurer-Museums Bayreuth. = Quellenkundliche Arbeit der Freimaurerischen Forschungsgesellschaft Quatuor Coronati e. V., Bd. 10. Hamburg 1977.
110 Vgl. den von Rupert Feuchtmüller, Ernest Krivanec, Herbert Giese u. Herbert Aserbaum vorbildlich gestalteten Katalog: Österreichische Freimaurerlogen. Humanität und Toleranz im 18. Jahrhundert. Wien 1976.
111 D. Knoop u. G. P. Jones: Die Genesis der Freimaurerei. Bayreuth 1968 (vgl. Anm. 81); Michel Dierickx S. J.: Freimaurerei die große Unbekannte. Hamburg 1975[3] (niederländisches Orig. Antwerpen 1967).
112 Auch die Geschichte einer bemerkenswerten Einzelloge liegt jetzt im Reprint vor: W. Schwarz: Geschichte der gerechten und vollkommenen St. Johannis-Loge „Karl zur Eintracht" in Mannheim. (ebd. 1896), Nachdruck Graz 1975.
113 Vgl. Anm. 2. – Verwiesen sei auf Fritz Valjavec: Gesammelte Aufsätze. Hrsg. v. K. A. Fischer und M. Bernath. = Südosteuropäische Arbeiten Bd. 60, München 1963; vgl. Anm. 149.
114 Reinhart Koselleck: Kritik und Krise. Zur Pathogenese der bürgerlichen Welt. Freiburg 1959 (1976[2], als Suhrkamp-Taschenbuch). – So gewiß Kosellecks allzu theoretisch-idealtypisches Organisationsmodell Anlaß zu Kritik bietet, so bedingt akzeptabel erscheinen mir die seitens der (neo)marxistischen Sozialphilosophie gegen ihn vorgebrachten Einwände, etwa von Jürgen Habermas: Verrufener Fortschritt, verkanntes Jahrhundert. Zur Kritik an der Geschichtsphilosophie. In: Merkur 14, 1960, 468–477. Habermas' 1962 erschienenes Werk „Strukturwandel der Öffentlichkeit" (Neuwied-Berlin 1971[5]) spiegelt eher Hilflosigkeit gegenüber dem Phänomen der Freimaurer; vgl. die allzu knappen, unscharfen und zudem nur durch Hinweis auf Lessing, Lennhoff-Posners Lexikon und das Werk des notorischen Freimaurerfeindes und späteren Kollaborateurs Bernard Fay recht unzulänglich gestützten Passagen (S. 50 f.). – Zu einer Kritik an Koselleck vgl. Anm. 214. Noch nicht zugänglich war die aus der Schule von R. Koselleck hervorgegangene Arbeit von Lucian Hölscher: Öffentlichkeit und Geheimnis. Stuttgart 1978; ebenso Ursula A. J. Becher: Politische Gesellschaft. Studien zur Genese bürgerlicher Öffentlichkeit in Deutschland. = Veröffentlichungen des Max-Planck-Instituts für Geschichte, Bd. 59. Göttingen 1978.
115 A. Mirgeler: Die Freimaurerei. Eine geistesgeschichtliche Untersuchung. In: Hochland 55, 1963, 430–447.
116 K. Epstein: Die Ursprünge des Konservativismus in Deutschland. Der Ausgangspunkt: Die Herausforderung durch die Französische Revolution. Frankfurt-Berlin 1973 (amerikan. Original: The Genesis of German Conservatism. Princeton 1966).
117 H. Graßl: Aufbruch zur Romantik. Bayerns Beitrag zur deutschen Geistesgeschichte 1765–1785. München 1968; ders.: Hölderlin und die Illuminaten. In: Sprache und Bekenntnis – Hermann Kunisch zum 70. Geburtstag. = Sonderband des Literaturwiss. Jahrbuches, Berlin 1972, 137–160; ders.: Tragende Ideen der illuminatisch-jakobinischen Propaganda und ihre Nachwirkungen in der deutschen Literatur. In: Wolfenbütteler Studien zur Aufklärung Bd. 5, 1978 [im Satz].
118 W. Grab: Demokratische Strömungen in Hamburg und Schleswig-Holstein zur Zeit der ersten Französischen Republik. Hamburg 1966; ders.: Norddeutsche Jakobiner. Hamburg 1967; ders.: Leben und Werke norddeutscher Jakobiner. = Deutsche revolutionäre Demokraten Bd. 5, Stuttgart 1973 (hier bes. S. 31–47 über H. Chr. Albrecht und die Hamburger Loge „Einigkeit und Toleranz"); ders.: Eulogius Schneider. Ein Weltbürger zwischen Mönchszelle und Guillotine. In: Demokratisch-revolutionäre Literatur in Deutschland: Jakobinismus. = Literatur im historischen Prozeß Bd. III/1, hrsg. v. G. Mattenklott und K. R. Scherpe, Kronberg/Ts. 1975, 61–138.
119 M. Braubach: Neue Funde und Beiträge zur Kulturgeschichte Kurkölns im ausgehenden 18. Jahrhundert. In: Archiv des histor. Vereins für den Niederrhein 172, 1970,

155—177; wichtige einschlägige ältere Studien von M. Braubach jetzt auch in dem
Sammelband „Diplomatie und geistiges Leben im 17. und 18. Jahrhundert" (Bonn
1969).
120  A. Becker: Chr. Gottlob Neefe und die Bonner Illuminaten. Bonn 1969.
121  R. van Dülmen: Der Geheimbund der Illuminaten. Zeitschrift für Bayerische Landesgeschichte 36, 1973, 793—833; ders.: Der Geheimbund der Illuminaten. Darstellung,
Dokumentation, Analyse. Stuttgart-Bad Cannstatt 1975. — Ferner vgl. u. a. Eberhard
Weis: Montgelas 1759—1799. Zwischen Reform und Revolution. München 1971,
33—49; Serge Hutin: Unsichtbare Herrscher und geheime Gesellschaften. Bonn 1973,
120—133 u. passim (weithin fabulös! Französ. Orig. Paris 1971); Roland Guy:
Goethe, franc-maçon. La pensée et l'oeuvre maçonnique de J. W. v. Goethe. Paris
1974, bes. 77—114 u. passim; Wilhelm Mensing: Der Freimaurer-Konvent in Wilhelmsbad. = Publikationen der Freimaurerischen Forschungsloge Quatuor Coronati,
Bayreuth 1974 (Phil. Diss. Kiel 1938!); Ludwig Hammermayer: Das Ende des Alten
Bayern 1745—1799. In: Handbuch der Bayerischen Geschichte, hrsg. v. Max Spind-
ler, Bd. 2, München 1969, 985—1103, bes. 1027—1033; ders.: Der Geheimbund der
Illuminaten und Regensburg. In: Verhandlungen des Historischen Vereins für Oberpfalz und Regensburg 110, 1970, 61—92; ders.: Die letzte Epoche der Universität Ingolstadt: Reformer, Jesuiten, Illuminaten. In: Ingolstadt, die Herzogstadt, die Universitätsstadt, die Festung. Hrsg. v. Theodor Müller und Wilhelm Reißmüller, Bd. 2,
Ingolstadt, München 1974, 299—357; Helmut Reinalter: Aufklärung, Absolutismus,
Reaktion. Die Geschichte Tirols in der zweiten Hälfte des 18. Jahrhunderts. Wien
1974; Mária Kajtár: German Illuminati in Hungary. In: Studies in eighteenth Century Literature. Hrsg. v. M. J. Szenczi u. L. Ferenczi, Budapest 1974, 325—346; Carlo
Francovich 309—334 u. passim (wie Anm. 148); Reinhart Koselleck: Adam Weishaupt und die Anfänge der bürgerlichen Geschichtsphilosophie in Deutschland. In:
Klasse en ideologie in de vrijmetselarij. = Tijdschrift voor de studie van de verlichting
4, Brüssel 1976, 317—328 (wie Anm. 1); vgl. auch den Abschnitt „Geheime Verbindungen" von Ernst-Otto Fehn. In: „Ob Baron Knigge auch wirklich todt ist?". =
Ausstellungskataloge der Herzog August Bibliothek Nr. 21, Wolfenbüttel 1977, 75—
97; Ders.: Knigges „Manifest". Geheimbundpläne im Zeichen der französischen Revolution. In: Wolfenbütteler Studien zur Aufklärung Bd. 5. 1978 [im Satz]; zu wenig beachtet wurde bisher: Fritz Martini: Wieland, Napoleon und die Illuminaten.
Zu einem bisher unbekannten Brief. In: Un dialogue des nations. Albert Fuchs zum
70. Geburtstag. München, Paris 1967, 65—95. Vgl. auch Anm. 37, 130—133, 148—
154.
122  H. Möller: Aufklärung in Preußen. Der Verleger, Publizist und Geschichtsschreiber
Friedrich Nicolai. = Einzelveröffentlichungen der Historischen Kommission zu Berlin Bd. 15, Berlin 1974, bes. 362—445; ders.: Geschichtsschreibung und Geschichts-
auffassung bei Friedrich Nicolai. Zum Verhältnis von Aufklärung und Geschichte.
In: International Studies in Philosophy 7, 1975, 111—144; ders.: Die Gold- und Rosenkreuzer. Struktur, Zielsetzung und Wirkung einer anti-aufklärerischen Geheimgesellschaft. In: Wolfenbütteler Studien zur Aufklärung Bd. 5, 1978 [im Satz].
123  M. Geiger: Aufklärung und Erweckung. Beiträge zur Erforschung Johann Heinrich
Jung-Stillings und der Erweckungstheologie. = Basler Studien zur Historischen und
Systematischen Theologie 1, Zürich 1963; R. Ch. Zimmermann: Das Weltbild des
jungen Goethe. München 1969, bes. 98—184 („Die Hermetik des deutschen 18. Jahrhunderts; Böhmische Theosophie und philosophia Perennis"), Bd. 2. München 1978.
124  Johannes Rogalla von Bieberstein: Die These von der Verschwörung 1776—1945.
Philosophen, Freimaurer, Juden, Liberale und Sozialisten als Verschwörer gegen die
Sozialordnung. = Europäische Hochschulschriften, Reihe III, Bd. 63, Bern, Frankfurt 1976; ders.: Die These von der jüdisch-freimaurerischen Weltverschwörung 1776
bis 1945. In: Aus Politik und Zeitgeschichte = Beilage zur Wochenzeitung „Das Parlament", 25. Juni 1977, 25—46; ders.: Geheime Gesellschaften als Vorläufer politischer Parteien. In: Wolfenbütteler Beiträge zur Aufklärung Bd. 5, 1978 [im Satz].
Johannes Rogalla v. Bieberstein: Aufklärung, Freimaurerei, Menschenrechte und Judenemanzipation in der Sicht des Nationalsozialismus. In: Jahrbuch des Instituts für
Deutsche Geschichte, Bd. 7. Tel-Aviv 1978, 339—354.
125  E. Rosenstrauch-Königsberg: Freimaurerei im josephinischen Wien. Aloys Blumauers
Weg vom Jesuiten zum Jakobiner. Wien, Stuttgart 1975.

126  W. Dotzauer: Bonner aufgeklärte Gesellschaften und geheime Sozietäten bis zum
Jahr 1815, unter besonderer Berücksichtigung des Mitgliederbestandes der Freimaurerloge „Frères courageux" in der napoleonischen Zeit. In: Bonner Geschichtsblät-
ter 24, 1971, 78—142; ders.: Die Städte Landau, Zweibrücken und Speyer und ihre
aufgeklärten Gesellschaften vom Ende des Ancien Régime bis zum Ende des napoleonischen Zeitalters, unter besonderer Berücksichtigung der Freimaurerlogen. In:
Zeitschrift für die Geschichte des Oberrheins 120, 1972, 303—351; ders.: Mainzer Illuminaten und Freimaurer vom Ende der kurfürstlichen Zeit bis zu den Freiheitskriegen. In: Nassauische Annalen 83, 1972, 120—146; ders.: Die Mitglieder der Kölner Freimaurerlogen, insbesondere der Loge *Le Secret des trois Rois* vom Ende des
Alten Reiches bis zu den Freiheitskriegen. In: Jahrbuch des Kölnischen Geschichts-
vereins 34, 1973, 125—231; ders.: Das aufgeklärte Trier. Freimaurergesellschaften
und Lesegesellschaften bis zum Ende der napoleonischen Zeit. In: Geschichtliche
Landeskunde 9, 1973, 214—277; ders.: Frankenthal und die Freimaurerloge „La
Franchise du Rhin" bis zum Ende der napoleonischen Zeit. In: Jahrbuch für West-
deutsche Landesgeschichte 1, 1975, 259—307.
127  W. Dotzauer: Freimaurergesellschaften am Rhein. Aufgeklärte Sozietäten auf dem
linken Rheinufer vom Ausgang des Ancien Régime bis zum Ende der Napoleonischen
Herrschaft. = Geschichtliche Landeskunde — Veröffentlichungen des Instituts für
Geschichtliche Landeskunde an der Universität Mainz, Bd. 16, Wiesbaden 1977.
128  R. Vierhaus: Aufklärung und Freimaurerei in Deutschland. In: Festschrift für Reinhart Wittram zum 70. Geburtstag, Göttingen 1973, 23—41; ders.: Politisches Bewußtsein in Deutschland vor 1789. In: Der Staat Bd. 6, 1967, 175—196; ders.: Deutschland im 18. Jahrhundert. Soziales Gefüge, politische Verfassung, geistige Bewegung.
In: Aufklärung, Absolutismus und Bürgertum in Deutschland, hrsg. v. Franklin Kopitzsch. = Nymphenburger Texte zur Wissenschaft, Bd. 24, München 1976, 173—192.
129  Eberhard Schmitt: Prolegomena zu einer Theorie des Geheimbundes in den frühen
Neuzeit. In: Wolfenbütteler Studien zur Aufklärung Bd. 5,, 1978 [im Satz]; ders.:
Einführung in die Geschichte der Französischen Revolution. München 1976, bes.
17 f.

*Deutsche Demokratische Republik*

130  Vgl. u. a. H. Voegt: Die deutsche jakobinische Literatur und Publizistik 1789—1800.
Berlin 1955; C. Träger (Hrsg.): Mainz zwischen Rot und Schwarz. Die Mainzer Revolution 1792/93 in Schriften, Reden und Briefen. Berlin 1963; vor allem aber H.
Scheel: Süddeutsche Jakobiner. Klassenkämpfe und republikanische Bestrebungen
im deutschen Süden Ende des 18. Jahrhunderts. = Deutsche Akademie der Wissenschaften zu Berlin, Schriften des Zentralinstituts für Geschichte. Reihe I: Allgemeine
und deutsche Geschichte Bd. 13, Berlin 1962 (1971[2]); ders.: Deutsche Jakobiner.
In: Zeitschrift für Geschichtswissenschaft 17, 1969, 1130—1140; ders.: Die Begegnung deutscher Aufklärer mit der Revolution. In: Sitzungsberichte des Plenums und
der Klassen der Akademie der Wissenschaften der DDR, Jg. 1972, Nr. 7, Berlin 1973;
ders. (Hrsg.): Die Mainzer Republik. Bd. 1: Die Protokolle des Jakobinerklubs. Berlin 1975; H. H. Müller (wie Anm. 197). — Allgemein von Bedeutung bleibt Werner Krauß: Zur Konstellation der deutschen Aufklärung. In: Perspektiven und Probleme zur französischen und deutschen Aufklärung. Neuwied-Berlin 1965[2], bes.
208—211 (Weishaupt, Verschwörungstheorien).
131  So bemängelte W. Markov (1) an einer romanistischen DDR-Publikation (W. Schröder: Französische Aufklärung. Bürgerliche Emanzipation, Literatur und Bewußt-
seinsbildung, Leipzig 1974) die „Unterbewertung" der Rolle der französischen Freimaurerlogen. — In einem Diskussionsbeitrag zum 2. Kolloquium in Mátrafüred/Un-
garn sah Markov (2) „für eine Zurückhaltung der Forscher" gegenüber dem Phänomen Freimaurerei „keinen ausreichenden Grund" und definierte die Logen nicht als
prä-revolutionäre Agenturen, sondern als „Treffpunkte" in einem sehr weiten Verständnis. — Vgl. W. Markov (1): Bürgertum zwischen Aufklärung und Revolution.
In: Fürst, Mensch, Bürger. = Wiener Beiträge zur Geschichte der Neuzeit Bd. 2, Wien
1975, 215—237, bes. 220 f. — Ders. (2) in: Les Lumières en Hongrie, en Europe centrale et en Europe orientale. = Actes du Deuxième Colloque de Mátrafüred. Hrsg. v.

E. Bene und I. Kovács, Budapest 1975, 45 ff. — Vgl. auch die Literatur in Anm. 210.
132 A. Kobuch: Die Deutsche Union. Radikale Spätaufklärung, Freimaurerei und Illuminatismus am Vorabend der Französischen Revolution. In: Beiträge zur Archivwissenschaft und Geschichtsforschung. Hrsg. v. R. Groß u. M. Kobuch, Weimar 1977, 278—291.
133 G. Mühlpfordt: Bahrdts baltische Schriften. In: Jahrbuch für Geschichte der sozialistischen Länder Europas. Bd. 20, Berlin 1976, 77—94; ders.: K. F. Bahrdt und die radikale Aufklärung. In: Jahrbuch des Instituts für deutsche Geschichte. Bd. 5, Tel-Aviv 1976, 49—100; erweiterte Fassung: Karl F. Bahrdt als radikaler Aufklärer. In: Jahrbuch für Geschichte des Feudalismus. Bd. 1, Berlin 1977, 402—440. Baldur Schyra: C. F. Bahrdt. Ein Beitrag zur Kulturgeschichte. Phil. Diss. Leipzig 1962 (Masch.); ders.: (wie Anm. 218). Daß der rationalistische protestantische Theologe Bahrdt um 1778 zu London in die — symbolische — Maurerei aufgenommen worden war, dürfte seinen scharfen Gegensatz zu der in Deutschland damals dominierenden schottischen Hochgrad- und Tempelrittermaurerei noch verstärkt haben.

*Belgien und Niederlande*

134 Zur Freimaurerei in den Territorien des heutigen Belgien vgl. H. de Schampheleire: L'égalitarisme maçonnique et la hiérarchie sociale dans les Pays-Bas autrichiens. In: Klasse en ideologie in de vrijmetselarij. = Tijdschrift voor de studie van de verlichting 4. Brüssel 1976, 433—491; E. Witte; Les Loges belges vers le milieu du XIXe siècle: lieux de rencontre d'anticléricalisme engagé et de progressisme social modéré (ebd.) 493—504; ferner H. de Schampheleire: De Antwerpse vrijmetselaars in de 18e eeuw. = Studiereeks Dialoog Nr. 2, Antwerpen 1969, E. Witte, F. V. Borne: Documents relatifs à la franc-maçonnerie belge du XIXe siècle (1830—1855). Paris, Louvain 1973. — Wichtige ältere Publikationen u. a.: A. Cordier: Histoire de l'ordre maçonnique en Belgique, Mons 1854; P. Duchaine: La franc-maçonnerie belge au XVIIIe siècle. Brüssel 1911; Goblet d'Alviella: La Grande Loge provinciale des Pays-Bas autrichiens et son Grand Maître le marquis de Gages. Brüssel 1913; B. van der Schelden: La franc-maçonnerie belge sous le régime autrichien (1721—1794). Louvain 1923; G. de Froidcourt: François Charles, Comte de Velbruck, prince évêque de Liège, franc-maçon. Liège 1936; F. Clement: Contribution à l'étude des hauts grades de la franc-maçonnerie et particulièrement à l'histoire du Rite Ecossais Ancien et Accepté en Belgique. Brüssel 1937; ders.: Histoire de franc-maçonnerie belge au XIXe siècle. 2 Bde., Brüssel 1948/49. — Vgl. auch die in der ,,Ars Quatuor Coronatorum" erschienenen Studien u. a. von Goblet d'Alviella (wie Anm. 66) und Anm. 180.
135 Zur Geschichte der Freimaurerei in den einstigen Generalstaaten (den heutigen Niederlanden) liegen eine Reihe gewichtiger zusammenfassender Studien sowie wertvolle Untersuchungen über Ritus und Symbolik vor; vgl. u. a. die älteren Publikationen von H. Maarschalk: Geschiedenis van de Orde der Vrijmetselaren in Nederland, onderhoorige kolonien en landen. Breda 1872; A. S. C. Alting: Woordeboek voor Vrijmetselaren. Haarlem 1884 (Reprint 1976). Ferner: A. F. L. Faubel: Een en ander betreffende de geestelijke en organieke ontwikkeling der Orde. s'Gravenhage 1950 (1955[2]); ders.: De Vrijmetselarij. Oorsprong, wezen en doel. s'Gravenhage 1946[3]; P. J. van Loo: Inleiding tot de geschiedenis van de vrijmetselarij. Den Haag 1948; ders.: Geschiedenis van het Hoofdkapittel der Hoge Graden in Nederland. Den Haag 1964; ders.: Geschiedenis van de Orde van Vrijmetselaren onder het Grootoosten der Nederlanden. Voorburg 1967; J. G. Spaan: Vrijmetselarij. Den Haag 1968; H. J. Zeevalking: Vrijmetselarij, een Westeuropees cultuurverschijnsel. s'Gravenhage (Den Haag) 1965 (1970[2]); ders.: De Maconnieke Werkplaats. ebd. 1971; John Hanrath, P. Pott u. B. Croiset van Uchelen: De Beoefening der koninklijke kunst in Nederland. s'Gravenhage (Den Haag) 1971. — Wichtig sind die Sammelbände: Honderd vijf-en-zevenzig jaren Nederlandsche Vrijmetselarij (Amsterdam 1931); — De achtbare Loge La Vertu in het Oosten Leiden 1757—1957 (Den Haag 1957). — Vrijmetselarij 1756—1956. Bussum 1957. — Vgl. auch die Einzelbeiträge in: Ars Quatuor Coronatorum (wie Anm. 66 u. 94) sowie M. Dierickx (wie Anm. 111). Die niederländische maure-

rische Zweimonatsschrift *Thot* (Den Haag 1949 ff.) enthält z. T. wertvolle einschlägige Beiträge.

## Spanien und Italien

136 Die ältere Literatur bei J. A. Ferrer Benimeli: Bibliografia de la Masoneria. Introducción historico-critica. Zaragoza-Caracas 1974, 228—237 (Spanien), 237—239 (Spanisch-Amerika, Philippinen). Vgl. Anhang.
137 J. A. Ferrer Benimeli: El Conde de Aranda y su defensa de España. Madrid, Zaragoza 1972; ders.: Masoneria e Inquisición en Latinoamérica durante el siglo XVIII. Caracas 1973; ders.: La franc-maçonnerie espagnole au XVIIIᵉ siècle. In: Revue Travaux de Villard de Honnecourt 8, Paris 1972, 115—122; ders.: Historia de la Masoneria española en el siglo XVIII: Carlos III y la Masoneria. Madrid 1974.
138 J. A. Ferrer Benimeli: Masoneria, Iglesia e Illustración. = Publicaciones de la Fundacion Universitaria Española — Monografias 17, 4 Bde., Madrid 1976/77. Bd. 1: La bases de un conflicto (1700—1739); Bd. 2: Inquisición, Procesos historicos (1739—1750); Bd. 3: Institucionalización del conflicto (1751—1800); Bd. 4: La otra cara del conflicto. Conclusiones y bibliografia.
139 J. A. Ferrer Benimeli: Bibliografia 247—250 (wie Anm. 136); A. Lattanzi (wie Anm. 140). Zum 18. Jahrhundert vgl. u. a.: F. Sbigoli: Tommaso Crudeli e i primi frammsoni in Firenze. Mailand 1884; I. Rinieri: Della rovina di una monarchia: la Massoneria nel regno e nella corte di Napoli (1751—1799). Turin 1901; B. Marcolongo: La Massoneria nel secolo XVIII. In: Studi Storici XIX, Pavia 1910, 406—477; A. Righi: Una loggia massonica a Verona nel 1792. In: Atti e memorie dell'accademia d'agricoltura, scienze e lettere di Verona (ebd. 1913) 1—18; R. Soriga: Settecento massonizzante e massonismo napoleonico nel primo Risorgimento italiano. In: Bolletino della Società pavese di Storia patria, 1920, 23—86; A. Zieger: I franchi muratori del Trentino. Trient 1925; P. Maruzzi: Notizie e documenti sui liberi muratori in Torino nel secolo XVIII. In: Bolletino storico-bibliografico subalpino 30, Turin 1928, 115—213, 397—514; ebd. 32 (1930) 33—100, 214—314. — J. Heron Lepper (wie Anm. 72); W. J. Hughan: Jacobite Lodge at Rome 1735/37. Torquay 1910; Nicholas Hans: The Masonic Lodge in Florence in the 18th Century. (AQC 71, 1958); Ferrer Benimeli: Masoneria, Iglesia e Illustración (wie Anm. 138).
140 A. Lattanzi: Bibliografia della Massoneria Italiana e di Cagliostro. = Biblioteca di Bibliografia Italiana 75, Florenz 1974.
141 C. Ambesi: Storia della Massoneria. Mailand 1971; ders.: I Rosacroce. Mailand 1976.
142 G. Gamberini: Mille volti di Massoni. Rom 1975; ders.: Massoneria Italiana. Storia e storiografia. In: Rivista Massonica, Rom 1975, 1—17.
143 M. Moramarco: La Massoneria ieri e oggi. Mailand 1977.
144 Vgl. u. a. S. Farina: Il libro dei rituali del Rito Scozzese Antico ed Accettato. Rom 1946; ders.: Gli emblemi della Libera Muratoria. Mailand 1973; U. G. Porciatti: Simbologia Massonica — Massoneria Azzurra. Mailand 1968; ders.: Simbologia Massonica — Gradi Scozzesi. Mailand 1948.
145 R. de Felice: Note e ricerche sugli „Illuminati" e il misticismo rivoluzionario (1789—1800). Rom 1960; ders.: Italia giacobina. Neapel 1965.
146 F. Venturi: Settecento riformatori — da Muratori a Beccaria. Turin 1969, bes. 54—58, 538—544 u. passim (u. a. über Logen in der Toskana bzw. Neapel); ders. (Hrsg.): Illuministi italiani. Bd. 3: Riformatori lombardi, piemontesi e toscani. Mailand, Neapel 1958; ders. (Hrsg.): Illuministi italiani, Bd. 5: Riformatori napoletani. Mailand, Neapel 1961; F. Venturi, G. Giarrizo, G. Torcellan (Hrsg.): Illuministi italiani: Riformatori delle antiche repubbliche, dei ducati, dello Stato pontificio e delle isole. Mailand, Neapel 1965. — Auf die z. T. pseudomaurerischen revolutionären Geheimgesellschaften, vor allem die sog. Carbonari, sowie auf die frühen maurerischen und illuminatistischen Einflüsse auf F. M. Buonaroti kann hier nicht eingegangen werden; vgl. u. a. Elizabeth L. Eisenstein: The first professional Revolutionist: F. M. Buonaroti, 1761—1837. Cambridge/Mass. 1959; J. M. Roberts: Mythology 222—232 u. passim (wie Anm. 54); A. Galante Garrone: Le origini del radicalismo in Italia. Turin 1970; I. Montanelli: L'Italia giacobina e carbonara, 1789—1831. Mailand 1971; Pierre Mariel: Les Carbonari. Idéalisme et révolution permanente. Paris 1971.

147 Vgl. u. a. N. Matteini: Il „conte" di Cagliostro. Bologna 1969; A. Zieger: Il tramonto di Cagliostro. Trient 1970; P. Carpi: Cagliostro il taumaturgo. Turin 1972; G. Gentile: Il misterio di Cagliostro e il sistema egiziano. Livorno 1973; R. Gervaso: Cagliostro. Mailand 1974; C. Francovich 435—476 (wie Anm. 148). — Für eine genaue Kenntnis der paramaurerisch-esoterischen Aktivitäten Cagliostros in Rußland/Kurland, Frankreich und England ist auch die einschlägige nicht-italienische Literatur heranzuziehen, etwa H. d'Almeiras: Cagliostro, la franc-maçonnerie et l'occultisme au XVIIIᵉ siècle. Paris 1904; B. Ivanov: Cagliostro in Eastern Europe. In: Ars Quatuor Coronatorum 40, London 1927, 45—80; C. Photiades: Les vies du Comte de Cagliostro., Paris 1932; Marc Haven: La Maître inconnu, Cagliostro. Paris 1932 (1966²); W. R. Chetteoui: Cagliostro et Catherine II. Paris 1947; François Ribadeau-Dumas: Cagliostro. Paris 1966 (ital. Ausgabe Mailand 1968); Heinz Ischreyt in diesem Band.

148 C. Francovich: Storia della Massoneria in Italia dalle origini alla rivoluzione Francese. = Biblioteca di Storia 11, Florenz 1974; ders.: Albori socialisti nel Risorgimento. Contributo allo studio delle società segrete, 1776—1835. = Università di Siena, Facoltà di giurisprudenza. Collana di studi „Pietro Rossi", Nuova Serie, vol. III, Florenz 1962 (u. a. zwei Beiträge über die bayerischen Illuminaten und ihre italienischen Kontakte, S. 1—89).

## Ungarn und Siebenbürgen (Rumänien)

149 Vgl. u. a. Abafi (wie Anm. 25); Malczovich (wie Anm. 67); S. Eckhardt: A francia forradalom eszméi Magyarországon. (Die Ideen der franz. Revolution in Ungarn.) Budapest 1924; ders.: Magyar rózsakeresztesek. (Ungarische Rosenkreuzer.) In: Minerva 1922, 208—223; Elémer Mályusz: Sándor Lipót föherceg iratai. (Die Schriften des Erzherzogs Alexander Leopold.) Budapest 1926; J. v. Farkas: A magyar romantika. Budapest 1930; Fritz Valjavec: Zu den Richtlinien der ungarischen Aufklärungsforschung. In: Ungar. Jahrbücher 12, 1932, 215—234, neuerdings in: Ausgewählte Aufsätze. München 1963, 253—269 (wie Anm. 154); F. Valjavec: Entstehung der politischen Strömungen 193—201, 361—372, 454—522 u. passim (wie Anm. 7). Er verwertet die einschlägige ungarische und deutsche Forschung bis 1944.

150 K. Benda: A magyar jakobinusok iratai. 3 Bde. Budapest 1952/57; ders.: Die ungarischen Jakobiner. In: Maximilien Robespierre 1758—1794. Hrsg. v. W. Markov, Berlin 1961, 401—434; ders.: Probleme des Josephinismus und des Jakobinertums in der Habsburgischen Monarchie. In: Südostforschungen 25, München 1966, 39—71; ders.: L'ère du josephisme in Hongrie. In: Annales Historiques de la Révolution française. 1973, 197—229; ders.: Nationalgefühl und Nationalitätenkämpfe in Ungarn am Ende des 18. Jahrhunderts. In: Anzeiger der Phil.-Histor. Klasse der Österr. Akademie der Wissenschaften. Wien 1971; ders. in: Les Lumières en Hongrie, en Europe centrale et en Europe orientale. = Actes du deuxième colloque de Mátrafüred, 2.—5.10.1972, hrsg. v. E. Bene und I. Kovács, Budapest 1975, 29—37.

151 Éva H. Balázs: Berzeviczy Gergely, a reformpolitikus (1763—1795) Budapest 1967; dies.: Contribution à l'étude de l'ère des Lumières et du Joséphisme en Hongrie. In: Les Lumières en Europe centrale et orientale et le Joséphisme en Hongrie. = Actes du premier colloque de Mátrafüred, hrsg. v. E. Bene, Budapest 1971, 30—49; neuerdings auch in: East European Quarterly 6 (Colorado Springs/USA 1974) 27—43; dies.: Karl v. Zinzendorf et ses relations avec la Hongrie à l'époque de l'absolutisme eclairé. In: Studia Historica Academiae Scientiarum Hungaricae 104, Budapest 1975, 5—22; dies.: in: Les Lumières en Hongrie, en Europe centrale et en Europe orientale. = Actes du deuxième colloque de Mátrafüred, 2.—5.10.1972, hrsg. v. E. Bene und I. Kovács, Budapest 1975, 23—28; dies.: Freimaurer, Reformpolitiker, Girondisten. In diesem Band. Vgl. auch Anm. 181.

152 E. Wangermann: From Joseph II to the Jacobin Trials. Oxford 1959 (1969²); deutsche Übersetzung: Von Joseph II. zu den Jakobinerprozessen. Wien, Frankfurt, Zürich 1966; ders.: The Austrian Achievement in the Age of Enlightenment. London 1972.

153 D. Silagi: Ungarn und der geheime Mitarbeiterkreis Kaiser Leopolds II. = Südosteuropäische Arbeiten 57, München 1961; ders.: Jakobiner in der Habsburger Monarchie.

= Wiener Historische Studien 6, Wien 1962; ders.: Aktenstücke zur Geschichte des Ignaz v. Martinovics. In: Mitteilungen des Österr. Staatsarchivs 15, 1962, 246–262.
154 Neben den in Anm. 149 bis 153 genannten Werken sind wesentlich u. a.: Bela K. Kiraly: Hungary in the late eighteenth Century. New York, London 1969; G. Baranyi: Hoping against Hope. The Enlightenment in Hungary. In: American Historical Review 71, 1971, 332–376. – Die vielfachen und z. T. entscheidenden Wechselbeziehungen nach Wien u. a. bei Adam Wandruszka: Leopold II., Erzherzog von Österreich, Großherzog von Toscana, König von Ungarn und Böhmen, Römischer Kaiser. 2. Bde., Wien-München 1963/65; Paul P. Barnard: Jesuits and Jacobins. Enlightenment and Enlighted Despotism in Austria. Urbana, Chicago 1971; Alfred Körner: Die Wiener Jakobiner. = Deutsche revolutionäre Demokraten Bd. 3, Stuttgart 1972; Peter Hersche: Der Spätjansenismus in Österreich. = Veröffentlichungen der Kommission für Geschichte Österreichs 7, Wien 1977, bes. 229 f.; Leslie Bodi: Tauwetter in Wien. Zur Prosa der österreichischen Aufklärung 1781/95. Frankfurt 1977; ferner E. Rosenstrauch (wie Anm. 125); M. Kajtár (wie Anm. 121); E. Krivanec (wie Anm. 105) und H. Wagner (wie Anm. 106).
155 Unentbehrlich bleibt Ferdinand v. Zieglauer: Geschichte der Loge „St. Andreas zu den drei Seeblättern" in Hermannstadt 1767–1795. Hermannstadt 1876; Elemer Jancso: A magyar szabadkömüvesség irodalmi és müvelödéstörténeti szerepe a XVIII-ik században. Cluj (Klausenburg) 1936; Heinz Stanescu: Deutschsprachige wissenschaftliche und Lesegesellschaften der achtziger Jahre des 18. Jahrhunderts in Siebenbürgen und im Banat. In: Wissenschaftspolitik in Mittel- und Osteuropa. Wissenschaftliche Gesellschaften, Akademien und Hochschulen im 18. und beginnenden 19. Jahrhundert, hrsg. v. E. Amburger, M. Cieśla u. L. Sziklay. = Studien zur Geschichte der Kulturbeziehungen in Mittel- und Osteuropa, Bd. 3, Berlin 1976, 187–194 (mit weiterer Lit.). Wertvolle Angaben, Literatur- und Quellenverweise zur Vor- und Frühgeschichte der Freimaurerei in Rumänien, auch über ihre europäischen Verbindungen schon im 18./19. Jahrhundert, jetzt bei Dan Berindei in diesem Band.
156 Neben Hinweisen bei Abafi (Bd. 2–5, wie Anm. 25) vgl. jetzt auch Eugene Laxa und William Read : The Draskovic Observance: Eighteenth Century Freemasonry in Croatia. (AQC 90) London 1977, 1–28. Vgl. St. K. Kostić in diesem Band.

*Polen*

157 Mit Recht widmete das *Internationale Freimaurer-Lexikon* von Lennhoff und Posner (wie Anm. 27) der polnischen Freimaurerei einen ausführlichen Beitrag (S. 1216–1224); unter dem Eindruck des russischen Verbots von 1822 hatte bereits die kurz darauf erschienene maurerische Enzyklopädie von Lenning (wie Anm. 12) aus erster Hand einen ausführlichen Beitrag zur polnischen Freimaurerei gebracht, der nunmehr auch in polnischer Sprache vorliegt bei Walenty Wilkoszewski: Rys historyczno-chronologiczny Towarzystwa Wolnego Mularstwa w Polsce. London 1968. Allgemein vgl. u. a. B. Leśnodorski: Les jacobins polonais. Paris 1965; D. Z. Stone: Polish Politics and national Reform, 1775–1788. Ann Arbor/Michigan 1972.
158 Vgl. u. a. Hinweise in den Darstellungen zur Geschichte der drei Altpreußischen Großlogen: A. Flohr: Geschichte der Großen Loge von Preußen, genannt Royal York zur Freundschaft im Orient von Berlin. (Berlin 1898); Franz August Etzel: Geschichte der Großen National-Mutterloge in den Preußischen Staaten, genannt zu den Drei Weltkugeln. Berlin 1840 (1903⁶); Wilhelm Wald: Geschichte der Großen Landesloge der Freimaurer von Deutschland, zu Berlin (Berlin 1920). – Heranzuziehen sind auch Darstellungen über lokale Logen im preußischen Ost- und Westpreußen, etwa H. Mahlau: Geschichte der Loge Eugenia zum gekrönten Löwen im Orient Danzig (Danzig 1902); R. Fischer: Geschichte der Johannesloge zu den drei Kronen in Königsberg 1760–1910. Königsberg 1910; vgl. ferner: Ernst-G. Geppert in diesem Band.
159 M. S. Goldbaum: Rudimente einer Geschichte der Freimaurerei in Polen. Budapest 1898 (!).
160 Ernst Friedrichs: Die Freimaurerei in Rußland und Polen. Berlin 1907 (französische und englische Übersetzungen Bern 1908!).
161 St. Załęski: O masonerii w Polsce. Od roku 1738 do 1822. 2 Bde., Krakau 1908; ferner St. Mnemon: La Franc-Maçonnerie et Stanislas Poniatowski. Krakau 1909.

52 Ludwig Hammermayer

162 Vgl. etwa E. Kipa: Note sur l'histoire de la franc-maçonnerie polonaise (Bulletin de l'Académie Polonaise des Sciences et Lettres. Krakau 1929; S. Małachowski-Lempicki: Różokrzyżowcy polscy XVIIIgo wieku. In: Przegląd Powszechny 1—3. Warschau 1930; ferner auch Boris Telepnev: Polish Freemasonry (AQC 44, 1931; 59, 1946).
163 Z. Kwaśny: Rozwój przemysłu w majatkach Schaffgotschów w latach 1750—1850. Wrocław 1966; G. Koziełek: Das dramatische Werk Zacharias Werners. = Veröffentlichungen der Wissenschaftlichen Gesellschaft zu Wrocław, Serie A, Bd. 120, Wrocław 1967, bes. 9—93 u. passim. — Wertvolle Anstöße kommen von der zeitgenössischen französischen Forschung, etwa von J. Fabre: Stanislas-Auguste Poniatowski et l'Europe des lumières. Paris 1952.
164 L. Hass: Ze studiów nad wolnomularstwem polskim ostatniej ćwierci XVIII w. In: Kwartalnik Historyczny 80. Warschau 1973, 587—619, frühere Studien von Hass seit etwa 1967 sind S. 587 verzeichnet; ders.: Loże wolnomularskie i pokrewne organizacje na zachodnich ziemiach Rzeczypospolitej 1721—1938. In: Studia i Materiały do dziejów Wielkopolski i Pomorza 21, Poznań 1974, 89—145.
165 J. Wojtowicz in diesem Band, hier auch weitere Literatur.


Rußland

166 Vgl. u. a. M. N. Longinov: Novikov i Moskovskie Martinisty. Moskau 1867; P. P. Pekarskij: Zur Geschichte der Freimaurerei in Rußland im 18. Jahrhundert. St. Petersburg 1869. — Nicht zugänglich war C. C. F. W. Frhr. v. Nettelbladt: Geschichte der Freimaurerey in Rußland. In: Kalender für die Provinzial-Loge von Mecklenburg und die zu ihrem Sprengel gehörigen Logen. Parchim 1835.
167 S. V. Eševskij: Sočinenija po russkoj istorii. Moskau 1900; J. L. Barskov: Perepiska moskovskich masonov XVIIIgo veka 1780/92. Petrograd 1915; A. N. Pypin: Russkoe masonstvo XVIII i pervaja četvert' XIX. Petrograd 1917; G. V. Vernadskij: Russkoe masonstvo v carstvovanie Ekateriny II. Petrograd 1917.
168 Vor allem ist zu nennen Boris Telepnev: Freemasonry in Russia (AQC 35, 1922) 252—286; ders.: Some Aspects of Russian Freemasonry during the Reign of the Emperor Alexander I. (AQC 38, 1925, 6—66); ders.: A few Pages from the History of the Swedish Freemasonry in Russia. (AQC 39, 1926, 174—202); ders.: Johann August Starck and his Rite of Spiritual Masonry. (AQC 41, 1929, 238—284); ders.: Rosicrusians in Russia. London 1923. — Ferner: B. Ivanov: Cagliostro in Eastern Europe. (wie Anm. 147); G. V. Vernadskij: Beiträge zur Geschichte der Freimaurerei und des Mystizismus in Rußland. In: Zeitschr. für Slawische Philologie 4, 1927, 164—197; V. F. Ivanov: Ot Petra Pervago do našich dnej. Russkaja intelligencija i masonstvo. Charbin 1934; Tatjana Bakunina: Znamenitye russkie masony. Paris 1935; dies.: Le répertoire biographique des francs-maçons russes. Brüssel 1940 (Nachdruck Paris 1967); R. Labry: I. G. Schwartz, rose-croix, professeur à l'université de Moscou et son influence. In: Mélange en honneur de J. Legres. Paris 1939, 189—200.
169 Vgl. die Beiträge von B. I. Krasnobaev und A. S. Myl'nikov in diesem Band; hier auch weitere Literaturangaben.
170 Vgl. die Beiträge von Antoine Faivre, Georg von Rauch und Reinhard Lauer in diesem Band. Ferner: A. Faivre: Eckartshausen 619—636 (wie Anm. 53); In-Ho L. Ryu: Moscow Freemasons and the Rosicrucian Order. A Study in Organization and Control. In: The Eighteenth Century in Russia. Hrsg. v. G. Garrard, Oxford 1973, 198—232; A. G. Cross: British Freemasons in Russia during the Reign of Catherine the Great. = Oxford Slavonic Papers, New Series 4, 1971, 43—72, auch AQC 84, 1971; Heinz Ischreyt: Die Königsberger Freimaurerloge und die Anfänge des modernen Verlagswesens in Rußland 1760/63. In: Rußland und Deutschland, Festschrift f. Gg. v. Rauch. = Kieler Histor. Studien 10, Stuttgart 1974, 108—119. — Wichtige Hinweise u. a. bei Marc Raeff: Origins of the Russian Intellegentsia: The 18th Century. New York 1966; Franco Venturi: La Russie et les lumières. In: Europa des Lumières. = Civilisations et Sociétés 23, Paris 1971, bes. 282 f.; R. E. Jones: The Emancipation of the Russian Nobility, 1762—1785. Princeton 1973. Nicht zugänglich war A. v. Damm: The Masonic-Movement in Russia in brief. In: The Philalethes Nr. 1, Franklin/Indiana 1975.

III. Forschungsperspektiven

171 „... Longtemps, une sorte de ‚Mur de la Honte‘ avait séparé l'histoire maçonnique spécialisée de l'histoire dite générale. Pour les historiens universitaires, la Franc-Maçonnerie était frappée d'une interdit rappelant le médieval ‚Graecum est, non legitur‘, d'un Tabou. Mieux valait, au demeurant, n'en point parler qu'en parler mal. Du côté maçonnique, unfictif Secret entrevait la recherche en commun avec les ‚profanes‘. Condamnée à n'avoir point d'historiens, la Franc-Maçonnerie se trouvait livrée à deux catégories de menteurs, les détracteurs et les thuriféraires..." (Alec Mellor: Mythes et légendes maçonniques. = Einleitung zu René Le Forestier: La Franc-Maçonnerie templière et occultiste, S. 14—21, hier S. 15; vgl. Anm. 52).
172 Vgl. Anm. 55 u. 56.
173 F. Wagner: Europa im Zeitalter des Absolutismus und der Aufklärung. Die Einheit der Epoche. In: Handbuch der Europäischen Geschichte. Hrsg. v. Theodor Schieder, Bd. 4, Stuttgart 1968, 1—165, hier 122—125 („Die Weltbruderschaft der Freimaurer"); Eberhard Weis: Frankreich von 1661 bis 1789 (ebd.) 166—307, bes. 292 ff.; L. Hammermayer (wie Anm. 121).
174 E. Weis: Der Durchbruch des Bürgertums 1776 bis 1847. = Propyläen Geschichte Europas, Bd. 4, Frankfurt, Berlin, Wien 1978, bes. 19, 40, 56, 63, 91 f., 274, 383, 386. — Allzu kursorisch und horizontal verkürzt scheinen Freimaurerei und Geheimgesellschaften hingegen in den ansonsten sehr material- und ergebnisreichen Studien von Franklin Kopitzsch: Die Sozialgeschichte der deutschen Aufklärung als Forschungsaufgabe. In: Aufklärung, Absolutismus und Bürgertum, hrsg. v. F. Kopitzsch. = Nymphenburger Texte zur Wissenschaft 24, München 1976, 11—172, bes. 67 f.; ähnliches gilt für Joyce Schober: Die deutsche Spätaufklärung. = Europäische Hochschulschriften, Reihe 3: Geschichte und ihre Hilfswissenschaften, Bd. 54, Bern, Frankfurt 1975, 38 f.; Jürgen Schlumbohm: Freiheit: Die Anfänge der bürgerlichen Emanzipationsbewegung in Deutschland im Spiegel ihres Leitwortes. = Geschichte und Gesellschaft. = Bochumer Historische Studien Bd. 12, Düsseldorf 1976, bes. 41 f., 150 ff.; ohne echten Bezug auf Freimaurerei und Geheimgesellschaften ist Hans Gerth: Bürgerliche Intelligenz um 1800. Zur Soziologie des deutschen Frühliberalismus. = Kritische Studien zur Geschichtswissenschaft 19, Göttingen 1976, 45 ff.
175 Vgl. die Literaturauswahl in Anm. 85, 144 und vor allem 207.

*Freimaurerei, Geheimgesellschaften und Politik*

176 Der jakobitische Einfluß auf Genese und Frühzeit der französischen Logen sowie das erstaunliche Neben-, Gegen- und teilweise sogar Miteinander von „Hannoveranischen" und „Stuartisch–Jakobitischen" Logen in Frankreich und auch im italienischen Raum, endlich die vielfache Verflechtung der britischen wie auch der frühen kontinentalen Maurerei mit der europaweiten jakobitischen Bewegung und der großen Politik: dies außerordentlich komplexe Thema ist von der maurerischen wie der nichtmaurerische Forschung in Frankreich und Großbritannien erst in Ansätzen erkannt worden; für Frankreich etwa in den Werken von G. Bord, A. Lantoine, G. H. Luquet (wie Anm. 35, 40 u. 49), vor allem aber von A. Mellor, F. Weil, P. Chevallier und D. H. Chevalier (wie Anm. 46, 47, 178). Die britische maurerische Forschung hat das Thema nur sehr zögernd angegangen, etwa in Studien von J. H. Lepper und P. A. Tunbridge (wie Anm. 72 und 100); ferner J. E. S. Tuckett: Early Masonry in France (wie Anm. 74), W. E. Moss (wie Anm. 75); wichtig für die Tätigkeit „jakobitischer" und „hannoveranischer" Maurer in Florenz und im italienischen Raum ist Horace Walpole: Correspondence with Sir Horace Mann. Yale 1954. Die Gründe für diese Forschungslücke sind offenkundig: Der französischen Forschung, ob maurerisch oder nicht-maurerisch, fehlt eine genaue Kenntnis des britischen und europäischen Phänomens „Jakobitismus". Auf der anderen Seite hat die in der Regel von (nicht-maurerischen) anglo-amerikanischen Historikern betriebene Jakobiten-Forschung ihr Thema weder ausgeschritten noch dessen wesentliche maurerische Komponente erkannt. — Ein weiterer Faktor der frühen maurerischen Wechselbeziehungen zwischen Großbritannien und Frankreich, die seit der Regentschaft des Herzogs von Orléans grassierende französische „Anglomanie", ist dagegen relativ gut von

der Forschung erschlossen (wenngleich ohne ihren maurerischen Hintergrund). Ein Beispiel: Montesquieu hielt sich 1729/31 in England auf, wurde Mitglied sowohl der Royal Society als auch der Loge; vgl. Charles Dedeyen: Montesquieu en Angleterre. Paris 1958; R. Shackleton (wie Anm. 57). Zum ganzen Thema vgl. auch die Literatur über den „Chevalier" Ramsay in Anm. 178.

177 Die bisher relativ spärlich erhellte Geschichte der englischen Freimaurerei zwischen 1730 und 1760 könnte vermutlich näher geklärt werden durch enge maurerische Verflechtung der sog. „County Party", d. h. jener „konservativen" Whig-Opposition von Landedelleuten, die sich seit den dreißiger Jahren gegen die Herrschaft R. Walpoles und der Hofkamarilla um Georg II. formierte und im Prinzen Friedrich von Wales einen Mittelpunkt fand; der Prinz wurde 1737 Maurer; vgl. Alfred F. Robbins: Frederick Prince of Wales as a Freemason. (AQC 29, 1916). Über diesen Kreis und seine künstlerisch-wissenschaftlichen, vor allem architektonischen Aktivitäten vgl. die Monographie von B. Boyce: The Benevolent Man. A Life of Ralph Allen of Bath. Cambridge/Mass. 1967; sowie die bemerkenswerte Studie des Kunsthistorikers Adrian Frhr. Treusch v. Buttlar-Brandenfels: Der englische Landsitz 1715—1760 als Symbol eines liberalen Weltentwurfs. Phil. Diss. München 1977 (ungedr.).

178 Zu Andreas Michael Ramsay (ca. 1686—1743), seinen maurerischen Aktivitäten in Frankreich, seinen Werken und seiner seltsamen Zwischenposition gegenüber „Hannoveranern" und „Stuarts" vgl. neben der Gesamtdarstellungen der französischen Maurerei des 18. Jahrhunderts folgende Einzelstudien: Albert Cherel: Un adventurier réligieux au XVIIIᵉ siècle: A. M. Ramsay. Paris 1926; G. D. Henderson: Chevalier Ramsay. London 1952; A. Mellor: Nos frères séparés, bes. 94—138 (wie Anm. 46); P. Chevallier: Les ducs sous l'acacia 152 ff. (wie Anm. 47); F. Weil: Ramsay et les origins de la Maçonnerie française. In: Revue d'histoire littéraire de la France LXIII, 1963, 272—278; dies.: La Franc-Maçonnerie en France jusqu'en 1755. In: Studies on Voltaire and the 18th Century, hrsg. v. Th. Besterman, Bd. 27, Genf 1963, S. 1787—1815; wichtig C. N. Batham: Chevalier Ramsay. A new Appreciation. (AQC 81, 1968, 280—315); ders.: The Early French Exposures of 1737 to 1751. (AQC 84, 1971); Eliane Brault: Le Mystère du Chevalier Ramsay. Paris 1978; Hinweise auch bei Hubert Dethier: Franc-Maçonnerie, Democratie, Marxisme. In: Tijdschrift voor de Studie van de Verlichting 4, Brüssel 1976, 401—432, bes. 410—413.

179 Die enge Verbindung maurerischer und politisch-kirchenpolitischer Aktivitäten blieb bisher fast völlig außerhalb des Blickfelds in den letzten Jahrzehnten mächtig aufstrebenden irischen Historiographie; das Thema „Freimaurerei" wurde von ihr bisher kaum aufgegriffen; doch auch der genuin maurerischen Forschung sind seit den zwanziger Jahren — J. Ch. Crowley und J. H. Lepper (vgl. Anm.72) — kaum wesentliche Fortschritte gelungen. Unter allgemeinhistorischen Aspekten wäre z. B. fruchtbar anzuknüpfen an die Untersuchung von William Georghean: The History and Antiquities of the first Volunteer Masonic Lodge of Ireland, 1783—1820. Dublin 1921; anregend auch Henry F. Berry: Episodes in Irish Freemasonry, 1790—1830. (AQC 26, 1913). — Zu klären wäre etwa die maurerisch-politische Aktivität von Henry Grattan (1746—1820), Führer der 1782 im Sinne verstärkter Selbstregierung erfolgreichen anglo-irischen „Protestant Ascendancy", gleichzeitig aber Befürworter einer weitgehenden Katholikenemanzipation. Noch deutlicher scheint die maurerische Komponente bei Richard Hely Hutchinson, zweitem Earl of Donoughmore (1756—1825), 1789 bis 1812 Großmeister der Großloge von Ireland und Vorkämpfer der Katholikenemanzipation Donoughmore stellte 1793 ein Regiment „Masonic Royal Irish Volunteers" zum Kampf gegen eine drohende französische Invasion auf. — Die Tatsache, daß zahlreiche prominente katholische Laien, unter ihnen (ab 1799) sogar Daniel O'Connell dem Freimaurerbunde angehörten, ungeachtet strikten päpstlichen Verbots, verdiente genauere Untersuchung. Sie findet ihre Entsprechung in der maurerischen Zugehörigkeit mancher prominenter katholischer Laien in England (vgl. Anm. 191). Allgemein vgl. Ludwig Hammermayer: „Papist" oder „Roman Catholic Citizen" — zur Toleranz und frühen Katholikenemanzipation aut den Britischen Inseln im 18. Jahrhundert. In: Formen der europäischen Aufklärung. = Wiener Beiträge zur Geschichte der Neuzeit, hrsg. v. F. Engel-Janosi, G. Klingenstein u. H. Lutz, Bd. 3, Wien 1976, 20—80, bes. 64—73.

180 Vgl. Anm. 134; ferner J. Bartier: Regards sur la franc-maçonnerie belge du XVIIIᵉ siècle. In: Annales Historiques de la Révolution française 197, 1969, 469—482; all-

gem. vgl. Yvan van den Berghe: Jacobijnen en Traditionalisten. De reacties van de Bruggelingen in de Revolutietijd. 2 Bde., Brüssel 1972; Walter W. Davis: Joseph II, an Imperial Reformer for the Austrian Netherlands. Den Haag 1974.

181 Zu Ungarn vgl. Anm. 149 bis 156; zur napoleonischen Ära vgl. u. a. Éva H. Balázs: Berzeviczy et Napoleon. In: Annales Historiques de la Révolution française 1973, 245—263; D. Kosáry: Napoleon és Magyarszag. Budapest 1977. Zu Polen vgl. Anm. 157—165.

182 Napoleons Zugehörigkeit zum Maurerbund, seine Aufnahme in Malta 1798 (!) sind durchaus umstritten, werden aber von der Mehrheit der seriösen Forscher heute m. E. zurecht verworfen. Offenkundig dagegen ist die ebenso wirkungsvolle wie flexible Einbindungs- und Gleichschaltungsstrategie des Ersten Konsuls und dann des Kaisers gegenüber der wieder stark und vielgestaltig aufblühenden Maurerei; im Vergleich dazu erscheint das in manchen Grundtendenzen ähnliche Vorgehen Kaiser Josophs II. gegenüber den Logen ab 1785 pedantisch und kurzsichtig. In Frankreich wie in den neuen Satellitenstaaten delegierte Napoleon seine Familienmitglieder sowie führende Beamte und Offiziere in maßgebliche Logenämter. Nur ein Beispiel: Joseph Jérome (Vicomte de) Siméon (1749—1842), maßgeblich am Konkordat von 1801 wie am Code Civil beteiligt, ab 1807 unter König Jerome leitender Minister des Königreichs Westfalen, war alter Freimaurer und wurde Großmeister der Großloge in Westfalen. — Allgemein vgl. die Darstellung bei P. Chevallier: Histoire, Bd. 2, 9—99 (wie Anm. 47); [Anon.]: La franc-maçonnerie au début du premier empire: documents. In: La Révolution française, Bd. 63, Paris 1912, 369—392; bemerkenswerte Studie bei G. Gayot: Les francs-maçons ardennais à l'époque du Consulat et de l'Empire. In: Revue du Nord, 1970, 339—366. — Positiv zu Napoleons Logenzugehörigkeit äußert sich J. E. S. Tuckett: Napoleon I and Freemasonry. (AQC 27, 1914, 96—141); zustimmend auch Jean Palou 222 ff. (wie Anm. 43); sehr vorsichtig-zurückhaltend Jean Boisson: Napoléon était-il franc-maçon? (Paris 1967), eindeutig ablehnend D. Ligou: Les Bonapartes et la franc-maçonnerie. In: Problèmes d'histoire de la Corse. Paris 1971, 233—253. — Zu den Satellitenstaaten vgl. Gürtler (wie Anm. 32) über Westfalen; für die linksrheinischen ehemaligen Reichsterritorien vor allem das Werk von W. Dotzauer, bes. 105—116 u. passim (wie Anm. 127), sowie seine in Anm. 126 genannten Einzelstudien. Zu Siméon, ohne Berücksichtigung seiner maurerischen Position, Jean Tulard: Siméon et l'organisation du royaume de Westphalie. In: Francia I, 1973, 557—568; zu Belgien vgl. Anm. 135 und 180. Zu Spanien vgl. u. a. J. E. Ferrer Benimeli: La Masoneria bonapartista en Cataluna. La Logia „Napoleon le Grand" de Gerona 1812/13. In: Estudios en Homenaja al Dr. Frutos, Faculdad de Filosofia y Letras, Zaragoza 1977, 119—244; ders.: Les Amis Réunis de Saint Joseph. La primera Logia masonica de Vitoria, 1810. (Homenaja al Prof. Miguel A. Alonso Aguilera) Valladolid 1977. — Erstrebenswert wäre eine zusammenfassende und vergleichende Darstellung der „napoleonischen" Maurerei in den Satellitenstaaten, auch eine ähnliche Untersuchung über die Logen in den einzelnen Rheinbundstaaten und den jeweils wirksamen französischen Einfluß.

183 Georg Winter: Die Reorganisation des preußischen Staates unter Stein und Hardenberg. Teil 1: Verwaltungs- und Behördenreform. = Publikationen aus den Preußischen Staatsarchiven 93, Leipzig 1931, 334. Zu Hardenbergs maurerischer Zugehörigkeit vgl. u. a. Hans Haussherr: Hardenberg — eine politische Biographie. Teil 3: Die Stunde Hardenbergs. Köln-Graz 1965, bes. 193—202. — Die eindeutig positive Rolle der Logen bei Reform und äußerer Befreiung Preußens betont Julius R. Haarhaus: Die deutsche Freimaurerei zur Zeit des Befreiungskriegs. Jena 1913; dagegen das nationalsozialistische Machwerk von Gerhard Gieren: Der freimaurerische Kriegsverrat von 1806. München 1939. — Die bedeutsame interne maurerische Reformtätigkeit und -diskussion sowie die nach außen, also politisch wirksame Tätigkeit von preußischen Freimaurern, verdient eine nähere Untersuchung, vor allem durch Persönlichkeit, Werk und (maurerisch-politische) Projekte des Fichte-Schülers Karl Christian Friedrich Krause (1781—1832; vgl. Anm. 60).

184 Vgl. u. a. [Anon.]: Les idées de Mirabeau sur la Franc-Maçonnerie. In: La Révolution française Bd. 32, 1882, 284—306; H. C. Bruce Wilson (wie Anm. 89); René Vénier: Mirabeau franc-maçon. Marseille 1951; über den maurerischen Hintergrund der freundschaftlichen Verbindung zu Talleyrand vgl. Jean Bossu: Talleyrand et la Franc-Maçonnerie. In: Travaux de Villard de Honnecourt 11, Paris 1975, 170 ff.; die kur-

zen Angaben bei Jean Orieux: Talleyrand, eine Biographie. Frankfurt 1975, 69 u.
383 (frz. Orig. Paris 1970) sind dagegen weithin konfus und wärmen die im Falle
Mirabeaus bereits von G. Martin (vgl. Anm. 39) widerlegte Illuminatenlegende wieder auf.

185 Das Thema kann hier nur skizzenhaft angedeutet werden, eine Auseinandersetzung
mit den sog. „Verschwörungstheorien" eines Barruel, Robison u. a. muß an dieser
Stelle unterbleiben; vgl. u. a. Jacques Droz: La légende du complot illuministe et les
origines du romantisme politique en Allemagne. In: Revue Historique 226, 1961,
313—338; Jacques Godechot: La Contre-Révolution. Paris 1961, 42—51; J. M. Roberts: The Origins of a Mythology: Freemasons, Protestants and the French Revolution. In: Bulletin of the Institute of Historical Research 44, London 1971, 78—97;
ders.: Mythology 188—193 u. passim (wie Anm. 54); J. R. v. Bieberstein: 11 ff., 44 f. u.
passim (wie Anm. 124). In Frankreich wurde die Diskussion über diesen Gegenstand
noch in den zwanziger und dreißiger Jahren mit Erbitterung geführt und erreichte in
der Vichy-Zeit (1940/44) einen letzten, einseitigen, antimaurerischen Höhepunkt.
Bereits der bedeutende nichtmaurerische französische Forscher G. Bord betonte
1909 den Gleichklang maurerischer und revolutionärer Forderungen und Bekenntnisse: „L'ésprit maçonnique enfanta l'ésprit révolutionnaire" (p. IX); etwa gleichzeitig stellte Otto Karmin eine Identität vieler maurerischer und revolutionärer Symbole
fest. Eine seltsame, aus je völlig verschiedenen Motiven gespeiste „Allianz" ergab
sich in den zwanziger und dreißiger Jahren, als sowohl der liberale Grand Orient-
Würdenträger Gaston Martin als auch die dezidierten Logengegner Auguste Cochin
und Bernard Fay einen hervorragenden ideellen wie konkreten Anteil der Logen bei
der Vorbereitung und Durchführung der Revolution postulierten. Diese These wurde
weitgehend relativiert, mit scharfer Wendung gegen Martin, von dem Hochgradmaurer Albert Lantoine sowie von dem nichtmaurerischen Experten René Le Forestier.
Heftiger noch widersprach Albert Mathiez, führender Revolutionshistoriker und Sozialist, der den aristokratischen und fundamental unpolitischen Charakter der Logen
hervorhob, die nicht, wie Cochin meinte, „sociétés de pensée", sondern „sociétés de
ripaille et d'amusement" gewesen seien. Vor einer Überschätzung des maurerischen
Einflusses warnte auch 1933 Daniel Mornet in seiner grundlegenden Studie, die allerdings 1788 abbricht.
Zu G. Bord vgl. Anm. 35. — Otto Karmin: L'influence du symbolisme maçonnique
sur le symbolisme révolutionnaire. In: Revue historique de la Révolution française
1, Paris 1910, 176—183. — Zu Gaston Martin vgl. Anm. 39. — Auguste Cochin: La
Révolution et la libre pensée. Paris 1923; ders.: Les sociétés de pensée et la Révolution
en Bretagne. 2 Bde., Paris 1925. — Bernard Fay: La révolution intellectuelle de XVIIIe
siècle. Paris 1935 (1942², 1961³). — Lantoine (wie Anm. 40); Le Forestier (wie Anm.
38 u. 52). — Albert Mathiez veröffentlichte wichtige Rezensionen der Werke von
Cochin, Martin und Lantoine in: Annales Historiques de la Révolution française
(1925) 179—183; ebd. (1926) 498—502, hieraus das oben erwähnte Zitat (498);
ferner ebd. (1927) 80 ff. und ebd. (1930) 391 ff. u. 489 ff. — Daniel Mornet: Les
origines intellectuelles de la Révolution française. Paris 1933 (1967⁶), bes.
357—387.
Heute besteht fast allgemeiner Forschungskonsens, eine wie immer geartete revolutionäre Rolle „der" Freimaurerei abzulehnen und sich auf die Erforschung einzelner
Logen zu konzentrieren, genauer, auf die radikal aufklärerische, gemäßigte bzw.
„konservative" Haltung einzelner Logenmitglieder und ihre mögliche politische Konkretisierung während des revolutionären Prozesses; eng damit verbunden ist eine
quellenfundierte differenzierende Analyse des sozio-ökonomischen Hintergrundes
und der Interessenlage der Logen und eine soziologische Positionsbestimmung ihrer
einzelnen Mitglieder. Repräsentativ für den heutigen Forschungsstand sind der von
Albert Soboul herausgegebene Sammelband „La Franc-Maçonnerie et la Révolution
française". = Annales Historiques de la Révolution françaises Nr. 197. Paris 1969,
ferner die grundlegenden Untersuchungen von A. Le Bihan (wie Anm. 48); zusammenfassend A. Soboul: La franc-maçonnerie et la Révolution française. In: Annales Historiques de la Révolution française Nr. 215, Paris 1974, 28—38; ders.: Artikel
„Révolution française" in: Dictionnaire universel de la Franc-Maçonnerie, Bd. 2, Paris 1974, S. 1095 f.; präzise Einführung und einschlägige Quellendarbietungen bei
Daniel Ligou: La Franc-Maçonnerie. Paris 1977, 47 ff., 166—188.

186 So umfaßte sogar die von Saint-Martins mystisch-spiritualistischen Lehren tief beeinflußte Richtung der regulären schottischen Maurerei in Frankreich, die sog. „Chevaliers Bienfaisants de la Cité Sainte" mit Zentrum Lyon, eine Mehrheit von konsti-
tutionellen „Feuillants", eine respektable Minderheit von Anhängern des „Ancien
Régime" sowie einige Anhänger der jakobinischen Republik (unter ihnen Jean-Baptiste Amar); vgl. Le Forestier 821—865 (wie Anm. 52). Saint-Martin selbst, der sich
seit den frühen achtziger Jahren von der Freimaurerei distanziert hatte, stimmte der
Revolution sogar in ihrer radikalen Phase zu; revolutionär-schwärmerische Zirkel
um Suzette Labrousse, Cathérine Théot und den Geistlichen und späteren konsti-
tutionellen Bischof Pierre Pantard hatten Kontakte zu maurerischen bzw. paramaurerischen Gruppen; vgl. u. a. Renzo de Felice 71—96, 140—490 u. passim (wie Anm.
145); Clarke Garrett: Millenarians and the French Revolution in France and England.
Baltimore 1975; zu Saint-Martin grundlegend Robert Amadou: Trésor martiniste,
Paris 1969; ders.: Le Martinisme et l'illuminisme au XVIIIᵉ siècle. In: Actes de II.
simposio sobre el P. Fejoo y su siglo. Oviedo 1976; Anne Becque u. Nicole Chaquin:
Un philosophe toujours inconnu: Louis-Claude de Saint-Martin. In: Dixhuitième
Siècle Nr. 4, Paris 1972, 169—190; unentbehrlich bleiben zum ganzen Themenkreis
die Einzelstudien und zusammenfassenden Werke von Antoine Faivre (wie Anm. 53).

*Soziale Schichtung und gesellschaftliche Wirkung*

187 Nicht näher eingegangen werden kann hier auf die zum Teil sehr ergiebigen zahlreichen regionalen meist lokalen Untersuchungen, meist jüngeren Datums, zur Geschichte
und Sozialstruktur französischer Logen; vgl. hierzu die Sammelbände der „Annales
Historiques de la Révolution française" Nr. 197 und 215 (Paris 1969 und 1974) sowie die Neufassung der wertvollen Bibliographie von J. A. Ferrer Benimeli in: Masoneria, Iglesia et Illustración, Bd. IV (Madrid 1977), bes. 471—490 (vgl. Anhang).
Hohe Aufmerksamkeit verdienen die Untersuchungen von A. Le Bihan (wie Anm.
48), vor allem über die gesellschaftliche Schichtung des *Grand Orient* und der *Grande
Loge* zwischen 1773 und 1794; für den Grand Orient ergeben sich, bei wesentlich
günstigerer Quellenlage, etwa sechstausend Namen mit einer Mehrheit aus den adlig-
bürgerlichen Oberschichten (Hofleute, Militärs, Noblesse de Robe, Titularbeamte), in
deutlichem Abstand gefolgt von Gelehrten, Ärzten, Bankiers und Großhändern,
während mittel- oder gar kleinbürgerliche Gruppen praktisch keine Rolle spielen.
Dagegen zeigen, bei höchst schwieriger Quellenlage, die für die Grande Loge erschließ-
baren zweihundert Mitglieder 30 % — 40 % Handwerksmeister, meist aus der Textil-
branche. Hierher gehört auch jene Pariser Loge *Les Arts Réunis*, der — neben etlichen Benediktinern! — vor allem „Carpentiers, platuriers, serruriers, couvriers" angehörten und die bezeichnenderweise vom Grand Orient zurückgewiesen wurde (A.
Lantoine: Histoire II 185, wie Anm. 40); das gleiche Schicksal traf die Loge *La Vertu* zu Nancy, da ihre Mitglieder „de trop petite bourgeoisie" waren (Mornet 379,
wie Anm. 185). In Rennes bestand die Loge *La Parfaite Union* fast nur aus Juristen, die *Parfaite Amitié* dagegen fast nur aus Kaufleuten; vgl. Léonce Maître: La
Franc-Maçonnerie à Rennes au XVIIIᵉ siècle. In: Acacia 12, 1913, 241—270, ebd.
13 (1913) 26—52; Gaston Martin: La maçonnerie bretonne à la veille de la Révolution. Paris 1925 (gegen A. Cochin, wie Anm. 185). Ähnliche soziale Unterschiede
ergaben sich im besonders logenträchtigen Lyon zwischen vorwiegend adligen und
vorwiegend von wohlhabenden (Seiden-)Kaufleuten okkupierten Logen; vgl. Albert
Ladret: Le grand siècle de la franc-maçonnerie. La franc-maçonnerie lyonnaise au
XVIIIᵉ siècle. Paris 1976. In Montpellier bestand im Rahmen der Universität ab
1783 eine sog. „Medizinerloge"; vgl. Jean Bossu: Une loge d'étudiants en Medicine:
La Parfaite Union, Orient de Montpellier. In: Travaux de Villard de Honnecourt 8,
Paris 1972, 13—137.
Zu bemerkenswerten Ergebnissen kommt H. de Schampheleire (wie Anm. 134) in
bezug auf die Sozialstruktur wie ideologische Haltung der Logen in den österreichischen Niederlanden im Fürststift Lüttich, wobei der Verf. die jeweiligen sozialen
Gruppen genau zu definieren versucht (S. 456). Ergebnis: sowohl „noblesse" als
auch „moyen bourgeoisie" waren in der Regel stärker vertreten als die „grande bourgeoisie", während „petite bourgeoisie" geringfügig und „classes populaires" praktisch

nicht nachzuweisen sind. – Für den deutschen Raum ergäben ähnliche Untersuchungen wohl eine Dominanz von adlig-bürgerlichen Gruppen, die natürlich jeweils genau zu bestimmen und zu differenzieren wären. Die Quellenlage ist schwierig. Für die Frankfurter Unionsloge bringt K. Demeter 71 (wie Anm. 14) einen zeitgenössischen Quellenhinweis: „Der größte Teil von den hiesigen Brüdern gehörte zu den angesehensten Familien und nach der damaligen Verfassung zu der ersten Bürgerklasse. Die meisten waren aus dem Handelsstande und hatten eine gute, sittliche, moralische bürgerliche Bildung erhalten." Zur Sozialstruktur von K. F. Bahrdts radikal aufklärerischer *Deutscher Union*, die eine relativ hohe Zahl protestantischer Geistlicher umfaßte, vgl. jetzt G. Mühlpfordt: Bahrdt als radikaler Aufklärer 424 f. (wie Anm. 133); über katholische Geistliche als Freimaurer für den deutschen Raum erste Hinweise bei Taute (wie Anm. 22), für Wien bei Franz Wehrl: Der „Neue Geist". Eine Untersuchung der Geistesrichtungen des Klerus in Wien von 1750 bis 1790. In: Mitteilungen des Österreichischen Staatsarchivs 20, 1967, 36–114, bes. 69 ff. Handelt es sich bei dem vielberufenen „bürgerlichen Element" wirklich nur um eine relativ dünne, nach unten weithin abgeschlossene Oberschicht? Wie weit kam eine gesellschaftliche Angleichung von „Adel" und „Bürgertum" in den Logen zustande? Wieweit haben die Logen den Prozeß der Homogenisierung des Bürgertums befördert? Zur kath. Geistlichkeit neuerdings J. A. Ferrer Benimeli: Le clergé franc-maçon pendant le XVIII<sup>e</sup> siècle. In: Klasse en ideologie in de vrijmetselarij 2 = Tijdschrift voor de studie van de verlichting 5 (Brüssel 1977) 6–25.

188 Man denke etwa an die Rolle von Kupferstechern und Edelsteinschneidern, von Graveuren und Medailleuren wie jenen Johann Lorenz Natter (1705–1763), der in den dreißiger Jahren in italienisch-britischen maurerischen Kreisen zu Florenz verkehrte und dann in St. Petersburg auf die Entwicklung ritterlich-esoterischer Hochgradsysteme bedeutenden Einfluß nahm! Allgem. vgl. E. Lindner (wie Anm. 209).

189 Die Bedeutung dieser Frage für die europäische Maurerei kann kaum überschätzt werden. Das gilt für die jeweils nationalen Streitkräfte in Friedenszeiten, aber auch im Krieg und vor allem in besetzten Gebieten; es gilt ebensosehr für maurerische Aktivitäten gefangener Offiziere sowie von Söldnereinheiten in fremden Diensten, deren maurerische Erfahrung schließlich auf die Heimat zurückwirkte. So verdankte die Maurerei in Böhmen die ersten Anstöße den preußischen Okkupanten in den Schlesischen Kriegen, erhielten deutsche Logen wichtige Anregungen von den französischen maurerischen Offizieren im Siebenjährigen Krieg. Die damals in der kaiserlichen Armee im Reich kämpfenden kroatischen Offiziere brachten die Maurerei in ihre Heimat. – Bereits 1745 hatte ein in englischen Diensten stehendes Schweizer Regiment in Durham eine Loge gegründet, von hier wie von den Schweizer Truppen in kgl. französischen Diensten gingen starke maurerische Anstöße auf die Heimat aus. Eine Bedeutung und herrschaftssichernde Funktion sui generis hatten die Militärlogen im napoleonischen Frankreich und in den Satellitenstaaten. Zur Literatur vgl. u. a. L. Jeandre: La Franc-Maçonnerie dans l'armée depuis le XVIII<sup>e</sup> siècle. In: La Revue des Revues 35, Paris 1900, 221–232; André Doré: Essai d'une bibliographie des loges militaires françaises au 18<sup>e</sup> et 19<sup>e</sup> siècles. In: Revue d'Etudes Maçonniques, Paris 1976. – Ferner John Th. Thorp: French Prisoners' Lodges. Leicester 1900; R. F. Gould: Military Masonry. (AQC 14, 1900); H. Soanen: La Franc-Maçonnerie et l'armée pendant la Révolution de l'Empire. In: Annales Historiques de la Révolution française, 1928, 530–540; S. J. Fenton: Military Services and Freemasonry. (AQC 60, 1947); S. Pope: Some Military Lodges in East Kent in the 18th Century. (AQC 61, 1948); A. J. B. Milborne: The Lodge of the 78th Regiment *Fraser's Highland*. (AQC 65, 1958); Louis Junod: Notes sur les loges militaires dans les régiments suisses au service de la France sous l'Ancien Régime. In: Revue d'Histoire Suisse 29, 1949, 494–548; K. H. Francke: Militär- und Feldlogen des 18., 19. und 20. Jahrhunderts (Quatuor Coronati Jahrbuch 13) 1976, 87–99; E. Laxa u. W. Read (wie Anm. 156); St. K. Kostić und H. Wagner in diesem Band.

190 Der anglikanische Theologe John Theophil Desaguliers (1683–1744) steht im Kreuzungspunkt von Freimaurerei, Wissenschafts- und Akademiebewegung. Naturforscher von Rang, Mitglied der Royal Society, Freund Newtons, wurde er bereits 1719 Großmeister der Großloge von London; dank seiner engen Kontakte zum Hof und Hochadel konnte die Maurerei hier Fuß fassen. Desaguliers, der auch an die sog. „Anderson'schen Konstitutionen" von 1723 (1738<sup>2</sup>) wesentlichen, vermutlich ent-

scheidenden Einfluß hatte, darf „im wahrsten Wortsinn als Vater der englischen Groß-
logenmaurerei" gelten (Lennhoff-Posner 337). Eine moderne Biographie ist ein Desiderat; vgl. u. a. John Stokes: Life of J. Th. Desaguliers (AQC 38, 1927); Jean Tor-
lais: Un Rochelais grand-maître de la Franc-Maçonnerie et physicien au XVIII$^e$
siècle: Le Révérend J. Th. Désaguliers. La Rochelle 1937; Margaret E. Rowbottom:
J. Th. Desaguliers. In: Proceedings of the Huguenot Society of London 21, 1968,
196—218; Hinweis auf öffentliche Vorlesungen bei A. E. Musson und E. Robinson:
Science and Technology in the Industrial Revolution. Manchester 1969, 37—40;
Fritz Wagner: Isaac Newton im Zwielicht zwischen Mythos und Forschung. Freiburg
1976, 22—26 u. passim; Jean Sohie: J. Th. Desaguliers o le origini intellettuale della
Massoneria. In: Rivista Massonica 67, 1976, 393—401. Zur Situation in Frankreich
aufschlußreich G. Gayot: Les problèmes de la double-appartenance: protestants et
francs-maçons à Sedan au XVIIII$^e$ siècle. In: Revue d'histoire moderne et contem-
poraine 11, 1971, 415—429.
191 Vgl. M. D. Petre: The Ninth Lord Petre, or Pioneers of Roman Catholic Emancipation. London 1928 (mit nur spärlichen Hinweisen auf Freimaurerei); B. Croiset van
Uchelen: Twee rooms-katholieke Grootmeesters in Engeland. In: Thoth 8, Den Haag
1958, 82—84; Hammermayer: „Papists" oder „Roman Catholic Citizens" 32 f.,
59—64 (wie Anm. 179).
192 Die von Lord Petre 1775, d. h. während seiner Großmeisterschaft, errichtete *Freemasons' Tavern* galt als „central hub of English and London Catholicism"; Hinweis
bei Sheridan Gilley: English Catholic Charity and the Irish Poor in London, 1700—
1840. In: Recusant History 11, 1971, 188; allgem. vgl. J. D. Simpson: Some Old
London Taverns and Masonry. (AQC 20, 1907).
193 Jacob Katz: Jews and Freemasons in Europe, 1723—1939. Cambridge/Mass. 1970;
Ilsegret Dambacher: Christian Wilhelm v. Dohm. Ein Beitrag zur Geschichte des
preußischen aufgeklärten Beamtentums und seiner Reformbestrebungen am Ausgang des 18. Jahrhunderts. = Europäische Hochschulschriften Reihe 3, Bd. 33, Bern,
Frankfurt 1974; Jacob Toury: Die Behandlung jüdischen Problematik in der Tages-
literatur der Aufklärung bis 1783. In: Jahrbuch des Instituts für deutsche Geschichte
5, Tel-Aviv 1976, 13—46; ders.: Der Eintritt der Juden ins deutsche Bürgertum. In:
Das Judentum in der deutschen Umwelt, 1800—1850. Hrsg. von Heinz Liebeschütz
und Arnold Pauker, Tübingen 1977, 139—242, bes. 194 f.; vgl. auch Literatur bei
B. Beyer: Bibliographie (wie Anm. 31) 331 f.
194 Vgl. Anm. 48; vgl. auch zur Methode Eberhard Schmitt (wie Anm. 129).
195 Vgl. Anm. 187.
196 Auch hier sind noch zahlreiche „case studies" lokaler und regionaler Art nötig; allgem. vgl. Klaus Gerteis: Bildung und Revolution. Die deutschen Lesegesellschaften
am Ende des 18. Jahrhunderts. In: Archiv für Kulturgeschichte 53, 1971, 127—140;
Marlies Prüsener: Lesegesellschaften im 18. Jahrhundert. In: Archiv für Geschichte
des Buchwesens 12, Frankfurt 1972; Barney Martin Milstein: Eighteenth Century Reading Societies. = German Studies in America, Bd. 11, Bern, Frankfurt 1972
(Diss. Princeton 1970); Herbert G. Göpfert: Lesegesellschaften im 18. Jahrhundert.
In: Aufklärung, Absolutismus und Bürgertum in Deutschland. Hrsg. von F. Kopitzsch.
= Nymphenburger Texte zur Wissenshaft 24, München 1976, 403—411. — Einige
weitere Beispiele: Wechselbeziehungen zwischen den vorzüglich bürgerlichen Lese-
sellschaften und Lesekabinetten, sog. „sociétés littéraires" und den Logen konstatiert H. de Schampheleire für die österreichischen Niederlande und das Fürststift
Lüttich (477, 490 f. mit weiterführender Lit., wie Anm. 134). Für Siebenbürgen vgl.
H. Stanescu (wie Anm. 155); für Trier vgl. Dotzauer (wie Anm. 126), für Bayern
vgl. Valjavec: Strömungen 237 f. (wie Anm. 7). In Hamburg waren Bürgermeister
Sieveking und F. J. L. Meyer sowohl in der Loge, der Patriotischen Gesellschaft wie
auch in der sog. Altonaer Lesegesellschaft führend; aus letzterer entstand die z. T.
logenähnliche Gesellschaft *Harmonie*; vgl. Riedel 40 (wie Anm. 206). In Bremen
scheint die *Literarische Gesellschaft* eng mit der Loge verbunden gewesen zu sein;
vgl. Rolf Engelsing: Der Bürger als Leser. In: Börsenblatt für den deutschen Buchhandel 16, Frankfurt 1960, 490—544, 857—884, hier 532—537. Im pfalzbayerischen
Neuburg an der Donau etablierte der Illuminatenkreis nach 1780 eine Lesegesellschaft; vgl. Magnus Sattler (Hrsg.): Ein Mönchsleben aus der zweiten Hälfte des 18.
Jahrhunderts. Nach dem Tagebuch des P. Placidus Scharl. Regensburg 1868, 373.

197  Ausführliche Quellen- und Literaturhinweise bei L. Hammermayer: Akademiebe-
     wegung und Wissenschaftsorganisation während der zweiten Hälfte des 18. Jahr-
     hunderts: Formen, Tendenzen, Wandel. In: Wissenschaftspolitik in Mittel- und Ost-
     europa. Akademien und Hochschulen im 18. und beginnenden 19. Jahrhundert,
     hrsg. v. E. Amburger, M. Cieśla u. L. Sziklay. = Studien zur Geschichte der Kultur-
     beziehungen in Mittel- und Osteuropa Bd. 3, Berlin 1976, 1–84. – Neuere einschlä-
     gige Einzelstudien u. a. Hans-Heinrich Müller: Akademie und Wirtschaft im 18. Jahr-
     hundert. Preisschriften der Berliner Akademie. = Studien zur Geschichte der Akade-
     mie der Wissenschaften der DDR, Bd. 3, Berlin 1975, bes. 152 ff. (über Johann
     Chr. Schubart, führenden Freimaurer und Würdenträger der Strikten Observanz!);
     J. A. Ferrer Benimeli: El conde de Aranda y la Sociedad Económica Aragonesa de
     Amigos del Pais. = Publicaciones de la Sociedad Económica. Zaragoza 1977. Jede
     Untersuchung über die „Affinität" von Akademiebewegung und Freimaurerbund
     hätte sich natürlich mit Thesen Ludwig Kellers (wie Anm. 20) auseinanderzusetzen.
198  Zur 1660/62 gegründeten Royal Society des 17. und frühen 18. Jahrhunderts Lit.
     bei Hammermayer: Akademiebewegung 43 u. 84 (wie Anm. 197); über maurerische
     Verbindungen erste Hinweise bei J. R. Clarke: The Royal Society and Early Grand
     Lodge Freemasonry. (AQC 80, 1967); zur Mittlerrolle von J. Th. Desaguliers vgl.
     die Lit. in Anm. 190. – Umstritten ist das Neben-, Gegen- und Miteinander esoteri-
     scher, d. h. vor allem hermetischer und mystisch-spiritualistischer, und rationalisti-
     scher Wissenschaftstraditionen im Vorfeld und in der Frühgeschichte der Royal So-
     ciety und deren Beziehungen zu der sich formierenden Freimaurerei, wobei dem
     Oxforder Polyhistor Elias Ashmole (1617–1693) besondere Aufmerksamkeit zu-
     kommt. Vgl. u. a. Frances A. Yates: The Rosicrucian Enlightenment. London 1975[2],
     bes. 211–279 (dt.: Aufklärung unter dem Rosenkreuz. Stuttgart 1975); Charles
     Webster: The Great Instauration. Science, Medicine and Reform, 1626–1660. Lon-
     don 1975, bes. 88–100, 129–178 u. passim; M. L. R. Bonelli u. W. R. Shea (Hrsg.):
     Reason, Experiment and Mysticism in the Scientific Revolution. London 1975. –
     Zu Ashmole vgl. J. E. S. Tuckett (wie Anm. 74); Norman Rogers: The Lodge of E.
     Ashmole. (AQC 65, 1952); C. Josten: Ashmole and the Triangle, with the A. B. L.
     Initials. (AQC 71, 1958); ders.: Elias Ashmole. Bd. I: Biographical Introducion, Ox-
     ford 1961. – Für die erste Hälfte des 18. Jahrhunderts könnten die Beziehungen
     zwischen Royal Society und Freimaurerei durch eine Biographie des Archäologen
     und Naturforschers Martin Folkes (1690–1754) erhellt werden; er war Freund und
     Mitarbeiter von Newton, wurde 1714 Mitglied, 1722 einer der Vizepräsidenten der
     Royal Society unter Newton, 1741 als Nachfolger von Sir Hans Sloane schließlich
     deren Präsident; daneben war er Mitglied und Präsident der Society of Antiquaries,
     ab 1739 Mitglied der Pariser Académie des Sciences und Freund Montesquieus. Fol-
     kes war auch maurerisch höchst aktiv und einflußreich und in diesem Sinne in den
     dreißiger Jahren auch in Paris und im italienischen Raum tätig; vgl. Hinweise bei
     F. Weil: La franc-maçonnerie S. 1799 (wie Anm. 178). – Ergiebig für das Verhältnis
     zwischen Royal Society bzw. Society of Antiquaries und der Freimaurerei wären
     wohl auch Untersuchungen über die Antiquare, Topographen, Theologen und Frei-
     maurer William Stukeley (1687–1765) und Daniel Lysons (gest. 1762); vgl. R. F.
     Gould: W. Stukeley. (AQC 6, 1893); F. W. Levander: The Collectanea of the Rev.
     D. Lysons, F. R. S., F. S. A. (AQC 28, 1915).
199  Lit. bei L. Hammermayer: Akademiebewegung 42, 45, 80–84 (wie Anm. 197); be-
     sonders wünschenswert wäre eine Studie über die Beziehungen von Logen und Aka-
     demien in der französischen Provinz; über die dortigen gelehrten Sozietäten vgl. zusam-
     menfassend Daniel Roche: Milieux académique provinciaux et société des lumières.
     In: Livre et Société dans la France du XVIIIe siècle, Bd. 1, Paris, Den Haag 1965,
     93–184. – Ein Beispiel: Der bei der Erneuerung der französischen (Hochgrad-)Mau-
     rerei im ersten Jahrzehnt des 19. Jahrhunderts höchst aktive Naturforscher Achard
     war gleichzeitig Akademiesekretär in Marseille; vgl. „Addenda" von A. Faivre zum
     Werk von R. Le Forestier: La franc-maçonnerie templière 1010 (wie Anm. 52).
200  Daß „Chevalier" Ramsay in seinem berühmten „Discours" von 1736/37 eine von
     den Maurern inspirierte und getragene Enzyklopädie forderte, daß dann der Pariser
     Astronom, Akademiker und Maurer Joseph-Jérome La Lande (1732–1807) in der
     Ergänzungsausgabe von Diderots und D'Alemberts Enzyklopädie (Bd. 15, Amster-
     dam 1774, S. 357–361) einen Beitrag über die Freimaurerei verfaßte, der 1777 un-

ter dem Titel „Mémoire historique sur la Maçonnerie" in erweiterter Form gesondert erschien —, all das sollte zu keinen irrigen Ansichten über eine außerordentlich rege Beteiligung von Freimaurern an dem ganzen Unternehmen führen; vgl. G. H. Luquet: L'Encyclopédie fut-elle une entreprise maçonnique? In: Revue d'histoire littéraire de la France LXIV, 1954, 23—199; Eberhard Weis: Geschichtsschreibung und Staatsauffassung in der französischen Enzyklopädie. Wiesbaden 1956, 208 f.; Shackleton (wie Anm. 57). Gesichert sind jedoch die engen maurerischen Verbindungen des ersten Herausgebers der Encyclopedia Britannica, des schottischen Graveurs Andrew Bell (1726—1890); vgl. A. M. Mackay: A. Bell of the Encyclopedia Britannica. (AQC 24, 1911).

201 Der Einfluß der Illuminaten und der Freimaurer konzentrierte sich auf die Philosophische und die erst 1776/77 neuerrichtete „Belletristische" Klasse der Akademie; letztere vor allem war weitgehend von Illuminaten beeinflußt und wurde 1786 auf Befehl des Kurfürsten im Zusammenhang mit der Illuminatenverfolgung aufgelöst und nie wieder errichtet; vgl. hierzu kurz Ludwig Hammermayer: Academiae Scientiarum Boicae Secretarius Perpetuus: Ildephons Kennedy O.S.B., 1722—1804. In: Großbritannien und Deutschland — europäische Aspekte der politisch-kulturellen Beziehungen beider Länder in Geschichte und Gegenwart. = Festschrift für John W. P. Bourke, München 1974, 195—246, bes. 210 f.

202 Lit. bei L. Hammermayer: Akademiebewegung 48 f., 76 (wie Anm. 197). Über Wiener Logen vgl. Anm. 105, 106, 110, 125, 149—156, 205.

203 Über sie und ihre gelehrten akademischen Kontakte vgl. u. a. Louis Amiable: Le franc-maçon Jérome Lalande. Paris 1889; ders.: La R. Loge „Les Neuf Soeurs". Paris 1897; Nicholas A. Hans: Unesco of the 18th Century. La loge des Neuf Soeurs and its Venerable Master Benjamin Franklin. In: Proceedings of the American Philosophical Society 97, Philadelphia 1953, 513—524; Sergio Moravia: Il tramonto dell' illuminismo. Filosofia e politica nella società francese 1770—1810. Bari 1968, bes. 55—67; C. N. Batham: A famous French Lodge: Les Neuf Soeurs. (AQC 86, 1973, 312—327). Die Loge verwandelte sich 1790 in eine patriotisch-literarische Sozietät und veröffentlichte: Tribut de la Société Nationale des Neuf Soeurs, ou recueil des Mémoires sur les sciences, belles-lettres et arts, et d'autres pièces lues dans les séances de cette société. 5 Bde., Paris 1792.

204 Eine Untersuchung dieses Geheimbundes ist ein Desiderat; denn ungeachtet aller Esoterik und Hochgrade standen die Philalethen in fast modernen Bezügen; sie wurden z. B. von den radikal-aufklärerischen Illuminaten als jesuitisch gesteuerte (!) Konkurrenz betrachtet und waren nicht nur eine Art „Académie occultiste" (Le Forestier), sondern ein „Engbund" mit internationalen wissenschaftlichen wie maurerisch-„politischen" Ambitionen: bei Mitgliedern wie Court de Gebelin zeigte sich zudem eine für die französische Spätaufklärung bezeichnende Verbindung von bewußt populärwissenschaftlicher, „prärevolutionärer" Tätigkeit (Gründung von sog. „musées"!) und Aktivität in esoterischen Geheimgesellschaften. Besondere Aufmarksamkeit verdienten die von den Philalethen 1785 und 1787 in Paris veranstalteten internationalen Freimaurerkonvente. — Vgl. u. a. Benjamin Fabre: Un initié des sociétés secrètes supérieures: Franciscus eques a capite Galeato (1753—1814). Paris 1913; J. E. S. Tuckett: Savalette de Langes, les Philalethes and the Convent de Wilhelmsbad. (AQC 30, 1917, 131—173); Viatte I, 111, 119, 150 f., 316, 320 (wie Anm. 41); Roßberg 80 ff. (wie Anm. 32); Le Forestier, bes. 620—632, 734—739 (wie Anm. 52); ferner die wichtigen Addenda von A. Faivre ad S. 130, 422, 525, 622 u. 676; Frick: Die Erleuchteten 574—584 (wie Anm. 107); A. Faivre: L'ésoterisme 162 f., 170 f., 174 (wie Anm. 53); J. Brengues (wie Anm. 220); L. Hammermayer: Wilhelmsbader Konvent (wie Anm. 5). — Allgem. vgl. u. a. Robert Darnton: Mesmerism and the End of the Enlightenment in France. Cambridge/Mass. 1968; ders.: High Enlightenment and Literary Low Life in eighteenth Century France. In: Past and Present 51, 1971, 81—115, bes. 100 f.; S. Moravia (wie Anm. 203).

205 Zu Ignaz Frhr. v. Born (1742—1791) fehlt eine moderne Biographie, die den maurerischen, wissenschaftlichen und publizistischen Aktivitäten voll gerecht wird. Vgl. u. a. A. Deutsch in: Das Freimaurer-Museum 6 (1931) 149—218; E. Zellweker: Das Urbild des Sarastro: Ignaz v. Born. Kissingen 1956; P. M. Hofer: I. v. Born: Leben — Leistung — Wertung. Phil. Diss. Wien 1955 (Masch.); Alexander Giese: Das „Journal für Freimaurer". In: Festschrift der Großloge von Österreich zum 250. Jahrestag der

Gründung der englischen Großloge, Wien 1967, 34—59; J. Haubelt: Studi o Ignaci
Bornovi. In: Acta Universitatis Carlinae Philosophica et Historica 39, Prag 1971;
Francovich 329 ff., 355, 378, 388 f. u. passim (wie Anm. 148), wo erstmals die von
Øjvind Andreasen edierten Tagebücher und Briefe des dänisch-deutschen Theologen,
Freimaurers und Illuminaten Friedrich Münter hinsichtlich Borns ausgeschöpft wer-
den (Tagebücher 3 Bde., Leipzig-Kopenhagen 1937;Briefwechsel 3 Bde., ebd. 1944);
Rosenstrauch-Königsberg 50—57 u. passim (wie Anm. 125); weitere Lit. bei L. Ham-
mermayer: Akademiebewegung 70 (wie Anm. 197). Vgl. auch die Beiträge von A.
Myl'nikov, E. Rosenstrauch-Königsberg, J. Vávra und H. Wagner in diesem Band. Ein
von Ernst Krivanec initiierter und eingeleiteter Nachdruck des von Born 1784/85 in
Wien herausgegebenen ,,Journal für Freymaurer" wird in sechs Bänden in Kürze erscheinen (Graz 1979 ff.).

206 Wie innerhalb Hamburgs groß- und mittelbürgerlicher Gesellschaft Teilnahme an der
Loge, der Patriotischen Gesellschaft und den Lesegesellschaften verflochten war,
das zeigt etwa die Verbindung des Großkaufmanns, Bürgermeisters und Freimaurers
Georg Heinrich Sieveking mit dem langjährigen Sekretär der Patriotischen Sozietät
und eifrigen Freimaurer F. J. L. Meyer; hierzu Veit Riedel: Friedrich Johann Lorenz
Meyer. 1760—1844. = Veröffentlichungen des Vereins für Hamburgische Geschichte
Bd. 17, 1963, bes. 39 f. u. passim; weitere Lit. bei L. Hammermayer: Akademiebe-
wegung 56 u. 59 (wie Anm. 197).

207 Zur Symbolik grundlegend Jules Boucher: La symbolique maçonnique ou l'art royal
remis en lumière et restitué selon les règles de la symbolique ésoterique et traditionelle. Paris 1948 (1953², 1974³) sowie Jean-Pierre Bayard: Thesaurus Latomorum.
Bd. I: Le symbolisme maçonnique traditionnel. (Paris 1974), Bd. II: Le symbolisme
maçonnique des Hauts Grades (Paris 1975). — Ferner u. a. Jean Palou: Histoire et
symbolisme des Hauts Grades de l'écossisme. Paris 1966; Paul Naudon: Histoire et rituels des Hauts Grades maçonniques. Le Rite Ecossais Ancien et Accepté. Paris 1966
(1972²); ders.: La franc-maçonnerie chrétienne: la tradition opérative. L'Arche
Royale de Jerusalem. Le Rite Ecossais Rectifié. Paris 1970; Jean Tourniac: Symbolisme maçonnique et tradition chrétienne. Paris 1965; ders.: Les traces de lumière.
Symbolisme et connaissance. Paris 1976; ders.: De la chevalerie au secrèt du Temple.
Paris 1975; B. Jones: Freemasons' Book of the Royal Arch. Neu hrsg. von H. Carr
und A. Hewitt. London 1976; C. Dyer: Symbolism in Craft Freemasonry. London
1976. — Von wichtigen älteren Werken seien u. a. genannt: Joseph Schaubert: Vergleichendes Handbuch der Symbolik der Freimaurerei. 3 Bde., Schaffhausen 1861/
1863 (Neudruck 1974); Oswald Wirth: La franc-maçonnerie rendue intelligible à
ses adeptes. 3 Bde. (,,L'apprenti", ,,Le compagnon", ,,Le Maître") Paris 1894 (1962/
1963²); Franz Carl Endres: Die Symbole der Freimaurerei. Leipzig 1929 (Hamburg
1977²). Aufschlußreich, von nichtmaurerischer Seite, das Werk des dänischen Ägyp-
tologen Erik Iversen: The Myth of Egypt and its Hieroglyphs in European Tradition.
Kopenhagen 1961. Weitere Lit. in Anm. 85 u. 144. Daniel Ligou: La sécularisation
de la maçonnerie française de 1772 à 1887 d'après les rituels. In: Klasse en ideologie in de vrijmetselarij 2 = Tijdschrift voor de studie van de verlichting 5 (Brüssel
1977) 26—66.

208 Vgl. u. a. E. v. Jan: Freimaurerische Dichtung in der französischen Literatur des 18.
Jahrhunderts. Phil. Diss. Würzburg 1922 (Masch.); ders.: Der französische Freimaurerroman im 18. Jahrhundert. In: Germanisch-romanische Monatsschrift, 1925, 391—
403. Vgl. auch den Beitrag von Reinhard Lauer in diesem Band. H. Poole: Masonic
Song and Verse of the 18th Century. (AQC 40, 1927); A. Sharp: Masonic Songs
and Song Books of the late 18th Century. (AQC 65, 1952); Olga Antoni: Der Wort-
schatz der deutschen Freimaurer-Lyrik des 18. Jahrhunderts in seiner geistesgeschichtlichen Bedeutung. München 1968 (= Phil. Diss. Saarbrücken); Daniel Ligou: Chansons maçonniques des XVIIIe et XIXe siècles. Paris 1970; G. Gayot: Discours frater-
nel et discours polemique. Les francs-maçons de province et le Grand-Orient de France au XVIIIe siècle. In: Histoire et Linguistique, hrsg. v. R. Robin, Paris 1973, 229—
244; Gordon R. Silber: Poèmes et chansons maçonniques du XVIIIe siècle, un aspect
peu connu de la Franc-Maçonnerie. In: Revue des Sciences Humaines 146, 1972,
167—188; Roger Cotté: De la musique des loges maçonniques à cette des Fêtes Ré-
volutionnaires. In: Annales Historiques de la Franc-Maçonnerie 14, 1975, 9—17. Vgl.
Anm. 218.

209 Eine Fülle von Erkenntnissen und (Forschungs-)Anstößen bietet Erich J. Lindner: Königliche Kunst im Bild. Beiträge zur Ikonographie der Freimaurerei. Graz 1976.

*Verhältnis von Logen und Geheimgesellschaften zur Aufklärung und zum Geistesleben*

210 Bezeichnenderweise hat P. Chevallier dem ersten Band seiner Geschichte der französischen Maurerei den Untertitel „La Maçonnerie: L'école de l'égalité" gegeben. (Paris 1974, wie Anm. 47). Zum Gleichheitsproblem vgl. unter je verschiedenen ideologischen Standpunkten J. M. Roberts: Liberté, égalité, fraternité: Sources and Development of a Slogan. In: Klasse en Ideologie in de Vrijmetselarij. = Tijdschrift voor de studie van de verlichting 4, Brüssel 1976, 329−371; Hugo de Schampheleire: L'égalitarisme maçonnique et la hiérarchie sociale dans les Pay-Bas autrichiens. (ebd.) 433−492; H. Dethier: Franc-maçonnique, Démocratie, Marxisme (ebd.) 410−433; Robert Amadou: Liberté, égalité, fraternité: la devise republicain et la franc-maçonnerie. In: Renaissance traditionelle, Paris 1974, 2−25, 119−143; ebd. (1975) 23− 37; J. Servier: Utopie et franc-maçonnerie au XVIII$^e$ siècle. In: Annales Historiques de la Révolution française Nr. 196, 1969, 409−413. Noch schärfer als anderswo ist für den deutschen Raum genau zu trennen zwischen den einzelnen Territorien, Stadttypen und Logen. Ein Höchstmaß an Gleichheit scheint − unter dem Eindruck der französischen Revolution und im Rahmen groß- und mittelbürgerlicher Schichten − in der Hamburger Loge *Einigkeit und Toleranz* erreicht worden zu sein (vgl. W. Grab, wie Anm. 118). Über Gleichheitsutopien des Hamburger Freimaurers Franz Heinrich Ziegenhagen vgl. J. J. Moschkowskaja: Zwei vergessene deutsche Utopien des 18. Jahrhunderts. In: Zeitschrift für Geschichtswissenschaft 2, Berlin 1954, 401−427; Gerhard Steiner: F. H. Ziegenhagen und seine Verhältnislehre. Berlin 1962 (doch jeweils ohne Erwähnung der maurerischen Zugehörigkeit und Aktivitäten in Hamburg!); über Logen in Halle 1792 als „Freiheitsklub" und „Jakobinerklub" sowie über ähnlich gesonnene Logen in Hamburg und Lübeck vgl. das Tagebuch des späteren Hamburger Oberaltensekretärs Ferdinand Beneke bei F. Valjavec: Politische Strömungen 439−454 (s. Anm. 7), ergänzt bei G. Mühlpfordt: K. F. Bahrdt als radikaler Aufklärer 427 f. (s. Anm. 133). − Über den neapolitanischen Abbé Carlo Lauberg, der 1793 die Loge *La Vittoria* des Prinzen Fernando Pignatelli in einen Jakobinerklub verwandeln wollte, da Maurerei gleich Jakobinismus und beider Ziel die Beseitigung der Tyrannis sei, vgl. Harold Acton: Bourbons of Naples, 1734− 1825. London 1956 (1974$^2$) 256 ff. Allgemein vgl. die einschlägigen Beiträge in: Geschichtliche Grundbegriffe. Historisches Lexikon zur politisch-sozialen Sprache in Deutschland. Hrsg. v. Otto Brunner, Werner Conze und Reinhart Koselleck; bisher zwei Bände (Stuttgart 1972 und 1975), vor allem: W. Conze: Art. „Freiheit" (Bd. II 425−542); Otto Dann: Art. „Gleichheit" Bd. II 997−1046); Wolfg. Schieder: Art. „Brüderlichkeit" (Bd. I 552−582, Hinweis auf Freimaurerei S. 563 f.). Vgl. auch W. Schlumbohm (wie Anm. 174).

211 Zu wenig beachtet wurden lange die Erkenntnisse des (Geschichts-)Philosophen Georg Simmel (1858−1918) zum Problem „Geheimnis" und „Geheimbund"; sie fügen sich in Simmels „Lebensphilosophie", seine Gesellschaftstheorie unter dem Leitmotiv der Wechselwirkung von Individuen und in seinen Versuch, Typologien einer sog. „Vergesellschaftung" zu entwickeln. Als konstitutiv für den Geheimbund werden vor allem erkannt: hierarchische Struktur, Sprachregelung, Initiation, Zentralisation, Gefühlsbindung; vgl. G. Simmel: Das Geheimnis und die geheime Gesellschaft. In: Soziologie. Untersuchungen über die Formen der Vergesellschaftung, Leipzig 1908, 373−402. Zur deutschen Simmel-Rezeption vgl. Burkard Sievers: Geheimnis und Geheimhaltung in sozialen Systemen = Studien zur Sozialwissenschaft 23, Opladen 1974, bes. 9, 11 f., 14 f.; wichtig und weiterführend P. Chr. Ludz: Ideologieforschung, bes. 20 (s. Anm. 217); ders.: Grundzüge (ebd.); Eberhard Schmitt (s. Anm. 129). Simmels Essay wurde bezeichnenderweise erst jüngst erstmals ins Französische übertragen; vgl. das dem Zentralthema „Du Secret" gewidmete Heft der Nouvelle Revue de Psychoanalyse (Nr. 14) Paris 1977.

212 R. Vierhaus: Aufklärung und Freimaurerei 29 ff. (wie Anm. 128).

213 Aus diesem Grunde wurden die Logen von den aufgeklärten sog. „Moralischen Wochenschriften" in der Regel scharf abgelehnt; grundlegend hierzu Wolfgang Martens:

Der Hochgeehrte Herr Freymäurer. Über Freimaurer und moralische Wochenschriften. In: Euphorion 56, 1962, 279—299; ders.: Die Botschaft der Tugend. Stuttgart
1968 (1971[2]), bes. 298 ff. — Weitere einschlägige Studien, mit Einbeziehung des sich
vor allem nach 1770 rapide entfaltenden Presse- und Zeitschriftenwesens, wären sehr
zu wünschen; anregend immer noch Irene Jentsch: Zur Geschichte des Zeitungsle-
sens in Deutschland am Ende des 18. Jahrhunderts. Diss. Leipzig 1937, bes. 66—79;
sehr verdienstvoll, originell, doch kritisch zu benutzen sind die Studien von Rolf
Engelsing: Der Bürger als Leser. Lesergeschichte in Deutschland 1500—1800. Stuttgart 1974; ders.: Analphabetentum und Lektüre. Zur Sozialgeschichte des Lesens in
Deutschland zwischen feudaler und industrieller Gesellschaft. Stuttgart 1973. Ähnliches gilt von der Gegenposition, etwa Gerhard v. Graevenitz: Innerlichkeit und Öffentlichkeit. Aspekte deutscher „bürgerlicher" Literatur im frühen 18. Jahrhundert.
In: Vierteljahresschrift für Literaturwissenschaft und Geistesgeschichte, Bd. 48, 1975,
1—82; zu dem für das 18. Jahrhundert sehr kritik- und ergänzungsbedürftigen Werk
von J. Habermas vgl. Anm. 114. Zur ganz anders gearteten Situation in England vgl.
Fred Armitage: The Craft in „The Gentleman's Magazine", 1731 to 1820. (AQC 27,
1914).
214 Hier wäre wohl einer der Problemkreise, an denen die Auseinandersetzung mit R.
Kosellecks bedeutendem Werk einzusetzen hätte: allzu idealtypisch-quellenneg po-
stuliert es bürgerliche, d. h. wohl aufklärerisch-humanitäre Dominanz in den deutschen Logen; von hier aus hätte sich m. E. Kritik zu richten auf Kosellecks Absolu-
tismusverständnis, seine Definition einer — bürgerlichen, aufklärerischen —Maurerei
als totalen moralischen „Innenraum" und seine These, die angebliche Führungsposi-
tion dieser Maurerei im Prozeß der sog. „bürgerlichen Emanzipation" gründe in der
folgerichtigen Verwirklichung des dualistischen Prozesses von Moral und Politik.
Auf Koselleck stützt sich der kluge, anregende und zu kräftigem Widerspruch heraus-
fordernde Essay des Frankfurter Sozialphilosophen Ion Contiades in seiner Edition
von Lessings „Freimaurergesprächen" (wie Anm. 218).

*Zur Methode und Methodologie*

215 Vgl. die Lit. in Anm. 113—129.
216 In diesem Zusammenhang sind zu nennen vor allem Antoine Faivre (wie Anm. 53),
M. Geiger u. R. G. Zimmermann (wie Anm. 123). Obwohl nicht unmittelbar mit
Freimaurerei und Geheimgesellschaften befaßt, haben die Arbeiten des Marburger
Religionswissenschaftlers Ernst Benz auch für dieses Gebiet große Bedeutung erlangt;
vgl. u. a.: Swedenborg in Deutschland. Frankfurt 1947; ders.: Swedenborg, Naturforscher und Seher. München 1948; ders.: Die Mystik in der Philosophie des deutschen Idealismus. In: Euphorion 46, 1952, 280—300; ders.: Theologie der Elektrizi-
tät. Zur Begegnung und Auseinandersetzung von Theologie und Naturwissenschaft
im 17. und 18. Jahrhundert. In: Sitzungsberichte der Akademie der Wissenschaften
und Literatur Nr. 12, Mainz 1970; ders.: Esoterisches Christentum. In: Zeitschrift
für Religions- und Geistesgeschichte 19, 1967, 193—214; ders.: F. A. Mesmer und
seine Wirkung in Europa und Amerika. München 1976.
217 Anregend Karl Mannheims Ausführungen über „liberal-humanitäre", „konservative"
und „sozialistisch-kommunistische" Ideen und Utopien. In: Ideologie und Utopie,
Frankfurt 1969[5], 191—213; Ernst Manheim: Die Träger der öffentlichen Meinung.
Studien zur Soziologie der Öffentlichkeit. Brünn-Prag 1933; ders.: The Communica-
tor and his Audience: Liberals and Traditionalists in eighteenth Century Germany.
In: Sociology and History. Theory and Research. Hrsg. v. W. J. Cahnman u. A. Bos-
koff, New York 1964, 503—516 (überraschend ergiebig auch für Freimaurerei!).
Wesentlich und weiterführend sind die Forschungen von Peter Christian Ludz: Ideologie, Intelligenz und Organisation. Bemerkungen über ihren Zusammenhang in der
frühbürgerlichen Gesellschaft. In: Ideologiebegriff und marxistische Theorie. Ansätze
zu einer immanenten Kritik. Opladen 1976, 123—161 (u. a. über den „Bund der
freien Männer" des Ex-Maurers J. G. Fichte!); ders.: Ideologieforschung. Eine Rückbesinnung und ein Neubeginn. In: Kölner Zeitschrift für Soziologie und Sozialpsychologie 29, 1976, 1—31, bes. 17—21 (Illuminaten); ders.: Grundzüge einer soziologi-
schen Analyse geheimer Gesellschaften. In: Wolfenbütteler Studien zur Aufklärung.

218 Bd. 5, 1978 [im Satz]; vgl. auch H. Dethier (wie Anm. 210); S. Keuleers (wie Anm. 222) sowie die Lit. in Anm. 211.
218 Grundsätzlich mit reichen Lit.-angaben Werner Kohlschmidt: Art. „Freimaurerei". In: Reallexikon der deutschen Literaturgeschichte Bd. 1, 1958², 482—485. — Eine Art Vorreiter moderner Forschung von literaturwissenschaftlich-geistesgeschichtlicher Seite war das sich als „Prolegomena zu einer Geschichte der deutschen Romantik" verstehende Werk von Ferdinand Josef Schneider: Die Freimaurerei und ihr Einluß auf die geistige Kultur in Deutschland am Ende des 18. Jahrhunderts. Prag 1909; verdienstvoll auch Marianne Thalmann: Der Trivialroman des 18. Jahrhunderts und der romantische Roman. Ein Beitrag zur Entwicklung der Geheimbundmystik. = Germanische Studien 24, Berlin 1923; Heinrich Schneider: The Quest for Mysteries. The Masonic Background for Literature in eighteenth Century Germany. Ithaca/New York 1947. — Zur einschlägigen Lessing-Forschung sind u. a. zu nennen: Heinrich Schneider: Lessing. Zwölf biographische Studien. München 1951, 166—197 („Lessing und die Freimaurerei"); P. Müller: Untersuchungen zum Problem der Freimaurerei bei Lessing, Herder und Fichte. Bern 1965; Ion Contiades (Hrsg.): Gotthold Ephraim Lessing „Ernst und Falk". Mit den Fortsetzungen Johann Gottfried Herders und Friedrich Schlegels. = Sammlung Insel 35, Frankfurt 1968 (mit bemerkenswertem Nachwort des Herausgebers, S. 129—157); Karl S. Guthke: Literarisches Leben im 18. Jahrhundert in Deutschland und in der Schweiz. München 1975, bes. 315—332, 403 ff. (Lessings „sechstes Freimaurergespräch"!); Peter Michelsen: Lessings „Ernst und Falk". In: Wolfenbütteler Studien zur Aufklärung Bd. 5, 1978 [im Satz]. — Zu Goethes maurerischen Aktivitäten in Weimar und Geheimbundaffinitäten vgl. die älteren Studien von Gotthold Deile (Berlin 1908); August Horneffer (Bielefeld 1949) und Franz Carl Endres (Basel 1949), ferner Christian Lepinte: Goethe et l'occulte. = Publications de la faculté des lettres de l'université de Strasbourg, Bd. 134, 1957; Baldur Schyra: Goethes Verhältnis zu Bahrdt. In: Neue Folge des Jahrbuchs der Goethegesellschaft, Bd. 27, Weimar 1965, 193—204; R. Ch. Zimmermann (wie Anm. 123); R. Guy (wie Anm. 121); Rosemarie Haas: Die Turmgesellschaft in Wilhelm Meisters Lehrjahren. Zur Geschichte des Geheimbundromans und der Romantheorie im 18. Jahrhundert. = Regensburger Beiträge zur Deutschen Sprach- und Literaturwissenschaft, Reihe B, Bd. 7, Bern, Frankfurt 1975. — Weitere einschlägige Forschungen über führende Persönlichkeiten der deutschen Literatur u. a.: Gotthold Deile: Wieland als Freimaurer. In: Jahrbücher der kgl. Akademie gemeinnütziger Wissenschaften zu Erfurt, Neue Folge Heft 36, Erfurt 1910; Fritz Martini (wie Anm. 121); Louis Guinet: Zacharias Werner et l'ésoterisme maçonnique. Paris 1963; G. Kozielek (wie Anm. 163); Robert Minder: Die religiöse Entwicklung von Karl Philipp Moritz. Berlin 1936, bes. 160—164; zu Hölderlin in Auseinandersetzung u. a. mit den modischen Thesen von P. Bertaux vgl. H. Graßl (wie Anm. 117); Wulf Köpke: Jean Pauls „Unsichtbare Loge". Die Aufklärung des Lesers durch den Anti-Roman. In: Jahrbuch der Jean-Paul-Gesellschaft 10, München 1975; Wolfgang Martens (wie Anm. 213). Beachtung verdient das dem 18. Jahrhundert gewidmete Sonderheft der Vierteljahresschrift für Literaturwissenschaft und Geistesgeschichte (Bd. 49, 1975), vor allem die Beiträge von G. v. Graevenitz (wie Anm. 213) und von Gerhard Kaiser: Über den Umgang mit Republikanern, Jakobinern und Zitaten (ebd. 226—242).
219 Vgl. etwa das bedeutende Werk von Erich J. Lindner (wie Anm. 209) sowie die kunsthistorische Münchener Dissertation von Adrian Frhr. v. Buttlar (wie Anm. 177). Letztere bietet u. a. eine inspirierte Neuinterpretation des bislang unterschätzten bzw. zu negativ bewerteten architekturgeschichtlichen Teils der für die britische wie europäische Freimaurerei grundlegenden sog. Anderson'schen Konstitutionen von 1723, die in erweiterter und im christlich-theistischen Sinne veränderter Fassung 1738 erschienen.
220 Vgl. u. a. G. Gayot, M. Pecheux: Recherches sur le discours illuministe au XVIIIᵉ siècle. In: Annales 23, 1971, 681—704; G. Gayot: A propos d'un exemple régional: discours maçonnique et classes sociales au XVIIIᵉ siècle. In: Klasse en Ideologie in de Vrijmetselarij. = Tijdschrift voor de studie van de verlichting 4, 1976, 371—408; ders. (wie Anm. 208); Jacques Brengues: Pour une linguistique maçonnique au XVIIIᵉ siècle. In: Annales Historiques de la Révolution française 215, 1974, 53—65; ders.: De Court de Gebelin à lettre G., ou une linguistique maçonnique au XVIIIᵉ siècle.

In: Annales Historiques de la franc-maçonnerie 14, Paris 1975, 1—8; allgemein wichtig R. Robin (Hrsg.): Histoire et Linguistique. Paris 1973 (wie Anm. 208).
221 Vgl. die grundsätzlichen Ausführungen von J. M. Roberts (wie Anm. 4), D. Ligou (wie Anm. 34) und A. Mellor: Les mythes maçonniques 31—34 (wie Anm. 46). Der in der neuesten französischen Diskussion vor allem von Mellor und Ligou eingebrachte Begriff einer „Maçonnologie", d. h. einer speziell mit Freimaurerei und Geheimgesellschaften befaßten fachübergreifenden Disziplin, scheint m. E. wenig ausgereift und zu anspruchsvoll; er sollte genau von einer — erstrebenswerten — interdisziplinären Forschung zu diesem Problemfeld unterschieden werden.
222 Bei allen notwendigen und darum begrüßenswerten Bemühungen um Generalisierungen, Typologien und Ideologiekritik zum Thema „Freimaurerei und Geheimgesellschaften" sollte beachtet werden, daß ideal-(oder auch „real"-)typische Organisations- und Strukturschemata von der Realität nicht suspendieren. Quellenprinzip und reflektorische Distanz bleiben nicht nur für den Historiker oberstes Gebot. Bei der an sich wertvollen Studie des Politologen S. Keuleers: Vrijmetselarij en revolutie: ideologie van de mislukking of mislukking van een ideologie. Stellingen voor een model ter herkenning en appreciatie van het maçonnieke fenomeen (in: Klasse en ideologie in de Vrijmetselarij. = Tijdschrift voor de studie van de verlichting 4, 1976, 296—317) scheint dieses Postulat nicht genügend beachtet und werden weder Literatur- noch Quellenverweise geboten. — Die historisch-quellenmäßige und quellenkritische Dimension wird dagegen voll berücksichtigt bei Eberhard Schmitt: Prolegomena (wie Anm. 129); am konkreten Beispiel treffend demonstriert sie Otto Dann: Geheime Organisation und staatsbürgerliche Loyalität: der Tugendbundstreit in Preußen. In: Wolfenbütteler Studien zur Aufklärung, Bd. 5, 1978 [im Satz].
223 P. Chr. Ludz: Ideologieforschung 29 (wie Anm. 217), dort Hinweis auf Friedrich H. Tenbruck: Freundschaft. Ein Beitrag zu einer Soziologie der persönlichen Beziehungen. In: Kölner Zeitschrift für Soziologie und Sozialpsychologie 26, 1965, 431 ff.
224 Vgl. Anm. 29, 38, 40—43, 52, 53, 107, 116, 117, 122, 123, 147, 207, 216; allgemein vgl. Gerhard Wehr: Esoterisches Christentum: Aspekte, Impulse, Konsequenzen. Stuttgart 1976. — Die Rolle esoterischer Strömungen in der Maurerei wird an einem herausragenden konkreten Beispiel zu veranschaulichen versucht bei L. Hammermayer: Wilhelmsbader Konvent (wie Anm. 5).

ANHANG

*I.  Freimaurerische Bibliographien (Auswahl)*

Georg Kloß: Bibliographie der Freimaurerei und der mit ihr in Verbindung stehenden geheimen Gesellschaften. Frankfurt a. M. 1844 (Nachdruck Graz 1970).
Reinhold Taute: Maurerische Bücherkunde. Ein Wegweiser durch die Literatur der Freimaurerei mit literarisch-kritischen Notizen und zugleich ein Supplement zu Kloß' Bibliographie. Leipzig 1886 (Nachdruck Graz 1971).
Ders.: Ordens- und Bundes-Romane. Ein Beitrag zur Bibliographie der Freimaurerei. Frankfurt a. M. 1907 (Nachdruck Graz 1977).
[Anon.]: Alphabetisches Verzeichnis der in Kloß' Bibliographie der Freimaurerei und Tautes Maurerischer Bücherkunde angeführten anonymen Schriften mit Hinweisung auf die laufenden Nummern in beiden Werken. München 1898.

August Wolfstieg: Bibliographie der freimaurerischen Literatur. 3 Bde., Burg/Leipzig 1911/ 1913 (Nachdruck Hildesheim 1964).

Bernhard Beyer: Bibliographie der freimaurerischen Literatur. (Ergänzungsband und 4. Band zur Bibliographie von Wolfstieg). Leipzig 1926 (Nachdruck Hildesheim 1964).

Paul Fesch, Joseph Denais u. Joseph Lay: Bibliographie de la Franc-Maçonnerie et des sociétés secrètes, imprimés et manuscrits. Paris 1910; neue vervollständigte und überarbeitete Edition von G. A. Deny (Brüssel 1976).

José A. Ferrer Benimeli: Bibliografia de la masoneria. Introducción historico-critica. Zaragoza, Caracas 1974. — Eine zweite, erweiterte und verbesserte Auflage erschien im vierten Band von J. A. Ferrer Benimeli: Masoneria, Iglesia et Illustración. La otra cara del conflicto. Conclusiones y bibliografia. Madrid 1977, 274—827.

Adolphe P. Baertson: Bibliographie occultiste et maçonnique. Repertoire d'ouvrages imprimés et manuscrits relatifs à la Franc-Maçonnerie, les Rose-Croix, les Templièrs, les Illuminés, les Carbonari, les Sociétés Secrètes, la Magie, les Mesmérisme etc., 2 Bde., Paris 1930.

Albert Lantoine: Les Francs-Maçons au théatre avec un Essai de bibliographie du théatre maçonnique. Paris 1919.

E. Jouin, V. Descreux: Bibliographie occultiste et maçonnique (Revue Internationale des Sociétés Secrètes) Paris 1930.

Laurent Dalliez: Bibliographie du Temple. Paris 1972.

André Doré: Essai bibliographique des Periodiques Maçonniques et antimaçonniques de langue française (Revue d'Etudes Maçonniques). Paris 1977.

M. A. Heitzmann: Essai de bibliographie régionale de l'histoire de la franc-maçonnerie (1945—1965). In: Annales Historiques de la Révolution française 197, Paris 1969, 541—548.

Hugo de Schampheleire, Els Witte, Fernand Borne: Essai bibliographique relatif à l'histoire de la Franc-Maçonnerie belge, 1798—1855, Liège 1972.

Paul Bourychkine: Bibliographie sur la Franc-Maçonnerie en Russie. Completée et mise au point par Tatjana Bakounine. Paris, Den Haag 1967.

Agostino Lattanzi: Bibliografia della Massoneria Italiana e di Cagliostro. Florenz 1974.

Alfonso Nobile: Opere di bibliografia Massonica. Palermo 1976.

*II. Enzyklopädien und Handbücher (Auswahl)*

Etienne François Bazot: Manuel du Franc-Maçon. Paris 1811 (1819[4], 2 Bde. Paris, Rio de Janeiro 1835).

J. L. Laurens: Vocabulaire des Francs-Maçons. Paris 1808.

C. J. H. Ridel: Versuch eines alphabetischen Verzeichnisses der wichtigeren Nachrichten zur Kenntnis und Geschichte der Freimaurerei. [= Repertorium zu F. L. Schröders „Materialien" vgl. Anm. 9] Jena 1817.

Johann Christoph Gaedicke: Freimaurer-Lexikon. Berlin 1818 (1831[2]).

Jean-Baptiste Chemin-Dupontès: Encyclopédie maçonnique. 4 Bde., Paris o. J. (1819/25).

Joseph Quantin: Dictionnaire maçonnique. Paris 1825.

C. Lenning (= Hesse): Enzyklopädie der Freimaurerei. 3 Bde., Leipzig 1822/28 (bearbeitet von Friedr. Moßdorf).

C. Lenning: Allgemeines Handbuch der Freimaurerei. 4 Bde., bearbeitet von H. T. Schlatter und M. A. Zille, Leipzig 1863/79; verbesserte Neuedition in zwei Bänden, bearbeitet von R. Fischer, Leipzig 1900/01.

Joseph Schauberg: Vergleichendes Handbuch der Symbolik der Freimaurerei, mit besonderer Rücksicht auf die Mythologien und Mysterien des Altertums (Bd. 3: Allgemeine äußere und innere Geschichte der Bauhütte). 3 Bde. Schaffhausen 1861/63 (Nachdruck 1974).

Lorenzo Frau, Rosendo Arus: Diccionario enciclopédico de la Masoneria. 3 Bde., Havanna 1883 (Barcelona 1891, Buenos Aires 1956, 1962[2]).

Albert G. Mackey: A. Lexicon of Freemasonry. New York 1845 (London, Glasgow 1860, London 1884[2]).

A. S. Carpentier Alting: Woordenboek voor Vrijmetselaren. Haarlem 1884 (Reprint 1976).

Albert G. Mackey: An Encyclopaedia of Freemasonry. New York 1874 (Philadelphia 1896, London 1908); erweiterte und überarbeitete Neuedition von W. J. Hughan und E. L. Hawkins, 2 Bde., Chicago 1924 (Chicago, New York, London 1927[2]).

ders.: An Encyclopaedia of Freemasonry. Neu bearbeitet von A. Haywood, 3 Bde., Chicago 1946, New York 1966[6].

M. P. Hall: An Encyclopaedic Outline of Masonic, Hermetic, Quabbalistic and Rosicrucian. San Francisco 1928.

Gaston Martin: Manuel d'Histoire de la Maçonnerie française. Paris 1929 (1934[3]).

Arthur Edward Waite: A New Encyclopaedia of Freemasonry and of cognate instituted Mysteries: their Rites, Literature and History. 2 Bde., London 1921; ungekürzte Neuedition in einem Band, New York 1970.

Eugen Lennhoff und Oskar Posner: Internationales Freimaurer-Lexikon. Wien-München 1932 (Nachdruck 1973).

E. L. A. Hawkins: A concise Cyclopedia of Freemasonry, or Handbook of Masonic, compiled from various Sources. London 1947.

Fred N. Pick: The Pocket History of Freemasonry, New York 1953, neu bearbeitet von G. N. Knight u. F. Smyth. New York, London 1973[5].

Henry Wilson Coil: Masonic Encyclopaedia, New York 1961.

Ernest Beha: A comprehensive Dictionary of Freemasonry. London 1962.

H. Iman: Masonic Problems and Queries. London 1964.

Bernard E. Jones: Freemasons' Guide and Compendium. London 1950 (1956[2], davon 11. Nachdruck 1977).

Alec Mellor: Logen, Rituale, Hochgrade. Handbuch der Freimaurerei, Graz 1967 (französisches Original: La franc-maçonnerie à l'heure du choix. Paris 1963.

ders.: Dictionnaire de la franc-maçonnerie et des francs-maçons. Paris 1971.

Jean Chevalier, Alain Gheerbrant, Marian Berlewi: Dictionnaire des Symboles. Paris 1969.

Jules Bucher: La symbolique maçonnique. Paris 1948 (1953[2], 1974[3]).

Jean-Pierre Bayard: Thesaurus Latomorum. Bd. I: Le symbolism maçonnique traditionnel. Paris 1974; Bd. II: Le symbolisme maçonnique des Hauts Grades, Paris 1975.

Pierre Mariel: Dictionnaire des Sociétés Secrètes en Occident, Paris 1971.

Daniel Ligou (Hrsg. u. a.): Le dictionnaire universel de la franc-maçonnerie, 2 Bde., Paris 1974.

# DIE POLITISCHE UND KULTURELLE BEDEUTUNG DER FREIMAURER IM 18. JAHRHUNDERT

*Von Hans Wagner*

Im Zusammenhang mit dem Siegeszug der Aufklärung hat das 18. Jahrhundert durch den Beginn der exakten Wissenschaften, der Technik, der Modernisierung des Staates durch die aufgeklärten absoluten Monarchen und mit den Revolutionen in Amerika und Frankreich wesentlich zur Gestaltung unserer Welt beigetragen — mehr als die vorangegangenen Zeiten und einschneidender als die folgenden, die auf ihm aufbauten. Innerhalb des Phänomens der Aufklärung hat auch die Ausbreitung des Freimaurerbundes ihren Platz. Dieser stand im 18. Jahrhundert bereits auf einem Höhepunkt, der später zumindest qualitativ nicht mehr erreicht werden sollte, und alle Versuche der Anpassung führten zu keinen grundlegenden Veränderungen. Auch die Gefährdungen und Spaltungen in den beiden folgenden Jahrhunderten waren schon im Siècle des Lumières vorgezeichnet. Freilich ist eine Skizze der damaligen politischen und kulturellen Bedeutung der Freimaurerei schwierig. Einerseits versuchte sie, möglichst alle Glaubensbekenntnisse und die verschiedenen politischen Anschauungen tolerant zu vereinigen, so daß in einzelnen Logen und bei den Mitgliedern unterschiedliche Züge sichtbar werden, andererseits fehlt es an Quellen. Diese sind oft beim Wechsel der Beamten und Logen verloren gegangen, häufiger noch wurden sie in Zeiten der Verfolgung vernichtet. Haupthindernis einer wissenschaftlichen Erkenntnis war aber oft das Bemühen einer von begeisterten Dilettanten betriebenen freimaurerischen Geschichtsforschung, die die Hauptaufgabe nicht in kritischer Untersuchung, sondern in der Hervorhebung der eigenen Bedeutung sieht[1].

Die Freimaurerei kommt bekanntlich von England her, wo die Werkleute der alten Bauhütten im 17. Jahrhundert in immer zunehmendem Maß adlige Gönner und andere Interessierte, vor allem Geometer und Naturwissenschaftler, aufnahmen. Dadurch wurde allmählich die Substanz so verändert, daß um 1700 die Handwerker, die Werkmaurer, bereits ganz in den Hintergrund traten. Etwas Neues war in einem auch heute nicht ganz zu klärenden Prozeß entstanden, das mit der Vergangenheit nur mehr die alten Zeichen, die immer mehr Symbolcharakter annahmen, und Teile des Rituals gemeinsam hatte. Auffallend ist bei den „accepted Masons" der Zusammenhang mit der *Royal Society*, der berühmten englischen Akademie der Naturwissenschaften[2]. Auf diesem Weg muß auch das Gedankengut der italienischen Akademien der Renaissancezeit — die italienischen Häretiker haben sich wegen der Verfolgungen durch die katholische Kirche in den vom Papst unabhängigen europäischen Randgebieten verstreut — eingedrungen sein[3]. Dazu kamen die Lehren der englischen Aufklärer, vor allem der Einfluß von John Locke. Durch den Zusammenschluß der Londoner Logen zur Großloge von England 1717 wurde dann die Organisation geschaffen, die eine rasche Verbreitung ermöglichte[4].

In dem hier nur angedeuteten Beginn läßt sich schon einiges von der späteren kulturellen und politischen Bedeutung erkennen: Das Interesse für die exakten Wissenschaften ebenso wie das Streben nach Toleranz gegenüber den verschiedenen christlichen Konfessionen und bald auch anderen monotheistischen Religionen, die Ausdehnung der vom Christentum gepredigten Gleichheit der Menschen vor Gott auf die unter den Menschen, der Abbau ständischer Privilegien durch die Gleichheit der Brüder innerhalb der Loge wie das Eintreten für garantierte Rechte der Bürger nach dem Vorbild der *Glorious Revolution* von 1688. Im Ansatz finden sich auch schon die Spannungen zwischen Gemäßigten und Radikalen, die später im Progressismus der drei symbolischen Grade und im Konservatismus der Hochgrade zum Ausdruck kommen.

In diesem Zusammenhang sollen zwei Namen genannt werden: zunächst derjenige des aus Frankreich vertriebenen Hugenotten Jean-Théophile Désaguliers, Sohn eines Pastors aus La Rochelle und selbst anglikanischer Priester, ein Freund Newtons und als anerkannter Naturforscher Mitglied der *Royal Society*. Er wurde 1719 der dritte Großmeister der englischen Großloge, beeinflußte die Konstitutionen von John Anderson, zu deren erster Ausgabe er das Vorwort schrieb, und hat als Kaplan des Prinzen von Wales zunächst den Hochadel und dann auch Angehörige fürstlicher Häuser für den Bund gewonnen, so 1731 Herzog Franz Stephan von Lothringen, den späteren römisch-deutschen Kaiser Franz I., und 1737 seinen Herrn, Frederic Prince of Wales[5]. Ihm könnte man als Gegensatz den radikalen Deisten und Feind der christlichen Kirchen John Toland gegenüberstellen, einen Iren aus Londonderry, der mit dem 1696 erschienenen Werk *Christianity not mysterious* den ersten Waffengang zwischen den Orthodoxen und den Deisten heraufbeschwor. Wegen seines Radikalismus hat Toland nie eine feste Anstellung gefunden: Er lebte von der Feder und seiner Tätigkeit als Geheimagent für die Interessen des Hauses Hannover. Er hat die Gedanken Lockes und der Freimaurer mit einer Radikalität ausgesprochen, die später selbst von einem Voltaire und einem König Friedrich von Preußen nicht erreicht wurde. Von einer Zugehörigkeit zu den Freimaurern ist nichts bekannt, wohl aber zeigt das Ritual seiner „Sokratischen Gesellschaft", die aus „eingeweihten geschworenen Feinden aller Tyrannen" bestehen sollte, so starke Anklänge an das der Freimaurer, daß dessen Kenntnis vorausgesetzt werden muß. Mit einem rücksichtslosen Kampf gegen alle Formen des Aberglaubens und der Vorurteile verband Toland eine für die damalige Zeit erstaunliche Toleranz. Seine Schrift *Reasons for Naturalizing the Jews in Great Britain and Ireland at the same Footing with all other Nations* (1714) schlägt vor, die Naturalisierung ausländischer Juden zu erleichtern und so ihre Einwanderung nach England zu fördern[6]. Im Zusammenhang damit ist darauf hinzuweisen, daß Glaubensjuden bis zur Mitte des 18. Jahrhunderts nicht nur in englischen, sondern auch in kontinentalen Logen Aufnahme fanden. Aber noch 1753 mußte das Unterhaus die geplante Emanzipation der Juden unter dem Druck der öffentlichen Meinung zurückziehen. Bei Désaguliers und Toland ist schon die zukünftige Spannweite in der geistigen Welt des Freimaurertums zu erkennen. Für die Entwicklung der Freimaurerei ist ferner die Tätigkeit zweier Schotten zu nennen. Dem Presbyterianerpastor James Anderson wurde von der Großloge die Redaktion ihrer Konstitution übertragen, die 1723 — in 2. Auflage 1738 — erschien. Der historische Teil ist ein Phantasiegewebe, das eine ununterbrochene Tradition der „Königlichen Kunst" — Anderson verwendet den Ausdruck *Royal Art* wohl nach älteren Vorbildern — von Adam her in Form einer Chronik herstellt. Das wurde sicher schon damals nicht ernst genommen, hat aber doch Verwirrung gestiftet; von nun an sah sich die freimaurerische Geschichtsforschung immer wieder zu Spekulationen über unbeweisbare, wenn auch oft augenfällige Vorbilder und Verbindungen zu allen möglichen Kulturkreisen veranlaßt. Der zweite Teil der *Constitutions*, die Grundgesetze der Freimaurerei, sind unter dem Namen der *Alten Pflichten* über alle Systeme und Trennungen hinweg in Geltung geblieben[7]. Der zweite Schotte, Andrew Michel Ramsay hat 1737 in Paris als Redner der Großloge von Frankreich einen Vortrag gehalten, in dem er die Bedeutung Schottlands für die Freimaurerei hervorhob und eine Verbindung zu den Ritterorden der Kreuzfahrerzeit, vor allem zu den Johannitern, herstellte. Damit hat er die bald darauf in Frankreich entstandenen Hochgrade angeregt, die als Vorläufer der Romantik die Vorliebe des Adels für das Ritterwesen aufgegriffen und dann vor allem Deutschland beeinflußt haben. Ramsay hat aber in dieser Rede auch zur gemeinsamen Arbeit der Freimaurer an einer allgemeinen Enzyklopädie aufgerufen, die das Gedankengut der Aufklärung und das Wissen der Zeit zusammenfassen und verbreiten sollte[8]. Auch hier finden wir die Verbindung rationaler und irrationaler Momente, die für die Freimaurerei der zweiten Jahrhunderthälfte und weit darüber hinaus charakteristisch werden sollte.

Der Siegeszug der Freimaurerei in Großbritannien, in den englischen Kolonien und am Kontinent, der nach 1720 einsetzte, braucht hier nicht im einzelnen geschildert zu werden. Zu den Ursachen dieses Phänomens ist zu sagen, daß zunächst ein modischer Effekt durchaus eine Rolle gespielt haben mag, daß das aber zur Erklärung keineswegs ausreicht. Man muß annehmen, daß der Deismus nach den Jahrhunderten konfessionellen Streites und die innerhalb der Logen praktizierte Gleichheit der Brüder — die Aufhebung der Standesunterschiede — eine sehr große Anziehungskraft ausgeübt haben. Das kluge Gebot der *Alten Pflichten*, Religion und Politik auszuklammern, hat mitgewirkt, den Kreis der Anhänger zu vergrößern und ihre Meinungsfreiheit zu sichern. Entscheidend vor allem für die Kulturbeziehungen wurde die Internationalität des neuen Bundes. Der Kosmopolitismus einer Bewegung, die sich zwar nicht gegen den Staat richten sollte, seine Wirksamkeit aber weitgehend ausschaltete, war besonders dort von Bedeutung, wo die Grenzen drückend empfunden wurden, so vor allem in Deutschland mit seiner Kleinstaaterei. Mit einem Zertifikat der eigenen Loge hatten die Meisterbrüder überall das Recht, an den Arbeiten fremder Logen teilzunehmen, sie hatten Anspruch auf gastliche Aufnahme und notfalls auch auf finanzielle Hilfe. Was das in einer Zeit sehr erschwerter Reisebedingungen vor allem im östlichen Europa bedeutete, ist leicht zu ermessen. Schließlich ist bei der rasch wachsenden Zahl einflußreicher Brüder auch das Motiv der beruflichen Förderung durch diese Beziehungen in Rechnung zu stellen[9].

Damit ist schon einer der Nachteile genannt, der mit der Verbreitung der Freimaurerei verbunden war. Ein weiterer bestand darin, daß bald versucht wurde, mit Aufnahmegebühren und Beiträgen materielle Vorteile zu verbinden. Besonders bei der Verbreitung der Hochgrade wurde die Freimaurerei ein Tummelplatz internationaler Hochstapler und Beutelschneider, die mit dem Verkauf neuer Erkenntnisse und dem auch in dieser Gesellschaft angeblich Gleicher vorhandenen Streben, die Brüder durch höheres Wissen und neue geheimnisvolle Titel zu überragen, ein gutes Geschäft machten[10]. Oft kam es dabei zu Querverbindungen mit den wissenschaftlich kaum zu erfassenden Rosenkreuzern, die sich immer noch mit Goldmacherei beschäftigten und dabei auch in durchaus aufgeklärten Fürsten, wie Kaiser Franz I. und König Friedrich II., Interssenten fanden. Dabei kann nicht geleugnet werden, daß auch die Rosenkreuzer mit ihren Experimenten viel zum Fortschritt der Naturwissenschaften beigetragen und eine ganze Reihe berühmter Gelehrter wenigstens anfangs in ihren Bannkreis gezogen haben[11]. Schließlich kam es trotz des Verbotes durch die *Alten Pflichten* zu eindeutig politischen Bestrebungen. Die Anhänger der Stuarts haben hier schon in der ersten Jahrhunderthälfte eine gewisse − meist wohl überschätzte − Rolle gespielt. Die auf gesellschaftliche Veränderungen zielenden Bestrebungen der in Bayern entstandenen Illuminaten, die dann durch den Freiherrn von Knigge mit der Freimaurerei verbunden wurden, sind hier ebenso zu nennen wie die Tatsache, daß bei der Vorbereitung der Revolutionen in Amerika und Frankreich und später bei der Verbreitung ihrer Ideen am Kontinent Freimaurer in großer Anzahl beteiligt waren. Ebenso unbestritten ist aber, daß eine Anzahl von Brüdern von Anfang an eine andere Position einnahmen[12].

Daß es trotz der Kenntnis der großen Linien schwierig ist, über die politische und kulturelle Bedeutung der Freimaurer allgemeingültige Aussagen zu machen, liegt vor allem in ihrer Organisation begründet. Die Aufnahme neuer Mitglieder war ausschließlich den Logen selbst vorbehalten. Im allgemeinen läßt sich schon aus der Zusammensetzung der Gründungsmitglieder die künftige Entwicklung einer Loge ablesen. In kleinen Orten waren die Honoratioren Angehörige der Logen, in größeren Zentren, in denen die Möglichkeit der Auswahl besser gegeben war, tragen die Logen individuellere Züge; sie werden von den Großlogen, die vor allem an den regelmäßigen Zahlungen interessiert waren, nur mit Mühe koordiniert. Nur in seltenen Fällen ist es möglich, den Grad der Mitarbeit durch die Logenangehörigen und damit deren Prägung durch die Loge festzustellen. Die gesicherte Zugehörigkeit allein läßt noch keine Schlüsse zu[13]. Dazu kommt, daß nicht überall Listen erhalten sind und daß bei der damals üblichen raschen Erteilung des zweiten und dritten Grades bei einem Ortswechsel viele Personen später in diesen Listen gar nicht aufscheinen. Auch die Mitglieder der sogenannten Winkellogen, die oft nur deshalb nicht anerkannt wurden, weil sie sich die hohen Beiträge an den Großlogen nicht leisten konnten oder ersparen wollten, sind überhaupt nicht faßbar. In Einzelfällen kann man aus späteren gesicherten Angaben eine frühere Aufnahme erschließen, man kann aber wissenschaftlich mit bloßen, wenn auch oft naheliegenden Vermutungen über die Zugehörigkeit bekannter Persönlichkeiten nicht operieren. Daß der Kreis der Mitglieder bedeutend größer war, als wir heute nachweisen können, ist jedenfalls mit Sicherheit anzunehmen. Viele Aufschlüsse erhalten wir von den Gegnern, von der katholischen Kirche und der den unkontrollierbaren kosmopolitischen Vereinigungen oft feindlichen staatlichen Gewalt. Auch sie müssen mit der gebotenen Kritik interpretiert werden.

\*

Nach diesen allgemeinen Erwägungen soll nun zur Illustration näher auf die Entwicklung in der Habsburger Monarchie eingegangen werden. Sie ist wegen ihrer Ausdehnung und der dadurch bedingten Verschiedenartigkeit der Einflüsse − im Westen direkt aus England und Frankreich in die österreichischen Niederlande, im Süden über Frankreich nach Italien und das österreichische Mailand, und vor allem aus anderen Ländern des Reichs nach Böhmen, die Vorlande und die deutschen Erblande − besonders geeignet, europäische Verflechtungen wie Besonderheiten zu beleuchten. Durch die verschiedenen Nationalitäten sind in den einzelnen Gebieten − vor allem in Österreich, Böhmen und Ungarn − Sonderentwicklungen zu konstatieren. Zunächst stellt sich die Frage nach dem Zeitpunkt des Eindringens. Als 1735 in London ein Register der von der englischen Großloge anerkannten Logen in aller Welt veröffentlicht wurde, werden von den insgesamt 139 Bauhütten nur Bengalen und Boston in Übersee und am Kontinent Gibraltar mit Nr. 51, Paris mit Nr. 90, Hamburg mit Nr. 124 und Valenciennes in Französisch-Flandern mit Nr. 127 angegeben[14]. Damit entfällt die Existenz einer von England anerkannten Prager Loge, die angeblich vom Grafen Franz Anton von Sporck schon 1726 gegründet worden sein soll, ebenso eine politische Rolle der Prager Freimaurer im Österreichischen Erbfolgekrieg der vierziger Jahre. Diese aus historischen Romanen und Novellen des Schriftstellers Josef Svátek stammenden, dem tschechischen Nationalbewußtsein schmeichelnden Fiktionen sollten endlich ganz aufgegeben werden[15].

So sind die Anfänge in der Habsburger Monarchie in die dreißiger Jahre zu setzen, wobei das tatsächliche Alter der ersten Prager Loge im Dunkel bleibt. Damals sind sicher schon Angehörige der Monarchie im Ausland in Logen aufgenommen worden und Freimaurer im diplomatischen Dienst westlicher Länder nach Österreich gekommen. Der früheste bekannte österreichische Freimaurer war – von Franz Stephan von Lothringen abgesehen, der 1736 die Thronerbin heiratete –, ein Kärntner namens Fröhlich, Hofmeister eines jungen Lords Sandwich, der zusammen mit seinem Herrn in den dreißiger Jahren in der Loge von Florenz rezipiert wurde[16]. Als die Toskana 1737 zum Ausgleich für die Abtretung Lothringens Herzog Franz Stephan übergeben wurde, ist die Regentschaft in Abwesenheit des Fürsten von den Lothringern Marc de Beauvau, Prince de Craôn, und Emanuel Comte de Richecourt geführt worden, die höchstwahrscheinlich beide Freimaurer waren. Ausgerechnet während des Besuchs Franz Stephans und Maria Theresias kam es im Frühjahr 1739 zu einer von der Kirche eingeleiteten Verfolgung der Loge, die „als Schule der Gottlosigkeit die Dreieinigkeit, die Unsterblichkeit der Seele und die Autorität der Kirche" leugne. Verhaftungen und Ausweisungen wurden beantragt, von der Regentschaft nach der Abreise des Großherzogs aber mit einer Ausnahme verhindert. Der Dichter Tommaso Crudeli wurde längere Zeit ins Gefängnis gesteckt und dann verbannt. 1745 ist er an der Schwindsucht gestorben. Eine Folge der Ereignisse war, daß Franz Stephan 1743 den Kerker der Inquisition schließen ließ. In Florenz hat sich dann aber eine Logentätigkeit nicht mehr entwickeln können. Der Nachfolger Franz Stephans, Großherzog Peter Leopold, der spätere Kaiser Leopold II., stand den Freimaurern feindlich gegenüber[17].

Eine zweite Verbindung zu Italien bilden die Akademien, die gleichzeitig in Tirol und im damals noch nicht zur Habsburger Monarchie gehörenden Erzbistum Salzburg entstanden. 1741 sind in Innsbruck die *Academia Taxiana* und in Salzburg die *Societas Eruditorum*, nur ein Jahr vor der ersten Wiener Loge, gegründet worden. Trotz des Zusammenhangs der Akademien mit der Freimaurerei, wie er in England bei der *Royal Society* und später in Prag und Wien bei Ignaz von Born und seinem Kreis zu beobachten ist, kann nicht angenommen werden, daß diese Akademien, die in Italien sehr verbreitet waren – auf Tiroler italienischsprachigem Gebiet wurde 1750 in Rovereto noch die *Accademia degli Agiati* gegründet – mit der Freimaurerei in direkter Verbindung standen. Sie haben aber zur Vorbereitung von Logen beigetragen[18]. In Innsbruck finden wir Mitglieder, die später hohe Logenämter bekleideten, in Salzburg gerieten sie – meist Adlige aus Welschtirol, darunter die Neffen des Erzbischofs Firmian – wegen ihres Vorbildes Ludovico Muratori sofort in den Verdacht, Freimaurer zu sein (liberi muratori). Muratori selbst hat diese Beschuldigung entrüstet abgelehnt, er hat aber in den *Annali d'Italia* zum Jahr 1736 recht positiv über die „nuova setta" geurteilt[19]. In diesem Zusammenhang ist es bezeichnend, daß Muratoris staatliche Reformvorschläge in seiner Schrift *Della pubblica felicità* 1749, die er dem Salzburger Erzbischof widmete, bis in die Einzelheiten hinein das Vorbild für die späteren Reformen Kaiser Josephs II. gebildet haben[20].

Was von der Freimaurerei damals in den österreichischen Niederlanden vorhanden war, ist dokumentarisch nicht nachweisbar. Die Nähe zu Frankreich und England macht es wahrscheinlich, daß sich viele Belgier dort aufnehmen ließen[21]. Der österreichische Erbfolgekrieg hat durch die Militärlogen zur Verbreitung der Freimaurerei beigetragen. Wir haben die Aussagen eines Hauptmanns vom Regiment Gyulai 1756 in Mailand, daß er 1745 in Novi in einer von deutschen und ungarischen Offizieren gehaltenen Feldloge aufgenommen wurde. Es waren am Anfang wohl vor allem Reformierte und Lutheraner, die diesen Schritt wagen konnten[22]. Mit der Gründung der Wiener Loge *Aux Trois Canons* von Breslau aus, wo 1741 von den Berliner *Drei Weltkugeln* die Loge *Aux trois Squelettes* errichtet worden war, betreten wir sicheren Boden. Die Wiener Loge hat nach den erhaltenen Protokollabschriften am 17. September 1742 ihre Tätigkeit begonnen und bis zum 7. März 1743 in verschiedenen Lokalen gearbeitet. Es wurden in dieser kurzen Zeit nicht weniger als 22 Logen gehalten und 49 Aufnahmen durchgeführt, schon am ersten Tag u. a. Graf Ludwig Zinzendorf, der Freund des Grafen Kaunitz, einer der wichtigsten Reformer der Maria-Theresianischen Zeit. Dann wären unter vielen Christoph August Graf Seilern, der spätere Präsident der Obersten Justizstelle, Graf Gabriel Bethlen, nachmalig siebenbürgischer Hofkanzler, und Samuel von Brukenthal, der spätere Gouverneur von Siebenbürgen, zu nennen. Besonders zu erwähnen ist, daß auch der Ballettänzer Franz Anton Hilverding und der Goldschmied André-Jacques Pallard aus Genf, ein Glaubensjude, rezipiert wurden. Über die Hintergründe der Aufhebung der Loge durch die Sicherheitswache wird in diesem Band gesondert berichtet. Bemerkenswert ist die am Kontinent sonst seltene Toleranz hinsichtlich Pallards, die in der zweiten Jahrhunderthälfte nicht mehr möglich gewesen wäre[23].

Die folgenden Jahre haben wenig sichere Spuren hinterlassen. Über sie wird nur durch das große Werk Ludwig Abafis — eigentlich hieß er Aigner — unterrichtet, der die im Freimaurerarchiv des Grafen Festetics zu Dégh von Gustav Brabbée gesammelten Abschriften, die dieser wohl auch redigiert hat, unter seinem Namen herausgab. Zwischen ursprünglichen Quellen und späteren Traditionen wird da kaum ein Unterschied gemacht. Umso wertvoller ist für die Forschung, daß nach der Zerstörung des Dégher Archivs im Zweiten Weltkrieg wenigstens die Abschriften Brabbées noch zum guten Teil in Budapest vorhanden sind. Sie sollen in einer kritischen Ausgabe gewürdigt werden, die wahrscheinlich vieles klären wird[24]. Sicher ist, daß die Freimaurerei neben Kaiser Franz I. auch in Herzog Albert Kasimir von Sachsen-Teschen, dem Gemahl der Lieblingstochter Maria Theresias, Erzherzogin Maria Christine, der in Sachsen aufgenommen wurde, einen mächtigen Protektor fand[25]. Die Logentätigkeit hat auch nach 1743 nicht aufgehört, sie blieb aber geheim und hat wenig Spuren hinterlassen. Das zeigt etwa die Verfolgung einer Mailänder Loge 1756, an deren Arbeiten zwanzig Offiziere, Österreicher, Ungarn und Schweizer, teilgenommen haben, wobei in den Verzeichnissen schon Hochgrade — Vollkommener Meister, Schottischer Meister und Meister vom 5. Grad — genannt werden[26]. Hier wurde auch eine Instruktion in italienischer Sprache gefunden, für die der Verfasser Flaminio Zanoni bedenkenlos Gegenschriften verwendet und so von einem Ziel der Absetzung der Fürsten und der Errichtung einer

Universalrepublik gesprochen hat, ein erstes politisches Manifest der Freimaurerei in italienischer Sprache[27]. Besonderen Anstoß erregte, daß der Meister vom Stuhl, ein Genfer Uhrmacher, Kalvinist war. Er allein wurde ausgewiesen, zwei Mönche einige Monate aus der Lombardei verbannt, die Offiziere erhielten kurze Arreststrafen. Ein Edikt des Gouverneurs verbot 1757 alle freimaurerischen Vereinigungen im Stato di Milano.

Aus den Verfolgungen in Florenz, Wien und Mailand kann man erkennen, daß milde Strafen verhängt wurden, die außerdem nur Bürgerliche trafen, und daß in Italien und wahrscheinlich auch in den Erblanden wegen der starken Stellung der katholischen Kirche, die ja seit 1738 den Bund überall verfolgte, eine gewisse Radikalisierung der Freimaurer durch einen Antiklerikalismus und eine Opposition gegen die mit der Kirche noch eng verbundene Staatsgewalt eingetreten ist. Dabei ist erwähnenswert, daß in den Anklagen der Gegner immer wieder versucht wird, bei den Freimaurern den Geist Cromwells und der englischen Revolution des 17. Jahrhunderts heraufzubeschwören[28]. Ein weiteres gemeinsames Phänomen ist das rasche Eindringen des in Frankreich nach 1740 entstandenen Hochgradwesens und die rasche Verbreitung der Freimaurerei beim Militär, die im Siebenjährigen Krieg noch zunahm. Besonders in der Gefangenschaft bot die maurerische Tätigkeit eine willkommene Abwechslung, wie das etwa aus den Memoiren des Mailänder Grafen Giuseppe Gorani hervorgeht, der 1758 während eines Feldzugs in einer österreichischen Militärloge aufgenommen wurde, 1760 als Kriegsgefangener in Berlin alle Grade – darunter sicher auch Hochgrade – erhielt und 1762 in Tilsit gemeinsam mit anderen gefangenen österreichischen Offizieren eine Loge gründete, in die auch Tilsiter Bürger aufgenommen wurden. Bald darauf machte die Gründung einer Adoptionsloge De la Félicité das Glück der Kriegsgefangenen vollkommen, die hier auch genug weiblichen Anhang fanden[29]. In diesem Zusammenhang sei noch ein Umstand, der zur raschen Ausbreitung der Freimaurerei führte, angemerkt: Die Weltgeltung der französischen Sprache ermöglichte damals eine allgemeine Teilnahme an den Arbeiten. Die Protokolle der Trois canons sind ebenso französisch wie noch die meisten Logenpässe am Ende des Jahrhunderts. Ein Abgehen von der französischen Sprache ist in der Habsburger Monarchie in einigen Fällen erst in den siebziger Jahren nachweisbar. In dieser Zeit sind dann auch die Rituale übersetzt worden[30].

Das Eindringen des Hochgradwesens löste Verwirrung aus. Von einer ununterbrochenen Verbindung der Maurerei mit dem 1312 aufgelösten Templerorden ausgehend, wurde unter Berufung auf „Unbekannte Obere" ein neues System gebildet, das mit dem Gebot unbedingten Gehorsams gegen die Oberen, seinen Geheimlehren, der Auswahl Bevorzugter zu höheren Weihen und den mittelalterlichen Ritterspielen den elitären Bestrebungen des Adels und der kleinen deutschen Fürsten besonders entgegenkam, dafür aber in krassem Gegensatz zur demokratisch-rationalen englischen Freimaurerei stand. Der Loge Zu den drei Weltkugeln in Berlin war 1759 durch einen kriegsgefangenen französischen Offizier ein Hochgrad-Kapitel angegliedert worden. Der

Abenteurer Johnson und Karl Gotthelf Freiherr von Hund errichteten auf dieser schmalen Basis das Gebäude der sogenannten *Strikten Observanz*. 1764 wurde die Templerprovinz Niederdeutschland errichtet, an deren Spitze seit 1772 als magnus superior ordinis Herzog Ferdinand von Braunschweig, der erfolgreiche Feldherr Friedrichs des Großen, stand. Sein Stellvertreter wurde Landgraf Karl von Hessen-Kassel, der dänische Statthalter in Schleswig. In der oberdeutschen Provinz ist die *Strikte Observanz* vor allem in den Kapiteln Rodomskoy (Prag) und St. Pölten (Wien) nachweisbar[31].

Aus dieser Zeit stammt ein in der Welt wohl einzigartiges Denkmal der Freimaurerei des 18. Jahrhunderts, die vollständig erhaltenen bemalten Logenräume in Schloß Rosenau im niederösterreichischen Waldviertel. Das Schloß wurde vom Geheimen Rat Leopold Christoph Graf Schallenberg nach der Mitte des 18. Jahrhunderts renoviert. Dabei entstanden, von den Treppen angefangen, eine Reihe charakteristischer, von ausgezeichneten Künstlern dekorierter Räume, die ein sehr anschauliches Bild des damaligen Logenlebens vermitteln[32]. Näheres über die Rosenauer Loge wissen wir nicht. Es kann angenommen werden, daß zur Zeit der *Strikten Observanz* mit ihrem Ritter- und Kapitelwesen viele Adelssitze mit ähnlichen Einrichtungen versehen waren. Kulturgeschichtlich ist diese Richtung durch die Vorbereitung romantischer Strömungen und als erster Gegenstoß des Irrationalen gegen die herrschende, sich immer utilitaristischer gebärdende Aufklärung zweifellos von großem Interesse.

In der Habsburger Monarchie war nach den Mißerfolgen in den Kriegen gegen Preußen eine großangelegte Staatsreform im Sinn des aufgeklärten Absolutismus im Gang, die zur Zeit der Mitregentschaft Josephs II. vor allem das Militär betraf und nach dem Tod Maria Theresias 1780 vom ungeduldigen Kaiser auf nahezu alle Lebensgebiete ausgedehnt wurde[33]. In dieser Zeit konnte sich der Freimaurerbund, der mit seinen drei symbolischen Graden vor allem die Anhänger der Reform anzog, praktisch ungehindert ausbreiten. Überall entstanden in den siebziger Jahren Logen; eine gewaltige Vermehrung folgte dann nach 1780, als das Toleranzpatent und die Kirchenreform zusätzliche Erleichterungen boten. In Wien war es vor allem die *Gekrönte Hoffnung* und die aus ihr hervorgegangene *Wahre Eintracht*, die den größten Einfluß ausübten. In den Erblanden entstanden in den Landeshauptstädten Logen, die besonders von im Dienst der Reform stehenden Beamten geprägt wurden[34]. In Böhmen waren die Brüder mit der Gründung eines Waisenhauses und eines Taubstummeninstitutes in Prag vor allem in der sozialen Fürsorge tätig. In dieser Hinsicht verdient Graf Johann Buquoy eine Erwähnung, der auf seinem Gut Gratzen ein Armeninstitut nach französischem Vorbild eingerichtet hat, das von Joseph II. als Muster für die Gesamtmonarchie herangezogen wurde. Graf Buquoy wurde Präsident der Stiftungshofkommission in Wien[35]. Diese den Hauptzielen der englischen Logen entsprechende Tätigkeit der böhmischen Freimaurer deckte sich mit den Bestrebungen Josephs II.

Die ungarische Entwicklung verlief — entsprechend der größeren Selbständigkeit der Länder der Stefanskrone, die mit feudaler Rückständigkeit verbun-

den war – in etwas anderen, für die Entwicklung der Freimaurerei aber noch
günstigeren Bahnen. Bis 1785 entstanden hier nicht weniger als vierzig Logen.
Auch kam es 1775 im Südosten, im Bereich oder in der Nähe der Militärgrenze,
zu einer Sonderform, der „Freimaurerei der Freiheit", *Latomia libertatis sub
corona Hungariae*, einem Zusammenschluß von Logengründungen des kroatischen Grafen Johann Drašković und des magyarischen Grafen Stephan Niczky.
Diese Richtung, die sich bald über ganz Ungarn ausbreitete, war von großer
politischer Bedeutung. 1777 entstanden ihre Statuten, ein Jahr nach der Gründung des Illuminatenordens durch Adam Weishaupt in Ingolstadt[36]. Beide
Richtungen waren sicher voneinander unabhängig, ähneln sich aber in ihren
eindeutig politischen Zielen, in der Überwachung der Mitglieder und der Verwendung von Decknamen. In Ungarn wurden den Angehörigen einzelner Be-
rufsgruppen Themen zur Bearbeitung gestellt, die sich völlig mit den späteren
josephinischen Reformen decken; das geschah aber zu einer Zeit, in der eine
solche Reform in Ungarn, das durch Maria Theresia wegen ihres Schwurs auf
die ständische Verfassung nicht in ihre Staatsreform einbezogen worden war,
kaum möglich schien. Diese Tendenzen erklären sich aus der Unzufriedenheit
der Anhänger der Aufklärung mit der Rückständigkeit des Landes, aber auch
aus der Person des Grenzerobersten Drašković und den besonderen Verhältnissen der Militärgrenze. Nach der Verbreitung in ganz Ungarn haben wohl auch
Einwirkungen des Illuminatenordens diese Richtung verstärkt, die noch in der
*Societas Reformatorum*, dem weniger radikalen Zweig der Jakobinerverschwörung, nachzuwirken scheint[37].

Über den Einfluß der Illuminaten in der Monarchie, die seit dem Eingreifen
Knigges mit der Freimaurerei in ihren symbolischen Graden verbunden waren,
ist wegen der Einseitigkeit und der geringen Aussagekraft der Quellen nur wenig bekannt. Wir wissen, daß vor 1785 auch in Wien einflußreiche Männer,
wie Born, Sonnenfels und Alxinger, gewonnen wurden und daß vor allem die
Beamten der *Wahren Eintracht* eingeweiht waren. Die gesellschaftsverändern-
den Tendenzen der josephinischen Reform haben den Zielen eines Bundes,
dessen Führer immerhin den Decknamen Spartacus gewählt hat, wohl entspro-
chen. Austrophile Tendenzen mögen in Bayern auch zum Verbot von 1785
beigetragen haben, obwohl damals der Plan des Kaisers und des Kurfürsten
Karl Theodor, die Niederlande gegen Altbayern einzutauschen, schon geschei-
tert war[38]. Sicher ist es, daß man zu Josephs Zeiten in der Monarchie nichts
ausdrücklich gegen die Illuminaten unternahm. Spätere Aussagen in einer Zeit,
als man den Illuminaten eine Mitwirkung an den Ereignissen in Frankreich zu-
schreiben wollte, müssen mit äußerster Vorsicht aufgenommen werden[39].

Die aktive Unterstützung der stark angefeindeten Reformpolitik Josephs II.
durch die Freimaurer hat zu ihrem Aufschwung nach 1780 ebenso wie zu ihrem
jähen Sturz durch das josephinische Freimaurerpatent (Ende 1785) geführt.
Bisher war man sich über die näheren Zusammenhänge bei der scheinbaren
Widersprüchlichkeit der Ereignisse keineswegs im klaren. Erst in jüngster Zeit
hat hier Carlo Francovich durch die Untersuchung der Entwicklung in Mailand

eine Erklärung gefunden. Aus Wiener Akten konnte er nachweisen, daß Joseph
II., der selbst dem Bund nicht angehörte, mindestens ebenso stark daran beteiligt war wie seine engsten Berater, die Freimaurer waren. Francovich spricht
davon, daß Joseph II. in der Verwendung des Bundes für seine politischen
Zwecke ein Vorläufer Napoleons gewesen sei[40]. In einem Brief des Repräsentanten der Mailänder Loge bei der großen Landesloge in Wien heißt es, daß
„der Kaiser die Absicht habe, sich des Ordens als Schule vollkommener Untertanen zu bedienen"[41]. Dazu bedurfte es freilich einiger Vorbereitungen. Zunächst mußte die Verbindung mit ausländischen Großlogen gelöst und die Organisation gestrafft werden. Die 1776 gegründete österreichische Provinzialloge
war noch von Berlin abhängig. Deshalb wurde nach langen Verhandlungen,
bei denen vor allem die Ungarn Schwierigkeiten machten, 1784 die große Landesloge von Österreich gegründet. Der Großmeister blieb derselbe, Fürst Johann Baptist von Dietrichstein-Proskau, Josephs Oberststallmeister und Ver-
trauter. Der Großen Landesloge unterstanden die Provinziallogen Österreich
(die deutschen Erblande) mit 17, Böhmen mit 7, Ungarn mit 12, Siebenbürgen und die Bukowina mit 3, Galizien mit 4, die Lombardei mit 2 und die
österreichischen Niederlande mit 16 Logen[42]. Um diese 61 Logen auf eine Linie zu bringen — was dem Wesen der Maurerei entschieden widersprach —, sollten zunächst die Provinziallogen möglichst von den Gouverneuren als Großmeister geführt werden. Das gelang in der Lombardei, wo Erzherzog Ferdinand
nominell als Gouverneur residierte, ebensogut durch den österreichischen be-
vollmächtigten Minister Graf Johann Wilczek, der eigentlich die Geschäfte
führte. Deputierter Großmeister wurde der Gubernialrat Graf Kaspar Künigl
und Großsekretär der Rat der Mailänder Rechnungskammer Giovanni Viazzoli,
gleichzeitig der Meister vom Stuhl der mailändischen Distriktsloge[43]. In Ungarn wurden Graf Karl Pálffy von Erdöd, der spätere ungarische Hofkanzler,
und in Siebenbürgen Graf Georg Bánffy, der als Gouverneur Brukenthals Nachfolger war, Provinzialgroßmeister. Für Galizien war der neue Gubernialpräsi-
dent Graf Josef Brigido noch vor Antritt seines Postens als Provinzialgroßmeister ausersehen, was Schwierigkeiten bereitete, da er dem Bund gar nicht angehörte. Das Logenprotokoll der Wahren Eintracht meldet am 7. Februar 1785
bei der Ankündigung der Rezeption, daß es der Kaiser gerne sähe, wenn die
Landeschefs aufgenommen würden. Am 12. Februar, also kurz danach, wurde
Graf Brigido an einem Abend rezipiert und zum Gesellen und Meister befördert. Damit besaß er bereits alle Voraussetzungen für sein hohes Logenamt!
Hingegen war der böhmisch-österreichische Hofkanzler, Leopold Graf Kolow-
rat-Krakowsky, einer der höchsten Beamten der Monarchie, schon 1783 als
Nachfolger Josef von Sonnenfels' deputierter Meister der Wahren Eintracht[44],
Damit sind die Kontrollabsichten des Kaisers wohl genügend nachgewiesen.

Das größte Entgegenkommen bei der Aufnahme einflußreicher Beamter
zeigten die Logen Zur gekrönten Hoffnung, der auch der Großmeister Fürst
Dietrichstein angehörte, und Zur wahren Eintracht des Freiherrn Ignaz von
Born. Damit waren deren Leistungen aber keineswegs erschöpft. Die Wahre Ein-

*tracht* ist unter Borns Leitung auch ein kulturelles Zentrum geworden. Da darüber in diesem Band ausführlich gehandelt wird, sei hier nur das Wesentlichste zusammengefaßt[45]. 1776 war in Paris die Loge *Aux Neufs Soeurs* gegründet worden, die bald zur europäischen Eliteloge der Gelehrten und Künstler wurde und nach den Worten Paul Hazards mit der Aufnahme Voltaires im April 1778 die Apotheose der Freimaurerei des 18. Jahrhunderts herbeiführte[46]. Ihre Tätigkeit wurde durch die *Correspondance littéraire* des Barons Grimm in aller Welt verbreitet. Da die *Gekrönte Hoffnung* ein Abonnement besaß, kann sie sehr wohl zum Vorbild Borns geworden sein. Eine direkte Verbindung stellte Georg Forster her, der in den *Neufs Soeurs* aufgenommen und im August 1784 in der *Wahren Eintracht* inkorporiert wurde[47]. Forster und der Däne Friedrich Münter sind es auch, die in ihren Tagebüchern ein lebendiges Bild des Kreises um Ignaz von Born gezeichnet haben[48]. Hier sei nur noch an die Veröffentlichungen der Loge, die *Physikalischen Arbeiten der Einträchtigen Freunde in Wien* und das von Blumauer redigierte *Journal für Freymaurer* – mit zwölf Bänden von 1784 bis 1786 für die damalige Zeit auch eine bedeutende verlegerische Leistung – erinnert[49]. Der Akademie-Gedanke, den Born vorher in Prag gefördert hat, ist so in Wien wieder aufgelebt. Schriftsteller, Künstler und Musiker drängten sich in die Loge, die alles umfaßte, was damals in Wien Rang und Namen hatte. Neben den Publikationen steht uns gerade für die bedeutendste österreichische Loge ihr lückenlos erhaltenes Archiv zur Verfügung[50]. Daß Sonnenfels, Born, Alxinger und andere führende Brüder auch Illuminaten waren, ist den übrigen verborgen geblieben.

Diese glänzende Entwicklung war das Werk weniger Jahre. Sie trug den Keim des Untergangs schon durch die einfache Tatsache in sich, daß der Organisationsform der Freimaurer mit der Eigenständigkeit und der demokratischen Verfassung der Logen eine Lenkung von oben ebensowenig entsprach wie der bisher geübten Meinungsfreiheit des einzelnen Bruders eine Ausrichtung auf bestimmte politische Zwecke. Durch die Gemeinsamkeit der Ziele war das bei den symbolischen Graden noch einigermaßen möglich; die Hochgrade wollten ihre geheimen Bestrebungen fortsetzen; viele waren unzufrieden, daß eine Aufnahme in höhere Weihen erschwert, ja in den meisten Logen untersagt wurde[51]. Einige dem *Eklektischen Bund* angehörenden Logen wollten sich der Landesloge nicht unterwerfen, andere das Band mit Berlin nicht lösen[52]. Besondere Schwierigkeiten machten die vor allem in Wien zahlreichen *Rosenkreuzer* und das neu errichtete Hochgradsystem der *Asiatischen Brüder* des Freiherrn Ecker von Eckhoffen, das die Freimaurerei auf christlich-jüdischer Basis auch den Glaubensjuden wieder öffnen wollte[53]. Auch hier lassen sich die Ereignisse am besten durch die Mailänder Quellen verfolgen. Dort wollte sich ein Teil der Brüder der Loge *Concordia* der neuen Richtung nicht fügen und arbeitete unter dem alten, seinerzeit von der österreichischen Provinzialloge bestätigten Stuhlmeister getrennt weiter. Sie erhielten durch den Gegensatz zur neuen offiziellen Provinzialloge vermehrten Zulauf, während von Wien aus trotz der dringenden Hilferufe des Großsekretärs Viazzoli wegen der Rechtmäßigkeit der alten Logenführung zunächst nichts unternommen werden konnte[54]. Die gleichen Schwierigkeiten machte die Loge in Cremona, wegen der nicht mehr fortzuführenden Hochgrade. Hier erfolgte die von der Großen Landesloge unter dem Druck des Kaisers beschlossene Auflösung angeblich schon im Januar 1785[55]. Ähnliche Schwierigkeiten hat es sicher überall gegeben, wir haben aber darüber nicht so aufschlußreiche Korrespondenzen wie in Mailand. In dieser Situation kam es zum Handbillet des Kaisers vom 11. Dezember 1785, dem berühmt-berüchtigten Freimaurer-Patent[56].

Eine genaue Interpretation dieses Dokuments, zu dem nach dem Gesagten doch wohl alle Beamten der Groß-, Provinzial- und Distriktslogen stehen mußten, läßt erkennen, daß die darin enthaltenen Gebote — Einschränkung der Logentätigkeit auf die Provinzhauptstädte und auf höchstens drei in den großen Hauptstädten, Meldung von Tag und Stunde der Arbeiten beim Magistrat und die Einreichung einer Namensliste beim Landeschef — gemeinsam beschlossen werden mußten. Die Listen konnten kaum mehr schaden, wenn Landeschef und Provinzialgroßmeisters in den meisten Fällen ohnehin identisch waren. Die Konkurrenz der Logen anderer Systeme wurde so ausgeschaltet. Das Verbot der Logen „auf dem Lande oder bei einem Partikulier auf seinem Schlosse" verhinderte, daß reformfeindliche Logen des ohnehin wegen der allgemeinen Grundsteuer erbitterten Adels weitergeführt werden konnten[57]. Die Freimaurerei wurde unter Obhut und Schutz des Staates genommen, „mehr als je in einem Lande noch geschehen ist", wie das Handbillet stolz meldet. Nicht vorgesehen war aber sicher vieles in der Einleitung, in der Joseph II. seinem Unmut über den bisherigen Widerstand freien Lauf gelassen hat. Hier wird von „Gaukeleien", von „Geldschneiderei", von „Ausschweifungen" und einer „fanatisch engen Verknüpfung" mit einer damit verbundenen Benachteiligung der Nicht-Maurer gesprochen. Am ärgsten aber wirkten wohl die angedrohten Strafen, die denen für ertappte Hasardspieler gleichgesetzt wurden. Die Wirkung ist bekannt. In Lemberg haben sich alle drei Logen selbst aufgelöst, in Wien kamen statt der bewilligten drei Logen nur zwei Sammellogen zustande, die *Neugekrönte Hoffnung* und die *Wahrheit*[58].

Als der Kaiser sah, daß sein Experiment mißglückt war, zog er sich grollend zurück und hat es ruhig geschehen lassen, daß die entrüsteten Brüder über die Drahtzieher, darunter vor allem Ignaz von Born, herfielen. So ist es in der *Wahrheit*, der Nachfolgeloge der *Wahren Eintracht*, kaum mehr zur richtigen Arbeit gekommen. Born und Sonnenfels haben die Loge im Sommer 1786 verlassen, im folgenden Jahr war alles zu Ende[59]. In der *Neugekrönten Hoffnung* und in den Provinzhauptstädten funktionierte es besser, der Eifer aber hat merklich nachgelassen. Am Ende der Regierungszeit Josephs II. gab es außerhalb der in offenem Aufruhr stehenden Niederlande nur noch neun Logen. Das hängt natürlich neben dem Patent auch mit dem Zusammenbruch des josephinischen Reformwerks und mit dem Ausbruch der Revolution in Frankreich zusammen, der die politischen Gegensätze verschärfte. Ein Eingehen auf Wiederbelebungsversuche unter Leopold II., die natürlich ebenfalls im Sinn

einer Lenkung von oben her unternommen wurden, und auf die Wirkungen
der fortschreitenden Ereignisse in Frankreich ist hier nicht mehr möglich.
Ganz allgemein kann zu den „Jakobinerverschwörungen", die 1794 in Österreich
und Ungarn aufgedeckt wurden, gesagt werden, daß ähnlich wie im übrigen
Reichsgebiet fast nur Freimaurer beteiligt waren, die in ihrer Enttäuschung
über das Scheitern der josephinischen Reform nun Frankreich zum Vorbild
nahmen. Dabei ist aber zur gleichen Zeit ein anderer Teil der Freimaurer eindeutig ins konservative Lager eingeschwenkt. Die Geschichte der Freimaurerei
hat gezeigt, daß ihre kosmopolitischen und humanitären Bestrebungen mit
dem beginnenden Kampf der Nationen und Nationalitäten in Österreich ebenso unvereinbar waren, wie vorher die Ausrichtung auf ihr durchaus gemäße
politische Ziele mit einer scharfen Überwachung durch die Obrigkeit.

Nach den einleitenden allgemeinen Erwägungen und dem skizzierten Verlauf der Entwicklung in der Habsburger Monarchie dürfte es schwer sein, die
kulturelle und politische Bedeutung der Freimaurerei im 18. Jahrhundert ganz
in Frage zu stellen. Im einzelnen freilich sind die Phänomene wegen der Vielfalt der Erscheinungsformen und die fehlenden schlüssigen Beweise nur schwer
zu fassen. Hie und da ist es beim Vorhandensein zufällig erhaltener Quellen
aber doch möglich, festen Grund zu gewinnen und von da zu allgemeinen Erkenntnissen zu kommen, wozu freilich Vorsicht, Geduld und eine kritische
Interpretation der Quellen notwendig sind.

*Anmerkungen*

1 Fritz Wagner hat zum erstenmal in einem allgemeineren Geschichtswerk „Die Welt-
bruderschaft der Freimaurer" eingehender behandelt. (Handbuch der Europäischen
Geschichte. 4, Stuttgart 1968, 122—125). Eine umfassende Bibliographie gibt Ludwig
Hammermayer in diesem Band. Für Deutschland ist noch am ehesten das freilich un-
kritische Werk von Manfred Steffens: Freimaurerei in Deutschland, Flensburg 1964,
zu nennen, ebenso die soeben erschienene eingehende Untersuchung eines kleineren
Gebietes von Winfried Dotzauer: Freimaurergesellschaften am Rhein. Aufgeklärte
Sozietäten auf dem linken Rheinufer vom Ausgang des Ancien Régime bis zum Ende
der napoleonischen Herrschaft. In: Geschichtliche Landeskunde Bd. 16, Wiesbaden
1977. In Frankreich faßt die Ergebnisse zusammen Pierre Chevallier: Histoire de la
Franc-Maçonnerie Française. (Les grands études historiques). 3 Bde., Paris 1974/5;
für Italien ist das auf Quellenstudien aufgebaute Werk von Carlo Francovich: Storia
della Massoneria in Italia. 2. Aufl. Firenze 1975, das bis zum Ende des 18. Jahrhunderts reicht, zu empfehlen. Viele wichtige und meist auch richtige Angaben bringt
noch immer Eugen Lennhoff, Oskar Posner: Internationales Freimaurer-Lexikon.
München, Zürich, Wien 1932. Als erste Information über die ungemein umfangreiche

maurerische Literatur sei an dieser Stelle genannt Herbert Schneider: Deutsche Frei-maurer-Bibliothek. Verzeichnis der Bibliothek des Deutschen Freimaurer-Museums Bayreuth. Hamburg 1977.

2 Zur ersten Einführung kann hier das Sammelwerk „Grand Lodge 1717—1967", Oxford 1967, dienen, in dem Harry Carr die Zeit vor 1717 (1—46) behandelt hat.

3 Auf das italienische Vorbild auch bei der Gründung der westeuropäischen Akademien hat Ludwig Hammermayer: Europäische Akademiebewegung und italienische Aufklärung. In: Historisches Jahrbuch 81, 1962, 247—263, aufmerksam gemacht. Von freimaurerischer Seite ist man hier, vor allem durch Ludwig Keller, den Gründer der Comenius-Gesellschaft, wohl etwas zu phantasievoll gewesen. Gegen Keller schrieb Wilhelm Begemann: Comenius und die Freimaurerei. Berlin 1906. Immerhin ist die Verbindung etwa durch Désaguliers bei Montesquieu und Ramsay auffällig.

4 Über die unmittelbare Vorgeschichte des Zusammenschlusses der Londoner Logen vgl. T. O. Haunch im Kapitel „The Formation". In: Grand Lodge, Oxford 1967.

5 Über ihn zuletzt Roman d'Amat im „Dictionnaire de Biographie Française" Bd. 10, Paris 1965, 1168 f.

6 Paul Hazard: Die Krise des europäischen Geistes. Hamburg 1939, bes. 184 ff.; Dictionary of National Biography. Bd. 19, Oxford 1917, 918—922; und Fritz H. Heinemann: John Toland and the Age of Reason. In: Archiv für Philosophie 4, 1950/2, 35—66.

7 James Anderson: The Constitution of the Freemasons 1723 and 1738. Facsimile Edition, Abingdon 1976, mit einer Einleitung von Eric Ward. Über Anderson und die erste Ausgabe der Constitution Lionel Vibert in: Ars Quatuor Coronatorum 36, London 1923.

8 Paul Hazard: Die Herrschaft der Vernunft. Das europäische Denken im 18. Jahrhundert. Hamburg 1949, 303 f. Über die Rede Ramsays vom 21. März 1737 vgl. Pierre Chevallier (s. Anm. 1) 18—24, über Ramsay das „Dictionary of National Biography". Bd. 16, Oxford 1917, 681 f.

9 Hier seien zur Illustration nur zwei Beispiele angeführt. Goethe hat seinen Eintritt in den Freimaurerbund nach der Schweizerreise im Gesuch an die Loge *Amalia* in Weimar vom Januar 1790 so begründet: „Es hat mir nur an diesem Titel gefehlt, um mit Personen, die ich schätzen lernte, in nähere Verbindung zu treten und dieses gesellige Gefühl ist es allein, was mich um die Aufnahme ansuchen läßt" (Lennhoff-Posner, s. Anm. 1, S. 616). Das wohl allen Verbindungen in gleichem Maß eigentümliche Streben, Zugehörige zu bevorzugen, wird von Kaiser Joseph II. in seinem Freimaurer-Patent mit den Worten gebrandmarkt: „Diese Versammlungen ... können, besonders aber bei den Obern durch eine fanatische Verknüpfung in nicht ganz vollkommene Billigkeit gegen ihre Untergebene, die nicht in der nämlichen gesellschaftlichen Verbindung mit ihnen stehen, ganz wohl ausarten..." (Josef Kropatschek: Handbuch aller unter der Regierung des Kaisers Joseph des II. für die K. K. Erbländer ergangenen Verordnungen und Gesetze. 8, Wien 1787, 250 f.).

10 Das Geschick vieler Abenteurer, mit dem Verkauf höherer Grade Geld zu machen, ist in der zweiten Hälfte des 18. Jahrhunderts oft nachzuweisen. Hier sollen nur Casanova, Cagliostro, Johnson, Saint-Germain, Ecker-Eckhoffen oder Fürst Mavrocordato genannt werden.

11 Über die Rosenkreuzer gibt es kaum gesicherte Quellen. Vgl. Bernhard Beyer: Das Lehrsystem der Gold- und Rosenkreuzer. Leipzig 1925, und für Bayern Hans Graßl: Aufbruch zur Romantik. Bayerns Beitrag zur deutschen Geistesgeschichte 1765—1785. München 1968, 96—129.

12 Über die Illuminaten ist in den letzten Jahren viel geschrieben worden. Als Einführung ist am besten Ludwig Hammermayer im Handbuch der bayerischen Geschichte II, München 1969, 1027—1033. Die Arbeit von Richard van Dülmen: Der Geheimbund der Illuminaten. Darstellung, Analyse, Dokumentation. Stuttgart 1975, ersetzt die ältere Literatur nicht. Über die hier nicht mehr ausgeführte Frage des Verhältnisses der Freimaurer zur Französischen Revolution wäre ein Bericht über ein Kolloquium im Dezember 1967 heranzuziehen: La Franc-Maçonnerie au siècle des lumières. In: Annales Historiques de la Révolution française 41, 1969, 373—540, vor allem das Vorwort von Albert Soboul 373—377.

13 Zwei Beispiele für eine äußerst geringe Beteiligung an der Logenarbeit sind Lessing, der nur bei der Erteilung der drei symbolischen Grade am 14. Oktober 1771 in der Hamburger Loge *Zu den drei Rosen* anwesend war, und Joseph Haydn, der in den Lo-

genprotokollen nur einmal, bei seiner Aufnahme als Lehrling am 11. Februar 1785, in der *Wahren Eintracht* erwähnt wird.

14 Nach einer Londoner Logenliste, die 1736 als Kupferstich einem in Amsterdam erschienenen Werk beigegeben wurde. Sie ist abgebildet bei Erich J. Lindner: Die königliche Kunst im Bild. Beiträge zur Ikonographie der Freimaurerei. Graz 1976, Tafel 132. In der 2. Auflage der *Constitutions* von Anderson wird noch die Bewilligung zur Errichtung von Logen in Madrid und Lissabon angegeben (wie Anm. 7, 194 f.).

15 Diese Legenden wurden schon von Heinrich Benedikt in seiner ausgezeichneten Biographie des Franz Anton Graf von Sporck. Zur Kultur der Barockzeit in Böhmen, Wien 1923, bes. 224—232, widerlegt. Sie tauchen aber immer wieder in der Literatur auf.

16 Francovich (s. Anm. 1) 54 A. 2.

17 Francovich (s. Anm. 1) 73—85.

18 Über die *Academia Taxiana* vgl. Graßl (s. Anm. 11) 42, desgleichen Ernest Krivanec: Die Freimaurerei in Tirol im 18. Jahrhundert. In: Quatuor Coronati Berichte Nr. 5, Wien Frühjahr 1977; über die Salzburger *Societas Eruditorum* vgl. Johann Laglstorfer: Der Salzburger Sykophantenstreit um 1740. Diss. Salzburg 1971 (ungedruckt), über italienische Vorbilder im allgemeinen vgl. Hammermayer (s. Anm. 3).

19 In den allerdings erst später gedruckten Annali d'Italia von 1736, vol. 5, Milano 1838, 119 f. Wiederabdruck bei Francovich (s. Anm. 1) 241 f. A. 5.

20 Georgine Holzknecht: Ursprung und Herkunft der Reformen Kaiser Josephs II. auf kirchlichem Gebiet. Forschungen zur inneren Geschichte Österreichs. 11, Innsbruck 1914. Der Erzbischof von Salzburg war Andreas Jakob Graf Dietrichstein.

21 Bertrand van der Schelden: La Franc-Maçonnerie Belge sous le Régime Autrichien 1721—1794. Louvain 1923, und J. Bartier: Régards sur la Franc-Maçonnerie Belge du 18e siècle. In: Annales Historiques de la Révolution française 41, 1969, 469—485.

22 Francovich (s. Anm. 1) 161.

23 Über die erste Wiener Loge vgl. Ernest Krivanec: Die Loge ,,Aux Trois Canons" in Wien (1742—1743). In: Quatuor-Coronati-Jahrbuch 12, Bayreuth 1975, 95—118. Die Arbeit fußt auf den in Abschrift erhaltenen Logenprotokollen. Die Person Hilverdings wurde in der Schreibung ,,Helferding" nicht erkannt. Bei Pallard scheint das vorausgesetzte Glaubensbekenntnis (107) doch unsicher, da in Genf keine Glaubensjuden zugelassen waren.

24 Siehe Éva H. Balázs in diesem Band.

25 Der Artikel über Herzog Albert von Sachsen-Teschen von Helmut Rößler in der ,,Neuen Deutschen Biographie" 1, 1953, 131, ist sehr knapp. Über seine freimaurerische Tätigkeit vgl. Ludwig Abafi (Aigner): Geschichte der Freimaurerei in Österreich-Ungarn. Bd. 2, Budapest 1891, 124—127.

26 Francovich (s. Anm. 1) 149—160.

27 Francovich (s. Anm. 1) 156 f.

28 Die unsinnige Beziehung zu Cromwell taucht vor allem in Italien, in Neapel, Mailand und Genua, wiederholt auf, Francovich (s. Anm. 1) 114 f., 127 und 165.

29 Giuseppe Gorani: Memorie di Giovinezza e di Guerra (le Memorie I). Milano 1936, 200 f.

30 Zum allgemeinen Gebrauch der französischen Sprache vgl. Hans Wagner: Der Höhepunkt des französischen Kultureinflusses in Österreich in der 2. Hälfte des 18. Jahrhunderts. In: Österreich in Geschichte und Literatur 5, 1961, 507—517. Der Übergang zu den Nationalsprachen wurde erst in den siebziger Jahren durch die Aufnahme von Bürgerlichen notwendig. So mußte in der Loge *Zu den drei weißen Lilien* in Temesvár der Gründer, der Franzose Joseph de Sauvaigne, 1776 den Hammer niederlegen, weil er der deutschen Sprache nicht genügend mächtig war. Vgl. Abafi (s. Anm. 25) 4, Budapest 1893, 6.

31 Über die Strikte Observanz hat Reinhold Taute gearbeitet, vor allem in: Der Wilhelmsbader Konvent und der Zusammenbruch der Strikten Observanz. = Bücherei für Freimaurer 18/19, Berlin 1909. Vgl. dazu jetzt Kurt Müller: Die Strikte Observanz. Quatuor-Coronati-Hefte 11, 1974, 21—40, und Wilhelm Mensing: Der Freimaurer-Konvent von Wilhelmsbad. Bayreuth 1974.

32 Der Katalog: Die Freimaurerei in Österreich. Zur Geistesgeschichte des 18. Jahrhunderts. Museum Schloß Rosenau bei Zwettl. Bearbeitet von Rupert Feuchtmüller und Ernest Krivanec (1975).

33 Eine neuere Zusammenfassung mit guten Literaturangaben bei Elisabeth Bradler-Rottmann: Die Reformen Kaiser Josephs II. = Göppinger Akademische Beiträge 67, Göppingen 1973.
34 Eine gute Untersuchung einer Provinzloge gibt Hans Sturmberger: Die Anfänge der Freimaurerei in Linz. In: Historisches Jahrbuch der Stadt Linz, 1955, 99—134. Aber auch ältere Werke wie Ludwig Rapp: Freimaurerei in Tirol. Innsbruck 1867, und Rudolf Cefarin: Kärnten und die Freimaurerei, Wien 1932, behalten ihren Wert.
35 Über die Freimaurerei in Böhmen und Mähren gibt es außer den betreffenden Abschnitten bei Abafi (s. Anm. 25) und Aufsätzen vor allem in der Zeit zwischen den beiden Weltkriegen in freimaurerischen Zeitschriften keine zusammenfassenden Darstellungen. Über Graf Johann Buquoy vgl. Josef Karl Mayr: Zwei Reformatoren der Wiener Armenfürsorge. In: Jahrbuch des Vereines für Geschichte der Stadt Wien 8, 1949/50, bes. 124—135.
36 Vgl. Balázs (s. Anm. 24); Hauptquelle für die Drašković-Observanz ist Abafi (s. Anm. 25) Bd. 2, S. 284—367. Über die kroatische Freimaurerei berichtet Eugen Laxa in den Ars Quatuor Coronatorum 90, London 1977.
37 Über die Rolle der Societas Reformatorum vgl. Éva H. Balázs, Berzeviczy Gergely, a reformpolitikus (1763—1795). Budapest 1967, und Kálmán Benda: Probleme des Josephinismus und des Jakobinertums in der Habsburger Monarchie. In: Südost-Forschungen 25, 1966, 38—72. Sehr wertvoll ist Kálmán Bendas Quellenwerk über die ungarischen Jakobiner: A magyar jakobinusok iratai. (Die Schriften der ungarischen Jakobiner.) 3 Bde., Budapest 1952—1957. Die Originaltexte sind nur zu einem kleineren Teil in magyarischer Sprache.
38 Über die Illuminaten in Österreich gibt es mit Ausnahme Tirols nur wenige zuverlässige Quellen. Am wertvollsten erweisen sich noch die Tagebücher Friedrich Münters 1784 aus Wien, hrsg. von Øjvind Andreasen: Aus den Tagebüchern Friedrich Münters. Wander- und Lehrjahre eines Gelehrten. 1. Teil 1772—1785. (Frederik Münter. Et Mindeskrift 2), Kopenhagen, Leipzig 1937, 55—124.
39 Hier wären als Ankläger vor allem Leopold Alois Hoffmann und Ignaz von Martinovics zu nennen. Über Hoffmann vgl. Max Vancsa in „Neue Deutsche Biographie" Bd. 9, Berlin 1972, 434; die Denunziationen, die Martinovics seit 1791 vor allem an Franz Gotthardi geschrieben hat, halten einer kritischen Prüfung nicht stand. Sie sind gedruckt bei Kálmán Benda (s. Anm. 37) Bd. 1, ab 440.
40 Francovich (s. Anm. 1) 355 f. und vor allem 362.
41 Haus-, Hof- und Staatsarchiv Wien, Kabinettskanzlei, Vertrauliche Akten, Karton 71, fol. 105, Konzept eines Briefes von Paolo Antonio Reina aus Wien an Giovanni Viazzoli in Mailand vom 13. Februar 1785: „Non posso a meno di raccomandarvi la maggior attenzione nella scelta de membri posto che si scorge dalle intenzioni di Sua Maestà che vol servirsi del Ordine Reale per una scola di soggetti perfetti".
42 Zur Vorgeschichte der Gründung der Großen Landesloge von Österreich Abafi (s. Anm. 25), Bd. 4, 47—116 (Provinzialloge von Österreich), 135—143 (Große Landesloge von Österreich) und Bd. 5, 38—86 (Provinzialloge von Böhmen), 142—158 (Provinzialloge von Ungarn), 300 ff. (Provinzialloge von Siebenbürgen). In Galizien scheint man über die Planung nicht hinausgekommen zu sein (Abafi Bd. 5, 351 f.); in den österreichischen Niederlanden kam es zunächst wegen des Widerstandes der dortigen Großloge nicht zum Anschluß, den später die Unruhen gänzlich verhindert haben.
43 In der Lombardei ist es, entgegen den Aussagen Abafis (s. Anm. 25) Bd. 5, 364 f., sehr wohl zur Bildung einer Provinzialloge gekommen. Vgl. dazu Francovich (s. Anm. 1), vor allem 358 ff.
44 Protokoll der „Wahren Eintracht", Haus-, Hof- und Staatsarchiv, Kabinettskanzlei, Vertrauliche Akten 89, 199 und 201. Ein krasseres Beispiel als Graf Brigido bildet der Großmeister des Grand-Orient de France, Marschall Magnan, der auf Napoleons III. Befehl als Nicht-Freimaurer zum Großmeister ernannt wurde und am selben Tag, im 11.1.1862, alle 33 Grade erhielt. Chevallier (s. Anm. 1), 2. Bd., bes. 408 ff.
45 Siehe Edith Rosenstrauch-Königsberg in diesem Band.
46 Hazard (s. Anm. 8) 378. Das berühmte Werk von Louis Amiable: Une Loge maçonnique d'avant 1789. Paris 1897, über die Neuf Soeurs ist wegen mangelnder Quellenbasis heute umstritten.
47 Georg Forster, Professor in Wilna, wurde als Meisterbruder der Neuf Soeurs in Paris nach der Bewilligung seines Gesuchs am 9. August 1784 am 13. feierlich der

*Wahren Eintracht* inkorporiert. Protokoll der Loge zur Wahren Eintracht (s. Anm. 44) 89, 142 f.
48 Georg Forster hielt sich vom 29. Juli bis zum 16. September 1784 in Wien auf. Paul Zincke und Albert Leitzmann: Georg Forsters Tagebücher. (Deutsche Literaturdenkmäler 149). Berlin 1914, 144—197. Friedrich Münter war vom 30. August bis zum 20. Oktober 1784 in Wien (s. Anm. 38).
49 Edith Rosenstrauch-Königsberg: Freimaurerei im Josephinischen Wien. Aloys Blumauers Weg vom Jesuiten zum Jakobiner. = Wiener Arbeiten zur deutschen Literatur 6, Wien, Stuttgart 1975, vor allem 66 ff.
50 Vertrauliche Akten (s. Anm. 41). Es ist hier nicht genau geordnet auf verschiedene Kartons verteilt. Dieses Logenarchiv bildet den wertvollsten Bestand der Massonica in Österreich.
51 Bei der mit der Gründung der großen Landesloge verbundenen Reform sollten zunächst nur die symbolischen Grade bearbeitet werden. Da bisher die engere Logenführung fast immer höhere Grade besaß, bildete die Nichtbearbeitung der Hochgrade einen ständigen Beschwerdepunkt in nahezu allen Logen. Dazu finden sich bei Abafi und Francovich zahlreiche Beispiele.
52 Hier trat vor allem die Loge *Zum Heiligen Joseph* in Wien hervor, die zusammen mit den Logen in Eberau (Monyorókerék) und Warasdin eine eigene Provinzialloge unter der Großen Landesloge von Berlin bilden wollte. Abafi (s. Anm. 25), 4. Bd., 256.
53 Zu den Rosenkreuzern s. Anm. 11, über die Asiatischen Brüder handelt Jacob Katz: Jews and Freemasons in Europe 1723—1939. Cambridge/Mass. 1970, 26—53.
54 Francovich (s. Anm. 1) 360 f. und 368 ff.
55 Francovich (s. Anm. 1) 371 ff.
56 Druck bei Josef Kropatschek (s. Anm. 9) 250—254, ebenso bei Abafi (s. Anm. 25), Bd. 4, 146—149.
57 Roman Rozdolski: Die große Steuer- und Agrarreform Josephs II. Ein Kapitel zur österreichischen Wirtschaftsgeschichte. Warszawa 1961. Hier wird, vor allem im Hinblick auf Galizien, allerdings etwas einseitig, für die Reform Stellung genommen. Hingegen weist Bradler-Rottmann (s. Anm. 33) auf die starke Minderung des Einkommens der Grundbesitzer hin, die durch die bekanntlich nach dem Tod Josephs II. nicht zur Durchführung gekommene Steuerreform verursacht worden wäre (124—127).
58 Dazu müssen die Vorgänge im einzelnen noch genauer untersucht werden, zumal Abafi (s. Anm. 25) seine Darstellung mit dem Freimaurerpatent abschließt. In einzelnen Provinzhauptstädten, wo vorher auch nur eine Loge bestanden hatte, arbeiteten die Logen noch einige Jahre wie gewohnt weiter, in den kleinen Orten war nur mehr ein Weiterleben in der Illegalität möglich, von der kaum Quellen vorhanden sind, und in den großen Städten, vor allem in Wien, mußte die Beschränkung der Zahl der Brüder mit den daraus folgenden Parteienbildungen die Logenarbeit fast unmöglich machen. Überall ist die Zahl der Neuaufnahmen rapid zurückgegangen.
59 Über die Vorgänge in der „Wahrheit", der Nachfolgeloge der „Wahren Eintracht", sind wir durch das erhaltene Logenprotokoll, Vertrauliche Akten (s. Anm. 41) 91, genau unterrichtet.

# ROM UND DIE VERFOLGUNG DER FREIMAURER IN ÖSTERREICH (1743–1744)

*Von José A. Ferrer Benimeli*

Die Verurteilung der Freimaurer durch die Bulle „In eminenti" des Papstes Clemens XII. im Jahre 1738 hatte in den einzelnen Ländern einen unterschiedlichen Effekt, je nach der Form, in welcher sie bekanntgemacht wurde[1]. Nach ihrer ersten Wirkung in Frankreich, Portugal, Spanien, Polen und den päpstlichen Ländern, vor allem aber in der Toskana, scheint sie im Laufe der Jahre keineswegs vergessen worden zu sein, sondern wurde mindestens in einigen Gebieten durchaus angewandt. In bezug auf Österreich, und trotz der Zwischenfälle in Innsbruck in den Jahren 1740/41[2], muß man feststellen, daß diese Bulle weder in Niederösterreich noch in den übrigen Erbländern veröffentlicht wurde, denn ebenso wie in den anderen europäischen Ländern wurde gemäß dem geltenden Recht der Zeit für die Annahme der Bulle ein Plazet des Herrschers verlangt[3]. Es gibt aber keinen Hinweis auf eine offizielle Veröffentlichung im Codex Austriacus[4], im Haus-, Hof- und Staatsarchiv in Wien[5], im Wiener Diözesanarchiv[6], im Register der Erzdiözese Wien[7] und auch nicht im Geheimen Archiv des Vatikans (Archivio Segreto Vaticano)[8].

Trotzdem war die Bulle „In eminenti" dem Kaiser bekannt, denn sein Botschafter in Rom, Johann Ernst Graf Harrach, Bischof von Neutra, schrieb Karl VI. am 24. Mai 1738, daß der Papst diese Bulle „gegen die Liberi Muratori, welche man gemeinhin Francs-Massons nenne", erlassen habe. Nach Meinung dieses Kirchenfürsten und Diplomaten hatte sich der Papst durch Androhung der Exkommunikation das Ziel gesetzt, in Zukunft die geheimen Versammlungen zu verhindern, denn diese waren ihm der Ketzerei und Irrlehre verdächtig, weil der Schwur auf das Evangelium, durch den die Mitglieder dieser Vereinigung verpflichtet wurden[9], mißbraucht werde.

Möglicherweise hatte das Schweigen über diese Bulle seinen Hauptgrund darin, daß in Österreich damals offiziell keine Freimaurerei bestand. Die erste Loge wurde 1742 in Wien gegründet und ihr Schirmherr war der Domherr und spätere Fürstbischof von Breslau, Graf Schaffgotsch[10], welcher in seiner Eigenschaft als führendes Mitglied der Loge *Zu den drei Totengerippen* in Breslau zwei Mitgliedern dieser Loge, den Grafen Albert Joseph Hoditz und Franz von Grossa, den Auftrag erteilte, die Loge in Wien zu gründen. Gemäß den Logenprotokollen, wiedergegeben von Bernhart, erfolgte die Gründung am 17. September 1742[11]. Diese Loge trug den Namen *Aux trois canons*. Erster Meister vom Stuhl war Hoditz, der aber schon bald darauf nach Schlesien zurückkehrte. Sein Nachfolger wurde Franz von Grossa. Die meisten Mitglieder der Loge gehörten dem Adel an. Auch befanden sich unter ihnen Angehörige von diplomatischen Vertretungen in Wien.

Philipp Gotthard Graf Schaffgotsch gehört zu den interessantesten Persönlichkeiten in der Geschichte der deutschen Freimaurerei. Geboren am 3. Juli 1716 in Warmbrunn, studierte er in Rom bei den Jesuiten und erhielt 1738 die Weihen. Bereits 1748 wurde er Fürstbischof von Breslau. In die österreichisch-preußischen Kämpfe um Schlesien verwickelt, verdarb er es mit beiden Seiten und starb 1795 auf dem Schloß Johannisberg im Exil[12].

Seine Bindungen an den Freimaurerorden beginnen am 1. März 1742, als er, damals schon Domherr, die Loge *Zu den drei Totengerippen* in Breslau besuchte, nachdem er den Wunsch geäußert hatte, in diese aufgenommen zu werden. Seine Aufnahme erfolgte fünf Tage später, zusammen mit der von Ernst August Graf Falkenhayn, und wurde von Franz Karl von Grossa unterstützt. Die Mitglieder der Loge verpflichteten sich, über den Beitritt der beiden Persönlichkeiten „wegen ihrer Ämter" — Falkenhayn war Richter beim Fürstbischof von Breslau — Stillschweigen zu bewahren[13].

Schaffgotsch war allerdings so unvorsichtig, sich in Olmütz, wo er Domherr war, öffentlich als Freimaurer zu zeigen. Die anderen Domherren zeigten ihn an und weigerten sich, mit ihm gemeinsam kirchliche Handlungen zu vollziehen, indem sie sich auf die Bulle „In eminenti" beriefen, auf Grund deren er als Freimaurer exkommuniziert sei. Man verbot ihm sogar, die Kirche zu betreten. Der ihm wohlgesinnte Bischof von Breslau, Kardinal Graf Sinzendorf, nahm sich jedoch seiner an und erreichte, daß sich die Geister beruhigten, nachdem Schaffgotsch am 25. August 1742 einen Eid ablegte, daß er sich von den Freimaurern getrennt habe[14]. Auch Papst Benedikt XIV. gab sich mit der öffentlichen Unterwerfung zufrieden und verzichtete auf Bestrafung. Trotzdem blieb Schaffgotsch aktiver Freimaurer und hielt sowohl in seinem eigenen Haus als auch in Schloß Brockau, das dem Breslauer Domkapitel gehörte[15], Versammlungen ab, in denen auch neue Mitglieder aufgenommen wurden.

*

Trotz der Bulle des Jahres 1738 erlangten die Freimaurer in Österreich und Ungarn eine große Verbreitung. Wien bildete dabei keine Ausnahme, und die österreichische Regierung wurde durch die geheimen und mysteriösen Versammlungen beunruhigt. Eine besondere Situation entstand dadurch, daß Großherzog Franz von Lothringen[16] selbst Freimaurer war und sie moralisch stützte. Beide Tatsachen, die Zugehörigkeit Franz von Lothringens zur Freimaurerei und das päpstliche Verbot, erklären die Haltung der Regierung Maria Theresias gegenüber den Logen[17].

Nach der Schrift eines unbekannten Verfassers *Die Freimaurer in der Republik oder die Verteidigungsschrift über die Verfolgung der Freimaurer*, 1746 und 1754 erschienen, schildert Entick in *The Pocket companion* die Verfolgung der Freimaurer in Wien als Folge von Intrigen einiger Hofdamen, welche versucht hätten, Vertrauensleute in die Logen zu bringen. Nachdem ihnen das nicht gelungen sei, hätten sie sich entschlossen, die Königin zu alarmieren, damit die Freimaurer in ihren Logen überrascht würden und sie sich zugleich für die erlittenen Demütigungen rächen könnten[18]. Der Erfolg dieser Aktion entsprach nach den genannten Autoren nicht den Erwartungen, „denn die ganze Welt wußte, daß der Großherzog von Toskana einer der bekanntesten Freimaurer in Europa war und diese Aktionen durch seine Erklärung verhinderte, daß er bereit sei, sich für das Verhalten der Freimaurer zu verbürgen, und alle Anklagen zurückwies, die gegen diese vorgebracht wurden"[19].

Diese Version der Gründe für die Besetzung der Loge *Aux trois Canons* in Wien mit der nachfolgenden Festnahme ihrer Mitglieder wird wiedergegeben von Clavel, Schröder, Abafi, Ragon, De Castro, Rinieri und Duchaine[20], während andere sich nur auf die Erwähnung der Tatsachen beschränken[21]. Einzelheiten der Intervention Maria Theresias gegen die Freimaurer werden mitgeteilt in einer Wiener Chronik des *Gentleman's Magazine* vom 13. Mai 1743, in der es heißt: „Während der Nacht des 7. dieses Monats überraschte eine Einheit von 30 Kürassieren und 30 Grenadieren in einem Privathaus, in welchem sich eine Loge befand, etwa 30 Freimaurer, die um einen mit einer schwarzen Decke belegten Tisch saßen, auf dem sich verschiedene sonderbare Embleme befanden. Auf dem Tisch waren zwei schwarze brennende Leuchter, ein Totenkopf, ein großes bloßes Schwert und eine Liste mit 400 Namen von Logenbrüdern. Unter ihnen waren einige distinguierte Personen, die sofort aus der Haft entlassen wurden."[22] Die Beschreibung dieser Aktion, enthalten in der *Storia dell'anno 1743* und im folgenden Jahr in Amsterdam herausgegeben[23], zeigt einige wichtige Veränderungen in der Auslegung, weniger bei den Tatsachen selbst, denn darin stimmt sie mit *Gentleman's Magazine* überein, als in der Motivierung der Gründe der Hofdamen, welche vom größten Teil der Freimaurerliteratur im allgemeinen akzeptiert wird.

Nach der *Storia dell'anno 1743* hatte „die Auflösung der Loge in Wien durch die Königin von Ungarn" ihren Hauptgrund in der „undurchdringlichen Geheimnistuerei", mit welcher sich diese „extravagante Vereinigung" umgab und welche sie verdächtig machte, „obgleich sich die Freimaurer während der ganzen Zeit weder gegen die Religion noch gegen die Kirchenfürsten geäußert hatten. Trotzdem wurden sie von Papst Clemens XII. in einer Bulle[24] verurteilt und verfemt, und in allen katholischen Ländern verfolgt, einschließlich jener Länder, in denen geheime Versammlungen durch Gesetz verboten waren"[25]. So begegnen wir wieder einmal der Tatsache, daß die Geheimhaltung an sich zur Rechtfertigung einer Verfolgung herangezogen wird, auch wenn es sich nur um „Verdächtigungen" handelt; denn was allen — dem Papst, den katholischen Fürsten und den anderen am Rande der Religion — gemeinsam war: Geheime Versammlungen wollten sie nicht legal zulassen.

Weiter schreibt die *Storia*, der päpstliche Nuntius Monsignore Paolucci habe erfahren, daß die Freimaurer an einem bestimmten Ort eine Versammlung vieler Mitglieder abhalten wollten, und teilte dies der Königin mit, welche daraufhin am 7. März durch einen Oberstleutnant mit einer Abteilung Kürassiere die Versammlung überraschen ließ. Die Türen zum Saal wurden aufgebrochen, ein Wachtposten fragte arrogant im Namen des Großmeisters, mit welchem Recht das geschehe. Man antwortete, daß man käme, um alle im Namen der Königin zu arretieren. Nachdem der Großmeister diese Antwort erhielt, habe er folgende Worte an seine Logenbrüder gerichtet: „Meine lieben Freunde, lassen wir Ihre Majestät wissen, daß sie keine gehorsameren Untertanen hat als uns. Es wäre beschämend, wenn unsere Gesetze und Statuten nur in unseren Archiven und nicht in unseren Herzen wären." Daraufhin übergaben alle Logenbrüder dem Großmeister ihre Degen, und nachdem diese im Waffenschrank untergebracht waren, bat der Großmeister den Offizier, der Königin zu versichern, daß sie in gleichem Gehorsam und gleicher Unterwerfung, mit der sie ihre Waffen niederlegten, diese bis zum letzten Blutstropfen in ihren Diensten benutzen würden[26].

Nach der Beschreibung der *Storia* bestand die Versammlung aus 18 Teilnehmern[27], unter denen einige Personen von Rang waren, die gegen Ehrenwort, bis auf weiteres in ihren Häusern zu verbleiben, freigelassen wurden. Die übrigen, unter ihnen drei Priester, wurden verhaftet. Am Versammlungsort beschlagnahmte man einen Zirkel, einen Winkel, ein Lotblei und andere mathematische Instrumente; Kreide, einen rohen Stein, drei silberne Armleuchter mit Kerzen, einige Flaschen Wein und Gläser[28].

Lange nicht alle Mitglieder der Loge waren in der Versammlung überrascht worden, wie aus den Protokollen hervorging. Als nun bekannt wurde, was vorgefallen war, ergriffen die meisten noch in Freiheit befindlichen Mitglieder die Flucht, doch gelang sie nicht allen: Einige wurden in ihren Häusern verhaftet. Unter den Logenmitgliedern waren alle Ränge und Schichten vertreten, „wie man das in ähnlichen Versammlungen und in allen Ländern feststellen konnte. Es gab unter ihnen Fürsten, Grafen, Barone, Ritter, Geistliche, Kaufleute, Handwerker, Offiziere, Richter und einfache Leute."[29]

Nach der *Storia* hatte sich überall die Nachricht von der Verhaftung der Freimaurer verbreitet, und alle Welt glaubte, daß jetzt das große Geheimnis gelüftet oder zumindest geklärt werden würde. Die allgemeine Meinung war, daß alle Verhafteten die ihnen zukommende Strafe erhalten würden. So war das Erstaunen groß, als man erfuhr, daß alle am Tag des Hl. Joseph, dem Namenstag des kleinen Erzherzogs und späteren Kaisers, freigelassen wurden. Tatsache ist, daß die Inhaftierten viele Male vor dem Kardinal Kollonitz[30] und dem päpstlichen Nuntius erschienen, die mit der Durchführung des Prozesses beauftragt waren, und vor ihnen aussagten, daß sie unter keinen Umständen ihr Gelöbnis brechen könnten, welches sie verpflichtete, ein tiefes Stillschweigen über die Mysterien ihrer Loge zu bewahren. Man konnte ihnen nichts beweisen und ihnen nur vorwerfen, geheime Versammlungen besucht zu haben. Diejenigen, welche bei dieser Aktion überrascht wurden, durften 15 Tage lang nicht bei Hofe erscheinen[31].

Das unerwartete Ende dieser Aktion, so erklärt die *Storia*, bestätige ein Buch, welches einige Jahre zuvor erschienen sei und sich die Aufgabe stellte, die Geschichte und die Mysterien der Freimaurer zu enthüllen. In diesem Buch werde versucht, nach Aufzählung der wichtigsten Städte Europas, in denen sich diese Sekte niedergelassen habe, und nach der Nennung der Logenmitglieder zu beweisen, daß die Logen eine Art Akademie seien, zu der alle Personen, gleich welchen Ranges, zugelassen würden, vom höchsten Fürsten bis zum niederen Volk, damit man in freien Versammlungen über alle Themen diskutieren könne, ausgenommen über die Religion und den Fürsten. Um zu bekunden, daß man sich in Freiheit ohne jeden Zwang versammele, um den Geist zu bilden, der in jedem Menschen gleich sei, habe man den kennzeichnenden Namen Liberi Muratori oder Freimaurer gewählt, was im Englischen — allgemein bezeichne man England als Gründungsland — die Ziele der Vereinigung klar umreiße[32]. Der Autor meint, daß die undurchdringlichen Mysterien der Vereinigung in dieser Aufgabe beständen; dazu kämen vielleicht noch einige lächerliche Dinge; dennoch sei es gewiß, daß sich keine der bekannten Persönlichkeiten darüber beklagt habe, im Verzeichnis der Freimaurer genannt worden zu sein. In London und Berlin schäme sich niemand, die Versammlungen zu besuchen. Nichtsdestoweniger sei das nicht ausschlaggebend für diejenigen, die diese Angelegenheit beurteilen, denn sie sähen diese Sekte der Zensur der Kirche und der Entrüstung der Fürsten unterworfen, welche sie des Landes verweisen, wie in diesem Fall die Königin von Ungarn[33]. Diese fast gleichzeitig mit den Vorkommnissen geäußerte Version weicht erheblich von jener anderen über die Hofdamen ab, welche durch ihre Intrige erfahren wollten, was in den Logen vorging[34]. Sie wurde 1795 von dem Autor der *Istituzione, riti e cerimonie dell' Ordine de' Franc-Maçons*[35] übernommen und nach ihm von Balan, D'Ayala, Rinieri, Khevenhüller, Van der Schelden und anderen[36], welche nur geringe Veränderungen vornahmen. So sagt z. B. Rinieri, die Freimaurer hätten, als sie in ihrer Loge von den Soldaten überrascht wurden, „die geheimen Utensilien der Vereinigung" versteckt und den Großherzog und Gemahl Maria Theresias über eine geheime Treppe entfliehen lassen[37]. Khevenhüller fügt hinzu, daß die überraschte Loge im Begriff gewesen sei, den Grafen Trauttmansdorff von Graz und einige einfache Personen, wie den Legationssekretär einer ausländischen Botschaft, einen Geistlichen und verschiedene Herren, darunter kaiserliche und königliche Kämmerer, aufzunehmen. Ihre Namen verschweigt er „aus christlicher Nächstenliebe und Takt"[38]. Auch sagt derselbe Autor, daß alle Beschuldigten „durch den Kardinal von der Exkommunikation freigesprochen wurden, in die sie durch die kürzlich erlassene päpstliche Bulle ipso facto geraten waren"[39]. Diese Nachricht stammt von Ludwig Lewis[40] und leitet direkt zu den Andeutungen über, die D'Ayala macht, daß hinter der ganzen Angelegenheit in Wien der Papst gestanden habe[41].

*

An der Aktion gegen die Freimaurer in Wien war Rom sicher interessiert, denn neben anderen Gründen zählte die Tatsache, daß Franz von Lothringen als Ehegatte Maria Theresias und Mitglied der Loge dieser eine moralische Autorität verlieh[42]. Wie die *Storia* mitteilt, leitete der Nuntius in Wien, Monsignore Camillo Paolucci, der schon durch seine indirekte Beteiligung am Prozeß gegen Crudeli bekannt geworden war, diese Aktion mit kunstvoller Diplomatie. Während der Fastenzeit 1743 ließ er die Bulle „In eminenti" öffentlich bekanntmachen und teilte dem Kardinalstaatssekretär Valenti am 9. März 1743 mit, daß er alle Prediger angewiesen habe, gegen die bösartige Vereinigung der Freimaurer zu predigen, dem Volke anzukündigen, daß alle, die sich ihnen anschlössen und Mitglieder der unwürdigen Gesellschaft seien, die päpstliche Exkommunikation erwarte und daß, wenn sie die Freimaurer nicht verabscheuten, ihren Seelen große Gefahr drohe[43]. Diese Aktion Paoluccis gegen die Freimaurer, welche er mit vielen nicht gerade herzlichen Beiwörtern belegte, richtete sich unmittelbar gegen Österreich und nicht gegen die Toskana, wo er sich schon früher hervorgetan und den Inquisitor von Florenz unterstützt hatte. Vielleicht aber bestand ein Zusammenhang mit den dramatischen Auseinandersetzungen in diesem Großherzogtum, denn Paolucci griff in den österreichischen Ländern ein, als in der Toskana durch die Inquisition größte Spannungen entstanden waren, die zu einem Briefwechsel zwischen Benedikt XIV. und dem Großherzog geführt hatten[44].

Um seine Maßnahmen zu rechtfertigen, schreibt der Nuntius an den Kardinal Valenti, „daß es tatsächlich mehr als nötig" gewesen sei, die Parteigänger dieser gottlosen Vereinigung zu bekämpfen, welche sich immer weiter ausbreite. Deswegen sei es für ihn tröstlich, daß der „Graf Windischgrätz, der Gouverneur von Wien, seit langem durch die Erfüllung eines Versprechens an ihn gebunden, nach eingehenden Ermittlungen obengenannte Freimaurer in ihren Logen überraschen konnte. Am letzten Donnerstag nachmittag gelang es ihm, mit einer Kompanie Soldaten, welche die Ausgänge besetzten, in einem gemieteten Haus, wo sie versammelt waren, dreißig von ihnen festzunehmen[45], einige von Rang und andere einfache Bürger, wie man aus der beigefügten Aufstellung ersehen kann."[46]

Einige Tage später, am 16. März 1743, wendet sich Paolucci wieder an den Kardinal Valenti, um ihn auf dem laufenden zu halten „in Hinsicht auf die Parteigänger der ungerechten und schädlichen Vereinigung der Freimaurer"[47]. Er berichtet ihm, Ihre Majestät die Königin habe geglaubt, daß man den Hausarrest der Höflinge, welche in der Versammlung überrascht worden waren, noch nicht aufheben solle, auch wenn sich alle unterworfen und der obengenannten Vereinigung abgeschworen hätten, als sie von seiner Eminenz dem Erzbischof (Kardinal Kollonitz)[48] von der Exkommunikation freigesprochen wurden[49]. Zugleich deutet der Nuntius aber an, man habe von der Königin erwartet, daß sie die Höflinge und anderen Verhafteten am Tag des Heiligen Joseph begnadigen würde.

Der Erzbischof unterrichtete Paolucci davon, daß sich alle verhafteten Katholiken, welche in diesem Haus versammelt waren, unterworfen und vierzig andere zugegeben hätten, Freimaurer zu sein, um den Freispruch zu erlangen, aber es blieben noch viele übrig, die sich nicht zu erkennen gegeben hätten, deswegen habe er „den Grafen Windischgrätz, Gouverneur dieser Stadt, gebeten, weder seine Ermittlungen noch seine Wachsamkeit zu verringern, denn es wäre möglich, daß sie sich außerhalb Wiens wieder versammeln, wie sie es schon einmal an einem Ort zwei Wegstunden von hier gemacht haben"[50]. Der Gouverneur habe versprochen, seine Nachforschungen weiterzuführen.

Monsignore Paolucci versuchte auch weiterhin beharrlich, der Freimaurerei in Österreich ein Ende zu bereiten. In demselben Schreiben äußert er die Hoffnung, daß die Königin ihre Meinung nicht ändern werde: Sie wolle gegen jeden, der sich erdreiste, an diesen Versammlungen teilzunehmen, ein Gesetz erlassen, durch das er nicht nur seiner Ämter verlustig gehen würde, sondern auch das Land verlassen müsse. „Dieses Gesetz", schreibt Paolucci, „wird, wenn es veröffentlicht ist, eine vortreffliche Wirkung erzielen, und Ihre Exellenz könne sich vorstellen, daß ich alles tun werde, damit Ihre Majestät es veröffentlicht."[51]

Über die nicht offizielle Veröffentlichung der Bulle in Österreich[52] zur Fastenzeit 1743 heißt es im letzten Teil des Schreibens des Wiener Nuntius an das Staatssekretariat in Rom: „Jene, die echte Ehrerbietung vor den päpstlichen Gesetzen zeigen, haben ihren Ungehorsam vor dem Herrn Kardinal und mir damit entschuldigt, daß die päpstliche Bulle hier nicht veröffentlicht worden war, weswegen sie geglaubt hätten, nicht in kirchliche Strafen zu verfallen."[53] Er, der Nuntius, habe geantwortet, es sei weltbekannt, daß diese Bulle veröffentlicht und in Rom an den üblichen Orten angeschlagen wurde, auch habe der Kardinal-Erzbischof in den ersten Tagen der Fastenzeit durch alle Prediger und in allen Kirchen von Wien diese veröffentlichen lassen. Deshalb sei es unglaubwürdig, daß sie diese Bulle nicht kannten, um so mehr, als er selbst „nicht nur einmal, sondern tausendmal über diese schädliche Vereinigung gesprochen und die Exkommunikation, die dem Papst vorbehalten ist, angekündigt hat, der alle verfallen würden, die in sie eintreten."[54]

Wie Paolucci in seinem Schreiben vom 23. März 1743 berichtet, endete diese Angelegenheit am 19. März, „dem Tag des Hl. Joseph und Namenstag des Erzherzogs, an dem Majestät alle Höflinge aus der Haft entließ, welche in der Loge überrascht worden waren, unter der Bedingung, daß sie sich vorläufig nicht am Hofe zeigen sollten."[55] Außerdem ließ die Königin durch den Gouverneur von Wien allen Verhafteten ankündigen, daß sie sich durch den Besuch solcher Versammlungen in Zukunft schuldig machen, ohne Gnade ihre Ämter verlieren und für immer des Landes verwiesen werden würden[56]. Durch Befehl der Königin und des Hofkriegsrats-Präsidenten Graf Harrach wurden die verhafteten Militärs in gleicher Weise verwarnt. Paolucci erklärt dazu, daß es wohl besser gewesen wäre, diese Verwarnung in der gewohnten Form zu veröffentlichen, damit der Absicht Ihrer Majestät größerer Erfolg beschieden sei, „denn es ist absolut notwendig, diese schädliche Vereinigung so vieler schlecht beratener junger Menschen aufzulösen."[57]

Aus dem zweiten Teil des Schreibens geht hervor, wie sehr die Kirche bestrebt war, die Geheimnisse der Freimaurer aufzudecken. Ebenso wie in Florenz erschienen ihr alle Mittel recht und erlaubt zu sein. So berichtet der Nuntius, daß der Kardinal ihm mitgeteilt habe, er hoffe, Seiner Heiligkeit rechtzeitig melden zu können, „was man bei der Vernehmung des schottischen Priesters, der in der Versammlung der Freimaurer verhaftet wurde, herausbekommen habe, denn er sei einer der Führer dieser unwürdigen Vereinigung gewesen. Nachdem er einige Tage bei Wasser und Brot gehalten worden war, begann er endlich das Gift von sich zu geben und zu entdecken, was vielleicht von der unwürdigen Gesellschaft noch unbekannt ist."[58] Was er vor dem Kardinal aussagte, lasse darauf schließen, daß „dieser vorbenannte Geistliche tatsächlich abtrünnig sei, weil seine Antworten an Ihre Eminenz über die Exkommunikation ohne Ehrfurcht waren, denn, als er verwarnt wurde, weil er die Hl. Messe gelesen habe, obgleich er wußte, daß er als Freimaurer ipso facto exkommuniziert sei, habe er geantwortet, daß der Papst darüber nicht Bescheid wisse und infolgedessen die Exkommunikation bedeutungslos sei."[59]

*

Das Schreiben Paoluccis verursachte in Rom Befriedigung und Benedikt XIV. diktierte persönlich am 30. März 1743 dem Kardinal Valenti einige Anweisungen in der Angelegenheit der Freimaurer", damit dieser sie an den Nuntius in Wien übermittele[60]. Nach einem Lob für den Eifer der Königin heißt es: „Ich erwarte, daß Ihrer Majestät diese Meinung des Papstes übermittelt wird, um sie zu ermuntern, das bewußte Gesetz zu erlassen."[61] Ferner heißt es in derselben Anweisung, der Kardinal-Erzbischof von Wien habe Freimaurer von der Exkommunikation freigesprochen, obgleich das dem Papst vorbehalten sei, und er keine Befugnisse habe, von päpstlichen Strafen freizusprechen, insbesondere, wenn es die Freimaurer betrifft. Trotzdem kann man in der Botschaft des Kardinals Valenti lesen, daß der Papst mit größter Genugtuung bestätige, was geschehen sei, und annehme, daß man so gehandelt habe, weil „periculum erat in mora, et difficilis accessus ad Papam". Damit zukünftig nicht dieselbe Situation entstehe, erteile Seine Heiligkeit dem „Kardinal alle Befugnisse um freizusprechen, einschließlich diejenigen für Freimaurer, die bereuen und sich an ihn richten."[62]

Übereinstimmend mit der Botschaft des Kardinal-Staatssekretärs berichtete am selben Tag, dem 30. März 1743, der österreichische Botschafter in Rom und Bischof von Gurk, Joseph Graf Thun, an den Wiener Hof, daß der Papst ein großes Wohlgefallen empfunden habe, als er die Nachricht von der Verhaftung der Freimaurer erhielt, welche von Ihrer Königlichen Majestät angeordnet worden sei. Dieses hätte ihm Seine Heiligkeit persönlich „mit Ausdrücken besonderer Zufriedenheit" mitgeteilt[63].

Vom 20. April 1743 existieren zwei weitere Briefe Paoluccis aus Wien. In dem einen bestätigt er, daß er dem Kardinal-Erzbischof von Wien die Anweisungen in der Angelegenheit der Freimaurer übermittelt habe, „welcher demütig Seiner Heiligkeit für die erwiesene Gnade danke, daß er ihm die nötigen

Befugnisse erteile, die Parteigänger der besagten Vereinigung freizusprechen, wenn sie sich in Reue an ihn wenden."[64] Im zweiten Brief, der vertraulicher und ausführlicher ist, teilt er zuerst mit, daß er bei den zahlreichen Vernehmungen des schottischen Geistlichen, welcher bei dem betreffenden „Winkelkonzil" arretiert wurde, nicht mehr Nachrichten erlangen konnte, als die Blätter enthalten, die mit gleicher Post abgesandt wurden[65]. Ferner behandelt er das heikle Thema, daß der Kardinal-Erzbischof von Wien sich durch den Freispruch der Freimaurer von kirchlichen Strafen ein Recht angemaßt habe, das dem Papst gemäß der Bulle Clemens XII. allein vorbehalten ist, ausgenommen bei Todesgefahr. Als er, der Nuntius, das gegenüber dem Erzbischof angedeutet habe, hätte dieser geantwortet, daß er „diese Befugnis in einem amtlichen Bescheid von Seiner Heiligkeit" erhalten habe[66]. Das scheint in einem Gegensatz zu den „Anweisungen Seiner Heiligkeit Benedikts XIV." zu stehen, welche ihm von Kardinal Valenti am 30. März 1743 übermittelt wurden[67], es sei denn, daß er diesen amtlichen Bescheid von Clemens XII. erhalten und sein Nachfolger auf dem Heiligen Stuhl davon nichts gewußt hätte. Tatsache ist: Der Nuntius teilte Kollonitz mit, daß Seine Heiligkeit „ihm die Befugnis, in Zukunft freizusprechen, erteilt."[68]

Der Rest dieses Schreibens ist dem Domherrn von Breslau, Graf Schaffgotsch, gewidmet, dem Gründer der ersten Freimaurerloge in Wien. Paolucci ist durch einen eben erhaltenen Brief des Freiherrn von Franckenberg, Generaloffizials von Breslau, alarmiert worden. Dieser mahnt zur Wachsamkeit gegenüber einem „verderblichen Plan des Fürsten"[69], welcher das Domkapitel von Breslau bewegen wolle, den Domherrn Schaffgotsch zu seinem Koadjutor anzunehmen, dessen Verhalten nach Ansicht von Paolucci sowohl in Breslau als auch in Olmütz, wo Schaffgotsch ebenfalls ein Kanonikat besitze, viel zu wünschen übrig ließe. Der Grund dieser Besorgnis war, daß der Domherr „einer der bekanntesten Parteigänger der verderbenbringenden Vereinigung der Freimaurer ist". Außerdem habe er ihn schon immer als lasterhaften Geistlichen betrachtet, der einen ganz und gar unwürdigen und seinem geweihten Charakter abträglichen Lebenswandel führe. Wenn es ihm gelinge, Koadjutor des Kardinal-Bischofs mit Anwartschaft auf dessen Nachfolge zu werden, so werde das der letzte und vernichtende Schlag sein, welchen die Religion in Schlesien erhielte[70].

Die Antwort Roms auf diese alarmierende Botschaft aus Wien beschränkte sich auf eine Mitteilung des Kardinals Valenti, daß man davon Kenntnis genommen habe und in Angelegenheit der Freimaurer nichts weiter hinzuzufügen sei. Das Geschehene sei akzeptiert, der gezeigte Eifer lobenswert[71].

*

In der Folge verlegte sich die Hauptaufmerksamkeit des Nuntius Paolucci bezüglich der Freimaurer von Wien nach Olmütz. Dazu trug nicht nur die Anwesenheit des Kanonikus Schaffgotsch bei, sondern auch die Richtlinien, die

er am 11. Mai 1743 von Kardinal Valenti erhielt und die folgendes besagten:
„Wir haben Nachrichten erhalten, daß es in Deutschland wahrscheinlich keine
andere Diözese gibt, in welcher die verderbenbringende Vereinigung der Freimaurer derart im Schwange ist wie in Olmütz, und daß die verhängnisvolle Ursache dieses großen Unheils darin liegt, daß das Gesetz über die Verurteilung
der Freimaurer noch nicht veröffentlicht wurde. Deshalb möchte Unser Herr
[der Papst], daß Euer Hochwürden den Monsignore Bischof einsehen lassen[72],
daß er zur Wachsamkeit der Hirten verpflichtet ist und wirksame Abhilfe gegen
ein Gift schafft, das um so gefährlicher ist, je mehr es im Verborgenen wirkt.
Ich ermahne ihn, daß er in der Diözese die besagte päpstliche Verurteilung,
ohne Zeit zu verlieren, veröffentlicht."[73] Abschließend schreibt der Kardinal-
Staatssekretär: „Nach allem, was die Frömmigkeit der Königin in Wien getan
hat, um diese Sekte mit großem Verdienst vor Gott und großem Ruhm vor
den Menschen auszurotten, darf es für die Hirten der Kirche keine Hindernisse
geben, diesem frommen und rühmlichen Beispiel zu folgen."[74]

In seinem Brief an den Kardinal Tencin von Ende März desselben Jahres
zeigte sich Benedikt XIV. gleichfalls beunruhigt, daß auch der Kardinal Sinzendorf, der Bischof von Breslau, seinen Hirtenbrief über die Freimaurer nicht
veröffentlicht habe. Dieses und das Wohlwollen gegen Schaffgotsch sind die
Gründe für die Klage darüber, „daß der Kardinal Sinzendorf einer der Dornen
seines beschwerlichen Pontifikats ist."[75]

Die Warnung aus Rom scheint den Nuntius Paolucci beunruhigt zu haben,
denn er rechtfertigt sich sofort und stellt fest, daß er schon „vor Empfang des
höchsten Befehls Unseres Herrn" den Bischof von Olmütz in energischer Form
und nicht nur einmal, sondern oftmals mündlich und brieflich in bezug auf
seine Diözese, „welche mehr als andere von Parteigängern der verderbenbringenden Gesellschaft der Freimaurer verseucht sei", angesprochen habe, und
zwar damit dieser „seine Verpflichtung als Hirte zur Wachsamkeit als wirksa-
mes Gegenmittel gegen das gefährliche Gift" erfülle. Außerdem habe er gezeigt,
„wer der Förderer und Helfershelfer dieser illegalen Gesellschaft in Olmütz
war, damit er, beginnend mit der Hauptfigur, es leichter habe, ihn aus seiner
Herde wegzufegen."[76] „Er versprach mir, das zu tun", fährt der Nuntius fort,
„und sogar noch vor der Zeit, in der Ihre Majestät die Königin fromm und
ruhmreich das bekannte Beispiel in Wien gab, um die Sekte auszutilgen. Vor
seiner Abreise aus Prag erneuerte ich meine energischen Vorhaltungen in diesem Sinne, und er überzeugte mich, daß es in der Stadt Olmütz keine Logen
mehr gäbe und daß er mit größter Sorgfalt alle verborgenen Parteigänger über-
wachen ließe, um damit ihre Versammlungen zu verhindern."[77] Trotzdem
schrieb der Nuntius in Erfüllung der neuen Befehle wieder an den Bischof von
Olmütz und ermahnte ihn energisch, die Bemühungen seines Domkapitels zu
unterstützen, welches den Domherrn Schaffgotsch zu zwingen beabsichtige,
besagte Vereinigung zu verurteilen[78]. Außerdem schickte er ihm ein Exemplar
der kirchlichen Verurteilung, die daraufhin schließlich auch bekannt gemacht
wurde.

Es dürfte nicht einfach gewesen sein, den Bischof zu lenken, denn er war, wie der Nuntius zugibt, kalt und langsam in der Erfüllung von Anweisungen. Man habe ihn immer nicht nur einmal, sondern oft anspornen müssen, um das Gewünschte zu erreichen. Etwa drei Monate zuvor habe das Domkapitel zwei Kanoniker als geheime Beauftragte an den Nuntius nach Wien gesandt, um ihn zu informieren. Wenn man in Rom den Eindruck haben sollte, daß er die Anweisungen nachlässig behandle, so sei das nicht seine Schuld, sondern habe seinen Grund in der Unschlüssigkeit des Bischofs, der nie tue, was er solle. Man habe ihm als wahr versichert, daß der Bischof als Antwort auf eine Botschaft gesagt habe, in seiner Diözese sei er der Papst[79].

Damals beunruhigten Rom und den Nuntius in Wien sozusagen drei schwarze Schafe, der Kardinal Sinzendorf, Bischof von Breslau, der Bischof von Olmütz und der Kanonikus Schaffgotsch. Sie wirkten in bezug auf die Freimaurer zusammen, was Argwohn in Rom weckte. In diesem Sinne schrieb Paolucci am 5. Juni 1743 an den Kardinal Valenti befriedigt darüber, daß der Vorschlag Sinzendorfs abgelehnt worden sei, ihm den Kanonikus Schaffgotsch als Koadjutor für das Bistum Breslau zuzuweisen[80]. Bald darauf, am 22. Juni 1743, beklagte sich hingegen Kardinal Valenti, wie schlecht ihm der Bischof von Olmütz die gute Meinung vergelte, die er von ihm, seiner Frömmigkeit und seinem Hirten-Eifer habe, und zwar durch „die geringe Sorgfalt, die er in seiner Diözese bei der Entdeckung und Ausrottung der schädlichen Vereinigung der Freimaurer bewiesen hat, und das sogar, nachdem Unser Herr sie verdammte und unsere Königin ein so frommes und ruhmreiches Beispiel gab."[81] Wie man sieht, handelt es sich um eine fast wörtliche Wiederholung dessen, was Valenti schon einmal am 10. Mai über diese Angelegenheit geschrieben hatte[82].

Ein Teil des folgenden Briefs von Paolucci befaßte sich mit dem Kardinal Sinzendorf, der auf die dringende Bitte des Markgrafen von Brandenburg — so nennt der Nuntius konsequent den König von Preußen — ein „unwürdiges" Edikt veröffentlichen ließ und dadurch nach Ansicht des Nuntius die kirchlichen Hoheitsrechte untergrub. Ein anderer Teil des Briefs gilt dem Kanonikus Schaffgotsch, dem vom „Markgrafen von Brandenburg" das Stift „Unsere liebe Frau auf dem Sande" (St. Maria in Arena) der Augustiner-Chorherren in Breslau angeboten worden war. Paolucci berichtet ferner nach Rom, daß der Kardinal, auch nachdem er über den Schmerz aller frommen Katholiken unterrichtet gewesen sei und nachdem er die Gründe dafür hätte kennen müssen, warum dieser ein „unwürdiges Subjekt" sei, dem „Grafen von Falkenhayn, seinem Schützling und stadtbekannten Freimaurer, die niederen Weihen erteilte, damit er eine kirchliche Pfründe des Markgrafen von Brandenburg erhalten kann". Das „bekümmere die guten und vernünftigeren Mitglieder des Breslauer Domkapitels tief, weil sie die offene Begünstigung sahen, die ihr Hirte einem Subjekt schenke, das öffentlich die verderbenbringende Freimaurerei ausübe und deswegen exkommuniziert ist."[83]

Läßt man den „schweren Skandal" außer acht, den eine solche Ungeheuerlichkeit verursacht hatte, so entsteht der Eindruck, daß es sich hier um einen

ähnlichen Fall wie in Florenz handelt, wo der Pater Inquisitor sich der Verfolgung der Freimaurer bediente, um seine Autorität geltend zu machen. Hier ist
es der Nuntius Paolucci, der, ohne eigentlich zu wissen, was die Freimaurer
wollten, sie leidenschaftlich verfolgte. Er bediente sich dieser Sache, um die
päpstliche Autorität nicht nur gegenüber der Königin und dem Großherzog,
sondern auch gegenüber den Kardinälen in Wien und Breslau und dem Bischof
von Olmütz sowie ihren Domkapiteln geltend zu machen. Auf der anderen Seite
gewann er dadurch indirekt an Prestige in Rom, und schließlich spielte die Veröffentlichung der Bulle „In eminenti" durch Maria Theresia und die Kirchenfürsten in ihren Ländern eine Rolle bezüglich der Doktrin von der Vorherr-
schaft des Papstes gegenüber der weltlichen Gewalt.

Der Brief des Wiener Nuntius vom 13. Juli 1743 beschäftigte sich erneut
mit dem Bischof von Olmütz. In ihm heißt es, nach den letzten Ermahnungen,
„ernsthaft zu überlegen, wie in seiner Diözese die verderbenbringende Vereinigung der Freimaurer, die immer zahlreicher werden, auszurotten sei", habe er
dem Nuntius geantwortet, dieser wäre schlecht unterrichtet, „denn im Augenblick könne er versichern, daß er über Parteigänger der Freimaurer oder Personen, die als solche bekannt wären, keine Nachrichten habe."[84] Trotzdem
verlange er nach einem Exemplar der päpstlichen Verdammungsbulle, um diese
zu veröffentlichen. Es wurde ihm von Paolucci sofort übersandt[85].

Diese Nachricht veranlaßte den Kardinal Valenti zu einem Stoßseufzer:
„Wolle Gott, daß diese Diözese sauber und gereinigt von den verderblichen
Freimaurern wäre!"; und weil sie „lange Zeit hindurch mehr als irgendeine andere in Deutschland infiziert war", beauftragte er in seinem Brief vom 23. Juli
1743 den Nuntius dennoch ausdrücklich, in seiner Wachsamkeit nicht nachzu-
lassen und bei dem geringsten Anzeichen dafür, daß sich die Freimaurer wieder rühren, sie zu vernichten[86]. Zugleich sandte Valenti dem Nuntius vier neue
Exemplare der päpstlichen Verdammungsbulle, deren Empfang am 17. August
bestätigt wird[87].

In seiner umfangreichen Korrespondenz mit Rom beschäftigt sich Paolucci
nur noch am 30. Mai 1744 mit den Freimaurern, und auch nur, um eine Lizenz
zu erbitten, damit er einem Geistlichen der Diözese Olmütz die Befugnis erteil-
len könne, „einen seiner Büßer freizusprechen, welcher der Exkommunikation
verfallen war, weil er in den letzten Monaten bei den Freimaurern in Breslau
eingeführt worden war und an zwei Versammlungen teilgenommen hatte."[89]
Die anderen diesbezüglichen Briefe Paoluccis konzentrieren sich auf Fragen
im Zusammenhang mit der Wahl des Kanonikus Schaffgotsch zum Propst des
Chorherren-Stifts der Hl. Maria am Sande.

*Anmerkungen*

1 Der Verfassers dieses Beitrages hat die in seinem Aufsatz dargestellten Vorgänge in einem weiteren Zusammenhang bereits behandelt, und zwar in: José Antonio Ferrer Benimeli: Masoneria, Iglesia e Illustración. Un conflicto ideologico-politico-religioso. Bd. 1. Las bases de un conflicto (1700—1739). Madrid 1976. Bd. 2: Inquisición: Procesos historicos (1739—1750). Madrid 1976. Bd. 3: Institucionalizacion des conflicto (1751—1800). Madrid 1977. Bd. 4: La otra cara del conflicto conclusiones y bibliografia. Madrid 1977. In Bd. 2 befinden sich als Anlage zum Text (S. 117—130) Auszüge aus den in diesem Beitrag zitierten Artikeln und Briefen in der Originalfassung. Dabei handelt es sich vor allem um den Bericht in der *Storia dell'anno* 1743 (Apendica Nr. 38 B, S. 341) und die zitierten Briefe (Apendice Nr. 39 A—40 I, S. 343—349).

2 Ebenda Bd. 3.

3 Über die Notwendigkeit des vorhergehenden Plazet in den österreichischen Niederlanden vgl. Stomans: De Jure Belgarum circa Bullarum receptionem. Louvain 1783. Über das Recht des königlichen Plazet in Österreich vgl. B. van der Schelden: La Franc-Maçonnerie belge sous le régime autrichien (1721—1794), Louvain 1923, S. 187—190; H. Bradley: Brother Mozart and some of his Masonic Friends. In: Ars Quatuor Coronatorum (AQC) 26, London 1913, S. 242; Goblet d'Aviella: The Papal Bulls and Freemasonry in Belgium. Ebenda 25, 1912, S. 81—87.

4 Gottlieb S. Herrenleben: Sammlung Österreichischer Gesetze und Ordnungen wie solche von Zeit zu Zeit ergangen und publiciert worden, so viel deren vom Jahre 1721 bis auf Hochtraurigen Todfall der Königlich-Kaiserlichen Majestät Caroli VI. aufzubringen waren (Codex Austriacus). Wien 1752; Supplementum Codicis Austriaci, oder Chronologische Sammlung aller vom 20. Oktober 1740 bis lezten Dezember 1758 ergangenen Gesetze. Wien 1777.

5 Haus-, Hof- und Staatsarchiv Wien (HHStA), Rom, Weisungen und Noten, Fasz. 167, Rom, Varia, Fasz. 45 (1737—1740) und Rom, Berichte, Fasz. 165 (1738).

6 Wiener Diözesanarchiv, Protokoll des Domkapitels (1738/39) und Berichte (1738/39).

7 Register für die Geschichte der Erzdiözese Wien. Wien 1894.

8 Archivio Segreto Vaticano (ASV), Germania, vol. 301 (Letter di Mons. Nunzio alla Segreteria, Vienna 1738); vol. 302 (Lettere di Mons. Nunzio, poi Cardinale Passionei a diversi 1738—1741); vol. 314/5 (Registro di Lettere di Passionei, Nunzio di Vienna, a diversi 1737/8); vol. 319 (Cifre di Mons. Passionei Nunzio in Vienna 1736/38); vol. 320/1 (Lettere di Mons. Nunzio in Vienna 1739); vol. 321 A (Lettere diverse al Card. Passionei dal 10 marzo 1738 al 9 genn. 1740); vol. 334 (Dispacci spediti da Vienna a Roma alla Segreteria di Stato da Mons. Camillo Paolucci, Nunzio in Vienna, dal 14 giugno 1738 a 1740); vol. 338 (Lettere originali di Mons. Paolucci al Card. Valenti 1737—1744); Vienna, vol. 44 A (1731—1738), vol. 45 (1738—1744) und vol. 46 (1738—1746).

9 HHStA, Rom, Berichte, Fasz. 165, 1738. Ein Exemplar der Bulle „In eminenti" befindet sich gleichfalls im HHStA, Rom, Varia, 1738, Fasz. 45,28/4.

10 D. Silagi: Jakobiner in der Habsburger-Monarchie. Wien 1962, S. 32; F. Bernhart: Freemasonry in Austria. AQC 76, 1963, S. 1—8; I. Rinieri: Della Rovina di una Monarchia. Torino 1901, S. 383 f. Sowohl Silagi wie Bernhart begehen den Fehler, Schaffgotsch 1742 Bischof von Breslau zu nennen, er war aber damals nur Domherr, da er erst 1748 zur Bischofswürde erhoben wurde.

11 Bernhart (s. Anm. 10) S. 1 f. Protokoll und Listen der Loge sind französisch geschrieben, damals die Sprache der Gebildeten. Nach den Akten hielt diese Loge in weniger als 20 Wochen 22 Versammlungen ab und nahm 56 Kandidaten auf, die vor allem aus der Hocharistokratie, aus Musikern und Sprachlehrern ausgewählt wurden. Ein einziges Mal wird ein Bankett der Loge am 20. Januar 1743 erwähnt. Der Grund ist wohl darin zu suchen, daß es keine Versammlungsfreiheit gab und es leichter möglich war, die Sitzungen geheimzuhalten, als Gastmähler zu veranstalten, ohne entdeckt zu werden.

12 R. Taute: Die katholische Geistlichkeit und die Freimaurerei. Berlin 1909, S. 132; Bernhart (s. Anm. 10) S. 2.

13 Nach dem Originalprotokoll vom 6. März 1742: „Toute la vénérable société s'engagea sous foi de frère maçon de ne point découvrir la réception".

14 Der geleistete Eid lautet, aus dem Lateinischen übersetzt: „Ich Philipp Gotthard, Graf von Schaffgotsch, verspreche, gelobe und schwöre, daß ich in Zukunft weder die Gesellschaft der Freimaurer (coetum Liberorum Muratorum) besuchen noch bei mir die zu dieser Gesellschaft gehörigen Kennzeichen und Werkzeuge aufbewahren, von ihnen Gebrauch machen oder jemandem zureden oder ihn verleiten werde, in diese Gesellschaft einzutreten, und sie weder gutheißen noch empfehlen werde. Ich werde die päpstliche Bulle, die gegen sie veröffentlicht wurde, in glücklicher Erinnerung an Papst Clemens XII. weder herabsetzen noch mißbilligen. Schließlich verspreche ich, alles zu beobachten, was in der zitierten päpstlichen Bulle enthalten ist, so wahr mir Gott helfe und sein heiliges Evangelium." Am selben Tag zerriß der Graf in Gegenwart des Bischofs den Lederschurz und übergab dem Bischof die Teile, um sie zu verbrennen. Vgl. Taute (s. Anm. 12) S. 132 f.
15 Lange-Krebs: Schaffgotsch als Freimaurer. Breslau 1891.
16 Franz Stephan von Lothringen wurde erst 1745 zum Kaiser gewählt.
17 Silagi (s. Anm. 10) S. 32.
18 (Anonym): Le Franc-Maçon dans la République ou Réflexions apologiques sur les persécutions des Francs-Maçons, Francfort et Leipzig 1746, S. 4; Entick: The Pocket companion and History of Freemasons ... and Apology for the Free and Accepted Masons. London 1754, S. 246 f.
19 Ebenda.
20 Clavel: Histoire pittoresque de la F. M. et des sociétés secrètes anciennes et modernes. Paris 1844, S. 154; F. L. Schröder: Materialien zur Geschichte der Freimaurerei seit ihrer Entstehung (1717). Bd. 1, Jena 1806, S. 70 f.; derselbe: Der Freimaurer. Bd. 1, Wien 1876. S. 107; De Castro: Il mondo secreto. Bd.5, Milano 1864, S. 186; Duchaîne: La F. M. belge au 18ème siècle. Bruxelles 1911, S. 40; Rinieri (s. Anm. 10) S. 383 f.; L. Abafi: Geschichte der Freimaurerei in Österreich-Ungarn. Bd. 1, Budapest 1890, S. 97; Ragon: Francmasonneria. Ritual de Grado de Compañero. Barcelona 1871, S. 109.
21 Khevenhüller-Metsch u. Schlitter: Aus der Zeit Maria Theresias. Tagebuch des Fürsten Johann Josef Khevenhüller-Metsch, kaiserlichen Obersthofmeisters (1742—1776). Bd. 1, Wien 1907, S. 132; (anonym): The History and Illustration of Free-Masonry compiled from an ancient publication. London 1826, S. 131; G. Caprile: I documenti pontifici intorno alla Massoneria. – La Civiltà Cattolica 3, Roma 1958, S. 167; Levesque: Aperçu général et historique des principales Sectes Maçonniques. Paris 1821, S. 122.
22 Gentleman's Magazine. Vienna, March 13, 1743.
23 La Storia dell'anno 1743. Amsterdam 1744, S. 94—98.
24 Ebenda.
25 Ebenda.
26 Ebenda.
27 Im Gentelman's Magazine und in den Acta Latomorum von Thory wird die Zahl mit 30 angegeben.
28 La Storia (s. Anm. 23).
29 Ebenda.
30 Sigismund Graf Kollonitz wurde in Wien am 28. Mai 1677 geboren. Er wurde Bischof von Waitzen und dann von Wien. 1722 wurde Wien Erzbistum. 1727 wurde Kollonitz Kardinal, zuerst mit dem Titel SS. Marcellini et Petri und später S. Chrysogoni. Er war Mitglied der Kardinalskongregationen Episcoporum et Regularium, Rituum und der Propaganda fide. 1738 wurde er Kardinalprotektor des Reichs und der österreichischen Erblande, er war außerdem Protektor des Paulaner-Ordens.
31 La Storia (s. Anm. 23).
32 Ebenda.
33 Ebenda.
34 Vgl. oben Anm. 18.
35 (Anonym): Istituzioni, riti e cerimonie dell'Ordine de' Francs-Massons ossia Liberi Muratori. Venezia 1785, S. 91—94.
36 Balan: Storia d'Italia. Bd. 8, Modena 1899, S. 174 f.; D'Ayala: I Liberi Muratori di Napoli nel secolo XVIII. = Archivio Storico per la provincia Napoletana 22, 1897, 428 f.; Rinieri (s. Anm. 10) S. 383 f.; Khevenhüller-Metsch u. Schlitter (s. Anm. 21) S. 131f.; Schelden (s. Anm. 3) S. 182 f.

37 Eine der fixen Ideen dieses Autors ist gerade die Geheimhaltung.
38 Khevenhüller-Metsch u. Schlitter (s. Anm. 21) S. 131 f.
39 Ebenda.
40 L. Lewis: Geschichte der Freimaurerei in Österreich im allgemeinen und der Wiener
   Loge zum Hl. Joseph im besonderen. Wien 1861, S. 10.
41 D'Ayala (s. Anm. 36) S. 428 f.
42 Benedikt XIV. sagt in einem chiffrierten Brief an den Pariser Nuntius Mons. Durini
   vom 8. September 1745: „Questo Principe pur troppo si è mostrato finora prevenuto
   contro di Noi, di modo che non abbiamo che motivo di temere, e come inbevuto di
   massime a Noi contrarie e per le Persone che lo circondano e alle quali egli confida".
   ASV, Francia, vol. 442 fol. 172. Auch der Wiener Nuntius Mons. Paolucci hat sich bei
   der Krönung Maria Theresias in Prag am 12. Mai 1743, obwohl er an der kirchlichen
   Feier teilgenommen hatte, beim Bankett entschuldigt, weil er nicht an derselben Tafel
   wie der Großherzog speisen wollte. ASV, Germania, vol. 336 fol. 47 f. (Paolucci an
   Kardinal Valenti, Prag, den 15. Mai 1743).
43 ASV, Germania, vol. 336 fol. 21 f. (Paolucci an Kardinalstaatssekretär Valenti, Wien,
   9. März 1743).
44 Vgl. die Apéndices Nr. 32 ff. im 3. Bd. von Ferrer Benimeli, Masoneria, Iglesia e Illustración (s. Anm. 1).
45 Vgl. auch oben Anm. 27.
46 Dieser Bericht fehlt im ASV. Nach dem Inhalt ist es wahrscheinlich, daß er dem Hl.
   Offizium übergeben wurde und sich heute im Inquisitionsarchiv befindet. Dort wird
   nach dem Grundsatz, keine Präzedenzfälle zu schaffen, keine Forschungsmöglichkeit
   gewährt.
47 Es überrascht die Vielfalt der Epitheta, mit der die Paolucci die Freimaurerei bezeichnet:
   Inicua, perniciosa, impia, indegna u. a.
48 Vgl. oben Anm. 30.
49 ASV, Germania, vol. 336 fol. 24, Paolucci an Kardinal Valenti, Wien, den 16. März
   1743.
50 Ebenda.
51 Ebenda.
52 Vgl. oben die Anm. 4 bis 8.
53 Paolucci an Kardinal Valenti vom 16. März 1743 (s. Anm. 49).
54 Ebenda.
55 ASV, Germania, vol. 336 fol. 27 f. Mons. Camillo Paolucci an den Kardinal Valenti,
   Wien, den 23. März 1743.
56 Ebenda.
57 Ebenda.
58 Ebenda.
59 Ebenda.
60 Diese Mitteilung muß sich mit dem Schreiben Paoluccis vom 23. März 1743 gekreuzt
   haben.
61 ASV, Germania, Reg. 540, fol. 189 f. Kardinal Valenti an den Wiener Nuntius Paolucci, vom 23. März 1743.
62 Ebenda.
63 HHStA, Rom, Berichte Fasz. 176. Joseph Graf Thun, Bischof von Gurk, österreichischer Prominister in Rom, an Maria Theresia (an die Hofkanzlei), Rom, den 30. März
   1743.
64 ASV, Germania, Reg. 327, fol. 199; vol. 336, fol. 38. Paolucci an den Kardinalstaatssekretär Valenti, Wien, den 20. April 1743.
65 Vgl. oben Anm. 46.
66 ASV Germania, vol. 336 fol. 39 f. Paolucci an Kardinal Valenti, Wien, den 20. April
   1743.
67 Paolucci an Kardinal Valenti vom 30. März 1743, ASV, Germania, vol. 540 fol. 189 f.
68 Paolucci an Kardinal Valenti vom 20. April 1743 (s. Anm. 64).
69 Das bezieht sich auf Kardinal Philipp Ludwig Graf Sinzendorf, geboren in Paris am
   14. Juli 1699. Er wurde 1726 Bischof von Raab und 1732 Bischof von Breslau. Schon
   1727 wurde er Kardinal und erhielt den Titel S. Maria sopra Minerva. Er war Mitglied
   des Konsistorialkonsistoriums, des Konsistoriums der Riten und der Propaganda Fide.
70 Paolucci an Kardinal Valenti vom 20. April 1743 (s. Anm. 64).

71 ASV, Germania, Reg. 540 fol. 300. Kardinalstaatssekretär Valenti an den Wiener Nuntius Paolucci, vom 4. Mai 1743.
72 Jakob Ernst Graf Liechtenstein wurde am 19. September 1738 zum Bischof von Olmütz und zum Fürsten ernannt. 1745 wurde er Erzbischof von Salzburg.
73 ASV, Germania, Reg. 540 fol. 320. Kardinalstaatssekretär Valenti an den Wiener Nuntius Paolucci, Rom, den 11. Mai 1743.
74 Ebenda.
75 ASV, Miscellanea, Armario XV, tom. I, vol. 154 (Korrespondenz Benedikts XIV. mit dem Kardinal Tencin, Briefe 1742—1746. Rom, den 29. März 1743. Vgl. Morelli: Le lettere di Benedetto XIV al Card. Tencin. Roma 1955, S. 63.
76 Deutliche Anspielung auf den Domherrn Graf Schaffgotsch.
77 ASV, Germania, vol. 336 fol. 55 f.; Reg. 327 fol. 273 f. Mons. Paolucci an Kardinal Valenti, Prag, den 5. Juni 1743.
78 Vgl. Anm. 14.
79 Paolucci an Kardinal Valenti vom 5. Juni 1743 (s. Anm. 77).
80 ASV, Germania, vol. 336 fol. 57 f. Paolucci an Kardinal Valenti, Wien, den 5. Juni 1743.
81 ASV, Germania, Reg. 540 fol. 438. Kardinal Valenti an Paolucci, Rom, den 22. Juni 1743.
82 Valenti an Paolucci vom 11. Mai 1743 (s. Anm. 73).
83 ASV, Germania, vol. 336 fol. 73 f. Paolucci an Valenti (eigenhändig), Wien, den 6. Juli 1743.
84 „Graf ‚Oddis‘, von dem kein Zweifel besteht, daß er eines der eifrigsten Mitglieder der genannten Gesellschaft ist, hat sich in Olmütz aufgehalten, ist aber vor längerer Zeit nach Bayreuth abgereist". Unter „Oddis" ist natürlich Graf Albert Joseph Hoditz zu verstehen.
85 ASV, Germania, vol. 336 fol. 76 f.; Reg. 328 fol. 18. Paolucci an Valenti, Wien, den 13. Juli 1743.
86 ASV, Germania, Reg. 540 fol. 510. Kardinal Valenti an Paolucci, Rom, den 23. Juli 1743.
87 ASV, Germania, vol. 336 fol. 102 f.; Reg. 328 fol. 109. Paolucci an Valenti, Wien, den 17. August 1743.
88 ASV, Germania, vol. 336 fol. 242 f. Paoloucci an Valenti, Wien, den 30. Mai 1744.

# AUSSTRAHLUNGEN DES JOURNALS FÜR FREIMAURER

*Von Edith Rosenstrauch-Königsberg*

> *„Die Logen der achtziger Jahre waren weder Nester*
> *der Konspiration noch ideologische Kommissionen*
> *und schon gar nicht Generalstäbe des Umsturzes, son-*
> *dern vor allem Treffpunkte: Orte des persönlichen*
> *Kontaktes von Reformern und Revolutionären in spe,*
> *Umschlagplätze für Ideen und begehrte Bücher; Emp-*
> *fangsstationen und Transmissionen für das Gedanken-*
> *gut der französischen Sturmvögel wie der zahmeren ita-*
> *lienischen und deutschen Klassiker unter den Lumières;*
> *Leitstellen zu Lesekabinetten, Gelehrten Gesellschaf-*
> *ten und Redaktionen."*
> Walter Markov auf dem 12. Kolloquium in Matrafüred
> 1972[1].

Die Definition von Walter Markov für die Freimaurerlogen des 18. Jahrhunderts möge am Anfang dieser Ausführungen stehen, weil sie besonders zutreffend die Rolle des *Journals für Freymaurer* und die Bestrebungen der Loge *Zur wahren Eintracht* in Wien charakterisiert. Dieses Journal, dessen Redakteur zugleich den Vertrieb leitete und auch die Korrespondenz führte, war in der Tat eine ideale Organisations- und Korrespondenzzentrale. Es erschien von Jänner 1784 bis Ende 1786 vierteljährlich und veröffentlichte vor allem Vorträge, die in den Übungslogen gehalten wurden; ferner Gedichte und Ankündigungen über maurerische Angelegenheiten. So war es bereits in der Ankündigung des Journals vorgesehen und so stand es auch in der Nachschrift zum ersten Band:

„Alle Vierteljahre wird ein Band wie dieser erscheinen, und der Ankündigung zufolge:

I.     Abhandlungen und Untersuchungen über die Mysterien aller Völker, über die Zwecke der Maurerey, ihre Ceremonien, und andere die Maurerey betreffende oder mit ihr verwandte Gegenstände;

II.    Reden, die zugleich unterhaltend und belehrend sind,

III.   Gedichte,

IV.   Ankündigungen und maurerische Neuigkeiten, oder einen anderen interessanten Artikel enthalten."[2]

An diesem Schema hielt man im wesentlichen während der ganzen Erscheinungszeit des Journals fest. Die zuvor erwähnten Übungslogen gehen auf die Initiative des bekannten Mineralogen Ignaz von Born, des Meisters vom Stuhl der Loge *Zur wahren Eintracht*, zurück[3]. 1782 legte er den Brüdern eine sorgfältige Ausarbeitung vor[4], in der er die Umwandlung der üblichen Instruktionslogen mit ihrer trockenen Ablesung von Gesetzen, Gebräuchen und Zeremonien in Übungslogen vorschlug, bei denen nach der eigentlichen Instruktion über das Ritual wissenschaftliche Themen zu behandeln waren. Die Brüder sollten einmal im Monat „eigene Aufsätze über solche Gegenstände vorlesen, auf deren Kenntnisse und Bearbeitung uns unsere Gesetze selbst anweisen." Der Stoff zu diesen Vorlesungen war aus der Moral, „der Naturlehre im weitesten Verstande" und aus der Mathematik zu wählen. „Theologische Streitereien, Juristerey und Dinge, welche die politische Staatsverfassung betreffen, werden von der Behandlung ausgeschlossen."

Dann folgt der entscheidende Punkt, der zeigt, worauf es Born in erster Linie ankam: „Nach Ablesung dieser Aufsäze unserer Br. Br.[5] werden Aufsäze, Briefe und Litterarische Nachrichten von Profanen, die an Mitglieder dieser Loge eingesandt worden sind, und einen oder den andern der von uns zu bebeitenden Gegenstände betrefen, vorgetragen." Die Aufsätze sollten mindestens acht bis zehn Tage vorher eingereicht und von Fachleuten bearbeitet und redigiert werden.

Born forderte die Logenbrüder ausdrücklich dazu auf, sich zu diesem Vorschlag offen zu äußern; und es sind zahlreiche Stellungnahmen erhalten[6], so u. a. diejenigen der Dignitäre und Beamten der Loge: des deputierten Meisters vom Stuhl Ludwig Anselm, des Sekretärs Bianchi, des ersten Aufsehers der Loge Franz Xaver Freiherr von Stegner, des ersten Redners Erasmus von Grezmiller ebenso wie die des deputierten Provinzial-Großmeisters Isenflamm. Ferner äußerten sich Jacobi, Angelo Soliman[7], Freiherr von Taufferer, Joseph Freiherr von Riegger, Karl Haidinger, Franz von Orlando und etliche andere Brüder, die keine Funktion innerhalb der Loge bekleideten. Bei diesen unter den Vertraulichen Akten des Haus-, Hof- und Staatsarchivs in Wien aufbewahrten Meinungsäußerungen handelt es sich in erster Linie um positive, meist sogar enthusiastische Stellungnahmen. Aus einigen ist klar ersichtlich, daß deren Verfasser mit Borns Idee der Errichtung einer Ersatzakademie vertraut waren und diese Absicht ihren Neigungen entsprach. Das gilt besonders für Karl Haidinger[8]. „Bearbeiten wir alle Wissenschaften und Künste ohne Unterschied, so wird der Nuzen, den wir schafen, allgemeiner seyn, und mag die Welt uns dann *gelehrte Gesellschaft*, mag sie uns heissen, was Sie will: wir sind uns unsers Zweckes bewußt. Wir verbreiten Licht, wir schafen Nuzen dem Geist und dem Herze [...]. Unsere Belohnung ist genuzt zu haben", schließt Haidinger seine Ausführungen, in denen er den Gegenargumenten zu begegnen sucht[9]. Er beruft sich in seiner Stellungnahme auf die „Alten", die den Freimaurer „auf die Ausbildung der freien Künste" verweisen und betont, daß er keinen Unterschied zwischen profanen und maurerischen Wissenschaften sehe, da jede Wissenschaft Licht sei, das der Maurer suchen müsse. Da das Studium der Geometrie eindeutig zur Tätigkeit des Freimaurers gehöre, verstehe er nicht, „warum es nicht eine ebenso maurerische Arbeit seyn [soll] deren Töchter Physik, Naturgeschichte, Astronomie, Mechanik etc. zu studiren." Freilich sollte seine Stellungnahme nicht überraschen: Karl Haidinger war Mineraloge und Geologe und als Adjunkt im kaiserlichen Naturalienkabinett einer der engsten Mitarbeiter Ignaz von Borns.

Aber es wurden auch andere Stimmen laut. So schreibt Bruder Jacobi u. a.: „Nur wünsche ich 1tens daß wir uns in der Folge nicht von unserer ersten Voraussezung, daß die ⊓ von welchen es sich handelt, Mr. Instructions ⊓ seyen, entfernen, mithin die Aufsäze, welche vorgelesen werden, vorzüglich von der Mrey oder von einem mit derselben in der engsten — nicht aber in einer ausgedehnten Verbindung stehenden Gegenstande oder Wissenschaft handeln, damit diese ⊓ nicht nach und nach das einfache ihres so schönen Instituts verlieren, und in Versamlungen einer gelehrten Geselschaft übergehen."[10]

Die meisten Brüder stimmten allerdings enthusiastisch zu, beteuerten ihre Bewunderung und Dankbarkeit für Born und ergingen sich in Lobeshymnen auf ihn. Nur wenige schränkten ihre Zustimmung ein, wie der Br. Jacobi oder der deputierte Provinzialgroßmeister Isenflamm, der u. a. schreibt: „Ich bin mit diesem vortreflichen Plan vollkommen einverstanden und verspreche mir davon die gedeihlichsten Wirkungen, nur wünsche, daß die vorzulesenden Abhandlungen auf die F. M. einen genauern Bezug haben."

Es scheint, daß diejenigen, die weniger begeistert waren oder Einschränkungen wünschten — und das betraf besonders die Zulassung von Profanen —, dies nicht schriftlich darlegten, sondern in geheimer Abstimmung entschieden. Möglicherweise kam auch ein Wink von oben, worauf die Stellungnahme des deputierten Provinzialgroßmeisters schließen läßt. Jedenfalls war das Resultat ein Kompromiß. Im Protokoll vom 29. Oktober 1782 heißt es: „Ist beschlossen worden, daß zu den am $\frac{4}{11}$ anzufangenden und den ersten Montag jedes Monaths zu haltenden Übungs⊓ blos Meister zu gelassen und darinnen nichts, als Maurerische Gegenstände abgehandelt, die Aufsätze aber von den B. B. welche etwas ablesen wollen, zuvor dem HW. M. v. St. zum Durchsehen gegeben werden sollen."[11]

Born dachte von vornherein an die Publikation der Vorträge, wie aus seinem Elaborat hervorgeht. Da heißt es u. a.: „Leztlichen könnten jene Abhandlungen und Beobachtungen, die zugleich den Profanen als Beyträge zur Erweiterung irgend einer Wissenschaft oder zum lehrreichen und erbauenden Unterhalte dienen dürften, zum Druk befördert werden. [...] wo wir jene Abhandlungen und Nachrichten, welche die Naturlehre und Mathematik zum Gegenstande haben unter dem Titel: Physikalische mathematische Abhandlungen der einträchtigen Freunde in Wienn, hingegen jene, welche Moral und andere Wissenschaften betrefen, unter der Aufschrift: Unterhaltungen der einträchtigen Freunde in Wienn, bekannt machen könnten."[12]

Born versuchte hier, an seine Tätigkeit in Prag anzuschließen. Als er (seit 1770) Beisitzer im obersten Münz- und Bergmeisteramt war, erneuerte er die Loge Zu den drei gekrönten Säulen, die lange Zeit geruht hatte[13]. Etwa zur gleichen Zeit, spätestens aber 1774, gründete er eine Privatgesellschaft zur Aufnahme der Mathematik, der vaterländischen Geschichte und der Naturgeschichte, an deren Publikationen er wesentlichen Anteil hatte. 1771—1772 erschienen die Prager gelehrten Nachrichten, 1775—1784 die Abhandlungen einer Privatgesellschaft in Böhmen[14]. 1776 wurde Born von Maria Theresia nach

Wien berufen. Die *Physikalischen Arbeiten der Einträchtigen Freunde* waren eine Fortsetzung dessen, was er in Prag mit den *Abhandlungen einer Privatgesellschaft* begonnen hatte.

Zwischen 1783 und 1788 erschienen sieben Hefte der *Physikalischen Arbeiten der Einträchtigen Freunde in Wien*[15]. Sie bilden zwei Bände in quarto und enthalten zehn Kupfertafeln. Die Redaktion dieser Zeitschrift übernahm Born selbst. Ursprünglich war an ein vierteljährliches Erscheinen gedacht, doch geriet die Zeitschrift — angeblich aus Mangel an Beiträgen — ins Stocken. Die *Unterhaltungen der einträchtigen Freunde* wurden zwar zugleich mit den Physikalischen Arbeiten angekündigt, ein gedruckter Prospekt war aber alles, was davon erschien. Statt dessen wurden *Musicalische Unterhaltungen der einträchtigen Freunde in Wien* herausgegeben, eine Sammlung Freimaurerlieder von Brüdern der Loge *Zur wahren Eintracht*. Ihr war ein großer finanzieller Erfolg beschieden, weswegen ihr wohl weitere Liedersammlungen folgten[16].

Erst im Jänner 1784 erschien dann auf Anregung von Joseph von Sonnenfels das *Journal für Freymaurer*. Entgegen dem ursprünglichen Plan war es Profanen nicht zugänglich. Im Titel heißt es ausdrücklich: „Als Manuskript gedruckt für Brüder und Meister des Ordens. Herausgegeben von den Brüdern der Loge zur wahren Eintracht im Orient von Wien." Das hatte den Vorteil, daß es damit nicht der gewöhnlichen Zensur unterlag.

Mit dem maurerischen Inhalt des Journals nahm man es allerdings später nicht so genau, und so konnte Born am 19. April 1784 an Reinhold schreiben: „Wenn Sie Musse haben, so schicken Sie uns Abhandlungen, Reden, Gespräche oder was immer Sie wollen, für unser Journal, wo die Zensur nicht so strenge ist, als in foro fori. [...] Sie können jeder philosophischen Abhandlung bald so eine Wendung geben, dass sie für eine maurerische Schrift gelten kann."[17] Dennoch war der Charakter des Journals vornehmlich freimaurerisch. Die Möglichkeit, die Zensur zu umgehen, war ein Vorteil, der sich besonders in der Berichterstattung über die Illuminaten- und Freimaurerverfolgung in Bayern günstig auswirkte.

Das Journal sollte vor allem dem freimaurerischen Selbstverständnis dienen. Deshalb maß Born jenen Elaboraten, die sich mit geheimen Gesellschaften und Mysterien aller Zeiten und Völker beschäftigten und etwaigen Ähnlichkeiten mit der Freimaurerei nachspürten, große Bedeutung bei. So wurde der erste Band des Journals vom Abdruck einer sich über drei Abende erstreckenden Vortragsreihe Borns *Ueber die Mysterien der Aegyptier*, mit der er die Übungslogen eröffnet hatte, eingeleitet[18].

In der diesem Aufsatz vorangesetzten „Vorerinnerung über die Veranlaßung, den Zweck und die eigentliche Bestimmung dieses Journals"[19], die mit „Die Herausgeber" gezeichnet ist, heißt es u. a.: „Aber eben diese Liebe und Achtung für unseren ehrw. Orden war es, die uns veranlaßte, den entferntesten Spuren seiner Entstehung und allen auch nur zufälligen Aehnlichkeiten nachzuspüren, die er mit den geheimen Gesellschaften aller Zeiten und Völker gemein hat. [...] Wir liefern zu diesem Ende unseren Brüdern Nachrichten von den Mysterien aller Völker; der Phönizier, Egyptier, Perser, Indianer, Griechen und Römer, Nachrichten von den Mysterien der Christen, und den Verbrüderungen des Mittelalters."[20]

In der Tat handelt es sich hier um den Versuch einer Genealogie des Freimaurerordens im allgemeinen und der Loge *Zur wahren Eintracht* im besonderen.

Borns Arbeit *Ueber die Mysterien der Aegyptier* hat in neuerer Zeit besonders unter Mozartforschern viel Beachtung gefunden und wurde in unmittelbaren Zusammenhang mit der Zauberflöte gebracht. Somit wird Born nicht nur als Vorbild des Sarastro angesehen, sondern dieser Aufsatz gilt als wichtige Quelle für die Zauberflöte[21]. Borns historische Unterlagen für diese Abhandlung sind bei griechischen und römischen Schriftstellern und Historikern zu finden: Am häufigsten werden Diodor, Plutarch und Herodot zitiert, zeitgenössische Quellen wie Warburton werden seltener herangezogen. Alfons Rosenberg weist in seinem Mozartbuch darauf hin, daß die ägyptischen Altertümer ein Modethema des 18. Jahrhunderts waren[22].

Die beiden ersten Teile des Essays sind rein historisch; den dritten und wohl für Born wichtigsten Teil seiner Ausführungen widmet er dem Vergleich der ägyptischen Mysterien mit dem Ritual und Gedankengut der Freimaurerei, d. h. er nimmt die ägyptischen Mysterien zum Vorwand, um seinen Brüdern Sinn und Zweck der Maurerei aus seiner radikal-aufklärerischen Sicht zu erläutern und Ritual und Symbolik der Freimaurerei durch Vergleich zu erklären. Auf diesem Beispiel gründeten dann alle weiteren Aufsätze des Journals zu ähnlichen Themen. Aus Borns eigener Feder stammt auch der Beitrag *Ueber die Mysterien der Indier*, der im vierten Quartalsband[23] der Zeitschrift abgedruckt ist.

Von großer Bedeutung für dieses maurerische Selbstverständnis scheint der Bund des Pythagoras gewesen zu sein, dem nicht nur eine eigene Ausarbeitung von Bruder Kreil gewidmet war[24], sondern der auch immer wieder in anderen Aufsätzen erwähnt wird, so z. B. in dem äußerst interessanten und modern anmutenden Essay *Ueber Analogie Zwischen dem Christenthume der ersteren Zeiten und der Freymaurerey* von Karl Michaeler[25], der im Logenverzeichnis als „katholischer Weltpriester, vormaliger Lehrer der Universalgeschichte an der Universität zu Insprugg in Tyrol, Kustos auf der hiesigen Universitätsbibliothek" bezeichnet wird[26].

Der Aufsatz ist durch das aufklärerisch-rationalistische Weltbild dieses katholischen Priesters geprägt, der nicht nur auf das Urchristentum zurückgreift, sondern sich auch nicht scheut auszusprechen, daß „der christlichen Religion Thatsachen und religiöse Begriffe zum Grunde liegen, die älter sind als sie selbst", daß sie aber „von allen älteren Religionssystemen nichts entlehnte, was sich nicht aus der Religion der Natur herleiten ließe."[27] Michaeler entwickelt daraus Analogien zwischen Urchristentum und Freimaurerei, ähnlich wie sie Born zwischen ägyptischem Priestertum und Freimaurerei dargelegt hatte. Wörtlich heißt es da: „Der Zusammenhang des Christenthumes mit gewissen älteren Religionsbegriffen und nicht allgemein verbreiteten Wahrheiten veranlaßte unter den Anhängern dieser Religion eine Sammlung von Wahrheiten, die zum Theile selbst vor manchem Getauften verborgen bleiben mußten, weil sie einen Grad von Empfänglichkeit voraussetzten, der nur wenigen eigen war. Eben diese Verschiedenheit der Geisteskräfte machte sinnliche Bilder und Ceremonien zum Besten der Proselyten nothwendig."[28] Darin zeigte sich die Ähnlichkeit zur Freimaurerei. Die drei großen Sakramente: Taufe (die keine Kindertaufe sei), Abendmahl und Priesterweihe seien den drei Graden der Johannes-Maurerei vergleichbar, die disciplina arcani dem maurerischen Stillschweigen. Die Gründe für dieses Arkanum lägen in der Unreife der Menschen. „Die Wahrheiten des Christenthumes konnten nur so lange Geheimnisse bleiben, als die Geisteskräfte der Menschen nicht genug entwickelt waren."[29]

Aus den gleichen Gründen seien auch bestimmte Zeichen und Griffe, Allegorien und Sinnbilder bei den ersten Christen ebenso erforderlich gewesen wie bei den Freimaurern. „Die schweren Verfolgungen machten es den beängstigten Christen nothwendig, sich über gewisse Zeichen zu vereinigen, wodurch ein Christ den andern, wie der Freymaurer seinen Bruder erkennen konnte."[30] Besonders hervorgehoben wird noch der Vergleich der Gnosis des Clemens von Alexandrien mit jener der Freimaurerei. Auch hier wird jede Mystik negiert, die geheimen Kenntnisse werden auf historische und philosophische Erkenntnisse reduziert.

Es ist also keineswegs verwunderlich, wenn der Protestant Georg Forster bei seinem Aufenthalt in Wien im Sommer 1784 an Sömmering schrieb: „Indessen muß man sich auch wieder freuen, wenn man sieht, daß Aufklärung und Freiheit des Denkens täglich mehr auch in katholischen Ländern eindringen. [...] Oft, das merke ich, ist hier in Wien der Fall, gehen sie in den Folgerungen viel weiter, als man sich selbst getraute."[31] Im selben Brief berichtet er über die Loge Zur wahren Eintracht und deren Journal: „Die ◻ zur wahren Eintracht ist diejenige, welche am allermeisten zur Aufklärung wirkt. Sie giebt ein Journal für F. M. heraus, worin über Glauben, über den Eid, über die Schwärmerei, über die Ceremonien, kurz über alles freier gesprochen wird, als man bei uns, d. h. in Niedersachsen herum, thun würde."[32]

Was Forster seinem Freund Sömmering über dieses Journal berichtete, entsprach durchaus den Tatsachen. Im 2. Quartalsband des Jahres 1784 schreiben Bruder Schittlersberg Ueber das Zeremoniel und Bruder Grezmiller Ueber den Freimaurereid[33]. Der Aufsatz des Zeremonienmeisters Schittlersberg ist im wesentlichen gegen das Zeremoniell gerichtet, der Aufsatz Grezmillers gegen den Maurereid. Schittlersberg spricht das Mißbehagen vieler darüber aus, daß das Zeremoniell den Geist des Ordens überwuchere. Zeichen und Losungen sind zunächst eine Schutzmaßnahme zum Ausschluß Unwürdiger gewesen, nun aber beginnen sie den eigentlichen Sinn des Ordens zu ersetzen. Zugleich stellt der Autor eine unmittelbar bevorstehende Vereinfachung dieses Zeremoniells in Aussicht. In der Abhandlung Ueber den Freymaurereid[34] spricht sich Grezmiller[35] entschieden gegen den Eid aus, den er im Interesse jener Brüder, denen die päpstliche Exkommunikationsbulle Gewissensskrupel verursache, durch das Ehrenwort ersetzt sehen will. Es fällt auf, daß sich der Autor hier mit offenbar vorher geäußerten gegenteiligen Auffassungen und Argumenten auseinandersetzt, und es ist bezeichnend, daß diese im Journal nicht abgedruckt sind, somit von der Redaktion eine Auswahl getroffen wurde.

Dem Selbstverständnis des Maurers sind auch einige Gedichte gewidmet; so z. B. Blumauers *Glaubensbekenntniß eines nach Wahrheit Ringenden*[36] und *Gebet eines Freymaurers*[37]. Die meisten der zahlreichen Gedichte sind jedoch reine Gelegenheitspoesie, also Teil des Rituals wie Kettenlieder, Lieder zur Eröffnung und zum Schluß der Loge und Tafel- und Trinklieder für feierliche Anlässe. Zu dieser Gattung zählen auch die sogenannten „Schwesterngesundheiten", meist heitere Gedichte, in denen die Frauen apostrophiert wurden. Die Gedichte des ersten Quartals 1786 beziehen sich durchweg auf Josephs II. umstrittenes Freimaurerpatent[38]. Da ist Ratschkys *Auf die dem Freymaurerorden von Kaiser Joseph dem Zweyten bewilligte Duldung*, daneben Blumauers *Joseph der Zweyte Beschützer des Freymaurerordens*, Prandstetters *Maurerfreude* und Leons *Empfindungen über den der Freymaurerey in den k. k. Erblanden öffentlich ertheilten Schutz*. Die innerhalb der Logen angesichts des fragwürdigen Patents bestehenden Zweifel kommen in diesen Gedichten in der einen oder anderen Form zum Ausdruck, und aus einem Brief Leons an Reinhold geht hervor, daß sie auf Borns Geheiß widerwillig geschrieben wurden[39].

*

Es ist eine ziemlich bekannte Tatsache, daß die Loge *Zur wahren Eintracht* weitgehend von Illuminaten kontrolliert wurde. Während in München die Loge *Theodor zum guten Rath* als „Pflanzschule" des Illuminatenordens betrachtet wurde, aus der man nur die Besten in diesen aufnahm, war es in Wien vornehmlich die Loge *Zur wahren Eintracht*, wenngleich auch andere Wiener Logen unterwandert wurden. Es kann daher nicht überraschen, wenn das Schicksal der Illuminaten in Bayern und der Loge *Theodor zum guten Rath* das besondere Interesse der Loge *Zur wahren Eintracht* erregte. Das fand seinen Niederschlag im Journal, das von Anfang an über die Verfolgung der Illuminaten und Freimaurer in Bayern ausführlich berichtete.

In diesem Zusammenhang besonders interessant ist das im ersten Quartalsheft für das Jahr 1785 publizierte zweite Zirkular, das die Loge *Theodor zum guten Rath* an alle Schwesterlogen und Brüder sandte und das, wie der Redakteur des Journals ausdrücklich feststellt, „alle diejenigen, die an ihrem [das heißt der Loge]· Schicksale brüderlichen Antheil nehmen, vollkommen in den Stand gesetzt [habe], über den ganzen Hergang der gegen sie erregten Verfolgung, und die wahre Beschaffenheit der dabey zum Grunde liegenden Beschuldigungen zu urtheilen."[40] Als einer der Hauptanklagepunkte gegen die Loge *Theodor zum guten Rath* wird eine angeblich zu enge Beziehung zu Österreich und den österreichischen Brüdern angeführt. Auch ist hier ausdrücklich von „Planen zu Länder Umtauschungen" und von einem „Umtauschungsgeschäfte"[41] die Rede; der Vorwurf gegen die Loge *Theodor zum guten Rath* lautet gemäß diesem Zirkular, daß sich „kaiserlich gesinnet seyen". Schon im dritten Quartalsheft des Jahrgangs 1784 war unter der Rubrik *Maurerische Nachrichten* der Wortlaut der *Bayerischen Landesfürstlichen Verordnung* gegen geheime Versammlungen vom 22. Juni 1784 wiedergegeben worden[42].

Auch im zweiten Quartal des zweiten Jahrgangs werden wieder *Beyträge zur Geschichte der Verfolgung der Maurerey und der Aufklärung in Bayern*[43] publiziert und Nachrichten über die Verfolgung von Freimaurern in der Republik Venedig „wider alle gerichtliche Ordnung"[44] mitgeteilt. Fast kommentarlos ist eine Verfügung des Kurfürsten an die Universität zu Ingolstadt vom 11. Feber 1785 abgedruckt, worin Weishaupt eines schlimmen Mißbrauchs bezichtigt wird: Er, der Lehrer des Kirchenrechts, habe Bayles *Dictionnaire historique et critique* für die Universitätsbibliothek anschaffen wollen! Die lakonische Bemerkung des Redakteurs lautet: „Diese Dokumente mögen der Nachwelt als Beweis dienen, auf welchem Grade die Aufklärung in Bayern zu Anfang des 1785sten Jahres gestanden sey."[45]

Äußerst umfangreich sind die Nachrichten von der Freimaurerverfolgung in Bayern im vierten Quartal desselben Jahrgangs[46]. Unmittelbar an sie schließt sich Borns berühmtes Schreiben an den Präsidenten der Kurfürstlichen Akademie der Wissenschaften[47], worin er ersucht, seinen Namen aus dem Verzeichnis der Mitglieder der Akademie zu streichen, da er Freimaurer sei und dieses nicht bereue, sondern es sich „zur Ehre rechne einer Verbindung anzugehören, deren wesentliches Unterscheidungszeichen Rechtschaffenheit ist, und deren vorzügliche Pflichten Gottesfurcht, Treue gegen den Landesfürsten und Wohlthätigkeit gegen den Nebenmenschen sind."[48] Das Dokument trägt das Datum des 2. September 1785. Ein weiteres Schreiben Borns an den Freiherrn von Kreittmayr, den Born als Vorsitzenden des „Freymaurer-Inquisitionsgerichtes" in München bezeichnet, vom 9. November desselben Jahres, ebenfalls im Journal abgedruckt, ist weit aggressiver, da sein Name noch immer nicht aus den Listen der Bayerischen Akademie getilgt sei[49]. *Born* betont darin, daß er Bayles *Dictionnaire* nicht nur fleißig gelesen habe, sondern sogar besitze und schließt damit, daß seine „Denkart jener, die man in Bayern haben soll, gerade entgegen gesetzt sey." Auch im ersten Quartal des dritten Jahrgangs nehmen die Berichte über Bayern einen breiten Raum ein[50].

Durch diese Publikationen über die Illuminaten- und Freimaurerverfolgungen in Bayern bewiesen die Wiener Illuminaten ihre Solidarität, dennoch entwickelten sie von Anfang an ein starkes Eigenleben. Spätestens nach Einsetzen der Verfolgungen in Bayern bildeten sie ein eigenes Zentrum, und selbst die Tiroler gaben ihre Verbindung mit München und dem Gründer Weishaupt auf und unterstellten sich Wien, wie aus einem Brief des Grafen Trapp aus Innsbruck vom August 1784 hervorgeht[51]. Aus den Erfahrungen Bayerns lernend, übten die Wiener Illuminaten viel größere Konspiration.

Der Dichter Aloys Blumauer war nicht nur Redakteur des Journals und besorgte den Vertrieb, sondern er rührte auch eifrig die Werbetrommel und stellte den Kontakt zu auswärtigen Brüdern und Logen her. So schrieb er am 16. Jänner 1784 an Johann Graf Fekete in Triest[52]: „Ich habe itzt mit der Herausgabe unseres Journals, das bis Ende Jenner fertig seyn muß, alle Hände voll zu thun. Wir haben von allen Gegenden Deutschlands beträchtliche Bestellungen darauf erhalten. Sollten sich in Triest etwa noch Brüder finden, die darnach Verlangen tragen, so dürften sie michs nur wissen lassen. Sobald der erste Band fertig ist, werden Sie selben erhalten."

Aus einem weiteren Brief an Fekete, der u. a. über den Erfolg des Journals berichtet, geht der Hauptzweck hervor: das Wirken in Gebiete hinein, wo es nur wenige Freimaurer gibt; d. h. der Kontakt soll vor allem mit Brüdern, die isoliert leben, aufrechterhalten werden. Die organisatorische Bedeutung des Journals liegt also auf der Hand. Wörtlich schreibt Blumauer an den Grafen: „Sie erhalten hier die 6 Exemplare des 2ten Bandes unseres Maurerjournals, nebst dem Exemplar Nr. 329, das Ihnen gehört. Der 2te Band ist meinem Ermessen nach interessanter als der erste, und ich hoffe, daß er Ihnen Vergnügen machen wird. Ueberhaupt hat unser Journal einen sehr gesegneten Fortgang, und wir rüken bey dessen täglich zunehmender Verbreitung unserer Zweke immer näher, Toleranz und Aufklärung über die dunklen, höchstens von Irrwischen erleuchteten Regionen der Maurerey dadurch zu verbreiten."[53]

Im Frühjahr 1784 sollte die Vereinigung der österreichischen Maurerprovinzen zur Großen Landesloge in Wien verwirklicht werden. In den *Maurerischen Neuigkeiten* des zweiten Quartals 1784 berichtet das Journal ausführlich über die Vereinigungspunkte[54]. Und auch darin spiegelt sich seine organisatorische Bedeutung. Den Bestrebungen der Wiener Provinzialloge und in ihr besonders der Loge *Zur wahren Eintracht* ist die Einigung sämtlicher Logen der Monarchie und ihre Zusammenfassung zur Großen Landesloge von Österreich zu danken. Dieses Ereignis war von größter Bedeutung, da die österreichischen Logen sich damit der Abhängigkeit vom Ausland, die immer schon ein Stein des Anstoßes gewesen war, entledigte. Der Großen Landesloge gehörten alle Logen der Monarchie mit Ausnahme derjenigen der österreichischen Niederlande an. Es waren insgesamt sechs Provinziallogen, nämlich die von Ungarn, Siebenbürgen, Galizien, Böhmen, die der österreichischen Lombardei und die von Österreich.

Johann Baptist Karl Fürst von Dietrichstein-Proskau wurde Landes-Großmeister, von Born Großsekretär. In Anbetracht dieser geachteten Männer mußte es besonders eigenartig anmuten, daß Joseph II. durch sein ominöses Freimaurerpatent vom Dezember 1785 die Freimaurerlogen praktisch unter Polizeiaufsicht stellte.

Es ist viel herumgerätselt worden, was ihn dazu bewogen haben mag. Vielleicht boten ihm die Zwistigkeiten innerhalb des Ordens einen willkommenen Anlaß zu einer seinen Neigungen entsprechenden Entscheidung. Ob Borns Versuch, das Überhandnehmen von Winkellogen und von rosenkreuzerischer sowie alchimistischer Tätigkeit innerhalb der Logen einzudämmen, dieses Ende beschleunigte, ist schwer zu entscheiden; gewollt hat er es bestimmt nicht. Sicher ist hingegen, daß Joseph II. als absoluter Herrscher die geheime Tätigkeit einer Organisation, auf die er keinen Einfluß ausübte, auf die Dauer nicht dulden konnte. Für den Zeitpunkt des Freimaurerpatents dürfte den Ausschlag gegeben haben, daß der Plan des Ländertauschs, von dem im vorher erwähnten Bericht über die Loge *Theodor zum guten Rath* gesprochen wird und der sicher nicht einer Grundlage entbehrte, endgültig mißlungen war. Und nachdem sich die Konspiration der geheimen Gesellschaften gegenüber dem Spitzeldienst des Königs von Preußen als unzureichend erwiesen hatte, gab es für Joseph keinen Grund mehr, die geheime Tätigkeit der Logen zu dulden. Die Kontrolle durch den Staat war die notwendige Folge.

Die Enttäuschung und Erschütterung in den Reihen der Brüder war beträchtlich. Was die Gemüter am meisten erregte, war die Formulierung im Handbillet Josephs II.[55]: „Die sogenannten Freymaurergesellschaften, deren Geheimnisse Mir ebenso unbekannt sind, als Ich deren Gaukeleyen zu erfahren wenig vorwitzig jemals war, vermehren und erstrecken sich itzt auch schon auf alle kleinsten Städte." Der Niedergang der Logen setzte ein. Nach Vereinigung von drei Wiener Logen zu der neuen Loge *Zur Wahrheit* übernahm diese die Herausgabe des Journals für Freymaurer; Ende 1786 stellte es aber sein Erscheinen ein.

Wie aus dem Briefregister der Loge *Zur Wahren Eintracht* hervorgeht, lud diese zu ihren feierlichen Arbeiten und Übungslogen nicht nur, wie üblich, die Meister der übrigen Wiener Johannislogen ein, sondern auch die Brüder aus Wiener Neustadt[56], die einer Militärloge an der dortigen Militärakademie, auf der die Offiziere der ganzen Monarchie ausgebildet wurden, angehörten.

Bei den Wiener Logen und – wie wir aus dem Briefwechsel entnehmen – später auch bei der Landesloge bestand ein besonderes Interesse daran, diese Offiziere, die in allen Teilen der Monarchie wirken sollten, in den Orden aufzunehmen, damit sie an ihrem jeweiligen künftigen Standort für die Maurerei wirken. Auf diese Weise sollte für die Ausbreitung des Ordens in der Habsburger Monarchie gesorgt werden.

Dabei scheint eine gewisse Arbeitsteilung bestanden zu haben, insofern es die Aufgabe einiger Wiener Logen war, Kontakte zu bestimmten Regimentern herzustellen, während die Loge *Zur wahren Eintracht* die Beziehungen zur Militärakademie wahrzunehmen hatte. Das lag nahe, da der Bruder Ignaz von Borns, der Hauptmann Joseph von Born, Lehrer an der Wiener Neustädter Akademie war[57] und, wie auch einige andere Offiziere und Lehrer der Akademie, zugleich der Loge *Zur wahren Eintracht* angehörte. So nahm zum Beispiel die Loge *Zur Beständigkeit* besonders viele Brüder aus dem Trautmannsdorffischen Kürassier-Regiment und dem Regiment Ferdinand Toscana auf, inklusive deren Feldkaplan, und zwar meist unter Dispens der üblichen Fristen, wenn die betreffenden Offiziere kurz vor der Abreise in ihre jeweiligen Standorte standen. Nach Gründung der Landesloge bedurfte es deren Dispens, doch wurde dieser insbesondere bei Offizieren meist gewährt. Das läßt sich z. B. bei der Loge *Zum Heiligen Joseph* ebenso nachweisen wie bei der Loge *Zur Beständigkeit*[58].

Abafi stellte schon für den Zeitraum von 1761 bis 1771 fest[59]: „Die Offiziere waren zu jener Zeit überhaupt die eifrigsten Anhänger und Apostel der Freimaurerei. Wo sich ihnen in stabiler Garnison oder bei kürzerem Aufenthalt nur irgend Gelegenheit bot, säumten sie in eigenem Interesse nicht, einer Loge beizutreten." Aber auch der Direktor des griechisch-katholischen Generalseminars in Lemberg, Michael Szawniczky, wurde noch am 15. September 1784 von der Loge *Zur Beständigkeit* mit besonderer Bewilligung der Landesloge wegen seiner baldigen Abreise beschleunigt aufgenommen. 1785 finden wir ihn im Verzeichnis der Loge *Phoenix zur runden Tafel* in Lemberg als Gesellen wieder[60]. Offenbar gab es in dieser Beziehung bestimmte Richtlinien. Es handelt sich dabei um eine von vielen Formen, in denen die Wiener Logen weit über ihren eigenen Rahmen hinaus wirkten. Dabei ist zu beachten, daß nach den Gesetzen der Provinzialloge vom April 1784 eigentlich keine Loge einen Ansuchenden aufnehmen durfte, in dessen Wohnort eine Johannisloge bestand. Für Ignaz von Born, der, aus Siebenbürgen stammend, während einer Reise in Deutschland in den Orden aufgenommen worden war und der zunächst in einer Prager Loge wirkte, war schon aufgrund seines Lebenslaufs eine enge Bindung der Logen innerhalb der Habsburger Monarchie eine Selbstverständlichkeit. Sein Haus war nicht nur Treffpunkt für die Wiener, sondern auch für durchreisende Brüder. Am Rande sei nur vermerkt, daß dabei seine schöne Tochter Mimi keinen geringen Anziehungspunkt bildete. In diesem Hause verkehrte der aus Kopenhagen kommende spätere Bischof von Seeland, Friedrich Münter, und der ungarische Dichter Ferenc Kazinczy ebenso wie der Weltumsegler und spätere Mainzer Klubbist Georg Forster, der sich auf dem Wege nach Wilna befand, wo er eine Professur antrat.

\*

Die Loge *Zur wahren Eintracht* half auch direkt bei der Gründung neuer Logen innerhalb der Monarchie, vor allem aber in den österreichischen Provinzen. Im Dezember 1784 reisten Born und Blumauer nach Kärnten zur feierlichen Installierung der Loge *Zur wohltätigen Marianna* in Klagenfurt, einer Gründung von zwei Brüdern der Loge *Zur wahren Eintracht*, des Landrates Max Theodor Freiherr von Egger und Michael Dürdons. Diese Loge sollte den Namen der Erzherzogin Marianne tragen, die auch die Schutzherrin der Loge *Zur wahren Eintracht* war. Ebenso ging die Linzer Loge *Zu den sieben Weisen* auf eine Gründung der Loge *Zur wahren Eintracht* zurück. Ihr Sekretär war Professor Anton von Scharf, Mitglied der Loge *Zur wahren Eintracht*. Dasselbe gilt für die Loge *Zur Freymüthigkeit* in Görz, wohin Bruder Attems von der *Wahren Eintracht* gezogen war und dort alsbald die Errichtung einer Loge in Angriff nahm. Diese Tatsache wurde in der Wiener Loge gefeiert,

Bruder Martin Prandstetter[61] widmete der neuen Loge in Görz und deren Stifter Graf Attems ein Gedicht[62]:

> *Ihr Brüder, lasset uns mit all der Wonne,*
> *Die von uns jeder fühlet, wenn er sieht,*
> *Wie in dem Strahl der Morgensonne*
> *Der Tugend allgemach ein neuer Garten blüht,*
> *Und wie stets mehr und mehr im Heiligthume*
> *Der Maurerey gedeiht der Weisheit edle Blume —*
> *Dieß Feuer, so wie unsre Liebe rein,*
> *Im Orient von Görz der neuen Schwester weihn.*
> *Sie soll den würd'gen Bruder Attems, den*
> *An sie das süsse Band des Ordens bindet,*
> *Und der zu früh sich los aus unsern Armen windet*
> *Als Bothen unsers Herzens wiedersehn.*
> *Durch ihn erfahre sie, wenn er nun wieder*
> *In ihrem Kreise glänzt, daß wir, der Eintracht Brüder,*
> *Durch die sie selbst ein Glied der grossen Kette ward,*
> *Sie so, wie unsre Tochter lieben,*
> *Auch seyen für ihr Wohl nach Maurerart*
> *Der besten Wünsche viel in unser Herz geschrieben.*
> *Sie möge, nie von Wahn verführt,*
> *Das reine Licht des Ordens weit verbreiten,*
> *Wo ihren Stifter dann in fernen Zeiten*
> *Der Dank der Enkel preisen wird.*
> *Drum möge sie nicht einen Fußbreit weichen*
> *Vom festgesetzten Ziel, wie wahrer Muth es heißt,*
> *Fortwandeln ihre Bahn, des Reichen,*
> *Der aber bettelarm an Geist*
> *Und Tugend ist, so wie des braven Armen*
> *Mit brüderlicher Gleichheit sich erbarmen,*
> *Und jedem geben, was ihm fehlt;*
> *Und endlich ihrer Losung nicht verfehlen,*
> *Freymüthigkeit mit Eintracht klug vermählen,*
> *Zur Lehre der profanen Welt,*
> *Wo, wenn Freymüthigkeit vom Mund des Weisen fließt,*
> *Die Eintracht flieht, und nur der Zwietracht Saamen sprießt.*

Die Loge zu Görz gehörte der Provinzialloge von Österreich an, ferner die
Logen in Freiburg und Passau sowie die Loge *Zur Harmonie und allgemeinen
Eintracht* in Triest, mit deren Redner Johann Graf Fekete der Redakteur des
Journals, Aloys Blumauer, so eifrig korrespondierte[63].

Besonders intensiv sind die Verbindungen der Loge *Zur wahren Eintracht*
und zum Teil auch der übrigen Wiener Logen mit Lemberg. Die hier neuge-

gründete Universität scheint sich der besonderen Förderung durch die Wiener Logen erfreut zu haben. Diese „Entwicklungshilfe" für Lemberg kommentiert Münter in seinem Tagebuch bei der Charakteristik Professor Köfils, eines Mitglieds der Loge *Zur wahren Eintracht*, der seine Abreíse nach Lemberg vorbereitete, folgendermaßen: „Köfil, Professor zu Lemberg, ich lernte ihn erst in den lezten Tagen vor seiner Abreise kennen und sprach nur viel mit ihm den lezten Abend in einer Tafelloge. Er wird sehr als ein heller Kopf gewertet, und allgemein geliebt. – Ueberhaupt geht viel zu viel nach Lemberg, die Bären dort sind noch zu sehr zurück um solche Leute nüzen zu können, vielleicht ist das erst in 50 Jahren möglich, und dann haben die ihr Leben verlebt, und cui bono?"[64] Münters Auffassung deckt sich offenbar nicht mit derjenigen der Wiener Logenbrüder, die die Förderung der Lemberger Universität für eine wichtige Aufgabe hielten. Auch der Generalgouverneur von Galizien, Joseph Graf Brigido, gehörte der Loge *Zur wahren Eintracht* an und wurde ebenso wie Professor Köfil und Franz Joseph Graf Odonel, „k. k. Kammerherr und Gubernialrath zu Lemberg in Galizien", noch 1785 in deren Listen geführt[65].

Die nach Lemberg abgegangenen Brüder finden sich großteils in der Loge *Phoenix zur runden Tafel*. Ihr gehörten neben den Universitätsprofessoren Martinovics, Fessler, Finsiger und Skordynski auch der Kreissekretär Franz Xaver Troll und der vorerwähnte Direktor des Generalseminariums, Szawnisczky, an. Es handelt sich um eine deutsch arbeitende Loge, die den Kontakt mit der Wiener Loge pflegte und deren Angehörige noch im Jahre 1795 bei ihren Besuchen in der Residenzstadt das Haus Hackel aufsuchten, wo Blumauer nach dem Tode Borns die durchreisenden Brüder empfing. Im Jakobinerprozeß wurden als Besucher des Hackelschen Hauses neben Martinovics auch Troll, Kreil, Ratschky und andere genannt.

Das Freimaurerpatent bedingte nicht nur den Verfall der Logen in Wien. Auch in Lemberg stellten neben *Phoenix zur runden Tafel* die zu diesem Zeitpunkt bestehenden beiden anderen Logen aus Protest gegen die in Josephs II. Handbillet enthaltene Formulierung von der „Gaukeley" ihre Tätigkeit ein.

*Anmerkungen*

1 Eduard Bene, Ilona Kovács (Hrsg.): Les Lumières en Hongrie, en Europe Centrale et en Europe orientale. Actes du Deuxième Colloque de Mátrafüred 2–5 octobre 1972, Budapest 1975, S. 46.
2 Journal für Freymaurer, 1784, 1. Quartal S. 249; in der Folge: Journal für FM.
3 Zur Biographie Borns siehe vor allem: [De Luca]: Das gelehrte Oesterreich. Wien 1776. Des ersten Bandes erstes Stück, S. 40–46. Franz Gräffer: Josephinische Curiosa. 5 Bände, Wien 1848; Bd. 4, S. 201–205; Joseph Freiherr von Hormayr: Österreichischer Plutarch. Austria 1854, Abth. 2, S. 206–214; Paul Hofer: Ignaz von Born. Leben –

Leistung — Wertung. Wien 1955; Edwin Zellweker: Ignaz von Born. Das Urbild des Sarastro. Bad Kissingen 1956. Vgl. auch den Beitrag von Jaroslav Vávra in diesem Band, wo weitere Literatur über Born verzeichnet ist.

4 Vertrauliche Akten des Haus-, Hof- und Staatsarchivs Wien, Karton 69, fol. 4 r—5 vs., in der Folge VA.

5 Br. Br., B. B., Brr. = Brüder, Br. = Bruder, □ = Loge, ⚏ = Logen.

6 VA, Karton 69, fol. 6—12.

7 Es handelt sich um den berühmten „schwarzen Prinzen", vgl.: Franz Gräffer: Kleine Wiener Memoiren und Dosenstücke, hrsg. von Anton Schlosser und Gustav Gugitz, 2 Bände, München 1918, Bd. 1, S. 95—98, „Ein schwarzer Prinz" und vor allem Anmerkung S. 412 f.

8 VA 69, fol. 3.

9 VA 69, fol. 3 vs.

10 VA 69, fol. 8.

11 VA 69, fol. 11 enthält diesen Extractus Protocolli.

12 VA 69, fol. 5.

13 Vgl. Ludwig Abafi; Geschichte der Freimaurerei in Österreich-Ungarn. 5 Bde. Budapest 1890 ff.; hier Bd. 2, S. 121 f.

14 Abhandlungen einer Privatgesellschaft in Böhmen zur Aufnahme der Mathematik, der vaterländischen Geschichte, und der Naturgeschichte. Zum Druck befördert von Ignatz von Born. 6 Bde. Prag 1775—1784. Von 1776 an redigierte Born die Zeitschrift von Wien aus (vgl. Hofer, s. Anm. 3, S. 125 f.).

15 Vgl. Abafi (s. Anm. 13) Bd. 4, S. 289 f.; Gudrun Junaschek: Die publizistische Tätigkeit der Freimaurer zur Zeit Josephs II. in Wien. Diss. Wien 1965.

16 Vgl. Edith Rosenstrauch-Königsberg: Freimaurerei im josephinischen Wien. Wien, Stuttgart 1975, S. 64—66.

17 Robert Keil: Wiener Freunde, 1784—1808. Beiträge zur Jugendgeschichte der deutschösterreichischen Literatur. Wien 1883. S. 34.

18 Journal für FM, Jg. 1784, 1. Quartal, S. 15—134.

19 Ebenda S. 3—14.

20 Ebenda S. 12 f.

21 Vgl. u. a. Alfons Rosenberg: Die Zauberflöte, Geschichte und Deutung von Mozarts Oper. München 1972, bes. S. 162—170.

22 Ebenda S. 163.

23 Journal für FM, Jg. 1784, 4. Quartal, S. 5—54.

24 Geschichte des pythagoräischen Bundes von Br. K*l in: Journal für FM, Jg. 1785, 1. Quartal S. 3—28. Anton Kreil war damals Korepetitor der Philosophie am Theresianum, ab 1785 Professor der Philosphie an der Universität Pest.

25 Journal für FM, Jg. 1784, 2. Quartal, S. 5—64.

26 Verzeichniß der Brüder und Mitglieder der gesetzmäßig verbesserten und vollkommenen St. Johannes□ zur wahren Eintracht, im Orient von Wien. Im Jahr 5785. in VA 65 (alt 103), fol. 253.

27 Ebenda S. 5.

28 Ebenda S. 7 f.

29 Ebenda S. 7.

30 Ebenda S. 33.

31 Hermann Hettner (Hrsg.): Georg Forster's Briefwechsel mit S. Th. Sömmering. Braunschweig 1877. Brief vom 4. August 1784. S. 108.

32 Ebenda S. 117.

33 Journal für FM, Jg. 1784, 2. Quartal S. 105—154.

34 Ebenda S. 138—154.

35 Es gab in der Loge Zur wahren Eintracht zwei Brüder Grezmiller: Erasmus Grezmiller, Fürstlich Lüttichischer geheimer Rat und akkreditierter Minister-Resident am kaiserlichen Hof, und Johann Grezmiller, k. k. Raitrath. Beide bekleideten in der Loge Funktionen, durch die Art des im Journal verwendeten Sigels G***r ist die Identität des Autors nicht mit Sicherheit festzustellen, doch handelte es sich eher um Erasmus Grezmiller.

36 Journal für FM, Jg. 1784, 3. Quartal, S. 216—234.

37 Ebenda 1. Quartal, S. 227—234.

38 Journal für FM, Jg. 1786, 1. Quartal, S. 143—170.

39 Vgl. Keil: Wiener Freunde. Brief Leons an Reinhold vom 16. August 1786, S. 63.
40 Journal für FM, 1785, 1. Quartal, S. 124.
41 Ebenda S. 128 u. 135.
42 Ebenda Jg. 1784, 3. Quartal, S. 241—247.
43 Journal für FM, Jg. 1785, 2. Quartal, S. 239—248.
44 Ebenda S. 251—254.
45 Ebenda S. 247 f.
46 Journal für FM, Jg. 1785, 4. Quartal, S. 83—122.
47 Ebenda S. 123—125.
48 Ebenda S. 125.
49 Ebenda S. 126—129.
50 Journal für FM, Jg. 1786, 1. Quartal, S. 193—198.
51 Graf Trapp [T. Aemilius] an Bassus. Innsbruck, 2. August 1784. Abgedruckt in: Richard van Dülmen: Der Geheimbund der Illuminaten. Darstellung, Analyse, Dokumentation. Stuttgart-Bad Cannstatt 1975. S. 366—368. Darin abschließend: „Sie werden um des Besten der gemeinschaftlichen Sache wegen ohne Zweifel selbst gerne mit mir dahin übereinkommen, daß der Nexus mit Baiern aufgehoben, und Tyrol der österreichischen Nation einverleibt werde..."
52 Rosenstrauch-Königsberg (s. Anm. 16) Anhang A Ungedruckte Briefe, S. 248.
53 Ebenda Anhang A, S. 249, Brief datiert vom 10. Juni 1784.
54 Ebenda S. 257 ff.
55 Abafi (s.Anm. 13) Bd. 4, S. 147.
56 Dies stützt sich, ebenso wie die folgenden Seiten, auf das Briefregister der Loge zur wahren Eintracht in den VA, Karton 95 (alt 139).
57 Vgl. Logenverzeichnis der Loge zur wahren Eintracht (1785), s. o. ex: VA 65 (alt 103) fol. 255 ff.
58 Diese Informationen sind den VA, Karton 69, entnommen.
59 Abafi (s. Anm. 13) Bd. 1, S. 178.
60 Vgl. VA, Karton 72.
61 Prandstetter wurde später im Jakobinerprozeß angeklagt und verurteilt.
62 VA, Karton 70, fol. 367—368. Gesundheit auf die sehr ehrw. ☐ zur Freymüthigkeit im Orient von Görz. Wien ${}^{16}_{10}$ 85.
63 Vgl. Rosenstrauch-Königsberg (s. Anm. 16), Briefe im Anhang A. S. 244—254. Diese äußerst wichtigen Briefe im Ungarischen Staatsarchiv fand und überließ mir Dr. Kálmán Benda, wofür ich ihm an dieser Stelle herzlich danke.
64 Ø. Andreasen (Hrsg.): Aus den Tagebüchern Friedrich Münters. Kopenhagen, Leipzig 1937. Band 3, S. 104—120 (Charakteristiken).
65 Logenverzeichnis 1785, s. o. VA 65 (alt 103) fol. 255 f.

# NEUSTÄDTER, MOHRENHEIM UND PLENCIZ

Drei Mediziner unter den Freimaurern der Aufklärungszeit

*Von Karl Sablik*

Wenn man eine Liste der freimaurerischen Ärzte der Aufklärungszeit etwa anhand von Abafis Werk[1] aufstellt, so bilden sich zwei Gruppen. Die eine umfaßt praktische Ärzte bzw. Kliniker, und die zweite Gruppe besteht aus Ärzten, die an medizinischen Verwaltungsstellen des Staates stehen: Angeführt seien hier Stadtphysici, Distriktsärzte, Oberphysici, Kreisärzte und Protomedici. An den drei Beispielen, die ich aus der Schar der ärztlichen Freimaurer dieser Zeit ausgewählt habe, läßt sich gut zeigen, wie in diesen beiden Gruppen die Ärzte ihre Wirksamkeit entfaltet haben, eine Wirksamkeit, die sich am Ideal der Humanität ausgerichtet hat. Gerade die Ärzte haben eine ganz spezifische und intime Beziehung zur Humanität; auch wenn ich im folgenden ein „Gegenbeispiel" bringen werde, ändert das nichts an dieser Feststellung. Praktische Ärzte und Kliniker haben im täglichen Leben und in der täglichen Arbeit unmittelbar am und mit dem Patienten Gelegenheit, die humanitas zu praktizieren; die Verwaltungsärzte wiederum haben die Möglichkeit, in größerem Stil, bei Epidemien usw., die Gesundheit der Bevölkerung zu fördern. Hier werden wir drei Problemkreisen begegnen, denen auf dem Gebiet der Medizin im 18. Jahrhundert auszuweichen unmöglich ist: der Pest, der Bädertherapie und der Armenversorgung.

Mit den drei Beispielen: Neustädter, Mohrenheim und Plenciz, wird man nicht nur der freimaurerisch-soziologischen Gruppierung unter den Ärzten halbwegs gerecht, sondern es werden auch die geographischen Bedingungen des osteuropäischen Raumes berücksichtigt: Plenciz' Hauptbetätigungsgebiet war Prag, das von Mohrenheim St. Petersburg, und Neustädters Wirkungsstätte war Hermannstadt.

*

Wenden wir uns nun der Tätigkeit dieser Persönlichkeiten unter dem Aspekt des medizinischen, aber auch des freimaurerischen Wirkens zu; beginnen wir mit dem Mann der Verwaltung, mit Michael Neustädter (1736–1806)[2], der als Protomedicus in die Reihe der Verwaltungsärzte eingereiht werden kann, wie etwa auch J. B. Lalangue, der in Kroatien wirkte und ebenfalls Freimaurer war[3]. Neustädter wurde am 7. September 1736 in Schäßburg geboren, ging nach dem Besuch des Gymnasiums in seiner Vaterstadt nach Neumarkt (Mieresch), um Philosophie zu studieren und besser ungarisch sprechen zu lernen. Dort entschloß er sich, Medizin zu studieren und begab sich nach Wien, wo er aber nur ein Jahr blieb. Er bezog die Hochschule in Erlangen und hatte hier die ersten freimaurerischen Kontakte[4]. Nach weiteren Studien in Straßburg kehrte er nach Erlangen zurück, um die Doktorwürde zu erlangen. Anfänglich wollte er sich dem Lehrfach zuwenden und hielt auch vor jungen Medizinern Privatvorlesungen. Dann aber entschied er sich für die praktische Laufbahn, zu welchem Zweck er in seine Heimat zurückkehrte. Er war fürderhin in Hermannstadt tätig und erwarb sich durch seine Geschicklichkeit einen guten Ruf. Trotz vieler anderweitiger Berufungen nahm er 1774 in Hermannstadt die Kreisphysikusstelle an. Zehn Jahre später, 1784, wurde ihm von Joseph II. die Landesprotomedicusstelle verliehen und 1792 erhielt er den Titel eines Sanitätsrates.

Die Loge *St. Andreas zu den Drei Seeblättern* in Hermannstadt wurde im Frühling 1767 gegründet. In ihr hatten sich Leute gesammelt, die im Ausland zu den Freimaurern gestoßen waren. Neustädter gehörte zusammen mit dem Stadtsekretär Lucas Friedrich von Hermansfeld, der gleichfalls in Erlangen rezipiert worden war, zu den neun Gründern, von denen vier weitere als Studenten in Jena, einer in Tübingen und einer in Dresden in den Orden aufgenommen worden waren, während ein weiterer Bruder aus eigener Machtvollkommenheit kooptiert wurde. Die Loge arbeitete vorerst in aller Stille, aber „nicht ohne glücklichen Erfolg". Die sozialen Verhältnisse und die Stimmung der Bürgerschaft waren den Freimaurern nicht ungünstig. So stellte sich nach Erlangung des Konstitutionspatents im März 1776 und unter Förderung durch Samuel von Brukenthal (1721—1803), der seit der Mitte der siebziger Jahre immer mehr an Bedeutung im Gubernium erlangte, ein großer Aufschwung ein. Davon sollte auch Neustädter profitieren. Spielmann meint, daß man freimaurerische Einflüsse besonders im politischen Leben Siebenbürgens spürte. Neustädters freimaurerische Tätigkeit trat im Laufe der Zeit etwas in den Hintergrund. Allerdings war er Hospitalier der Loge[5]. Zu den Gebühren für die Aufnahme in den vierten Grad spendete er zusätzlich 20 fl., die „für die Cur der Haus-Armen" verwendet wurden[6].

Als Arzt stand Neustädter ganz inmitten der sozialen und medizinischen Probleme seiner Zeit, die — wie schon angedeutet — einige Schwerpunkte bilden: Pest, Kuhpocken, Bädertherapie und Armenversorgung. 1786 wütete im Burzenland die Pest, und dank Neustädters Wachsamkeit und seines Einsatzes konnte das Umsichgreifen der tödlichen Seuche gesteuert werden. 1793 veröffentlichte er in Hermannstadt seinen Bericht über *Die Pest im Burzenlande*[7]. Er bringt darin die Geschichte dieser Pest und gibt Ratschläge zur Bekämpfung; dieses geschah „nicht aus irgendeinem literarischen Eigendünkel, sondern in der Absicht, besonders dem jungen ausübenden Arzte seines Vaterlandes einen Fingerzeig zur Behandlung jenes Übels zu geben". Die deutsche Sprache seiner Schrift motiviert er dadurch, daß „der größte Teil der Wundärzte Siebenbürgens der lateinischen Sprache keineswegs in dem Grad kundig [sei], um einen Schriftsteller deutlich verstehen zu können". Das Buch, in dem Neustädter verschiedene Krankheitsfälle von Pest bringt und Belladonna als Heilmittel empfiehlt, wird ergänzt durch Instruktionen aus seiner Feder und einen *Unterricht, wie mit der Reinigung jener Sachen, und Effeckten, welche für verdächtig und pestfähig gehalten werden, vorzugehen.* Ein Anhang bringt *Bemerkungen und Vorschläge, bei Gelegenheit der in Spalato in Dalmatien ausgebrochenen Pest entworfen.* Neustädter hat neben der medizinischen Hilfe mit Strenge und Konsequenz diese Pest von 1786 im Zaum gehalten, ist doch in seiner Instruktion vom 26. Oktober 1786 zu lesen, daß der Commissarius vertraute und zuverlässige Visitatores aufzustellen habe, „die täglich Frühe, Mittags und auf die Nacht, von Haus zu Haus umzugehen haben, in jedem Haus sämtliche Bewohner persönlich sich vorstellen zu lassen, und mit einer besonderen Achtsamkeit auf die Gesundheitsumstände zu fragen haben"[8].

Eine Schrift Neustädters von 1803 beschäftigt sich mit der neu entdeckten Kuhpockenimpfung, und schon der Titel verrät die Sorge um die Bevölkerung: *Über die Kuhpockenimpfung. Ein paar Worte zur Beherzigung für alle Familienväter in Siebenbürgen.* Diese Schrift diente der Aufklärung und wurde mit hofkriegsrätlicher Verordnung vom 13. November 1803 initiiert und im ganzen Land zur Verteilung gebracht. Es gibt davon ungarische, kroatische und rumänische Übersetzungen. Letztere hat Bedeutung für die Anfänge des populären medizinischen Schrifttums in rumänischer Sprache. Das Vorwort zu dieser Schrift enthält außerdem freimaurerisches Gedankengut.

Ein weiteres Feld von Neustädters Wirken war die Bädertherapie. Schon 1770 hatte sich der Wiener Professor J. N. Crantz (1722–1797) an die Ärzte Siebenbürgens mit der Aufforderung gewandt, die Heilquellen ihrer Heimat zu untersuchen. Ein ähnliches Anliegen hatte auch Neustädter ebenso wie Lalangue in Kroatien. Drei Arbeiten in der *Siebenbürgischen Quartalschrift* sind diesem Thema gewidmet: 1793: *Über den Gebrauch des Borseker Sauerbrunnens und dessen heilsame Wirkungen im Bluthusten* und *Über den Homoroder Sauerbrunnen nebst einigen Vorsichtsregeln beim Gebrauche der Brunnencuren überhaupt*; 1797: *Chemische Untersuchungen des Mineralwassers zu Kis-Szék.* Bei diesen Untersuchungen verwendete Neustädter hauptsächlich die traditionellen Methoden der Wiener Schule. Als Therapie empfahl er diese Quellen für Trinkkuren oder Bäder bei Entzündungen des Unterleibes, der Leber, der Milz und der Urinwege; Bäder hauptsächlich bei rheumatischen Leiden. Allerdings könnten diese Mineralquellen nur bei einem „rechten Maß im Trinken" und einer „regelmäßigen Lebensordnung" während der Behandlung wirksam sein. Neustädter selbst ersuchte seine Kollegen, möglichst viele Mineralquellen zu untersuchen, da diese in der Therapie des 18. Jahrhunderts – nicht zuletzt auch wegen der relativ einfachen Handhabung – eine große Rolle spielten. „Es ist daher Pflicht", schrieb er[9], „zum Nutzen der leidenden Menschheit diese wohltätigen Gewässer zu untersuchen, ihre verschiedenen Wirkungen zu einigen Krankheiten näher zu prüfen und die Resultate hierüber bekannt zu machen." In anderem Zusammenhang schreibt Neustädter, daß die Krankheiten sich in Abhängigkeit von Klima, Temperatur, Lebensart, aber auch von politischer oder religiöser Verfassung befinden.

Neustädters medizinische Veröffentlichungen, besonders der *Beitrag zu einigen klinischen Beobachtungen in Siebenbürgen*, der auch in der *Siebenbürgischen Quartalschrift*[10] erschien, sollten der Medizin seines Landes und dem „Nutzen der leidenden Menschheit" dienen. Aber er wollte damit auch das Prestige seiner Heimat heben, da es das Zeichen einer „unverzeihlichen Indolenz oder Bequemlichkeit sei, wenn unter so vielen geschickten Ärzten unseres Vaterlandes, sich nicht einer fände, der mit dem Geiste der neueren medizinischen Literatur vertraut, seinen Zeitgenossen redende Beweise gäbe, daß auch der Hang zum Nachforschen und Beobachten nicht gänzlich erloschen sei". In solchen und ähnlichen Gedanken dokumentieren sich die Einflüsse der Aufklärung und der Freimaurerei. Ja, die Loge *St. Andreas zu den Drei Seeblättern*, deren Beamter Neustädter als Hospitalier war, hatte am Ende der achtziger Jahre einige große Projekte in Angriff genommen, die Arbeiten dieser Art geradezu forderten. Auf die Frage nämlich, was der Maurer dazu getan habe, die Loge vor den Augen der profanen Welt und des Monarchen zu rechtfertigen, heißt es: „Bearbeitung für unser Land nützlicher Kenntnisse und Wissenschaften bleibt hier als einziges sicheres Mittel, diesen hohen Zweck zu erreichen." Fortschrittliche Ideen spiegeln sich auch in Neustädters *Opinio in re sanitatis* von 1791, Gedanken über das ärztliche Personal, Spitäler, Heilquellen und den Schutz der Bevölkerung vor Krankheiten, besonders der Pest. Der Bericht ist von einer von Neustädter geleiteten Kommission im Rahmen des sogenannten Leopoldinischen Landtages ausgearbeitet worden[11].

Der Kreis von Neustädters Wirken schließt sich in der Armenversorgung, wodurch wieder die unmittelbare Verbindung zur Freimaurerei hergestellt ist. Die Almosen-Kasse in der Hermannstädter Loge war insofern am schwächsten bestellt, als die Anforderungen an sie von Jahr zu Jahr stiegen[12]. Auch setzte die Loge die im Jahre 1777 gegründete Institution fort, Arme mit Arzneien zu versehen. Der „opferwillige Hospitalier" Neustädter behandelte außerdem die Armen sowie die kranken Brüder unentgeltlich.

\*

Neben Plenciz und Neustädter, hervorragenden Vertretern der Medizin, der Aufklärung und der Freimaurerei, steht die schillernde Figur Joseph von Mohrenheims[13]. Er wurde am 16. März 1756 in Wien geboren, studierte hier und konnte zu seinen Lehrern den Augenarzt Joseph Barth, den Kliniker Maximilian Stoll und den ersten Direktor der 1785 gegründeten Medizinisch-chirurgischen Militärakademie, G. A. Brambilla, zählen. Mohrenheim war Magister der Geburtshilfe und Augenheilkunde, betrieb in Wien eine wundärztliche Praxis und wurde als zweiter Wund- und Augenarzt an der Medizinisch-chirurgischen Lehranstalt angestellt. Durch seine Arbeiten hatte sich Mohrenheim einen gewissen Ruf verschafft, der ausreichte, daß Katharina II. ihn 1783 in eine ehrenvolle Stellung nach St. Petersburg berief. Müller-Dietz schreibt, daß Mohrenheim „anscheinend" solides medizinisches und chirurgisches Können mit barockem Geltungsbedürfnis, anmaßendem Auftreten und einem ausgesprochenen Erwerbsstreben verband. Die Zeitgenossen und die späteren Historiographen geben ein negatives Bild dieses Mannes; sieht man vom Konkurrenzneid ab, scheint Mohrenheim tatsächlich nicht von sehr hoher Charakterbildung gewesen zu sein.

Mohrenheim war Freimaurer: ob sein Lehrer Maximilian Stoll (1742–1787)
hier eine vermittelnde Rolle gespielt hat, ist zweifelhaft. Stoll trat 1784 in
Wien der Loge *Zur Wahren Eintracht* bei[14], während Mohrenheim schon der
am 2. Februar 1783 neu gegründeten Loge *Zur Wohltätigkeit* in Wien angehörte,
wohin er aus einer unbekannten Loge gekommen war. Mohrenheim hatte Stoll
seine *Beobachtungen verschiedener chirurgischer Vorfälle* mit einer „gefühlvollen" Laudatio gewidmet. Am 24. Mai 1783 erfüllten einige Brüder der Loge
*Zur Wahren Eintracht* die „einerseits traurige, andererseits angenehme Pflicht,
dem nach Rußland abgehenden, für sie daher so gut wie verlorenen Mohrenheim für seine Reise über Berlin Empfehlungsbriefe an die Logen der von ihm
berührten Städte mitzugeben"[15]. Diese einzige Nachricht bei Abafi über Mohrenheim dürfte charakteristisch für ihn sein.

In St. Petersburg wurde Mohrenheim als Lehrer der neuen chirurgischen
Lehranstalt am Kalinkin-Krankenhaus zugeteilt, welches der Kaiserin direkt
unterstand. Er scheint jedoch seinen Verpflichtungen nicht nachgekommen
zu sein und lehnte es schon im Oktober 1783 in einem Schreiben an den Präsidenten des Medizinischen Kollegiums förmlich ab, sich mit dem theoretischen Unterricht zu befassen. Bald danach begann die Kritik an seiner Person
einzusetzen, was aber nicht verhinderte, daß er zum Leibaccoucheur der Großfürstin Maria Feodorovna avancierte und im Juli 1785 zum Direktor der neuen
Hebammen-Lehranstalt am Petersburger Findelhaus ernannt wurde, wo er auch
das kleine Entbindungsheim mitbetreute. Schon im März dieses Jahres hatte
er die Erlaubnis zur Ausübung der medizinisch-chirurgischen Praxis erhalten,
aber erst 1789 wurde er zum Doktor der Universität Königsberg promoviert,
und zwar mit einer Dissertation, in der – nach Müller-Dietz – „abenteuerliche
Ideen von der Zeugung und embryonalen Entwicklung" ausgeführt wurden,
die auch in das 1791 erschienene Buch *Abhandlungen über die Entbindungskunst* Eingang fanden. Dieses Werk wurde aufwendig ausgestattet und auf Kosten des Medizinischen Kollegiums in St. Petersburg herausgegeben. Friedrich
Benjamin Osiander (1759–1822), berühmter Professor der Entbindungskunst
in Göttingen, stellte kurz und bündig fest, die Ausführungen seien vom Anfang bis zum Ende mißglückt. Er bemerkte sarkastisch, daß alle Vignetten bereits für andere Bücher vorbereitet gewesen seien und nur eine von Mohrenheim stamme. „Auf dieser legt ein kniender Mann in römischer Kleidung der
Kaiserin einen Folianten zu Füßen, und diese dagegen leert ein großes Füllhorn mit Kronenthalern aus, die alle gegen den Knieenden hinrollen."[16]

1790 war Mohrenheim in den österreichischen Freiherrn-Stand erhoben
worden, was allerdings nur als eine höfliche Geste Josephs II. der russischen
Kaiserin gegenüber anzusehen ist: Nach dem Teschener Frieden hatte der Kai-

ser sich mehr Rußland zugewandt, und seit 1787 kämpfte Österreich an der Seite Rußlands gegen die Türken. Mohrenheims Ansuchen stammte vom 12. Oktober 1789 und war inhaltsleer, wenn nicht gar erlogen. So behauptete er etwa, daß er sich als Doktor der Medizin in unzähligen Fällen ausgezeichnet und seinem Vaterland Ehre gemacht habe. Ein Jahr zuvor (1788) hatte Mohrenheim das Augenfell, ein nicht sehr schweres Leiden, das man damals mit der Pinzette und Schere operieren konnte, des Feldmarschalls Graf Razumovskij operiert und war in eine Kontroverse mit Thomas Dussik, dem Leibarzt des Patienten, der wahrscheinlich auch aus der Habsburger Monarchie stammte, geraten[17]. Graf Kirill Grigor'evič Razumovskij war der letzte Kosaken-Hetman der Ukraine und von 1746 bis 1765 Präsident der Petersburger Akademie der Wissenschaften. Die an ihm vorgenommene Augenoperation — von Dussik in einem *Beitrag zu Mohrenheims Biographie* beschrieben — offenbart dessen Schwächen: Er erklärte die Ärzte seiner Umgebung für Scharlatane; ehe er operierte, wollte er 5000 Rubel Vorauszahlung haben; er begegnete seinen Freunden mit Grobheiten; und vor allem: er operierte schlecht. Er stach viermal mit der Nadel, ehe er das Augenfell fassen konnte. Die Nadel war nicht die eines echten Okulisten, und er zog sie „mit einem Jauchzen und dem Ausruf ‚Bravo, bravo!' durch, als hätte er einen bewunderungswürdigen, vom Tode rettenden Stich und Zug getan. Kein Mensch klatschte in die Hände"[18].

Trotz all dieser Fakten hielt sich Mohrenheim wacker, und Melchior Adam Weikard (1742—1803), Professor aus Fulda, der einige Jahre Hofarzt in St. Petersburg war, schrieb böse[19], daß in Rußland viele Männer zu Ansehen und hohen Einkünften kämen, „wenn sie auch schon im Vaterlande nichts als honette Barbierer gewesen waren". Er spricht auch davon, daß Protektion im Spiele gewesen sei.

Mohrenheim starb am 17. November 1797 in St. Petersburg. Er gehört zu der großen Gruppe von Personen, die sich während der zweiten Hälfte des 18. Jahrhunderts um des Erfolges willen der weitreichenden Beziehungen der Freimaurer bedienten, ohne eine erhebliche Bindung an deren humanitäre Ziele zu haben. Außerdem dürfte er ein sehr schwieriger Charakter gewesen sein, was Razumovskij folgendermaßen ausgesprochen hat: „Er hat sich in seiner Maxim vorgenommen, alle Menschen zum Feinde zu machen, und er wird sein System durchsetzen."[20]

*

Im Gegensatz zu Mohrenheim hatte der Arztsohn Josef von Plenciz (1752—1786)[21] engste Beziehungen zum Freimaurertum. 1773 zum Doktor der Medizin promoviert, kann er als Schüler der *Ersten Wiener Medizinischen Schule* gelten. Seine Lehrer waren Störck, Jacquin, Crantz, de Haen, Leber u. a. Bald wurde er als fähiger Arzt bekannt, so daß er schon 1778, nachdem der böhmische Protomedicus und Professor der Praktischen Medizin Thaddäus Bayer zum Feld-Protomedicus befördert worden war, einen Ruf als Professor für

Praktische Medizin an die Prager Hochschule erhielt. Er schlug die Errichtung einer klinischen Schule vor und erbat bei Maria Theresia acht Betten für den ärztlichen Unterricht im Spital der Barmherzigen Brüder[22]. Das Militärspital wollte er wegen dessen Unzulänglichkeiten nicht übernehmen[23]. Acht Betten reichten jedoch nicht aus, weswegen er weitere 50 Betten übernahm, was ihm bei den Demonstrationen im klinischen Unterricht gute Dienste leistete. Was seine Bemühungen um diesen Unterricht betreffen, kann Plenciz historisch in eine Reihe mit Boerhaave in Leiden und de Haen in Wien gestellt werden.

Neben seiner Tätigkeit im Spital der Barmherzigen Brüder, wo nur Männer seine Patienten waren, übernahm er unentgeltlich die ärztliche Versorgung des Waiseninstituts bei St. Johann dem Täufer, von dem es heißt, es sei eine „eminent freimaurerische Schöpfung und Gegenstand unausgesetzter Sorgfalt" gewesen[24]. Dieses private Waisenhaus[25] entstand im Zusammenhang mit der großen Hungersnot und Teuerung in Böhmen 1770/72, während der viele Kinder ihre Eltern verloren. Graf Kaspar Hermann Künigl (1745—1814) betrieb damals gemeinsam mit einer Gruppe von Persönlichkeiten die Gründung des Waisenhauses; Maria Theresia und Joseph II. förderten das Unternehmen durch bedeutende Geschenke. Künigl hatte gute Beziehungen zu freimaurerischen Kreisen in Wien. Bei einem Besuch in der Metropole sprach er, der führende Prager Freimaurer, in der Loge *Zu den drei Adlern*, der auch Plenciz angehörte, die Hoffnung aus, er werde in den Wiener Logen für das Waisenhaus eine ansehnliche Unterstützung finden[26]: Der Erfolg war eine Spende von ca. 800 fl. jährlich. Als Plenciz nach Prag berufen wurde, war seine Tätigkeit im Waisenhaus also schon vorgezeichnet. Er wurde Mitglied der dortigen Loge *Zu den drei gekrönten Sternen*[27], die sich gerade während dieser Zeit, wie übrigens die Freimaurerei in Prag überhaupt, in einem gewissen Aufschwung befand. Die Anerkennung für seine selbstlose Tätigkeit im Waisenhaus blieb nicht aus: Plenciz wurde unentgeltlich promoviert[28].

Plenciz engagierte sich auch erheblich in der Arbeit der Loge. Nachdem es 1783 zu Streitigkeiten gekommen war, die beigelegt werden konnten, wurde er bei der Wahl zum Redner bestimmt. Er tat sein möglichstes, um die „fast ganz toten Brüder in etwas wach zu rufen"[29]. Bekannt ist, daß er drei Reden über das Thema: Maurer, wer seid Ihr?, wo kommt ihr her?, wo geht ihr hin? hielt, die leider nicht erhalten sind. Das Logenleben nahm eine schlechte Wendung, so gründete er zusammen mit anderen Brüdern 1783 eine neue Loge *Wahrheit und Einheit*, die — bestehend aus ehemaligen Mitgliedern der Loge *Zu den drei gekrönten Sternen* — geleitet war „durch eine gleichere [sic!] Denkungsart und ähnlichere Gefühle, durchdrungen von einem Geiste der innigsten freundschaftlichen Verbindung und Einigkeit." Es sollte eine Loge sein, in „deren Heiligtum sie künftig nur jene beschlossen einzuführen, die mit den Grundsätzen, nach welchen sie ihre geheiligten Arbeiten bestimmten, harmonisch denken würden".

Die Anregung zu dieser Gründung stammte von Joseph Graf Canal (1745—1826), dem Sohn des Sardinischen Gesandten. Canal war ein bekannter Philanthrop, der das Waisenhaus unterstützte und den von ihm geschaffenen botanischen Garten den Bürgern öffnete. Plenciz wurde Bruder Redner in der neuen Loge. Gemeinsam mit Karl Ungar (1743—1807) fixierte er die in Punkten zusammengefaßten Prinzipien, nach denen gearbeitet werden sollte. Ungar legte sie in Wien Ignaz von Born vor, der sie billigte und zum Zeichen seiner Verbundenheit seine Büste übersandte. Bei Eröffnung der Loge am 30. November 1783 legte Plenciz in „gediegener Rede" dar, was beabsichtigt sei. Das wohltätige Wirken war vielfältig: Es reichte von der Unterstützung des Waisenhauses über die Hilfe bei der Moldauüberschwemmung bis zur Pflicht, an hinterlassenen Waisen von Brüdern Vaterstelle zu vertreten; und es ist anzunehmen, daß Plenciz, der das Elend im Waisenhaus kannte, sich für diese Anordnung einsetzte. Gesellige Veranstaltungen sollten die Brüder fester aneinander binden.

Im Jahre 1784 wurde Plenciz durch den Großmeister der Provinzialloge von Böhmen, Graf Stampach, anstelle des zurückgetretenen Grafen Künigl zum Deputierten Provinzial-Großmeister ernannt. Dies war sowohl Ehre als auch Verlust für die neue kleine Loge. Allerdings konnte Plenciz seine Tätigkeit nicht lange ausüben: Er starb am 26. April 1785, erst 33 Jahre alt. Die Errettung von 44 Pflegekindern des Waisenhauses vor einer bösartigen, epidemischen Krankheit war sein Werk. Er selbst schonte sich dabei nicht, was sein eigenes Ende beschleunigt hat. Der Historiograph der Loge, O'Reilly, schreibt, Plenciz sei ebenso ehrenvoll „als ein Opfer der Menschenrettung in seinem Beruf gestorben, als es der patriotische Held auf dem Schlachtfeld nur immer kann". Beim Begräbnis ließ man durch Pracht und Begleitung das Publikum ahnen, wer die Begleiter seien.

*Anmerkungen*

1 Ludwig Abafi: Geschichte der Freimaurerei in Österreich-Ungarn. 5 Bde. Budapest 1889—1893.
2 Constant von Wurzbach: Biographisches Lexikon des Kaisertums Österreich. 60 Bde. Wien 1856—1890; hier Bd. 20, S. 305 ff. Herrn Prof. Joseph Spielmann (Rumänien) bin ich sehr dankbar für die Mitteilung von Forschungsergebnissen bezüglich Neustädter. Wertvolle Hinweise verdanke ich auch Herrn Prof. Göllner (Rumänien). Zu Neustädter vgl. auch Valeriu Bologa: Ärzte und Gesundheitspflege bei den Siebenbürger Sachsen im 18. und zu Beginn des 19. Jahrhunderts. In: Forschungen zur Volks- und Landeskunde, Bd. 7/2, Bukarest 1964, S. 60. Neustädters Aufsatz „Über die Kuhpokkenimpfung" ist (eingeleitet) abgedruckt in: Aufklärung. Schrifttum der Siebenbürger Sachsen und Banater Schwaben. Hrsg. von Carl Göllner und Heinz Stanescu. Bukarest 1974.
3 Karl Sablik: Van Swieten-Schüler in Osteuropa. In: Wissenschaftspolitik in Mittel- und Osteuropa. Wissenschaftliche Gesellschaften, Akademien und Hochschulen im 18. und beginnenden 19. Jahrhundert. Hrsg. von Erik Amburger, Michał Ciésla und Lázló Sziklay. Redaktion: Heinz Ischreyt. Berlin 1976. = Studien zur Geschichte der Kulturbeziehungen in Mittel- und Osteuropa. Bd. 3.

4 Abafi (s. Anm. 1), Bd. 1, S. 348 f.; über seine Tätigkeit in der Loge vgl. Ferdinand
   von Zieglauer: Geschichte der Freimaurerloge St. Andreas zu den drei Seeblättern in
   Hermannstadt (1767—1790). In: Archiv des Vereins für Siebenbürgische Landeskunde. N. F. Bd. 12, 1875, H. 3.
5 Abafi (s. Anm. 1) Bd. 3, S. 245.
6 Ebenda Bd. 3, S. 252.
7 Nach der Ausgabe: Die Pest im Cronstädter Distrikte in Siebenbürgen im Jahre 1786.
   Wien 1797.
8 Ebenda S. 89 f.
9 Siebenbürgische Quartalschrift 3 (1793) S. 332.
10 Ebenda 4 (1795) S. 170—180, 225—246.
11 Joseph Spielmann: Über den Einfluß der Chenotschen Seuchenordnung auf Siebenbürgen. In: Medizinhistorisches Journal 6 (1971), S. 203 f.; vgl. auch Zieglauer (s. Anm.
   4), S. 520.
12 Abafi (s. Anm. 1) Bd. 5, S. 340.
13 Wurzbach (s. Anm. 2) Bd. 18, S. 442. Heinz Müller-Dietz: Zur Biographie und Charakteristik Joseph von Mohrenheims. In: Medizinhistorisches Journal 10 (1975) S. 219—
   228.
14 Abafi (s. Anm. 1) Bd. 4, S. 315.
15 Abafi (s. Anm. 1) Bd. 4, S. 327 f.
16 Müller-Dietz (s. Anm. 13) S. 223. F. B. Osiander: Lehrbuch der Entbindungskunst.
   Bd. 1, Göttingen 1799, S. 570 f. Die Vignette befindet sich auf S. 1 von Mohrenheims
   Werk.
17 Thomas Dussik: Doktor Mohrenheim und das Augenfell. Hrsg. von Heinz Müller-Dietz,
   Berlin 1975.
18 Ebenda S. 35.
19 Müller-Dietz (s. Anm. 13) S. 224.
20 Ebenda S. 228.
21 Wurzbach (s. Anm. 2) Bd. 22, S. 419; Julius Vinzenz Krombholz: Fragmente einer
   Geschichte der medzinisch-praktischen Schule an der Karl-Ferdinand-Universität.
   Prag 1831. = Programm zum feierlichen Rektorats-Wechsel fürs Jahr 1831/32.
22 Vgl. Wilhelm Rudolf Weitenweber: Die medizinischen Anstalten Prags. Prag 1845.
23 Max Watzka: Die Prager Universität und ihre medizinische Fakultät. München, Berlin 1941, S. 44 f.
24 Abafi (s. Anm. 1) Bd. 3, S. 72.
25 Weitenweber (s. Anm. 22) S. 195.
26 Abafi (s. Anm. 1) Bd. 3, S. 23.
27 Ebenda Bd. 3, S. 96.
28 Ebenda Bd. 3, S. 98.
29 Für die weitere Schilderung vgl. Abafi (s. Anm. 1) Bd. 5, S. 88 ff., 101 ff., 108, 112 ff.

# FREIMAURER, REFORMPOLITIKER, GIRONDISTEN

*Von Éva H. Balázs*

Versucht man festzustellen, wie die ungarische Gesellschaft auf den aufgeklärten Absolutismus reagiert hat, will man die ideen-, wirtschafts- oder institutionsgeschichtlichen Probleme, die sich dabei ergeben, beantworten, so stößt man in den Quellen und in der Literatur immer wieder auf den Begriff der Freimaurerei, wobei es zwei Extreme in der Beurteilung dieses Phänomens gibt. Das eine vertreten Abafi[1] und die an ihn anknüpfenden Autoren, die die Stellung der Freimaurer gegenüber dem aufgeklärten Absolutismus positiv einschätzen. Sie bezogen ihre Daten aus dem einstigen Freimaurerarchiv der Familie Festetich in Dég, aus dem Brukenthalarchiv in Hermannstadt und aus Publikationen in verschiedenen Maurerzeitschriften. Dieses Material reicht bis zu den sechziger Jahren des 18. Jahrhunderts zurück und wird von den siebziger Jahren an besonders reichhaltig.

Die das andere Extrem vertretenden Autoren machen hingegen die Freimaurerei für die Jakobinerverschwörung in Ungarn verantwortlich[2]. Der Beginn der Französischen Revolution entfesselte einen Strom von Anzeigen und Meldungen an den Wiener Hof, die ihrem Charakter nach janusköpfig sind. Sie enthalten einerseits wahrheitsgetreue Elemente, andererseits wimmeln sie von Verzerrungen und Fälschungen[3]. Die teils im Ungarischen Staatsarchiv mit der Privatbibliothek, teils im Österreichischen Staatsarchiv befindlichen Quellen bildeten die Grundlage zahlreicher historischer Publikationen. Gemeinsam mit den Untersuchungsprotokollen und der vom Gericht beschlagnahmten Korrespondenz der Jakobiner erhielt man nur zu leicht den allerdings täuschenden Eindruck, daß der Weg des Freimaurers, wenn er gegen soziale Mißstände kämpfte, unbedingt zum Jakobinismus führen mußte[4].

Der Historiker steht also vor der Notwendigkeit, entscheiden zu müssen, wer als typisch zu betrachten ist: der in den letzten Jahrzehnten des 18. Jahrhunderts loyale, dem Herrscher und Hof treue, sich bei Konflikten schweren Herzens zurückziehende Maurer, oder der sich spontan zu Freiheit und Gleichheit bekennende, der sich unter dem Eindruck der ermutigenden Nachrichten über die Französische Revolution als „Jakobiner" mit einem radikalen Programm zu organisieren beginnt. Der Historiker hat ferner klarzustellen, welchen gesellschaftlichen Schichten diese beiden Typen, der im Grunde loyale und der revolutionäre Maurer, im Ungarn des 18. Jahrhunderts angehören.

\*

Aus den Angaben Abafis geht hervor, daß Angehörige der Intelligenz die Initiative zur Gründung der ersten ungarländischen Logen ergriffen haben[5].

Abafi dokumentiert jedoch auch recht ausgiebig ein Übergewicht des Adels. Dabei sind nicht nur die Namen wichtig, sondern auch die Stellung, die die Träger dieser Namen und deren engere und entferntere Verwandten bekleidet haben. Es ist bekannt, daß die ungarische Gesellschaft zu jener Zeit ein noch ganz feudales Gepräge trug, was sich nicht nur in der Hörigkeit der Bauernschaft zeigt. Der feudale Charakter — verhärtet im Laufe einer schweren Geschichte, namentlich während der hundertfünfzigjährigen Türkenherrschaft — lähmte eine gesunde bürgerliche Entwicklung[6]. Kaum zwei Prozent der Bevölkerung sind als Bürger im eigentlichen Sinne zu betrachten, während der Adel fünf Prozent ausmachte. Die innere Struktur dieses Adels weist Züge auf, die in den entwickelteren Ländern Europas bereits im 15. und 16. Jahrhundert feststellbar sind, später aber verschwanden. In der zentralen Administration (Kanzlei, Statthaltereirat, Kammer) werden die leitenden Posten von den Angehörigen der alten Adelsfamilien oder von Persönlichkeiten, die in den theresianischen Jahrzehnten in die Hocharistokratie erhoben worden waren, bekleidet, ebenso das Amt des Obergespans in den 55 Komitaten. Der mittlere Adel, der die Sekretäre oder Referendare in der zentralen Administration, die Vizegespane, Stuhlrichter und Schöffen stellt, ist von der Hocharistokratie ganz abhängig. In der Hierarchie dieser Abhängigkeit folgen die besitzlosen „Landjunker" als herrschaftliche Verwalter und Wirtschaftsangestellte auf den Latifundien. Als letzte in dieser Reihe stehen schließlich die Angehörigen der Intelligenz, die als Advokaten die Besitzstreitigkeiten austragen, als Hauslehrer die adelige Jugend erziehen oder die Stellung von Sekretären oder Hausärzten haben.

Das wichtigste Kriterium der ungarischen Gesellschaft ist ihre feudale Prägung und der verbissene Kampf des Adels um seine Steuerfreiheit; das zweite ihre konfessionelle Spaltung. In den vorangegangenen Jahrhunderten hatte vor allem der Konflikt zwischen Katholiken und Reformierten die ständische Insurrektion bedingt. Mit Ausnahme einiger Siebenbürger Magnatenfamilien gelangte der reformierte Adel in eine zunehmend nachteilige Situation. Die Resolutio Carolina verlangte vor jedem Amtsantritt einen Eid, den kein Nichtkatholik ablegen konnte, ohne seinen Glauben zu verleugnen[7]. Aber auch im geographischen Sinne war der reformierte Adel benachteiligt. Der wirtschaftliche und soziale Entwicklungsstand zeigte nämlich im 18. Jahrhundert große regionale Unterschiede. Am besten entwickelt war die westliche und nordwestliche, an Österreich grenzende Zone, die von den Türken gar nicht oder nur vorübergehend besetzt worden war. Hier waren Groß- und Mittelbesitz in Händen von Katholiken oder Katholisierten. Sie standen an der Spitze der landwirtschaftlichen und industriellen Produktion des Landes, dessen Exportschwierigkeiten sie am wenigsten betrafen. Österreich war ja, wenn auch unter nicht besonders günstigen Bedingungen, ein ständiger Abnehmer der Erträge des großen und mittleren Grundbesitzes und der Produkte der damals entstehenden adeligen Manufakturen. Hingegen hatten die Grundbesitzer der östlichen Regionen, zumeist Kalvinisten und Lutheraner, wegen des Verlustes von Schlesien und später durch die Teilungen Polens mit großen Marktschwierigkeiten zu kämpfen. In diesen Landstrichen lebte ein vom öffentlichen Leben ausgeschlossener, mit der Wirtschaftslage unzufriedener, aus konfessionellen Gründen an ausländischen, zumeist deutschen Universitäten studierender Adel, den diese Situation beweglich und für ideologische Einwirkungen empfänglich machte. Im Hinblick auf unser Thema verdienen Südtransdanubien, Kroatien und die adriatische Küste besondere Aufmerksamkeit. In diesem Raum trafen sich der kroatische und ungarische Adel, Offiziere, Grundbesitzer und die Angehörigen der neuen Beamtenschaft Fiumes (Rijekas), das den Ländern der ungarischen Krone als corpus separatum angegliedert worden war.

Die drei oben genannten Regionen waren auch in bezug auf die Freimaurerei und auf die Logengründungen durchaus unterschiedlich. Preßburg und Westtransdanubien hängen eindeutig von den Wiener Logen ab, die Logenmitglieder arbeiten — oft in Wien selbst — mit den Wiener Brüdern zusammen. Man könnte sie die loyalen Maurer nennen. Im östlichen Gebiet breiten sich die Filialen der von Franzosen gegründeten Warschauer Loge aus. Hier lebt ein von alten rebellischen Familientraditionen genährter kritischer Geist gegenüber Wien und der Habsburgerherrschaft. In der südlichen, also dritten Region rufen Offiziere und aus dem ganzen Land hierher versetzte adelige Bürokraten ein spezielles ungarländisches Maurersystem ins Leben, das als *Systema Libertatis* bis nach Siebenbürgen reichende Wirkungen auf die Entwicklung der ungarländischen Freimaurerei ausübte. Hier im Süden begann Graf Drašković, kroatischer Oberst bei den Grenztruppen, mit Gleichgesinnten das *Hungarus-System* aufzubauen[8].

Während die Prager und Wiener Freimaurer untereinander und mit ihren in verschiedenen deutschen Ländern befindlichen Vorgesetzten in Fehde standen, bezeichnete sich das Drašković-System als „Latomia Libertatis sub corona Hungariae in provinciam redactae" und erklärte sich für unabhängig. Es legte in seinen Beschlüssen dar, daß die Anhänger dieser Obedienz alle Hochgradsysteme in Ehren halte. „Die Ursache dessen, weshalb wir eine eigene Oberbehörde bildeten", heißt es im Reglement, „ist theils in jenen Beschwerlichkeiten zu suchen, womit unser Verkehr mit entfernten Logen verbunden ist, theils aber in unserer Liebe zur Freiheit und Unabhängigkeit." Um keinerlei Mißverständnisse aufkommen zu lassen, soll hier angemerkt werden, daß es sich um Freiheit und Unabhängigkeit adeligen Charakters handelt: Die adeligen ungarländischen Freimaurer wollten, so wie ihre Brüder in den Erbländern, für den Josephinismus, für die Aufklärung habsburgischer Prägung arbeiten.

Wenn wir sagen können, die englische Freimaurerei habe sich mit ihren Logen für die konstitutionelle Monarchie eingesetzt, so läßt sich mit dem gleichen Recht von den Freimaurern der Habsburger Monarchie behaupten, daß ihre Logen und auch die in Ungarn und Siebenbürgen die Funktion von Werkstätten des aufgeklärten Absolutismus hatten. Die ungarische Provinz erzielte zwar nicht die Resultate der Wiener Loge *Zur wahren Eintracht*, doch ist das, was das *Libertas-System* geleistet hat, durchaus beachtenswert. Die ungarischen Logenbrüder, Ober- und Vizegespane einzelner Komitate, wichtige Beamte des Statthaltereirates und der von Joseph II. geschaffenen Distrikte, weltliche Führer der protestantischen Konfessionen und einige ihnen nahestehende Angehörige der Intelligenz, kämpften gemeinsam nicht nur für die Aufklärung im allgemeinen, sondern vor allem auch für das josephinische Programm. Die Logen, in welchen Angehörige verschiedener Konfessionen vereinigt waren, bezeugten und förderten die Toleranz.

Auf den Programmen der Logenarbeit standen weniger wissenschaftliche Themen als volkswirtschaftliche und politische Fragen. Diese Tätigkeit half bis 1785 dem josephinischen System, manches schwere Hindernis zu überwinden, indem sie den Widerstand brach, den die rückständige Mehrheit des Adels gegenüber den unter dem Gesichtspunkt einer Zentralisation wichtigen, aber sehr unpopulären Verordnungen leistete. Die Lehren der Drašković-Observanz blieben übrigens auch dann noch in Geltung, als der Großmeister seine Würden niedergelegt hatte. In den ungarischen Freimaurerstatuten stehen durchaus josephinische Prinzipien; die Maurer wollten die Gesellschaftsordnung nicht verändern, sondern hatten das Ziel, „die Großen zu unserem Stand zurückzubringen und die Geringen zu uns zu erheben." Die Aufgabe des Freimaurers sei die Suche nach Verbesserung und Hilfe. Deshalb solle man auch talentierten, wissenschaftlich begabten Brüdern bestimmte Aufgaben geben. Sie sollten einzelne Probleme untersuchen, darüber Aufsätze schreiben und diese, wenn möglich, publizieren.

Das Reglement enthält eine vollständige Themenliste und gibt Fragen an, die von Geistlichen, Militärs, Beamten und Juristen zu bearbeiten seien. Die Ergebnisse der ungarischen wissenschaftlichen und politischen Literatur in den folgenden Jahrzehnten stehen fast ganz im Zeichen dieser Thematik, ohne daß man die freimaurerische Initiative ohne weiteres erkennen könnte. Es ist wohl nicht überflüssig, einige Themen aus diesem Aufgabenverzeichnis anzuführen[9]. Für *Beamte* wurden folgende Themen vorgeschlagen: Ist es wünschenswert, in Ungarn die Einwohnerzahl zu vergrößern? Wenn ja, sollen Fremde angesiedelt werden, oder bietet sich eine andere Möglichkeit? Ist es möglich, den Handel Ungarns zu fördern? Wenn ja, auf welche Weise und durch welche Gesetze? Wie werden die Steuern am besten aufgeteilt? Wie ließe sich die Lage der Bauernschaft verbessern? Für *Pädagogen*: Wie könnte man die Denkart des Volkes umwandeln? Worauf gründet sich die Vaterlandsliebe? Wie könnte sie allgemein verbreitet werden? Wie läßt sich die Vaterlandsliebe mit der Liebe zur ganzen Menschheit verbinden? Für *Juristen*: Wie ist im Wesen die Konstitution unseres Vaterlandes? Welches ist die beste Regierungsform? Ist diese für jedes Land gültig, oder sollen lokale Umstände berücksichtigt werden? Inwiefern soll bei unterschiedlichen Verhältnissen auch die Verfassung geändert werden?

Ein weiteres Thema lautete: Soll der Freimaurer auch dann für sein Vaterland arbeiten, wenn er seine eigenen Interessen dafür opfern muß? Dabei schließt der Begriff des Vaterlandes auch denjenigen des Herrschers ein, wenn dieser — und das ist hier eine wesentliche Bedingung — gerecht und von seiner Umgebung nicht verdorben ist.

Mit den Problemen des ungarischen Handels, den Fragen einer Modernisierung der Konstitution und mit der Lage der Bauernschaft befaßten sich zunächst vorwiegend die Brüder in Fiume. Ihrer Tätigkeit schlossen sich des weiteren die Mitglieder der westlichen, stets loyalen Logen an und diejenigen aus den östlichen Zonen, die durch ihren Beruf in die neue Hauptstadt gekommen waren. Hier entstand auch das Zentrum der Drašković-Observanz und der Meister, die aus Fiume nach Buda und Pest übergesiedelt waren.

Da die Arbeiten der Freimaurer relativ selten im Druck erschienen sind, erwies es sich als notwendig, in den Familienarchiven nachzuforschen. Im Budapester Staatsarchiv[10], in der Széchényi-Bibliothek[11] und im Handschriftenarchiv der Ungarischen Akademie[12], aber auch in der Slowakei[13] befindet sich ein umfangreiches, bisher unerschlossenes Material — Privatkorrespondenzen und Manuskripte —, das weder Abafi noch dem vortrefflichen Kenner der ungarischen Jakobinerfrage, Kálmán Benda, bekannt gewesen ist.

Viele Fäden führen zu Johann Heinrich Georg Feder, der als Professor jahrzehntelang in Göttingen wirkte und von dessen ungarischen Schülern mehr als einer später im ungarischen politischen Leben sowie in der Freimaurerei Ungarns eine Schlüsselposition einnahm. Die Untersuchung dieses Materials weist ferner auf den Grafen Karl von Zinzendorf[14], dem ich in der Ausarbeitung des Drašković-Systems eine wichtige Rolle beizumessen geneigt bin. Schließlich gelang es vor einigen Jahren, die Kopien des im Zweiten Weltkrieg verschwundenen Déger Archivs aufzufinden. Abafi, der wackere Polyhistor, Mitarbeiter Wurzbachs, Buchhändler, Bibliograph und Schriftsteller, ließ durch Gustav Brabbé in den siebziger und achtziger Jahren des vorigen Jahrhunderts Abschriften des Déger Materials anfertigen und kopierte eigenhändig Schriften der Pest-Budaer Logen[15]. Diese Abschriften umfassen mehrere tausend Seiten und enthalten wortgetreu oder in Regesten ungefähr 70 % der 106 Manuskriptbündel des Déger Archivs. Seit Jahren wird an einer Ausgabe dieser Quellen gearbeitet. Auf Grund der hier vorhandenen Daten kann der Wandel der ungarischen Freimaurerbewegung und der mit ihr verbundenen Organisationen, wie Klubs und Lesezirkel, eher als Weg zu Girondisten- denn zu Jakobinerverbindungen charakterisiert werden.

Während einer mehrmonatigen Studienreise durch Ungarn und Siebenbürgen hat Karl Zinzendorf im Jahr 1772[16] wesentlich zum Programm der Logen in Süd-Transdanubien, Kroatien und Fiume, die den Kern der Drašković-Observanz bildeten, beigetragen. Als Gouverneur in Triest und während seiner späteren Wiener Amtstätigkeit wurde er oft von den ungarischen Brüdern aufgesucht und zu Rat gezogen. Hier seien nur Nikolaus Skerlecz von Lomnicza, József Podmaniczky, Pál Almásy und József Szapáry erwähnt, die, während sich Zinzendorf in Triest aufhielt, in Fiume oder in Südungarn tätig waren und als Freimaurer sowie als Begründer der ungarischen volkswirtschaftlichen Literatur durch veröffentlichte oder auch unveröffentlichte, aber in Abschriften kursierende Werke auf die Denkungsart des Adels und des Bürgertums einen Einfluß ausübten, der nicht nur auf ihre enge Umgebung und auf ihre Zeitgenossen beschränkt blieb[17]. Die ungarische Reformzeit, unser Vormärz, beginnt mit dem Druck ihrer Werke. Sie bilden den Ausgangspunkt der Debatten auf den Reform-Reichstagen des 19. Jahrhunderts.

Podmaniczky, der übrigens auch dadurch bekannt geworden ist, daß sich auf seinen Musikabenden Franz Liszt vorstellte, war am Ende der siebziger Jahre Student in Göttingen. Mit ihm beginnt die lange Reihe der in Göttingen studierenden Ungarn, die bis dahin die Universitäten Halle und Jena bevorzugt hatten. Unseres Wissens war Podmaniczky auch der erste unter den Ungarn, der Freundschaft mit Professor Feder schloß. Als mit dem Toleranzedikt Josephs II. den Protestanten der Weg zu den Ämtern geöffnet wurde, begann die Jugend nach Göttingen zu strömen. Man bemühte sich, möglichst bei Schlözer, Einblick in die moderne Statistik zu erhalten. Viele Studenten wurden auch Schüler von Feder, der sich um sie kümmerte und sie bei ihrem Abgang mit freimaurerischen Empfehlungen versah. Aus der Korrespondenz und den Schriften der Göttinger Studenten wird ersichtlich, wie auf den Zusammenkünften bei Feder die Ungarn für ein Programm gewonnen wurden, das teils freimaurerischen, teils illuminatischen Charakter trug, und das, obwohl – vielleicht aber auch weil – die Verfolgung der Illuminaten bereits begonnen hatte[18]. In den Verzeichnissen ihrer Bibliotheken finden wir Publikationen, die sich auf den Illuminatenorden beziehen und diesen verteidigen oder auch „entlarven", wie z. B. entsprechende bayerische Schriften[19].

Der Einfluß Zinzendorfs bereitete diese Entwicklung vor, während derjenige der Illuminaten verhältnismäßig spät auf die ungarischen Geheimbünde einzuwirken begann. Jedoch geschah das in einem günstigen Augenblick: Die den aufgeklärten Absolutismus unterstützenden Logen, die josephinisch gesinnten Freimaurer, begannen nämlich auf ein anderes Programm überzugehen. Ursachen dafür waren das Freimaurerpatent Josephs II. und der Umstand, daß die Führungsgruppen der progressiven adeligen Freimaurer mit Existenzschwierigkeiten zu ringen hatten. Es war ja kein Zufall gewesen, daß sie seinerzeit die Bearbeitung sowohl wirtschaftlicher als auch konstitutioneller Probleme angeregt hatten. Man wußte nämlich, daß die überholte Verfassung einer Änderung bedurfte und daß die Privilegien des Adels in der alten Form nicht weiterbestehen konnten. Zugleich hoffte man, daß das josephinische System dem veralteten Merkantilismus ein Ende bereiten würde und damit der freie Handel mit ungarischen Agrarprodukten und den spärlichen Industrieerzeugnissen des Landes gesichert werden könne. Mit einem ausreichenden Betriebskapital wäre der Fronbauer allmählich zu einem Pächter geworden, der Gutsherr hingegen hätte die herkömmlichen Dienstleistungen entbehren können[20]. Die Freimaurer und nun auch einige Illuminaten akzeptierten zwar Josephs II. Spracherlaß und sein Leibeigenenpatent, nicht aber die Vorbereitungen zur Besteuerung des Adels. Bisher hatten sie sich die Verwirklichung des josephinischen Reformprogramms im Rahmen einer langsamen Entwicklung vorgestellt, worin sie übrigens auch mit Karl von Zinzendorf übereinstimmten. In einem Brief von Podmaniczky an den Grafen János Fekete heißt es: „Wie sehr zerrüttet sieht unser

Vaterland aus. Ist es für die Bewohner eines bequemen erblichen Hauses nicht traurig, ihr Haus niedergerissen zu sehen, ohne den Grundriß des neuzuerbauenden Hauses erblickt zu haben?"[21]

*

Die freimaurerische Elite, deren reformpolitische Gesinnung in den ersten fünf Jahren im Sinne der josephinischen Ära gewirkt hatte, begann jetzt in einer anderen Richtung tätig zu werden. Sie besann sich zunehmend auf ihre Beziehungen zu den Illuminaten und verhandelte mit Berlin und dem Großherzog von Weimar über eine Ablösung der Habsburgerdynastie[22]. Die Brüder schöpften Zuversicht aus den Ereignissen in den österreichischen Niederlanden, waren doch mehrere von ihnen in Brüssel gewesen, als dort die ständische Bewegung aufflammte[23]. Sie wußten, daß die Führer der niederländischen Stände, die sich u. a. auf den Zusammenkünften der *Union-Loge* in Brüssel kennengelernt hatten, entweder den Herzog von Braunschweig oder Louis Philippe, den Herzog von Orléans, auf den Thron erheben wollten. Für diese Situation ist kennzeichnend, daß in den Arbeitszimmern von Podmaniczky und Orczy, den beiden Stuhlmeistern in Buda und Pest, das Porträt des Herzogs von Orléans hing. Auch in den ungarischen Familienarchiven finden sich einige Briefe, die die Beziehungen zwischen Ungarn und Belgien beweisen. Schließlich sollte man nicht die antijosephinischen sogenannten Repräsentationen der ungarischen Komitate außer acht lassen, welche die Brabanter Proteste nachahmten[24].

Die in eine Opposition geratene Führungsspitze — Denunzianten erwähnen zumeist Podmaniczky und den Grafen Fekete — rekrutierte sich außer vielen Exponenten der Drašković-Observanz auch aus Freimaurern der östlichen Territorien, die bis zu diesem Zeitpunkt ihren eigenen Weg gegangen waren. Der Plan eines Dynastiewechsels und das antihabsburgische Programm des Landtages von 1790/91 entsprach ganz ihren rebellischen Traditionen. So entstand eine Gruppe von Reformpolitikern, die aber an Progressivität, Bildung und sozialem Bewußtsein keineswegs homogen war. Aus den Kopien des Déger Materials ist ersichtlich, daß man sich vor allem in Buda und Pest traf, obwohl die in den Provinzstädten und an den Herrenhöfen bestehenden Logen ihre Arbeit gleichfalls weiterführten.

Leopold II. vertraute nicht den Inhabern der ungarischen Ämter und den Leitern der Komitate und ließ sie deswegen von Agenten beobachten. Einer von ihnen, Ignaz Martinovics, wurde später der Führer der Jakobinerbewegung. So hat sich eine Menge von Berichten dieser Agenten erhalten, die allerdings tendenziös und die Wirklichkeit oft verzerrend über die Tätigkeit der zwar antihabsburgischen, aber keineswegs revolutionären Reformpolitiker eingehend informieren. Diese Agenten waren überall; einer von ihnen beteiligte sich an der Eröffnung des Pester Lesezirkels, ein anderer ließ sich in das von Berzeviczy gemeinsam mit einem Grafen Szapáry 1792 in Buda gegründete Lesekabinett aufnehmen[25]. Es ist lehrreich, seine Meldungen mit den Mitgliederlisten und mit den Zahlungsbelegen der Zeitungsabonnements zu vergleichen. Es stellt sich nämlich heraus, daß dieser Agent die regelmäßigen Zusammenkünfte der 126 Mitglieder des Zirkels scharf beobachtete.

Diese klubartige Vereinigung bestand vorwiegend aus Beamten, die der Hocharistokratie und dem Adel angehörten, sowie aus Gelehrten, Ärzten und Redakteuren. Die 30 Zeitungen und Zeitschriften des Lesekabinetts waren für die Behörden des Hofes, die der innenpolitischen Lage Ungarns mißtrauten und meinten, daß die Freimaurer, die als Illuminaten galten, die Ordnung gefährden würden, eine beachtenswerte Informationsquelle. Der Zirkel abonnierte u. a. den *Mercure de France*, die Hamburger *Neue Zeitung*, die Petersburger *Deutschen Nachrichten*, Schubarts *Chronik*, die *Göttinger Gelehrten Anzeigen*, das *Braunschweigische Journal* und den *Moniteur*, der die Behörden ganz besonders interessiert haben dürfte. „Die Freude über die französischen Erfolge ist groß", schreibt der Agent[26]. Und der Gründer des Lesekabinetts kommentiert die Hinrichtung Ludwigs XVI. mit folgenden Worten: „Kaiser Joseph und mehrere gekrönte Häupter Europas haben es anerkannt, daß sie, die ersten Staatsbürger, den Staatsgesetzen und Pflichten unterworfen sind. Nicht um den König Willen sind Nationen da [...]. Assignati, Verkäufte Güter, zerstöhrtes Feudal-System halten die Franzosen unauflösbar aneinander [...]. Es ist unmöglich, das Volk zur vorhigen Verfassung zurückzuführen."[27]

Aus dieser Zeit stammt der Entwurf *Norma unionis*, der vorschlägt, im Rahmen einer geheimen Union, in der „kein erster, kein letzter ist und alle gleich sind", Geld zu sammeln, eine Druckerei zu errichten, Schriften zu drucken und zu kolportieren[28]. Das Ziel war der politische und geistige Widerstand gegen Machthaber und Unterdrückung. „Das ist Ehrensache und in Ungarn besonders notwendig, in unserem teueren, an Naturschätzen so reichen Lande, das die Aristokratie und Selbstsucht, das Vorurteil, die religiösen, ständischen, nationalen Unterschiede zerfetzen und zugrunde richten."

An Hand einer Schrift von Feder *Über den Unterricht verschiedener Religionsgenossen in gemeinschaftlichen Schulen* wurde 1791 auf dem Kirchentag der Synode beider protestantischen Glaubensgemeinschaften in Buda in einem lateinisch abgefaßten Schreiben der Gedanke geäußert, die von Joseph II. eingeführte gemischte Schule wiederherzustellen[29]. „Die Einheit der Seelen (unio animarum) ist notwendig. Sie ist in Ungarn besonders wichtig, wo es so verschiedene Nationalitäten, politische Körperschaften und Konfessionen gibt und wo sich demzufolge religiöse Verblendung und Haß, ja sogar die Verfolgung eingebürgert haben [...] die Unanimität zeugt, was die Franzosen esprit national, die Engländer public spirit heißen und ohne die es kein nationales Glück gibt."

Die Berufung auf den esprit national dürfte in offiziellen Amtskreisen nicht gerade mit Sympathie aufgenommen worden sein. Aber noch weniger konnte der vielleicht wichtigste Flügel des Reformadels, der die Lösung der volkswirtschaftlichen Probleme anstrebte und dessen Wünsche in jahrelanger Arbeit von der Wirtschaftskommission konzipiert wurden, mit dem Einverständnis des Hofes rechnen. Die Mitglieder dieser Kommission, Skerlecz, Podmaniczky,

Szapáry, der Gouverneur in Fiume und andere, arbeiteten auf ganz moderne Art: Aus allen Städten und Komitaten holten sie die Meinungen und Vorschläge ein, welche sie nach den Prinzipien der damaligen statistischen Literatur in ein großes, dem Hofe zu unterbreitendes Elaborat einbauten. Die Abschaffung der sogenannten Kolonialabhängigkeit Ungarns, ein Begriff, der seit einem Jahrzehnt zu einem Schlagwort geworden war, bildete die Essenz des Memorandums. Nach ihm sollte die österreichische Zollpolitik geändert werden, und auch an den inneren feudalen Schranken wurde gerüttelt.

Soweit uns bekannt, waren die Beurteilung der feudalen Zustände und die Meinung über den Ablauf der Reformen, also über ihre raschere oder langsamere Durchführung, bei den adligen Reformern sehr unterschiedlich. Die älteren unter ihnen sind wenigstens in der Theorie fortschrittlich, die jüngeren bestehen schon auf einer langsamen Erbablösung der Bauern, die aber noch nach fünfzig Jahren ein Diskussionsthema des ungarischen Reichstages sein sollte. Manche halten auch den Zustand der Bauernschaft für befriedigend, wie z. B. Ferenc Kazinczy, und sind der Meinung, daß ihre Lage durch den Erlaß Josephs II. hinreichend geregelt worden sei. Hingegen drängen Kazinczy, Széchényi, die Grafen Teleki, József Dessewffy und viele ihrer Gefährten auf ein kulturelles Reformprogramm. Die Gründung einer Akademie, die Förderung der Sprachbildung und Literatur wurden von allen gebilligt, ebenso die Unterstützung eines zu errichtenden Nationaltheaters, für das eine Sammlung veranstaltet wurde[30]. Uns sind nur die Namen von fünfzig Spendern bekannt. Sie alle waren entweder Freimaurer, vielleicht auch Illuminaten, Teilnehmer an Lesezirkeln oder, wenn sie aus Siebenbürgen stammten, aktive Förderer der dortigen ungarischen Literatur.

Die leitenden Reformer waren in Buda und Pest tätig, doch schlossen sich ihnen jetzt auch die Vertreter der Freimaurerei in Ostungarn an. Die Meinungsunterschiede nahmen ab, vor allem, weil man die außenpolitische Situation ähnlich beurteilte. Im November 1793, als Philippe Égalité hingerichtet wurde, hatten die Ereignisse der Französischen Revolution die Reformansprüche des ungarländischen Adels und der einheimischen Intelligenz längst überholt. Die reformerisch gesinnten Freimaurer gerieten in eine schwierige Lage. In einer unveröffentlichten, lateinisch abgefaßten Geschichte Frankreichs lesen wir die folgenden charakteristischen Zeilen: „Die Girondisten, so hochstehend sie in Bildung, Würde und Moral auch waren, verachteten im Bewußtsein ihrer Überlegenheit die Jakobiner, diese wilden, nach Anarchie strebenden Menschen. Die Bergpartei hatte im Prozeß des Königs ihre erste blutige Schlacht gefochten, sie hatte auch nachher widerrechtliche Mittel benützt und einen Bürgerkrieg gefordert, der im Innern des Landes tobend, schädlicher war als der äußere [...]. Die Girondisten empfingen den Tod mit größter Seelenstärke und mit Mut, mehrere ließen die Republik hochleben."[31]

Die Diktatur der Jakobiner war den ungarischen Reformern zu viel, aber sie beobachteten mit positivem Interesse die Schwierigkeiten der österreichischen Truppen und die inneren Konflikte, die die Koalition schwächten. Daß Tadeusz

Kościuszko die Polen zu einem Befreiungskampf aufrufen konnte, betrachteten sie als osteuropäische Folge der Französischen Revolution. Für die Reformer in Pest-Buda war es leichter die f r a n z ö s i s c h e n, für die Brüder in den nördlichen und östlichen Komitaten die p o l n i s c h e n Ereignisse zu verfolgen. Sie versäumten nicht, ihre Informationen auszutauschen[32]. Über diese Phase der widersprüchlichen Entwicklung steht uns sehr wenig Material zur Verfügung, denn die Reformer haben zur Zeit des Jakobinerprozesses überall, in der Hauptstadt wie in der Provinz, ihre Korrespondenz und ihre Schriften verbrannt. Dennoch sind einige Briefe vorhanden, und wir haben auch die Meldungen der Agenten, die seit 1793 von einer Jakobinerbewegung berichten. Der Verdacht des Jakobinismus wird gleichsam zu einem Topos. Personen, die in den Zentralämtern Schlüsselstellungen einnehmen, werden ständig beobachtet; die Agenten suchen die „widerspenstigen Komitate" auf, in denen gemeinsame Proteste in Wirtschaftsangelegenheiten, gegen die Stellung von Truppen für die französischen Kriege oder die neuen strengen Zensurverordnungen abgefaßt worden waren.

*

Unter den eifrigen Agenten befand sich auch Ignaz Martinovics, der ehemalige Professor an der Universität Lemberg und der zukünftige Führer der ungarischen Jakobiner. Es ist nicht unsere Aufgabe, hier das Rätsel um Martinovics zu lösen. Im Wiener Archiv liegen seine Briefe mit den Anzeigen, in denen er die ungarischen Reformer, oft gemeinsam mit österreichischen Staatsmännern bei Hof verklagte[33]. Gewiß ist es, daß er über die politische Stimmung in Ungarn und über die Pläne der Reformer, von der Habsburger Monarchie abzufallen, genau informiert war. Es mag sein, daß er auch an die Realität dieser Pläne glaubte, als er im Frühling 1794 die beiden Katechismen verfaßte, deren Kenntnis und Abschrift die Grundlage des späteren Jakobinerprozesses bildeten[34]. Den radikal adelsfeindlichen Katechismus hat Martinovics für Angehörige der ungarischen Intelligenz plebejischer Abkunft geschrieben. In ihm ist der Sturz des „schmählichen Feudalsystems" durch einen Aufstand des Landes im Bündnis mit der Bauernschaft das Ziel. Allen Anzeichen nach ist die Verbreitung dieser Schrift recht begrenzt gewesen. Der Adel dürfte von diesen radikalen Plänen nichts gewußt haben.

Der Reformkatechismus für den Adel setzt sich zum Ziel, mit dem Haus Habsburg abzurechnen, eine Republik zu gründen und eine Konstitution auszuarbeiten, die zwar die Rechte des Adels aufrechterhält, jedoch die Gleichheit vor dem Gesetz garantiert. Allmählich wird der Bauer zum Pächter; den Nationalitäten wird Provinzialautonomie verliehen. An der Spitze des Landes steht ein Parlament mit zwei Kammern, in dem auch die Nichtadeligen vertreten sein sollten. Die Forderung nach einer nationalen Armee und einem Nationalfonds zur Sicherstellung der Finanzen zeigt, daß Martinovics den Standpunkt des Reformadels vertritt. Wenn der Katechismus die Bedeutung Fiumes betont und freien Export fordert, um die Wirtschaft des Landes zu stärken, dann werden wir an die von Skerlecz, Podmaniczky und Szapáry entwickelten Gedanken erinnert. In den Zeilen, die von der Säkularisation der Kirchengüter und von der Inanspruchnahme der Krondomänen, der Erz- und der Salzgruben sprechen, von denen man einen Ertrag von 40 Millionen Gulden im Jahr erwarten könne, klingt der Standpunkt des protestantischen Reformadels an. Der Katechismus überläßt die Leitung des Aufstandes dem Adel, wobei zwei bis drei Komitate zusammenarbeiten sollten. Der Erfolg sei gewiß. Und Österreich werde das nicht mehr zu Ändernde nur beklagen.

Das Original des Katechismus wurde von Martinovics verbrannt; erhalten sind nur einige Kopien mit geringen Textunterschieden. Kálmán Benda verlegt den Zeitpunkt der Abfassung auf den Mai des Jahres 1794. Die Herstellung der Kopien und deren Verbreitung dauerten nur einige Wochen. Es scheint, daß der Reformeradel, die Vertreter eines girondistischen Standpunkts, die progressive Minderheit und die wenigen Radikalen sich im großen und ganzen darüber einig waren, daß der Absolutismus des Kaisers abgeschüttelt werden solle, wofür sie mehrfach seit 1787 eingetreten waren. Kaum glaublich ist es aber, daß sie den Aufruf des Katechismus als aktuelle Mahnung aufgefaßt hätten: Die Osmose der einst Loyalen und der Girondisten unter den Brüdern dürfte von ihnen selbst nicht als endgültig angesehen worden sein.

Die Festnahme von Wiener Jakobinern führte zur Enthüllung der ungarischen Organisation. Die widerspruchsvollen Geständnisse von Martinovics erschweren es uns einzuschätzen, wie weit die Organisation der reformerischen Girondisten gegangen war. Viele von Martinovics angezeigte Adelige wurden vor Gericht gar nicht unter Anklage gestellt. Die seit zwei Jahrhunderten als Rebellen bekannten Magnaten- und Adelsfamilien sühnten durch die Festnahme und in einzelnen Fällen sogar durch die Hinrichtung ihrer Sekretäre und Hofmeister! Die jahrelange Gefangenschaft von Ferenc Kazinczy, der adeliger Abstammung war, ist eine der wenigen Ausnahmen und diente nur der Einschüchterung. Der Prozeß, der fast genau an dem Tag begann, als Robespierre gestürzt wurde, war keine endgültige Abrechnung. Ein Agent quittierte das mit den Worten: „Die Sekretäre wurden verhaftet, vielleicht kommen auch ihre Prinzipale an die Reihe"[35]; doch geschah nichts dergleichen.

Allerdings folgte eine große Dienstentlassung; die Kompromittierten wurden gezwungen, sich auf ihre Güter zurückzuziehen, und die dem Hof treu gebliebenen erhielten die wichtigen Ämter. Auch wurden die letzten Logen aufgelöst.

Ebenso wie die Prinzipien der Illuminaten nach 1786 lebten die Gedanken der Reformbewegung der ungarischen Freimaurer weiter. Die Brüder unterstützten einander bis zu ihrem Lebensende, sei es auch nur in einem sich nicht mehr ausweitenden Kreis. Die Prinzipien des *Systema Libertatis* wurden konsequent eingehalten; und wenn wir die folgenden entscheidenden Jahrzehnte der Geschichte Ungarns untersuchen, stellen wir fest, daß die Söhne und Enkel der Reformpolitiker den Weg der ungarischen Girondisten weiterverfolgten. Die ältere Generation scharte sich um den Palatin Erzherzog Joseph, um mit seiner Hilfe ein gemäßigtes Reformprogramm verwirklichen zu können. So erlebte das Land die Wende zum 19. Jahrhundert und so ging es, gestützt auf eine neue und revolutionäre Generation, dem ungarischen Vormärz entgegen.

*Anmerkungen*

1 Als Grundlage aller diesbezüglichen Untersuchungen dienen Ludwig Abafi: Geschichte der Freimaurerei in Österreich-Ungarn. Bd. 1–5, Budapest 1889–1893, ders.: A szabadkömüvesség története Magyarországon. (Geschichte der Freimaurerei in Ungarn.) Budapest 1900.

2 Vilmos Fraknói, der zwischen den siebziger Jahren des 19. und den zwanziger Jahren des 20. Jahrhunderts in mehreren Büchern und Studien den Martinovics-Prozeß untersuchte, dürfte die Rolle von Martinovics überschätzt und die Bedeutung der ungarischen Freimaurerei zu gering veranschlagt haben. Elemér Mályusz, der in den Fontes Rerum Hungaricum Recentiores (Budapest 1926) die Schriften des Erzherzogs Alexander Leopold herausgab und mit einem umfangreichen Vorwort versah, stellt die Rolle der ungarischen Freimaurer positiver dar, überbewertet jedoch diejenige von Martinovics gleichfalls.

3 Die Privatbibliothek befindet sich in: Ungarisches Staatsarchiv, Budapest, Fasc. 4., 5., 6., Fasc. 13, Fasc. 26 (hier auch die Meldungen des Statthaltereirats Baron von Mednyánszky). Sie ist besonders reich an solchen Meldungen. Wichtige Angaben enthält das Kabinettsarchiv, Vertrauliche Acten, Fasc. 72 (Hungarn) im Wiener Haus-, Hof- und Staatsarchiv (HHStA).

4 Vgl. die fundamentale Quellenausgabe und deren Vorwort von Kálmán Benda: A magyar jakobinusok iratai. (Schriften der ungarischen Jakobiner.) Bd. 1–3, Budapest 1952–1957; D. Silagi: Aktenstücke zur Geschichte des Ignaz von Martinovicz. In: Mitteilungen des Österr. Staatsarchivs 15, 1962, S. 246–260.

5 Vgl. Abafi (Budapest 1900, s. Anm. 1) S. 51.

6 Über die Struktur der ungarischen Gesellschaft, bes. des Adels, vgl. É. H. Balázs: Zur Frage des ungarischen Nationalismus in der Habsburgermonarchie. In: Österreich in Geschichte und Literatur 15. 1971, S. 35–38.

7 Vgl. E. Mályusz: A türelmi rendelet. (Das Toleranzpatent.) Budapest 1939. Es handelt sich um eine Quellenausgabe, in deren Einleitung der Verf. die Probleme der Nichtkatholiken zusammenfassend darstellt. Vgl. ferner: E. H. Balázs: Berzeviczy Gergely levele L. Schlözerhez. (Ein Brief von Gregor Berzeviczy an L. Schlözer.) In: Éva H. Balázs: Berzeviczy Gergely, a reformpolitikus. Budapest 1967, S. 254–257.

8 Vgl. Abafi Bd. 2 (s. Anm. 1) S. 318 ff.; ferner HHStA. Vertrauliche Acten 67, Nr. 10, fol. 130–158. Aigner gibt in seinem Schreiben an Kaiser Franz eine Übersetzung und eine Analyse des Systems: „um nützen zu können, muß man würken, um zu würken, muß man da seyn, wo gewürkt worden."

9 Vgl. Abafi Bd. 2 (s. Anm. 1) S. 318 ff.; ferner HHStA. Vertrauliche Acten 67, Nr. 10, fol. 147–150; hier eine freie modernisierte Übersetzung von Aigner.

10 Aus dem reichen Material der Familienarchive im ungarischen Staatsarchiv seien hier als besonders ergiebig erwähnt: P. 53. Familie Berzeviczy; P. 91. Familie Graf Dessewffy; P. 654. Familie Graf Teleki. Die Briefe des Grafen Fekete befinden sich unter den Gerichtsakten: Königliches Rechtsverwaltungsarchiv. E. 584. Nr. 52–53.

11 Széchényi-Bibliothek. Handschriftenarchiv. Quart. Lat. Nr. 43. Die Handschriften des Freimaurers und namhaften Rechtsgelehrten Márton György Kovachich befinden sich auch in: Quart. Germ. 360.

12 Ungarische Akademie der Wissenschaften, Handschriftenarchiv, Historische Tagebücher. 8°, Nr. 1., 4°, Nr. 18. Rechts- und Staatswissenschaft, 4°, Nr. 2 usw.

13 Ein reiches, auch die Freimaurerei betreffendes Material enthält die Korrespondenz im Archiv der Evangelischen Bibliothek zu Kešmarok. In Levoce, Wirtschaftsarchiv, sind Handschriften der Familie Horváth-Stancsits, in Prešov der Familie Graf Sztáray.

14 Über die Beziehungen des Grafen Karl von Zinzendorf nach Ungarn vgl. Éva H. Balázs: Karl von Zinzendorf et ses relations avec la Hongrie à l'époque de l'absolutisme éclairé. In: Studia Historica, Budapest 1975. Der beste Kenner des Lebenswerks und der Tagebücher Zinzendorfs ist Hans Wagner, vgl. ders.: Wien von Maria Theresia bis zur Franzosenzeit. Aus den Tagebüchern des Grafen Karl von Zinzendorf. Wien 1972; ders.: Historische Lektüre vor der Französischen Revolution. In: Mitteilungen des Instituts für österr. Geschichtsforschung 1963, S. 140—156.

15 Ungarisches Staatsarchiv, P. 1134, Kopien der Freimaurerschriften des Familienarchivs Festetich zu Dég. Auf Ungarn bezügliche Handschriften, Protokolle und Briefe sind vor allem enthalten in den Bänden 2, 3, 4, 8, 9, 10, 11, 16, 17, 20, 21, 49, 53, 63, 76. Ferner ist in bezug auf Ungarn interessant der Bd. 69, der Wiener, Lemberger und Prager Handschriften enthält. Die Herausgabe dieser Texte ist im Gange.

16 HHStA, Kabinettsarchiv, Nachlaß Zinzendorf, Bd. 17.

17 Offiziell ist die führende Persönlichkeit Nikolaus Skerlecz, in Handschriften und Briefen erscheint Podmaniczky als wirksamer. Beide arbeiteten später in der Handelskommission zusammen, die eine Reform der ungarischen Wirtschaft nach dem Reichstag von 1790/91 anstrebte. Die Akten dieser Kommission befinden sich im Ungar. Staatsarchiv, Archivum Regnicolare Lad. KKK. Eine Ausgabe wird von Domokos Kosáry vorbereitet. Über den ökonomisch eingestellten Flügel der Maurer gibt Robert Townson, „membrum Societatis Edinburgensis", wichtige Daten in: Travels in Hungary with a short account of Vienna in the year 1793. London 1797.

18 Über Feders Beziehungen zum Illuminatenorden vgl. Richard van Dülmen: Der Geheimbund der Illuminaten. Darstellung, Analyse, Dokumentation. Stuttgart-Bad Cannstadt, 1975, S. 63. Der ehemalige Göttinger Student Gergely Berzeviczy bekennt sich in seiner in der dritten Person geschriebenen Autobiographie zu Feder als seinem geistigen Vater: „Hofrath Feder nahm sich seiner väterlich an, brachte Ordnung und Licht in die gährende, dunkle Ideen-Masse, Beruhigung und Festigung in Überzeugung, Bestimmtheit in das Wollen." (Balázs, s. Anm. 7, S. 220 f. in lateinischer Fassung, S. 228 f. in deutscher Fassung). Feder wirkte auch stark auf Graf László Teleki, der im ungarischen geistigen Leben eine führende Rolle spielte. Ihn führte er auch in die Freimaurerloge ein.

19 Das unveröffentlichte Verzeichnis der Bibliothek von G. Berzeviczy enthält neben Freimaurerschriften die Apologie der Illuminaten (Nr. 572), Der ächte Illuminat (Nr. 675), Über den Illuminaten-Orden, Bd. 1—3 (Nr. 724), Nachtrag bzw. Anhang zu den Originalschriften, welche die Illuminaten-Sekte betreffen (Nr. 674).

20 Denselben Standpunkt vertrat auch der Graf Ferenc Széchényi, der nachmalige Gründer des Nationalmuseums. Er war einer der prominentesten Freimaurer. Sein Sekretär, der nachmalige Vizegespan József Hajnóczy, ein hervorragender Jurist, wurde im ungarischen Jakobinerprozeß zum Tode verurteilt.

21 Ungarisches Staatsarchiv, E. 584, Nr. 53. Fiume, den 18. III. 1785.

22 Vgl. Robert Gragger: Preußen, Weimar und die ungarische Königskrone. Berlin, Leipzig 1923. Willy Andreas: Carl August von Weimar und das Angebot der ungarischen Königskrone. In: Ostdeutsche Wissenschaft, Bd. 5. 1958. S. 285—310. Den von Gragger und Andreas genannten Beck, der die Verhandlungen führte, lernen wir aus Zinzendorfs Tagebuch als dessen Reisebegleiter kennen. (Balázs, s. Anm. 14, S. 459, Anm. 16). Eine andere Schlüsselfigur, Baron Hompesch, schreibt einen charakteristischen unveröffentlichten Brief an den Grafen Fekete. (Ungarisches Staatsarchiv, E. 584, Nr. 52. London, den 10. Juni 1796). Joseph II. war über diese Vorgänge gut unterrichtet. HHStA, Familienarchiv, Sammelbände Nr. 10; Paris, Archives des Affaires Etrangères, Correspondence politique, Autriche, Nr. 358, 1789, 21. Nov.).

23 U. a. Ferenc Széchényi, zwei Grafen Teleki, Baron von Szirmay und Berzeviczy. Letzterer schreibt unter dem 8. Juni 1787 aus Brüssel: „Die Revolution, die hier vor meinen Augen gärt, erschien mir in der Ferne wichtig [...] sie macht einen großen Eindruck auf mich. Alles dies ist sehr gut. Denn bald ganz österreichisch Niederlanden ist in Gärung. Die Einwohner sind fest entschlossen, alles für die Erhaltung ihrer Freiheit und Landesverfassung zu tun." (Ungarisches Staatsarchiv, P. 53. Familienarchiv Berzeviczy. 1787, Fasc. II.).

24 Orczy wurde von einem Agenten angezeigt; über die Begeisterung von Podmaniczky
   berichten seine Anhänger. Politische Motive dürften der Grund für diesen Kult sein,
   der mit dem Herzog von Orléans, dem Führer der französischen Freimaurer und Girondisten, getrieben wurde. Vgl. HHStA, Sammelbände, Nr. 24. p. 93. Leopold II. an
   Erzherzog Franz vom 9. Juni 1791: „On dit aussi qu'il règne beaucoup de fermenta-
   tion en Hongrie, qu'on anime les comitats contre le gouvernement qu'il se forment
   [...] des associations ou Orsi et Podmaniczky sont à la Tête." P. 112. v. 3. Juli 1791:
   „faites prendre garde aux Hongrois, on dit qu'ils négocient toujours."
25 Ungarisches Staatsarchiv, Privatbibliothek, Nr. 26.; laufend berichtet Statthaltereirat
   Baron János Mednyánszky, einer der eifrigsten Agenten, über die Arbeit der Lesezirkel.
26 Ebenda, Meldung 213.
27 Berzeviczy (s. Anm. 7), Anhang S. 348.
28 Ebenda, S. 342.
29 Über die Ereignisse bei der Synode berichtet das Historisch-politische Journal der K. K.
   Erblande. 1792, Bd. 2. Das handschriftlich eingereichte Elaborat mit dem Titel *In
   quantum iuventutis Hungaricae mixta sine religionis discrimine educatio conveniet*
   wurde nicht veröffentlicht. Vgl. Ungarisches Staatsarchiv, P. 53, 1792. Fasc. II.
30 Ungarisches Staatsarchiv, Statthaltereirat, Departamentum Politiae in Genere et Ci-
   vitatum, 1795. Nr. 6 pos. 43. Die Sammlung wurde im Juli 1794 während einer Ober-
   gespanseinsetzung und unmittelbar vor Beginn des ungarischen Jakobinerprozesses
   veranstaltet. Für den Forscher ist das Namenverzeichnis auf dem Sammelblatt wichtig,
   weil aufgrund eines Vergleichs mit den Listen der Freimaurerklubs die Reformpolitiker bzw. die adeligen Girondisten ausgesondert werden können.
31 Brevis conspectus revolutionis et belli populi Gallici. In usum eorum, qui linguas mo-
   dernas Europae non cellant. Ungarisches Staatsarchiv, P. 53. Handschriften von G. Berzeviczy, Fasc. B. Nr. 33.
32 Ungarisches Staatsarchiv, Privatbibliothek, Nr. 26. In seiner Meldung 179 schildert
   Mednyánszky das Verhalten der „widerspenstigen Komitate" detailliert.
33 HHStA, Kabinettsarchiv, Vertrauliche Acten, Nr. 37.
34 Den Text des Katechismus bringt Benda (s. Anm. 4) Bd. 1, S. 1002–1035.
35 Ungarisches Staatsarchiv, Privatbibliothek, Nr. 26. Meldung Nr. 237.

# IGNAZ VON BORN ALS FÜHRENDE PERSÖNLICHKEIT DER AUFKLÄRUNGSEPOCHE IN BÖHMEN

*Von Jaroslav Vávra*

Die Anfänge der Blütezeit in der böhmischen Aufklärungsepoche sind eng mit der fünfzehnjährigen Tätigkeit Ignaz von Borns vornehmlich in Prag verbunden. Ihre historische Bedeutung muß nicht nur nach ihren Erfolgen, sondern auch vor dem Hintergrund der Frühaufklärung in Böhmen beurteilt werden. In der ersten Hälfte des 18. Jahrhunderts entwickelte sich hier das kulturelle Leben immer noch unter dem starken Druck eines konfessionellen Absolutismus, der mit Hilfe des Jesuitenordens fast alle Versuche, dem modernen Denken und den aufgeklärten Institutionen Eingang zu verschaffen, zu unterbinden wußte und bis in die siebziger Jahre hinein auch die kulturellen Verbindungen Böhmens mit dem Ausland sehr erschwerte[1].

Vor diesem Hintergrund und unter der historischen Perspektive erscheint die eigentliche Aufklärungsära in Böhmen wie eine unvermutete Explosion wissenschaftlicher, publizistischer und organisatorischer Initiativen einer ganzen Plejade von begabten und aufgeklärten Persönlichkeiten, unter denen Ignaz von Born in den siebziger Jahren des 18. Jahrhunderts eine führende Rolle spielte. So repräsentierte er eine Etappe des ungestümen Aufstiegs, der großen Hoffnungen und der ersten Erfolge der tschechischen Aufklärung in fast allen ihren Zweigen. Hier seien nur einige Aspekte skizziert.

Während der sechziger und siebziger Jahre, zur Zeit seiner juristischen und montanistischen Studien auf der Prager Universität und seines Wirkens als Privatgelehrter und als Beisitzer des Berg- und Münzamtes des Königreichs Böhmen hatte der junge Born Gelegenheit, die Kultur sowie die politische und wirtschaftliche Lage Böhmens genau kennenzulernen. Zu seinen Professoren, Lehrern und Freunden zählten so bedeutende Männer wie der Kameralist Buček, der Montanist Peithner, der Naturforscher Boháč, die Historiker Dobner, Voigt und Pelzel, die Mathematiker Stepling und Tesánek und nicht zuletzt der pädagogische Schriftsteller und Naturforscher Graf Franz Kinský. In Böhmen erwarb Born die Nobilitation, heiratete die Tochter des reichen Prager Bürgers Montag und kaufte das Adelsgut Alt-Zedlitz oder Staré Sedliště bei Tachov in Westböhmen[2]. Das alles band Born an dieses Land, das er als sein Vaterland ansah[3] und für das er patriotische Gefühle hegte. Wie bereits früher bekannt war und jetzt durch neu aufgefundene Dokumente noch bestätigt und verdeutlicht wird, entwickelte Born im böhmischen Kulturleben wichtige Aktivitäten. Er verteidigte die Auffassungen Dobners von den demokratischen Anfängen der tschechischen Urgesellschaft und Geschichte gegen die Angriffe feudalklerikaler und reaktionärer Kreise, wobei es sich um die Existenz des Stammvaters Čech und die damit eng zusammenhängende Frage handelte, ob die ursprüngliche Verfassung der Böhmen demokratisch oder ständisch-feudal war, wie es die Antidobnerianer behaupteten. In einem „Examen criticum" der Ausführungen des Historikers P. Athanasius (Sandrich) verteidigte Born in Prag 1768 die Auffassungen Dobners gegen Angriffe, doch vermochte er diese polemische Schrift wegen einer Dienstreise in die Slowakei nicht zu beenden, was dann Dobner selbst tat, der das Ergebnis anonym publizierte[4]. Der jeweilige Anteil beider Autoren am Text des „Examen criticum" ist heute allerdings nicht mehr feststellbar.

Born erinnerte sich noch nach Jahren in einem an P. N. A. Voigt gerichteten Schreiben vom Mai 1775 an seine Polemik gegen die Antidobnerianer. Als sich in Prag ein Gerücht über seinen angeblichen Tod ausgebreitet hatte, schrieb er nämlich scherzend „aus Elisium" von seiner überraschenden Begegnung mit dem Urvater Čech und seinem kampfeslustigen Verteidiger P. Duchowsky, der auf die Frage Čechs antwortet, Born sei „einer der Spiesgesellen Dobners". Aus diesem Brief geht deutlich hervor, wie genau Born die ganze wissenschaftliche und schöne tschechische Literatur kannte[5].

Borns *Schreiben aus dem Elisium* war nur eine kleine Spielerei am Rande seiner großen Verdienste um die repräsentativen Werke der tschechischen Aufklärung: Dobners *Annales Bohemorum* und Voigts *Effigies virorum eruditorum*, die Born gemeinsam mit Pelzel ergänzt und ins Deutsche übersetzt hat, ferner Pelzels moderne *Kurzgefaßte Geschichte der Böhmen*, Voigts *Acta litteraria Bohemiae et Moraviae* u. a. m. Born half auch als Mäzen, diese wichtigen Werke herauszugeben. Zur selben Zeit förderte er in Prag und im Ausland die Veröffentlichung der Beschreibungen der mechanischen Einrichtungen in den slowakischen (nordungarischen) Gruben, die von seinen Freunden verfaßt worden waren, sowie seine eigenen mineralogischen und geologischen Arbeiten, die ihm besonders im Ausland den Ruf eines Naturforschers von Rang eintrugen.

Das *Schreiben aus Elisium* wurde verfaßt, als Born gemeinsam mit Stepling, Dobner und dem Grafen Kinský daran ging, eine *Privatgesellschaft in Böhmen zur Aufnahme der Mathematik, der vaterländischen Geschichte und der Naturgeschichte* zu gründen und die ersten Bände der Abhandlungen dieser wissenschaftlichen Gesellschaft zum Druck vorzubereiten. Im Vorbericht zum ersten Band bekennt sich die *Privatgesellschaft* durch die Worte Borns zur Tradition der gelehrten Zirkel der böhmischen Humanisten. Charakteristisch nicht nur für die Anschauungen Borns, sondern auch für die damalige Situation der Aufklärung in Böhmen überhaupt sind folgende Sätze aus dem Vorbericht zum zweiten Band der Abhandlungen, die gleichfalls aus der Feder Borns stammen: „Böhmen — welches sich von jeher durch seine Fruchtbarkeit an großen Gelehrten vor allen übrigen Staaten der K. K. Erblanden ausgezeichnet hat — solte auch herinnfalls denselben zum Muster dienen und die Gelehrten Österreichs, Hungarns und der übrigen weitläufigen Provinzen aufmuntern, sich ebenso uneigennützig zu versammeln, die vielen Lücken ihrer einheimischen Geschichte auszufüllen, die Naturgeschichte ihrer Gegenden und die physischen und mathematischen Wissenschaften zu bearbeiten und ihre Entdeckungen und Beobachtungen der gelehrten Welt mitzutheilen. Dieß dürfte uns dafür schadlos halten, daß man die Errichtung öffentlicher Akademien der Wissenschaften noch immer für sehr entbehrlich ansieht, und den Nutzen, der sich hieraus über die ganze Nation verbreiten würde, auch nicht einmal in Betrachtung zu ziehen sich würdiget."[6]

Ein umfangreicher Kommentar zu diesen Worten ist nicht nötig; sie zeigen deutlich Borns Einstellung zur Wissenschaft, die er unter dem Aspekt des Patriotismus und der Aufklärung betrachtete, zu gleicher Zeit aber auch seinen Begriff vom Vaterland, welches für ihn in den sechziger und siebziger Jahren das sich in kulturellen Auseinandersetzungen befindende Böhmen war.

Die Wissenschaft war für Born ein echtes Mittel der Aufklärung, des gesellschaftlichen Fortschritts und der Humanität. Das und seine Auffassung von strenger Wissenschaftlichkeit waren der Grund für die Auseinandersetzungen zwischen ihm sowie seinen Freunden, den Bornianern, mit den Seibtianern, die sich um den Prager Professor der schönen Wissenschaften Heinrich Seibt gruppierten. Die Bornianer sahen in der oberflächlichen Schöngeisterei ihrer Gegner eine gefährliche Bremse für die Entwicklung der in ihrem Sinne wahren Wissenschaften und lehnten die Unterschätzung der tschechischen Kultur durch die Seibtianer ab. Dieser Streit griff auch auf die studierende Jugend über. Beide Parteien rangen um den Einfluß der Universität wie auch um die Führung innerhalb der böhmischen Aufklärungsbewegung.

Neu entdeckte Materialien, Pamphlete und Epigramme Borns gegen Seibt und seine Anhänger werfen ein helleres Licht auf diesen Streit[7], der u. a. auch zur Errichtung der *Privatgesellschaft der Wissenschaften in Böhmen* beigetragen hat. Zwar hatten Heinrich Seibt und seine Freunde gleichfalls unbestrittene und große Verdienste um Ausbreitung und Konsolidierung der Aufklärung in Böhmen, zwar waren die Bemühungen Borns um Positionen an der Prager Universität nicht besonders erfolgreich, da seine Kräfte noch schwach und seine Taktik, der Bornsche Radikalismus, nicht besonders geeignet war, doch eindeutig gewann seine Konzeption von der Wissenschaft als einem unabhängigen und gesellschaftlich ungemein wichtigen Zweig der aufgeklärten Kultur gegenüber den Tendenzen der Seibtianer den Sieg. Und in diesem Zusammenhang ist auch die Bemerkung Eduard Winters zutreffend, die Auseinandersetzung zwischen Bornianern und Seibtianern habe die Entwicklung zur Gründung der *Privatgesellschaft in Böhmen* beschleunigt[8]. Daß Born selbst größte Verdienste bei ihrer Errichtung hatte, ist allgemein bekannt.

Über Borns politische und ökonomische Ansichten konnten in den letzten Jahren neue Erkenntnisse gewonnen werden. Die Analyse der historischen Werke, an denen er mitarbeitete, seiner wissenschaftlichen Schriften, der Zeitschriften, die er redigierte und herausgab, sowie seiner privaten Korrespondenz wie seiner amtlichen Tätigkeit ergibt, daß er sich zu einem Vertreter des böhmischen Landespatriotismus entwickelte: Er war stolz auf die böhmische Kulturtradition, namentlich die humanistische, an welche, wie schon gesagt, die von ihm gegründete *Privatgesellschaft* anknüpfte. Als Ökonom und ständischer böhmischer Beamter war Born Merkantilist, aber er berücksichtigte auch die physiokratische Theorie. Die Leibeigenschaft der Bauern, aus der ihr geistiges und materielles Elend resultierte, hielt Born ebenso wie Světecky, Buček, Trnka u. a. für ein Hemmnis in der Entwicklung der Landwirtschaft. Ein Mittel des Fortschritts in dieser Beziehung war für ihn die allmähliche Befreiung der Bauern „von oben", ihre materielle Sicherung und ihre geistige Aufklärung, jedoch nicht ein Bauernaufstand, den er, wie z. B. den in Böhmen und Mähren im Jahre 1775, kategorisch ablehnte[9].

Außerordentliche Verdienste erwarb sich Born dadurch, daß er Kontakte zur Wissenschaft im Ausland anknüpfte. Leider ist bisher das Problem der Eingliederung der tschechischen Kultur in den europäischen Rahmen nach einer mehr als hundertjährigen Unterbrechung noch nicht systematisch untersucht worden, so daß Borns Bedeutung in diesem weiteren Zusammenhang nicht eingeschätzt werden kann. Trotzdem läßt sich schon heute sagen, daß dank seiner Initiative ein Beitrag dazu geliefert wurde, daß Böhmen wieder in den allgemeinen europäischen kulturellen Kontext und ins wissenschaftliche Leben Europas eingegliedert wurde.

Die auswärtigen Beziehungen, die Born anknüpfte, waren meist mit der Mitgliedschaft in wissenschaftlichen Gesellschaften verbunden. Es handelte sich um fruchtbare Kontakte mit hervorragenden Gelehrten in ganz Europa, von Italien über Bayern, Sachsen, Preußen bis nach Dänemark und Schweden. Ein Jahr vor seiner Berufung nach Wien wurde Born auch zum auswärtigen Mitglied der Petersburger Akademie der Wissenschaften gewählt. Der Grund dafür waren seine bedeutenden mineralogischen und chemischen Arbeiten. Nach den Statuten der Petersburger Akademie sollten jeweils zwei Gelehrte aus jedem Staat, in dem die Wissenschaften kultiviert wurden, zur Mitgliedschaft aufgefordert werden. Von Rußland her gesehen erschien Böhmen als Heimstatt der Wissenschaften in Österreich, und Ignaz von Born war der einzige Gelehrte aus der ganzen Habsburger Monarchie, der zum Mitglied der Petersburger Akademie berufen wurde.

Eine Rolle bei dieser Wahl spielten Borns Freunde und Briefpartner, das Petersburger Akademiemitglied P. S. Pallas und der Regensburger Naturforscher Ch. Schäffer, der korrespondierendes Mitglied der Petersburger Akademie war. Letzterer empfahl Born und veranlaßte die Übersendung seiner Schriften sowie der von Born redigierten *Abhandlungen der Privatgesellschaft in Böhmen*, in denen zu Publikationen von Petersburger Akademiemitgliedern Stellung genommen worden war. Die wissenschaftliche Korrespondenz zwischen Pallas und Born, die nur in Auszügen publiziert worden ist, hat sich bis heute erhalten[10].

Die von Born entwickelte Amalgamation silberhaltiger Erze veranlaßte die russische Regierung, die fortschrittliche Hüttentechnik aus Böhmen und der Slowakei (Nordungarn) auch in Rußland einzuführen. Und an der bekannten internationalen Metallurgenkonferenz in Glashütte (Sklenné)[11] nahmen wahrscheinlich auch Fachleute aus Rußland teil. Desgleichen wurde eine russische

Sektion der von Born und Trebra gegründeten *Sozietät für Bergbaukunde* errichtet. Ihr Präsident war Pallas, Mitglieder der Metallurg Peter Illmann, der auch an der Konferenz in Glashütte teilgenommen hatte, das Akademiemitglied Erik Laxmann, der sich als Mineraloge und Forschungsreisender einen Namen gemacht hatte, der Professor an der Bergakademie I. M. Renowanz und der Präsident des Bergkollegiums General M. F. Sojmonov[12].

Diese von Born geknüpften Beziehungen zur Petersburger Akademie der Wissenschaften bestanden weiter. Ein Jahr nach seinem Tode wurde das durch den Besuch zweier Mitglieder der *Königlichen böhmischen Gesellschaft der Wissenschaften*, des Philologen Joseph Dobrovský und des Naturforschers Graf Joachim Sternberg, in Rußland dokumentiert. Sternberg traf sich auch mit den Mitgliedern der Russischen Sektion der *Sozietät für Bergbaukunde*, Laxmann und Renowanz. Er hatte die Absicht, zusammen mit dem deutschen Chemiker Lampadius, den er nach Petersburg eingeladen hatte, eine wissenschaftliche Reise durch Sibirien nach Peking zu unternehmen; jedoch machte der Verdacht Katharinas II. und der Regierung, er sei Illuminat und Martinist, diese Expedition unmöglich: Er wurde ausgewiesen. Seine naturwissenschaftlichen und anderen Beobachtungen hat Sternberg in einer sehr interessanten und kritischen Reisebeschreibung dargestellt[13].

Die *Königliche böhmische Gesellschaft der Wissenschaften* pflegte ihre Beziehungen zur Petersburger Akademie und ihren Mitgliedern intensiv. Als Beispiel sei hier nur erwähnt, daß der in Rußland tätige Metallurg und Statistiker B. F. J. Hermann der *Königlichen böhmischen Gesellschaft* auf deren Bitte eine Beschreibung der sibirischen Hochöfen anfertigte und zusandte. Er erhielt dafür von der *Gesellschaft* einen Preis und wurde zu ihrem auswärtigen Mitglied gewählt.

Ist von der tschechischen Historiographie der Rolle Borns als Initiator vor allem der Wissenschaft in seinem Heimatland und als Vermittler zum Ausland verhältnismäßig große Aufmerksamkeit gewidmet worden, so ist über seine Prager Freimaurertätigkeit wenig bekannt. Es können nur einzelne Fakten als gesichert angenommen werden. Eine Reihe von anderen überlieferten Meinungen müssen erst genau belegt werden, so die, daß fast alle Mitglieder der Privatgesellschaft der Wissenschaften in Böhmen Freimaurer gewesen seien. Tatsache ist, daß Born ein führendes Mitglied des Freimaurerbundes war und daß die Loge, die er reorganisiert haben soll, sich mit karitativer Tätigkeit nicht befaßte. Aus weiteren Nachrichten kann man schließen, daß Born — wie später auch in Wien — schon in Prag die Freimaurerei als Mittel zur Verbreitung der Aufklärung betrachtete und sich ihrer Hilfe und materiellen und moralischen Unterstützung bediente, um die Wissenschaft und die von ihm geschaffene Institution, die *Privatgesellschaft*, zu fördern.

Konkrete Einzelheiten, wie die Zusammenarbeit Borns mit dem Buchhändler Gerle[14], der geichfalls Freimaurer war, müßten noch untersucht werden, vor allem in bezug auf die Verlagsproduktion. Auch die Kontakte, die Graf Joachim Sternberg, der gleichfalls Freimaurer gewesen sein dürfte, in Rußland schloß,

146    Jaroslav Vávra

könnten unter diesem Gesichtspunkt besser geklärt werden, falls in Archiven entsprechende Beweise auftauchen. Nach Meinung Borns sollte die Freimaurerei der Aufklärung, der Humanität und dem wissenschaftlichen Fortschritt dienen. In dieser Beziehung besteht Übereinstimmung mit seinem Bestreben, in Böhmen, das er als Vaterland ansah, seine Tätigkeit diesem Ziele zu widmen[15].

*Anmerkungen*

1 Vgl. Eduard Winter: Frühaufklärung. Der Kampf gegen Konfessionalismus in Mittel- und Osteuropa und die deutsch-slawische Begegnung. Berlin 1966, S. 169 f.; Jaroslav Vávra: Die Olmützer Societas incognitorum und die Petersburger Akademie der Wissenschaften. In: Ost und West in der Geschichte des Denkens und der kulturellen Beziehungen. Festschrift für Eduard Winter zum 70. Geburtstag, Berlin 1966, S. 287–289.
2 Über Borns Privatleben und seine amtliche Karriere vgl. Josef Haubelt: Studie o Ignáci Bornovi. Praha 1972, S. 16–24 und 67 f.; über die Bekanntschaft Borns mit den tschechischen Gelehrten vgl. Edwin Zellweker: Das Urbild des Sarastro: Ignaz von Born. Wien 1956, S. 38–49.
3 Ignaz von Born: Briefe über mineralogische Gegenstände auf einer Reise durch das Temeswarer Banat, Siebenbürgen, Ober- und Niederhungarn an den Herausgeber derselben Joh. Jac. Ferber. Frankfurt und Leipzig 1774, S. 216.
4 Vgl. Jiří Beran: Ze zápasů mezi borniány a seibtiány. In: Leteráni archív, 5 (1970), S. 27.
5 Des Herrn Hofrath von Born Schreiben aus dem Elisium an Hrn. P. Adaukt Voigt. In: Mährisches Magazin, Bd. 3 (1791), S. 315–321.
6 Abhandlungen einer Privatgesellschaft in Böhmen zur Aufnahme der Mathematik, der vaterländischen Geschichte und der Naturgeschichte. Bd. 2 (1776), Vorbericht.
7 Vgl. Jiří Beran (s. Anm. 5) S. 39–49.
8 Vgl. Eduard Winter, Josefinismus a jeho dějiny. Praha 1945, S. 76.
9 Jiří Beran: O poměru mezi Učenou společností a Hospodářskou společnosti před r. 1788. In: Sborník historický, 9 (1962), S. 277–285; Josef Haubelt (s. Anm. 2) S. 36–39; derselbe: Gelasius Dobner o nevolnickém povstání roku 1775. In: Český lid, 62 (1976), S. 78.
10 Die Schreiben von P. S. Pallas an Born in: Abhandlungen einer Privatgesellschaft (s. Anm. 6), Bd. 3 (1777) S. 191–198, und in: Physikalische Arbeiten der einträchtigen Freunde in Wien, Bd. 1/1 (1783), S. 1–22; Auszüge (incl. Paraphrasen) aus Borns Schreiben publizierte Pallas in: Neue Nordische Beyträge, Bd. 1 (1781), S. 158 u. 165–166, Bd. 2 (1781), S. 353, und in: Akademičeskie izvestija na 1780 god. Teil 5, S. 333–337.
11 Vgl. M. Teich: Ignaz von Born als Organisator wissenschaftlicher Bestrebungen in der Habsburger Monarchie. In: Wissenschaftspolitik in Mittel- und Osteuropa. Berlin 1976 = Studien zur Geschichte der Kulturbeziehungen in Mittel- und Osteuropa. Bd. 3, S. 195 ff.
12 Vgl. Jaroslav Vávra: Osvícenská éra v česko-ruských vědeckých stycích. Praha 1975, S. 44–59.
13 Vgl. Jaroslav Vávra: Čeští osvícenci á obrozenci o agrární ostázce v Rusku. In: Slovanské historické studie, 9 (1972), S. 112–127.
14 Vgl. den Beitrag von A. S. Myl'nikov in diesem Band.
15 Die eigentliche freimaurerische Periode in der Geschichte der Königlichen böhmischen Gesellschaft der Wissenschaften fällt in die Zeit ihres zweiten Präsidenten, des Grafen Lažanský, (1789–1794) vgl. Jaroslav Prokeš: Počátky České společnosti nauk do konce XVIII. stol. Teil 1. Praha 1938, S. 6; damals drohte der Gesellschaft deswegen eine Sezession der Mitglieder ihrer physikalischen Sektion. Der Nachfolger Lažanskýs, Graf Hartig, der in den achtziger Jahren ein aktiver Freimaurer gewesen war, zwang 1794 die Gesellschaft, ihre Statuten durch einen antifreimaurerischen Paragraphen zu ergänzen.

# SERBISCHE FREIMAURER AM ENDE DES 18. JAHRHUNDERTS UND IHRE WISSENSCHAFTLICHE UND LITERARISCHE TÄTIGKEIT

*Von Strahinja K. Kostić*

Am Ende des 18. Jahrhunderts konnte es nur in denjenigen Gebieten des heutigen Jugoslawiens eine freimaurerische Tätigkeit geben, die zur Habsburger Monarchie gehörten. Das bedeutet aber auch, daß die Logen im kroatisch-slawonischen Raum die gleichen Freiheiten genossen und den gleichen Pressionen ausgesetzt waren wie die Logen in den anderen Teilen der Monarchie. Aus Angst vor Verfolgungen nach dem Verbot der Logentätigkeit durch Franz I. (II.) vernichteten die Logenmitglieder die Unterlagen. Der unbefriedigende Forschungsstand ist vor allem auf die sich z. T. daraus ergebende ungünstige Quellenlage zurückzuführen.

Obgleich von einer eigentlichen freimaurerischen Tätigkeit erst von den siebziger Jahren an gesprochen werden kann, muß doch erwähnt werden, daß bereits 1742 der Nachkomme des berühmten ragusanischen Geschlechts der Gundulići Sigismund Conte Gondola in die Wiener Loge *Aux trois canons* aufgenommen wurde, und ihm am 4. Januar 1743 der 27 Jahre alte Major Kasimir Graf Drašković folgte[1]. Die erste Loge im kroatischen Bereich ist jedoch nicht auf österreichische, sondern auf deutsche Anregungen zurückzuführen. Sie wurde von kroatischen Offizieren, die in preußischer Kriegsgefangenschaft die Freimaurerei kennengelernt hatten, nach dem Siebenjährigen Krieg in Glina in der kroatischen Militärgrenze gegründet und trug den Namen *L'amitié de guerre*. Wir wissen von ihr, daß sie in französischer Sprache arbeitete und daß 1769 an ihrer Spitze der Oberst Ivan (Johann) Graf Drašković (gest. 1799) stand.

Unter den Brüdern befinden sich Offiziere aus bekannten kroatischen Adelsfamilien, so u. a. Träger der Namen Knežević, Bogović, Jelačić, Mihić, Orlić und Tadijanović. Mit der Abkommandierung des Regiments nach Böhmen 1778 verliert sich ihre Spur.

1772 nahm in Varaždin (Warasdin) die Loge *L'union parfaite*, die bald darauf den Namen *Libertas* annahm, auf Initiative von Ivan Graf Drašković ihre Tätigkeit auf. Als ihr eigentlicher Gründer muß aber Stephan Graf Niczky (1747/1748–1777) gelten. Außer einigen Offizieren, die während des Krieges in Magdeburg Freimaurer geworden waren, finden wir unter den Brüdern hohe Würdenträger der katholischen Kirche, Professoren, höhere Beamte usw.[2]. Diese Loge arbeitete in lateinischer Sprache. Anhänger der deutschen Verhandlungssprache gründeten die Loge *Zu den drei Drachen*, die 1775 unter dem Schutz der *Großen Landesloge von Deutschland* stand und den Namen *Zur Freundschaft* annahm. Meister vom Stuhl war Lorenz Graf Drašković; zu den Mitgliedern gehörten u. a. der Oberste Schuldirektor des Zagreber Schulbezirks Lud-

wig Marić, der Zagreber Kanonikus Philipp Wohlgemuth und der spätere Feld-
marschall-Lieutenant Anton Graf Pejačević.

1773 wurde in Zagreb die Loge *Prudentia* gegründet, unter deren Mitgliedern sich 1778 der Bischof Josef Gallyuf (Galjuf) und sein Nachfolger Maximilian Vrhovac sowie der Kanonikus Nikola Dolovac befanden. Der schon vorher erwähnte Graf Niczky gilt auch als Gründer einer wohl 1773 in Križevci
ins Leben gerufenen Loge, deren Existenz im Jahr 1775 belegt ist. Ihr Name
aber ist ebenso unbekannt wie derjenige einer in französischer Sprache arbei-
tenden Loge in Otočac, an deren Spitze 1778 der Oberst Daniel Peharnik-Hot-
ković stand.

Unsere besondere Aufmerksamkeit gilt vor allem der 1773 in Osijek (Esseg)
durch Stephan Graf Niczky gegründeten Loge *Vigilantia*, in der man sich zuerst der lateinischen, dann aber der deutschen Sprache bediente. Abafi belegt
ihre Tätigkeit noch für 1786, als ihre Mitglieder das Johannisfest gemeinsam
mit Brüdern der Temesvarer Loge feierten. 1787 wurden aber ihre Requisiten
an die Pester Loge *Zur Großmuth* gesandt. Anscheinend hatte ihre Tätigkeit
um 1780 geruht, da Abafi ihre Regeneration 1781 − vermutlich durch Georg
Graf Niczky − erwähnt[3].

Auf Betreiben der Grafen Drašković und Stephan Niczky gründeten die im
kroatisch-slawonischen Bereich tätigen Logen eine Großloge mit Ivan Drašković als Großmeister. Im Dezember 1777 wurde die Konstitution angenommen
und sollte sich „bald über ganz Ungarn, Siebenbürgen, Kroatien und die Militärgrenze erstrecken"[4]. Innerhalb der Drašković-Observanz begann wahrscheinlich 1776 die Temesvarer Loge *Zu den drei Lilien* ihre Arbeit, die aber wegen
zahlreicher Konflikte bald erlosch. Unter ihren 37 Mitgliedern finden wir keinen serbischen Namen, obgleich das kein Indiz für eine mögliche nationale Zugehörigkeit ist. Es ist anzunehmen, daß sich bei der großen Zahl serbischer Offiziere in der Militärgrenze unter diesen sicher auch Freimaurer befunden
haben.

In der Osijeker Loge, deren 39 Brüder bis zum Jahre 1785 bekannt sind[5],
finden wir zahlreiche bedeutende Persönlichkeiten aus dem serbisch-kroati-
schen Bereich, so den Staatsanwalt Karl Delimanić, Georg Graf Niczky, Asses-
sor Franz Dolovac, Richter Andreas Knežević, ferner den serbisch-orthodoxen
Bischof der Batschka, dessen Sitz Novi Sad (Neusatz), war. Josif Jovanović Ša-
kabenda, den Archimandrit des Klosters Krušedol und späteren serbischen
Metropoliten Stefan Stratimirović, den Sekretär Stefan Novaković, der 1792
Kurzböcks Druckerei in Wien kaufte[6], Stefan Vujanovski, Schuldirektor des
Zagreber Schulbezirks für die orthodoxen Schulen mit dem Sitz in Osijek, sowie P. Marković, Registrator des Metropolitanarchivs; der kroatische Histori-
ker V. Novak zählt auch den Oberleutnant Jovan Vukasović zu den Serben[7].
Jovanović-Šakabenda, Stratimirović, Novaković und Vujanovski zählen zu den
hervorragenden serbischen Persönlichkeiten ihrer Zeit. Ebenso wie zahlreiche
katholische Geistliche waren also auch hohe Repräsentanten der orthodoxen
Kirche Freimaurer.

Die Osijeker Loge *Vigilantia* beobachtete Treue gegenüber dem Souverän und wollte sich nicht in religiöse Streitigkeiten mischen. In den Statuten heißt es u. a.: „Wir handeln sehr weise, wenn wir uns in keine Religions-Discurse einlassen. Unser geheiligter Orden ist die Schule der Aufklärung, der Wahrheit, und der sichere Weg zur Vollkommenheit [...]. Strenge Beobachtung der Gesetze und der Treue gegen den Souverain [...] liegt jedem Freimaurer vor allen Profanen ob [...]. Sich Fähigkeiten und Kenntnisse zu erwerben, um dem Staate ersprießliche Dienste leisten zu können, ist die Pflicht eines jeden Freimaurers; nicht minder, seine Kinder als gute Bürger zu erziehen, seine Nebenmenschen zum Besten des Staates zu bilden, dessen Bemühung und Obliegenheit. Die nahe Verbindung und die unzertrennliche Kette, womit wir miteinander so fest verbunden sind, sollte uns stets einer standhaften brüderlichen Liebe erinnern."[8]

Aber diese Loyalität bewahrte die Loge nicht vor dem Schicksal der Freimaurerei in der Habsburger Monarchie. Die institutionell organisierte Aktivität mußte schon in den neunziger Jahren aufgegeben werden. Und am 8. Juli 1801 richtete Stratimirović, jetzt Metropolit, an die ihm untergeordnete Welt- und Klostergeistlichkeit ein Rundschreiben, in dem angeordnet wurde, daß ein jeder schriftlich erklären müsse, er sei weder Mitglied einer geheimen Gesellschaft oder Bruderschaft noch würde er es werden[9]. Erst in den siebziger Jahren des 19. Jahrhunderts erneuerte sich im südslawischen Bereich die freimaurerische Tätigkeit.

*

Versuchen wir allerdings die Frage zu beantworten, ob die ehemaligen Mitglieder der Loge in Osijek auch nach deren Schließung im Geiste der in ihr verkündeten Prinzipien handelten und wirkten, so muß folgendes beachtet werden. Vorstellungen wie die, daß der Orden „die Schule der Aufklärung, der Wahrheit und der sichere Weg zur Vollkommenheit" sei, entsprachen durchaus den fortschrittlichen Ideen des 18. Jahrhunderts. Und mit ihnen in Einklang stand das Wirken der vorher genannten serbischen Freimaurer auch in den späteren Jahren, so daß sie jedenfalls nicht gegen ihre freimaurerischen Prinzipien gehandelt haben.

*Jovanović-Šakabenda* (1743–1805), der sich nicht als Schriftsteller betätigt hat, förderte als Bischof (1781 in Pakrac, 1783 in Novi Sad, 1786 in Vršac) das Schulwesen und betrieb im letzten Jahrzehnt des 18. Jahrhunderts die Gründung eines Untergymnasiums mit einem Internat für arme Schüler in Vršac. Auf eigene Kosten ließ er das im österreichisch-russischen Krieg gegen die Türken (1788–1791) zerstörte Kloster Mesić erneuern.

*Stratimirović* (1757–1836) war der eigentliche Begründer des ersten serbischen Gymnasiums (1791) und der Hohen theologischen Anstalt (1794) in Sremski Karlovci (Karlowitz). Freilich geriet er dann in Gegensatz zu Dositej Obradović und Vuk Stefanović Karadžić[10] und vertrat die Ansichten des konservativen Lagers. Anzuerkennen ist jedoch, daß er sich als Kirchenoberhaupt konsequent allem widersetzte, was er als schädlich für seine Nation und seine Kirche ansah: der Forderung, die kyrillische Schrift durch die lateinische zu ersetzen und der Einführung des Gregorianischen Kalenders. 1798 trat er bei Kaiser Franz gegen die materielle staatliche Unterstützung von Konvertiten auf, die vom orthodoxen zum katholischen Glauben übertraten. Während des ersten serbischen Aufstandes schlug er dem russischen Zaren die Befreiung aller serbischen Länder und die Gründung eines selbständigen serbischen Staates vor.

Obwohl literarisch und kulturhistorisch interessiert, publizierte er Zeit seines Lebens nur wenig. Seine beiden Werke *Ljubosava i Radovan* (1800) und *Opit proizvedenija* (1805) sind in Vergessenheit geraten; zahlreiche historische, theologische, kirchengeschichtliche und philologische Abhandlungen wurden erst nach seinem Tode gedruckt[11]. 1817 wählte ihn die *Göttinger Gelehrte Gesellschaft* zu ihrem Mitglied. Er hatte einen ausgedehnten Briefwechsel mit deutschen Gelehrten seiner Zeit, mit dem Zagreber Bischof Vrhovac und dem kroatischen Gelehrten und lateinischen Schriftsteller Adam Aloisius Baričević, dem er seine Auffassung, „quia ex genio Slavicae nostrae (unus enim sanguis et idem genus omnes sumus, qui Slavo sermone utimur) linguae [...] feliciter deducta", mitteilte[12].

Dieses Zitat beweist, daß bei den serbischen und kroatischen Freimaurern ein Zusammengehörigkeitsgefühl lebendig war, wobei angemerkt werden muß, daß die Freimaurerei unter den Kroaten viel weiter verbreitet war. Die Söhne und Enkel der kroatischen Freimaurer wurden zu den wichtigsten Verfechtern der kroatischen Wiedergeburt, der „illyrischen" Bewegung, wobei mit dem Namen „illyrisch" alle Südslawen gemeint waren.

*Vujanovski* (1736/37–1829) scheint der älteste Freimaurer unter den Osijeker Logenmitgliedern gewesen zu sein. Nikola Radojčić behauptet, er habe unter dem Namen Salmonaeus der Loge *Zur Großmuth* in Buda (Ofen) angehört. Vielleicht hat er aber auch schon während seines Studiums in Wien (1770–1776/77) der Freimaurerei nahegestanden. Seine Bedeutung für die Verbreitung der Aufklärung unter den Serben war groß. 1772 verfaßte er die erste deutsche Grammatik für Serben[13]. 1776/77 absolvierte er bei Felbiger den „Normalkurs" für Schuldirektoren und wurde 1778 nach Osijek geschickt, wo er als Inspektor der serbischen Schulen einige Lehrbücher übersetzte und nicht weniger als etwa 110 neue Volksschulen gründete. Er war an allen fortschrittlichen Aktionen und Strömungen seiner Zeit, die serbische Fragen betrafen, beteiligt. Energisch trat er für die kyrillische Schrift, für die Errichtung einer serbischen Druckerei und – auf dem Nationalkongreß in Temesvar (1790) – für die Verbesserung des serbischen Schulwesens ein. Noch im hohen Alter ergriff er in den Auseinandersetzungen um die Volkssprache und eine neue Orthographie Partei für Vuk Stefanović Karadžić. Und er scheute sich nicht, manche Unannehmlichkeit im Amt in Kauf zu nehmen, wenn es darum ging, seiner Überzeugung treu zu bleiben[14].

*Novaković* ist für die serbische Kultur insofern besonders wichtig, als er 1792 die Druckerei von Kurzböck erwarb, in der wichtige serbische Schriften in kyrillischen Lettern publiziert wurden. In den etwa zwei Jahren unter seiner Leitung, also von 1792 bis 1794, wurden etwa 70 Bücher gedruckt, darunter repräsentative Werke der serbischen Literatur des ausgehenden 18. Jahrhunderts. Hier seien nur genannt: *Geschichte verschiedener slawischer Völker* von Jovan Rajić, das *Lehrreiche Magazin für Kinder* von Marie le Prince de Beaumont in der Bearbeitung von Avram Mrazović und *Sammlung verschiedener moralisch belehrender Gegenstände (Sobranie raznych nravoučitelnych veščej)* von Dositej Obradović[15].

Zwei Jahre lang gab er die damals einzige serbische Zeitung *Slaveno-serbskija vědomosti* heraus, die er nicht nur redigierte, sondern auch zum größten Teil selbst schrieb. So trug Novaković viel zur Aufklärung seiner Nation bei.

Während des Kampfes um die lateinische oder magyarische Amtssprache und im Zusammenhang mit einem Ausspruch („Regnum regno non praescribit leges"), die dem kroatischen Banus Erdödy zugeschrieben wurde, verfaßte Novaković im Juni 1790 eine Broschüre mit dem Titel *De gente Serbica*, in der er sich in demselben Geiste für die nationalen Rechte der Serben in der Habsburger Monarchie einsetzte[16]. Es ist bemerkenswert, daß sich seine lebhafte Tätigkeit im Bereich der serbischen Literatur unmittelbar an die Zeit anschloß, in der er Mitglied der Osijeker Loge gewesen war. Die Beobachtung, daß nicht nur in der Habsburger Monarchie, sondern auch in Rußland und in den deutschen Ländern Buchhandel und Verlagswesen in engem Kontakt zur Freimaurerei stehen, könnte möglicherweise auch im Falle von Novaković bestätigt werden.

\*

Vielleicht hat es auch außerhalb der Habsburger Monarchie serbische Freimaurer gegeben, etwa in Deutschland oder in Rußland[17]. Vielleicht ist Dositej Obradović in Triest in die Loge aufgenommen worden oder hat der Freimaurerei nahegestanden. Zwar greift er in seinen Werken neben den Jesuiten die Illuminaten an, nie jedoch die Freimaurer. Sein Porträt, das 1794 von seinem Freund Arsa Teodorović in Wien gemalt worden ist, zeigt eine Schlange, die ihren Schwanz im Rachen hält, darüber das strahlende Auge Gottes im Dreieck, darunter Zirkel und Winkelmaß sowie die Göttin Minerva auf einem kubischen Stein, eine Symbolik also, die nur freimaurerische Elemente enthält[18].

Über die serbische Freimaurerei im ausgehenden 18. Jahrhundert ist sehr wenig Sicheres bekannt[19]. Quellenmäßig belegt sind bis jetzt nur die Mitglieder der Osijeker Loge. Vor allem kann man aber nur schwer trennen, was im Leben und Werk der uns als Freimaurer bekannten serbischen Persönlichkeiten dem Zeitgeist und was ihrem Freimaurertum zuzuschreiben ist. Zu eng sind beide Linien miteinander verflochten, als daß ohne weitere Forschungen die Rolle der Freimaurerei genauer fixiert werden könnte. Dasselbe gilt für die internationalen Beziehungen der serbischen Freimaurer. Über ihre Kontakte zu den kroatischen Freimaurern ist einiges bekannt, zu denjenigen anderer Völker, insbesondere zu denen in Rußland und den deutschen Ländern, sowie natürlich innerhalb der Habsburger Monarchie weiß man so gut wie gar nichts. Für weitere Forschungen ergibt sich also ein fruchtbares Tätigkeitsfeld.


*Anmerkungen*

1 Ludwig Abafi: Geschichte der Freimaurerei in Österreich-Ungarn. Bd. 1—5. Budapest 1889—1893. Hier Bd. 1, S. 71 ff.
2 Ebenda Bd. 2, S. 240—262.
3 Ebenda Bd. 5, S. 295—298. Georg Niczky war der Bruder des Logengründers Stephan Graf Niczky (gest. 1777). Über die kroatisch-slawonischen Logen vgl. Slobodno zidarstvo. Njegov cilj i principi. Pisma brata SR. 2. Aufl. Beograd 1925. Viktor Novak: Maksimilijan Vrhovac. In: Brastvo 22, 1928, S. 200—224.
4 Vgl. Abafi (s. Anm. 1) Bd. 2, S. 284—367.
5 Jutarnij list 31.7.1921, S. 6. Abafi (s. Anm. 1) Bd. 2, S. 263 f. war dieses Verzeichnis noch unbekannt.
6 Vgl. Nikola Gavrilović: Istorja ćirilskih štamparija u Habzburškoj monarhiji u XVIII veku. Novi Sad 1974, S. 202 ff.; ders.: Die kyrillische Buchdruckerei Joseph Kurzböcks. In: Buch- und Verlagswesen im 18. und 19. Jahrhundert. Hrsg. v. H. G. Göpfert, K. Koziełek u. R. Wittmann. Redaktion: Heinz Ischreyt. = Studien zur Geschichte der Kulturbeziehungen in Mittel- und Osteuropa Bd. 4, Berlin 1977, S. 85—103.
7 Novak (s. Anm. 3) S. 204.
8 Abafi (s. Anm. 1) Bd. 5, S. 296 f.
9 Hrsg. v. Djordje Rajković in: Glas istine 1, 1884, 7.
10 Vgl. S. K. Kostić: Die Höheren Lehranstalten und die Anfänge der wissenschaftlichen Gesellschaften bei den Serben in der Donaumonarchie. In: Wissenschaftspolitik in Mittel- und Osteuropa. Berlin 1976, S. 139—152.
11 Vgl. Dj. Slijepčević: Stefan Stratimirović. Beograd 1936: Nikola Radojčić: Oko mitropolita Stefana Stratimircvića. In: Glasnik Istorijskog društva u Novom Sadu 10, 1937. S. 161—179.
12 Vladoje Dukat: O književnom i naučnom radu A. A. Baričevića. In: Rad JAZU 243, 1932, S. 170.
13 S. K. Kostić: Die erste Grammatik der deutschen Sprache bei den Serben und ihr Verfasser. In: Serta slavica. In memoriam Aloisii Schmaus. München 1971, S. 383—390.
14 Vgl. S. Gavrilović: Autobiografski podaci Stefana Vujanovskog. In: Godišnjak Filozofskog fakulteta u Novom Sadu 17, 1974, S. 49—54.
15 Vgl. Anm. 6.
16 Vgl. Novak (s. Anm. 3).
17 So soll z. B. Sima Milutinović Sarajlija (1791—1847) während seines Aufenthaltes in Leipzig in eine Loge aufgenommen worden sein.
18 Mita Kostić: Ideološki stav Dositeja Obradovića prema jezuitima, iluminatima i masonima. In: Zbornik Matice srpske. Serija društvenih nauka 8, 1954, S. 5—15.
19 Neuere Untersuchungen haben die These widerlegt, daß vor dem ersten serbischen Aufstand (1804) in Belgrad eine Loge bestanden habe, der Türken, Serben und Griechen angehört hätten.

# ASPEKTE DER AUFKLÄRUNG IN SIEBENBÜRGEN IM 18. JAHRHUNDERT

*Von Carl Göllner*

Nach der Mitte des 18. Jahrhunderts drohten in Siebenbürgen die Quellen, die die Aufklärung belebten, zu versiegen. Der Besuch ausländischer Hochschulen durch Studenten aus Siebenbürgen war wesentlich zurückgegangen und sollte 1764 durch ein Verbot, an ausländischen Universitäten zu inskribieren, völlig unterbunden werden. Es war für das Großfürstentum, wo keine Hochschule der wissenshungrigen Jugend die Pforte öffnete, eine schwerwiegende Maßnahme, gegen die das Gubernium Stellung nahm und den Staatsrat ersuchte, den Besuch „akatholischer" Universitäten in Deutschland zu gestatten. Der Staatsrat mußte der Berechtigung der vorgebrachten Argumente zustimmen und war genötigt, die geistige Absperrung der Habsburger Monarchie etwas zu lockern. Man gestattete 1771 einigen Söhnen ungarischer Magnaten wie auch lutherischen und kalvinistischen Theologiestudenten, an ausländischen Universitäten, vor allem in Göttingen, zu studieren[1].

Die hervorragende Stellung Göttingens im deutschen Geistesleben des 18. Jahrhunderts ist vor allem auf politische Ursachen zurückzuführen. Zwischen Hannover und Großbritannien bestand in dieser Zeit eine dynastische Personalunion. Dem englischen Einfluß war somit freie Bahn gegeben, und er konnte sich hier, unbehindert von theologischen Widerständen, entfalten. Neben der Berliner Akademie, einer wissenschaftlichen Gesellschaft nach französischem Muster, war Göttingen zweifellos zum bedeutendsten Zentrum der Aufklärung in Deutschland geworden. Dort wurden Carl Brukenthal, Michael Hißmann und Johann Binder Mitglieder der akademischen *Königlichen Deutschen Gesellschaft*, der namhafte deutsche Aufklärer angehörten. 1799 wurden Filtsch, Eder und der literarisch tätige Arzt A. Wolf zu korrespondierenden Mitgliedern ernannt[2].

Das katholische Wien bot weniger Anknüpfungspunkte für die evangelischen Sachsen, deren Protestantismus seine Nahrung aus dem reichen Quell deutscher Universitäten zog. Doch hatte Wien im 18. Jahrhundert die geistige Vormachtstellung im Südostraum, die es durch die Reformation verloren hatte, wieder zurückgewonnen und jene Ressentiments abgebaut, welche die Katholisierungsversuche bei den Siebenbürger Sachsen hervorgerufen hatten. Jetzt war die Kaiserstadt der Sitz des Aufklärers Joseph II. und des von ihm geförderten Sonnenfels[3]. Aus Leipzig kehrten (1781—1784) Studenten mit dem kennzeichnenden Stammbuchvers heim:

> *Gott, gibt Verfolgten Schutz und Huld*
> *Durch Mächtige der Erde*
> *Und stehen Abscheu vor der Schuld*
> *Verfolger selbst zu werden.*[4]

Die „romantisch" verstandene Art der „Brüderlichkeit", die in diesen Stamm-
buchversen verherrlicht wurde, führte zu Beginn der sechziger Jahre auch sie-
benbürgisch-sächsische Studenten in Dresden, Erlangen, Jena und Tübingen in
Freimaurerlogen, die im 18. Jahrhundert ohne Ansehen des Standes, der Sprache und der Religion für den Fortschritt eintraten.

Der Hermannstädter Patriziersohn Simon Friedrich Edler von Baußner wurde in Dresden in vier Graden rezipiert und erhielt die Würde eines schottischen
Meisters. Johann Georg Ekardt aus Mühlbach, Thomas Filtsch und Johannes
Hammer aus Hermannstadt sowie Johann Christian Schmidt aus Schäßburg erhielten in Jena die vier ersten Grade, also auch den schottischen Meistergrad; Lukas Friedrich aus Großau und der bekannte Protomedikus und Aufklärer
Michael Gottlieb Neustädter fanden in der Loge zu Erlangen die Aufnahme in
den ersten drei Graden, während der Hermannstädter Buchdrucker Johann Michael Linzing in der Loge zu Tübingen den Meistergrad erhielt[5].

Dem Freimaurerorden in Halle *Zu den drei Schlüsseln* gehörte der spätere
Gouverneur von Siebenbürgen Samuel von Brukenthal an. Ihm wurde im Jahr
1743 die Führung der Loge anvertraut. Von hier führten Fäden zur Berliner
Loge *Zu den drei Weltkugeln*, deren Großmeister König Friedrich II. war[6].

Heimkehrende Studenten gründeten dann im Jahr 1767 in Hermannstadt,
unter dem Vorsitz des späteren Sachsenkomes Simon Friedrich Baußner, die
Freimaurerloge templerischen Systems *St. Andreas zu den Drei Seeblättern*
im Orient zu Hermannstadt. Zunächst arbeitete die Loge im stillen, bis sie 1776
neu „fundiert" wurde und 1778 ihre „conjunktionsmäßige" feierliche Instal-
lation erfolgte[7]. Es läßt sich nicht leugnen, vermerkt Ferdinand von Zieglauer,
daß die Loge „durchweht war vom Geist der Bruderliebe, erfüllt von den Ideen
der Humanität und der Achtung der verschiedenen religiösen Überzeugungen.
Gerade für Siebenbürgen, dem an nationalen und religiösen Gegensätzen so reichen Lande, war es von großer Bedeutung, daß die Söhne der verschiedensten
Nationen, Männer der verschiedensten religiösen Bekenntnisse ... frei von aller
dogmatischen Intoleranz, Hand in Hand gleichen humanitären Interessen dien-
ten."[8] Mitglieder der Loge waren neben Sachsen – so z. B. der spätere Bischof
der ev. Kirche Johann Aurelius Müller, Carl Brukenthal, Martin Hochmeister,
Thomas Filtsch, Johann Gottlieb Soterius –, Rumänen und Griechen – z. B.
der Fürst Al. Moruzi-Mavrocordat, der Arzt Ioan Piuariu-Molnar, der Dolmet-
scher Dimitrie Marcu und der Kanzleidiener Ioan Boilă – sowie Ungarn, etwa
der spätere Gouverneur Georg Bánffy. Im Jahr 1779 zählte die Loge bereits
57 Mitglieder[9]. Ohne die inneren determinierenden Faktoren zu verkennen, die
der Aufklärung in Siebenbürgen einen entsprechenden Nährboden schufen,
sollten diese Impulse aus dem Ausland – vor allem die Freimaurerei – nicht
unberücksichtigt bleiben.

Was das Denken eines Gheorge Şincai, Michael Hißmann oder Bolyai Farkas an der Aufklärung vor allem ansprach, war die Überwindung der bis dahin
allein kirchlich bestimmten Kultur. So bekämpft Samuil Micu in seinem Werk
*Invătătura firească spre surparea superstitiei* den Aberglauben und weist auf

den objektiven Charakter der Naturgesetze hin. Petru Maior entwickelt fortschrittliche Gedanken, während Ion Budai Deleanu alle metaphysischen Spekulationen ablehnt. Gewisse atheistische Tendenzen lassen sich in Michael Hißmanns Schrift *Eleusinische Geheimnisse* feststellen, ohne daß er die Schranken eines deistischen Denkens durchbrochen hätte[10].

Großen Widerhall fand am Ende des 18. Jahrhunderts die von der Aufklärung ausgelöste unerbittliche Kritik an bestehenden sozialen Mißständen in Siebenbürgen. Hier wurden ja den Leibeigenen — vor allem rumänischen Bauern — vom Adel feudale Abgaben aufgebürdet und der Eigennutz der Beamtenschaft war weit verbreitet.

Alle Vertreter der Aufklärungsphilosophie in Siebenbürgen waren übrigens davon überzeugt, daß ein Volk ohne entsprechende Bildung demokratische Rechte weder erringen noch verteidigen könne. Das „sapere aude" wurde auch hier zum kategorischen Imperativ Kants. So wollte der Hermannstädter Michael Hißmann, der als Professor in Göttingen den dortigen Freimaurerkreisen nahestand, den Unterricht durch gute Schulbücher beleben und erklärte sich bereit, selbst ein Lehrbuch für den Philosophieunterricht an deutschen Schulen in Siebenbürgen zu verfassen. Für den Philosophieunterricht in rumänischer Sprache schrieb Samuil Micu 1772 Präparationen nach den Werken von Baumeister und Steinkeller, die Schüler Christian Wolffs waren. Gleichzeitig entfalteten zwei Gelehrte von europäischem Ruf, die ehemaligen Göttinger Studenten Benkö Ferenc und Bolyai Farkas, ihre Tätigkeit[11]. Einen wesentlichen Fortschritt auf diesem Gebiet bedeutete das Wirken von Gh. Lazăr als Autor von Lehrbüchern. Lazăr hatte in Wien die Gedanken der Aufklärungsphilosophie kennengelernt und schenkte, wie alle Vertreter der Aufklärung, der Volksbildung eine besondere Beachtung.

Bemerkenswert war ferner das erwachende Interesse an der Naturwissenschaft als Lehrgegenstand und als publizistisches Thema. Die Kenntnis der Natur sollte Vorurteile beseitigen und dem Aberglauben entgegenwirken. An die Stelle der Alchimie trat die Chemie. So besaß das Hermannstädter Gymnasium schon 1775 Schmelztiegel, Retorten, Thermometer, Linsen und selbst eine Elektrisiermaschine.

Gefördert wurden diese Bestrebungen durch die Hermannstädter Freimaurerloge, die am 9. April 5785 (1785) durch ein Rundschreiben auf die Bedeutung eines „mineralischen Kabinetts" hinweist: „Die Zuversicht auf die Bereitwilligkeit unserer Brüder zu der Ausführung dieses maurerischen Instituts, dem noch mehr ähnliche zum Besten der Loge folgen werden, (da wir schon die Errichtung einer Bibliothek und die Anlegung eines botanischen Gartens im Werke haben) läßt uns den besten Fortgang für unsere Sammlung hoffen."[12]

Von der Aufklärung entscheidend beeinflußt, trachteten Ärzte, für das öffentliche Wohl zu wirken, die Sanitätsverhältnisse des Landes zu verbessern, die Aufmerksamkeit auf den Gesundheitszustand des Volkes zu lenken und den Aberglauben zu bekämpfen. Es ist natürlich, daß unter solchen Umständen die Kurpfuscherei an Boden verlor. 1787 wurde den Buchdruckern streng verboten, Flugblätter dieser Scharlatane zu drucken[13].

Um dieser großen Kulturströmung in Südosteuropa gerecht zu werden, muß auch eine andere Komponente der Aufklärung, die Verschmelzung von rationalistischen Elementen aus der Gedankenwelt der französischen mit empirischsensualistischen Tendenzen der englischen Philosophie, beachtet werden. In der Walachei und in der Moldau haben daneben das Betonen der Ratio, in Siebenbürgen das Anklingen nationaler Momente eine vorrangige Bedeutung. Gemäß diesen Zielsetzungen ergaben sich praktische Aufgaben, die Aufklärung in den Dienst der sozialen und nationalen Befreiung zu stellen.

Jetzt entstehen in Hermannstadt zwei Brennpunkte, die das Licht der Aufklärung sammeln, brechen und in vielen voneinander abweichenden Farbtönen spiegeln: einerseits der Kreis um den Grandseigneur Brukenthal, der sich zur kleinsächsischen Losung geistiger Eigenständigkeit bekennt, andererseits ein bürgerlicher Kreis um den Buchdrucker und Freimaurer Hochmeister, der eine von aufklärerischer Menschheitsschwärmerei gefärbte geistige Gemeinschaft anstrebt. In beiden Kreisen waltet eine neue Rangordnung der Werte und der Menschlichkeit und eine Ablehnung jeder Form des Mystizismus. Publizität sollte diese Bestrebungen fördern. Wie viel Engherzigkeit, wie viele Schranken der Selbstsucht und der Vorurteile mußten aber überwunden werden, bis weitere Kreise die Bedeutung dieser Publizität erkannten, die selbst bei Hofe zu einer gefürchteten Macht wurde!

Als am 11. Juli 1781 Joseph II. die Zensurkommission aufhob, begann die Geschichte der politischen Publizistik in Transsylvanien. Martin Hochmeister, Besitzer einer Druckerei und Buchhandlung, gründete am 2. Januar 1784 in Hermannstadt (Sibiu) die *Siebenbürger Zeitung* (1784–1878). Sie wollte „einen Beitrag liefern zur geistigen Bewegung der Zeit, zur Toleranz und Aufklärung." So heißt es in ihr: „Wenn der politische Kannengießer Schlachten liefert, Städte zerstört, Reiche zergliedert usw., so wendet der Weise seinen Blick von diesen Szenen weg und sucht würdigere Gegenstände seiner Neugier; eben nun wird sie befriedigt, wenn er sieht, daß die Fürsten wetteifern, ihre Völker glücklich zu machen; daß sie den Schutz und die Achtung, die sie bisher dem privilegierten Müßiggang schenkten, dem Talent und der Industrie angedeihen lassen, daß sie durch Josephs Beispiel einsehen lernen, ihre Macht erstrecke sich nicht bis auf die Gewissen; daß sich eine sanftere, menschlichere Denkungsart fast aller Nationen Europas bemächtiget und daß sich der Zeitpunkt nähert, wo der Mensch den Menschen nicht erst um seinen Katechismus fragen wird, um ihn als Bruder zu lieben."[14]

Das Erscheinen der *Siebenbürgischen Quartalschrift* bei Martin Hochmeisters Sohn (1790) wurde begründet „mit der Absicht, der vaterländischen Gemeinnützigkeit" zu dienen[15]. Am 26. Juni 1786 suchte auch eine *Gesellschaft zur Ausbreitung der Bildung unter der walachischen Geistlichkeit*, einem Plan des rumänischen Arztes Piuariu-Molnar folgend, um die Genehmigung zur Veröffentlichung einer *Zeitschrift für den walachischen Landmann* nach, der man aber die erforderliche Befreiung von Postgebühren nicht bewilligte. Auch dem Versuch Piuariu-Molnars im Jahre 1795, die *Vestiri filosofeşte şi moraliceşte* herauszugeben, war kein Erfolg beschieden. Hochmeister veröffentlichte unterdessen in Klausenburg (Cluj) die Zeitung *Erdélyi Magyar Hiradó*. Die Anfänge der rumänischen, deutschen und magyarischen Publizistik sind somit durch übervölkische Zusammenarbeit einer dünnen fortschrittlichen Intelligenzschicht gekennzeichnet[16].

Während sich die Kalender bis in die zweite Hälfte des 18. Jahrhunderts mit „Prognostikons" abgaben sowie Kriege und andere Schicksalsschläge voraussagten, tritt in den letzten Jahrzehnten des Jahrhunderts eine Wendung zum Besseren ein. Die siebenbürgisch-sächsischen Kalender eifern jetzt unter dem Einfluß der Aufklärung gegen Erntezauber, Wunderheilung, Wetterbeschwörungen und alle Formen des Aberglaubens, die selbst in gebildeten Kreisen noch häufig waren[17].

Neben Zeitungen und Kalendern förderten Lesegesellschaften die Verbreitung der Aufklärung in Siebenbürgen. Bereits 1784 hatte J. Filtsch eine Lesegesellschaft in Hermannstadt (Sibiu) gegründet, deren Mitglieder sich im Hause Hofmeisters versammelten. Die Anregung dazu dürfte auf Johann Valentin Günther, einen früheren Kabinettssekretär des Kaisers und Mitglied der Hermannstädter Loge, zurückgehen, der zu den Freunden Hofmeisters zählte. 1789 traten die zwanzig „Liebhaber der Literatur" in die Öffentlichkeit auf. Der Lesezirkel hatte seinen Sitz im Hochmeisterschen Haus, wo sich auch die Mineraliensammlung befand[18].

In diesem Lesekabinett, das sich nun im Hause Brukenthals befand, entwikkelte Filtsch den Plan einer *Sozietät der Wissenschaften*. Das bis jetzt noch unveröffentlichte Projekt (1792), das von Brukenthal eigenhändig ergänzt wurde, sollte einen weiteren Sammelpunkt der Aufklärung begründen. Die *Sozietät der Wissenschaften*, ebenfalls ein Ziel der Hermannstädter Loge, dem Anliegen nach eine Akademie mit einer naturwissenschaftlichen, historischen und literarischen Klasse, war dazu bestimmt, das „Vaterland aufzuklären und zu kultivieren"[19]. Gleichzeitig plante Ioan Piuariu-Molnar die Gründung einer *Soţietate filosofească a neamului românesc in Mare Prinţipatul Ardealului*[20].

Gefördert wurden diese Bestrebungen durch die Hermannstädter Freimaurerloge, die 1787 folgenden Antrag stellte: „Bearbeitung für unser Land nützlicher Kenntnisse und Wissenschaften bleibt hier als einziges sicheres Mittel, diesen hohen Zweck zu erreichen. In diesem Stücke können wir Hand in Hand mit vereinigten Kräften viel tun und mehr als irgend ein einzelnes Mitglied zu leisten im Stande ist. Eine Geographie von unserem Vaterland, die den Kenner befriedigt, haben wir noch nicht, und eine diplomatisch, physisch, politisch, statistisch und ökonomisch richtige und allgemeine brauchbare Geschichte Siebenbürgens ist nie und kann nie das Werk eines einzelnen Menschen werden."[21]

Schwierig war es, die Aufklärungsliteratur und die Neuerscheinungen zu beschaffen. Diesem Mangel wollte die seit 1780 neben dem Hochmeisterschen

Geschäft bestehende Barth-Gromen-Gänselmeiersche Buchhandlung abhelfen. In ihren Bücherkatalogen fand man unter andern angebotenen Werken Lessings *Emilia Galotti* und *Nathan der Weise.* Goethe war durch *Götz von Berlichingen* vertreten, die Aufklärungsphilosophie durch Voltaire und Chr. Wolff. Auch der Troppauer (Troppau heute Opava/ČSSR) Buchhändler Traßler kündigte durch die *Siebenbürger Zeitung* an, er wolle monatlich 80 Bogen für einen „sehr geringen Preis" liefern. Unter den von ihm offerierten Büchern befanden sich repräsentative philosophische Schriften der Aufklärung: Locke, Hume, Leibniz, Euler u. a. Zur Verwirklichung des vielversprechenden Vorhabens scheint es nicht gekommen zu sein. Eine um so größere Bedeutung erhielt die Büchereinfuhr durch Martin Hochmeister. Wöchentlich erschien in der von ihm herausgegebenen *Siebenbürger Zeitung* eine Liste der neuesten Bücher, die in seiner Buchhandlung auflagen, gelesen und sicher auch lebhaft erörtert wurden[22]. So wuchs durch Presse und Buch der Aktionsradius des Kreises um Hochmeister und übertraf sicher auch an Tiefenwirkung den Kreis um Brukenthal.

Dazu gesellte sich Hißmanns Versuch, den Verkauf der reichen Toldalagischen Bibliothek an Brukenthal zu vermitteln. Es waren Bücherbestände, die Hißmann zum großen Teil selbst ausgewählt hatte. Für die Hermannstädter Gymnasialbibliothek wollte er einige Hauptwerke der Naturgeschichte und Physik erwerben[23].

Um das Jahr 1780 spielte sich in Siebenbürgen ein erbitterter Kampf zwischen Provinzautonomie und monarchischem Zentralismus, zwischen landesfürstlicher Politik und ständischer Beharrlichkeit ab. In diesem Spannungsfeld des Fortschritts und der Beharrung prallten imperiale, zentripetale und zentrifugale Kräfte aufeinander, verkörpert durch den Adel, der sich hinter altverbrieften Privilegien verschanzte. Dazu gesellten sich soziale und nationale Konflikte der Nobiliarbehörden mit den leibeigenen Bauern in einer Zeit, da als überwiegende Mehrheit der Bevölkerung die nun immer selbstbewußter werdende rumänische Nation in Erscheinung trat.

Unter diesen Gegebenheiten wurden durch das Reskript Kaiser Josephs II. vom 16. Januar 1782 Apostasie-Prozesse untersagt und mittelalterlicher Schutt weggeräumt. Der Hof mußte auf die Fiktion verzichten, die griechisch-katholische Kirche umfasse die Gesamtheit der Rumänen aus Siebenbürgen. Doch wurde das Toleranz- und Apostasie-Dekret in Siebenbürgen willkürlich zuungunsten der orthodoxen Rumänen interpretiert, und noch im Jahre 1791 mußte der *Supplex Libellus Valachorum* für den orthodoxen Klerus gleiche Rechte mit der katholischen Geistlichkeit fordern. Den *Supplex* charakterisiert D. Prodan als „eine Synthese, in der die allgemeinen Forderungen des Volkes Ausdruck finden." Das Dokument war nicht das Werk einer einzigen Persönlichkeit, sondern das Ergebnis kollektiven Denkens. Dadurch erhielt es auch einen repräsentativen Charakter und blieb „ein Kampfprogramm für künftige Generationen"[24].

Mißlicher wurde die Lage nach dem Tode Josephs II. (1790). Die schneidenden Widersprüche zwischen feudalen anachronistischen Konzeptionen des siebenbürgischen Adels und der politischen Entwicklung in Frankreich wurden 1790 bei der Eröffnung des Landtages in Klausenburg (Cluj) und nach dem Widerruf vieler Reformen Josephs II. augenscheinlich. „An demselben Tage" (21. Dezember 1790), schreibt Zieglauer, „an welchem hier eine Versammlung eröffnet wurde, welche die unerschütterliche Tendenz hatte, die reinste Restauration der ständischen Staaten zu vollziehen, und eine Verhandlung begann, bei der nicht eben nur einzelne Sprecher, sondern die überwiegende Majorität die mittelalterliche Weltanschauung zum Ausdruck brachte, an demselben Tage fand im fernen Westen, in der französischen Nationalversammlung zu Paris, unter stürmischem Jubel eine Ovation statt, die weit über den Charakter einer persönlichen Huldigung hinausreichte [...]. Während dort der souveräne Wille der Nation jauchzend verkündet wurde, erhielt hier die alte Baronenherrschaft ihre Neubegründung."[25]

Aufgeschreckt durch den schicksalsschweren Gang der Bewegung in Frankreich, verfiel die angsterfüllte Wiener Regierung immer mehr dem Argwohn und dem Mißtrauen gegen den demokratischen Geist, von dem die Brüdergemeinschaften im edlen Sinne des Wortes getragen waren, immer mehr der wachsenden Abneigung gegen alle Geheimbünde. So mußten, mit der Konferenzloge am 22. März 1790, die Hermannstädter Freimaurer ihre zwar nicht lange, aber befruchtende Tätigkeit beenden[26]. In den folgenden Jahren der Heiligen Allianz griff eine jede geistige Regung tötende Bürokratie auch nach Siebenbürgen über. Die „kontrollierende Kontrolle der kontrollierenden Kontrolle", wie der Mutterwitz des Volkes den Wiener Staatsapparat nannte, erfaßte mit ihren Polypenarmen auch Siebenbürgen.

*Anmerkungen*

1 C. Göllner, H. Stanescu (Hrsg.): Aufklärung. Schrifttum der Siebenbürger Sachsen und Banater Schwaben. Bukarest 1974.
2 C. Göllner: Der Einfluß der Göttinger Universität auf die Aufklärungsphilosophie in Rumänien. In: Revue des études sud-est européennes Nr. 4, 1969, S. 599—612.
3 Göllner (s. Anm. 1), S. 14.
4 K. Schuller: Aus alten Stammbüchern von Siebenbürger Sachsen. Hermannstadt 1864, S. 23.
5 F. Zieglauer: Geschichte der Freimaurerloge St. Andreas zu den drei Seeblättern in Hermannstadt (1767—1790). In: Archiv des Vereins für siebenbürgische Landeskunde, Bd. 12, 1875, S. 455 f.
6 G. A. Schuller: Samuel von Brukenthal. München 1969, Bd. 1, S. 32 f.; vgl. auch H. Ischreyt in diesem Band.
7 Zieglauer (s. Anm. 5), S. 456—462.
8 Ebenda S. 526 f.

9 Ebenda S. 473; vgl. auch: Die Freimaurerloge zum heil. Andreas zu den drei Seeblättern in Hermannstadt. In: Siebenbürgische Quartalsschrift, H. 1, 1880, S. 143—149;
Brukenthal war der Hermannstädter Loge nicht affiliiert.
10 Istoria gîndirii sociale şi filosofice în România. (Geschichte des sozialen und philosophischen Denkens in Rumänien.) Bucureşti 1964, S. 94—107.
11 Ebenda S. 107—110.
12 Veröffentlicht von H. Stanescu in: Aufklärung (s. Anm. 1), S. 321.
13 V. Bologa: Ärzte und Gesundheitspflege bei den Siebenbürger Sachsen im 18. und zu
Beginn des 19. Jahrhunderts. In: Forschungen zur Volks- und Landeskunde, Bd. 7/2,
1964, S. 55—67.
14 Fr. Teutsch: Geschichte der Siebenbürger Sachsen. Bd. 2, Hermannstadt 1907, S. 325—
336.
15 Siebenbürgische Quartalschrift Jg. 1, 1790, S. 1—27.
16 Istoria României. (Geschichte Rumäniens.) Bd. 3, Bucureşti 1963, S. 1067—1070.
17 E. Wertheimer: Hermannstadt in der zweiten Hälfte des 18. Jahrhunders. In: Ungarische Revue 1881, S. 726 f.
18 H. Stanescu: Deutschsprachige wissenschaftliche und Lesegesellschaften der achtziger
Jahre des 18. Jahrhunderts in Siebenbürgen und im Banat. In: Wissenschaftspolitik in
Mittel- und Osteuropa. Hrsg. von E. Amburger, M. Cieśla und László Sziklay. Redaktion: H. Ischreyt, Berlin 1976 = Studien zur Geschichte der Kulturbeziehungen in Mit-
tel- und Osteuropa Bd. 3, S. 191 f.
19 Ebenda S. 193.
20 Istoria României (s. Anm. 16) Bd. 3, S. 1066.
21 Stanescu (s. Anm. 18) S. 189 f.
22 Nähere Hinweise bei Reinhard Wittmann und Heinz Stanescu in: Buch- und Verlagswesen im 18. und 19. Jahrhundert. Beiträge zur Geschichte der Kommunikation in
Mittel- und Osteuropa. Hrsg. von H. G. Göpfert, G. Koziełek und R. Wittmann. Redaktion: H. Ischreyt. Berlin 1977 = Studien zur Geschichte der Kulturbeziehungen in
Mittel- und Osteuropa Bd. 4.
23 Siebenbürger Zeitung, Nr. 25 v. 31.3.1785, S. 202; Michael Hißmann an J. Binder v.
25.2.1778; dieser Brief befindet sich in: Archivele Statului Sibiu, HH 2.
24 D. Prodan: Supplex Libellus Valachorum. Bucureşti 1967, S. 9.
25 F. Zieglauer: Die politische Reformbewegung in Siebenbürgen. Wien 1881, S. 599.
26 A. Hochmeister: Leben und Wirken Martin v. Hochmeisters. Hermannstadt 1873. Auf
S. 45 heißt es hier: „Sämtliche Schriften und Protokolle, dann die noch nicht verfal-
lenen Obligationen sollen in einer versiegelten Kiste in der S. Br. Bibliothek aufbewahrt werden und es wird mit der diesbezüglichen Bitte eine Deputation ... an den
‚Hochwürdigen Bruder' Baron Samuel Brukenthal abgeschickt." Sie befinden sich auch
heute noch in der Bibliothek des Brukenthal-Museums in Sibiu.

# GEHEIMGESELLSCHAFTEN UND DIE BEFREIUNGSBEWEGUNG DER RUMÄNISCHEN NATION

*Von Dan Berindei*

„Öffentliche und geheime Gesellschaften", schrieb Ion Heliade Rădulescu[1], Gründer einer solchen Vereinigung, „bestehen in unserem Land bereits seit langem und sind so alt wie die Unterdrückung selbst, denn, wie es heißt, wo Unterdrückung ist, dort ist auch Protest, und wo angegriffen wird, finden sich auch Mittel zur Verteidigung."[2] Die zwischen den Jahren 1859 und 1869 verfaßte Schrift[3], in der diese Sätze stehen, ist bedeutsam für das Verständnis der Geheimgesellschaften des 19. Jahrhunderts in den rumänischen Ländern und der wichtigen Rolle, die sie bei der Gründung des modernen Rumäniens gespielt haben; besondere Beachtung verdient dabei vor allem Heliades Andeutung über die vorhergehende Periode.

Leider sind Dokumente über Geheimgesellschaften, soweit es diese überhaupt gab, nur äußerst selten erhalten geblieben. In einer 1930 in Bukarest erschienenen und 1935 neu aufgelegten Broschüre[4] gibt V. Daşchevici Daten über das Freimaurertum in der Moldau und der Walachei, von denen jedoch nicht alle als Niederschlag historischer Realität gelten können. So behauptet er z. B., die ersten Logen in der Moldau seien von einem Italiener namens Carra zur Zeit des Fanariotenherrschers und Reformators Constantin Mavrocordat gegründet worden, und zwar 1734 in Galaţi und 1735 in Jassy; diese Behauptung dürfte historischer Kritik nicht standhalten, vor allem schon deswegen, weil eine Person namens Carra in der Moldau erst viel später belegt ist. Zu dem genannten Zeitpunkt war Carra noch gar nicht geboren worden!

Daşchevici benutzte für seine Arbeit zweifellos damals vorhandene freimaurerische Quellen und stellte eine Liste von insgesamt 20 Herrschern und Persönlichkeiten auf, die von 1734 bis 1828 Freimaurerlogen angehörten oder ihnen Schutz gewährten. Wie schon früher festgestellt wurde[5], weist diese Liste beträchtliche Lücken auf, etwa von 1744 bis 1755 oder von 1786 bis 1793, was beweist, daß die Freimaurerei, wenn sie auch in der Moldau seit der Mitte des 18. Jahrhunderts bestanden haben mochte, dort keine kontinuierliche Tätigkeit entfaltete. Einer der Fachleute auf diesem Gebiet, G. Şerbănesco, geht in seiner *Histoire de la franc-maçonnerie universelle* sogar noch weiter, indem er schreibt: „en ce qui concerne l'organisation maçonnique pendant cette époque, c'est-a-dire jusqu'en 1821, je dois dire qu'elle était inexistante dans les principautés danubiennes."[6] In der Tat besteht kein Zweifel, daß zeitgenössische Quellen das Wirken von Freimaurern in der zweiten Hälfte des 18. Jahrhunderts sowohl in der Moldau als auch in Siebenbürgen bescheinigen, wo in der Periode des „aufgeklärten Absolutismus" dafür günstige Voraussetzungen herrschten.

Zwei Medaillen, die einer russischen archäologischen Kommission im Herbst 1840 samt einer Beschreibung vorgelegt wurden[7], bestätigen, daß es 1772 in der Moldau eine Militärloge gab, zu deren Initiatoren sicherlich auch russische Offiziere gehörten, da das Land zu jener Zeit von der kaiserlichen Armee besetzt gehalten wurde. Die Inschriften auf den Medaillen enthüllen jedoch auch die Präsenz einheimischer Freimaurer und eine ihnen entsprechende Ideologie: „Die Ahnen prophezeiten der Moldau glückliche Tage" und: „Ich fürchte nicht den Mächtigen, ich verachte nicht den Niederen". Diese „nuova loggia militare die Marte stabilita dai Francmassoni nella città di Iassi il XXIX April/e/l'anno MDCCLXXII"[8] wollte also, durch Inschriften in lateinischer und italienischer Sprache den östlichen Zweig der romanischen Völker unmittelbar ansprechend, offenbar nicht die Ziele der Unterdrückung verfolgen, sondern einen Befreiungsprozeß beschleunigen helfen, dessen Ansätze vorhanden waren, der aber erst in dem nächsten Jahrhundert rasch anwachsen sollte.

Jean-Louis Carra konnte, wie gesagt, bei der Gründung von Freimaurerlogen in der Moldau zur Zeit von Constantin Mavrocordat schon deshalb nicht die Hand im Spiele haben, weil er erst 1743 geboren wurde. Dafür aber nahm er an deren Tätigkeit im achten Dezennium des 18. Jahrhunderts teil, wo wir diesem Publizisten und politischen Agitator in Jassy begegnen. Nachdem er 1789 durch sein liberales Pamphlet *L'Orateur des États généraux* bekannt geworden war, sollte er 1793 als Girondist durch die Guillotine enden[9]. Carra war Franzose und nicht Italiener. Er unterrichtete als Hofmeister die Kinder des Herrschers Grigore Ghica, der seine Weigerung, die von der Hohen Pforte vorgenommene Abtretung der Nordmoldau, der sogenannten Bukowina, an Österreich anzuerkennen, mit dem Leben bezahlte. Carra beteiligte sich an der Tätigkeit der vom ehemaligen französischen Offizier Le Doulx, Baron de Sainte Croix, ins Leben gerufenen *Freimaurergesellschaft*. Dieser war gleichfalls in Jassy als Hofmeister tätig. Die Mitglieder dieser Gesellschaft legten, wie Andreas Wolf einige Jahrzehnte später berichtete, ein Schweigegelöbnis ab. Da die Loge das Mißfallen des Herrschers erregte, wurde sie im Oktober 1777 nach einer nächtlichen Haussuchung aufgelöst; Le Doulx mußte das Land verlassen[10].

Obwohl die Loge von Le Doulx aufgelöst worden war, erregte eine geheime Bojarengruppe bei den Herrschern Grigore Ghica und Constantin Moruzi Ärgernis. In ihr begegnen wir Iordache Darie aus Dărmănești, der 1787 die berühmte „Verräterschrift" des Abbé Gabriel Louis Perau *Le Secret des Francs Maçons* übersetzen ließ. 1778 geriet er in Gefahr, eine Hand auf dem Schaffott zu verlieren, kam aber auf Fürsprache mit Verbannung davon, während Manolachi Bogdan und Ioniță Cuza den Mut, dem Herrscher getrotzt zu haben, mit dem Leben büßen mußten[11]. Interessant ist auch der durch einen Eid besiegelte Bund, den vier moldauische Bojaren vier Jahre zuvor, im Juni 1774, geschlossen hatten: Iordachi Balș, Constantin Vîrnav, Ienachi Canta und Iordachi Canano legten ihren feierlichen Schwur auch schriftlich nieder; sie verpflichteten sich, einander zu helfen, falls einer von ihnen in Gefahr geraten sollte, nicht miteinander zu streiten, und sich dem gemeinsamen Schiedsspruch zu fügen[12].

Es soll hier nicht im Einzelnen von den Logen gesprochen werden, die im 18. Jahrhundert in Siebenbürgen hauptsächlich von Siebenbürger Sachsen gegründet wurden und die als Mitglieder auch Rumänen aufnahmen. Zu letzteren gehörte der bekannte Augenarzt Ioan Piuariu Molnar, der neben Franz Joseph Sulzer auch in den der türkischen Oberhoheit wie der Fanariotenherrschaft unterworfenen Fürstentümern wirkte und 1776 der Loge in Sibiu (Hermannstadt) angehörte[13]. In unserem Zusammenhang wichtiger ist die vermutliche Teilnahme der Logen an den Ereignissen von 1784 in Siebenbürgen, am großen Aufstand unter Führung von Horea, den Brissot 1785 als beispielhaft für Europa kommentierte[14]. Mit dieser Frage befaßten sich vor vierzig Jahren Ioan Lupaş[15] und Carol Göllner[16], wobei insbesondere die Forschungen des letzteren größte Aufmerksamkeit verdienen. Durch den aus Bukarest gebürtigen Mihail Popescu, der 1784 Emissär des Herrschers der Moldau, Alexandru Mavrocordat, war und wahrscheinlich Beziehungen zur Wiener Loge *Zu den drei Adlern* unterhielt, konnten die Freimaurer den Aufstand anscheinend unterstützen; Popescu befand sich Ende 1784 auf seiten der Aufständischen.

Einige Jahre nach dem Aufstand der siebenbürgischen Bauern (1784–1785) beauftragte der alte Freimaurer Iordache Darie Dărmănescu den Archidiakon der Metropolie der Moldau, Gherasim, das erwähnte Werk des Abbé Perau, das 1742 in Paris erschienen war, nach einem Amsterdamer Nachdruck von 1778 auf seine Kosten aus der französischen Sprache ins Rumänische zu übersetzen[17]. Der Übersetzer, ein Pfarrerssohn aus Vicovul-de-Sus und künftiger Bischof von Roman, war vom Metropoliten zu Studienzwecken nach Leipzig gesandt worden[18], was man sich ebenfalls vor Augen halten muß, um seine Einstellung zu dem Buch, das er übersetzte, zu verstehen. „Obgleich sein Inhalt", schrieb Gherasim in einem Vorwort, „in der Öffentlichkeit übel angesehen wird und mir viel Anschwärzung einbringen kann, habe ich es doch im Bewußtsein, wie fern der Wahrheit jene Meinung ist, übersetzt, damit alle, die es lesen, begreifen, welch falsches Urteil sie über diese Zunft fällen."[19]

Im letzten Dezennium des 18. Jahrhunderts, als Europa durch die Französische Revolution in Gärung geraten war, nahm auch in den rumänischen Ländern die revolutionäre Stimmung zu. Sie wurde von außen gefördert: durch die konsularischen Vertreter Frankreichs, durch Flüchtlinge aus dem geteilten Polen, durch Hauslehrer und Hofmeister, die französische Offiziere gewesen waren, und durch revolutionäre Literatur, die auch nach Südosteuropa drang. *Die zündende Ansprache des Bürgers Carnot auf dem Marsfelde* und der berühmte freimaurerische *Discours* des Chevalier Andreas Michael Ramsay von 1736/37 befinden sich in Handschriften aus den letzten Jahren des 18. Jahrhunderts in der Bibliothek der Rumänischen Akademie der Wissenschaften und veranschaulichen die Aufgeschlossenheit des Publikums und die Wirkung maurerischer Ideen in revolutionärer Zeit[20].

Als dem Wiener Verleger Marchide Puliu befohlen wurde, revolutionäre Literatur aus dem Reich fortzuschaffen, brachte er diese Schriften nach Bukarest, darunter eine Broschüre über die Generalstaaten, Werke über die Revolution

in Frankreich und über die Volkssouveränität und sogar eine Broschüre gegen
die Königin Marie Antoinette[21]. „J'ai trouvé plusieurs boïars", schrieb 1796
ein Anwärter auf den Posten eines französischen Konsuls in den Fürstentümern,
„tout à fait prononcés pour notre révolution et beaucoup qui n'en étaient pas
moins partisans, mais qu n'osaient encore se prononcer hautement."[22] „La
Révolution française", schrieb auch der Konsul Parent, „pour la petite portion
de ceux des boïars qui savent raisonner n'est pas sans charme. Il aiment qu'on
leur parle, ils ne sauraient s'empêcher de l'approuver en partie, d'en admirer
au moins les prodiges, et, avec le temps, la jeunesse surtout continuant les
études auxquelles elle commence à se livrer, il n'y a point à douter que les
principes français n'exercent enfin ici comme ailleurs leur douce et bienfaisan-
te influence."[23]

Erwähnung verdient auch der Versuch am Ausgang des 18. Jahrhunderts,
eine *Philosophische Gesellschaft des rumänischen Volkes im Großfürstentum
Siebenbürgen* ins Leben zu rufen, die, wie Nicolae Iorga bemerkte, „nicht ohne
Beziehung zu dem Freimaurertum war, mit der man auch die Bauernbewegung
von 1784—1785 zu verknüpfen suchte."[24] In dieser Gesellschaft, in welcher
der Freimaurer Ioan Piuariu Molnar eine bedeutende Rolle spielte, sollten sich
nicht nur rumänische Intellektuelle Siebenbürgens, sondern auch Gelehrte aus
den Donaufürstentümern vereinigen. Unter ihnen war der Walache Ienachitza
Văcărescu. Auch sollte diese Gesellschaft die Schirmherrschaft über die Zeitschrift *Vestiri filosofeşti şi moraliceşti* (Philosophische und moralische Nachrichten) übernehmen, in der man nicht nur eine Arithmetik, Logik und Meta-
physik zu veröffentlichen beabsichtigte, sondern — und das ist für die Idee der
nationalen Einheit kennzeichnend — auch eine Biographie der ugrowlachischen
und moldauischen Fürsten, ja selbst „eine Historie der Rumänen, ausführlich
aus alten, wahren Geschichten gesammelt". Offensichtlich handelte es sich
dabei um „ein Werk der Aufklärung in mehr revolutionärem als josephinischem
Geist", wie mit Recht bemerkt worden ist[25]; zugleich bedeutete es auch den
ersten Versuch, aus den fortschrittlichen Intellektuellen der ganzen rumänischen Nation in legaler Form, aber mit offenkundig revolutionären Zielen, eine
Gruppe zu bilden. Selbstverständlich befanden sich unter den siebenbürgischen
Vorkämpfern dieser Bewegung auch diejenigen, die eine wichtige Rolle bei der
Abfassung des politischen Dokuments von 1791 gespielt hatten, das für alle
Rumänen von entscheidender Bedeutung war, des *Supplex Libellus Valacho-
rum*[26].

*

Im ersten Jahrzehnt des 19. Jahrhunderts organisierten sich Bojarengrup-
pen. 1802 und 1807 wandten sich solche Gruppen aus der Walachei und der
Moldau — freilich von der Regierung nicht anerkannt und außerhalb des gesetzlichen Rahmens — an Napoleon und an Kaiser Franz von Österreich, indem sie
sich selbst als „représentants de la Nation Valaque" bezeichneten; 1807 emp-

fahlen moldauische Bojaren dem Kaiser von Frankreich die Gründung eines einheitlichen und unabhängigen Staates unter dem Namen Dazien oder Großwalachei[27]. Erwähnung verdient auch die *Griechisch-dazische Literaturgesellschaft*, die von 1810 an etwa drei Jahre lang in Bukarest bestand und zu deren Mitgliedern Kopitar gehörte. Sie war keine Geheimgesellschaft, trug jedoch auf kultureller Ebene zur Vorbereitung der Revolution bei, die ein Jahrzehnt später ausbrechen sollte und an der sich das rumänische wie das griechische Volk beteiligten[28].

Im Frühjahr 1816 wurde eine revolutionäre Geheimgesellschaft denunziert, an deren Spitze Karl Martin Sattler, Professor für deutsche Sprache, und Michael Gross standen. Sie wollte gleichzeitig in Bukarest und Craiova aktiv werden[29]. Nach Aussage des Denunzianten beabsichtigten die Verschwörer, öffentlich über den Podul Mogoşoaiei zu ziehen, „Flaggen der Freiheit in Händen, und das Volk aufzurufen: ‚Freiheit, auf gegen die Tyrannen‘!" In das Vorhaben war auch der Franzose Jean Baptiste Dubair verwickelt[30]; die Teilnehmer wurden allgemein als „Angehörige der untersten Volksschicht" bezeichnet[31]. Besonders interessant ist der Umstand, daß die Organisation plante, die Walachei, die Moldau und Serbien von der Türkenherrschaft zu befreien[32]. Diese Pläne stützten sich nicht auf breite Massen und spiegelten die unrealistische Haltung der Initiatoren. Aber daß diese Losung aufgestellt werden konnte, beweist schon eine dafür günstige Atmosphäre.

Iordache Olympiotes, einer der Führer der *Hetärie*, einer griechischen Geheimgesellschaft mit einer freimaurerähnlichen Struktur und Hierarchie, die 1814 in Odessa geschaffen worden war, versuchte Ende 1818 vergeblich, in der Walachei die Macht zu ergreifen[33]. Einige Monate später, im Frühling 1819 und dann wieder in den ersten Monaten des Jahres 1820, kam es in der Walachei zu der aufrührerischen Bewegung der Arnauten[34]. Mittlerweile verstärkte die *Hetärie* ihre Tätigkeit in den rumänischen Fürstentümern, und auch Tudor Vladimirescu, der später an die Spitze des revolutionären Kampfes der Rumänen treten sollte, traf seine Vorbereitungen. Insgeheim vereinbarte er die Zusammenarbeit mit den Führern der *Hetärie*, was durch einen Eid besiegelt wurde. Die Partner verpflichteten sich, gleichberechtigt und ohne Unterordnung einander zu helfen, „zum allgemeinen Wohl, [...] um uns kraft unserer Waffen vom drückenden Joch der Barbaren zu befreien"[35]; das war, wie ein griechischer Historiker vermerkte, „une convention d'association"[36]. Vladimirescu verständigte sich im Geheimen mit denjenigen, die ihm im Kampf beistehen sollten, sowie mit dem fortschrittlicheren Teil der Bojaren, ja sogar mit drei Großbojaren, die an der Beseitigung der Fanariotenherrschaft und an einer eventuellen Befreiung des Landes vom Türkenjoch interessiert waren[37]. „Tudors Aufstand", schreibt Heliade Rădulescu, „erfolgte aus der Mitte einer geheimen Vereinigung, die den Gesellschaften der Griechen, welche die Befreiung ihres Vaterlandes anstrebten, angeschlossen war."[38] 1821 standen die Fürstentümer ein halbes Jahr lang im Zeichen der Revolution, und zwar angetrieben sowohl von der „Volksversammlung" (Adunarea norodului) unter Tudor, als auch von der griechischen *Hetärie*, die gleichzeitig aktiv wurde und einige Rumänen an sich zog[39].

Die osmanische Repression setzte dieser Revolution ein Ende, doch waren die Auswirkungen weiterhin spürbar: In den rumänischen Fürstentümern begann sich in einem historischen Prozeß der moderne, einheitliche rumänische Staat herauszubilden; in Griechenland gelang es den Patrioten, nach einem halben Jahrzehnt erbitterter Kämpfe die Unabhängigkeit zu erringen.

Die Ereignisse der nächsten Zeit in der Moldau und in der Walachei wie auch in Siebenbürgen zeigen, daß die Befreiungsbewegung der rumänischen Nation immer weiter zunahm. Dafür kennzeichnend war die große Zahl von Denkschriften und Reformprojekten, die während des dritten Jahrzehnts[40] umliefen, ebenso bedeutsam aber waren auch die Auseinandersetzungen in den öffentlichen oder geheimen Organisationen. Einige Dokumente beweisen dabei wieder indirekt das Bestehen des Freimaurertums. Junge Rumänen, die zum Studium ins Ausland geschickt worden waren, traten in Verbindung zu Freimaurerlogen. Das trifft sogar auf Barbu Ştirbeis, den künftigen walachischen Herrscher (1849–1856) zu, dem eine Pariser Loge 1819 ein Diplom verlieh, in dem seine Mitgliedschaft bescheinigt wird[41], oder auf Ioan Deivos, der am 5. Juni 1829 ebenfalls in Paris in die Loge *Les disciples de St. Vincent de Paul* aufgenommen wurde[42]. Noch interessanter ist der Fall Ioan Slätineanus, eines jungen Bojaren, der drei Jahrzehnte später bekannte, er sei 1829 in Bukarest[43] Freimaurer geworden, was das Bestehen einer Loge in Bukarest zu jener Zeit zu bestätigen scheint.

Unterdessen wurden von Bojaren mit fortschrittlichen Anschauungen – hier sei vor allem Constantin Golescu genannt – und von einigen Vertretern der aufsteigenden Bourgeoisie Geheimgesellschaften gegründet, wobei man sich hinsichtlich Geheimhaltung und Konspiration freimaurerischer Formen bediente. Die erste dieser Gesellschaften entstand 1822 in Braşov (Kronstadt), wohin diese Bojaren geflohen waren. Noch über die Mitte des 19. Jahrhunderts hatten sich ihre Statuten erhalten. Eine zweite Gesellschaft entstand in Bukarest[44]. Hervorragende Mitglieder waren Constantin Golescu, von dem fundierte und informative Reisebeschreibungen existieren und der entschieden für die breiten Massen der Bevölkerung, insbesondere die Bauernschaft, in seinem Vaterland eintrat. Weitere bedeutende Persönlichkeiten hatten sich dieser Gesellschaft verbunden, unter ihnen Ioan Heliade Rădulescu und Professor Stanciu Căpăţineanu.

Diese Geheimgesellschaft wurde durch eine „öffentliche Vereinigung mit dem Namen einer Literarischen Gesellschaft"[45] ergänzt. Die Geheimgesellschaft beschränkte ihre Tätigkeit auf den Bereich der Kultur, d. h. den Ausbau der Mittelschule des Gymnasiums in Bukarest zu einer Hochschule, die Gründung von Lehrerbildungsanstalten in jeder Kreishauptstadt und von Elementarschulen in jedem Dorf, die Gründung von Zeitungen in rumänischer Sprache, die Förderung von Übersetzungen und die Schaffung eines Nationaltheaters. Sie strebte „nach Überwindung des Fanariotenregimes durch weise Reformen oder Erneuerung der ursprünglichen Einrichtungen des Landes."[46]

Zweifellos handelte es sich um ein fortschrittliches Programm, dessen sozial-politische Ziele jedoch unter den klassenbedingten Grenzen seiner Urheber litten. Jedenfalls legten drei Mitglieder der Geheimgesellschaft vor dem Altar der Kirche in Goleşti, dem Sitz von Constantin Golescu, einen feierlichen Eid ab, der mit den Worten schloß: „Wir schwören im folgenden, daß kein Tropfen Blut, keine Gewalttat die Erfüllung unserer Pflichten beflecken wird."[47]

Als Golescu starb, teilte Heliade Rădulescu „das Programm der Geheimgesellschaft" Ioan Câmpineanu mit[48], einer markanten Persönlichkeit jener Epoche und einem liberalen Großbojar, der neue Aktionsformen entwickelte. Heliade Rădulescu, wohl der wichtigste Vertreter des Kulturlebens der Walachei zu jener Zeit, der sich als Professor, Dichter, Zeitungsgründer und Organisator der Theater hervortat, arbeitete auch mit Câmpineanu „die Statuten einer neuen Vereinigung aus, die Philharmonische Gesellschaft genannt wurde und dazu bestimmt war, öffentlich zu wirken".[49] Sie wurden 1835 in Heliades Zeitung *Curierul românesc* veröffentlicht. Diese Gesellschaft strebte insbesondere die Gründung eines Nationaltheaters und die Förderung von Übersetzungen an, und zwar von Werken, die nicht nur der kulturellen Entwicklung, sondern auch erneuernden sozial-politischen Zielen dienen sollten.

Wie Heliade berichtet, beschlossen er und Câmpineanu nach zweijähriger Tätigkeit, „aus der Mitte der Gesellschaft einige bewährte Mitglieder zu wählen, welche bereit waren, eine Geheimgesellschaft zu bilden, die in der allgemeinen Versammlung die Linke vertreten sollte". „Die Prinzipien dieser Gesellschaft", bemerkte Heliade, „waren viel fortschrittlicher als die der vorangegangenen".[50] Sie widmete sich nicht mehr vorwiegend kulturellen Aufgaben, sondern betonte die politischen Ziele. Auch die Tatsache, daß fast die Hälfte ihrer Mitglieder Ausländer[51] waren — wir denken in erster Linie an Professor Vaillant und an den auch von Heliade erwähnten Dr. Tavernier[52] — gibt Anlaß, diese neue Geheimgesellschaft in enger Verbindung mit dem Freimaurertum zu sehen, vor allem wegen ihrer organisatorischen Struktur, jedoch nicht wegen des Rituals. Sie verschmilzt am Ende der vierziger Jahre mit der Bewegung Câmpineanus, über die sich aufschlußreiche Quellen erhalten haben, auf die wir noch zurückkommen werden.

Zuvor soll jedoch auf zwei weitere revolutionäre Geheimgesellschaften aufmerksam gemacht werden, die in den von den Habsburgern beherrschten Provinzen gegründet worden waren, auf die Anfang der vierziger Jahre des 19. Jahrhunderts in Lugoj (Banat) entdeckte Gesellschaft *Constituţia*, die die Einsetzung eines bürgerlich-konstitutionellen Regimes anstrebte und die u. a. von Eftimie Murgu und Damaschin Bojincă geleitet wurde. Wichtig ist, daß diese Gesellschaft plante, die Massen zum Kampf aufzurufen[53]. Noch interessanter wegen ihrer republikanischen Ziele und ihres Wunsches, einen Staat zu schaffen, der aus der Vereinigung der rumänischen Länder hervorgehen sollte, war die Organisation, die der emigrierte Revolutionär Adolf David aus Sibiu (Hermannstadt) gründete und die 1834 von den Behörden entdeckt wurde. Sie forderte das allgemeine Wahlrecht, die Abschaffung der Fron sowie Bodenzuteilung an die Bauern und Abschaffung von Adelstiteln und -privilegien; obwohl diese Geheimgesellschaft keine breite Basis besaß, ist sie doch als historische Erscheinung dieser Epoche bedeutungsvoll[54].

In bezug auf die Walachei sollen die Ziele der von Câmpineanu geführten Bewegung an Hand zweier Dokumente kurz analysiert werden; es handelt sich um die sogenannte Akte über die Vereinigung und Unabhängigkeit sowie um den von der revolutionären Gesellschaft befürworteten Verfassungsentwurf. Beide Dokumente stammen aus dem Herbst 1838 und wurden auf Empfehlung Adam Czartoryskis abgefaßt, mit dem Câmpineanu zusammenarbeitete[55]. Hauptziel der Bewegung war es, „allen zerstreuten Teilen des Volkes ein freies und unabhängiges Vaterland wiederzugeben", also staatliche Einheit der Nation und Unabhängigkeit durch Loskauf vom Tribut oder durch Krieg. Im Hinblick auf letzteren wurde gefordert, daß „jeder wehrfähige Rumäne Soldat werden solle", also eine allgemeine Militärdienstpflicht. Der Verfassungsentwurf sah vor: Gleichheit der Rumänen, persönliche Freiheit, Freiheit des Wortes, Unabsetzbarkeit der Richter, Verantwortlichkeit der Minister, Aufstellung einer Nationalgarde und vor allem eine gesetzgebende Versammlung, in der „alle Rumänen ohne Unterschied vertreten sein sollen"[56]. 1839, also ein Jahr später, organisierten der fürstliche Stallmeister Leonte Radu und seine Anhänger in der Moldau eine Geheimgesellschaft mit dem Namen *Konföderative Verschwörung*, deren Programm weniger fortschrittlich war als das der Bewegung Câmpineanus. Ihr Hauptziel bestand in einer Konföderation zwischen der Moldau, der Walachei und Serbien[57].

Nachdem diese beiden Geheimgesellschaften ihre Tätigkeit eingestellt hatten, organisierte Dimitrie Filipescu in Bukarest, der in Paris zum Doktor der Rechtswissenschaft promoviert hatte, die sogenannte revolutionäre Bewegung von 1840, wobei er von einer Gruppe junger Revolutionäre unterstützt wurde, in der sich auch der damals erst zwanzigjährige Nicolae Bălcescu befand. Diese Bewegung erstrebte nicht wie die Câmpineanus eine konstitutionelle Monarchie, sondern ein republikanisches Regime, Landzuteilung an die Bauern in Erbpacht, Aufstellung einer Revolutionsarmee sowie Einheit und Unabhängigkeit der ganzen Nation[58].

Ähnliche Ziele verfolgte die Geheimgesellschaft *Söhne der Kolonie Trajans*. Sie wurde 1841 von dem französischen Professor Vaillant, der auch Mitglied der revolutionären Bewegung unter der Führung Filipescus war, in Jassy gegründet. Beide Gesellschaften waren Vereinigungen eher freimaurerischen Typs mit einer genau definierten inneren Organisation, mit Statuten und einem politischen Katechismus für die Instruktion von Personen, die sich ihnen anzuschließen wünschten. Es wurden Symbole verwendet, die Mitglieder redeten sich untereinander mit „Bruder" an, die Korrespondenz war verschlüsselt und bei der Aufnahme wurde in einem Eid gelobt, selbst höchste Opfer zu bringen, gehorsam zu sein und die Schweigepflicht zu erfüllen[59]. Diese revolutionäre

Bewegung in der Walachei, die nicht genügend Stützpunkte hatte, wurde von den Behörden aufgedeckt; ebenso erging es der Geheimgesellschaft in der Moldau. Die bedeutendste Geheimorganisation, deren Tätigkeit sich in der revolutionären Praxis von 1848 bewährte, war die *Frăţia*, die im Herbst 1843 von N. Bălcescu, Ion Ghica und Christian Tell gegründet worden war, zu denen sich wahrscheinlich noch Al. G. Golescu gesellte[60]. Die Initiatoren arbeiteten die Statuten und Regeln der neuen Gesellschaft aus, die Ghica chiffriert, „im Buchumschlag der Algebra von Bourdon" verborgen, aufbewahrte. Wie Ghica erzählt, bildeten die Eingeweihten Zehnergruppen; jeder „Bruder" kannte nur seinen unmittelbaren Vorgesetzten, Diakon, Priester oder Erzpriester, der ihn katechisiert, ihn eingeweiht hatte. Von ihm und durch ihn erhielt er Befehle und Instruktionen, ihm hatte er sich unterzuordnen und bis zur Opferung von Leben und Vermögen gehorsam zu sein, wobei er zu strengster Geheimhaltung verpflichtet war. Die Devise lautete: „Gerechtigkeit, Brüderlichkeit". Zu dieser Gesellschaft gehörten, wie Ghica schrieb, „viele Zivil- und Militärpersonen"[61], eine Behauptung, die in der Revolution von 1848 in der Walachei bestätigt wurde. Die *Frăţia* hatte Zweigstellen und Verbindungen in den anderen rumänischen Ländern; in der Moldau sprach man damals von einer *Patriotischen Vereinigung*[62]. Als legales Organ benutzte die *Frăţia* eine literarische Gesellschaft, nämlich die *Literarische Vereinigung Rumäniens von 1845*, die Rumänen aus a l l e n d r e i Ländern als Mitglieder aufnahm.

\*

Abschließend ist noch die Stellung der Freimaurerei im Jahrzehnt vor der Revolution von 1848 darzustellen. Die uns bekannten Quellen schweigen über die Moldau und die Walachei; in Siebenbürgen jedoch sehen wir uns einer spezifischen Situation gegenüber, da die Freimaurerei in den Fürstentümern dort mit der rumänischen Mehrheitsbevölkerung nur durch einige rumänische Mitglieder verknüpft war. Selbstverständlich gab es Freimaurer; Barbu Ştirbei war nicht der einzige, der im Ausland in eine Freimaurerloge aufgenommen worden war. Die Zahl dieser Aufnahmen dürfte noch angewachsen sein, nachdem junge Rumänen mit fortschrittlichen oder sogar revolutionären Anschauungen ins Ausland, besonders nach Frankreich, zu reisen begannen. Für die dreißiger Jahre des 19. Jahrhunderts ist mir zwar kein Fall bekannt, über das folgende Jahrzehnt informieren jedoch die *Aufzeichnungen* des Radikalen C. A. Rosetti. Sie sprechen von der Aufnahme junger Rumänen in Pariser Logen. Am 14./26. November 1845 notierte er: „Heute abend habe ich der Aufnahme Grunaus und Rucăreanus beigewohnt. Bisher war ich gegen freimaurerische Formen. Jetzt finde ich sie nur deshalb schlecht, weil sie nicht in ihrer ganzen ursprünglichen Strenge ausgeführt werden". Einen Monat später, am 12./24. Dezember, verzeichnete er mit Genugtuung: „Heute abend war ich endlich in der Loge. Man verlieh mir den zweiten Grad. Ich hielt eine Ansprache, von der alle entzückt waren, und man ernannte mich schließlich zum zweiten

Sekretär, mich, einen Ausländer, einen Unbekannten". In die Loge führte er auch I. C. Brătianu ein, dessen Aufnahme er am 27. April/9. Mai 1846 schildert: „Als man ihm die Binde von den Augen nahm und er uns erblickte, schien es ihm, sagt er, als werde er aus dem Leben ins Paradies versetzt. Den ganzen Tag sprach er mir gestern von seiner Aufnahme. Da sieht man, was Mysterien bewirken! Er bebte am ganzen Leibe, als sie ihn befragten". Eine letzte Aufzeichnung vor Ausbruch der Revolution, ebenfalls aus Paris, spricht von der Aufnahme Nikolaus Crețeanus[63].

Unter Dimitrie Brătianus Papieren fand der Herausgeber seines Briefwechsels auch ein *Tableau des membres composant la R. L. de la Rose du Parfait Silence, Or(ient) de Paris*, eine Loge, der C. A. Rosetti, I. C. Brătianu und N. Crețeanu angehörten, ebenso der rumänophile Publizist Paul Bataillard[64].

Ebenfalls zu dieser Zeit erhielt Grigore Caracaș ein Diplom vom Pariser Kapitel *Sept Ecossais réunis*, das ihm am 4. Juni 1846 den 18. Grad verlieh[65]. Obwohl Dașchevici das Bestehen einer Bukarester Loge vor dem Jahre 1848 annimmt, in der sich auch N. Bălcescu bestätigt haben soll[66], können wir unsere Zweifel nicht verhehlen. Für die betreffende Periode bescheinigen die Quellen nur eines: die Aufnahme junger rumänischer Revolutionäre in Pariser Logen; auch die Aufnahme Slatineanus im Jahr 1829 dürfte nicht in Bukarest stattgefunden haben. Es ist zwar wahrscheinlich, daß sich Heimkehrer während der Revolution in einer Loge zusammenfanden, bis jetzt kann aber nur dokumentarisch belegt werden, daß sich die freimaurerische Tätigkeit in den Rumänischen Fürstentümern erst seit 1859 zu entwickeln begann, insbesondere als die Loge *Die Weisen von Heliopolis* gegründet wurde, die bald viele Mitglieder zählte.

Zusammenfassend kann gesagt werden, daß sich Geheimgesellschaften in der Periode, die wir untersuchten, am sozialen und nationalen Befreiungskampf des rumänischen Volkes beteiligten, daß sie in den meisten Fällen freimaurerische Formen anwandten, aber eine eigentliche rumänische freimaurerische Tätigkeit nur gelegentlich und in Vorstadien vermutet werden darf. Die Entlehnungen aus dem „Arsenal" der Freimaurer sicherte diesen Gesellschaften und in erster Linie der siegreichen *Frăția* eine wirksame Tätigkeit und trug insbesondere zur Geheimhaltung bei, was unter den damaligen Bedingungen entscheidend war. Andererseits ist es jedoch sicher, daß diese Vereinigungen und andere Ansätze zur Freimaurerei in den rumänischen Ländern — in Siebenbürgen waren sie stärker entwickelt — mit der allgemeinen europäischen Entwicklung zusammenhingen, aus der sie nicht herausgelöst werden können.

*Anmerkungen*

1 Über Heliade vgl. Radu Tomoiagă: Ion Eliade Rădulescu. Ideologia social-politică și filozofică. (Ion Eliade Rădulescu. Seine sozial-politische und philosophische Ideologie.) București 1971.

2 I. Eliade Rădulescu: Echilibru între antiteze. (Gleichgewicht zwischen Antithesen). In: Opere complete, Bd. 1. București 1916, S. 135.

3 Ebenda S. XI, im Vorwort von Petre V. Haneș.

4 V. Dașchievici: Istoricul francomasoneriei din România. (Die Geschichte der Freimaurerei in Rumänien.) București 1930. Daß 1748 in Konstantinopel Maßnahmen gegen Freimaurer ergriffen wurden, deutet darauf hin, daß die Freimaurerei Zugang zu dem Fanariotenkreis gefunden hatte. Vgl. hierzu José A. Ferrer Benimeli: Masonerie, Iglesia e Ilustración. Bd. 2. Inquisición: Procesos historicos (1739—1750). Madrid 1976, S. 230f.

5 Giorge Pascu: Die Geschichte der rumänischen Freimaurerei. In: Südostdeutsche Forschungen. Bd. 4 (1939), H. 2, S. 298.

6 G. Șerbănesco: Histoire de la franc-maçonnerie universelle. Son rituel. Son symbolisme. Paris 1966. Bd. 3, S. 313.

7 Vgl. P. P. Panaitescu: Medaliile francmasonilor din Moldova in secolul XVIII. (Die Medaillen der Freimaurer in der Moldau im 18. Jahrhundert.) In: Revista Istorica, Bd. 14 (1928), S. 334 f.

8 Ebenda.

9 1777 erschien in Jassy von Carra: Histoire de la Moldavie et de la Valachie avec une dissertation sur l'état actuel de ces deux provinces. Eine zweite Auflage erschien 1781 in Neufchâtel.

10 Andreas Wolf: Beiträge zu einer statistisch-historischen Beschreibung des Fürstentums Moldau. Hermannstadt 1805. Bd. 2, S. 195 f.; ferner Giorge Pascu: Călători străini în Moldova și Muntenia în secolul XVIII. Carra. (Ausländische Reisende in der Moldau und der Walachei im 18. Jahrhundert. Carra.) In: Revista critica, Jassy, Bd. 11 (1937), Nr. 1, S. 26 f.

11 N. Iorga: Francmasoni și conspiratori în Moldova secolului al XVIII. (Freimaurer und Verschwörer in der Moldau des 18. Jahrhunderts.) In: Analele Academiei Române. Memoriile Secțiunii Istorice, Serie 3, Bd. 8 (1928), S. 301; Giorge Pascu (s. Anm. 5), S. 302 f.

12 Documente. In: Ion Neculce, Jassy, Bd. 3 (1923), S. 132 f.

13 N. Iorga: Notițe. In: Revista Istorică, Bd. 22 (1936), S. 99.

14 Brissot veröffentlichte damals eine Broschüre mit dem Titel: Seconde lettre d'un défenseur du peuple à l'empereur Joseph II sur son règlement concernant l'émigration et principalement sur la révolte des Valaques, où l'on discute à fond le droit de révolte du peuple.

15 I. Lupaș: Împăratul Iosif II și răscoala țărănească a țăranilor din Transilvania. (Kaiser Joseph II. und der Bauernaufstand in Siebenbürgen.) In: Analele Academiei Române. Memoriile Secțiunii Istorice. Serie 3, Bd. 16 (1934/35), S. 270.

16 Carol Göllner: Pariciparea emisarilor Mihail Popescu și Salis la revoluția lui Horea. (Die Teilnahme der Emissäre Mihail Popescu und Salis an der Revolution des Horea.) In: Anuarul Institutului de Istorie Națională, Cluj, Bd. 6 (1931—1935), S. 503—514. Ders.: Revoluția lui Horea. Legendă și adevăr, (Die Revolution des Horea. Legende und Wahrheit.) In: Revista Istorică, Bd. 23 (1936), S. 147—157.

17 Ioan Bianu, R. Caracaș: Catalogu nuscriselor românești. Biblioteca Academiei Române. (Katalog der rumänischen Manuskripte. Bibliothek der Rumänischen Akademie) Bd. 2, București 1913, S. 174.

18 Iorga (s. Anm. 11), S. 303.

19 Bianu, Caracaș (s. Anm. 17), S. 174 f.

20 Iorga (s. Anm. 11), S. 304.

21 N. Iorga: Istoria Românilor. Bd. 8, București 1938, S. 127.

22 Ebenda S. 121, Anm. 3.

23 Ebenda S. 121, Anm. 4.

24 Ebenda S. 98.

25 Ebenda.

26 Vgl. David Prodan: Supplex Libellus Valachorum. București 1967.

27 Emil Vîrtosu: Napoleon Bonaparte şi proiectul unei „republici aristo-democraticeşti"
   in Moldova, la 1802. (Napoleon Bonaparte und das Projekt einer „aristo-demokrati-
   schen Republik" in der Moldau, 1802.) 2. Aufl. Bucureşti 1947; ders.: Napoleon Bonaparte şi dorinţele moldovenilor. (Napoleon Bonaparte und die Wünsche der Mol-
   dauer.) In: Studii, Bucureşti, Bd. 18 (1965), Nr. 2, S. 403—420; V. Andronescu: Con-
   tribuţiuni istorice. (Historische Beiträge.) Bd. 1, Constanţa 1901, S. 9.
28 Vgl. Nestor Camariano: Sur l'activité de la Société littéraire gréco-dacique de Bucarest
   (1810–1812). In: Revue des études sud-est-européennes, Bd. 6 (1968), Nr. 1, S. 39—
   54.
29 Über diese Geheimorganisation vgl. Nestor Camariano: Un document important referitor la organizaţia revoluţionară secretă din Bucureşti (1816). Denunţul înaintat lui
   Ioan Vodă Caragea. (Ein wichtiges Dokument über die revolutionäre Geheimorganisation in Bukarest, 1816. Die Anzeige an Fürst Ioan Caragea.) In: Studii, Bd. 9 (1956),
   Nr. 5, S. 127—130; A. Oţetea: Complotul lui Mihail Gross. (Die Verschwörung des
   Mihail Gross.) In: Emlékkönyv Kélemen Lajos, Cluj 1957, S. 497—508; J. Ranca: Un
   document intern referitor la complotul organizat de Mihail Gross împotriva lui Ioan
   Vodă Caragea din 1816. (Ein innenpolitisches Dokument über den Komplott des Mihail Gross gegen Fürst Ioan Caragea 1816.) In: Studii, Bd. 15 (1962), Nr. 2, S. 309—
   404; vgl. ferner Documente Hurmuzaki. (Dokumentensammlung Hurmuzaki.) Neue
   Serie, Bd. 2, Bucureşti 1967, S. 970—991.
30 Documente Hurmuzaki. Bd. 16, Bucureşti 1912, S. 113, 1004—1006.
31 V. A. Urechia: Din domnia lui Ioan Caragea. Avenire la tron. Mişcări contra grecilor.
   Finanţe. 1812—1818. (Aus der Herrschaftszeit des Ioan Caragea. Die Thronbesteigung.
   Bewegungen gegen die Griechen. Finanzen. 1812—1818.) In: Analele Academiei Române. Memoriile Secţiunii Istorice. Serie 2, Bd. 22 (1899—1900), S. 207.
32 Documente Hurmuzaki (s. Anm. 29), S. 331—348.
33 Nestor Camariano: Planurile revoluţionare ale eteriştilor din Bucureşti şi colaborarea
   lor cu Tudor Vladimirescu. (Die revolutionären Pläne der Hetäristen in Bukarest und
   ihre Zusammenarbeit mit Tudor Vladimirescu.) In: Studii, Bd. 20 (1967), Nr. 6,
   S. 1166 f.
34 Sava Iancovici: Revolta unor arnăuţi în 1819. (Der Aufstand einiger Arnauten 1819.)
   In: Studii şi articole de istorie, Bucureşti, Bd. 3 (1963), S. 447—455.
35 Documente privind istoria României. Răscoala din 1821. (Dokumente zur Geschichte
   Rumäniens. Der Aufstand von 1821.) Bd. 1, Bucureşti 1959, S. 193 f.
36 Notiz Botzaris: Visions balkaniques dans la préparation de la révolution grecque (1789—
   1821). Genève, Paris 1962, S. 148.
37 Documente (s. Anm. 35), S. 196.
38 Rădulescu: Opere complete (s. Anm. 2), S. 135.
39 Vgl. Dan Berindei: L'année révolutionnaire 1821 dans les pays roumains. Bucureşti
   1973.
40 Vgl. Vlad Georgescu: Mémoires et projets de réforme dans les Principautés Roumai-
   nes, 1769—1830. Bucureşti 1970, S. 17—34.
41 N. Iorga: Mărturii istorice privitoare la viaţa şi domnia lui Ştirbei Vodă. (Historische
   Zeugnisse über Leben und Regierungszeit des Fürsten Ştirbei.) Bucureşti 1905, S. 641.
42 Bibliothèque Nationale, Paris, Fonds du Grand Orient, FM² 862.
43 Ebenda, FM² 860 (Nr. 42).
44 Rădulescu (s. Anm. 2), S. 135—138.
45 Ebenda S. 137.
46 Ebenda S. 136 f.
47 Ebenda S. 138.
48 Ebenda S. 139.
49 Ebenda S. 140.
50 Ebenda S. 151.
51 Ebenda S. 152.
52 Ebenda S. 154.
53 Vgl. I. Boroş: Constituţia, societate secreta română din Lugoj, 1830—1834, (Die Verfassung, eine rumänische Geheimgesellschaft in Lugoj, 1830—1834.) Lugoj 1928.
54 Carol Göllner: Conspiraţia emigrantului polon Adolf David (1834). (Die Verschwörung des polnischen Emigranten Adolf David, 1834.) In: Revista Istorica, Bd. 23 (1937),
   S. 235—249.

55 P. P. Panaitescu: Planurile lui Ion Câmpineanu pentru unirea națională a românilor. (Die Pläne von Ion Câmpineanu für die nationale Vereinigung der Rumänen.) In: Anuarul Institutului de Istorie Națională, Bd. 3, Cluj 1926, S. 63—506; Cornelia Bodea: Lupta românilor pentru unitatea naționala, 1834—1849. (Der Kampf der Rumänen für die nationale Einheit, 1834—1849.) București 1967, S. 216—224.

56 Bodea (s. Anm. 55).

57 Valerian Popovici: Date noi despre conjurația confederativă din 1839. (Neue Angaben über die konföderative Verschwörung von 1839.) In: Studii și cercetări științifice, Bd. 1 (Jassy 1950), Fasz. I, S. 451—467.

58 G. Zane: Le mouvement révolutionnaire de 1840, prélude de la révolution roumaine de 1848. București 1964, S. 63 ff.

59 Ebenda S. 59.

60 Ebenda S. 58.

61 Ion Ghica: Opere. (Werke.) Bd. 1, București 1956, S. 310.

62 Ihr Bestehen wird mit Grund von Gh. Platon bestritten: Probleme privind mișcarea revoluționară de la 1848 din Moldova. (Fragen der revolutionären Bewegung von 1848 in der Moldau.) In: Studii și articole de istorie, Bd. 11, 1968, S. 79 f.

63 C. A. Rosetti: Jurnalul meu. (Mein Tagebuch.) Hrsg. v. Marin Bucur. Cluj 1974, S. 57 f., 143, 220.

64 Al. Cretzianu: Din arhiva lui Dumitru Brătianu. (Aus Dumitru Bratianus Archiv.) Bd. 1, București 1933, S. 115, Anm. 3. Nach Ansicht von N. P. Smochină betätigten sich die rumänischen Revolutionäre im Exil in der Pariser Loge „Fraternité des peuples"; vgl. N. P. Smochină: Sur les émigrés roumains à Paris de 1850 à 1856. In: Mélanges de l'École Roumaine en France, Bd. 11 (1933), S. 193, Anm. 3; hierzu vgl. auch Jerzy Borejsza: Sekretarz Adama Mickiewicza. Wrocław, Warszawa, Kraków, Gdansk 1977.

65 Bibliothèque Nationale, Paris, Fonds Grand Orient, FM$^2$ 860.

66 Dașchevici (s. Anm. 4).

# DIE POLNISCHE FREIMAUREREI IM ÖFFENTLICHEN LEBEN DER AUFKLÄRUNGSPERIODE

*Von Jerzy Wojtowicz*

Die Freimaurerei, die von dem Hauch des Geheimnisses und des Ungewöhnlichen umgeben ist, war in der Aufklärungsepoche ein sehr wichtiger Faktor des gesellschaftlichen und kulturellen Lebens. Die Freimaurerlogen waren der Ort, wo Kontakte geschlossen und Diskussionen geführt wurden und das, was mit der Freimaurerei zusammenhing, erweckte schon früh das wachsende Interesse der breiten Öffentlichkeit. Für die Freimaurerei interessierten sich Publizisten und Historiker, was seinen Niederschlag in einer umfangreichen Literatur fand[1]. Die ersten Beobachtungen über die Freimaurerei in Polen finden wir in den Schriften von Ausländern, die durch Polen reisten oder hier ständig wohnten. Zu Beginn des 19. Jahrhunderts schrieb dann der Oberst der polnischen Armee und Grand Archivist des Polnischen Orients, Walenty Wilkoszewski, ein Werk, in dem er die historisch-chronologischen Grundzüge der Freimaurerei in Polen darstellte. Obgleich den Forschern als Manuskript schon seit langem bekannt, wurde es erst 1968 in London veröffentlicht[2].

Die Forschungen im 19. und 20. Jahrhundert[3] erlauben es heute, ein allgemeines Bild der Freimaurerei in Polen und ihrer Geschichte zu entwerfen, obgleich noch viele Fragen offen sind. Der Verlust von Bibliotheken und Archiven während des Zweiten Weltkrieges hemmte zwar die wissenschaftliche Arbeit auf diesem Gebiet, doch konnte sie trotzdem fortgesetzt werden. Es sei hier nur der Name von Ludwik Hass genannt, der wertvolle Studien schrieb, die allerdings in erster Linie der Geschichte der Freimaurerei im 19. und 20. Jahrhundert gewidmet sind.

Es ist nicht die Absicht dieses Beitrages, die Geschichte der freimaurerischen Organisationen, die reich an Auseinandersetzungen und Veränderungen war, darzustellen: Sie ist schon verhältnismäßig gut bekannt. Hingegen soll die Aufmerksamkeit auf eine speziellere Frage gelenkt werden, nämlich, welche Rolle den freimaurerischen Organisationen und deren Mitgliedern, also den Freimaurern, im polnischen gesellschaftlichen Leben zugesprochen werden darf; oder noch enger gefaßt: In welchen Bereichen haben die Freimaurerei als Institution und ihre Mitglieder einen bestimmten Einfluß ausgeübt?

*

Zunächst gilt es aber, die Anfänge der polnischen Freimaurerei zu fixieren. Alle bisherigen Untersuchungen weisen diesbezüglich auf die Rolle Sachsens hin, von wo nach der Personalunion mit Polen Waren, Ideen und Personen in unser Land kamen. Erste Spuren lassen sich vielleicht in der Erwähnung einer

sogenannten *Confrérie Rouge* entdecken, die 1721 in Thorn bestanden haben
soll. Unter den wenigen bekannten Namen der Mitglieder finden wir, neben
zwei Brüdern Czartoryski, den sächsischen Kämmerer Baron Kaspar von Blu-
menthal, der 1721 in Thorn weilte, und die Gräfin von Schwerin, Gemahlin
des preußischen Gesandten in Wien, die im selben Jahr nach Thorn kam, wo
die Behörden des Ordens[4] residieren sollten. Etliche Jahre später, nämlich
1738, gründete Friedrich August Rutowski, der natürliche Sohn Augusts des
Starken, die Freimaurerloge *Zu den drei weißen Adlern* in Dresden und dann
Filialen in Warschau, in denen sich Angehörige des Hochadels und des Hofes
zusammenfanden. Über die Tätigkeit dieser Loge ist wenig bekannt, jedoch
kann angenommen werden, daß durch sie das Ritual, die Statuten und die
Pflichten, somit also wichtige Teile der freimaurerischen Arbeit, einem größeren Kreise Interessierter bekannt wurden.

1742 gründeten dann der Kronmarschall Jerzy Mniszech, der einer Warschauer Loge angehörende Oberst Konstanty Jablonowski und der Woiwode
von Massovien, Andrzej Mokronowski, in Wiśniowiec (Wolhynien) auf den
Gütern Mniszechs eine altschottische Loge mit vier Graden, einige Jahre später ein anderer Mniszech gemeinsam mit dem Genfer Baron Pierre le Fort in
Dukla, also im südöstlichen Grenzgebiet, eine weitere Loge. Und 1744 stiftete
der schon vorher genannte Woiwode von Massovien Andrzej Mokronowski in
seinem Warschauer Haus die Loge *Les trois frères*, die mit Unterbrechungen bis
1757 arbeitete. Zu ihr gehörten Hauptvertreter des polnischen Hochadels, wie
z. B. der General von Podolien Adam Czartoryski und der Minister Graf Brühl.
Im freimaurerischen Leben spielten die Ausländer eine große Rolle, z. B. Baron
Pierre le Fort, Baron Steinigh und der Franzose François Longchamps, der,
nachdem er nach Lemberg gezogen war, dort die Loge *Tempel der drei Göttin-
nen* gründete[5].

Sowohl in Warschau als auch in der Provinz entstanden in den nächsten
Jahren weitere Logen: 1767 mit Unterstützung ehemaliger Brüder, die ihre alten Logen verlassen hatten, *Le vertueux Sarmate*, die die Funktion einer Großloge ausübte und drei Abteilungen hatte, eine deutsche, eine polnische und
eine französische. An ihrer Spitze standen der General der Artillerie Graf Aloj-
zi (Aloys) Brühl, ein Sohn des sächsischen Ministers, und August Moszyński,
einer der hervorragendsten polnischen Freimaurer, der mit dem sächsischen
Hof eng verbunden war, zugleich aber auch zu den Freunden des letzten polnischen Königs zählte.

\*

In der polnischen Freimaurerei dieser Zeit trafen verschiedene Einflüsse
aufeinander. Ein Teil des polnischen Adels, der nach England tendierte, versammelte die Anhänger der englischen, d. h. der symbolischen Drei-Grad-Frei-
maurerei, und stützte sich in den von ihm gegründeten Logen auf englische Institutionen. Andererseits unterhielten viele bedeutende polnische Adlige rege

Beziehungen zu Frankreich; über sie drangen Einflüsse der französischen, d. h. der sog. „schottischen" Hochgrad-Freimaurerei ein. Ferner wurde die Freimaurerbewegung in Polen durch Reisen von Ausländern, vor allem Franzosen, Deutschen und Schweizern, befruchtet[6].

Augenscheinlich blieben bis zur ersten Teilung auch die Einflüsse aus Sachsen bedeutend. Die Thronbesteigung durch Stanisław August schaffte hier keinen Wandel. Eine wichtige Rolle in dieser Beziehung spielte die Familie des Obersten d'Aloy in Warschau. Jean Baptiste d'Aloy, Oberst der Armee der Krone und Königlicher Rat, vertrat die Interessen des Herzogs Karl von Kurland in Warschau und unterhielt enge Beziehungen zum Hof in Dresden, auch nachdem Stanisław August den Thron bestiegen hatte. Zugleich spielte die Familie d'Aloy eine wichtige Rolle im gesellschaftlichen und freimaurerischen Leben der polnischen Hauptstadt. In engen Beziehungen zu Sachsen stand das Haus der Magnaten Mniszech und natürlich auch August Moszyński.

Im sächsischen Wirkungskreis befand sich zur Zeit der Konföderation von Bar auch der kurländische Baron Carl Heinrich von Heyking, eine der interessantesten Persönlichkeiten der polnischen Freimaurerei. Heyking, ein außerordentlich agiler, in verschiedenen politischen Diensten stehender Freimaurer, hinterließ Erinnerungen, die erheblichen Quellenwert besitzen[7].

Insgesamt kann festgestellt werden, daß die Freimaurerei Verbindungen zum Dresdner Hof stimulierte. Adelige, die in geheimen Missionen und mit verschiedenen Plänen nach Dresden kamen, nahmen an den Sitzungen der Dresdner „schottischen" Logen teil. Das bot Gelegenheit, führende Persönlichkeiten des europäischen politischen Lebens kennenzulernen. Viele traten zuerst in Dresdner Logen ein; Freimaurer niederer Grade erwarben hier in der Zeit, die ihnen Politik, Jagden, Bälle und Amouren ließen, ein tieferes geheimes Wissen — nicht selten durch Studium der Werke in der Kurfürstlichen Bibliothek[8], die reich an Beständen aus den „scientia occulta" war — und wurden dann in höhere Grade erhoben. Diese „Wallfahrten" nach Dresden nahmen besonders während der Konföderation von Bar zu, die gleichermaßen gegen Rußland und König Stanisław August gerichtet war. Unter den Konföderierten waren nicht wenige Freimaurer, denen die freimaurerischen Kontakte hilfreich waren[9].

Das Ende der Konföderation von Bar und die erste Teilung Polens beeinträchtigten die Entwicklung der Freimaurerei. Erst 1773, als der General der Artillerie Graf Brühl nach seiner Rückkehr aus Dresden Brüder aus den ehemaligen „schottischen" Logen, deren Großmeister Herzog Ferdinand von Braunschweig war, um sich versammelte, änderte sich die Situation. Auf seine Anregung hin entstand die Mutterloge *Karl unter den drei Helmen*, an deren Spitze der Großmeister August Moszyński, der Baron Manteuffel und der Oberst Cichocki standen. In diese Loge trat 1777 auch König Stanisław August unter dem Namen Eques Salsinatus ein. Diese neue Mutterloge eröffnete einige ihr unterstehende Logen und schickte Delegierte auf den Wolfenbütteler Konvent der *Strikten Observanz* von 1778.

Freilich wollte der *Grand Orient* von Frankreich nicht auf seinen Einfluß in Polen verzichten und unterhielt je eine Loge in Warschau und in Lemberg. Aber auch die Große Landesloge in Berlin versuchte sich Geltung zu verschaffen. Es entstand eine Situation, die von der Berliner Großloge *Royal York de l'Amitié* als „état d'Anarchie, relativement aux Connaisances Maçonniques" bezeichnet worden ist[10].

Schließlich wurden auch Beziehungen zur russischen Freimaurerei geknüpft. Es handelte sich dabei um eine Gruppe von Magnaten unter Führung von Ignacy Potocki. Dieser gehörte zu den wichtigsten Persönlichkeiten des polnischen Hochadels. Hochgebildet, ehrgeizig und verwandt mit der einflußreichen Familie Lubomirski, nahm Ignacy Potocki aktiv am politischen und kulturellen Leben des Landes als eines der führenden Mitglieder der Nationalen Edukationskommission und als Chef des sogenannten *Conseil permanent* teil. Er vertrat dabei die Politik enger Zusammenarbeit mit Rußland, und zwar in einer gewissen Rivalität gegenüber dem König[11].

Der Kreis um Potocki gründete gemeinsam mit weiteren Freimaurern eine neue Loge *Stern des Nordens* in Warschau. Die Geschichte dieser Mutter-Loge ist bemerkenswert, weil sie politische Ambitionen hatte. Die Aufnahme von Verbindungen zur russischen Maurerei wurde Baron Heyking anvertraut, der seine Reise nach Petersburg mit Förderung des russischen Botschafters in Polen Otto Magnus von Stackelberg unternahm. Von ihm erhielt er Empfehlungsschreiben an Panin, Ostermann und Potemkin, also Männer, die der russischen politischen Elite angehörten.

1779 traf er in St. Petersburg ein, übergab u. a. dem General Melissino, damals Großmeister der Großen Mutterloge in Petersburg, Empfehlungsschreiben und erwarb dessen Vertrauen, indem er sein Interesse für Alchimie und okkulte Wissenschaften geschickt ausnutzte. So konnte er nicht nur mit der Billigung Melissinos für das Vorhaben der polnischen Freimaurer, sondern auch merkwürdigerweise mit einem diplomatischen Auftrag und 120 Dukaten nach Warschau zurückkehren. Ob wirklich auf seinen Antrag hin der Name der Loge bezeichnenderweise in *Katharina zum Stern des Nordens* geändert wurde, ist nicht gewiß[12]. Bald darauf unternahm Heyking eine weitere Reise, nun nach Berlin zur Loge *Royal York de l'Amitié*, und erwirkte ein Patent der Londoner Großloge für die Warschauer Mutterloge und acht weitere mit ihr verbundene polnische Logen.

*

Neben Warschau, das als Zentrum der polnischen Freimaurerei gelten kann, da sich die ganze soziale und gesellschaftliche Elite der Metropole in den Logen traf, bildete Posen einen Schwerpunkt. Zu den Logen dieser Stadt gehörten die Angehörigen des örtlichen Adels und Hochadels, Kaufleute, Bankiers und andere polnische und deutsche Bürger. Die Danziger Freimaurerei stand vor allem seit den sechziger Jahren im Brennpunkt Königsberger, Berliner und

Warschauer Einflüsse[13]. Ferner gab es Logen in Białystok, Krakau, Dubno, Lemberg und vielen anderen Ortschaften. Die interessante Entwicklung im Herzogtum Kurland, das unter polnischer Suzeränität stand, kann hier nicht behandelt werden.

Der Großmeister Ignacy Potocki und die wichtigsten Persönlichkeiten in der polnischen Freimaurerei strebten nach Unabhängigkeit ihrer Organisation und nach gleichberechtigter, brüderlicher Zusammenarbeit mit den anderen europäischen Orienten. 1784 führten sorgsam vorbereitete Verhandlungen mit dem *Grand Orient* von Frankreich zur offiziellen Anerkennung des polnischen Orients und zur Aufnahme ständiger Beziehungen[14]. Ferner wurden Verbindungen unterhalten zu den russischen, niederländischen und vor allem deutschen Freimaurern, besonders in Sachsen und Berlin.

Wenig bekannt, aber der Aufmerksamkeit wert sind die Verbindungen zwischen polnischen Freimaurern und bayerischen Illuminaten[15]. So schreibt Adam Weishaupt, der Begründer des Illuminatenordens, im Januar 1783 an seinen Mitarbeiter Zwack: „Ich habe im Sinne, die Pohlnische Confoederation anzunehmen, doch nicht in Ordenssachen, sondern bloß in der Maurerei, um ein System confoederirter Logen herzustellen, die besten Leute davon auszuforschen und der Strickten Observanz zuvor zukommen und sie zu zerstören. Schreiben Sie also sogleich nach Warschau, daß Sie in Athen [München] bereit seien, unter folgenden Bedingungen mit ihnen und allen übrigen in Confoederation zu treten... An Warschau sollen sie das Manifest aufsetzen, welches sodann an die deutschen Logen circuliren solle...". Freiherr von Knigge schreibt zur selben Zeit, am 20. Januar 1783, wie folgt: „Mit Polen ist eine herrliche Sache. Ich habe das Projekt zu einem Circulare an die Logen dem Spartacus geschickt." Im Februar desselben Jahres heißt es dann aber bei Weishaupt: „Ich bin also der Meinung, daß man mit Warschau nicht einlassen solle. Mit solchen brutalen, stürmischen Polen ist nicht gut anzufangen."

Aus diesen Zitaten ist zu entnehmen, daß die Führer des Illuminaten-Ordens eine Zusammenarbeit mit den polnischen Logen erwogen, um diese aus dem Einfluß der *Strikten Observanz* zu befreien. Kazimierz Morawski hat seinerzeit die Meinung geäußert[16], Ignacy Potocki habe während einer Reise durch Europa, auf der er auch München besuchte, persönlich die Beziehungen zu den Illuminaten aufgenommen, was aber unwahrscheinlich ist, da er im April 1784 aus Paris über München nach Wien reiste, die oben zitierten Briefe also etwa ein Jahr früher geschrieben worden waren. In diesem Zusammenhang ist noch auf eine Stelle in Heykings Erinnerungen zu verweisen, wo er feststellt, der Graf S. [Savioli?] habe an ihn einen langen Brief geschrieben und ihm im Namen der Münchener Loge die „Vereinigung mit unserem Orient" vorgeschlagen. Er habe ihm ferner über F. F. die drei ersten Grade übermittelt. Heyking bat nun um weitere Informationen, die er aber nicht erhielt, obgleich sich der Briefwechsel mit dem Grafen S. bis zum Juni 1783 fortsetzte[17]. Diese Andeutungen mögen genügen, um zu zeigen, daß dieses Problem noch der Erforschung bedarf[18].

Die Zunahme des Einflusses von Ignacy Potocki und seinen Anhängern auf die polnische Freimaurerbewegung beunruhigte König Stanisław August, weil er – vielleicht nicht grundlos – fürchtete, Potocki würde bei seinem großen politischen Ehrgeiz den Versuch machen, die Freimaurerei für eigene Ziele zu benutzen. Heyking befand sich in dieser Auseinandersetzung auf seiten Potockis und klagte den Sekretär des Königs, den Schweizer Glaire, der Diversion unter den Brüdern und der Feindschaft gegenüber Potocki an[19]. Die politischen Kämpfe setzten sich also innerhalb der Freimaurerei fort.

Durch den Tod seiner Frau schwer getroffen, verließ Ignacy Potocki 1784 das Land. Sein Amt als Großmeister übernahm Andrzej Mokronowski, ein Freund des Königs und alter Freimaurer, aber er starb noch in demselben Jahr und an seine Stelle trat Szczesny Potocki, russischer Woiwode, Anhänger Rußlands und Gegner der Reformpartei. Trotzdem gewannen die Männer der sogenannten patriotischen Partei in den Jahren 1788 bis 1792 immer mehr an Einfluß und das Wort des Königs erhielt größeres Gewicht. Ein Ausdruck dieses Wandels war die Umbenennung der Mutterloge von *Katharina zum Stern des Nordens* in *Stanisław August zum Stern des Nordens*[20]. Freilich nahm zugleich die politische Bedeutung der Logen ab. Die Politik wurde jetzt im Sejm gemacht, für freimaurerische Spielereien hatten die Brüder nur wenig Zeit.

Nach der dritten Teilung Polens wurde das freimaurerische Leben wieder intensiver. Die Initiative ging von der Berliner Großloge aus, und die polnische Freimaurerei entwickelte sich zu einem Faktor der Integration von polnischer und deutscher Intelligenz, also von Gruppen innerhalb des Bürgertums, die im Geiste der Aufklärung erzogen worden waren[21].

\*

Welche Rolle spielte nun die polnische Freimaurerei im gesellschaftlichen Leben und welchen Platz nahm sie in ihm ein? Zunächst scheint es notwendig zu sein, die Behauptung der älteren Autoren zu prüfen, die Freimaurerei habe unmittelbar politische Aktivitäten und Reformvorhaben angeregt[22]. Die bisherigen Forschungen liefern dafür keine hinlänglichen Beweise. Andererseits bestanden zweifellos Kontakte zwischen Politikern und Freimaurern sowie zwischen Politik und Freimaurerei. Innerhalb der Freimaurerei gab es Gruppen mit einer bestimmten politischen Orientierung, wie z. B. Mniszechs prosächsische und Potockis prorussische, die an der Erweiterung ihrer Einflußsphäre sehr interessiert waren. Die Freimaurerei war nämlich ein wichtiger Faktor im sozialökonomischen und gesellschaftlichen Leben Polens, der nicht unterschätzt werden sollte.

In den Logen trafen sich Magnaten, hohe Hofbeamte, Berater und Freunde des Königs, reisende Ausländer, Diplomaten, Bankiers, Kaufleute und Offiziere[23]. Man schloß Bekanntschaften, zuweilen Freundschaften, man erhielt wertvolle Empfehlungsbriefe, die die Türen zu den Häusern bedeutender Persönlichkeiten zu öffnen vermochten, gelegentlich auch zu ihren Herzen und Geldbörsen. In den Logen konnten wichtige Gespräche zwischen Brüdern geführt werden, die von einer Intimität waren, wie sie sonst kaum zu finden ist[24].

Die Freimaurerlogen waren also eine Stelle des Meinungsaustausches und der Meinungsbildung. Und das war auch der Grund, weswegen sich die Politiker so sehr um die Leitung der Logen kümmerten und so intensiv für ihren Mitgliederbestand und die Stimmung in ihnen interessierten. Die Logen boten darüber hinaus die Möglichkeit, neue Eindrücke zu sammeln; und das traf sowohl für den verwöhnten Hochadel als auch für die im Geiste der Aufklärung erzogenen Angehörigen des Kaufmannsstandes und der Intelligenz zu. Schließlich darf nicht vergessen werden, daß in den Logen mancherlei gesellige Veranstaltungen vor sich gingen, was im damaligen Polen, wo es nur wenig Gelegenheit dazu gab, der Attraktivität nicht entbehrte.

Unabhängig von der Person des Großmeisters und seinen Beziehungen zum König wurde alljährlich der Namenstag des Königs festlich begangen. Hauptfeier war jedoch das Johannes-Fest, zu dem sich alle in Warschau anwesenden Freimaurer öffentlich begaben; und das gemeine Volk konnte die Brüder in ihren Karossen bewundern. Führende Mitglieder wurden anläßlich ihres Namenstages durch Gelegenheitsschriften, die im Druck erschienen, geehrt[25].

Die polnische Freimaurerei kann als Schule der politischen und konfessionellen Toleranz angesehen werden. Auch spielte ihre philanthropische Tätigkeit eine große Rolle. Sie war vor allem mit dem Namen des Schweizer Barons Pierre le Fort verbunden. Er war der Sohn von Franz le Fort, der in der Armee Peters des Großen als General gedient hatte. Nach dem Tode Peters aus Rußland verjagt, kam Pierre le Fort nach Polen, wo er den größten Teil seines Lebens verbrachte und bei der Gründung vieler Freimaurerlogen mitwirkte. Im April 1783 gelang es ihm aufgrund seiner weitreichenden Verbindungen, eine wohltätige Gesellschaft unter dem Protektorat des Königs zu gründen. Sie unterhielt ein Armenhaus für 50 Personen, die ihr Brot durch Webarbeiten und Herstellung verschiedener Textilien verdienen konnten. Im Herbst 1783 reiste er ins Ausland, vor allem um die Arbeit preußischer und hamburgischer wohltätiger Gesellschaften zu studieren. Nachdem er sich bedeutender finanzieller Mittel versichert hatte, ging er an die Reorganisation und den Ausbau des Armenhauses, das bis 1786 bestand. Finanzieller Schwierigkeiten und anderer Mängel wegen mußte das Institut geschlossen werden[26].

Auf Anregung der Freimaurer wurde in Warschau ferner eine kostenlose Pockenimpfung durchgeführt und im Gesundheitswesen des Landes waren freimaurerische Ärzte tätig. In dieser Beziehung zeichnete sich der Leibarzt von Stanisław August, der Schweizer Leopold Lafontaine, besonders aus, der ein aktives Mitglied mehrerer Logen und der *Gesellschaft der Freunde der Wissenschaften* während der preußischen Besatzungszeit war. Er verfaßte die *Chirurgisch-medicinischen Abhandlungen verschiedenen Inhalts Polen betreffend*, die 1792 bei Korn in Breslau erschienen.

Die Posener Loge *Die Schule der Weisheit* wurde von dem Arzt Martin Hildebrand geleitet, der für bedürftige Kranke in seinem Haus kostenlose Sprechstunden abhielt. Die Bromberger Loge *Fidelité aux trois Colombes*, die von 1785 bis 1793 bestand, unterhielt auf ihre Kosten eine Schule mit Internat für 20 Waisen[27].

\*

Wie aus den nicht sehr zahlreichen Nachrichten hervorgeht, waren die polnischen Freimaurer über die Ziele und die Geschichte der europäischen Freimaurerei gut orientiert. Manche von ihnen griffen selbst zur Feder und publizierten über entsprechende Fragen. Hier sei nur Ernst Traugott Kortum, Jurist, Geheimer Rat und Astronom Stanisław Augusts genannt, der eine Geschichte der geheimen Gesellschaften verfaßte. August Moszyński, der tiefe Kenntnisse in den geheimen Wissenschaften, der Alchimie, aber auch der Chemie hatte, schrieb für den ihm befreundeten König eine Abhandlung *Reflexions sur la science Hermetique*, die als Manuskript überliefert ist[28]. Aus dem Bericht Georg Forsters von seiner Reise durch Polen erfahren wir von Gesprächen über die Rosenkreuzer[29]. Er brachte übrigens die *Freimaurerzeitung* nach Polen.

Mystische Tendenzen sind im Wirken des gebürtigen Niederländers Jean Lucas Thoux de Salverte festzustellen. Er war Oberst in der kaiserlichen Armee gewesen und hatte in Brünn eine Militärloge gegründet, weswegen er ins Gefängnis gekommen war. Nach seiner Entlassung kam er nach Polen, wo er bis zu seinem Tode blieb. Als Lehrer in den Häusern einiger Magnaten bewies er große mathematische Kenntnisse. Er beherrschte Französisch, Deutsch, Latein und Hebräisch, zeigte ein großes Interesse für Alchimie und Geheimwissenschaften und galt darin als Autorität. An wichtigen Entscheidungen innerhalb der polnischen Freimaurerei war er beteiligt; auch gründete er das hermetisch-maurerische *Bon Pasteur-System*, dessen Logen mit Unterbrechungen bis 1793 bestanden und in ihren besten Zeiten fast 100 Mitglieder hatten.

1763 hatte Thoux de Salverte in Warschau auch eine *Académie des Secrets* gegründet, deren Tätigkeit den Geheimwissenschaften gewidmet war. August Moszyński zählte zu seinen Anhängern, und der König interessierte sich für seine alchimistischen Experimente und unterstützte sie finanziell. Wir haben auch Nachrichten von der Bibliothek des Thoux de Salverte: In ihr befanden sich die Bibel, der Talmud, kabbalistische, mathematische, chemische, alchimistische und physikalische Werke[30]. Seine Ansichten versuchte er durch Wort und Schrift zu verbreiten[31], dennoch fand er in Polen nicht zahlreiche Anhänger, denn das Interesse für Geheimwissenschaften war nicht viel mehr als Ausdruck eines Snobismus und hatte keine Grundlage in breiteren Kreisen. Auch begünstigte die politische Lage solche Tendenzen nicht.

Die Logen wandten sich auch wissenschaftlichen Aufgaben zu. Die 1777/78 neugegründete Loge in Słonim, in der sich Anhänger des Hetmans Ogiński zusammengefunden hatten, sammelte Materialien betreffend Litauen, insbesondere über den Handel, die Produktion und den Stand der Wissenschaften[32]. In den Logen im Einflußbereich von Thoux de Salverte wurden Vorlesungen über

Moral, Naturrecht, Physik, Chemie und Botanik gehalten[33]. Aber auch in anderen Logen gab es gelegentlich wissenschaftliche Initiativen. Die publizistische Tätigkeit scheint jedoch nicht erheblich gewesen zu sein. Außer Gelegenheitsschriften und Statuten ist nichts bekannt[34].

Die polnische Freimaurerei sah sich zahlreichen Angriffen ausgesetzt, die vor allem von seiten konservativer und klerikaler Kreise geführt wurden. Hier ist vor allem der Priester Karol Surowiecki zu nennen. Sie konnte ihnen aber widerstehen, da sie in breiten und mächtigen Gesellschaftsschichten ihren Rückhalt fand. Nicht nur Magnaten und zahlreiche Angehörige des hohen Klerus waren ja Freimaurer, sondern auch König Stanisław August. Desgleichen fand die Freimaurerei ihre Verteidiger unter Schriftstellern und Publizisten[35].

*

Zusammenfassend kann gesagt werden, daß die polnische Freimaurerei eine integrierende Rolle spielte. Sie war die einzige Organisation im gesellschaftlichen Leben, in der Adelige und Bürgerliche brüderlich miteinander verkehrten, ja gemeinsam am „Tempelbau" zusammenwirkten. So wurde sie in der Adelsrepublik eine „École de l'Égalité" besonderer Art.

Die von den Freimaurerlogen ausgehenden wohltätigen, wissenschaftlichen und volksbildnerischen Initiativen hatten eine um so größere Bedeutung, als sie auf ein dringendes Bedürfnis des öffentlichen Lebens aufmerksam machten und es an anderen Möglichkeiten, dieses zu befriedigen, weitgehend fehlte.

Schließlich stellte die Freimaurerei Kontakte zu vielen europäischen Ländern her. Die Brüder in Polen lernten durch Reisen und Briefe Freimaurer in Paris, London, Berlin, Dresden, Amsterdam und Petersburg kennen. Über diese Verbindungen kamen vor allem auch neue humanitäre Ideen ins Land. Andererseits erfuhr man in Europa durch die polnischen Freimaurer von den Problemen dieses Landes. Mit gewissen Einschränkungen kann also festgestellt werden, daß die polnische Freimaurerei im 18. Jahrhundert im Rahmen ihrer Möglichkeiten einen Beitrag für die geistige Entwicklung zu einem aufgeklärten Europa leistete.

*Anmerkungen*

1 August Wolfstieg: Bibliographie der freimaurerischen Literatur. Bd. 1–4, Burg 1911, Leipzig 1926.
2 Vgl. Le mal epidemique de Franc-Maçons. Augsburg 1748; Traunpaur Chevalier d'Orphanie, Alphons Heinrich: Dreyssig Briefe über Galizien oder Betrachtungen eines un-

parteiischen Mannes, der sich mehr als nur ein paar Monate in diesem Königreiche umgesehen hat. Wien 1787. 12 Briefe betreffen die polnische und österreichische Freimaurerei im 18. Jahrhundert. Walenty Wilkoszewski: Rys historiczno-chronologiczny Towarzystwa Wolnego Mularstwa w Polsce. London 1968. Coup d'oeil sur la maçonnerie en Pologne. Redigé en français par X. J. Jackowski, refugié polonais. Poitiers 1837.

3 Von großer wissenschaftlicher Bedeutung sind folgende Arbeiten: Stanisław Załęski: O masonerii w Polsce od roku 1738 do 1822. Kraków 1908; Stanisław Małachowski-Lempicki: Wolnomularstwo polskie za Stanisława Augusta. 1784 do 1795. O. O., o. J. M. S. Goldbaum: Rudimente einer Geschichte der Freimaurerei in Polen. Budapest 1898. Sehr wichtig ist auch die letzte Abhandlung von Ludwik Hass: Loże wolnomularskie i pokrewne organizacje na zachodnich ziemiach Rzeczypospolitej 1721—1938. In: Studia i Materiały do dziejów Wielkopolski i Pomorza. 21. Poznań, 1974, S. 89—145.

4 Hass (s. Anm. 3) S. 89—91.

5 Gute Informationen über die ersten Logengründungen bei Wilkoszewski (s. Anm. 2) S. 14—18 und bei Małachowski-Lempicki (s. Anm. 3) S. 1—6.

6 Reiches Material zu diesem Thema finden wir bei: Emanuel Rostworowski: Echanges entre la Pologne et la Suisse du XIV$^e$ au XIX$^e$ siècles. Genève 1964, S. 153—190.

7 A. Baron Heyking (Hrsg.): Aus Polens und Kurlands letzten Tagen. Berlin 1897. Eine gekürzte polnische Übersetzung befindet sich in: Zawadzki: Polska Stanisławowska w oczach cudzoziemców. Bd. 1, Warszawa 1963, S. 49—198. Der Verf. benutzte den französischen Originaltext, der sich in der Warschauer Universitätsbibliothek befindet. Der Titel lautet: Mes reminiscences ou mémoires de C. B. d. H. écrits par lui même. Avec des portraits des plusieurs hommes du Nord, tracés d'après nature. Bd. 1—4.

8 Bei Heyking (s. Anm. 7) Bd. 1, S. 69, heißt es: J'avais complété les différents ouvrages anciennes et modernes ... en relisant l'éloge de Descartes par Thomas Lanote, ou il parle des Rosecrois, me donna idée de faire des recherches sur cette confrérie dans la Bibliothèque de l'Electeur. Je trouve assez de materiaux sur cette singuliere societé, pour composer un petit fragment historique.

9 Besonders interessant sind Heykings Informationen, der von 1769—1772 mit der Konföderation von Bar eng zusammenarbeitete. Vgl. Heyking (s. Anm. 7) Bd. 1, S. 88—114.

10 Wilkoszewski (s. Anm. 2) S. 27—40.

11 Kazimierz Maryan Morawski: Ignacy Potocki 1750—1788. Monografie w zakresie dziejów nowożytnych. Warszawa 1911.

12 Heyking (s. Anm. 7) Bd. 2, S. 43. Je demandé comme toute recompensation de mes traveaux, que la loge Ecossaise prit le nom de 'Catherine a L'Etoile du Nord', car alors J'etais devoue avec enthousiasme a L'imperatrice Catherine II ... Stimmt das, so wurde Heyking bisher unterschätzt.

13 Hass (s. Anm. 3) S. 101 f.

14 Jan Czarnomski: Z dziejów wolnomularskich. Kilka dokumentów doty czacych misji Stanisława Potockiego w Paryżu w 1787. In: Kwartalnik Historyczny Bd. 53, 1939, S. 267—273.

15 Richard van Dülmen: Der Geheimbund der Illuminaten. Stuttgart-Bad Cannstatt 1975, S. 285, 193, 312.

16 Kazimierz Morawski: Wolnomularstwo a Polska w dobie dziejowej przed rewolucją francuską. In: Pamiętnik V Zjazdu Historyków Polskich w Warszawie. Lwów 1930, S. 245.

17 Heyking (s. Anm. 7) Bd. 2, S. 92.

18 Es bleiben noch viele Unklarheiten. Hatte nur Heyking Kontakte zu den Illuminaten oder auch andere Freimaurer in Polen? Auf Grund der in Polen vorhandenen Quellen können diese Fragen nicht geklärt werden; die Aussagen von Weishaupt und Knigge sind vor allem in Betracht zu ziehen.

19 Heyking (s. Anm. 7) Bd. 2, S. 65. ... il seme la zizanie et la defiance parmi le frères et quioque il s tiént derriere la toile, il n'etait pas difficile de l'entrevoir...

20 Wilkoszewski (s. Anm. 2) S. 59.

21 Hass (s. Anm. 3) S. 98—109; Gerard Koziełek: Friedrich Ludwig Zacharias Werner. Sein Weg zur Romantik. Wrocław 1963, S. 69—94.

22 Z. B. meint Małachowski-Lempicki (s. Anm. 3), die Freimaurer hätten einen starken Einfluß auf den „Großen Reichstag" ausgeübt.

184 Jerzy Wojtowicz

23 Über die Rolle der Schweizer im öffentlichen und kulturellen Leben Polens vgl. Rostworowski (s. Anm. 6) S. 153 f. Besonders wichtig war der Einfluß des Schweizers François-Poncet, der der Vertraute der Kurfürsten-Mutter Marie Antoinette Walpurgis war.
24 Bei Heyking (s. Anm. 7) S. 40, heißt es über die Mission bei Melissino: ... plein de passion pour l'alchimie, dont il admettait toutes les reveries comme des principes infaillibles... oui, je connais: ignis et beate materia... que je vous embrasse me dit il, vous etes de notres, alors je lui offrie une union·des nos Orient, et 10 jours apres tout fut conclu...
25 Z. B. Wiersz na dzień Imienin Przew. M. K. przez Józefa Minasowiczna za harmonią Br. Karola Kurpińskiego. o.O., o.J.
26 Nina Assorodobraj: Początki klasy robotniczej. Problem·rąk roboczych w przemyśle polskim epoki stanisławowskiej. 2. Aufl. Warszawa 1966, S. 189—191.
27 Hass, Loży (s. Anm. 3) S. 94—97.
28 Die Handschrift befindet sich in der Czartoryski-Bibliothek in Krakau. Sign. Nr. 809.
29 Es wurde die polnische Übersetzung benutzt: Georg Forster: Dziennik podróży po Polsce. In: Polska Stanisławowska w oczach cudzoziemców. Bd. 2, Warszawa 1963, S. 60, 70.
30 Über seine Biographie und freimaurerische Tätigkeit vgl. Wilkoszewski (s. Anm. 2) S. 60. Vgl. auch Heyking (s. Anm. 7) Bd. 2, S. 20—22. Hier finden sich die Angaben über seine Sprachkenntnisse und seine Bibliothek.
31 Un memorial de Thoux de Salverte de 1782. Manuskript in: Archiwum Głowne Akt dawnych Warszawa Sign. mrs. 186.
32 Heyking, Mes reminiscenses (s. Anm. 7) Bd. 2, S. 25. „Le membres devaient fournir des memoires sur la Lithuanie sur la produktion, son commerce les progres dans le sciences... Tel etait le but particuliere de la Societé de Słonim...‟
33 Z. B.: Gesetze und Verordnungen der ⬜ zur Göttin Eleusis im Orient von Warschau im Jahre 1786; oder: Acta Declaratoire et Status du Grand Orient du Royaume de Pologne et du Grand Duché Lithuanie. Varsovie 5784 [= 1784].
34 Missya lożowego Apostoła odprawiona przez W.B.N.W. Berdyczowie. Eine Übersicht über die anti- und pro-maurerische Literatur finden wir bei: Władysław Smoleński: Przewrót umysłowy w Polsce XVIII w. Warszawa 1949.
35 Joseph Minasowicz übersetzte eine französische Apologie des Freimaurertums. Sein Urteil ist im ganzen positiv: Freimaurer seien tugendhafte Bürger, gute Patrioten, immer treu der Krone und der Rzeczypospolita ergeben.

# ZU DEN BEZIEHUNGEN ZWISCHEN DEN DEUTSCHEN UND DEN POLNISCHEN FREIMAURERLOGEN

*Von Ernst-G. Geppert*

Als Entstehungsdatum der polnischen Freimaurerei muß der 24.6.1770 angenommen werden*. An diesem Tag wurde nämlich die erste Großloge, *Der tugendhafte Sarmate*, zu der sieben Logen gehörten, von der Großloge von England anerkannt. Zwar sind Logengründungen in Polen schon seit 1729 bekannt, doch ist eine neue Großloge erst dann „vollkommen und gerecht", wenn sie von einer älteren „vollkommenen und gerechten" Großloge eingesetzt worden ist. Daß bereits seit den dreißiger Jahren des 18. Jahrhunderts — insbesondere von Deutschland aus, aber auch durch polnische Reisende in Frankreich — freimaurerisches Gedankengut, und damit das Freimaurertum, in Polen Eingang fand, sei jedoch ausdrücklich betont.

Hatte 1770 die Freimaurerei in Polen durch die *Provinzialloge von Warschau* (*Der tugendhafte Sarmate*), die nominell von der englischen Großloge abhängig war, ihre feste Form erhalten, so erfuhr die Entwicklung bereits 1772 einen schweren Rückschlag. Die erste Teilung Polens beschränkte mit dem Staatsgebiet auch den Wirkungsraum der polnischen Maurerei. Freilich intensivierte sich gerade in dieser Zeit die freimaurerische Arbeit, vor allem aber wuchs der Wunsch nach einer eigenen souveränen Großloge.

Nach Logengründungen durch die *Strikte Observanz*, die *Große Landesloge der Freimaurer von Deutschland* und den *Grand Orient de France* sowie die *Provinzialloge von Warschau* arbeiteten am Ende der siebziger Jahre des 18. Jahrhunderts mehr oder minder aktiv etwa 16 Logen auf polnischem Staatsgebiet. Entscheidend für die weitere Entwicklung der Freimaurerei war die Gründung der Loge *Catharina zum Nordstern* im Jahr 1778, die ihr Konstitutionspatent von der *Mutterloge Royal York* in Berlin erhielt. Zu diesem Zweck wurde der kgl. poln. Kammerherr Heinrich Carl von Heyking von der Logenbehörde nach Berlin entsandt. Es heißt, daß nun das „alte und wahre Licht der königlichen Kunst" in Polen errichtet worden sei.

Die ehemalige *Provinzialloge von Warschau* — in englischer Abhängigkeit — war praktisch eingeschlafen, als 1780 *Catharina zum Nordstern* in eine Groß-

---

* Dieser Beitrag bietet — anhand meiner Materialsammlung, die in meinem Buch „Die Freimaurerlogen Deutschlands (1737–1792), Matrikel und Stammbuch", Hamburg 1974, nur teilweise veröffentlicht worden ist — eine Liste, aus der die Logengründungen und die Logenzahl in Polen entnommen werden kann. Dabei werden nur die offiziell legitimierten und dokumentarisch nachweisbaren Gründungen berücksichtigt. Daß Vollständigkeit nicht erreicht werden konnte, liegt auf der Hand. Dabei muß auch berücksichtigt werden, daß in erster Linie deutsche Quellen ausgewertet wurden.

*loge von Polen* umorganisiert wurde, zu deren Großmeister am 3. März Ignacy Potocki gewählt wurde. Das geschah durch Zusammenschluß von acht Logen in Warschau, Wilna, Dubno und Posen, die ihr Konstitutionspatent von der *Mutterloge Royal York d'amitié* in Berlin erhalten hatten. Sechs weitere Logen konstituierte die Provinzialloge *Catharina zum Nordstern* aus eigener Machtvollkommenheit.

Nach weiteren organisatorischen Veränderungen im Jahr 1781 wurde 1784 von insgesamt 37 Logen der *Großorient von Polen* installiert, was ohne die rituelle und auch esoterische Basis, die die *Mutterloge Royal York* gegeben hatte, unmöglich gewesen wäre. Der Gründung des Großorients folgte eine längere Zeit lebhafter Tätigkeit, die dadurch gekennzeichnet ist, daß eine Reihe neuer Logen entstand.

Ein Jahr nach der zweiten Teilung Polens mußte sich der *Große Orient* auflösen, und nach der dritten Teilung (1795) schien das freimaurerische Leben ganz zu ersterben, obgleich ca. 30 Logen noch nominell bestanden. In dem Gebiet, das an Preußen gefallen war, übernahmen für die Zeit von 1795 bis 1806 praktisch die sogenannten drei *Altpreußischen Großlogen* die Sorge für die Freimaurerei in Polen. Die *Mutterloge Royal York* konstituierte eine Loge in Kalisch, die *Große Landesloge der Freimaurer in Deutschland* gründete in Warschau drei und in Białystok eine Loge, die *Große National-Mutterloge der Preußischen Staaten gen. Zu den drei Weltkugeln* zwei in Kalisch, zwei in Płock und je eine in Posen und Gnesen. Damit auch die der Großen National-Mutterloge unterstehenden Logen eine Großobödienz hatten, wurde 1804 die *Provinzialloge von Płock* installiert. Wie schon vorher finden wir auch jetzt Logen, in denen entweder nur deutsch oder nur polnisch gesprochen wurde, die jedoch freundschaftlich miteinander verbunden waren.

Nach Errichtung des Herzogtums Warschau (1807) wurde, da der *Großorient von Polen* nicht wieder in Arbeit gesetzt worden war, die alte Provinzialloge *Catharina zum Nordstern* reaktiviert (1810), in der die *Provinzialloge von Płock* aufging. 1811 wurde zwar der *Großorient von Polen* wieder eröffnet, mußte aber wenig später seine Arbeit länger als ein Jahr — vom 8.1.1813 bis zum 11.3.1814 — wieder einstellen. In Kongreßpolen normalisierte sich das freimaurerische Leben und gegen 30 Logen wurden konstituiert. Am 25. September 1821 wurden auf Befehl des Zaren über sechzig Logen aufgelöst. Damit ging diese Etappe der polnischen Freimaurerei zu Ende.

*

*Die folgenden Listen erfassen Logen im polnischen Staatsgebiet vor der zweiten Teilung, ferner Logen, die von Polen her gegründet wurden. Die Logen- sowie Ortsnamen werden in der deutschen Fassung wiedergegeben. Auf das ursprünglich vom Verfasser vorgesehene alphabetische Verzeichnis der Logen wurde verzichtet, da diese im allgemeinen Logenregister am Ende des Bandes erfaßt sind.*

## DIE MATRIKEL DER POLNISCHEN FREIMAURERLOGEN

| Stamm-Nummer | | Logenname | Ort | einge-gangen |
|---|---|---|---|---|
| 1 | 1729 | Die drei Brüder | Warschau | 1739 |
| 2 | 1739 | nicht bekannt | Dukla | ? |
| 3 | 1742 | St. Johannes | Wiśniowiec | ? |
| 4 | 1744 | Die drei Brüder | Warschau | 1767 |
| 5 | 1747 | Zu den drei Stufen | Lemberg | ? |
| 6 | 1749 | Zum guten Hirten | Warschau | 1821 |
| 7 | 1755 | St. Johannes | Dukla | ? |
| 8 | 26. 7.1763 | Die drei Sterne | Danzig | 1776 |
| 9 | 11. 1.1767 | Der tugendhafte Sarmate | Warschau | 1821 |
| 10 | 24. 6.1769 | Zum tugendhaften Reisenden | Eperjes | 1782 |
| 11 | 28. 9.1779 | Die drei Brüder | Warschau | ? |
| 12 | 28. 9.1769 | Union | Warschau | ? |
| 13 | 24. 6.1770 | Die Freundschaft | Białystok | 1821 |
| 14 | 20. 8.1770 | Die drei weißen Adler | Lemberg | 1780 |
| 15 | 20. 9.1770 | Zu den drei Thürmen | Marienburg | 1935 |

*1772 erste polnische Teilung*

| | | | | |
|---|---|---|---|---|
| 16 | 1773 | Zur gekrönten Hoffnung | Neusohl | 1786 |
| 17 | 2. 6.1774 | Carl zu den drei Helmen | Krakau | 1779 |
| 18 | 1774 | Die tugendhaften Menschenfreunde | Schemnitz | 1786 |
| 19 | 23. 1.1778 | Joseph zum Kaiseradler | Lemberg | 1821 |
| 20 | 23. 1.1778 | Zu den drei Helmen | Krakau | 1821 |
| 21 | 15. 9.1778 | Das vollkommene Stillschweigen | Warschau | 1821 |
| 22 | 15. 9.1778 | Die vollkommene Gleichheit | Lemberg | 1821 |
| 23 | 13.10.1778 | Catharina zum Nordstern | Warschau | 1821 |
| 24 | 31.10.1778 | Wegweiser | Białystok | 1779 |
| 25 | 10.11.1778 | Concordia | Białystok | 1799 |
| 26 | 1779 | Zum brennenden Busch | Kaschau | 1786 |
| 27 | 21. 4.1780 | Der Nordstern | Warschau | 1821 |
| 28 | 21. 6.1780 | Johann zum Polarstern | Warschau | 1821 |
| 29 | 21. 6.1780 | Alois zum flammenden Schwert | Warschau | 1821 |
| 30 | 21. 6.1780 | August zum tugendhaften Sarmaten | Warschau | 1821 |
| 31 | 15.10.1780 | Die vollkommene Einigkeit | Wilna | 1821 |
| 32 | 5.10.1780 | Zum Nordschild | Warschau | 1821 |
| 33 | 5.10.1780 | Die gekrönte Standhaftigkeit | Posen | 1821 |
| 34 | 13.10.1780 | Tempel der Isis | Warschau | |
| 35 | 15.10.1780 | Die gekrönte Beständigkeit | Posen | 1794 |
| 36 | 15.10.1780 | Die eleusinische Göttin | Warschau | 1821 |
| 37 | 17.10.1780 | Der gute Hirte | Wilna | 1821 |

| 38 | 17.10.1780 | Der eifrige Litauer | Wilna | 1821 |
|----|------------|---------------------|-------|------|
| 39 | 17.10.1780 | Tempel der Weisheit | Wilna | 1821 |
| 40 | 30.11.1780 | Das vollkommene Geheimnis | Dubno | 1821 |
| 41 | 27.12.1781 | Die glückliche Befreiung | Grodno | 1821 |
| 42 | 1781 | Die tugendhaften Kosmopoliten | Miskolc | 1794 |
| 43 | 1782 | Phönix zur runden Tafel | Lemberg | 1821 |
| 44 | 1783 | Zu den drei roten Bändern im goldenen Felde | Tarnów | |
| 45 | 24. 6.1783 | Zur Schule der Weisheit | Posen | 1792 |
| 46 | 24. 6.1783 | Zum weißen Adler | Posen | 1794 |
| 47 | 1783 | Zum tugendhaften Menschenfreunde | Balassagyarmat | 1786 |
| 48 | 19. 5.1784 | Die Morgenröte von Zarugrad | Konstantinopel | |
| 49 | 24. 6.1784 | Die Treue zu den drei Tauben | Bromberg | 1821 |
| 50 | 22. 6.1785 | Zur aufrichtigen Freundschaft | Lemberg | 1789 |
| 51 | 24. 6.1785 | Der wohltätige Pole | Dubno | 1821 |
| 52 | 1785 | Zum Biedermann | Lemberg | 1786 |
| 53 | 13.12.1786 | Der wahre Patriotismus | Tulczyn | 1821 |
| 54 | 31. 3.1782 | Die zerstreute Finsternis | Schitomir | 1821 |
| 55 | 13.12.1787 | Zum überwundenen Vorurteil | Krakau | 1813 |
| 56 | 1788 | Stanislaus August | Warschau | 1821 |

*1793 und 1795  zweite und dritte polnische Teilung*

| 57 | 5.10.1793 | Zum Bienenkorb | Thorn | 1937 |
|----|-----------|----------------|-------|------|
| 58 | 27. 8.1795 | Sokrates zu den drei Flammen | Kalisch | 1797 |
| 59 | 1. 5.1796 | Castor und Pollux | Rawitsch | 1796 |
| 60 | 14. 2.1797 | Zum goldenen Leuchter | Warschau | 1808 |
| 61 | 13. 5.1801 | Hesperus | Kalisch | 1821 |
| 62 | 19. 2.1802 | Friedrich Wilhelm zur Säule | Warschau | 1821 |
| 63 | 4. 4.1802 | Johann zum Felsen | Kalisch | 1821 |
| 64 | 2. 4.1803 | (Albertine) Zur Vollkommenheit | Płock | 1811 |
| 65 | 1. 1.1804 | Zum bekränzten Kubus | Gnesen | 1937 |
| 66 | 4.10.1804 | Leopoldine zur Abendsonne | Płock | 1821 |
| 67 | 27.10.1804 | Zum goldenen Ring | Białystok | 1821 |
| 68 | 25. 5.1805 | Tempel der Weisheit | Warschau | 1808 |
| 69 | 25. 2.1806 | Friedrich Wilhelm zur beglückenden Eintracht | Posen | 1937 |

*1807–1813 Herzogtum Warschau*

| 70 | 23.10.1807 | Die vereinigten Brüder Polens und Frankreichs | Posen | 1821 |
|----|------------|-----------------------------------------------|-------|------|
| 71 | 18. 7.1808 | Die vergnügten Brüder Polens | Warschau | 1821 |
| 72 | 29. 5.1810 | Tempel der Beständigkeit | Warschau | |
| 73 | 10. 7.1810 | Der Todtenkopf | Thorn | 1811 |

| 74 | 4. 9.1810 | Die glückliche Befreiung | Nieśwież | 1821 |
|---|---|---|---|---|
| 75 | 4. 9.1810 | Die echte Einheit | Kalisch | 1821 |
| 76 | 12. 3.1811 | Die wiedererrungene Freiheit | Lublin | 1821 |
| 77 | 24. 6.1811 | Zum aufgehenden Morgenstern | Lomża | 1821 |
| 78 | 24. 6.1811 | Zur wahren Brüderschaft | Łęczyca | 1821 |
| 79 | 24. 3.1812 | Die Einigkeit | Zamośź | 1821 |
| 80 | 24. 3.1812 | Die Morgenröte | Radom | 1821 |
| 81 | 4. 6.1812 | Die vereinigten Brüder unter dem Oststern | Warschau | 1821 |
| 82 | 9. 8.1814 | Die vollkommene Eintracht | Thorn | 1821 |

*1815  Kongreßpolen — Königreich Warschau*

| 83 | 9. 8.1815 | Der wiedergegebene weiße Adler | Siedlce | 1821 |
|---|---|---|---|---|
| 84 | 20. 9.1815 | Minerva | Warschau | |
| 85 | 20. 9.1815 | Die aufrichtige Vereinigung | Płock | 1821 |
| 86 | 11. 5.1816 | Casimir der Große | Warschau | 1821 |
| 87 | 8. 6.1816 | Tempel der Gleichheit | Lublin | 1821 |
| 88 | 10. 8.1816 | Die nördliche Fackel | Minsk | 1821 |
| 89 | 24. 8.1816 | Asträa | Warschau | 1821 |
| 90 | 26.10.1816 | Zum Friedenstempel | Nieśwież | 1821 |
| 91 | 15. 2.1817 | Das Dreieck | Płock | 1821 |
| 92 | 15. 2.1817 | Die Verschwiegenheit (Das vollkommene Schweigen) | Płock | 1821 |
| 93 | 22. 3.1817 | Das Band der Einigkeit | Nowogrudok | 1821 |
| 94 | 20. 5.1817 | Die Freunde der Menschheit | Grodno | 1821 |
| 95 | 3.10.1817 | Palaemon | Rosien | 1821 |
| 96 | 1817 | Die Vollkommenheit | Płock | 1821 |
| 97 | 1817 | Das vollkommene Geheimnis | Dubno | 1817 |
| 98 | 1817 | Die vollkommene Vereinigung | Włocławek | 1821 |
| 99 | 6. 2.1818 | Pallas | Konin | 1821 |
| 100 | 6. 2.1818 | Die erfahrene Beständigkeit | Kalisch | 1821 |
| 101 | 6. 2.1818 | Die wahre Einheit | Lublin | 1821 |
| 102 | 6. 2.1818 | Tempel der Themis | Warschau | 1821 |
| 103 | 6. 2.1818 | Die östliche Morgendämmerung | Dubno | 1821 |
| 104 | 6. 2.1818 | Berg von Wawel | Krakau | 1821 |
| 105 | 6. 2.1818 | Ritter vom Stern | Warschau | 1821 |
| 106 | 26. 2.1818 | Die slawische Einheit | Warschau | 1821 |
| 107 | 26. 3.1818 | Die gekrönte Tugend | Rafałowka | 1821 |
| 108 | 19.12.1818 | Die Schule des Sokrates | Wilna | 1821 |
| 109 | 19.12.1818 | Wladislaw Jagiello | Słuck | 1821 |
| 110 | 18. 2.1819 | Das vollkommene Schweigen | Pułtusk | 1821 |
| 111 | 28. 4.1820 | Tempel der Eintracht | Posen | 1821 |
| 112 | 1820 | Der slawische Adler | Wilna | 1821 |

190 Ernst-G. Geppert

## Abkürzungen

| | | |
|---|---|---|
| A | = | Annahme bei einer anderen Großloge. |
| E | = | Entlassen. |
| G | = | Gründung. |
| G3W | = | Große National-Mutterloge zu den drei Weltkugeln in Berlin. |
| G.C.z.N. | = | Großloge von Polen Catharina zum Nordstern. |
| GL | = | Großloge. |
| GLL.v.D. | = | Große Landesloge der Freimaurer von Deutschland in Berlin. |
| Gr.Or.de F. | = | Grand Orient de France. |
| GOP | = | Großorient von Polen. |
| I | = | Installation (Einsetzung der Loge). |
| MRY | = | Mutterloge Royal York in Berlin. |
| P | = | Konstitutionspatent. |
| Prov.L. | = | Provinzialloge. |
| P.v.W. | = | Provinzialloge von Warschau. |
| r | = | Die Arbeiten ruhen seit ... |
| R | = | Die Arbeiten werden wieder aufgenommen. |
| RP | = | Neues Konstitutionspatent. |
| St. | = | Stammnummer. |
| * | = | Das angegebene Datum läßt sich weder als das der Gründung, noch als das des Konstitutionspatents oder der Installation identifizieren. |

## STAMMBUCH DER POLNISCHEN FREIMAURERLOGEN

**Balassagyarmat (Ungarn)**
*Zum tugendhaften Menschenfreunde* (St. 47), P 1783 G.C.z.N. (eine Gründung geflohener Adeliger), + 1786, vgl. Eperjes.

**Banská Bystrica = Neusohl**

**Banská Štiavnica = Schemnitz**

**Beszterczebánya = Neusohl**

**Białystok**
*Die Freundschaft* (St. 13), P. 24.6.1770 P.v.W., + 1821.
*Wegweiser* (St. 24), Feldloge P 31.10.1778 GLL.v.D.; später nach Magdeburg verlegt, + 1779.
*Concordia* (St. 25), Armeeloge (Nr. 1) P 10.11.1778 GLL.v.D.; später nach Landeshut verlegt, + 8.5.1799.
*Zum goldenen Ring* (St. 67), P 27.10.1804 GLL.v.D., 1807 zur GL.v. Rußland, + 1821.

Bromberg, poln. Bydgoszcz
*Die Treue zu den drei Tauben* (St. 49), P 24.6.1784 MRY, I 10.12.1784;
hieraus am 10.4.1800 *Janus* GLL.v.D. 24.6.1800; E 31.1.1812, hieraus *Zum Ritterkreuz*, P 17.12.1812 GOP, I 28.2.1812, r 30.11.1813;
RG 24.6.1815; RP 9.12.1815 G3W als *Janus* I 3.4.1816, + 1936.

Danzig, poln. Gdansk
*Die drei Sterne* (St. 8), P 26.8.1763 G3W (Prov.L. v. Königsberg), A 1770
P.v.W.; + 24.6.1776.

Dubno
*Das vollkommene Geheimnis* (St. 40), P 30.11.1780 MRY, Mitbegründe-
rin des GOP am 4.3.1784, + 1821.
*Der wohltätige Pole* (St. 51), P 24.6.1785, I 28.6.1786 GOP, 1818 verlegt
nach Rafałowka als *Die gekrönte Tugend.* + 1821.
*Das vollkommene Geheimnis* (St. 97), P 1817 GOP, + 1821.
*Die östliche Morgendämmerung* (St. 103), P 6.2.1818 GOP, I 26.3.1818,
+ 1821.

Dukla
Eine Loge, deren Name nicht bekannt ist, soll 1739 vom Grafen Rutowski
gegründet worden sein (St. 2).
*Sankt Johannes* (St. 7) *1755 Strikte Observanz.

Eperjes (Ungarn)
*Zum tugendhaften Reisenden* (St. 10), P 24.6.1769, P.v.W. Gründung geflohener Adeliger der Konföderation von Bar. Die Loge gründete Logen
in Neusohl, Schemnitz, Balassagyarmat, Kaschau und Miskolc, siehe dort,
+ 1782.

Gnesen, poln. Gniezno
*Zum bekränzten Kubus* (St. 65), P 1.1.1804 G3W, I 22.4.1804, r 1813.
R 1814, + 1937.

Grodno
*Die glückliche Befreiung* (St. 41), * 27.12.1781 GL (?), r 1794; wiederer-
öffnet am 4.9.1819 unter der Prov. L. *Catherina zum Nordstern* in Nieśwież; Mitbegründerin des GOP, + 1821.
*Die Freunde der Menschheit* (St. 94), P. 20.5.1817 GOP, + 1821.

Kalisch
*Sokrates zu den drei Flammen* (St. 58), P 27.8.1795 MRY, + 1797.
*Hesperus* (St. 61) P 13.5.1801 G3W, A 1811 GOP. + 1821. Nach anderen
von der MRY konstituiert.
*Johann zum Felsen* (St. 63) P 4.4.1802 G3W, + 1821.
*Die echte Einheit* (St. 75), P 4.9.1810 GOP, + 1821.
*Die erfahrene Beständigkeit* (St. 100), P 6.2.1818, + 1821.

Kaschau, ung. Kassa, slow. Košice (Ungarn)
*Zum brennenden Busch* (St. 26), P 1779 P.v.W., vgl. auch Eperjes, + 1786.

Konin
*Pallas* (St. 99), P 6.2.1818 GOP, + 1821.

Konstantinopel
*Die Morgenröte von Zarugrad* (St. 48), * 19.5.1784 GOP.

Krakau
*Carl zu den drei Helmen* (St. 17), G 29.1.1774, P 2.6.1774, I 13.6.1774
P.v.W. (Strikte Observanz?); vereinigt sich 1779 mit der Loge *Zum Nord-
stern*, + 1779.
*Zu den drei Helmen* (St. 20), P 23.1.1778 P.v.W.
*Zum überwundenen Vorurteil* (St. 55), P 13.12.1787 GOP, r 1794, neu-
konstituiert 3.7.1810, + 30.1.1813.
*Berg von Wawel* (St. 104), * 6.2.1818, + 1821.

Łęczyca
*Zur wahren Brüderschaft* (St. 78), P 24.6.1811 G3W, A 1814 GOP, + 1821.

Lemberg, poln. Lwów, russ. Lvov, ukr. Lviv
*Zu den drei Stufen* (St. 5), * 1747 GL (?).
*Die drei weißen Adler* (St. 14), P 20.8.1770 P.v.W., + 1780, wiedereröff-
net als *Phönix zur runden Tafel*, siehe dort.
*Joseph zum Kaiseradler* (St. 19), P 23.1.1778 P.v.W., + 1821.
*Die vollkommene Gleichheit* (St. 22), P 15.9.1778 P.v.W., + 1821.
*Phönix zur runden Tafel* (St. 43), P 1782 G.C.z.N., + 1821.
*Zur aufrichtigen Freundschaft* (St. 50), P 22.6.1785 GOP, I 26.6.1785,
+ 1789.
*Zum Biedermann* (St. 52), P 1785 GOP, + 1786.

Lomża
*Zum aufgehenden Morgenstern* (St. 77), P 24.6.1811 G3W; am 10.8.1816
als *Zur aufgehenden Sonne* vom GOP angenommen, + 1821.

Lublin
*Die wiedererrungene Freiheit* (St. 76), P 12.3.1811 GOP, + 1821.
*Tempel der Gleichheit* (St. 87), P 8.6.1816 GOP, + 1821.
*Die wahre Einheit* (St. 101), P. 6.2.1818, + 1821.

Marienburg
*Zu den drei Türmen* (St. 15), P 20.9.1770 P.v.W., entlassen 1772; als *Zu
den drei gekrönten Türmen* am 28.10.1773 angenommen von Prov. L.v.
Königsberg; als *Zu den drei Türmen* angenommen am 6.5.1799 von
G3W, I 23.7.1799, + 1935.

Minsk
*Die nördliche Fackel* (St. 88), P 10.8.1816 O.v.P., + 1821.

Miskolc (Ungarn)
*Die tugendhaften Kosmopoliten* (St. 42), P 1781 G.C.z.N.;
vgl. auch Eperjes, + 1794.

Neusohl (Ungarn)
*Zur gekrönten Hoffnung* (St. 16), P 1773 P.v.W.; seit 11.3.1780 tatsächlich arbeitend, vgl. Eperjes, + 1786.

Nieśwież
*Die glückliche Befreiung* (St. 74), P 4.9.1810 Prov.L. *Catharina zum
Nordstern*; vgl. Grodno, + 1821.
*Zum Friedenstempel* (St. 90), * 26.10.1816 GOP, + 1821.

Nowogrudok
*Das Band der Einigkeit* (St. 93), P 22.3.1817 GOP, + 1821.

Płock
*(Albertine) Zur Vollkommenheit* (Doskonałośći) (St. 64), P 2.4.1803
G3W, r 1811, + 24.12.1811.
*Leopoldine zur Abendsonne* (St. 66), * 4.10.1804 G3W, soll aber schon
vorher von der MRY gegründet worden sein. + 1821.
*Provinzialloge von Płock* der G3W, I 4.10.1804.
*Die aufrichtige Vereinigung* (St. 85), * 20.9.1815 GOP, + 1821.
*Das Dreieck* (St. 91), * 15.12.1817 GOP, + 1821.
*Die Verschwiegenheit (Das vollkommene Schweigen)* (St. 92), * 15.2.1817
GOP, + 1821.
*Die Vollkommenheit* (St. 96), * 1817 GOP, + 1821.

Posen, poln. Poznań
*Die gekrönte Standhaftigkeit* (St. 33), * 5.10.1780 Strikte Observanz,
A 1780 G.C.z.N., + 1821.
*Die gekrönte Beständigkeit* (St. 35), P 15.10.1780 MRY, I 23.3.1784,
+ 1794.
*Zur Schule der Weisheit* (St. 45), P 24.6.1783 G.C.z.N., + 1792.
*Zum weißen Adler* (St. 46), P 24.6.1783 G.C.z.N., + 1794.
*Friedrich Wilhelm zur beglückenden Eintracht* (St. 69), P 25.2.1806 G3W
I 24.4.1806, r 1807. R 24.1.1812 unter dem Namen *Piast zu den drei
sarmatischen Säulen*, r 30.9.1808. Neugründung unter dem Namen *Tem-
pel der Eintracht* P 29.5.1820 G3W, + 1937.
*Die vereinigten Brüder Polens und Frankreichs* (St. 70), P 23.10.1807, I
1.1.1808 Gr.Or.de France; A 29.1.1811 GOP; als *Die vereinigten Brü-
der Polens* am 9.8.1815 angenommen von MRY, + 1821.
*Tempel der Eintracht* (St. 111), P 28.4.1820 GOP, + 1821.

Prešov = Eperjes
Pułtusk
*Das vollkommene Schweigen* (St. 110), * 18.2.1819.

Radom
  *Die Morgenröte* (St. 80), P 24.3.1812 GOP, + 1821.

Rafałowka
  *Die gekrönte Tugend* (St. 107), * 26.3.1818, vgl. Dubno.

Rawitsch
  *Castor und Pollux* (St. 59),G 12.4.1796, P 1.5.1796, GLL.v.D., + 1796.

Rosien
  *Palaemon* (St. 95), P 3.10.1817 GOP, + 1821.

Schemnitz (Ungarn)
  *Die tugendhaften Menschenfreunde* (St. 18), P 1774 P.v.W., vgl. Eperjes,
  + 1786.

Schitomir
  *Die zerstreute Finsternis* (St. 54),P 31.3.1787 GOP, I 11.10.1782, + 1821.

Selmecz-és Bélabánya = Schemnitz

Siedlce
  *Der wiedergegebene weiße Adler* (St. 83), P 9.8.1815 GOP, I 20.9.1815,
  + 1821.

Słuck
  *Wladislaw Jagiello* (St. 109), * 19.12.1818 GOP, + 1821.

Tarnów
  *Zu den drei roten Bändern im goldenen Felde* (St. 44), * 1783 Militärloge (aus Baden).

Thorn, poln. Toruń
  *Zum Bienenkorb* (St. 57),G Dez. 1792,P 4.4.1793 GLL.v.D., I 5.10.1793,
  r 24.12.1811, R 7.9.1816, + 4.10.1937.
  *Der Totenkopf* (St. 73), P 10.7.1810 GOP, + 24.12.1811.
  *Die vollkommene Eintracht* (St. 82), * 9.8.1814 GOP, + 1821.

Tulczyn
  *Der wahre Patriotismus* (St. 53), P 13.12.1786 GOP, + 1821.

Warschau
  *Die drei Brüder* (St. 4), * 1744 GL (?); unterschiedliche Angaben: r 1751
  (?), R 1755, r 1756, R 1758, r 1760, R 1766; aus dieser Loge entstand
  *Der tugendhafte Sarmate* (St. 9), + 11.1.1767.
  *Zum guten Hirten* (St. 6) Gegr. 1749, * 1763 GL, + wenig später, R 1778
  als *Der gute Hirte* aus dem Verein *L'Ordre des Amis l'epreuve*; 1780 er-
  neut konstituiert von der MRY als *Catharina zum Nordstern*, R 12.12.
  1787, + 1821.

*Der tugendhafte Sarmate* (St. 9), P 11.1.1767, I 18.1.1767; daraus entstand *Provinzialloge von Warschau* (Der tugendhafte Sarmate) der GL von England, I 1769, + 1821.

*Die drei Brüder* (St. 11), * 28.9.1769 P.v.W.

*Union* (St. 12), * 28.9.1779 P.v.W.

*Das vollkommene Stillschweigen* (St. 21), P 15.9.1778, I 15.11.1778 Gr. Or. de France; am 14.5.1781 Mutterloge des Französischen Systems, + 1821.

*Catharina zum Nordstern* (St. 23), P 13.10.1778 MRY, I 20.12.1778; aus ihr geht hervor am 6.2.1780 die nationale *Großloge von Polen* Catharina zum Nordstern (GL.C.z.N.) P 6.2.1780, GL.v.England, I 16.10.1780, + 1821.

*Der Nordstern* (St. 27), P. 21.4.1780 Strikte Observanz, 1786 vereinigt mit *Carl zu den drei Helmen*, vgl. Krakau, P 1786 GOP, + 1821.

*Johann zum Polarstern* (St. 28), * 21.6.1780 G.v.P., + 1821.

*Alois zum flammenden Schwert* (St. 29), * 21.6.1780 G.v.P., + 1821.

*August zum tugendhaften Sarmaten* (St. 30), * 21.6.1780 G.v.P., + 1821.

*Zum Nordschild* (St. 32), * 5.10.1780 Gr.Or.de France, R 26.6.1810 Prov. L. *Catharina zum Nordstern*, + 1821.

*Tempel der Isis* (St. 34), G 13.8.1780, P 13.10.1780 MRY (?), r 1795, R 9.1.1809, + 1821.

*Die eleusinische Göttin* (St. 36), P 15.10.1780 MRY; gründete am 25.2. 1786 eine Adoptionsloge; r 1795, R 1809, + 1821.

*Großer Orient des Königreichs Polen* und des Herzogtums Litauen (GOP), G 27.2.1784, I 4.3.1784, r 1794, R 1811, r 8.11.1813, R 11.3.1814, + 1821.

*Stanislaus August* (St. 56), * 1788 GOP, 1821.

*Zum goldenen Leuchter* (St. 60), P 14.2.1797 GLL.v.D., r 30.9.1808, R 22.5.1810 Prov. L. *Catharina zum Nordstern* als *Halle der Beständigkeit*, + 1808.

*Friedrich Wilhelm zur Säule* (St. 62), P 19.2.1802 GLL.v.D., r 1809, R 1810 Prov. L. *Catharina zum Nordstern* als *Samariter*, + 1821.

*Tempel der Weisheit* (St. 68), P 25.5.1805 GLL.v.D., + 30.9.1808.

*Die vergnügten Brüder Polens* (St. 71), P 18.7.1808, Gr.Or.de France, + 1821.

*Tempel der Beständigkeit* (St. 72), * 29.5.1810 Gr.Or.de France.

*Provinzialloge Catharina zum Nordstern* der Gl.v.England. Interimistische Obödienz während GOP aufgelöst war. I 1810, + 1811.

*Die vereinigten Brüder unter dem Oststern* (St. 81), * 4.6.1812, + 1821.

*Minerva* (St. 24), P 20.9.1815 GOP; gegr. von der Loge *Halle der Beständigkeit*.

*Casimir der Große* (St. 86), P 11.5.1816 GOP, gegr. von der Loge *Zum Tempel der Isis*, + 1821.

*Asträa* (St. 89), P 24.8.1816 GOP, gegr. von der Loge *Die eleusinische*

*Göttin*, nahm aus bes. Freundschaft zur GL v. Rußland den Namen
Asträa an, + 1821.

*Tempel der Themis* (St. 101) P. 6.2.1818.

*Ritter vom Stern* (St. 105), P. 6.2.1818.

*Die slawische Einheit* (St. 106), P 26.2.1818 GOP, I 26.3.1818, gegr. von
der Loge *Die vereinigten Brüder Polens*, + 1821.

Wilna

    *Die vollkommene Einigkeit* (St. 31), P 15.10.1780 MRY, I 27.12.1780;
    Provinzialloge der MRY, + 1821.

    *Der gute Hirte* (St. 37), G 27.7.1780, P 17.10.1780 MRY, + 1821.

    *Der eifrige Litauer* (St. 38), P 17.10.1780 MRY, r 1794, R I P 19.4.1787
    GOP, + 1821.

    *Tempel der Weisheit* (St. 39), P 17.10.1780 MRY, R I P 19.4.1787 GOP,
    + 1821.

    *Die Schule des Sokrates* (St. 108), * 19.12.1818.

    *Der slawische Adler* (St. 112), * 1820, + 1821.

Wiśniowiec

    *St. Johannes* (St. 3) G 1742, Altschottische Loge der Strikten Observanz.

Włocławek

    *Die vollkommene Vereinigung* (St. 98), + 1817 GOP, + 1821.

Żamość

    *Die Einigkeit* (St. 79), P 24.3.1812 GOP, + 1821.

Zytomierz = Schitomir

*Literaturverzeichnis*

Fischer, Richard: Geschichte der Johannisloge Zu den drei Kronen. Königsberg i. Pr.
    (1910).
Flohr, A.: Geschichte der Großen Loge von Preußen gen. Royal York zur Freundschaft
    im Orient von Berlin. Berlin 1898.
Geppert, Dr. Ernst-G.: Das Stammbuch der Freimaurer-Logen Deutschlands 1737–1972.
    = Freimaurerische Forschungsgesellschaft Quatuor Coronati e. V. Bayreuth, Quellen-
    kundliche Arbeit Nr. 7, Hamburg 1974.
Goldbaum: Die Polnische Konstitution vom 3. Mai 1791. In: Die Bauhütte, Jg. 1892,
    Nr. 5a.
Gumpert, Jobst: Polen – Deutschland. München 1966.
Landau, Ignaz von: Freimaurerei in Polen. In: Bruderschaft, Mitteilungsblatt der Verei-
    nigten Großlogen von Deutschland, Januar 1975.
Lennhoff, Eugen u. Posner, Oskar: Internationales Freimaurerlexikon. München 1932.
Lenning, C.: Allgemeines Handbuch der Freimaurerei. 4 Bde., 2. Aufl. Leipzig 1863–
    1879.
Liste der polnischen Logen 1971. Hrsg. v. Grand Orient de France.
Lonski, Wladislaw: Polnisches Leben in vergangenen Zeiten. München o. J.
Orient. Organ der Symbolischen Großloge von Ungarn. Jg. 1897.

# DIE ROLLE NICHTOFFIZIELLER VEREINIGUNGEN IM GEISTIGEN LEBEN UND IN DEN INTERNATIONALEN BEZIEHUNGEN RUSSLANDS WÄHREND DER AUFKLÄRUNGSEPOCHE

*Von A. S. Myl'nikov*

Die Aufklärungsepoche brachte in Europa viele Formen wissenschaftlicher und literarischer Vereinigungen hervor, die die geistigen Bestrebungen der Zeit widerspiegeln, sie aber auch bestimmen. Diese Vereinigungen unterscheiden sich in ideeller wie organisatorischer Hinsicht. Die Rolle der offiziellen und halboffiziellen Organisationen vom Typ der *Freien Ökonomischen Gesellschaft* in Petersburg und der ökonomischen landwirtschaftlichen Gesellschaften in den Provinzzentren der Habsburger Erbländer ist ausreichend bekannt. Aber neben diesen Institutionen in Rußland, der Habsburger Monarchie und in den deutschen Ländern existierten aufgrund von Satzungen und in der einen oder anderen Weise abhängig von der Politik der entsprechenden Regierungen verschiedene nichtoffizielle, private Vereinigungen. Nicht immer von langem Bestand und ohne strenge Organisation, entziehen sie sich oft der Kenntnis nicht nur der späteren Forschung, sondern auch der Zeitgenossen. Um so mehr verdienen sie entdeckt und registriert zu werden, weil sie das geistige Leben der Zeit beeinflußten, wie z. B. die wissenschaftlichen und literarischen Zirkel an Universitäten, wissenschaftlichen Bibliotheken, Verlagen, Redaktionen von Zeitungen und Zeitschriften und die Salons der Mäzene; ferner verband sich ihre Tätigkeit über die ihrer Mitglieder mit derjenigen der offiziellen Vereinigungen. Diese Verflechtung drückte der gesellschaftlichen und kulturellen Entwicklung ihren besonderen Stempel auf, desgleichen den Wegen, Formen und Möglichkeiten der internationalen Kontakte in der Aufklärungsepoche. In diesem Zusammenhang sollte auch an die Klärung der Rolle, die die Freimaurer und die Freimaurerbewegung im geistigen Leben dieser Epoche und der zu betrachtenden Region gespielt haben, herangegangen werden.

## I

Über die Freimaurerei des 18. Jahrhunderts ist schon viel von den Zeitgenossen gestritten worden, und spätere Autoren haben noch mehr darüber geschrieben. 1738 durch die Bulle „In eminenti" des Papstes Clemens XII. verurteilt[1], wurde sie in Österreich, Rußland und einer Reihe von anderen Staaten verfolgt und von Personen verschiedenen gesellschaftlichen Ranges verspottet. Katharina II. nannte die Freimaurer „Affen" und verfaßte gegen sie die Komödien *Der Betrüger*, *Der Verblendete* und *Der Sibirische Schaman*. 1781 schrieb sie an Melchior von Grimm, die Freimaurerei sei eine der größten Tollheiten, die es je in der Geschichte des Menschengeschlechtes gegeben habe. Allen ge-

druckten und handschriftlichen Unsinn, mit dem die Freimaurer sich befaßten, habe sie geduldig gelesen und sehe mit Abscheu, daß sie, wenn sie nicht
verspottet würden, nicht klüger, aufgeklärter und vorsichtiger werden würden.
Die ganze Freimaurerei sei Unsinn, und es sei unmöglich, daß ein vernünftiges
Wesen nach allgemeiner Verspottung nicht den Glauben daran verliere[2]. So
dachte nicht nur die russische Kaiserin. Nach Meinung sowjetischer Forscher
habe Radiščev in seinen Schriften einen schonungsloseren Kampf gegen die
Freimaurer gefordert[3]. Und Voltaire schrieb 1775 an d'Alembert über eine
Schrift des französischen mystischen Freimaurers Saint-Martin, der später von
den Martinisten unter den Moskauer Freimaurern um J. G. Schwarz und N. I.
Novikov verehrt wurde, der Herzog von Richelieu habe ihm ein Buch mit dem
Titel *Des erreurs et de la vérité* empfohlen. Unglücklicherweise habe er es sich
auch bestellt. Er glaube nicht, daß jemals etwas Absurderes, Dunkleres, Ver-
rückteres und Dümmeres als dieses Buch geschrieben worden sei[4]. Es ist bemerkenswert, daß diese Worte von einem berühmten europäischen Aufklärer
geäußert wurden, der selbst an freimaurerischen Arbeiten teilgenommen hat.
Gemeinsam mit ihm gehörten der Loge *Les Neuf Soeurs*, die 1769 von dem
französischen Astronom Lalande in Passy gegründet worden war, so bedeutende Träger fortschrittlicher Ideen in Frankreich an wie J. Condorcet, J. P. Brissot, J. B. Greuze, J. A. Houdon, E. Parny, A. Chenier, die späteren Mitkämp-
fer der Französischen bürgerlichen Revolution J. Danton, B. C. Desmoulins,
E. J. Sieyès, der bedeutende Vertreter der amerikanischen Befreiungsbewegung, Denker und Gelehrte B. Franklin und andere[5]. In Deutschland waren
Freimaurer Herder, Lessing, Goethe und dessen Freund J. M. R. Lenz[6], in
Österreich Mozart und Haydn. Mitglieder von Freimaurerlogen waren auch viele
gekrönte Häupter: in England Georg III. und Georg IV., in Preußen Friedrich
II., in Schweden Gustav III. und Gustav IV., in Rußland Peter III. und vielleicht
Paul I. als Großfürst. Schon aus dieser kurzen Aufzählung ergibt sich, eine wie
komplizierte und vielfältige Erscheinung die Freimaurerei des 18. Jahrhunderts
war und wie widerspruchsvoll ihre Bewertung in der umfangreichen Literatur
über sie ist.

Die Analyse dieser Meinungen gehört nicht zu unseren Aufgaben. Wir merken nur an, daß sie letztlich dazu führen würde, das Wesen der Freimaurerei
zu charakterisieren und ihren Platz im ideologischen System der Aufklärung
zu bestimmen. Läßt man die bewußt apologetische Literatur außer acht, so
versuchen die Autoren der wissenschaftlichen Monographien und Aufsätze
über die Geschichte der Freimaurerei im 18. Jahrhundert mittelbar oder unmittelbar, bewußt oder unbewußt, auf die grundlegende Frage zu antworten,
ob sie ein organischer Faktor der gesellschaftlichen Entwicklung, eine Folge
der „allergrößten Tollheit", um mit den Worten Katharinas II. zu sprechen,
ein Ergebnis der Reaktion auf den philosophischen Materialismus oder auch
etwas höchst Kompliziertes, Vieldeutiges und Widersprüchliches war. Mit anderen Worten: War die Zugehörigkeit vieler Vertreter der Aufklärung zu Freimaurerlogen ein bedauerlicher historischer Zufall, oder war sie durch tiefere

Gründe hervorgerufen? All das sind schwierige Fragen, besonders wenn man die noch ungenügende Bearbeitung dieser Probleme in der marxistischen Historiographie berücksichtigt. Zugleich ist offenbar, daß die Nichtbeachtung und mehr noch eine simplifizierte Darstellung der ideellen und kulturellen Rolle der Freimaurerei im Zeitalter der Aufklärung das komplizierte Bild der gesellschaftlichen Wechselwirkungen während dieser Epoche erheblich entstellen würden.

## II

Das oben Ausgeführte regt dazu an, einige Prinzipien für die Erörterung dieser Fragen aufzustellen; und im Zusammenhang damit gewinnt die Beurteilung der Freimaurerbewegung durch K. Marx und F. Engels an Interesse. In seiner 1847 abgefaßten Schrift *Die Kommunisten und Karl Heinzen* äußert sich Engels zum ersten Mal darüber. In seiner Kritik des Angriffs durch diesen kleinbürgerlichen radikalen Journalisten auf die Parteigänger der proletarischen Bewegung schreibt er: „Er sieht die kommunistischen Schriftsteller für Propheten, Priester und Pfaffen an, die eine geheime Weisheit für sich besitzen, sie aber den Ungebildeten vorenthalten, um sie am Gängelbande zu leiten. Alle seine biedermännischen Zumutungen [...] gehen augenscheinlich von der Voraussetzung aus, als hätten die literarischen Repräsentanten des Kommunismus ein Interesse daran, die Arbeiter im unklaren zu halten, als benutzten sie sie bloß, wie die Illuminaten auch im vorigen Jahrhundert sie benutzen wollten."[7] Hier erwähnt Engels den Illuminatenorden, der 1776 von dem Rechtslehrer Adam Weishaupt in Ingolstadt gegründet worden war.

Die Illuminaten gewannen bald nicht nur in Bayern, sondern auch in einigen anderen deutschen Ländern, in Österreich, Holland, Norditalien usw. Parteigänger. Im Unterschied zur mystischen Ausrichtung der damaligen Freimaurerei bildeten sie eine geheime politische Gesellschaft, in der sich oppositionelle bürgerliche und adlige Elemente zusammengeschlossen hatten. Diese Gesellschaft strebte ein „Goldenes Zeitalter" allgemeinen Wohlstandes an und verkündete als Ziele: Freiheit des Wortes, Gleichheit, Ablösung der monarchischen Regierungsform durch die Republik sowie des offiziellen Christentums durch den Deismus und den Kult der Vernunftreligion, schließlich sogar die Abschaffung des Privateigentums in gewissen Grenzen[8]. „Gleichzeitig zeichneten sich die Illuminaten dadurch aus, daß sie jede demokratische Bewegung fürchteten. Dies spiegelte sich auch in ihren Statuten, die die einfachen Mitglieder der Gesellschaft zu unbedingtem Gehorsam gegenüber den Führern verpflichteten."[9] Nach Zerschlagung des Ordens durch den bayerischen Staat flüchteten die Führer der Illuminaten ins Ausland[10].

Auch Karl Marx wendet sich mehrfach der Freimaurerthematik zu. In der *Rezension der Latter-Day-Pamphlets* von Th. Carlyle heißt es: „Der historisch erzeugte Klassenunterschied wird so zu einem natürlichen Unterschied, den man selbst als einen Teil des ewigen Naturgesetzes anerkennen und verehren muß, indem man sich vor dem Edlen und Weisen der Natur beugt: Kultus des Genius. Die ganze Anschauung des historischen Entwicklungsprozesses verflacht sich zur platten Trivialität der Illuminaten- und Freimaurerweisheit des vorigen Jahrhunderts, zur einfachen Moral aus der ‚Zauberflöte' und zu einem unendlich verkommenen und banalisierten Saint-Simonismus."[11]

1871 wandte sich Marx diesem Gegenstand erneut zu. Es war das Jahr der Pariser Kommune, und unerwartet erhielt das Freimaurerthema eine politische Note. Am 26. und 29. April veranstaltete die Kommune ein Treffen mit den Freimaurern, „um die Sympathien der republikanischen Klein- und Mittelbourgeoisie, deren politische Ansichten die Freimaurer vertraten, zu gewinnen. Bei diesen Zusammenkünften erklärten die Freimaurer, nachdem ihre Forderung nach einem Waffenstillstand von Thiers abgelehnt worden war, daß sie die Kommune unterstützen werden."[12] Danach, am 29. April fand im belagerten Paris unter Teilnahme der Vertreter der Kommune eine „Manifestation der Freimaurer" statt, die Marx zweimal in den *Entwürfen zum Bürgerkrieg in Frankreich*[13] erwähnt.

In diesem Zusammenhang sei die *Aufzeichnung eines Interviews, das Karl Marx einem Korrespondenten der Zeitung ‚The World' gewährte* und das am 3. Juli 1871 stattfand, erwähnt. Indem er gegen die Beschuldigung Stellung nahm, daß die Internationale den Aufstand der Pariser Arbeiter organisiert und ihn durch Instruktionen und materiell unterstützt habe, nur weil sich unter den Kommunarden Mitglieder der *Internationalen Assoziation der Arbeiter* befunden hätten, sagte Marx nicht ohne Ironie: „Dann könnte es genauso eine Verschwörung der Freimaurer gewesen sein, denn ihr individueller Anteil war keineswegs gering. Ich wäre wirklich nicht erstaunt, wenn der Papst ihnen den ganzen Aufstand in die Schuhe schieben würde."[14]

Schließlich nannte Marx 1873 in seiner Schrift *Ein Komplott gegen die internationale Arbeiter-Assoziation* die Geheimorganisation M. A. Bakunins „Internationale Allianz der sozialistischen Demokratie" eine „Freimaurerei, deren Existenz nicht einmal geahnt wurde, weder von der Masse der Internationalen, noch von ihren Verwaltungszentren"[15]. Hier erwähnt Marx auch die spalterische Tätigkeit des spanischen Anarchisten T. Morago, der eine geheime Gruppe, „die aus den schlechtesten, den Reihen der Freimaurer entnommenen Bourgeois- und Arbeiterelementen bestand"[16], gegründet hatte.

Die zitierten Äußerungen von Marx und Engels geben erstens das Beispiel eines streng wissenschaftlichen Zuganges zur Bewertung des Klassencharakters und der sozialpolitischen Rolle der Freimaurerei in den verschiedenen Etappen ihrer Entwicklung. Zweitens merken sie die ideelle und politische Verschiedenartigkeit der Freimaurerbewegung an und die Möglichkeit, die von ihr entwickelten Organisationsformen sowohl für reaktionäre als auch progressive Ziele auszunutzen, und zwar besonders mittels ihres „individuellen Anteils", um mit den Worten von Marx zu sprechen. Drittens äußern sich Marx und Engels über verschiedene Aspekte der klassischen Freimaurerei „des vergangenen Jahrhunderts", d. h. des 18. Jahrhunderts, das sie im Zusammenhang mit der

Formung der bürgerlichen Weltanschauung in allen ihren Widersprüchen, die
für diesen komplizierten Prozeß charakteristisch sind, betrachten.

In der sowjetischen historischen Literatur wird gegenwärtig vorwiegend die
Meinung vertreten, daß die Freimaurerei des 18. Jahrhunderts eine besondere
religiös-philosophische oder religiös-moralische Bewegung sei, die im Gegensatz
zum feudalen Staat und zur offiziellen Kirche gestanden sowie die Gründung
einer geheimen Weltorganisation zur friedlichen Vereinigung der Menschen in
einer brüderlichen, religiösen Union angestrebt habe[17]. In den Kommentaren
zu den oben zitierten Äußerungen von Karl Marx über das Buch von Th. Carlyle
heißt es: „Die Freimaurer halten sich in ihren philosophischen Anschauungen
meist an eine besondere Form des Deismus, an die sog. Religion der Vernunft,
und predigen die Ideen der bürgerlichen Moral. Charakteristisch ist ihr Glaube
an ein ewiges, unveränderliches Naturgesetz, das auch die gesellschaftliche Entwicklung bestimme. Im Erkennen dieses Gesetzes und in der moralischen Selbstvervollkommnung bestehe die Weisheit großer Männer."[18] Insgesamt muß bemerkt werden, daß die sowjetischen Forscher bisher nicht wenig getan haben,
um die Rolle der Freimaurer im kulturellen und politischen Leben der Aufklärungsepoche prinzipiell zu charakterisieren. Beachtung verdienen vor allem die
Arbeiten der bekannten Literaturhistoriker N. K. Piksanov und G. P. Makogonenko, die sich dieser Problematik im Zusammenhang mit dem Wirken A. N.
Radiščevs und N. I. Novikovs sowie mit den allgemeinen Tendenzen der literarischen und kulturellen Entwicklung im 18. Jahrhundert zugewandt haben[19].
In einer Broschüre von G. A. Lichotkin wird den geheimen Triebfedern für die
Verfolgung des bedeutenden russischen Aufklärers N. I. Novikov nachgegan-
gen, der eine wichtige Rolle nicht nur in der Aufklärungs-, sondern auch der
Freimaurerbewegung am Ende des 18. Jahrhunderts gespielt hat[20].

Obgleich einige allgemeine und spezielle Fragen, die die Geschichte der Freimaurerbewegung betreffen, in der sowjetischen Geschichtswissenschaft verschieden beurteilt werden, kann man doch feststellen, daß eine methodologi-
sche Grundlage für den Zugang zur dargestellten Problematik erarbeitet worden ist. Insbesondere zeigen die Schriften der bisher genannten und der im folgenden zitierten Autoren, daß sich die Freimaurerlogen unter bestimmten historischen Bedingungen als geeignete Organisationsform für progressive oder
sogar revolutionäre gesellschaftliche Kräfte erwiesen haben. Außerdem muß ein
Unterschied gemacht werden zwischen der gnoseologischen und rituellen Seite
der Freimaurerei und ihrer objektiven gesellschaftlichen und kulturellen Bedeutung. Die erste verdient keine besondere Beachtung und hat in diesem Fall
nur eine Bedeutung für das Verständnis der Ziele und des Charakters entsprechender Vereinigungen, während die zweite sich unmittelbar auf die uns inter-
essierende Problematik bezieht. So hat die weitere Untersuchung dieser Frage
— die Einbeziehung neuer Fakten in die wissenschaftliche Diskussion und die
Synthese von Folgerungen aus konkreten Forschungen — eine große Bedeutung für das bessere Verständnis des Platzes der Freimaurerbewegung im Geistesleben der Aufklärungsepoche.

## III

Wie bekannt, gab es in der Freimaurerbewegung viele Systeme und Richtungen, die oft miteinander rivalisierten oder sogar verfeindet waren. Ein Freimaurerhistoriker nennt 18 verschiedene Systeme[21], unter denen im 18. Jahrhundert das englische, das schottische und einige gemischte Systeme am verbreitetsten waren. Außerdem grenzten an die Freimaurerei die Illuminaten und die Rosenkreuzer, die als organisatorische Einheiten nicht unbedingt hervortraten.

Letztere unterschieden sich von der traditionellen Freimaurerei nicht nur durch den Ritus, sondern auch durch bestimmte Wege und Verfahren zur Erreichung des „goldenen Zeitalters der Asträa". So verspottete der hervorragende Petersburger Freimaurer A. A. Nartov 1783 die Moskauer „Martinisten" wegen ihrer unsinnigen „Geheimnisse". Diese Tendenzen in Rußland, aber auch in anderen Ländern, besonders in Preußen, waren verbunden mit der Tätigkeit des Rosenkreuzer-Ordens, der — schon im 17. Jahrhundert entstanden — den Anspruch darauf erhob, die „echte Freimaurerei" zu verkörpern. Nachdem er von den sechziger Jahren an aktiv geworden war, bildete er den Zufluchtsort des Mystischen und des Irrationalen und praktizierte die geheime Durchdringung anderer Freimaurersysteme. Die wichtigste Heimstatt des Rosenkreuzertums wurde Preußen, wo nach dem Tode Friedrichs II. Bischoffswerder, Wöllner und Theden einen starken Einfluß auf den Hof Friedrich Wilhelms II. erlangten. Ungeachtet der Gegensätze in den Reihen der Freimaurer erhielt ihre Bewegung schon im ersten Jahrzehnt ihres Bestehens internationalen Charakter. Die Vielzahl der Systeme war der Grund dafür, daß im Laufe der Zeit immer wieder versucht wurde, die freimaurerische Tätigkeit zu vereinheitlichen, mindestens aber zu koordinieren. Die Zusammenkünfte der Vertreter verschiedener nationaler Logen in Braunschweig (1775), Wolfenbüttel (1778) und Wilhelmsbad (1782) waren diesen Fragen gewidmet. Den Freimaurerzusammenkünften oder Konventen ging gewöhnlich ein lebhafter Briefwechsel voraus, der u. a. organisatorische Fragen betraf. So verkündete Herzog Ferdinand von Braunschweig am 19. September 1780 im Zirkular über die Einberufung des Konvents nach Wilhelmsbad (das zitierte Dokument ist in russischer Sprache verfaßt): „Liebe Freunde! Das schmeichelhafte Vertrauen, durch das Sie und ein großer Teil der Brüder in Deutschland, der Schweiz, Italien, Frankreich und Holland mich geehrt haben, erlegt mir die angenehme Pflicht auf, nach Maßgabe meiner Kräfte für die Hebung und Verbreitung der Gesellschaft zu sorgen, die auf ebenso edelmütigen Regeln gegründet ist, wie das unser Orden gemäß seiner Stellung sein muß."[22] Auf dem Wilhelmsbader Konvent wurde Rußland als selbständige (VIII.) Provinz der Freimaurerbruderschaft anerkannt.

Einfluß auf die internationale Freimaurerbewegung übten in jenen Jahren die Illuminaten aus, was Gegenmaßnahmen der reaktionär-mystischen Kreise hervorrief. So gaben die Rosenkreuzer in einem Zirkular vom 11. November 1783 bekannt, daß sie nicht bereit seien, sich dem Herzog von Braunschweig, der auf dem Wilhelmsbader Konvent zum General-Großmeister aller

Logen gewählt worden war, unterzuordnen[23]. Darin offenbart sich die Einstellung der preußischen Rosenkreuzer, die sich äußerst negativ gegenüber allen progressiven, rationalistischen Strömungen innerhalb der Freimaurerei verhielten. Indem sie die Beschlüsse des Wilhelmsbader Konvents von 1782 verurteilten, „die äußerlich vielleicht auch als gut erscheinen mögen", griffen die Führer der Berliner Loge *Zu den drei Weltkugeln* in diesem in russischer Sprache abgefaßten Zirkular besonders die Illuminaten an: „Verflucht sei der Freimaurer, der es wagt, das christliche Gesetz zu zerstören und die hohe und edle Freimaurerei zu einem politischen System zu erniedrigen oder es in ein solches zu verwandeln."[24] Diesem Grundsatz blieben die Rosenkreuzer auch später treu. In einem russischsprachigen Zirkular, das die Moskauer Martinisten um das Jahr 1787 erhielten, heißt es: „Die Illuminaten, die zerstreut in vielen Ländern Europas leben, sind eine überaus schädliche Sekte, feindlich der Herrschaft Jesu und dem wahren Orden, der vor allem die Ausbreitung von dessen göttlicher Herrschaft befördern soll, weswegen sie auch danach trachten, in verschiedener Gestalt die Seelen zu fangen und sie von der wahren, reinen christlichen Religion abzubringen, im Bestreben, alle Verbindungen zu zerstören, die zur Aufrechterhaltung einer edlen Ordnung der Gesellschaft nötig sind und die die Liebe und den Gehorsam gegenüber den Herrschern und ihren Regierungen verlangt; und sie streben danach, den Wunsch nach zügelloser Unabhängigkeit von weltlicher und geistlicher Macht den Menschen einzuflüstern."[25] Solche Dokumente zeugen beredt vom scharfen Kampf der Ideen in den Reihen der Freimaurer. Schon G. V. Vernadskij bemerkt richtig: „Die Freimaurerei war keine einheitliche geistige Strömung. Die neu-englische Freimaurerei der 1770er Jahre und die Rosenkreuzer der 1780er Jahre hatten fast gar nichts Gemeinsames. Die einen waren vom Rationalismus durchdrungen, und die anderen trugen mitunter die Züge einer echten Mystik."[26]

Neben diesen Tendenzen zur Mystik bestanden jedoch auch andere Bestrebungen, die sich in der Gründung von Logen mit wissenschaftlichen, literarischen, ja sogar politischen Zielen ausdrückten und ihrem Wesen nach Aufklärungscharakter hatten. Zu ihnen gehört die schon erwähnte Loge *Les Neuf Soeurs* und eine Loge in Toulouse, die 1789 gegründet wurde[27]. Sowohl Herder[28] als auch Lessing (in den Dialogen über die Freimaurerei)[29] haben sich in diesem Sinne ausgesprochen. Ein praktischer Versuch zur Verwirklichung der Aufklärungsideen wurde in den 1780er Jahren von den Logen in Wetzlar und Frankfurt a. M. durch Gründung des *Eklektischen Bundes* auf der Grundlage der Brüderlichkeit, Toleranz und Freiheit unternommen[30].

Auch Osteuropa blieb von dieser Entwicklung nicht ausgeschlossen. Jakob Michael Reinhold Lenz entwickelte nach seiner Übersiedlung nach Rußland im Jahre 1784 „den Plan einer literarischen Gesellschaft, die moralisch-aufklärerische Ziele im Sinne der Freimaurerei und des Pietismus verfolgen sollte"[31]. In einigen Kreisen der russischen Freimaurer wurden damals nicht nur die maurerischen Arbeiten, sondern auch andere Probleme ernsthaft erörtert. Als bezeichnendes Beispiel hierfür kann die Entstehung einer sogenannten „Win-

kelloge" am Ende der 1780er Jahre dienen, d. h. einer freimaurerischen Vereinigung, die nicht zu einem der damaligen Systeme gehörte, wenngleich sie auch
nach Form und Regeln den Logen nahestand. Ihre Mitglieder schenkten ihre
Aufmerksamkeit der nationalen Kultur und traten entschieden gegen die Unterordnung der russischen Freimaurerei unter ausländische Zentren auf[32].
Diese Ideen breiteten sich allerdings nicht nennenswert aus[33]. Dennoch darf
man eine Erscheinung dieser Art nicht ignorieren. Wenn auch in der russischen
Freimaurerei nationale und patriotische Ideen nicht verbreitet waren, so ist es
doch unbezweifelbar, daß besonders seit den 1780er Jahren der Philanthropis-
mus und die gegenseitige Hilfe wichtigste Formen ihrer praktischen Tätigkeit
wurden[34].

Die beiden hier genannten Tendenzen in der Stellung der Freimaurerei gegenüber der Aufklärung waren den einzelnen Logen wie den Brüdern aber keineswegs klar, vor allem auch in Rußland, wo der ideelle Inhalt der Freimaurerei im 18. Jahrhundert besonders widerspruchsvoll war, obgleich die konserva-
tiv-mystische Form überwog. Ungemein kompliziert war z. B. die Verflechtung
von rosenkreuzerischer Mystik und aufklärerischen Tendenzen im Wirken N. I.
Novikovs, der es mit beiden Richtungen ernst meinte. Die Gegensätzlichkeit,
ja sogar die Tragik, nichtsdestoweniger aber auch die Originalität der Mischung
dieser Elemente in seiner Weltanschauung wurden schon von G. V. Plechanov
erwähnt, der in seinen Anmerkungen zur Arbeit von A. Nezelenov über N. I.
Novikov unterstrich, daß dieser ganz gewiß die Freimaurerei nicht abgelehnt
habe. „Das Geheimnis der Religiosität Novikovs ist: Sein Verstand vermochte
nicht, die Grundfragen des russischen Lebens zu lösen."[35] Und weiter heißt es:
„Die Ideen Novikovs hätten sowohl den Voltairismus als auch die Freimaurerei ersetzen müssen. Tatsächlich sitzt aber Novikov — wenn er kein Freimaurer
ist, aber oft ist er es — zwischen zwei Stühlen."[36] Auf die Ansicht Nezelenovs
anspielend, daß „Novikov uns eine leitende Idee" gab, bemerkt Plechanov:
„Oh weh! Keineswegs. Die Reaktion auf die Philosophie des 18. Jahrhunderts
konnte sie uns auch nicht geben", und er bezieht sich dann zustimmend auf
die Worte von A. N. Pypin, daß „die Freimaurer in der Politik ,wahre Lämmer'
waren: das ist es eben!"[37] Diese Bemerkungen betreffen in vielen Punkten
auch die Charakteristik der Martinisten, die A. S. Puškin in einem während seiner Lebzeiten nicht veröffentlichten Aufsatz über Aleksandr Radiščev gibt:
„Wir fanden noch einige Greise vor, die dieser halb politischen, halb religiösen
Gesellschaft angehörten. Eine sonderbare Mischung von mystischer Frömmigkeit mit philosophischem Freidenkertum, selbstloser Liebe der Aufklärung
und praktischer Philanthropie unterschied sie deutlich von der Generation, der
sie angehörten."[38]

Unsere Aufgabe besteht nicht in einer genauen Untersuchung dieser Fragen,
wichtig ist es aber, vor einseitigen Meinungen und dem damit verbundenen
Versuch einer mechanischen Aufteilung der Elemente, die sich im tatsächlichen
Leben in enger Abhängigkeit voneinander und in Verflechtung befanden, zu
warnen; und das um so mehr, als in den verschiedenen Ländern die sozialen

Unterschiede und damit im Zusammenhang die ideelle Orientierung der Freimaurerei nicht gleichartig waren[39]. In diesem Sinne bemerkenswert ist die Geschichte der Freimaurerbewegung in Böhmen. Auch sie ist ungenügend erforscht, wobei in Betracht gezogen werden muß, daß sich in der Literatur über sie nicht wenige widersprüchliche Daten befinden und reiche Archivmaterialien der Wissenschaft noch nicht zugänglich gemacht worden sind[40]. In Anbetracht dessen, daß ein großer Teil der Aufklärer in den böhmischen Ländern in den siebziger und achtziger Jahren des 18. Jahrhunderts Freimaurer waren — das gilt für fast alle Bornianer und viele Seibtianer[41] — ist diese Situation der Forschung bedauerlich.

## IV

Welche besonderen Tendenzen bestanden unter diesen Freimaurern, und wie waren ihre Verbindungen zur Aufklärungsbewegung?

Die Entwicklung der Freimaurerei in den böhmischen Ländern vollzog sich in mehreren Etappen. Nach einigen Darstellungen ist ihr Beginn mit dem Namen von Franz Anton Graf Sporck verbunden. Sporck habe 1726 die Loge *Zu den Drei Sternen* in Prag gegründet und sei ihr erster Großmeister gewesen. 1735 sei dann Graf F. Paradis, Kgl. Hauptmann in Prager Neustadt, an ihre Spitze getreten. Zu Beginn der 1740er Jahre hätten in Prag drei Logen bestanden, die sich unter Leitung des Großmeisters der Österreichischen Logen, Graf Sebastian Künigl, zu einer Provinzialloge *Zu den drei gekrönten Sternen* vereinigten. Sie ging eine Union mit der Wiener Großloge *Aux trois canons* ein, die 1742 von Graf Albrecht von Hoditz gegründet worden war [42]. Doch muß bemerkt werden, daß es über diese frühe Periode keine allgemein anerkannten zeitgenössischen Quellen gibt.

Die vereinigte Prager Loge nahm ein neues Statut an, das von Künigl, der seit 1758 Großmeister der Loge war, nach Vorbild der schottischen Maurerei verfaßt wurde. Die Prager Loge *Zu den drei gekrönten Sternen* wurde 1763 von der Dresdner Loge *Zu den drei Granatäpfeln* anerkannt und erhielt das Recht, in den böhmischen Ländern Provinziallogen zu gründen.

Neben der Freimaurerbewegung im eigentlichen Sinne arbeiteten in den hier zur Sprache kommenden Jahrzehnten in den böhmischen Ländern auch ähnliche Gesellschaften, vor allem die Rosenkreuzer, die zuerst 1743 in Brünn (Brno) auftreten. In Prag erscheinen sie 1761 und werden 1764 als Geheimgesellschaft reorganisiert. Außerdem gab es Versuche, andere Vereinigungen vom Typ der Freimaurer zu gründen, z. B. die Illuminaten. Die intensive Entwicklung der Freimaurerbewegung in Böhmen und in der Habsburger Monarchie wurde erheblich durch die Anteilnahme von Kaiser Franz I. (1708—1765) begünstigt. Hingegen erließ Maria Theresia zweimal (1764 und 1766) Verbote gegen die Freimaurerlogen, weswegen deren Tätigkeit in Böhmen und Mähren fast vollständig erlosch. Formell blieben diese Verbote bis zum Ende der Herrschaft der Kaiserin in Kraft; und darauf stützte sich die Regierung.

Von Anfang an waren die Logen in Böhmen politisch orientiert. Am Ende der 1730er Jahre soll der Großmeister der Loge *Zu den drei Sternen*, Graf Paradis, gemeinsam mit dem Grafen Kaiserstein und K. Davis in Prag eine sog. bayerische Loge geschaffen haben, die für eine Nichtanerkennung der Pragmatischen Sanktion durch die Freimaurerbewegung und für eine aktive Unterstützung der Ansprüche Karl Albrechts von Bayern auf den böhmischen Thron eingetreten sei[43]. Die anderen Prager Freimaurer hätten eine proösterreichische oder neutrale Position eingenommen. Vielleicht waren die Ereignisse zu Beginn der 1740er Jahre, als ein Teil der Freimaurer offen auf die Seite der Feinde des Hauses Habsburg trat, ein Grund für den Versuch einer Art Entpolitisierung der Freimaurerbewegung. Dafür bezeichnend wäre es, daß Graf Künigl später dafür eintrat, den philanthropischen Charakter der Freimaurerei zu betonen[44]. Dennoch scheinen politische Tendenzen auch weiterhin bestanden zu haben, wie der Arrest einiger Mitglieder des Rosenkreuzer-Ordens 1764 am Spielberg zeigt, wohin im allgemeinen nur gefährliche Staatsverbrecher kamen.

Ihrem sozialen Status nach trug die Freimaurerbewegung in Böhmen nach der Mitte des 18. Jahrhunderts vorwiegend adeligen Charakter, wenn in ihr auch Personen bürgerlicher Herkunft anzutreffen sind[45]. Aufgrund der Unterschriften unter dem Schreiben an die Dresdener Loge vom Jahre 1763 kann man auf den Mitgliederstand der Prager Loge schließen. Unter denen, die dieses Dokument unterzeichneten, waren die Grafen F. von Clary und Aldringen, J. Lützow, K. Martini, K. und S. Künigl, J. Thun, die Barone W. Skelen, J. Götz, L. Pracht, J. Furtenbach und K. Schmidburg, der Prager Hauptmann J. Kreßel, der Prager Kaufmann J. Martinelli, der Juwelier Koberwein u. a. Ein Teil der Unterschreibenden, z. B. Schmidburg, Thun und Pracht, waren Offiziere[46].

Eine neue Aufwärtsentwicklung der Freimaurerbewegung in den böhmischen Ländern und einige Veränderungen in ihrem sozialen Bestand vollzogen sich zu Beginn der 1770er Jahre und sind mit dem Namen Ignaz von Borns verbunden. Born war eine hervorragende und außerordentliche Gestalt. Er spielte eine wichtige Rolle im Kulturleben Böhmens[47], war aber auch ein aktives Mitglied der Freimaurerbewegung. Mozart hat ihn in der Gestalt des edlen Weisen Sarastro in der Oper *Die Zauberflöte* verewigt[48]. Und nach den Worten I. I. Sollertinskijs ist diese Gestalt mit dem Marquis Posa in Schillers *Don Carlos* und Lessings *Nathan dem Weisen* verwandt[49]. Am Ende des Jahres 1770 kam Born nach Prag. Wahrscheinlich war er nicht während seines Studiums in Prag, sondern etwa 1763 während einer Auslandsreise in eine Loge aufgenommen worden. In seiner Biographie heißt es, er habe nach Beendigung seiner juristischen Studien die Länder des Römischen Reichs, die Niederlande und Frankreich besucht[50]. Diese Annahme würde auch mittelbar dadurch bestätigt werden, daß Born das englische System bevorzugte, während in den Prager Logen der sechziger Jahre der schottische Ritus üblich war. Vielleicht war er in Frankfurt rezipiert worden, von wo fast gleichzeitig mit ihm auch sein späterer Kampfgenosse, der Buchhändler und Freimaurer Wolfgang Gerle, nach Prag gekommen war.

Die Loge *Zu den drei Säulen*, der er angehörte, nahm 1771 das englische System an und nannte sich *Zu den drei gekrönten Säulen*, ging dann aber 1773 zum Templer-System der *Strikten Observanz* über. In einem handschriftlichen *Verzeichnis der vereinigten altschottischen Logen in Deutschland im Jahr 1774*, das aus dem 18. Jahrhundert stammt, wird sie als deutsche Tochterloge geführt[51]. Bezeichnend für Born als Anhänger der rationalistischen Strömung innerhalb der Freimaurerei war es, daß er diese Loge nach ihrem Übergang zum Templer-System verließ und die Loge *Zu den neun Sternen* gründete.

1775 war die Loge Borns mit 65 Mitgliedern die größte in Prag. Auch er legte Wert auf die Teilnahme Adeliger an der Arbeit der Logen, darüber hinaus jedoch war er bestrebt, Persönlichkeiten aus dem Militär, der Beamtenschaft, dem Bürgertum und besonders aus der wissenschaftlichen und schöpferischen Intelligenz heranzuziehen. Viele führende Mitglieder der *Privatgesellschaft in Böhmen* und dann der *Königlichen Böhmischen Gesellschaft der Wissenschaften* wurden Mitglieder der Loge. Unter ihnen befand sich auch W. Gerle, der die Schriften des Born-Kreises herausgab.

Man darf annehmen, daß die Freimaurer bei der Herstellung auswärtiger Beziehungen der *Privatgesellschaft* und dann der *Gesellschaft der Wissenschaften* eine wichtige Rolle gespielt haben[52]. Auf ähnliche Zusammenhänge, die noch genauer untersucht werden müßten, deutet auch die Bekanntmachung in den *Prager Gelehrten Nachrichten* vom 11. Februar 1772 hin, in der mitgeteilt wird, daß der Buchhändler W. Gerle in Prag einen *Learned Club* eröffnet habe, in dem der hiesige ehrenwerte Adel und die Gelehrten die Gelegenheit hätten, örtliche und ausländische Journale und wissenschaftliche Nachrichten zu lesen und ihre Gedanken über wissenschaftliche Fragen, entsprechend dem Geschmack eines jeden, auszutauschen[53]. Das war die erste Einrichtung dieser Art in Böhmen. Die englische Bezeichnung läßt sich nicht nur durch das Vorbild erklären, sondern es ist zu vermuten, daß hinter ihr Beziehungen nach England standen. Leider sind Tatsachen, die über den *Learned Club* sicher zu urteilen erlaubten, nicht bekannt, auch existierte er anscheinend nicht lange[54].

Aber nicht nur für den freimaurerischen Kreis um Born[55] waren die Versuche, sich in das gesellschaftliche und kulturelle Leben zu integrieren, charakteristisch. Als Beispiel erwähnen wir hier die Gründung eines Kinderheims in Prag im Jahre 1773. An ihr beteiligten sich die reichen Prager Kaufleute P. Bradáč und J. Kriner, der Fabrikant Malvier und andere Vertreter des Prager Bürgertums. Zum ersten Direktor des Heims wurde der Freimaurer K. Seibt ernannt; die unmittelbare Verbindung des Heims mit der philanthropischen Tätigkeit der Freimaurer blieb jedoch verborgen: Die Gründung wurde auf eine Privatinitiative Künigls zurückgeführt[56].

Mit dem Ende der 1770er Jahre wuchs die gesellschaftliche Rolle der böhmischen Freimaurerei. Auf einer Zusammenkunft der Logen im Jahre 1778 wurde die Reorganisation beschlossen[57]. Eines ihrer Ergebnisse waren Erleichterungen für den Eintritt neuer Mitglieder aus dem Bürgertum, was zu einer breiteren sozialen Grundlage beitrug. Bezeichnend ist es, daß 1790 in der Pra-

ger Loge *Wahrheit und Einigkeit* von insgesamt 203 Mitgliedern nur 34 % dem
Adel und 4 % der Geistlichkeit angehörten. Die übrigen Mitglieder waren Beamte oder Angehörige freier Berufe[58]. Die Tätigkeit der Freimaurer erweiterte
sich auch territorial. 1784 arbeiteten in Prag zwei alte Logen (*Zu den drei gekrönten Sternen* und *Zu den drei gekrönten Säulen*) und zwei neue Logen
(*Union* und *Zur Wahrheit und Einigkeit*). Zwei Logen arbeiteten in Brno
(Brünn) (*Zu den wahren vereinigten Freunden* und *Zur aufgehenden Sonne*)
und eine in Klatovy (Klattau) *Zur Aufrichtigkeit*.

Die Tendenzen des vergangenen Jahrzehnts fortsetzend, nahm die böhmische Freimaurerei tätigen Anteil am öffentlichen Leben, indem sie im allgemeinen für die Ideen der Aufklärung und die positiven Maßnahmen Josephs II.
eintrat, und zwar besonders in bezug auf die Unterordnung der Kirche unter
den Staat und auf den Kampf gegen den Klerikalismus. Unter den Führern der
böhmischen Freimaurer in den 1780er Jahren waren so hervorragende Aufklärer wie I. Cornova, R. Ungar, K. Royko (1744—1819), die einen erheblichen
Beitrag zur Entwicklung des progressiven gesellschaftlichen tschechischen Ge-
dankens und der Kultur leisteten. In ihrem Werk verbanden sich moralische
und ethische Forderungen mit allgemeinen aufklärerischen Prinzipien. Das bezieht sich vor allem auf I. Cornova, der nicht nur als wissenschaftlicher Historiker Böhmens, sondern auch als freimaurerischer Publizist ersten Ranges wirkte. Nach F. Kutnar beeinflußte die Freimaurerei, die aus Cornova einen Aufklärer gemacht habe, seine religiösen und philosophischen Ansichten, die den
Charakter eines theistischen Rationalismus hatten[59]. Wenn auch umstritten ist,
ob J. Dobrovský Freimaurer war[60], klingen in seinen *Lektionen über die Praxis
der christlichen Religion* (1787—1790) die der böhmischen Freimaurerei entsprechenden Ideen der moralischen und ethischen Vervollkommnung an[61].

V

Die Geschichte der böhmischen Freimaurerei im 18. Jahrhundert ist in vieler Beziehung lehrreich. Sie war nicht, wie E. Lešehrad meint, ein Produkt
äußerlicher, künstlicher Nachahmung, ohne jede Beziehung zu den Lebensum-
ständen im Böhmen und Mähren des 18. Jahrhunderts[62]. Im Gegenteil, die
Freimaurerei befand sich hier im Brennpunkt der komplizierten Ereignisse,
vor allem während der Vorbereitung und Durchführung der theresianischen und
josephinischen Reformen. Davon zeugt auch die Dynamik der Freimaurerbewegung, deren Entwicklung sich in vier Grundetappen vollzog: ihre nicht unbestrittene Gründung im ersten Viertel des 18. Jahrhunderts, die Suche nach
den Formen der organisatorischen und der politischen Orientierung bis in die
sechziger Jahre, der Aufschwung der 1770er Jahre, das Erblühen im nächsten Jahrzehnt, das von den repressiven Maßnahmen der Wiener Regierung in
den 1790er Jahren beendet wurde. Es ist bemerkenswert, daß diese Etappen
weitgehend mit der Entwicklungsgeschichte einer Aufklärungsideologie in den
böhmischen Ländern zusammenfallen.

Natürlich schenkten die tschechischen Freimaurer ebenso wie die Brüder in den anderen Ländern ihre Aufmerksamkeit dem ritualen Bereich, was sich besonders in der Rivalität zwischen dem schottischen und dem englischen System ausdrückt sowie in der Tätigkeit der Rosenkreuzer. Vielleicht direkter als in anderen Ländern, ja fast offensichtlich, hat das Verhältnis der Freimaurer zu den jeweiligen gesellschaftlich-politischen Ereignissen und zur Aufklärungsbewegung tiefere als nur konfessionelle Gründe. Die Auseinandersetzung der beiden Grundströmungen in der europäischen Freimaurerei, der aufklärerischen und der mystischen, die in der böhmischen Freimaurerei des 18. Jahrhunderts besonders deutlich hervortritt, führte in den 1770er und 1780er Jahren zum klaren Sieg der aufklärerischen Richtung[63]. Gerade in diesem Jahrzehnt wird nicht nur in den tschechischen Ländern, sondern überhaupt in Österreich die ganze Freimaurerei zu einer spezifischen Form der Vereinigung für die progressive Intelligenz, die für die positiven Maßnahmen der Regierung Josephs II. und den philosophischen Rationalismus eintritt. Die gesellschaftliche Rolle der Freimaurerlogen erhält ihr Gewicht durch die Tatsache, daß dieselben Personen dem Freimaurertum angehörten und Vertreter der Aufklärung waren.

Damit im Zusammenhang kann auch die Frage über tschechisch-russische Kulturkontakte, die durch die Kanäle freimaurerischer Verbindungen geschlossen wurden, gestellt werden. Und unter diesem Gesichtspunkt wäre auch die genaue Untersuchung der Reise wichtig, die Joachim Graf Sternberg gemeinsam mit Josef Dobrovský 1792/93 nach Rußland unternahm. Die Umstände dieser Reise darzustellen, ist nicht unsere Aufgabe, wir unterstreichen nur, daß Sternbergs Bestreben, Kontakte zu Personen der „Mittelschicht", die dem Kreis um N. I. Novikov und A. N. Radiščev nahestanden, herzustellen, die Behörden mißtrauisch machte und gegen ihn als einen Illuminaten auf Befehl Katharinas II. eine Untersuchung eingeleitet wurde, die mit seiner Ausweisung aus dem Lande endete[64].

Die Freimaurerbewegung im 18. Jahrhundert ist durch gegensätzliche Tendenzen gekennzeichnet, die es ihr, vor allem als Organisationsform, erlaubten, nicht nur reaktionären, sondern vor allem progressiven Zielen zu dienen, nicht nur Zufluchtsort von Mystikern, sondern auch Anziehungspunkt für jene Kräfte zu sein, die in Opposition zu der feudalen Gesellschaft und zum Staat standen. „Das achtzehnte Jahrhundert", schreibt Engels, „war die Zusammenfassung, die Sammlung der Menschheit aus der Zersplitterung und Vereinzelung, in die sie durch das Christentum geworfen war; der vorletzte Schritt zur Selbsterkenntnis und Selbstbefreiung der Menschheit, der aber als der vorletzte darum auch noch einseitig im Widerspruch steckenblieb."[65]

Der Gedanke von Friedrich Engels über die Wege des Selbstbewußtseins und der Selbstbefreiung der Menschheit läßt den besonderen Platz tiefer verstehen, den die Freimaurerei im komplizierten System der Ideologie und der Kultur des Aufklärungszeitalters einnahm und für den u. a. die Suche nach den Formen moralischer Selbstverwirklichung der Persönlichkeit typisch ist.

*Anmerkungen*

1 G. Šuster: Tajnye obščestva, sojuzy i ordena. Bd. 2, S.-Peterburg 1907, S. 13.
2 V. A. Bil'basov: Istoričeskie monografii. Bd. 4. S.-Peterburg 1901, S. 168 f.
3 A. G. Tatarincev: Radiščev i masony. In: Naučnyj ežegodnik Saratovskogo universiteta za 1955 g. Teil 3, Saratov 1958, S. 51—55; I. M. Rogov: K voprosu o „masonstve" A. N. Radiščeva. In: Vestnik Leningr. gos. universiteta, 1958, Nr. 20, S. 153 f. In diesen Arbeiten finden sich weitere bibliographische Hinweise.
4 Ja. L. Barskov: Perepiska moskovskich masonov 18. v. 1780—1792. Peterburg 1918, S. XXXIX.
5 V. N. Terleckij: Masonstvo v ego prošlom i nastojaščem. Poltava 1911, S. 18; Masonstvo v ego prošlom i nastojaščem. Red.: S. P. Mel'gunov, N. P. Sidorov. Bd. 1, Moskva 1914, S. 55.
6 V. M. Zirmunskij: Očerki po istorii klassičeskoj nemeckoj literatury. Leningrad 1972, S. 337.
7 Karl Marx, Friedrich Engels: Werke. Bd. 4, Berlin 1959, S. 321.
8 M. N. Longinov: Novikov i moskovskie martinisty. Moskva 1867, S. 85—87; A. M. Vasjutinskij: Orden illuminatov. In: Masonstvo (s. Anm. 5) S. 112—123.
9 Marx, Engels: Werke (s. Anm. 7), S. 637 (Anm. 206).
10 M. Kajtár: German illuminati in Hungary. In: Studies in eighteenth century literature. Hrsg. von M. Szenczy, L. Ferenczi. Budapest 1974, S. 326—331.
11 Marx, Engels: Werke (s. Anm. 7), Bd. 7, Berlin 1960, S. 261.
12 Ebenda Bd. 17 (1962), S. 740 (Anm. 414).
13 Ebenda S. 522, 602.
14 Ebenda S. 640.
15 Ebenda Bd. 18, S. 348.
16 Ebenda S. 364.
17 Sovetskaja istoričeskaja enciklopedija, Moskva o. J. Bd. 9 Sp. 167.
18 Marx, Engels: Werke (s. Anm. 7), Bd. 7, S. 598 (Anm. 173).
19 N. K. Piksanov: Masonskaja literatura. In: Istorija russkoj literatury. Bd. 4. Literatura 18. v. Teil 2. Moskva, Leningrad 1947, Kap. 3; G. P. Makogonenko: Nikolaj Novikov i russkoe Prosveščenie 18. v. Moskva, Leningrad 1951; Ders.: Radiščev i ego vremja. Moskva 1956. Diese Fragen wurden auch von anderen Autoren behandelt, z. B. Ju. M. Lotman und V. N. Orlov.
20 G. A. Lichotkin: Oklevetannyj Kolovion. Leningrad 1972.
21 M. L.: Staryj prinjatyj šotlandskij obrjad. In: More 1907, Nr. 21/22, S. 665.
22 Gosudarstvennaja Biblioteka Leningrad (GBL), Masonskie dokumenty, sobr. Lanskogo-Eševskogo, Nr. 1882, S. 5.
23 Ebenda S. 55.
24 Ebenda Nr. 1882, S. 56.
25 GBL, Muz. Nr. 1954, S. 117.
26 G. V. Vernadskij: Russkoe masonstvo v carstvovanie Ekateriny II. Petrograd 1917, S. 99.
27 M. N. Zacharova: Vojna SŠA za nezavisimost' i Francija. In: Voprosy istorii 1974, Nr. 7, S. 145 f.
28 Masonstvo (s. Anm. 5) S. 103.
29 Lessings Werke, Bd. 9, Leipzig 1867, S. 216.
30 Masonstvo (s. Anm. 5) S. 104 f.
31 Zirmunskij (s. Anm. 6) S. 337.
32 T. O. Sokolovskaja: Novye dannye dlja istorii russkogo masonstva po rukopisjam Tverskoj učenoj archivnoj komissii. Doklad, čitannyj na XV vserossijskom archeologičeskom s'ezde v Novgorode 29 ijulja 1911 g. Tver' 1912, S. 4 f. Die Handschrift, auf die sich T. Sokolovskaja bezieht, befindet sich heute im Staatsarchiv des Oblast Kalinin, „Prednačertanija ob osnovanii družeskoj, spravedlivoj i soveršennoj loži", fond Tverskoj učenoj archivnoj komissii, Nr. 1174, Dok. 2.
33 T. O. Sokolovskaja: Russkoe tečenie v masonstve. CGALI, f. 447, Nr. 134, S. 3, 4.
34 CGALI f. 442, op. 2, Nr. 1, S. 10, 11.
35 G. V. Plechanov: Literaturnoe nasledstvo. Samml. 7. Bor'ba s religijej i bogoiskatel'stvom. Red. P. F. Judin, M. T. Iovčuk, R. P. Plechanova. Moskva 1939, S. 411, 365.
36 Ebenda S. 417.

37 Ebenda S. 446.
38 A. S. Puškin: Polnoe sobranie sočinenij v 10 tomach. 2. Aufl. Moskva 1958, S. 352.
39 Darüber am Beispiel der russischen und französischen Freimaurerei vgl. B. Micheeva:
   Naivnye vremena masonskich lož ... In: Nauka i religija, 1974, Nr. 10, S. 59—63;
   D. M. Tugan-Baranovskij: Vtoroj zagovor generala Male. In Voprosy istorii, 1974,
   Nr. 8, S. 106 f.; A. Soboul: La franc-maçonnerie et la révolution française. In: La pensée 1973, Nr. 8, S. 17—26.
40 Vgl. A. S. Myl'nikov: Vznik národně osvícenske' ideologie v Českých zemich 18 stolet.
   Prameny národního obrození. Praha 1974. S. 184—187. Ders.: Vozniknovenie ranne-
   prosvetitel'skich ob'edinenij v Česskich zemljach. In: Razvitie kapitaliszma i nacional'
   nye dviženija v slavjanskich stranach. Moskva 1970, S. 52—54. Ders.: Dve žizni Igna-
   cija Borna. In: Voprosy istorii, Nr. 9, S. 208—211.
41 B. Nemec: Královská česká společnost nauk a přírodní vedy. In: Vestník král. české
   společnosti nauk. Třída filosoficko-historicki-filologiská. Roč. 1951, Praha 1953, VIII,
   S. 3; J. Prokeš: Počátky české společnosti nauk do konce XVIII st. Bd. 1, 1774—
   1789. Praha 1938, S. 27 f.
42 F. Mašláň: Dějiny svobodného zadnářství v Čechách. Praha 1923, S. 11.
43 J. Svátek: Obrazy z kulturnich dějin českých. Bd. 2, Praha 1891, S. 268.
44 Mašláň (s. Anm. 42) S. II.
45 Ebenda; J. Hanuš: Fr. Ant. Spork. In: Z dějin české literatury. Praha 1920, S. 135;
   J. Volf: Amici crucis-přátel kříže. In: CCH, 1932, S. 561.
46 Svátek (s. Anm. 43), S. 270.
47 Myl'nikov: Dve žizni (s. Anm. 40) S. 208—211; J. Haubelt: Studie o Ignáce Bornovi.
   Praha 1972. Vgl. auch den Beitrag von J. Vávra in diesem Band.
48 E. Cernaja: Mocart. Žizn' i tvorčestvo. Moskva 1966, S. 341.
49 I. I. Sollertinskij: „Volšebnaja flejta" Mocarta. Lenigrad 1940, S. 17.
50 J. de Luca: Das gelehrte Oesterreich. T. 1, Wien 1778, S. 41.
51 GBL, fond 183, inost. masonskie rukopisi, Nr. 810.
52 A. Kraus: Pražské časopisy 1770—1774 a české probuzeni. Praha 1909, S. 35.
53 Prager gelehrte Nachrichten. Bd. 1, 1772, Nr. 20, S. 320.
54 K. Nosovský: Knihopisná nauka a vývoj knihkupectvi ceskoslovenského. Praha 1927,
   S. 135 f.
55 Auch während seiner freimaurerischen Tätigkeit in Wien bemühte sich Born, die Loge
   Zur wahren Eintracht zu einer „Akademie der Freiheit des Gewissens und des Gedan-
   kens" zu machen. (E. Cernaja: Mocart i avstrijskij muzykal'nyj teatr.) Rosenstrauch-
   Königsberg in diesem Band.
56 I. Cornova: Geschichte des Waiseninstituts zum heiligen Johann dem Täufer in Prag.
   Verlegt auf Kosten einer Gesellschaft von Menschenfreunden. Prag 1785. Vgl. hierzu auch K. Sablik in diesem Band.
57 C. Straka: Reforma pražských zednářských loží r. 1778. In: CCH 1925, S. 116.
58 F. Kutnar: Život a dílo Ignáce Cornovy. Příspěvek k osvícenské historiografii. In: CCH,
   1930, Nr. 2, S. 341.
59 Ebenda S. 349.
60 J. Volf: Byl Josef Dobrovský svobodným zednářem? In: Josef Dobrovský. Sbornik.
   Praha 1929, S. 371—383.
61 A. S. Myl'nikov: Jozef Jungman i ego vremja. Moskva 1973, S. 79 f.
62 E. Lešehrad: Tajné společnosti v Čechách od nejstarších časů do dnešní doby. Praha
   1922.
63 Der österreichische Slawist Josef Matl hat die Rolle der Freimaurerlogen und unter
   ihnen auch die in Böhmen richtig dadurch charakterisiert, daß sie die Ideen der Aufklärung, Humanität und Toleranz in der Aufklärungsepoche verbreitet hätten. Vgl. J.
   Matl: Epocha prosvešćenija v Rossii i ee otličie ot prosvešćenija v drugich slavjanskich
   stranach. In: Rol' i značenie literatury XVIII veka v istorii russkoj literatury. K 70-
   letiju so dnja roždenija P. N. Berkova. Moskva, Leningrad 1966, S. 203.
64 Vgl. A. S. Myl'nikov: Ioachim Šternberg i českie parallёli k „putešestvija" Radiščeva.
   In: XVIII vek, Bd. 12 A. N. Radiščev i literatura ego vremeni. Leningrad 1977, S. 183—
   198.
65 Marx, Engels: Werke (s. Anm. 7) Bd. 1, S. 55.

# JOHANN GEORG SCHWARZ UND DIE FREIMAURER IN MOSKAU

*Von Georg von Rauch*

I

Freimaurer in Rußland? Konnte dieses typisch abendländische Gebilde, erwachsen aus der Tradition der mittelalterlichen Bauhütten, dieses Produkt des europäischen Geistes- und Soziallebens, überhaupt auf dem Unterbau einer byzantinisch-tatarischen Autokratie gedeihen?

Auf diese provozierend formulierte Frage ist die Antwort einfach genug. Es war das Phänomen der Europäisierung Rußlands, im 16. und 17. Jahrhundert sich anbahnend, seit Peter dem Großen immer breitere Schichten des Bewußtseins und der Bevölkerung erfassend, das im 18. Jahrhundert auch den Freimaurern Gelegenheit bot, sich als eines der Nebenprodukte der Aufklärung im Zarenreich zu entfalten. Man vergesse auch nicht: Rußland ist ein altes christliches Land. Die Christianisierung setzte im 10. Jahrhundert ein; einzelne Ansätze gab es schon in noch früherer Zeit; Legenden wurzeln im Urchristentum[1]. Rußland wurde eher christlich als Skandinavien, die baltischen Länder und Ungarn.

Dmitrij Tschižewskij hat diese Tiefendimension richtig erkannt, wenn er in seiner russischen Geistesgeschichte den Freimaurern ein besonderes Kapitel widmet[2]. Er sieht im russischen Freimaurertum das alte voraufklärerische Anliegen der russischen Christen verkörpert: das Suchen nach der Erkenntnis Gottes und nach der eigenen geistigen Vervollkommnung. Allerdings geht es im 18. Jahrhundert nicht mehr um das rituelle, kirchliche Christentum und seine äußeren Formen, sondern um den „neuen Menschen", um den geistigen Gehalt des Christentums. Tschižewskij weist auch auf die Bedeutung der westlichen Mystik hin als einer Art neuer Gnosis; Selbsterziehung durch Lektüre, innere Askese, geistige Disziplin und Erziehung zur sittlichen Verantwortung sind nicht nur Elemente eines „inneren Klosters", sondern auch der tatsächlichen Nächstenliebe. Von Valentin Weigel (1533–1588), Jakob Boehme (1575–1624), Johann Christian Arndt (1555–1621) und Quirinus Kuhlmann, der 1689 in Moskau als Ketzer verbrannt wurde[3], führt ein Weg zu den russischen Freimaurern und Rosenkreuzern des 18. Jahrhunderts, ein anderer über die schwäbischen Pietisten und Theosophen um Friedrich Christoph Oetinger (1702–1782) und über den französischen Mystiker L. C. de Saint-Martin (1743–1803).

Die Aufklärung in Rußland wird vorzugsweise in St. Petersburg lokalisiert, an der Residenz Katharinas II., der gelehrigen Schülerin der französischen Enzyklopädisten, Voltaires und Diderots. Mindestens ebenso bedeutsam als Schwerpunkt ist jedoch Moskau. Die alte Hauptstadt ist nicht nur die konservative kirchliche Metropole, Zentrum einer altrussischen Kaufmannschaft und ihrer Gesittung, sondern auch Sitz der ältesten, 1755 gegründeten russischen

Universität. Moskau ist ferner der Mittelpunkt für die in der Umgebung wohnenden Gutsbesitzer, die hier ihre Stadthäuser haben, in denen sie als Mäzene brillieren und Bildung und Kunst pflegen wollen. Nach und nach gesellen sich zu ihnen auch Familien des nobilitierten Dienstadels und des Bürgertums.

## II

Die ersten Anzeichen für die Entstehung von Freimaurerlogen machen sich freilich in Petersburg bemerkbar[4]. Aufgrund englischer Anregungen entsteht der Überlieferung nach schon 1717 die erste Loge, sicher jedoch wird von England her 1731 eine Provinzial-Großloge gegründet. In den fünfziger Jahren tritt zu der Loge in Petersburg eine solche in Riga. Zur Zeit von Elisabeth I. profiliert sich die Petersburger Loge unter der Leitung von Graf Roman Illarionovič Voroncov; viele Gardeoffiziere und Vertreter der noch nicht sehr breiten Bildungsschicht, wie Fürst M. M. Ščerbatov, I. N. Boltin oder A. V. Šuvalov,gehören ihr an. In den siebziger Jahren, nun schon unter Katharina II., erfolgt ein neuer Aufschwung: Ivan Perfil'evič Elagin, ein Günstling der Kaiserin, ist seit 1772 Großmeister von Rußland[5]. 1775 wird der Publizist und Aufklärer Nikolaj Ivanovič Novikov (1744–1818) aufgenommen. Mit ihm erfährt die Freimaurerei eine Vertiefung durch die Betonung ethischer Forderungen im Sinne stärkerer Selbsterkenntnis und Verinnerlichung, zugleich aber auch einer Erweiterung pädagogischer und sozialer Aktivitäten. 1776 schließt Elagin seine Provinzial-Loge dem Zinnendorfschen System in Berlin an. Anläßlich eines Besuches des schwedischen Königs Gustav III. und seines Bruders im Jahre 1777 wird deutlich, wie die verschiedenen Logensysteme Europas um Einfluß auf die russischen Logen rivalisieren. Durch den schwedischen Besuch soll die Verbindung zu den preußischen Logen gelockert und zu den schwedischen verstärkt werden. Angeblich soll Gustav III. als Großmeister der schwedischen Logen den Thronfolger und Großfürsten Paul persönlich in die Freimaurergemeinschaft aufgenommen haben.

In den siebziger Jahren erhält die Freimaurerei auch in Moskau neue Impulse; entscheidenden Anteil daran hat Fürst Nikolaj Nikitič Trubeckoj, der mächtige Kulturmäzen und engagierte Freimaurer. 1779 siedelt Novikov nach Moskau über und macht es zum Mittelpunkt seiner publizistischen Wirksamkeit, die er dank einer eigenen Druckerei wirkungsvoll auszuüben vermag. Von nun an verlagerte sich der Schwerpunkt der russischen Freimaurerei für längere Zeit hierher. Ein Grund dafür bestand darin, daß gleichfalls 1779 Johann Georg Schwar(t)z, eine der sonderbarsten Gestalten unter den westlichen Anregern der russischen Aufklärung und zugleich der Freimaurerei in Rußland, nach Moskau kommt.

Schwarz wurde 1751 in Bistritz in Siebenbürgen geboren; sein Vater, Johannes Schwartz, war Pastor in Durbachtum. Über seinen Bildungsweg läßt sich wenig in Erfahrung bringen[6]. Fest steht, daß er am 8. März 1771 als stud. theol. in Halle immatrikuliert wurde[7]; vielleicht hat er sich auch in Jena aufgehalten oder dort studiert, denn er war später Mitglied der Jenaer Lateinischen Gesellschaft.

Im Jahre 1776 erfuhr Fürst Ivan Sergeevič Gagarin während einer Auslandsreise „irgendwie" von Schwarz und forderte ihn auf, in Mogilev Erzieher bei den Kindern seines Freundes Aleksandr Michajlovič Rachmanov zu werden. Bald nach seiner Übersiedlung reiste er nach Moskau, wo er durch den Dichter und Freimaurer Vasilij Ivanovič Majkov mit dem Fürsten N. N. Trubeckoj bekannt wurde, der ihn in seine Loge, die im Reichelschen System nach der Zinnendorfschen Lehrart arbeitete, aufnahm. Ob Schwarz schon vorher Freimaurer gewesen war, wissen wir nicht. Setzt man das aber voraus, so wäre es naheliegend anzunehmen, daß Gagarin, ein Freund Kurakins und Petersburger Freimaurer, durch seine deutschen „Brüder" auf Schwarz hingewiesen worden ist. Auffallend ist jedenfalls, daß Schwarz schon 1776 in Mogilev mit Genehmigung Elagins eine Loge *Herkules in der Wiege* gründet[8]. Diese schickt ihn in die Hauptstadt des unter der polnischen Krone stehenden Herzogtums Kurland, Mitau, um dort Verbindung zum *Templerorden* in der *Strikten Observanz* zu suchen[9], zu welcher dann die Loge in Mogilev auch übergeht.

Schwarz blieb drei Jahre lang Hauslehrer; dann zog er nach Moskau, wo er gleichzeitig mit Novikov 1779 eintraf; wahrscheinlich begegneten sich beide Männer erst hier. Dank der Fürsprache des Dichters und Universitätskurators M. M. Cheraskov, der damals seinen Wohnsitz gleichfalls von Petersburg nach Moskau verlegt hatte, erhielt der Achtundzwanzigjährige am 26. August 1779 eine Stellung an der Universität Moskau als außerordentlicher Professor· für deutsche Sprache und hielt am 13. September 1779 seine Antrittsvorlesung über Methoden des Erlernens von Sprachen.

Erstaunlich schnell, beinahe fieberhaft entwickelt Schwarz jetzt seine weitgespannten Aktivitäten in der altrussischen Hauptstadt. Schon am 13. November 1779 eröffnet er ein Pädagogisches Seminar für die Ausbildung russischer Lehrer, an dem er stellvertretender Leiter wird[10]. Bis 1782 hat es bereits die Zahl von 30 Studenten erreicht; unter ihnen befinden sich u. a. so namhafte Persönlichkeiten wie die späteren Metropoliten Michail und Serafim[11]. Der Kurator erteilt ihm auch den Auftrag, Erziehungspläne auszuarbeiten und Lehrbücher zu schreiben. 1780 wird er zum ordentlichen Professor der Philosophie, der deutschen Beredsamkeit und Dichtkunst ernannt und erhält den Auftrag, das der Universität zugeordnete Gymnasium zu reorganisieren. Hier tritt er gewissermaßen in die Fußstapfen eines deutschen Vorläufers, des Pastors Ernst Glück aus Marienburg in Livland, der das Gymnasium in der Zeit Peters des Großen und Katharinas I., die in seinem Hause aufgewachsen war, gegründet hatte[12]. Unter den Deutschen in Moskau muß Schwarz auch bald einen Herrnhuter Geistlichen, Johannes Wigand, getroffen haben, zu dem er Verbindungen knüpfte[13].

Schwarz erteilte von 1780 bis 1781 am Gymnasium deutschen Unterricht. Im übrigen war eine der Voraussetzungen für seinen Erfolg in den verschiedenen Tätigkeitsbereichen die Beherrschung des Russischen, das er erstaunlich schnell, vermutlich schon als Hauslehrer im Mogilevschen, erlernt hatte. Er konnte sich in Moskau fließend auf Russisch unterhalten. Ein großer Tag für die Universität Moskau und auch für Schwarz war der Besuch von Kaiser Joseph II. im Jahre 1780. Anläßlich eines Empfangs in der Universität überreichte ihm Schwarz sein Buch: *Entwicklung der Grundsätze des deutschen Stils zum Gebrauch der öffentlichen Vorlesungen bey der Kaiserlichen Universität zu Moskau*[14]. Er wird zweifellos nicht verfehlt haben, bei dieser Gelegenheit darauf hinzuweisen, daß er als Untertan des Kaisers in den Ländern der Habsburger Krone geboren wurde.

Von besonderer Bedeutung wurde die Zusammenarbeit mit Novikov, einem der namhaftesten Vertreter der russischen Aufklärung[15]. Das Einvernehmen zwischen ihnen muß sehr schnell hergestellt worden sein. Sie empfanden seit der ersten Begegnung große Sympathie füreinander; in erzieherischen und philanthropischen Fragen hatten sie die gleichen Intentionen. Und sie waren beide Freimaurer. In Novikovs Druckerei konnte Schwarz seine Publikationen drukken lassen. Man hat den Eindruck, daß die beiden sich gewissermaßen die Bälle ihrer verschiedenen Anregungen und Initiativen zuspielten. Im März 1781 gründete Schwarz eine Vereinigung von Universitätsstipendiaten (*Sobranie universitetskich pitomcev*). Im November desselben Jahres rief Novikov die *Gesellschaft der gelehrten Freunde* (*Družeskoe učenoe obščestvo*)[16] ins Leben, die im Hause von Petr A. Tatiščev am Roten Tor des Kreml in Gegenwart der Spitzen der Moskauer Gesellschaft, unter ihnen des Generalgouverneurs Graf Z. G. Černyšev, eröffnet wurde. Der Metropolit von Moskau, Platon, hatte seinen Segen übermitteln lassen. Schwarz hielt die Festrede. Es war die erste Gesellschaft dieser Art in Rußland; sie hatte die Aufgabe, Kontakte zu ähnlichen ausländischen Gesellschaften herzustellen.

Noch eine weitere Gründung ging auf die Initiative von Schwarz zurück: ein Übersetzerseminar mit 16 Mitarbeitern, die im Hause von Schwarz wohnten und größtenteils am Pädagogischen Seminar studierten. Auch gab Schwarz *Mitteilungen* der Universität in deutscher und französischer Sprache heraus, in denen u. a. Aufsätze über Politik und praktisches Wissen veröffentlicht wurden.

Die pädagogischen und wissenschaftlichen Impulse lassen sich bei Schwarz von seinen freimaurerischen Aktivitäten nicht trennen. Für die aufgezählten Gründungen wäre es zweifellos dienlicher gewesen, wenn Schwarz sich ihnen einige Jahre hindurch kontinuierlich gewidmet hätte. Mittlerweile waren aber auch die Moskauer Freimaurer so eingenommen von seinen Fähigkeiten, daß sie ihn, auch im Vertrauen auf seine weitgespannten Verbindungen, im Sommer 1781 in wichtiger Mission nach Deutschland schickten.

## III

Das eigentliche Ziel dieser Auslandsreise war, die russischen Logen von der schwedischen Großloge zu emanzipieren und eine direkte Verbindung zu den Systemen der deutschen Hochgradfreimaurerei herzustellen. Die Mittel für die

Reise kamen z. T. durch private Spenden zusammen; Graf P. A. Tatiščev, ein
sehr wohlhabender, wenn auch geiziger Moskauer Freimaurer höherer Grade,
steuerte einen größeren Betrag bei, nachdem Schwarz sich bereit erklärt hatte,
seinen studierenden Sohn mit auf die Reise zu.nehmen[17].

Zunächst begab sich Schwarz im Juni 1781 nach Petersburg, wo er die Gelegenheit wahrnahm, einer der maßgebenden Persönlichkeiten am Hof, dem
Oberhofkämmerer Graf Ivan Ivanovič Šuvalov, Gründer und erster Kurator
der Moskauer Universität, eine Denkschrift über den Stand der Universität zu
überreichen. Bei dieser Gelegenheit wurde er zum Kollegienassessor ernannt,
womit sich ihm Aufstiegschancen auf der Leiter der Petrinischen Rangordnung
der russischen Beamtenhierarchie boten. Šuvalov scheint ihm auch bestimmte
Aufträge nach Mitau mitgegeben zu haben. Die Moskauer Freimaurer standen
in freundschaftlicher Verbindung zur Altschottischen Loge in der kurländischen Hauptstadt[18].

Doch zuerst war ein kurzer Aufenthalt in Königsberg vorgesehen. Schwarz
hatte, noch bevor er die Grenzen Rußlands verließ, in Riga dem Verleger J. F.
Hartknoch einen Besuch gemacht; dieser gab ihm Empfehlungen an J. G. Hamann in Königsberg mit, in denen er Schwarz als „seinen Freund und einen
rechtschaffenen Mann" bezeichnete[19]. Hier, bei Hamann, traf der Reisende
im September 1781 ein und erfreute ihn mit einem Katalog der Moskauer Bibliothek. Hamann bedankte sich bei Hartknoch für die Bekanntschaft mit den
Worten: „Weil ich jede Art von Originalität liebe, sie mag so enorm seyn wie
sie wolle und je mehr, desto besser."[20] Auch in zwei Briefen an J. G. Herder[21],
der bekanntlich schon 1766 in eine Rigaer Loge aufgenommen worden war,
erwähnte Hamann den Besuch: Schwarz habe ihm über Kaiser Joseph II. in
Moskau berichtet und daß er selbst in „Ordensgeschäften" nach Braunschweig
reise. Auch habe er ihm geraten, seinen Sohn Polnisch lernen zu lassen! Es
war die Zeit zwischen der ersten und zweiten Teilung Polens.

Auf der Reise nach Braunschweig berührte Schwarz auch Berlin, damals
ein Zentrum nicht nur der deutschen Freimaurerei. Anfang Oktober besuchte
er Johann Christoph Wöllner, der dem Prinzen Heinrich von Preußen nahestand
und später ein Günstling und Minister König Friedrich Wilhelms II. werden
sollte[22]. Auch lernte er den von Friedrich dem Großen geförderten Arzt Johann Christian Anton Theden kennen, einen Rosenkreuzer, der gleichfalls in
der Berliner Freimaurerei eine große Rolle spielte[23]. Bei dieser Gelegenheit
führte Wöllner Schwarz in die Mysterien der Rosenkreuzer ein. Wenn dieser esoterische Geheimbund, der die Freimaurerlogen zu infiltrieren versuchte, in Preußen im allgemeinen als „antiaufklärerisch" gekennzeichnet werden darf, so
muß seine russische Spielart[24] differenzierter bewertet werden.

Am 22. Oktober 1781 wurde Schwarz von Herzog Ferdinand von Braunschweig, dem Großmeister aller Schottischen Logen, empfangen und trug ihm
den Wunsch der russischen Logen nach Selbständigkeit vor, die auch gewährt
wurde. Auf dem Wilhelmsbader Konvent wurde dann auch Rußland als VIII.
Provinz bestätigt. Nach deren Konstitution am 14. Februar 1783 wurde Novi-

kov Präsident des Direktoriums und Schwarz Kanzler der Provinz. Auf dem Rückweg von Braunschweig machte Schwarz erneut in Berlin halt und besuchte einige Gelehrte, so F. A. Büsching und Bernoulli, die beide Rußland kennengelernt hatten[25].

Als Schwarz Anfang 1782 nach Moskau zurückkehrte, fand er seine Stellung an der Moskauer Universität gefährdet. Es ergaben sich Konflikte mit Kollegen, so vor allem mit den Professoren Johannes Matthias Schaden und A. K. Barsov[26], insbesondere aber mit dem Kurator Ivan Ivanovič Melissino[27], der, von einer langen Auslandsreise zurückgekehrt, kurz zuvor seine Tätigkeit in Moskau wieder aufgenommen hatte. Selbst Freimaurer und Bruder des Generals Petr Ivanovič Melissino, der ein eigenes Hochgradsystem nach französischem Vorbild eingeführt hatte, scheint er die Auslandsreise von Schwarz beargwöhnt zu haben. Außerdem gab es Mißhelligkeiten organisatorischer und literarischer Art. Vor allem war es die von Schwarz und Novikov gegründete *Gesellschaft der gelehrten Freunde*, die er als eine Art Konkurrenzunternehmen zu der von ihm schon 1771 ins Leben gerufenen, aber mehr oder weniger stagnierenden *Freien Russischen Gesellschaft (Vol'noe Rossijskoe Sobranie pri Moskovskom Universitete)* ansah. Ein Vorschlag, beide Organisationen zu vereinigen, wurde von Schwarz abgelehnt, sicherlich ein unbesonnener Schritt, den ihm Melissino nachtrug.

Er brüskierte Schwarz nach dessen Rückkehr dadurch, daß er kurzfristig einen Bericht über die Reise nach Deutschland anforderte. Es scheint, daß Melissino vor allem Schwarz' Verbindungen zu den Rosenkreuzern beanstandete; in dem langen Artikel von V. V. Fursenko im *Russischen Biographischen Lexikon* wird Schwarz geradezu als Haupt der Rosenkreuzer in Moskau bezeichnet[28]. Schwarz reagierte auch hier impulsiv: Er nahm seinen Abschied, nicht ohne gleichzeitig ein Memorandum als Rechtfertigungsschrift zu verfassen[29]. Der Kurator lenkte ein, indem er die Entlassung in eine Beurlaubung umwandelte. Schwarz wurde von da an als Honorarprofessor geführt, der Vorlesungen nach Belieben halten konnte, keine Verpflichtungen, aber auch keine Gehaltsbezüge mehr zu erwarten hatte.

Über Schwarz' Vorlesungen haben sich nähere Angaben erhalten[30]. Im Wintersemester zwischen August 1782 und April 1783 las er Geschichte der Philosophie. Privatissime hielt er vom September bis Dezember 1782 sonntags in seinem Haus Vorlesungen, in denen er dreierlei Wissen zu vermitteln bestrebt war: „interessantes, angenehmes und nützliches". Das weltanschauliche Gebäude, das er seinen Hörern vermittelte, läßt sich in Stichworten folgendermaßen kennzeichnen: Die Erschaffung der Welt begriff er als Emanation Gottes; zusammengehalten werde der Kosmos durch ein mystisches System verschieden abgestufter Geister, deren oberster, Luzifer, von Gott abgefallen war. Schwarz fußte hierbei offenkundig auf der deutschen Mystik – Thomas a Kempis, Johann Arndt, Angelus Silesius –, maßgebend war Jakob Boehme. An Gedankengänge der Rosenkreuzer mag er hier angeknüpft haben, vielleicht auch an L. C. de Saint-Martin. Von dieser spiritualistischen Basis aus attackierte

Schwarz die französischen Enzyklopädisten und Materialisten – La Mettrie, Helvetius u. a. – und polemisierte gegen das philosophische Gebäude von Spinoza.

Unter den zeitgenössischen Autoren waren für Schwarz Lavater, den er als einen „neuen Boehme" pries, und Hamann richtungweisend. Gegenüber dem „gewöhnlichen Rationalismus" der französischen Aufklärer betonte er die Wichtigkeit von Religiosität, Theosophie, Physiognomik, Mystik und Magie. Übrigens war Lavater kein Unbekannter in Rußland. Ein Verwandter von ihm, Georg Christian Tobler, war Erzieher im Hause von Ivan Petrovič Turgenev, jenem Gutsbesitzer aus dem Gouvernement Simbirsk, der zum Freundeskreis von Novikov gehörte und einer der gebildetsten Männer unter den Moskauer Freimaurern war. Er interessierte sich für die deutschen Mystiker und hatte Johann Christian Arndts *Wahres Christentum* ins Russische übersetzt. Seine Söhne Nikolaj und Alexander studierten später in Göttingen, wurden durch Verbindungen zu den Dekabristen bekannt und lebten daher nach 1825 zeitweise im Exil[31].

Einen zweiten Komplex bildeten Schwarz' Vorlesungen über Literatur und Ästhetik. So las er z. B. im Wintersemester 1782/83 über deutsche Literatur: „Ästhetisch-kritische Vorlesungen über alle deutschen Schriftsteller, die sich in der Welt durch ihren Verstand ausgezeichnet haben, sowohl Dichter als Prosaiker, wobei in kurzen Worten ihr Leben geschildert, dann der Inhalt und Aufbau ihrer Werke betrachtet und schließlich ihr Stil und ihre Ausdrücke zergliedert und ihre Anwendungen in den verschiedenen Werken gezeigt werden." Er griff aber auch über die deutsche Literatur hinaus: „Oft werden auch alte griechische und römische Schriftsteller sowie auch die Werke der neuesten italienischen, englischen, französischen und russischen Schriftsteller mit herangezogen werden. Endlich werden in den Vorlesungen auch Kunstwerke und Arbeiten, wie Statuen, Gemälde, alte Bauwerke, mit den Geisteserzeugnissen verglichen und auf den gegenseitigen Zusammenhang derselben hingewiesen werden. In der Erklärung der Regeln über alles dieses werden außer den Alten, wie Aristoteles, Dionysios von Halikarnassos, Demetrios Phalereus, Cicero, Horaz, Quintilianus, auch die Neueren, Batteux, Ramler, Home, Boileau, Baumgarten, Meyer u. a. behandelt werden." Damit werden Ansätze zu einer vergleichenden Literaturbetrachtung oder Komparatistik sichtbar, zugleich auch zu einer übergreifenden Kunstwissenschaft mit Vergleichen zwischen dem literarischen und künstlerischen Schaffen. In Ergänzung zu einer Kunstbetrachtung las Schwarz auch über Anatomie und über Probleme der Physik und der Optik.

Die Wirkung seiner Vorlesungen war stark. „Sie erhöhten", schrieb ein älterer russischer Autor, „die unbearbeiteten und groben Gefühle der Hörer, führten sie an die Wahrheiten der Physiognomie und der Chiromantie, sowie zur wundersamen Entdeckung der Magie und Kabbalistik, zur Verwandlung des Natürlichen ins Übernatürliche."[33] War es dieses, was das Mißfallen des zweifellos rationalistischeren Kurators Melissino erregte? Einer der Schüler von

Schwarz hat später im Überschwang seiner Anhänglichkeit die Wirkung seiner Vorlesungen mit der von Kant in Königsberg verglichen.

Schwarz' Wirksamkeit stellt sich dar als eine Art Reaktion gegen die bisher vorherrschenden Einflüsse des französischen Rationalismus in Rußland[34]. Er lenkte mit seinem Konzept die Aufmerksamkeit der russischen Bildungswelt und ihrer studierenden Jugend zugleich auch auf die zeitgenössische deutsche Literatur, auf Hamann, Herder und Gellert, den er besonders schätzte. Auf diese Weise wurde in Rußland der Boden für eine Kulturströmung vorbereitet, die sich später der deutschen Klassik, dem Sturm und Drang und der Romantik öffnen konnte.

In diesem Zusammenhang ist das Erscheinen einer weiteren Gestalt auf der Moskauer Szene wichtig. 1781 trifft ein hervorragender Vertreter der deutschen literarischen Welt, Jakob Michael Reinhold Lenz, in der Stadt ein, allerdings schon durch Krankheit gezeichnet[35]. Lenz hatte sich — nach der Rückkehr aus Deutschland und nach dem Zerwürfnis mit Goethe — in den baltischen Provinzen, seiner eigentlichen Heimat, danach auch in Petersburg vergeblich um eine Position bemüht. Ehe die geistigen Störungen bei ihm 1786 zum Durchbruch kamen, entwickelte er an seinem neuen Wirkungsort eine erstaunliche Aktivität, hektisch, sprunghaft, aber immer kreativ und die Zeitgenossen faszinierend. Als Übersetzer der Werke von M. M. Cheraskov, M. N. Pleščeev und M. D. Čulkov, einem der ersten russischen Kameralisten[36], schien sich Lenz in gewisser Weise zu einem fruchtbaren Vermittler zwischen dem deutschen und russischen Geistesleben zu entwickeln. Die Begegnung mit Schwarz muß auf beiden Seiten starke Sympathien ausgelöst haben.

Nach Schwarz' Rückkehr aus Deutschland gestalteten sich die Verbindungen zwischen ihm und Novikov noch enger als zuvor, letzterer nahm ihn in sein Haus neben dem Nikolaj-Tor am Kreml[37] auf, wo auch die Druckerei untergebracht war. Hier gaben sie, augenscheinlich gemeinsam, die Zeitschrift *Abendröte* (*Večernjaja Zarja*) heraus[38]. Die Mitarbeiter waren hauptsächlich Studenten von Schwarz; in jeder Nummer erschien auch ein Aufsatz zu Freimaurerproblemen, der „mehr auf individuelle Zielvorstellungen als auf gesellschaftliche oder allgemeine gerichtet" war[39].

Aber diese vertraute Zusammenarbeit währte nicht lange. Schon im Jahre 1783 verließ Schwarz Moskau und zog in das nahe gelegene Dorf Očakovo. Es scheint, daß sich seine Krankheit, wahrscheinlich ein Lungenleiden, rapide verschlechtert hatte. In Očakovo wurde er als sehr geschätzter Gast des Fürsten Trubeckoj aufgenommen, der schon seit seiner Ankunft in Rußland sein Gönner gewesen war. Die Gastfreundschaft wurde nicht lange beansprucht: Schon am 17. Februar 1784 ist Schwarz hier in Očakovo, erst 33 Jahre alt, gestorben. Als Trubeckoj an diesem Tage in sein Zimmer kam — Schwarz war offenbar schon bettlägerig —, soll dieser ihm zugerufen haben: „Sei glücklich, mein Freund, ich habe soeben mein Urteil erhalten und bin aufgenommen. Jetzt kann ich in Frieden sterben."[40] In dieser Überlieferung mischen sich christliche und freimaurerische Vorstellungen.

Seine Freunde baten Pastor Wigand, die Funeralien zu vollziehen[41]. Lenz verfaßte einen Nachruf, in dem er Schwarz einen „sich zum Wohle des Vaterlandes und dieser alten Hauptstadt aufopfernden Mann" nannte[42]. Lenz soll sich auch um die Witwe und die Kinder gekümmert haben. Wen Schwarz geheiratet hatte, ist nicht bekannt, vermutlich keine Russin, da in diesem Fall das Begräbnis nach griechisch-orthodoxem Ritus vollzogen worden wäre. Ein Sohn Paul, Pavel Ivanovič Švarc, wurde Botaniker und später als Gartenbaufachmann in Moskau bekannt. Der Kultusminister Aleksandr Nikolaevič Švarc (1848–1915) soll ein Nachkomme von ihm gewesen sein.

Der russische Biograph von Lenz, M. N. Rozanov, weiß zu berichten, dieser habe das Projekt einer *Literärischen Gesellschaft* in Moskau, das er 1784, kurz vor seiner endgültigen Umnachtung, propagierte, von Schwarz übernommen; auch die von Lenz benutzte literarische Wendung „Gott als allweiser Baumeister des Weltalls", eine bei Freimaurern beliebte Formulierung, sei auf Schwarz zurückzuführen[43].

## IV

Die letzte wichtige literarische Begegnung von Lenz betraf den später berühmten Dichter und Historiker Nikolaj Michajlovič Karamzin. Beide wohnten zeitweise im Hause Novikovs, dessen Ruf als literarisches Zentrum der Stadt dadurch wuchs. Ob Karamzin, ebenso wie Lenz Schwarz gekannt hat, ist nicht nachgewiesen, doch ist es nicht ausgeschlossen; sicher aber trug die Atmosphäre des Hauses zur tiefen Verehrung bei, die Karamzin gegenüber Schwarz, dessen Büste in seinem Arbeitszimmer stand[44], empfand.

Bedeutsam ist, daß Lenz, wie Rozanov nachweist, den Plan für die große Reise Karamzins durch Deutschland und Westeuropa nach seiner Kenntnis der Brennpunkte des geistigen Lebens und der maßgebenden Personen ausgearbeitet hat. Dieser Reiseplan ermöglichte es ihm, die für ihn wichtigen Begegnungen zu verwirklichen und seine für die nachfolgenden Generationen bedeutsamen *Briefe eines reisenden Russen* zu schreiben. Seit 1786 versank Lenz immer tiefer in Umnachtung; er starb am 23. Mai 1792 auf einer Moskauer Straße.

Das Jahr 1786 bedeutet aber auch noch in einem anderen Zusammenhang einen Einschnitt. Von diesem Jahr an begannen die Repressalien Katharinas II. gegen die Freimaurer, die sich 1789 unter dem Eindruck der Französischen Revolution verstärkten. Es gibt eine Reihe von Motiven, die man hinter diesen Maßnahmen annehmen kann. Eine Veranlassung dazu mögen die Angriffe gewesen sein, die aus Kreisen der Freimaurer gegen sie gerichtet wurden und die sie eines unmoralischen Lebenswandels bezichtigten. Es war das Thema, das auch der Schriftsteller Fürst M. M. Ščerbatov (1733–1790) in seiner Schrift *Über die Sittenverderbnis in Rußland*[45] behandelt hatte; sie war, obwohl erst im 19. Jahrhundert veröffentlicht, schon damals bekannt geworden. Auch war Katharina II. die Geheimbündelei der Freimaurer ein Dorn im Auge; und angesichts der preußisch-russischen Spannungen seit der Thronbesteigung

Friedrich Wilhelms II. war der Kaiserin auch der Einfluß von dessen Günstling Wöllner auf die russischen Freimaurer suspekt[46].

Ein weiterer Grund für Katharinas Animosität gegen die Freimaurer hängt mit ihrem problematischen Verhältnis zu ihrem Sohn, dem Thronfolger Paul, zusammen. Es wurde vor allem durch das Trauma, ihre Thronbesteigung könnte als illegal betrachtet werden, bestimmt. Der „junge Hof" in Gatčina, wo Paul und seine württembergische Frau residierten — hier waren übrigens schon sehr früh Schillers Dramen in Liebhabervorstellungen aufgeführt worden —, erschien ihr zunehmend als eine Brutstätte möglicher Palastverschwörungen.

Paul hatte enge Beziehungen zu den Freimaurern; wenn der Bericht über den Besuch des schwedischen Königs Gustav III. in Petersburg stimmt, war er damals in die Loge aufgenommen worden. Auf der großen Europareise des Thronfolgerpaares im Jahre 1782 nahm er in Wien an einer Logensitzung teil. In seiner Begleitung befand sich u. a. Fürst A. B. Kurakin, der gewissermaßen als Attaché der Freimaurer fungieren sollte[47]. Katharina ließ ihn nach der Rückkehr der Reisegesellschaft sofort verhaften. Es hat den Anschein, daß die Kaiserin die Freimaurer als potentielle Drahtzieher einer von Gatčina ausgehenden Palastverschwörung ansah[48].

Für die Verhaftung Novikovs im Jahre 1786 gab es für Katharina viele Motive; eines von ihnen war seine Aktivität bei den Freimaurern, darüber hinaus auch seine engen Beziehungen zum Hof von Gatčina. Jedenfalls ließ Paul I. nach seiner Thronbesteigung 1796 Novikov unverzüglich in Freiheit setzen. Auch Alexander I. war, mindestens bis 1822, den Freimaurern wohlgesinnt. Mit dem Schlag gegen Novikov[49] endete jenes denkwürdige Jahrzehnt der Moskauer Geistes- und Bildungsgeschichte, das mit dem Erscheinen von Schwarz und Novikov begonnen hatte und durch die Endjahre von Lenz und die Anfangsjahre von Karamzin gekennzeichnet war.

Hier konnte natürlich nur ein Ausschnitt aus dieser Epoche beleuchtet werden; es ging um die kurze Wirksamkeit des jungen Siebenbürgers zwischen 1779 und 1784. Sie blieb nicht ohne Widerhall in der russischen Nachwelt. Die Faszination seiner Persönlichkeit ist bei allen Autoren, die über ihn berichten, spürbar. Seine besondere Bedeutung liegt in der Verknüpfung seiner theoretischen Vorstellungen mit praktischen Aktivitäten: im Lehrbetrieb der Universität, für das Spachenstudium und bei der Vermittlung zwischen dem deutschen und russischen Geistesleben. Gemeinsam mit Novikov konnte manche Anregung fern der höfischen Atmosphäre Petersburgs verwirklicht werden.

Die Aufklärung ist ein vielschichtiges Phänomen. Im Kampf gegen kirchliche Bevormundung und gegen kirchlichen Obskurantismus waren seine rationalistischen und materialistischen Grundzüge besonders in Erscheinung getreten. Aber schon dabei zeigte sich die Ambivalenz dieses gewaltigen geistigen Aufbruchs. Eine Gegenströmung von idealistisch-spiritualistischen Ideen, ein Aufbegehren emotionaler Regungen, eine Aufgeschlossenheit für übernatürliche Erscheinungen drängten vor. Gerade diese Bipolarität der Aufklärung macht ihre enorme Wirkungskraft verständlich.

Stärker noch als Novikov war Schwarz diesen Strömungen verbunden, die schließlich von der Epoche des Rationalismus zu der des Sturm und Drang, der Empfindsamkeit und des Sentimentalismus, der Naturphilosophie und der Romantik führten. Auch die Freimaurerei in Westeuropa wie in Rußland hatte ihre zwei Pole. Wenn Dmitrij Tschiževskij, wie eingangs zitiert, den einen ganz besonders akzentuiert, so erweist sich Johann Georg Schwarz als sehr signifikanter Kronzeuge gerade dieser Strömungen.

*Anmerkungen*

1 Vgl. G. v. Rauch: Frühe christliche Spuren in Rußland. In: Saeculum 7 1956, S. 41 ff.
2 Dmitrij Tschiževskij: Rußland zwischen Ost und West. Russische Geistesgeschichte. Bd. 2, Reinbeck 1961, S. 50—52.
3 Ders. (D. Čyževskyj): Jakob Böhme in Rußland. In: Evangelium und Osten 8 (1935), S. 175 ff.; E. Amburger: Geschichte des Protestantismus in Rußland. Stuttgart 1961, S. 37 ff. Zu Kuhlmann vgl. Vernadskij (s. Anm. 4) S. 1.
4 Gesamtdarstellungen über die Freimaurerei in Rußland sind u. a. Ernst Friedrichs: Die Freimaurerei in Rußland und Polen. Berlin o. J.; A. N. Pypin: Russkoe Masonstvo, XVIII i pervaja četvert' XIX v. Petrograd 1916;Masonstvo v ego prošlom i nastojaščem. Hrsg. von S. P. Melgunov, N. P. Sidorov. Moskau 1914/1915; G. V. Vernadskij: Russkoe masonstvo v carstvovanie Ekateriny II. Petrograd 1917. Weitere Literaturangaben bei A. S. Myl'nikov in diesem Band.
5 Elagin (1725—1794) war Historiker, übte aber am Hof Katharinas II. die Ämter des Hofmusik- und Theaterdirektors aus. Eine der Inseln im Neva-Delta wurde nach ihm benannt.
6 Die ausführlichste Biographie findet sich in: Biografičeskij Slovar' professorov i prepodavatelej Imperatorskogo Moskovskogo universiteta 1755—1855. 2 Bde. Moskau 1855, S. 574—599; vgl. ferner den Artikel von V. V. Fursenko in: Russkij Biografičeskij Slovar', Bd. 22.
7 Die Daten über die Immatrikulation in Halle, den Geburtsort und den Vater verdanke ich der freundlichen Mitteilung des Archivs der Martin-Luther-Universität Halle-Wittenberg. Ein von Eduard Winter (Frühaufklärung. Berlin 1966, S. 208) erwähnter Gottfried Schwarz (1708—1788) könnte ein Verwandter gewesen sein. Er stammte aus Nordungarn, studierte Philosophie in Halle und Theologie in Jena und veröffentlichte ein kirchenhistorisches Werk „Über die Anfänge des Christentums in Ungarn", Halle 1740. Ebenfalls aus Halle ging Pastor Johann Christoph Schwarz in der Mitte des 18. Jahrhunderts nach Estland, wo er als pietistischer Geistlicher in Palm amtierte. (E. Winter: Halle als Ausgangspunkt der deutschen Rußlandkunde im 18. Jahrhundert. Berlin 1953, S. 265). Schließlich sei ein M. (Monsieur?) Schwarz erwähnt, der sich als „Ungarländer" am 15.8.1782 in das Stammbuch eines Jenaer Studenten, wahrscheinlich eines Landsmannes, eintrug. (H. Peukert: Zu den Beziehungen der Slowaken in Jena zu ihren deutschen Kommilitonen im 18. u. 19. Jh. In: Deutsch-slawische Wechselseitigkeit in 7 Jahrhunderten. Gesammelte Aufsätze, E. Winter zum 60. Geburtstag, hrsg. von H. H. Bielfeldt, Berlin 1956.) Daß es sich dabei um Johann Georg Schwarz gehandelt hat, ist unwahrscheinlich, denn damals war er schon nach Rußland zurückgekehrt.
8 Über die Verpflichtung nach Mogilev vgl. Longinov (s. Anm. 15) S. 126, zur Logengründung vgl. Pypin (s. Anm. 4), S. 508.
9 Nähere Angaben über die Beziehungen von Schwarz zu Mitau vgl. Ischreyt in diesem Band.
10 Vernadskij (s. Anm. 4) hält Schwarz für den Leiter des Seminars (S. 207), andere Quellen weisen ihm nur die Rolle eines Stellvertreters zu.

11 Finanziell wurde das Seminar hauptsächlich durch Spenden erhalten. Der Fabrikant P. A. Demidov steuerte 20 000 Rubel bei, Schwarz selbst spendete 5000 Rubel und Einrichtungsgegenstände. Vgl. Vernadskij (s. Anm. 4) S. 207.

12 Über Glück orientiert Herbert Pönicke: J. E. Glück. Ein Widerstandskämpfer im Zeitalter der Frühaufklärung im Nordosten Europas. In: Kirche im Osten. Bd. 13, Göttingen 1970; vgl. auch G. v. Rauch: Die Universität Dorpat und das Eindringen der frühen Aufklärung in Livland. Essen 1943 (Neudruck Osnabrück 1969), S. 198 ff.

13 Über ihn vgl. Amburger (s. Anm. 3) S. 58, 136.

14 Gedruckt in Moskau in deutscher und russischer Sprache. Joseph II. war zweimal in Rußland: 1780 und 1787.

15 N. I. Novikov i ego sovremenniki. Izbrannye sočinenija. Hrsg. von I. V. Malyšev. Moskau 1961; M. N. Longinov: Novikov i Moskovskie Martinisty. Moskau 1867; G. Makogonenko: N. Novikov i russkoe prosveščenie 18. veka. Moskau, Leningrad 1951.

16 Nach anderen Quellen wurde die Gesellschaft erst 1782, also nach der Deutschlandreise von Schwarz eröffnet. Pypin (S. 184) rühmt Schwarz als begabtestes und eifrigstes Mitglied der Gesellschaft; vgl. auch B. I. Krasnobaev in diesem Band.

17 In-Ho L. Ryu: Moscow Freemasons and the Rosicrucian Order. A Study in Organization and Control. In: The Eighteenth Century in Russia. Hrsg. von J. G. Garrad. Oxford 1973, S. 203 ff. Zur Deutschlandreise vgl. Pypin (s. Anm. 4) S. 473, 513 f.

18 Zu diesen Verbindungen der Moskauer Freimaurer vgl. Ischreyt in diesem Band.

19 J. G. Hamann: Briefwechsel. Hrsg. von A. Henkel, Bd. 4 Wiesbaden 1959. Brief an Hartknoch vom 14.9.1781, S. 331.

20 Ebenda S. 332.

21 Ebenda S. 334 und 339. Briefe vom 15. und 17.9.1781.

22 Über Wöllners Beteiligung an dem Preisausschreiben der *Petersburger Freien Ökonomischen Gesellschaft* zu Fragen der Leibeigenschaft im Jahr 1766 vgl. Erich Donnert: Politische Ideologie der russischen Gesellschaft zu Beginn der Regierungszeit Katharinas II. Berlin 1967, S. 168—169. Ob es Schwarz bekannt war, daß Wöllner sich recht kritisch „gegen die Institution der Leibeigenschaft" ausgesprochen hatte? Zu Theden vgl. Ryu (s. Anm. 17) S. 207 f. Zur Begegnung mit dem Herzog von Braunschweig vgl. Vernadskij (s. Anm. 4) S. 52.

23 Zur Begegnung von Wöllner und Schwarz vgl. Vernadskij (s. Anm 4) S. 65, 68.

24 Die Rosenkreuzer werden in der russischen Literatur „Rozenkrejceri" genannt, der Orden der Gold- und Rosenkreuzer „Orden' zlatorozago kresta", also etwa Orden des gold-rosenroten Kreuzes.

25 Büsching (1724—1793) kam als Hauslehrer nach Petersburg (1749—1754) und war hier dann (1761—1765) Pastor an der St.-Petri-Kirche sowie Gründer und Leiter des deutschen Gymnasiums. Von 1767 an war er Gymnasialdirektor in Berlin. Vgl. Erik Amburger: Beiträge zur Geschichte der deutsch-russischen kulturellen Beziehungen. Gießen 1961. Hier befinden sich weitere bibliographische Angaben. Die Baseler Familie Bernoulli bildet eine Naturforscherdynastie. Einige ihrer Angehörigen wirkten in Rußland. Hier handelt es sich wahrscheinlich um Johann Bernoulli (III) (1744—1807), den Direktor des Observatoriums, der auf seinen zahlreichen Reisen auch einige Jahre zuvor in Rußland gewesen war.

26 Johannes Matthias Schaden (1731—1797), geboren in Preßburg, wurde 1755 bei Gründung der Universität Moskau als Rektor des Universitätsgymnasiums nach Rußland berufen, wo er u. a. auch Karamzin unterrichtet hat. 1772 wurde Schaden Professor für praktische Philologie. 1781 änderte Schwarz die Lehrpläne des Gymnasiums. Der aus einer Geistlichenfamilie stammende Aleksej Kirillovič Barsov (1730—1791) war seit 1761 Professor für russische Sprache und Literatur und Zensor in der Universitätsdruckerei, die Novikov gepachtet hatte. 1771 gründete er zusammen mit Melissino die *Vol'noe Rossijskoe Sobranie*, und 1789 die *Obščestvo ljubitelej učenosti*.

27 Aus einer zur Zeit Peters des Großen eingewanderten griechischen Familie, die sich ihrer Abkunft von den Komnenen rühmte. Ryu (S. 202) verwechselt ihn mit seinem acht Jahre jüngeren Bruder Petr Ivanovič M., der General der Artillerie und Urheber des nach ihm benannten freimaurerischen Systems war.

28 Nach Vernadskij (s. Anm. 4) gab es in Rußland in den achtziger Jahren nicht mehr als 20 bis 30 Rosenkreuzer höherer Grade (S. 78). Nach dem Tode von Schwarz sollte dessen Platz eingenommen werden von Baron von Schröder, dessen Tagebuch aus dem Jahr 1784 ein wichtiges Zeugnis für die Moskauer Freimaurerei in der Periode nach

Schwarz darstellt. Es ist ebenso wie ein aufschlußreicher Briefwechsel abgedruckt in:
J. L. Barskov: Perepiska Moskovskich Masonov. Petrograd 1915.
29 Im deutschen Original abgedruckt bei N. S. Tichonravov: Letopisi russkoj literatury i
   drevnostjej. Bd. 96—110 (nach Ryu S. 221).
30 Über seine Lehrtätigkeit vgl. Vernadskij (s. Anm. 4) S. XVIII; M. R. Rosanow (Rozanov): Jakob Michael Reinhold Lenz. Der Dichter der Sturm- und Drangperiode. Sein
   Leben und seine Werke. Dt. Übersetzung Berlin 1909 (Neudruck 1972), S. 417 ff.
31 Zur kurzen Orientierung: G. von Rauch: Streiflichter zum russischen Deutschlandbild
   des 19. Jh. In: Jahrbücher für Geschichte Osteuropas 12 (1964) S. 11 ff. Neben I. P.
   Turgenev wäre aus dem Kreise der Moskauer Freimaurer auch A. M. Kutuzov, mit der
   Familie Turgenev und Novikov eng befreundet, zu nennen. Er übersetzte Klopstocks
   „Messias" ins Russische (Moskau 1785 ff.) und war Mitglied der Družeskoe obščestvo...
   Über Lavaters Wirkungen in Rußland vgl. Edmund Heier: Das Lavaterbild im geistigen
   Leben Rußlands des 18. Jahrhunderts. In: Kirche im Osten, Bd. 20, 1977, S. 107—127.
32 Rosanow (s. Anm. 30) 509 f.
33 Vernadskij (s. Anm. 4) S. XVIII nach zeitgenössischen Berichten.
34 So auch Rosanow (s. Anm. 30) S. 421.
35 Über die letzten Jahre von Lenz in Moskau hat Rosanow erstmals eingehend aufgrund
   russischer Unterlagen berichtet (s. Anm. 30), S. 408 ff.
36 Čulkov (1743—1793) verfaßte u. a. ein siebenbändiges Werk über den russischen Handel, das bis heute eine Fundgrube von Nachrichten über die russische Wirtschaftsgeschichte darstellt; vgl. Donnert (s. Anm. 22), S. 151.
37 Die Nachrichten über dieses Haus widersprechen sich. Vernadskij ist der Ansicht, es
   habe Schwarz gehört und sei dann in den Besitz von Novikov übergegangen, was wenig wahrscheinlich ist (vgl. auch Rosanow — Anm. 30, S. 424).
38 Hier gehen die Ansichten auseinander. Makogonenko (s. Anm. 15) S. 460 f. meint,
   Novikov wäre nur dem Namen nach und als Druckereibesitzer als Herausgeber aufge-
   treten, der eigentliche Redakteur sei aber Schwarz gewesen. Andere meinen jedoch,
   Schwarz sei nicht an der Herausgabe beteiligt gewesen.
39 Makogonenko (s. Anm. 15), S. 210 ff. aufgrund von überlieferten Aussagen der Fürstin
   Trubeckaja.
40 Nach M. N. Longinov (s. Anm. 15) S. 210 aufgrund von überlieferten Aussagen der
   Fürstin Trubeckaja. Barskov (s. Anm. 28) S. 286 weiß zu berichten, die Moskauer Rosenkreuzer hätten einen Kurier zu Wöllner nach Berlin geschickt, um die „von diesem
   verheißene Universalmedizin" für Schwarz zu holen. Sie traf „zum Glück" zu spät ein,
   denn die chemische Untersuchung habe ergeben, daß die Dosis tödlich gewesen sei.
41 Pastor Vigand. Ergo Žizn'i dejatel'nost' v Rossii 1764—1808. In: Russkaja Starina, 1892,
   S. 561 f. Das Verhältnis zwischen Wigand und Schwarz war nicht unproblematisch:
   Wigand schildert ihn als einen religiösen Fanatiker, der es darauf abgesehen habe, die
   griechisch-orthodoxe Kirche in Rußland zu bekämpfen bzw. zu unterminieren; er habe
   ihm geraten, vorsichtiger zu sein (nach Ryu — s. Anm. 17 — S. 222 f., lt. Wigand siehe
   oben S. 562). Hier sind schon wegen der Freundschaft mit Novikov, der überzeugter
   Anhänger seiner Kirche war, Zweifel angebracht.
42 Rosanow (s. Anm. 30) S. 419 f. Mit Vaterland ist das Russische Reich gemeint.
43 Ebenda S. 420.
44 Ebenda S. 425. Über seine Wohnung im Hause Novikovs berichtet Karamzin in einem
   Brief von 1787 an Lavater, ebenda S. 424.
45 M. M. Ščerbatov: O povrezdenii nravov v Rossii. Hrsg. von Alexander Herzen, London 1858.
46 Katharinas Verhalten war nicht frei von Widersprüchen. Auf der einen Seite sah sie in
   den Freimaurern bzw. Rosenkreuzern Agenten des Obskurantismus der Kamarilla um
   Friedrich Wilhelm II., auf der anderen verdächtigte sie sie — besonders nach 1789 —
   revolutionärer Machenschaften im Sinne der französischen Jakobiner.
47 Aus einem Brief von Schwarz an den Prinzen Karl von Hessen vom Jahre 1782 geht
   hervor, daß man Paul durch Kurakin im Sinne der Freimaurer zu beeinflussen versuchte. Vgl. Vernadskij (s. Anm. 4) S. 229, Pypin (s. Anm. 4) S. 323.
48 So auch Ryu (s. Anm. 17) S. 228 f.
49 Bei dem Prozeß wurde Novikov u. a. auch der Umgang mit den Rosenkreuzern zur
   Last gelegt. Zunächst von Katharina II. zum Tode verurteilt, wurde er dann zu 15 Jahren Haft „begnadigt".

# STREIFLICHTER ÜBER DIE FREIMAUREREI IN KURLAND

*Von Heinz Ischreyt*

Die geistesgeschichtliche Rolle der Freimaurer in Kurland während der zweiten Hälfte des 18. Jahrhunderts liegt im Dunkel. Lediglich verstreute Bemerkungen erhellen Partien eines Bildes, das nur erahnt werden kann und sich wahrscheinlich auch nicht mehr vollständig rekonstruieren lassen wird, weil die Logenakten entweder nicht erhalten oder nicht zugänglich sind und – was noch wichtiger ist – viele Fakten mit den Menschen, die sie gekannt haben, dahingegangen sind. Dennoch können wir mit einigem Grund vermuten, daß dieses Bild reich und farbig gewesen ist.

Sicher nicht ohne Grund schrieb Herder – über die Verbesserung der Verhältnisse im Herzogtum Kurland, Livland und Rußland reflektierend – in das Journal seiner berühmten Reise im Jahr 1769 folgende Sätze: „Kurland das Land der Licenz und der Armuth, der Freiheit und der Verwirrung; jetzt eine Moralische und Litterarische Wüste. Könnte es nicht der Sitz und die Niederlage der Freiheit und der Wißenschaft werden, wenn auch nur gewisse Plane einschlagen? Wenn das was bei dem Adel Recht und Macht ist, gut angewandt, was bei ihm nur gelehrter Luxus ist, aufs Grosse gerichtet würde? Bibliothek ist hier das Erste; es kann mehr werden, und so sei es mir Vorbild und Muster der Nacheiferung und Zuvorkommung. Auf welche Art wäre dem Liefländischen Adel beizukommen zu grossen guten Anstalten? Dem Kurländischen durch Freim.□, dem Liefländischen durch Ehre, Geistliches Ansehen, gelehrten Ruhm, Nutzbarkeit."[1]

In diesen Ausführungen, die typisch für die erste, noch optimistische vorrevolutionäre Phase der Aufklärung sind, erwähnt Herder ausdrücklich die freimaurerische Organisation in Kurland, die er genau kannte. Dabei spielte er auf dasjenige an, was Karl Wilhelm Cruse, der, schon einer späteren Generation angehörend, aber doch noch auf unmittelbaren mündlichen und schriftlichen Nachrichten fußend, im zweiten Band seines Buches *Curland unter den Herzögen*[2] leider nur andeutungsweise ausgeführt hat. Hier erwähnt er nicht nur die philanthropischen Bemühungen der Mitauer Loge, sondern betont, die „Leitenden" der Loge hätten versucht, „dem Orden eine Richtung zu geben, die gerade in der Lage, worin sich Curland befand, wesentlich sittlich wirken mußte." Als Ziele ihrer Initiative nennt er die „Erziehung der Jugend" sowie die „Hemmung der Unsittlichkeit und des Mißbrauchs von Recht und Gewalt".

„Man machte es sich daher zur Aufgabe, nicht nur darauf einzuwirken, daß Schul- und Kirchenlehrstellen mit hellsehenden, einsichtsvollen und rechtschaffenen Männern besetzt wurden, daß die Gutsherren nicht nur die unter ihrem Patronat stehenden Geistlichen, sondern auch ihre Hauslehrer nicht wie abhängige Beamte, sondern als hilfreiche Freunde behandelten; daß diejenigen, welchen die gute Erziehung der Ihrigen als minder wichtig erschien wie die Sorge, ihnen ein ansehnliches Vermögen zu hinterlassen, zu besserer Einsicht, oder wenigstens zu einem angemesseneren Verfahren gebracht würden; daß die willkürliche Behandlung Untergebener und Schwacher [d. h. der Leibeigenen] durch Verkauf, Vertauschung, Verschenkung einzelner Menschen ohne Grundstücke, Verbot oder Zwang in Ehebündnissen und Wegnehmung des dem Boden angehörigen durch eignen Fleiß und Sparsamkeit Erworbenen, als unwürdig und unzulässig angesehen und gemieden würde, ja noch mehr, daß verborgener Gewaltmisbrauch zur Sprache und wo möglich auf dem gesetzlichen Wege zur öffentlichen Ahnung [!] und Strafe gebracht würde, wie solches auch in den ersten sechs Jahren des bestehenden Vereins [1754–1760] gegen 5 Gutsbesitzer und in der Folge noch gegen Mehrere ausgeführt wurde."[3]

Die in diesen Sätzen genannten Ziele der kurländischen Freimaurerei beruhen auf der aufklärerischen Vorstellung vom vernünftigen Wesen des Menschen, der durch Einsicht und Erziehung zur Verbesserung seines Verhaltens bewogen werden könne, wodurch dann auch die gesellschaftlichen Verhältnisse verbessert werden würden. Es handelt sich dabei um eine Grundüberzeugung, die erst in den achtziger Jahren zu schwinden begann, als auch die Freimaurerei in Kurland in eine tiefe Krise geriet. Diese Ziele wurden als Ergebnis der Einsicht einzelner Personen und Persönlichkeiten gesehen, was sicher nichts mit einem Individualismus moderner Prägung zu tun hat, sondern viel mehr mit einer Strukturform der „überschaubaren Gesellschaft"[4], die im „nordosteuropäischen Kommunikationssystem"[5] und besonders in Kurland deutlich ausgeprägt gewesen sein dürfte.

Die bildungs- und sozialpolitischen Ziele der kurländischen Freimaurer können wohl näher an den Bemühungen zur Gründung der Academia Petrina (1776) und an der Förderung des Buchwesens dargestellt werden[6]. Wenn auch hier das Fehlen schlüssiger Beweise damit zusammenhängt, daß unmittelbare Aussagen oft fehlen und man darauf angewiesen ist, bestimmte Vorgänge nur wahrscheinlich machen zu können, liegen andere Teile dieses Bildes in ein noch tieferes Dunkel gehüllt. Das gilt für die Beziehungen nach Rußland, die dadurch angedeutet werden, daß Johann Georg Schwar(t)z, der Freund Novikovs, Kontakte zu Mitau hatte[7]. Das gilt aber auch für deutsche Verbindungen mancherlei Art. Mitau war eine Station zwischen Rußland und dem „Westen". In Mitau machten so grundverschiedene Persönlichkeiten halt wie Johann Georg Schwarz, Johann Bernoulli, Karamzin und Cagliostro[8].

Schon diese einleitenden, wenn auch nur beiläufigen Bemerkungen machen deutlich, daß nicht zuletzt wegen der kurländischen Freimaurerei ein Mißverhältnis zwischen der wirtschaftlichen und politischen Ohnmacht des Herzogtums Kurland und seiner Bedeutung für das nordosteuropäische Kommunikationssystem bestanden haben dürfte, daß also seine funktionelle Rolle in der Geschichte jener Zeit viel größer war als seine effektive Macht. Die folgenden Ausführungen sollen dazu dienen, das vorliegende Material über die kurländische Freimaurerei zu sichten und zusammenzustellen, zumal in der entsprechenden Literatur über diesen Gegenstand kaum etwas mitgeteilt wird: Das *Freimaurer-Lexikon* von Lennhoff und Posner weiß darüber z. B. nur wenige der Korrektur bedürftige Sätze zu sagen. Endgültiges wird hier zwar nicht geboten werden, doch wird man zeigen können, auf Grund welcher Voraussetzungen sich die Entwicklung vollzog und an welchen Stellen die größten Lücken klaffen.

*

Die erste kurländische Freimaurerloge wurde 1754 in Mitau gegründet. Cruse schreibt darüber:

„Es waren bereits nicht wenige angesehene Genossen des Adels in Curland bei ihren Reisen im Auslande mit diesem gerade in der Mitte des 18. Jahrhunderts von England aus sich über Deutschland verbreitenden Orden in Verbindung getreten, in den Logen zu Jena, Braunschweig, Warschau aufgenommen und zu höheren Graden befördert worden. Diese waren es ohne Zweifel, welche im Jahr 1754 von dem damaligen Mitgliede des Universal-Conseils des Freimaurer-Ordens, dem Herzog von Braunschweig-Wolfenbüttel, die Fundations- und Ordinations-Acte der Loge zu den drei gekrönten Schwertern zu Mitau, und die Ernennung der ersten 9 Großbeamten derselben auswirkten, welche auch am 24. Juni N. St. die Loge eröffneten."[9]

Im benachbarten Königsberg, dessen Schule und Universität viele Kurländer besuchten, war schon acht Jahre zuvor (1746) eine Loge gegründet worden[10], doch hatte sie keinen Erfolg. Erst mit der Gründung der Loge *Zu den drei Kronen* im Jahre 1760 begann die Freimaurerei sich hier kontinuierlich zu entwickeln. Und zu dieser Zeit hatte die Mitauer Loge schon einige Bedeutung erlangt. Cruse teilt mit, daß bis zum 24. Juni 1761 aus dem Adel, der Geistlichkeit und den Literaten nicht weniger als 86 Personen rezipiert worden waren, die Loge mit den neun Gründern also 95 Mitglieder zählte[11]. Bemerkenswert ist, daß der erste Meister vom Stuhl der Königsberger Loge ein Kurländer, Christoph Heinrich von Schröders (später: Eques a Manibus junctis), war, der an der dortigen Universität studiert hatte und der *Deutschen Gesellschaft* angehörte. Nachdem er 1763 den Hammer niederlegte, kehrte er in seine Heimat zurück und gehörte der Mitauer Loge an[12]. Ob er auf seinen Reisen, die den ersten freimaurerischen Zusammenkünften in seiner Königsberger Wohnung am Ende der fünfziger Jahre vorausgegangen waren, in Mitau den Meistergrad erworben hatte, ist nicht bekannt, aber auch nicht unwahrscheinlich. Auf jeden Fall bestanden von vornherein enge Beziehungen zwischen der kurländischen und (ost-)preußischen Freimaurerei, die gelegentlich auch zu einer Rivalität ausarteten. Von einem ähnlichen Verhältnis zu den seit 1750 bestehenden Rigaer Logen ist hingegen nichts bekannt.

Die Gründung der Mitauer Loge ging in der üblichen Weise vonstatten. Sie entstand durch den Zusammenschluß im Ausland rezipierter Angehöriger des Ordens. Cruse nennt in diesem Zusammenhang drei Orte: Jena, Braunschweig und Warschau. Wenn man die Vorgeschichte darzustellen versucht, stößt man jedoch in erster Linie auf den Ausgangspunkt Halle.

Am 14. Dezember 1743 wurde vor allem von Studenten der juristischen Fakultät hier die Loge *Aux trois clefs d'or* (*Zu den drei goldenen Schlüsseln*) gegründet. Ihr Patent erhielt sie von der Berliner Großloge *Zu den drei Welt-kugeln*, die auch den ersten Meister vom Stuhl, den jungen Siebenbürger Samuel von Brukenthal, der später eine so überragende Rolle im politischen und kul-turellen Leben seines Vaterlandes spielen sollte, einsetzte[13].

Brukenthal kam aus Wien, wo er am 2. März desselben Jahres in die Loge *Aux trois canons* aufgenommen worden war, deren Vorgeschichte über Bres-lau auch nach Berlin wies. Ihr stand bekanntlich der Gemahl Maria Theresias Franz von Lothringen nahe, und das Verzeichnis ihrer Mitglieder kündet von einer weltstädtischen Internationalität. Vor allem waren auch Diplomaten un-ter ihnen, so ein Graf Černyšev, Sekretär an der russischen diplomatischen Vertretung in Wien, dessen Vorname nicht ermittelt werden konnte; doch handelt es sich wahrscheinlich um Zachar Grigor'evič Černyšev (1722–1786), der zu Beginn seiner Laufbahn in diplomatischen Diensten stand und später Generalfeldmarschall sowie Gouverneur von Weißrußland und Moskau wurde[14]. 1747 nannte ihn Graf Golovin unter denjenigen russischen Freimaurern, die im Ausland rezipiert worden seien[15].

Der Loge *Zu den drei goldenen Schlüsseln* in Halle gehörten von Anfang an mehrere Kurländer an. Am 16. Dezember wurde Ulrich von Behr aufgenom-men; bis zum Juli des nächsten Jahres folgten die Brüder Christoph Dietrich Georg und Johann Friedrich von Medem, Benjamin Christian von Korff, Chri-stoph Friedrich Neander, Christoph Levin von Manteuffel-Szöge, Heinrich Ge-org von Knigge, Johann Alexander von Korff sowie der Livländer Gotthard Wilhelm von Budberg[16], der aber offenbar zusammen mit den Brüdern von Medem aus Königsberg, wo sie vorher studiert hatten, nach Halle gekommen war. Von ihnen war Manteuffel seit dem 5.9.1743 Student der Universität Jena gewesen und Johann Alexander von Korff, in der Mitgliederliste mit der Bemerkung „aus Jena" versehen, wird unter dem 3.10.1739 in der dortigen Matrikel als „Curonus" ausgewiesen. Schließlich finden wir zusammen mit Manteuffel in den Mitgliederlisten dessen Hofmeister Johann Adolf Müller, der aus Jena stammte[17]. Es gab also zu dieser Stadt und ihrer Universität be-reits zahlreiche Beziehungen, als einige Studenten und Mitglieder der Halle-schen Loge nach Jena übersiedelten und dort eine Deputationsloge *Zu den drei goldenen Rosen* gründeten, die noch Jahre hindurch in enger Verbindung mit Halle blieb.

Schuller, der Biograph Brukenthals, meint, dieser habe sich wegen des Aus-bruchs des Zweiten Schlesischen Kriegs im August 1744 aus der preußischen Stadt Halle fortbegeben[18]. Für ihn als Untertan Maria Theresias mag das ein Grund gewesen sein, für diejenigen jedoch, die mit ihm zusammen nach Jena gingen, aber gewiß nicht. Und doch finden wir unter dem 24. Oktober 1744 in der Matrikel die Namen Brukenthal, Jean Baptiste Feronce, Chr. D. G. von

Medem, J. F. von Medem, Joh. Siegmund von Fürer und Joh. Ernst Gannerus
(= Gunnerus). Alle waren frühe Mitglieder der Halleschen Loge, und sie trugen
sich in der Reihenfolge ihrer Aufnahme in diese ein. In ihrer Internationalität
erinnert diese Gruppe übrigens auch an die ersten Brüder der Wiener Loge, zu
der Brukenthal gehört hatte. Hinter ihren Namen stehen die Bezeichnungen
Hungarus, Gallus, Curonus, Francus und Norwegus.

Im Mai 1745 stieß zu ihnen noch der Däne Christoph Wöldi(c)ke, der gleichfalls Mitglied der Loge *Zu den drei goldenen Schlüsseln* war. Sein Stammbuch ist erhalten[19], und die Eintragungen aus Halle und Jena gewähren einen
Einblick in den Lebenskreis auch der kurländischen Studenten, die später zu
den Mitgründern und ersten Mitgliedern der Mitauer Loge wurden.

Vierzig Jahre später hat die Tochter Johann Friedrich von Medems, Elisa
von der Recke, mitgeteilt, ihr Vater und ihr Onkel hätten in Jena einen „sehr
verehrten Lehrer" gehabt, dessen Bruder, ein Hofrat Müller, sie „zur Chemie
und mystischen Weisheit" geführt habe[20]. In diesem Zusammenhang nennt Elisa
auch einen Hofrat Schmidt, „der nachher in geheime Gesellschaften verwickelt
gewesen ist, und in einem gewissen Zirkel noch vor kurzem viel Redens von
sich machte". Mit ihnen pflegten die Brüder von Medem die „engste Freundschaft, welche sie auch Lebenslang ununterbrochen fortsetzten". Sie hätten
auch die Freimaurerei „mit der Magie und Alchymie vereint" geglaubt, und
zwar „durch Versicherung des Bruders ihres Lehrers Müller und des Hofraths
Schmidt".

Letzterer dürfte der Consiliarius Aulicus und Archiater R. J. F. Schmidt sein,
dessen Eintragung vom 6. August 1745 in das Stammbuch von Wöldicke eine
magische Arznei-Anweisung zum Inhalt hat, wie sie eigentlich nur bis zum
Ende des 16. Jahrhunderts im Gebrauch war. Erwähnt werden eine weiße
Kröte aus dem Rachen eines feurigen Drachens, ein Adler, das aus den Wun-
den kämpfender Tiere fließende Blut, Pallas (Athene), Jupiter sowie der Vogel
Phönix. Schmidt verwandelte 1754 durch einen Zusatz von Tropfen angeblich
Wasser in einen „Krystall" und teilte dem Apotheker Cappel in Kopenhagen
ein Rezept mit, wie Gold aufgelöst werden könne, um eine Medizin herzustellen. Beide Nachrichten in Crells *Neuesten Entdeckungen*[21] stammen von dem
Professor Christian Gottlieb Kratzenstein, der in den vierziger Jahren in Halle
studierte, am 9. März 1746 in die Loge *Zu den drei goldenen Schlüsseln* aufgenommen wurde und von 1748—1753 Professor der Mechanik an der Kaiserlichen Akademie der Wissenschaften in St. Petersburg war.

Auch der Name Müller kommt im Stammbuch von Wöldicke vor. Außer
dem Professor Carl Gotthard Müller hat sich hier der schon genannte Hofmeister des jungen Herrn von Manteuffel Johann Adolf (Jean Adolphe) Müller
aus Jena eingetragen, der, wie schon erwähnt, zusammen mit seinem Schüler
in die Hallesche Loge aufgenommen wurde. Er dürfte 1712 in Jena geboren
worden sein[22], und es ist sehr wahrscheinlich, daß er der „verehrte Lehrer"
der Brüder Medem geworden ist. Wer jedoch sein Bruder, der Hofrat, war, läßt
sich noch nicht sagen[23].

In Wöldickes Stammbuch stehen u. a. noch folgende Namen von Halleschen Freimaurern: Brukenthal, Behr, Manteuffel, Chr. D. G. von Medem, J. F. von Medem, Knigge, Gunnerus. Außer mehreren anderen Professoren trug sich Joachim Georg Darjes ein; ferner der Magister Johann Achatius Felix Bielcke, der seit 1734 Sekretär der *Teutschen Gesellschaft* in Jena war. Dem Orden gehörte wahrscheinlich nicht der Däne Niels Randulf With an, der vorher in Leipzig und Halle studiert hatte und am 15. April 1744 in Jena immatrikuliert wurde.

Aus dem Inhalt der Stammbuch-Verse lassen sich einige Motive der Gruppenbildung und auch Merkmale der in ihr vorherrschenden Mentalität erschließen. Behr und einige andere Kurländer preisen in deutscher Sprache mit Versen aus den *Belustigungen des Witzes und Verstandes* die Tugend. Hier weht der Geist Gottscheds, und man wird an Briefe der Halleschen Freimaurer vom 5.1. und 13.2.1738 an den Meister erinnert[24]. Brukenthal apostrophiert in französischer Sprache die innere Freiheit des Menschen: Der freieste unter den Menschen sei jener, der auch in der Sklaverei frei sein könne. With schreibt einen lateinischen Vers in das Stammbuch, der besagt, in Germanien seien die beiden dänischen Landsleute zu Freunden geworden, die sie nun auch in Dänemark bleiben wollten.

Diese letzte Eintragung zeigt, daß sich vor allem die von ihrem Vaterland sehr weit entfernten Studenten zusammenfanden, eine Erscheinung, die übrigens auch sonst wohlbekannt ist. Sie taten es im Zeichen damals moderner Vorstellungen sowie überkommener und noch durchaus lebendiger alchimistischer und mystischer Weisheiten.

Wie Elisa von der Recke ausdrücklich bestätigt[25], stieß zu diesem Kreis noch der Kurländer Siegmund Georg Schwander, der am 17.10.1744 in Jena immatrikuliert wurde. Dasselbe gilt vielleicht auch von Ulrich Hartmann (später: Arbiter a Quercu), der zuerst (seit 1737) in Königsberg studiert hatte und 1740 nach Jena gekommen war. Möglicherweise war auch der aus Weimar stammende Friedrich Wilhelm Raison, dessen Vater als Flüchtling Frankreich verlassen hatte, Mitglied der Loge *Zu den drei goldenen Rosen*. Jedenfalls war er seit 1745 Jenaer Student und spielte ebenso wie Schwander im politischen und freimaurerischen Leben Kurlands später eine gewisse Rolle.

Nach Cruse wurde die Mitaurer Loge *Zu den drei gekrönten Schwertern* 1754 auf Grund einer „Fundations- und Ordinationsacte", die von dem Herzog von Braunschweig „ausgewirkt" worden war, förmlich gegründet. Dieser ernannte auch die ersten neun Großbeamten. Zu ihnen gehörten mit Sicherheit Christoph Levin von Manteuffel-Szöge, der erste Meister vom Stuhl, die beiden Brüder Medem, wahrscheinlich auch Schwander. Daß Ferdinand von Braunschweig sich für die Kurländer einsetzte, dürfte nicht zufällig gewesen sein. Bezeichnenderweise reiste z. B. auch der Däne Wöldicke über Braunschweig und Hamburg nach Hause. Sein Tagebuch enthält eine Reihe von Eintragungen freimaurerischer Beamter der dortigen Loge *(Carl) zur gekrönten Säule*. Auch die kurländischen Angehörigen der Jenaer Loge mögen diesen Heimweg genommen und entsprechende Beziehungen angeknüpft haben. Zu Herzog Ferdinand von Braunschweig bestanden aber wahrscheinlich noch ältere Verbindungen. 1740 wurde er in die Berliner Loge *Zu den drei Weltkugeln* aufgenommen, in deren *Geschichte* er als Nr. 50 der Mitgliederliste geführt wird. Als Nr. 37 wird jedoch der polnische Kammerherr von Mirbach[26] genannt. Bei ihm handelt es sich wohl um Eberhard Christoph von Mirbach (1710?–1769), einen kurländischen Adligen, der 1758 als Bevollmächtigter des Prinzen Carl von Sachsen die Verhandlungen mit der Kurländischen Ritterschaft über dessen Wahl zum Herzog von Kurland führte. Mirbach war also ein früher Freimaurer im deutschen Sprachgebiet und hat sicher eine Rolle bei der Gründung der Mitauer Loge gespielt. Sein Neffe, Eberhard Christoph von Mirbach auf Sarzen (geb. 1750), wurde in Sachsen Freimaurer und trug den Ordensnamen Eberhard Eques a Cervo II. Ferner können als Gründungsmitglieder der sächsische Kammerherr Ernst Wilhelm von der Brüggen (späterer Ordensname: Eques a Gubernaculo), der sich als Siebzehnjähriger am 15. Oktober 1748 in Jena immatrikulieren ließ, und Johann Wilhelm Finck von Finckenstein, der Nachfolger Manteuffels als Meister vom Stuhl, vermutet werden, ebenso Ulrich von Behr und Heinrich Georg von Knigge, die schon in Halle Freimaurer wurden. Diese neun Persönlichkeiten haben gemeinsam, daß sie alle Landesbeamte waren, dazu sind die meisten von ihnen miteinander verwandt oder verschwägert.

*

Das Jahr 1764 leitete eine neue Etappe in der Geschichte der kurländischen Freimaurerei ein, da in ihm das Hochgradsystem und der Templerorden in Mitau Fuß faßten[27]. Diese Entwicklung ist mit der Person des Ernst Johann von Fircks (1737–1782) eng verbunden. Auch er war Jenaer Student, und seinen Namen finden wir unter dem 16.10.1755 in der Matrikel. Wohl nicht zufällig war er an diese Universität gekommen, denn 25 Jahre zuvor hatte schon sein Onkel Carl Leberecht von Fircks (1710–1788) hier studiert, und sein älterer Bruder Friedrich Ewald (1733–1802) bezog ein Jahr vor ihm dieselbe Universität. Nicht einmal einen Monat nach Ernst Johann von Fircks (am 7.11.1755) traf Christoph Luther Dörper (später a Corona laurea), der nachmalige polnische Hofrat, Politiker und Freimaurer, in Jena ein, ein Jahr danach Gideon Heinrich von Saß (Eques ab Urso albo) und der Rigenser Balthasar Bergmann (Eques a Columna aurea coronata).

Die eigenartige Jenaer Tradition spiegelt sich aber noch deutlicher in folgendem: Wie schon gesagt, begann Friedrich Wilhelm Raison 1745 sein Studium in Jena, also gerade zu einer Zeit, als unter Mitwirkung kurländischer und möglicherweise auch livländischer Studenten die dortige Loge gegründet wurde. Er studierte wie die meisten von ihnen Jura und wurde dann Hauslehrer und Hofmeister bei einem Baron von Campenhausen in Livland, den er später auch auf Reisen nach Deutschland begleitete. Nach deren Beendigung am Ende der fünfziger Jahre begab er sich erneut zum Studium nach Jena, wo er „zugleich für viele damals auf der Universität anwesende Kurländer und Livländer ein Kollegium über die Geschichte und Verfassung ihres Vaterlandes" las[28]. Sein eigenhändiges, sorgfältig ausgearbeitetes Kolleghheft wurde seinerzeit im kurländischen Provinzialmuseum in Mitau aufbewahrt. Danach wurde Raison Hauslehrer bei dem kursächsischen Obristleutnant Ferdinand von Fircks (1711–1794) auf Lesten in Kurland. 1762 trat er in herzogliche Dienste und wurde später einer der führenden Köpfe bei der Vorbereitung der Academia Petrina, einer Art Hochschule, die 1775 in Mitau gegründet wurde und sich starker Unterstützung der kurländischen Freimaurer erfreute. Er gehörte auch der Zahl der inneren Ordensbrüder der Strikten Observanz an und trug den Namen a Caprificu.

Seit wann Ernst Johann von Fircks mit dem Freimaurerorden verbunden war, wissen wir nicht. Wir besitzen aber ein Stammbuch von ihm, das seit 1762 freimaurerische Eintragungen von Studenten der Universität Jena, von Teilnehmern an dem Konvent zu Kohlo 1772 und von Teilnehmern am Konvent zu Wolfenbüttel 1778 enthält[29]. Wahrscheinlich war Fircks auch an den Auseinandersetzungen mit Johnson und Rosa beteiligt, die ja vor allem die Halleschen und Jenaischen Logen betrafen, aber ihre Schatten bis nach Livland warfen. 1763 soll Rosa Riga besucht haben[30]. Ist das der Fall, so war er sicher auch in Mitau.

Fircks Freundes- und Bekanntenkreis in Jena kann durch die 55 Eintragungen zwischen 1762 und 1764 gekennzeichnet werden, die aus dieser Universitätsstadt datiert sind. Es handelt sich um sieben Hochschullehrer und 48 Studenten oder Jenaer Bürger. Drei Professoren und 35 Studenten sind als Angehörige des Freimaurerordens zu identifizieren. Ernst Anton Nicolai (rez. im August 1744) und Lorenz Johann Daniel Succow (rez. im Januar 1745) waren Mitglieder der Loge *Zu den drei goldenen Schlüsseln* in Halle, also mit einer Reihe von Mitgliedern der Mitauer Loge bekannt. Succow (a Capite Ursi) spielte im Templerorden eine gewisse Rolle. Dr. Teichmeyer soll in Jena Anhänger des Johnsonschen Systems gewesen sein[31]. Joachim Georg Darjes, seit 1739 Professor der Rechte, dann der Moral und Politik in Jena, war schon im Stammbuch von Wöldicke vertreten. Auch wenn er nicht Freimaurer gewesen sein sollte, so stellt er ein Bindeglied zwischen den Generationen dar. Ein fünfter Professor, der Mediziner Carl Friedrich Kaltschmied, hatte als junger Hochschullehrer 1742 eine Reise durch Preußen, Liv- und Kurland nach Petersburg gemacht, über die aber leider nichts Näheres in Erfahrung zu bringen war.

Ebenso wie Succow und Teichmeyer (a tribus stellis) gehörten von den Studenten H. von Bischoffswerder (a Grypho), der später bei den Berliner Rosenkreuzern eine so wichtige Rolle spielen sollte, F. W. H. von Trebra (a Metallis), später bedeutender Berghauptmann in Clausthal, und der Kurländer Adam von Koschkull (a rota rubra) dem Templerorden an. Sie sowie der Siebenbürger Georg Ferdinand von Drauth und G. H. Rocholl waren Mitglieder der Halleschen Loge *Philadelphia*. Ferner sind als Mitglieder des Templerordens zu

nennen: der Holsteiner A. G. B. von Eyben (ab aquila imperiali), der Lübecker
G. Chr. Lemke (ab Insula), die Weimaraner E. C. C. von Schardt (a Campana
argentea) und J. W. Zollmann (a Tabula) sowie der Ostfriese Gottlieb Joachim
Becker (a Columba), der neben Ludw. Ehrenfried Cramer Lehrer an der von
Darjes gegründeten Rosenschule in Jena war.

Hauptsächlich Studenten aus dem deutschen Norden haben sich in dieses
Tagebuch eingetragen, daneben aber auch mehrere Siebenbürger: Georg Ferdinand, Joseph August und Samuel Friedrich von Drauth, Joseph Christian
Schmidt, Johann Georg Eckhardt, Thomas Filtsch und M. Bacco, die sich
durch entsprechende Zeichen als Freimaurer zu erkennen geben, ferner die
beiden Ungarn Johann T. H. und Friedrich Calisius Barone von Calisch und
Kis-Birósz. Schmidt, Eckhardt und Filtsch gehörten zu den Gründern der Hermannstädter Loge *Andreas zu den drei Seeblättern*, ein weiterer Gründer, Michael Linzing, wurde am 16. Oktober 1761 gleichfalls in Jena immatrikuliert.

1763 nahm Fircks an dem Konvent von Altenberge teil, auf dem sich der
Betrüger Johnson dem Freiherrn von Hund unterwarf und die Grundlage für
ein templerisches System geschaffen wurde, das vor allem in Mittel- und Osteuropa für zwei Jahrzehnte nicht ohne Wirkung blieb. Unter dem Ordensnamen
ab aquila rubra wurde er zum Subprior von Kurland ernannt[32]. Prior dürfte
Herzog Carl von Kurland gewesen sein, der bald nach seiner Wahl im Jahr 1758
Ordensmeister des Freimaurerordens in Kurland und Polen wurde[33] und erst
1763, von Ernst Johann von Biron verdrängt, wieder nach Sachsen zurückgekehrt war.

In der zweiten Hälfte des Jahres 1764 kehrte Fircks vermutlich in seine
Heimat zurück und führte dort das templerische System in der Strikten Observanz ein[34]. Dabei fand er Unterstützung bei jenen Freimaurern, die vor
zwanzig Jahren als Studenten in Halle und Jena so eifrige Freimaurer gewesen
waren. Auch in dieser Beziehung war Mitau dem nachbarlichen Königsberg
um einige Schritte voraus, denn letzteres führte das templerische System
der Strikten Observanz erst 1769 ein, und das geschah mit Unterstützung durch
die kurländischen Brüder.

*

Wie während dieser Übergangszeit in der zweiten Hälfte der sechziger Jahre
verschiedene Faktoren zusammenspielen und die Entwicklung bestimmen, wird
an einem Beispiel aus dem Bereich des Buchhandels deutlich: Im Jahre 1766
machten der Königsberger Buchhändler und Verleger Johann Jakob Kanter
und sein ehemaliger Gehilfe Johann Friedrich Hartknoch, der ein halbes Jahr
zuvor in Riga sein eigenes Geschäft gegründet hatte, auf der Reise zur Leipziger Ostermesse in Berlin Station, wo Kanter (später: Armiger a delphino) in
die Großloge *Zu den drei Weltkugeln* vom „wahren Br. der Rigaschen Loge
Namens Hartknoch" eingeführt wurde[35]. In Leipzig verkehrten beide mit zahlreichen anderen Freimaurern, wie aus den Eintragungen in das Stammbuch

des Studenten und Freimaurers Johann von Brevern (a Circulo) hervorgeht, der später als Ritterschaftshauptmann in Estland eine nicht geringe Rolle in der Landespolitik spielte[36]. In diesem Stammbuch finden wir aus derselben Zeit auch die Namen von Jakob Friedrich Hinz (a Satore), dem späteren Mitauer Buchhändler, Joachim Johann Christoph Bode (a Lilio convallium), Diethelm Lavater (ab Aesculapio), Johann Friedrich Goldhagen (ab Hirundine), Ernst Ludwig Heinrich von Eckardsberg (a Fonte argenteo), Johann Heinrich Graf von Knuth und Gyldenstern (a tribus Alandis) und Johann Georg Eck (a Noctua). Fast alle spielten in der Freimauerei in Riga, Mitau, Leipzig, Halle, Königsberg und Zürich, im geistigen Leben ihrer Heimat und z. T. auch im Buchwesen eine gewisse Rolle. Offenbar wirken also freundschaftliche, geschäftliche und freimaurerische Verbindungen zusammen.

Eben dieses zeigt sich sowohl an der Gründung einer Filiale der Kanterschen Buchhandlung in Mitau[37] als auch an deren Übernahme durch Jakob Friedrich Hinz im Jahre 1769[38]. „Bibliothek ist hier das Erste", schrieb in diesem Jahr Herder in sein Tagebuch[39], und Johann August Starck bemerkte 1789: „Der Orden, der nun schon über 25 Jahre bey Euch existiert, dessen Glieder ihr seyd, zu deren Erhaltung aus Eurem Mittel verschiedene Convente besucht, dem ihr ein Haus acquiriert, für den ihr eine Bibliothek gesamlet..."[40]. In diesem Haus wohnte Hinz, und hier befand sich seine Buchhandlung[41]. Den Grundstock zu der Bibliothek hatte der wahrscheinlich zweite Meister vom Stuhl der Loge *Zu den drei gekrönten Schwertern* und Komtur von Wildenburg im Templerorden, der sächsische Gardeleutnant und kurländische Major Johann Wilhelm Finck von Finckenstein, gestiftet. Die Bestände wurden aber offenbar durch Käufe bei Hinz komplettiert.

*

1769 wurde von Mitau her in Königsberg das templerische System der Strikten Observanz eingeführt[42]. Die Delegation aus Kurland bestand aus dem Major J. W. Finck von Finckenstein (a Globo), dem Legationsrat Christoph Luther von Dörper (a Carona laurea) und dem Hofrat Siegmund Georg Schwander (a Prospicientia). Die beiden letzteren gehörten zu der Gruppe Jenaer Studenten, die uns schon früher begegnet sind. Sie lernten bei dieser Gelegenheit auch eine schillernde Persönlichkeit kennen, die in der Freimaurerei eine wichtige Rolle spielte, den Hofprediger Johann August Starck, der kürzlich aus Petersburg nach Königsberg übergesiedelt war und 1777 nach Mitau an die Academia Petrina berufen wurde, nachdem er sich in Königsberg viele Feinde gemacht hatte.

Die Geschichte der Königsberger Loge *Zu den drei Kronen* berichtet folgendes über die Mission der kurländischen Brüder:

„Daß [...] die Mitauer Loge, die die Oberhoheit über die damals polnischen Städte Danzig und Thorn besaß, ihr Herrschaftsgebiet auch über das viel näher gelegene Königsberg auszudehnen wünschte, ist sehr begreiflich. Ob auch schon zu der Zeit, als noch Verhandlungen mit der Berliner Loge wegen Einführung der Strikten Observanz in Königsberg spielten, gleichzeitig solche mit der Mitauer Loge stattgefunden haben, ist nicht festzustellen. Aber Tatsache ist es, daß die Mitauer Loge an den Vorgängen in Königsberg das lebhafteste Interesse nahm, und daß zur Einrichtung des I n n e r e n  O r d e n s in Königsberg, am 19. Dezember 1769, eine Deputation, bestehend aus dem Br. Kapitän Johann Wilhelm Graf Finck v. Finckenstein, Meister vom Stuhl der Mitauer Loge, und den Bbrn. Hofrat Schwander und Sekretär Dörper, erschien. In ihrer Gegenwart wurden neun schottische Bbr. zu Novizen des Innern Ordens aufgenommen und sechs derselben am 22. Dezember in die höheren Stufen befördert [...]. Daß auch nachher noch der Meister v. St. der Dreikronenloge Br. Graf v. Finckenstein intime Verhandlungen mit der Mitauer Loge pflog, ergibt sich aus dem [...] Schreiben des Brs. Hoyer vom 21. Juli 1770: Br. v. Finckenstein verlasse sich in Logenangelegenheiten auf von Fircks (seit 1769 Obermeister der Logen in Kurland), ,und wer weiß, da er (Finckenstein) sich mit ihm — unter uns gesagt — anitzo abouchiert hat, ob wir nicht unter eine andere Präfektur plaziert werden'.

Etwas Sicheres über die Bestrebungen der Mitauer Loge festzustellen, ist bisher nicht gelungen. Was aber die Dreikronenloge betrifft, so erscheint es doch sehr zweifelhaft, ob sie wirklich den Wunsch hatte, die Oberhoheit der Berliner Loge mit der von Mitau zu vertauschen.

Schon die Persönlichkeit Finckensteins, der  p r e u ß i s c h e r  Beamter war und in der Berliner Loge die maurerische Weihe empfangen hatte, spricht gegen eine solche Absicht. Vergegenwärtigen wir uns ferner, daß Br. S t a r c k, der von seinem ersten Auftreten an hier einen sehr hohen Einfluß ausübte, für die Ausbreitung seiner Klerikats-Ideen einen größeren Spielraum brauchte, als er ihm in einer von einer andern abhängigen Tochterloge vergönnt war, so müssen wir zu der Überzeugung gelangen, daß er unter allen Umständen dahin gedrängt haben wird, der Dreikronenloge die Rechte einer selbständigen Mutterloge zu verschaffen. Mögen die Mitauer daher immerhin Versuche gemacht haben, die Dreikronenloge zu sich herüberzuziehen, so hatte diese schwerlich je die ernstliche Absicht, diese Bestrebungen zu fördern, sondern bemühte sich nur, die Freundschaft mit ihnen warm zu halten, um mit ihrer Hilfe von Berlin loszukommen. Das scheint denn auch gelungen zu sein, denn auf den Antrag des Brs. v. Fircks und des Brs. v. Raven, des Prior Clericorum, wurde die Dreikronenloge auf dem Konvent zu Kohlo am 23. Juni 1772 zu einer ,exemten Präfektur' erklärt, die ebenso wie Wismar, wo ebenfalls ein klerikales Kapitel von Br. Starck gegründet war, einzig dem Prior Clericorum unterstehen sollte."[43]

Ganz gleich wie diese Vorgänge nun beurteilt werden, so zeigen sie doch, welche Bedeutung die kurländische Freimaurerei inzwischen erlangt hatte, und das sowohl nach außen als auch nach innen. Letzteres zeigte sich bei der Bestattung des Meisters vom Stuhl der Loge *Zu den drei gekrönten Schwertern*, die nicht wie Starck meint 1771, sondern Ende Januar 1772 „förmlich nach alter Tempelritter Weise"[44] vollzogen wurde. In den *Mitauer Nachrichten von Staats Gelehrten und Einheimischen Sachen* von Montag, dem 3. Februar 1772, finden wir eine genaue Beschreibung der Trauerfeierlichkeiten und der Teilnahme des Herzogs, die als Beweis seiner gnädigen Gesinnung gegenüber dem Orden gewertet wird.

*

Das Jahr 1772 brachte für die kurländische Freimaurerei auf dem Konvent zu Kohlo wichtige Veränderungen. Nachdem schon fünf Jahre zuvor (1767) ein Vergleich zwischen dem Templerorden und Starcks Klerikat getroffen worden war[45], kam es nun zu einem modus vivendi zwischen diesen Gruppierungen und Richtungen und zu einem Vertrag zwischen ihnen. Trotzdem bestanden die Gegensätze fort, wie gerade das nächste Jahrzehnt in der Entwicklung der kurländischen Freimaurerei zeigen sollte. Zunächst erlangte Johann Ernst von Fircks einen hohen Rang in der Hierarchie. Ihm wurde das Amt des Priors des Kapitels der VII. Provinz und des Präfekten in Tempelburg übertragen. Nach dem Freiherrn von Hund (Eques ab Ense) nahm er damit den zweiten Platz in der VII. Provinz ein und war Vorgesetzter aller Equites „von der Donau an bis zur Düna, von der Elbe bis zur Weichsel"[46]. In Kohlo waren Deputierte aus Kurland, Polen, den Brandenburgischen Staaten, Sachsen, Thüringen, dem Hannöverschen und Braunschweigischen versammelt[47].

Als offiziellen kurländischen Deputierten in Kohlo gibt die Geschichte der *Drei-Globen-Loge* übrigens einen Bruder von Löben an[48], der in Merseburg tätig war. Ob das mit der Rolle des Herzogs Carl von Kurland als zeitweiliger Obermeister zusammenhängt, der ja von Mitau nach Dresden zurückgekehrt war und als Carolus Eques a Coronis Superior und Protector Ordinis in Saxonia genannt wird, oder ob es sich bei dieser Angabe um einen Irrtum handelt, ließ sich nicht feststellen. In dem Stammbuch von Fircks taucht sein Name jedenfalls nicht auf, obgleich sich in ihm so einflußreiche Freimaurer eingetragen haben wie Hund, Ernst von Raven, Kroneck, Johann Christian Krüger aus Berlin, Lestwitz, von Heynitz, Johann Friedrich Schwartz, C. A. Marschall von Bieberstein und die namentlich in der polnischen Freimaurerei tätigen Anton von Konarski (a Rota pyrotechnica), Philipp Friedrich von der Brüggen und vor allem der Hausherr Friedrich Aloys Graf von Brühl. Die enge Verflechtung der kurländischen Freimaurerei mit den Logen Preußens, Sachsens, Braunschweigs und Polens war offenkundig; zahlreiche politische und persönliche Beziehungen nach Livland und Rußland ergänzen noch dieses Bild.

Nach dem Tode des Majors von Finckenstein im Jahre 1772 dürfte der Landmarschall Christoph Dietrich Georg von Medem (a Tetraone majori) Meister vom Stuhl der Loge *Zu den drei gekrönten Schwertern* geworden sein. Er war es jedenfalls, der nach Ostern 1777 den Professor und Oberhofprediger Starck bald nach seiner Ankunft aus Königsberg zur Loge einlud. Die weiteren Vorfällen sollen mit Starcks Worten beschrieben werden:

„Ich ward nachher noch mehrmals eingeladen und ich verbat es, weil es nicht mehr meine Convenienz war, Logen zu besuchen; und als Mitglied der Mietauischen Loge mich engagiren konnte ich nicht, da ich meinen Königsberg-schen Freunden mein Wort gegeben hatte, ein Glied ihrer Loge zu bleiben. Auf Johanni, da der ganze curländische Adel nach Mietau kommt, bat mich Herr von Sacken, den Hrn. von Fircks zu besuchen. Ich wollte es anfangs nicht, theils weil er mir auf meinen Brief, in welchem ich ihm meinen Ruf nach Mietau gemeldet, nicht geantwortet hatte: die Vorstellungen meines Freundes behielten aber die Oberhand, und ich gieng in seiner Gesellschaft zum Herrn von Fircks, um ihm, als dem Chef aller Freimäurer in Curland, meinen Besuch zu machen, und da wir ihn nicht zu Hause fanden, liessen wir eine Karte zurück. Nach Johannis schickte Herr von Fircks zwei seiner Ritter an mich, die mir in meinem eigenen Hause folgende Fragen ad Protocollum vorlegen mußten: 1$^{mo}$ Warum ich ihm nicht die schuldige Aufmerksamkeit bei seiner Anwesenheit bewiesen? 2$^{do}$ Wie man mich in Mietau betrachten solle? 3$^{tio}$ und 4$^{to}$ Ob in Königsberg noch eine klerikalische Congregation und ich der Chef derselben sey? 5$^{to}$ In welcher Verfassung ich das Königsbergsche Ordenshaus verlassen? und 6$^{to}$ warum die dortige Loge einen Herrn v. Sievers aus Liefland aufgenommen? Da ich auf die erste dieser Fragen antwortete, daß er kein Recht hätte, solches als Pflicht von mir zu fodern, daß ich ihn aber, wie ich ihn freundschaftlich besuchen wollen, nicht zu Hause gefunden, auf die folgenden Fragen mein Befremden äusserte, und auf die beiden lezten erklärte, daß er sich darüber nicht bei mir, sondern in Königsberg zu erkundigen hätte, und endlich gegen diese ganze Vernehmung protestirte; verdroß dies den Hrn. v. Fircks dergestalt, daß er mich bei dem O r d e n s - D i r e c t o r i o und zugleich bei der V i - k a r i a t s - R e g i e r u n g verklagte. Ich habe diese Klage nie mit Augen ge-sehen: so viel ward mir aber von dem Herrn von Raven in einem Briefe vom 24. Aug. 1777 gemeldet, daß er sich beklaget, ich entzöge ihm die schuldige Höflichkeitsbezeigung. Hr. von R a v e n setzte zwar in seinem Briefe hinzu, daß H r. v o n F i r c k s keine Spezialia hierüber angeführt: worin es aber bestanden haben solle, sieht man aus dem eben gesagten. Er hatte sich hier-nächst noch darüber beklagt, daß ich Z w i e s p a l t u n d U n z u f r i e -d e n h e i t e r n ä h r t e , u n d h ö c h s t w a h r s c h e i n l i c h B r ü -d e r v e r f ü h r e , v o m O r d e n a b z u t r e t e n . Allein Herr von Ra-ven sezte zugleich hinzu, daß Hr. v. F. nur von M u t h m a ß u n g e n u n d W a h r s c h e i n l i c h k e i t e n g e r e d e t u n d k e i n e i n z i g e s B e w e i s t ü c k b e i g e b r a c h t [...]. Da Hr. v. F. mich so unbefugter Weise in meinem eigenen Hause ad Protocollum verhören ließ, meldete ich die-sen Vorfall meinen beiden Freunden, dem Hrn von Sacken und seinem Schwa-ger dem Hrn. Baron Rönne, welche darauf nach Mietau kamen und jedem ihrer Freunde ihr Misfallen darüber bezeugten, daß man mich, der ich für mich blei-ben wollte, nicht in Ruhe lasse. Einige Zeit hernach zog sich Hr. Baron Rönne von der Loge zurük. Daß ich aber hieran nicht den mindesten Theil genommen, sondern dieses, daß man ihm einen andern, den er noch dazu als Freimaurer

vorgeschlagen hatte, vorgezogen, davon die Ursache gewesen, werden Herr von
Rönne und Herr von Sacken bezeugen können, oder sie mögen mich der Un-
wahrheit öffentlich zeihen! Dies ist also die ganze [...] so wichtig gemachte
Beschuldigung [...].Das Publikum wird denn nun auch begierig sein, zu wissen,
was denn aus dieser Klage geworden? Das Ordensdirectorium war, wie mir Hr.
von Raven d. 24. Oct. 1777. meldete, übereilt genug, ohne alteram Partem zu
hören, zuzufahren; aber die ganze  V i c a r i a t s - R e g i e r u n g  sahe das
Unstatthafte der ganzen Klage ein, legte sie bei Seite und ersuchte den Hrn.
von Raven, als einen Freund von dem Hrn. von Fircks und von mir, die Freundschaft unter uns herzustellen; das that denn auch derselbe, und ließ sich unter
andern gegen mich folgendermassen aus: In eben dieser Absicht ich auch an
den ab Aquila rubra geschrieben. Ich habe ihm gezeigt, wie Ihre Vertheidigung
aussehen würde, wie er allenthalben Beweis schuldig bleibe, wie er sich überall
nicht brüderlich nehme, wie ich Ihnen bei nicht bewiesener Klage Genugthuung
zu verschaffen schuldig sey, und bitte ihn, freundschaftlich die Sache mit Ihnen abzumachen; ich hätte sie auch dazu ermahnt und gebeten. – Ich bin
wirklich ein Freund des ab Aquila rubra und es betrübt mich schon deshalb,
daß er etwas vornimmt, wobei er seine Achtung bei seinen Brüdern sehr verlieren kann. Auch des Herzogs Ferdinand Durchl. nahmen sich dieser Sache dergestalt an, daß Sie Sich im Anfang des J. 1778. herabliessen, an den Hrn. von
Fircks zu schreiben, und sich bemühten ihn von seinen Übereilungen zurükzu-
bringen. Ich hatte indessen damals, als des Herzogs Ferdinand Durchl. an den
Herrn von Fircks schrieben, bereits, wie man weiter sehen wird, mein schon
lange gefaßtes Vorhaben ausgeführt, und war gänzlich vom Orden ausgeschie-
den."[49]

Diese Schilderung, die natürlich polemisch und einseitig abgefaßt ist, zeigt
dennoch, daß bei diesen Vorgängen offenbar verschiedene Komponenten zu-
sammenspielten: kurländische Befürchtungen, daß von Königsberg aus Einfluß auf die kurländische und Rigaer Freimaurerei ausgeübt werden könne –
Sievers (a Minerva coronata) war Präfekt des Rigaer Kapitels und gehörte ebenso wie der Landmarschall Peter von Sacken der Präfektur Königsberg an; damit in Zusammenhang die Auseinandersetzungen zwischen Klerikat und Templerorden; persönlicher Ehrgeiz Starcks, „Chef der Maurerei zu werden", wie
Kant sich ausdrückt, wobei er (1798) hinzufügt: „ehemals trieb man mit dieser
Maurerei allerlei"[50]; die Situation in Kurland, wo – wie der Freiherr von Schröder in seinem Tagebuch schreibt[51] – der Herzog die Freimaurer so gehaßt habe,
daß er seine Schwäger, also die Söhne des Herrn von Medem, einen Eid schwören ließ, nicht in die Loge einzutreten. Starck hingegen baute im späteren Verlauf seiner Mitauer Tätigkeit in erster Linie auf die Gunst des Herzogs[52].

Nach dem Konvent von Kohlo mußte sich für die kurländische Freimaurerei die allgemeine Situation folgendermaßen darstellen: Fircks, der Obermeister in Kurland, stand zwar ganz oben in der Hierarchie des Templerordens,
der Versuch, Königsberg an Mitau zu binden, war aber fehlgeschlagen. Andererseits kam Johann Georg Schwarz 1777 in freimaurerischen Sachen nach

Mitau. Ein Jahr vorher war er Hauslehrer in Mogilev geworden und hatte hier mit Genehmigung von Elagin, der 1776 das Zinnendorfsche System angenommen hatte, sogleich eine Loge gegründet. Wo Schwarz Freimaurer geworden ist, weiß man nicht. In einer Liste des Sekretärs des Consiliums der VII. Provinz Carl Ludwig Heinrich Jacobi von 1775 steht er isoliert als ab Aquila crescente verzeichnet. Doch kann der Name auch später hinzugesetzt worden sein. In Mitau suchte er offenbar Anschluß an das Hundsche System. Jedenfalls wird dieses noch im selben Jahr in der Loge *Hercules in der Wiege* (oder: Hercules in Windeln) in Mogilev eingeführt[53].

Die Hoffnung, ihren Einflußbereich weiter auszudehnen, dürfte die kurländische Loge also kaum aufgegeben haben. Möglicherweise plante man damals auch „Entwürfe zur Wiederherstellung des templarischen Ordens, sogar denselben in Neu-Rußland zu retablieren, wozu ihnen der Graf Mußin-Puschkin [ab Elephante] die Begünstigung der Russischen Kaiserin versprochen hatte"[54]. In dieser Situation mußte man sich hier natürlich große Hoffnungen auf die Hilfe eines Mannes mit dem Rufe Starcks machen. Man sprach ihm nicht nur die Kenntnis tiefer Geheimnisse zu, sondern seine Beziehungen nach Petersburg, nach Königsberg und seine im Klerikat beherrschende Stellung mußten für die kurländische Freimaurerei außerordentlich wertvoll erscheinen. Im April 1775 schrieb Fircks an ihn einen Brief, in dem er ausdrückt, daß es „zu der Glückseligkeit der VII. Provinz vieles beitragen" würde, wenn Starck „den erwähnten Ruhestand vergessen" und sich in das ihm „eigene Ordensfeuer setzen" wollte[55].

Es mußte also für den Prior der VII. Provinz und Präfekten in Tempelburg (Kurland) außerordentlich enttäuschend gewesen sein, daß Starck sich ihm nach seiner Ankunft in Mitau nicht unterwarf, der freimaurerischen Arbeit fern blieb und mit seinen ehemaligen Königsberger Freunden eng verkehrte oder — unter einem anderen Gesichtspunkt — konspirierte. Diese Freunde waren der Landmarschall Peter Ernst von Sacken, dessen Vetter Karl von Sacken (nicht zu verwechseln mit dem gleichnamigen Arendator auf Alt-Sehren), der Baron Rönne und der Reichsgraf Keyserlingk[56]. Der Versuch von Fircks, hier gleich nach der Ankunft des neuen Professors klare Verhältnisse zu schaffen, endete in einem unbefriedigenden Vergleich.

Unter diesen Voraussetzungen ist es auch sehr wahrscheinlich, daß Starck gemeint war, als Fircks 1779 in einem Brief von einer „schwarzen Seele sprach, die sich in den Orden eingeschlichen und verschiedene Sekten angestellt" habe[57]. Durch Gründung eines klerikalischen Kapitels in Kurland dürfte das freilich nicht geschehen sein, denn das bestand „nach Einrichtung des templarischen Ordens" nur aus einigen Mitgliedern der Wismarer und Königsberger Loge[58]. Aber mindestens zwei seiner nächsten Freunde in Kurland, nämlich die beiden Sackens, hatten Ämter im Klerikat gehabt. In Königsberg sollen sich entweder zwei oder ein Kleriker befunden haben[59]. Es ist wahrscheinlich, daß es sich dabei um den Bürgermeister und Schriftsteller Theodor Gottlieb Hippel (Eugenius a falce) handelt, der in der Königsberger Freimaurerei zur Zeit der

Annahme der Strikten Observanz eine führende Rolle spielte und zu den Ca-
nonici Regulares gehörte. Auch ist überliefert, daß Hippel in einem Gespräch
mit Borowsky, Scheffner und Abegg geäußert habe, er sei Priester und habe
von Starck die Weihe erhalten[60]. Vielleicht ließe sich durch Einbeziehung der
Vorstellungen, die dem Klerikat und dem Templerorden zugrundeliegen, ein
so schwer verständliches Werk wie Hippels *Kreuz- und Querzüge des Ritters
A—Z* besser als bisher interpretieren.

Den Abschluß der Auseinandersetzungen zwischen Starck und Fircks, bzw.
zwischen Klerikat und Templerorden, bildeten die Ereignisse bei der Abreise
von Starck aus Kurland im Jahre 1781. Freilich war ihr 1779 schon das In-
termezzo des Aufenthaltes von Cagliostro in Mitau vorausgegangen, das anschließend zu schildern sein wird. Während eines Abschiedsbesuchs von Starck
bei seinem Freund Peter Ernst von Sacken auf Senten erschien hier Fircks
und forderte „unter (wie ich nicht anders denken kann und darf) Mißbrauch
der verehrungswürdigsten Namen im Freimäurerorden, von meinem Freunde
und Wirthe, daß solcher mir alle meine Ordensschriften wegnehmen sollte. Dabei erklärte er fest und bestimmt, daß wenn mein Wirth sich dazu nicht verstehen würde, sie mir unterwegs mit Gewalt abgenommen werden würden."[61]
Daraufhin lieferte Starck seine Papiere ab. 1783, also nach dem Tode von
Fircks, wurden Starck seine Schriften wieder zugestellt, wonach er den „bösen Verdacht", seine Freunde seien mit Fircks im Bunde gewesen, revidierte.
Hier muß angemerkt werden, daß die Polemik, in der diese Einzelheiten mitgeteilt werden, nach dem Wilhelmsbader Konvent vor sich ging, auf dem das
Schicksal des Templerordens entschieden worden war. Was Fircks in diesen
Schriften gesucht haben mag, ist unbekannt. Es kann sich ebenso um Interna
des Klerikats gehandelt haben wie um magische und hermetische Quellen, die
den Weg zum verlorenen Geheimnis zu zeigen geeignet gewesen wären, oder
um Aufzeichnungen über Vorgänge innerhalb der kurländischen Freimaurerei.

*

Diese Auseinandersetzungen mit Fircks schob Starck zum Teil auf einen
„süß redenden Schwarzschmeichler, der sich in die Häußer schlich und mit
Weibern empfindelte, sich zu allerley zudrängte, sich seine Reisen dreifach bezahlen ließ, dreifach widersprechende Aufträge übernahm, und nachdem er
verschiedene Rollen durchgespielt, als Bankerottier gestorben ist"[62]. Damit
gemeint ist offenbar Jakob Friedrich Hinz, von dem ein einseitiges Bild geliefert wird. Er hatte in Königsberg Theologie studiert und war dort Mitglied der
Loge und zeitweilig Bruder Redner[63]. Von seinem Freunde Hamann wurde er
als Kollaborator dem Direktor der Rigaer Domschule Johann Gotthilf Lindner, gleichfalls Mitglied der Königsberger Loge und Bruder Redner, empfohlen und wurde in diesem Amt Vorgänger von Johann Gottfried Herder. 1764
ging er zusammen mit dem Rigenser Johann Christian Du Bois und vielleicht
als dessen Hofmeister nach Leipzig, um dort die Rechte zu studieren. Wir fin-

den ihn in einem erweiterten Kreis von Königsberger und liv- sowie kurländischen Freimaurern im Stammbuch des Johann von Brevern. 1769 kaufte er die Filiale der Kanterschen bzw. Hartknochschen Buchhandlung und entwikkelte ein recht anspruchsvolles Verlagsprogramm, wobei er sich bei seinem Handel auf die kurländischen Freimaurer stützte.

Daß er sich eng an Johann Ernst von Fircks und dessen Bruder Friedrich Ewald auf Schloß Hasenpoth anschloß, scheint sicher zu sein. Das wird dadurch unterstrichen, daß die Ortsangabe seines Verlags zeitweilig Mitau und Hasenpoth lautete. Ebenso erklärt sich daraus, daß im Streit zwischen ihm und dem Hofbuchdrucker Steffenhagen wegen eines Nachdrucks des lettischen Gesangbuchs, in dem der Herzog Steffenhagen unterstützte, das Piltensche Kreisgericht eine für Hinz sehr günstige Entscheidung traf, die sich gegen den Herzog wandte. Hasenpoth gehörte nämlich zum Kreis Pilten und Ewald Friedrich von Fircks war königl. Piltenscher Landrat[64]. Auch als Hinz mit seinem Geschäft 1780/81 Schiffbruch erlitt, konnte er sich auf die Hilfe der Brüder von Fircks verlassen. 1780 unterrichtete er einen „jungen Herrn von Fircks in Hasenpoth", dann begleitete er ihn auf einer Auslandsreise. Dabei dürfte es sich um den ältesten Sohn von Friedrich Ewald von Fircks gehandelt haben, der den Namen Friedrich Ewald Christoph trug und 1762 bis 1832 lebte.

Sein Vater, der Bruder von Ernst Johann, war gleichfalls engagierter Freimaurer. Hatte jener 1775(?) in Mitau neben der Johannisloge *Zu den drei gekrönten Schwertern* eine schottische Loge *Ernst zum roten Adler* — sein Ordensname lautete ja ab Aquila rubra — gegründet, so folgte dieser 1778 in Hasenpoth mit der Loge *Friedrich zur Grünen Flagge*[65], die in den drei ersten Graden arbeitete und Verbindungen zu der Berliner Loge *Zu den drei Weltkugeln* unterhielt.

Ferner seien hier einige Fakten angeführt, die in Verbindung mit der kurländischen Freimaurerei einerseits und der Aufklärung in Kurland und in Rußland andererseits zu stehen scheinen. Sie seien als Material dargeboten, das vielleicht durch Ergänzungen zu größerer Beweiskraft geführt werden könnte. Isaschar Falkensohn Behr (geb. 1746 in Litauen), der „unter Halbwilden und dem schmutzigen Haufen seiner jüdischen Glaubensgenossen geboren und auferzogen", nach „Wissenschaft dürstete"[66], schrieb *Gedichte von einem pohlnischen Juden* (1772, bei Hinz in Mitau und Leipzig), die eine Widmung an Friedrich Ewald von Fircks, unterzeichnet in Berlin, enthalten. 1771 war er Student in Halle, wo 1772 seine medizinische Dissertation erschien. In demselben Jahr wurde er in die Leipziger Matrikel als „Hasopotensis, Curonus" eingetragen. Wieder bei Hinz wurde noch ein *Anhang zu den Gedichten eines polnischen Juden* herausgegeben. Wahrscheinlich 1774 erhielt er eine Stellung als Arzt in Mogilev.

Im März 1771 wurde gleichfalls in Halle Johann Georg Schwarz aus Siebenbürgen immatrikuliert[67], wo er Theologie studierte. Er erhielt auf Veranlassung eines Fürsten Gagarin eine Hauslehrerstelle in Mogilev, wo er — wie bereits erwähnt — 1776 eine Loge gründete, die durch ihn Verbindung zu den

**Mitauer** Freimaurern aufnahm, wo kurz zuvor (1775 oder 1776) Fircks die schottische Loge *Ernst zum roten Adler* gegründet hatte. Hier ist anzumerken, daß Mogilev erst mit der Teilung Polens 1772 zu Rußland gekommen war. 1775 wurde das Gouvernement Mogilev bzw. Weißrußland gebildet und jener Graf Zachar Černyšev zum Gouverneur eingesetzt, der vermutlich einst in Wien Logenbruder von Brukenthal, dem nachmaligen Gouverneur von Siebenbürgen, gewesen war. Auch später, während Schwarz als Professor in Moskau wirkte und gemeinsam mit Novikov als Freimaurer im kulturpolitischen Bereich tätig war, finden wir Černyšev unter den Förderern dieser Bestrebungen, war er doch inzwischen Generalgouverneur und Kommandant von Moskau geworden.

Nachdem Schwarz an die Universität Moskau berufen worden war und dort um 1781 von dem Fürsten Trubeckoj die Loge *Garmonija* (*Harmonie* — in der deutschen Literatur wird sie unter dem Namen *Eintracht* erwähnt) gegründet wurde, ergab sich eine Situation, die hier mit den Worten Vernadskijs (S. 51 f.) so geschildert wird:

„Verdächtig wurde zunächst nur die Tatsache politischer Intrigen im schwedischen Ritterwesen, nicht der Begriff des Ritterwesens im allgemeinen. Man hoffte, trotzdem von der Strikten Observanz das wahre System zu erhalten. Die Moskauer Brüder hatten Zugänge zu ihr auch abgesehen von Schweden.

1777 arbeitete in Moskau die Templer-Loge Candeur, die von einem Major Bennigsen gegründet worden war.

Um 1779 erhielt P. A. Tatiščev, der Meister der Moskauer Loge Zu den drei Fahnen (Trech znamen), aus Berlin über einen englischen Kaufmann Toussaint ‚vier Grade der schwedischen Strikten Observanz‘. Im folgenden Jahr konnte der neue Bekannte der Moskauer Freimaurer, Schwarz, den Brüdern mitteilen, daß ‚in Kurland eine alte Freimaurerei besteht, die vom Adel hoch geachtet wird‘.

Um 1781 schuf Fürst Trubeckoj, der vom schwedischen System abgefallen war, unter Beteiligung von Novikov und Schwarz die ‚geheime und wissenschaftliche‘ Loge Garmonija. Den nationalen Meister mit seiner Sphinx zogen sie nicht heran; zunächst scheuten sie sich auch, Tatiščev einzuladen, dessen Grade wegen ihrer Ähnlichkeit mit den schwedischen beargwöhnt wurden.

Die Loge Garmonija hatte noch keine ‚formellen Versammlungen; und man kam nur zusammen, um ihre Errichtung zu beraten und die höheren Grade zu suchen, denn man wußte, daß Ivan Perfil'evič [Elagin] außer seinen Reichelschen Graden keine besitzt. Von Baron von Reichel diese zu erhalten hatten wir jedoch keine Hoffnung, so machte Schwarz schließlich einen Vorschlag: Er sei mit einem der ältesten kurländischen Freimaurer bekannt, dessen Namen ich nicht kenne und mich nur erinnere, er sei Meister einer kurländischen Loge und Präfekt der Ritter-Grade des Kapitels gewesen, der mit einigen Berliner Freimaurern bekannt ist und zu ihnen Verbindung hat, welche auf Grund derselben Urkunde arbeiten wie wir; Baron Reichel war auch mit ihnen bekannt, und da er sie wahrscheinlich auch von ihnen erhalten habe, so hoffe er

(Schwarz), sofern wir ihn dahin schicken würden, die höchsten Grade zu erhalten.' [Zitat aus Longinov: Novikov i Švarc. Moskau 1857, S. 79]

Die Garmonija billigte den Vorschlag von Schwarz und nahm danach, auch seinem zweiten Rat folgend, Tatiščev auf.

Tatiščev schrieb einen Brief an den ‚kurländischen Freimaurer' (d. i. von Fircks) und für die Berliner Loge, von der er selbst die Urkunde erhalten hatte (wahrscheinlich die Loge Zu den drei Weltkugeln).

In Kurland angekommen, erfuhr Schwarz, daß eine Reform im Gange war und daß der Herzog von Braunschweig zum Großmeister der ganzen Freimaurerei gewählt worden sei. Die kurländischen Freimaurer versahen Schwarz mit einem Empfehlungsschreiben an den Herzog. Am 22. Oktober 1781 wandte er sich an den Herzog von Braunschweig ‚als an den offenbaren Großmeister aller alten schottischen Logen mit der Bitte um gnädigste Anerkennung der schon zum hohen Orden gehörenden Bruderschaften'. Schwarz teilte mit, daß die ‚Moskauer Brüder in eine Union mit der alten schottischen Loge in Mitau eingetreten seien, die ebenso unter Ihrer höchsten Kompetenz steht, welche Union sie fortzuführen beabsichtigen, umsomehr da diese bei der Lage Kurlands viel zu der allgemeinen Verbindung und Korrespondenz beiträgt'.

Das Gesuch von Schwarz, durch das er den ihm erteilten Auftrag ausführte, berührte die russisch-schwedischen freimaurerischen Beziehungen. Schwarz bat um die Unterbrechung dieser Beziehungen und die Gewährung einer besonderen Provinz für Rußland."

Aber kehren wir nun wieder zu dem Jahr 1771 und Halle zurück! Am 24. April 1771 wurde der aus Magdeburg stammende Johann Georg Melchior Beseke in Halle immatrikuliert[68]. Er hatte in Klosterbergen die Schule besucht und dann in Frankfurt a. d. Oder studiert. Nun begleitete er Ludwig Heinrich Jacob von Arnim aus Suckow in der Uckermarck als Hofmeister nach Halle, promovierte hier zum Magister, erwarb den juristischen Doktorgrad und hielt 1773 und 1774 Vorlesungen und Übungen. Schon als Schüler war er mit Livländern und Kurländern bekannt geworden, so z. B. mit Johann von Brevern, dessen Freimaurer-Stammbuch schon vorher erwähnt worden ist. 1775 erhielt er einen Ruf an die neugegründete Academia Petrina in Mitau. Er soll mit Sicherheit Freimaurer gewesen sein[69]. Schließlich sei noch daran erinnert, daß Fircks 1772 auf dem Konvent zu Kohlo war und seinen Heimweg über Berlin nahm, wobei er wahrscheinlich Leipzig, möglicherweise auch Halle berührte. Es ist also keineswegs ausgeschlossen, daß er bei dieser Gelegenheit z. B. den im Zuge einer Judenemanzipation geförderten Behr getroffen hat und daß vielleicht auch die Grundlage für die spätere Förderung der freimaurerischen Bemühungen von Schwarz gelegt wurden. Natürlich sind das nur Vermutungen, dennoch bestätigen die vielen in gleiche Richtung weisenden Einzelheiten, daß die kurländische Freimaurerei und die freimaurerischen Beziehungen, in die sie eingebunden war, auf dem Hintergrund der überschaubaren Gesellschaft ein Strukturelement der Kulturbeziehungen in der zweiten Hälfte des 18. Jahrhunderts gewesen sind.

Nun wäre noch zu fragen, welche gesellschaftlichen und politischen Wirkungen von der kurländischen Freimaurerei ausgegangen sind. Auch in dieser Beziehung wird nichts Endgültiges gesagt werden können, solange keine Logenakten vorliegen. Dennoch: „In der Loge wurde zum ersten Mal der Plan zu einem Gymnasium gefaßt, den dann Herzog Peter etwas unglücklich verwirklichte, vorläufig unterstützte sie die Stadtschulen und schaffte Mittel zur Ausbildung von Kurländern auf ausländischen Gymnasien und Universitäten. In den Kreisen der Freimaurer wird die Bauernfrage zum ersten Mal ein Problem, noch natürlich ohne jede praktische Folge, außer daß gegen Willkür und Grausamkeit einzelner Gutsbesitzer vorgegangen wird", schreibt Irene Neander, die noch das Material im Kurländischen Provinzialmuseum benutzen konnte[70]. In der Tat ist es merkwürdig, daß der eigentliche Motor bei der Gründung der Academia Petrina Friedrich Wilhelm Raison (a Caprificu) zu den inneren Ordensbrüdern gehörte; die meisten Professoren dieser Lehranstalt waren Freimaurer. Johann Georg Eisen von Schwarzenberg, eine der markantesten Persönlichkeiten, die vor Merkel und Petri für Reformen in der Bauernfrage eintraten, erhielt eine Berufung nach Mitau. Seine kurzlebige Zeitschrift *Der Philanthrop* erschien im Verlag von Hinz[71].

Noch schwieriger dürfte die Rolle der kurländischen Freimaurerei in der Politik zu bestimmen sein. Herzog Carl war Obermeister in Kurland und Polen; aber auch sein Kontrahent Ernst Johann Biron erbat sich aus Berlin die Erlaubnis, in Petersburg eine Loge zu gründen[72].

Im Zusammenhang mit dem Geschenk der kurländischen Ritterschaft an Stanisław August Poniatowski wurde 1774 eine Gedächtnismedaille geschlagen, die das Wappen der Mitauischen Loge zwischen dem königlich polnischen, dem herzoglich kurländischen Wappen und dem des Kammerherrn von der Brüggen auf Stenden zeigte[73].

*

Das freimaurerische Leben in Mitau erfuhr in der zweiten Hälfte der siebziger Jahre manche Veränderung. Zwar konnten die auswärtigen Beziehungen ausgebaut werden. Georg Reinhold von Saß wurde zum Konvent von 1775 nach Braunschweig entsandt[74]. Ernst Johann von Fircks vertrat auf dem wichtigeren Konvent von Wolfenbüttel 1778 die kurländische Freimaurerei. Schwedische, dänische, Braunschweiger und Berliner Brüder trugen sich in sein Stammbuch ein, aber auch Joachim Johann Christoph Bode, der später in der Cagliostro-Affäre eine so wichtige Rolle spielen sollte. Auf dem Heimweg traf er in Berlin Ernst Traugott von Kortum, den ehemaligen Königsberger Studenten, der nun in Warschau die polnische Freimaurerei beeinflußte.

Dennoch traten Ereignisse ein, die einen Zersetzungsprozeß ankündigten. Die „Nekkereien" in bezug auf die Verhältnisse in Kurland, die dem Verfasser des *Saint Nicaise*[75] bescheinigt werden, lassen sich heute nur schwer genauer definieren, doch betreffen sie wohl gewisse nicht ganz legale geschäftliche

Praktiken und eine übermäßige Spielerei mit ritterlichen Formen[76]. Nicht nur Starck hat solche Andeutungen gemacht, sondern auch im Tagebuch des Freiherrn von Schröder aus dem Jahr 1785 heißt es: „Firks hat Schulen hinterlassen, daran ist der Pohln. Legations-Rath Dörper in Mietau schuld, der lebt vom Orden; man nimmt 2 und mehr 100 Rubel für Reception."[77] Schließlich hatte ein Edelmann nach französischem Muster eine Adoptionsloge *Zu den sieben Sternen* gegründet, in die einige Damen der kurländischen Gesellschaft eingetreten waren, jedoch von ihr enttäuscht wurden[78].

Das war die Situation, als der Abenteurer Cagliostro in Mitau eintraf, was nachhaltigen Einfluß auf die weitere Entwicklung der Freimaurerei nicht nur in Kurland hatte. Er gehörte zu den zahlreichen Betrügern, die im Zusammenhang mit der Hochgradfreimaurerei aufzutreten begannen, dürfte aber wohl einer der interessantesten von ihnen gewesen sein.

*

Angeblich von Rom kommend[79], langte Cagliostro Anfang März 1779 in Mitau an. Woher er die Mittel hatte, die ihm ein verhältnismäßig prunkvolles Auftreten gestatteten[80], ist unbekannt. Daß er im Auftrage geheimnisvoller Oberer reiste, dürfte wohl als eigene, seine Person mit der Aura der Bedeutung umgebende und keinesfalls originelle Erfindung anzusehen sein. Trotzdem ist es bemerkenswert, daß schon sehr früh das Gerücht auftauchte, er sei ein Emissär der Exjesuiten, und zwar gingen diese Gerüchte zuerst in Straßburg und nicht in Berlin um, das später durch seine „Jesuitenriecherei" bekannt geworden ist[81].

Auf seiner Durchreise durch Königsberg suchte er den Kanzler Friedrich Alexander von Korff, ein frühes Mitglied der Berliner Loge *Zu den drei Weltkugeln* und Eques ab Hercule auf, fand bei ihm jedoch keine Unterstützung[82]. Möglicherweise strebte er auch schnell nach Mitau und wollte sich deswegen nicht länger in Königsberg aufhalten, da er „ein Stern im Norden"[83] zu werden wünschte und Mitau als Vorstufe zu einer Karriere in Rußland und Polen geeignet war. Die kurländischen Logen waren in Rußland angesehen, und mit der polnischen Freimaurerei bestanden auch Zusammenhänge. In Mitau befand sich ferner eine Adoptionsloge mit weiblichen Mitgliedern. Hatte Cagliostro die Absicht, die Kaiserin selbst zu interessieren[84], wäre auch bei den zahlreichen persönlichen Beziehungen des kurländischen Adels nach Petersburg die kurländische Hauptstadt der beste Ausgangspunkt gewesen, zumal hier „völlige Freyheit, nicht nur zu denken, sondern zu reden und schreiben" herrschte[85]. Und in der Tat gelang es ihm, in St. Petersburg sehr bald „theils durch seine gewöhnlichen allgemeinen Handgriffe, theils durch die aus M[itau] mitgenommenen Empfehlungen" den „F[ürst] P[otemkin]" als „Protektor" zu gewinnen[86]. Außer diesem waren seine „vornehmsten Schüler der J[elagin]" und ein gewisser C [Chevalier de Corberon]"[87]. Auch in Warschau, das Cagliostro nach Petersburg besuchte, halfen ihm die Empfehlungen aus Mitau. „Er ließ sich durch einen Cavalier, dessen Bekanntschaft er in Curland gemacht hatte", nach Warschau empfehlen[88].

Wie Elisa mitteilt, meldete sich Cagliostro wenige Tage nach seiner Ankunft in Mitau „bey meinem Vaterbruder, als Freymaurer, der von seinen Obern wichtiger Angelegenheiten halber nach Norden gesandt, und an ihn, an meinen Vater und Herrn Kammerherrn von der Howen [a Candelabro majori], gewiesen wäre"[89]. Sein Ansuchen, eine Adoptionsloge *Zu den drei gekrönten Herzen* in Mitau zu gründen, rief heftige Diskussionen in der dortigen Loge hervor; nach einigen Experimenten, die den Kreis um die beiden, den Geheimwissenschaften seit ihrer Studienzeit ergebenen Brüder Medem tief beeindruckten, setzte er diesen Plan durch.

Es war nur eine kleine Gruppe, vor der Cagliostro seine Experimente machte. In einem Brief vom März 1781 an Lavater schreibt Elisa, er habe sich in Kurland 20 Personen mitgeteilt[90]. Und diese zwanzig Personen lassen sich mit einiger Sicherheit identifizieren, obgleich es Elisa nicht erlaubt war, einige Namen in ihrer Schrift zu nennen und sie aus „gewissen Rücksichten" andere verschwieg.

Es handelt sich um

1.   Landmarschall Christoph Dietrich Georg von Medem (a Tetraone majori, 1721–1782) – namentlich genannt.

2.   Reichsgraf Johann Friedrich von Medem (a Cochlea, 1722–1785) – namentlich genannt.

3.   Anna von Medem, geb. Gräfin Keyserlingk, Frau von 1, Tochter von Hermann Karl Graf Keyserlingk, dem bekannten Diplomaten, Schwester von Heinrich Christian Graf Keyserlingk.

4.   Elisa von der Recke (1754–1833), Tochter von 2.

5.   Agnes Elisabeth von Medem, geb. von Brucken gen. Fock, Frau von 2, Stiefmutter von 4. Sie wird erst später mit der Materie bekannt gemacht.

6.   Karl Johann Friedrich von Medem (1762–1827), Bruder von 4, 7 und 8. Er wird zusammen mit 7 als „unsere Brüder" bezeichnet.

7.   Christoph Johann von Medem (1761–1838), siehe 6.

8.   Dorothea von Medem (1761–1823), die nachmalige Herzogin von Kurland, die sich ihrer Stellung wegen später nicht mehr zur Sache äußern kann, wie Elisa schreibt. Sie wird nicht namentlich genannt; ihre Teilnahme geht aus dem Bericht eindeutig hervor.

9.   Luise von Medem, Tochter von 1 – kann erschlossen werden.

10.  Fritz von Medem auf Tittelmünde, Vetter zweiten Grades von 5, 6, 7 und 8 – namentlich genannt.

11.  Otto Hermann von der Howen (a Candelabro majori, 1740–1806), der bekannte kurländische Politiker – namentlich genannt.

12.  Major von Korff, höchst wahrscheinlich Carl Nikolaus von Korff (ab Aequo et justo, 1748–1814); kgl. poln. Kammerherr, Erbherr auf Priekuln, Neffe von 3, wurde von seinem Großvater Hermann Karl Graf Keyserlingk erzogen.

13. Sigismund Georg Schwander (1727–1784), seine Beziehungen zu den Brüdern Medem wurden bereits erwähnt – namentlich genannt.

14. Johann Wilhelm Friedrich Lieb (ab Hygea, 1730–1787), Arzt, Hofrat – namentlich genannt.

15. Jakob Friedrich Hinz (1744–1787), bereits mehrfach erwähnt – namentlich genannt.

16. Johann Jacob Ferber (1743–1790), in Elisas Schrift nicht namentlich genannt, wahrscheinlich „N. N." schrieb den hier mehrfach zitierten Aufsatz über Cagliostro.

17. „Der würdige Greis"[91], „ein angesehener alter Mann" und „der gutmütige Mann"[92] sind wahrscheinlich dieselbe Person. Es könnte sich um den „recht guten alten Mann" im Brief von Starck an Bahrdt vom 3. Dezember 1779[93], nämlich den „Canzler von Keyserlingk", handeln, dann wäre es Dietrich Graf Keyserlingk (1713–1793), ein Halbbruder von Hermann Karl Graf Keyserlingk und Onkel von 3.

18. „Der Freund Starcks", K., durch den Starck informiert wurde[94], vielleicht auch „unser ***" (S. 104), dürfte Johann Lebrecht Otto Graf Keyserlingk (a Cingulo aureo), der der Königsberger Präfektur angehörte, gewesen sein.

19. und 20. „Zwei Profane", die an den Sitzungen in Alt-Autz teilnahmen (S. 92). Es handelt sich wahrscheinlich um Bernhard Becker (1751–1821), der in Alt-Autz Dorothea von Medem unterrichtet hatte und 1779 Adjunkt seines Vaters in Neu-Autz wurde. Er verfaßte im Zusammenhang mit der Cagliostro-Polemik ein Preisgedicht auf Elisa[95]. Ferner seine Schwester Sophie Becker (verh. Schwarz, 1754–1788). Sie wohnte in Neu-Autz und war eine Freundin von Elisa, die sie auf ihren Reisen begleitete[96].

Die Merkmale dieser kleinen Gruppe, in deren Mitte sich alle entscheidenden Vorgänge abspielen, sind Verwandtschaft, Freundschaft, vor allem auf Grund einer gemeinsamen Studentenzeit, und Logenzugehörigkeit. Einige der Mitglieder sind uns schon im Verlauf der bisherigen Geschichte der kurländischen Freimaurerei bekannt geworden. Aber auch die nicht unmittelbar am Geschehen in Mitau beteiligten Akteure hängen mit dieser zusammen. August Moszyński (a Rupe alba coronata) ist 1747 Student der Universität Leipzig, der Graf Poniński (a stella Polaris), der in Mitau von den Ereignissen um Cagliostro in Warschau berichtet, gehört gleichfalls zu den innern Ordensbrüdern der Strikten Observanz. Bode, der den ersten Bericht über den Thaumaturgen veröffentlicht, taucht sowohl im Stammbuch von Fircks als auch in dem von Brevern auf. Diese Verknüpfung auf Grund der Merkmale Familie, Bekanntschaft (Studentenzeit) und Logenzugehörigkeit konstituiert die besondere Struktur der „überschaubaren Gesellschaft", wie man sie im nordosteuropäischen Kommunikationssystem antrifft und die dadurch gekennzeichnet werden kann, daß nie die Sache von der Person und die Person nie von der Herkunft getrennt wird[97]. Das gilt für das 18. Jahrhundert aber auch noch für große Teile des 19. Jahrhunderts. Kommunikationsvorgänge in diesen Territorien und zu dieser Zeit werden falsch verstanden, wenn die Struktur der „überschaubaren Gesellschaft" nicht erfaßt und beschrieben wird, und dazu ist eine genaue Personalkenntnis notwendig.

Um die Vorgänge unter den kurländischen Freimaurern zu interpretieren, muß ferner beachtet werden, daß die Erörterung naturwissenschaftlicher Fragen in den vierziger Jahren des 18. Jahrhunderts, in denen die älteren Bewunderer Cagiostros studiert hatten, auf den Universitäten noch weitgehend von vorwissenschaftlichen Ansatzpunkten ausging; und diese Tendenzen hatten sich innerhalb und außerhalb der Loge in Mitau erhalten; sie wurden nun durch Cagliostro aktiviert. An der 1775 gegründeten Academia Petrina, deren Professoren fast ausnahmslos Freimaurer waren, herrschte hingegen moderner wissenschaftlicher Geist. Johann Jacob Ferber ist dafür ein gutes Beispiel[98]. Die Freimaurerei und der Wunsch, die Natur zu erkennen, sind für die ältere wie die jüngere Generation die gemeinsame Basis und die gemeinsame Ebene, auf der sich die gegenseitigen Beziehungen abspielen, einerseits freilich in der vorund frühaufklärerischen Form alchimistischer Experimente und Geisterbeschwörungen, andererseits in dem etwa von Ignaz von Born und seinem Freund Ferber vorgetragenen Konzept einer Freimaurerloge, die Aufgaben einer wissenschaftlichen Gesellschaft übernimmt.

Daß magische Naturvorstellungen bei den einflußreichen, wohlhabenden und keineswegs ungebildeten Medems bestanden, bezeugen sowohl Elisa als auch Starck[99]. Andererseits wurde systematische, auf empirischer Grundlage beruhende wissenschaftliche Forschung betrieben[100]. Bemerkenswert ist ferner das Nebeneinander von pietistischen, orthodoxen und extrem-rationalistischen Strömungen innerhalb der kurländischen Pastorenschaft. Auch darin spiegelt sich die unterschiedliche Einstellung gegenüber Welt und Natur, und nicht nur in verschiedenen Generationen. In bezug auf Cagliostros Auftritte hat Ferber diesen Aspekt deutlich gemacht:

„Die Begierde nach seinen Geheimnissen ließ, ungeachtet aller Vorstellungen, welche von dem sel. Hofrath Schwander, von mir, und noch einigen der Übrigen gemacht wurden, gar nicht zu, daß man an der Wirklichkeit seiner gerühmten Künste auch nur einen Augenblick gezweifelt hätte. Man unterdrückte vielmehr mit Fleiß alle üblen Ahndungen, die aus seinen Widersprüchen und aus seinem ganzen Betragen entstehen mußten, weil man die Sache des Goldmachens, der Perlenfabrik, der Diamantenvergrößerung usw. vorher schon nicht für unmöglich hielt, wenig Kenntniß von dergleichen physikalischen Dingen besaß, überhaupt schon lange mit mystischen Grillen sich trug, keine scharfen Beobachtungen anstellten, und von Kaliostros Allwissenheit fürchtete, daß er die geheimsten Zweifel bald entdekken, zur Strafe seine Versprechungen unerfüllt lassen, und wie er oft drohte, davon reisen würde."[101]

Aber es bietet sich noch eine zweite Erklärung für den Erfolg Cagliostros in Mitau an. Im Unterschied zu Petersburg, wo das Goldmachen und Heilen von Krankheiten, zu Warschau, wo das Goldmachen, und zu Straßburg, wo das Heilen von Krankheiten im Mittelpunkt seiner Tätigkeit standen, befaßte er sich in Kurland vor allem mit der Zitation von Geistern, theoretischen Vorträgen und Sitzungen der Adoptionsloge *Zu den drei gekrönten Herzen*. Schon dieser Name ist vielsagend durch seine Parallele zu dem der Mitauer Johannisloge: An die Stelle der Schwerter treten nun die Herzen. Apostrophiert wird die emotionelle Komponente der Aufklärung, die sich in dieser Phase der Entwicklung mit der Enttäuschung über den zunehmenden Verlust des Geheimnisvollen in einer sich säkularisierenden und emanzipierenden Welt vereinigt. Dahinter steht die Furcht vor einem nackten, auf das Wissen reduzierten Leben und die Einsicht, daß die Aufklärung nicht einmal jene Probleme lösen kann, die das irdische Leben stellt.

Der Augenblick, in dem Cagliostro auftauchte, war für ihn außerordentlich günstig. Bei vielen Damen der kurländischen Gesellschaft hatte offenbar schon vor seinem Eintreffen jene Emanzipation des Gefühls begonnen, die auf ähnliche Bahnen führte, wie sie, von irrationalen und magischen Vorstellungen bestimmt, etwa von Swedenborg eingeschlagen wurden, oder z. T. von modernen wissenschaftlichen Aspekten geleitet, durch die „Erfahrungsseelenkunde" von Pockels und Moritz[102].

Diese geistesgeschichtliche Situation spiegelt sich bei Elisa persönlich in dem klassischen Mysterium vom Tode eines geliebten Menschen, das in einer säkularisierten Welt die Tendenz hat, sich im Mysteriösen zu verlieren und dann Opfer einer Mystifikation zu werden. Das Phänomen der Schwärmerei, Gegenstand von Elisas Auseinandersetzungen mit dem väterlichen Freund, Pastor und Dichter geistlicher Lieder, Neander[103], der zusammen mit den Brüdern Medem auch in Halle Freimaurer geworden war, mit Johann Caspar Lavater[104], dem Hofrat Schwander und Friedrich Nicolai, dürfte die geistigen und psychologischen Voraussetzungen dafür spiegeln. In dieser natürlich nur ganz unzulänglich und andeutungsweise gekennzeichneten geistigen Situation mußte das Angebot Cagliostros, den Beweis für die Möglichkeit magischer Operationen zu erbringen und so auch einen empirischen und im Sinne der modernen Wissenschaftlichkeit schlüssigen Beweis für das Umstrittene und bisher Unbewiesene, begeistert aufgenommen werden. Es eröffnete sich hier eine neue Möglichkeit für die vereinsamte Seele[105], ihre Sehnsüchte zu erfüllen.

Bei den Sitzungen bildeten sich von vornherein zwei Gruppen. Die eine war geneigt, Cagliostro, seine Lehre und seine Experimente zu akzeptieren. Die andere stand dem Thaumaturgen jedoch sehr skeptisch gegenüber. Zu letzterer gehörten der Jurist Schwander und der Arzt Dr. Lieb als Angehörige der älteren Generation, ferner als Angehörige der mittleren Generation der Mineraloge Ferber und der Jurist und Buchhändler Hinz, die beide zeitweise in Leipzig studiert hatten, und schließlich Fritz von Medem, ein Verteter der Jungen. Mehr oder weniger durchschauten sie die Betrügereien Cagliostros und versuchten vor allem die Damen von übermäßigem Enthusiasmus freizuhalten. Aber nicht ihr kritischer Zuspruch und auch nicht die zurückhaltenden Mahnungen des Pastors Neander[106] leiteten die Wende bei Elisa ein, auf der ihr aufsehenerregendes Buch und die sich daran knüpfende Polemik, die die Ereignisse und die kurländische Freimaurerei plötzlich in das Blickfeld der literarischen

Welt rückte, entstanden. Es war vielmehr der Widerspruch in Cagliostro selbst, der Elisa provozierte. Sie begann ihn zunächst in Abwandlung seiner eigenen Lehre als von bösen Geistern umstrickt anzusehen, aber zugleich flehte sie noch „in andächtigen Gebeten zu Gott, daß unser Held den Versuchungen" widerstehen möge[107]. Die tiefen Mentalitätsunterschiede zwischen der gefühlvollen, zart besaiteten und von Grund auf moralischen Aristokratin und dem zwar faszinierenden, aber ungebildeten und gewissenlosen Abenteurer trugen zum raschen Verfall der Verbindungen zwischen Cagliostro und Elisa bei, obgleich er ihre emotionell-intellektuellen Bedürfnisse zeitweilig befriedigen konnte. Trotzdem bestand 1781 noch die Adoptionsloge, und zwar „unter dem Schutz einer hohen Dame des Landes"[108], womit Bode entweder Elisa, wahrscheinlicher jedoch deren Schwester Dorothea meinen dürfte, die inzwischen als Gemahlin von Peter Biron Herzogin von Kurland geworden war.

Mit der Abreise Cagliostros von Mitau, dem vergeblichen Warten auf ihn, als er seinen Weg von Petersburg nach Warschau nahm, den wachsenden rationalen Zweifeln und emotionellen Widerständen, wurde Elisa allmählich „bekehrt". Bis 1782 war dieser Prozeß abgeschlossen, und ihr Weg spiegelt sich in ihren Briefen an Lavater. Der Vorwurf Starcks und anderer, daß Elisa nur die Ansichten Friedrich Nicolais und der Berliner Aufklärer nachgesprochen habe, ist unberechtigt; diese Briefe an Lavater zeigen nämlich, daß sie zu der Überzeugung gekommen war, die sie nachher so heftig vertrat, bevor sie überhaupt Nicolai kennengelernt hatte.

Die Schilderung der Ereignisse in den Briefen an Lavater knüpfen an die Erlaubnis Cagliostros an, zwei Freunden ihre Erfahrungen und Beobachtungen mitteilen zu dürfen. Sie tut das zunächst nicht eigentlich ablehnend, sondern nur distanziert, etwa wie in ihrer im Buch veröffentlichten Niederschrift von 1779, die in dieser Form bald nach der Abreise Cagliostros aus Mitau abgefaßt worden sein mag. Die Quintessenz: „Wir waren im gewissen Verstande alle gleich unzufrieden mit ihm, aber über seine Experimente waren wir alle gleich erstaunt." Im zweiten Brief schreibt sie: „Ich bin nun auf einige Betrügereien nachgekommen." Dennoch glaubte sie noch immer an seine „Kenntnisse". Am 14. September heißt es dann von Cagliostro: „Und wenn er auch nur bloß Charlatan wäre, so ist er immer dem Menschenkenner merkwürdig, weil er die Kunst besitzt, die Klügsten jedes Orths an sich zu ziehen."[109] Die Ereignisse in Warschau[110] bewirkten den Umschwung. Ende August war Ferber aus Polen zurückgekehrt, wo er auf Einladung des Königs mineralogische und montanistische Studien betrieben hatte. Hier war er mit dem Grafen Moszyński zusammengetroffen, der sich Cagliostros angenommen hatte. Er hatte eine sorgfältige Ausbildung in Dresden und an der Universität Leipzig genossen. In chemischen Experimenten wohl erfahren, war er der Alchimie jedoch nicht abgeneigt[111]. Und auch der Graf Poniński erzählte bei seiner Durchreise nach Petersburg in Mitau von den „Heldentaten" Cagliostros in Warschau. Danach zog Elisa folgenden Schluß: „Obzwar wir uns seine hier gemachten Experimente nicht erklären können, so vermuten wir doch mit aller Gewißheit, daß es auch hier Betrügerei gewesen ist. Nur ist zu bewundern, daß er diese hier so fein gemacht hat, daß so viele verständige, tief gelehrte, an Geistergeschichten ungläubige Männer, ihre Vernunft gefangen genommen, und an seinen höheren Kräften geglaubt haben."[112]

*

In den nächsten Jahren entwickelte sich Elisa von einer fanatischen Anhängerin Cagliostros zu seiner Feindin. Seit 1785 verstrickte sie sich immer mehr in eine Polemik, in die Friedrich Nicolai, Starck, Lavater, J. G. Schlosser u. a. einbezogen wurden[113]. In Hinsicht auf die Freimaurerei in Kurland faßte sie das Ergebnis dieser publizistischen Tätigkeit in einem Brief an Heinrich Ludwig von Nicolay in Petersburg folgendermaßen zusammen:

„Da Sie schon seit 30 Jahren keine Loge besucht haben, so freue ich mich umso mehr, daß ich meiner Seits alles dazu beygetragen habe, die unsrige einschlafen zu laßen. Das herrliche Ideal welches Lessing uns in seinem Ernst und Falk, als Zweck dieser Gesellschaft ahnen läßt, wird wahrscheinlich immer nur Ideal bleiben: und für alle andere Geheimniße der Freymaurerey thue ich keinen Schritt. Dafür arbeite ich lieber an mich selbst und an andre so viel ich kann, diesem großen Ideale näher zu kommen, freue mich jedes Mahl, wenn ich auf der Wanderschaft meines Lebens einer Seele begegne, in welcher ich etwas von Falks Grundsätzen antreffe, und so werden ohne Schurz und Kelle kleine Gesellschaften entstehen, die dadurch Freunde werden, daß sie vereint Gutes zu wirken suchen, und sich und ihre Mitmenschen so viel möglich verbessern."[114]

Schon mehrere Jahre davor schrieb der Mineraloge Ferber aus Mitau an Friedrich Nicolai in Berlin:

„Es kann aber wohl seyn daß es hier so wie anderwärz unter dem großen Haufen meiner Hren Brüder, Thoren giebt, die weil sie von aller profanen Gelehrsamkeit gänzlich entblößt sind, gerne für Geheimnißreich (in der Maçonnerie) angesehen werden mögten, um bei aller Gelegenheit eine wichtige Miene zu behaupten. So viel ich weiß, sind Sie, 1. Freund, selbst F. M. und werden also, vielleicht länger als ich, schon gemerkt haben, daß es in dieser ehrwürdigen Gesellschaft, so wie in allen andern, die christl. Kirche gar nicht ausgeschloßen, Erznarren giebt, die selbst nicht wißen, was sie alles heilig machen wollen. Solchen ist Schurzfell und anderer äußerl. Prunk, der nichts zur Sache thut, wichtig und ihr Aberglauben und Enthusiasterey, für einen vernünftigen Mann lächerlich. Der große Haufen in den ⌘, der weiter nichts thut, als Exerciren und freßen, denkt über gar nichts nach, und liest auch nichts; sondern läuft nur der Mode wegen mit.

Nach meiner Meinung müste Aufklärung des menschl. Geschlechts, Verbeßerung deßelben überhaupt im sittlichen Charakter und Minderung des menschl. Elends allerorten und vorzügliche Glücksbeförderung der rechtschaffenen und verdienstvollen Brüder der Hauptzweck der gegenwärtigen Maurerey seyn; und es ist nicht zu zweifeln, daß hierin sehr viel ausgerichtet werden könnte, wenn die Sache überall am rechten Ende angefangen und vollführt würde, ohne Zank über Systeme, Ceremonien, Contributionen hin u. her u. dgl. mehr non sens, worin sich zum Theil niedriger Eigennutz mengt."[115]

Die achtziger Jahre bilden eine Art Abgesang in der Geschichte der kurländischen Freimaurerei. Ob Elisa in ihrem Brief auf den Niedergang des gesamten freimaurerischen Lebens anspielt, oder nur auf den der Adoptionsloge, läßt sich, ohne die Logenakten zu kennen, nicht sagen, aber es ist doch sehr wahrscheinlich, daß nach dem Konvent von Wilhelmsbad (1782), auf dem das templerische System zu Grabe getragen wurde, auf Grund dessen die weitreichenden Beziehungen bestanden, daß nach dem Tode von Ernst Johann von Fircks (1782), von Christoph Dietrich Georg von Medem (1782) und Johann Friedrich von Medem (1785) und schließlich nach dem Schock, den die Betrügereien von Cagliostro hinterließen, das freimaurerische Leben gelitten haben muß. Dazu kamen Mißernten, die sich zuspitzenden politischen Schwierigkeiten, die allmähliche Zunahme des russischen Einflusses in Verbindung mit der immer deutlicher werdenden Abneigung der Kaiserin gegen den Freimaurerorden. 1794 erteilte der Generalgouverneur Fürst Repnin auf Wunsch der Kaiserin die mündliche Weisung, alle Logen zu schließen, 1795 wurde Kurland dem russischen Szepter unterworfen. Die für seine Freimaurerei so wichtige Verbindung zu Polen löste sich nach der dritten Teilung.

Zur Zeit der Bürgerunion und auch bei den Verhandlungen über die Eingliederung Kurlands in das russische Reich mögen maurerische Verbindungen eine Rolle gespielt haben, auch funktionierte noch manche philanthropische Maßnahme, so wissen wir, daß die Söhne des Professors Johann Nicolaus von Tiling von der Loge unterstützt werden sollten[116]. In den achtziger Jahren aber zeigte sich deutlich, daß die großen Hoffnungen, die wahrscheinlich nicht nur von Herder in die Tätigkeit dieser Gesellschaft gesetzt worden waren, sich nicht erfüllt hatten und wahrscheinlich auch nicht erfüllen konnten. Dennoch scheint mindestens von 1750 bis 1790 die kurländische Freimaurerei nicht nur als Strukturelement der kurländischen „überschaubaren Gesellschaft" eine bedeutende Rolle gespielt zu haben, sondern weit darüber hinaus ein wichtiger Faktor im nordosteuropäischen Kommunikationssystem gewesen zu sein.

*Anmerkungen*

1 Herders Sämmtliche Werke. Hrsg. von Bernhard Suphan, Bd. 4, Berlin 1878, S. 401 f.
2 Karl Wilhelm Cruse: Curland unter den Herzögen. Bd. 2, Mitau 1837, S. 82 ff.
3 Ebenda S. 82 f.
4 Unter „überschaubarer Gesellschaft" soll hier ein Gesellschaftstypus verstanden werden, in der „jeder jeden kennt", nicht aber eine „geschlossene Gesellschaft". Trotz

strenger Trennung der einzelnen Gesellschaftsschichten voneinander gibt es zahlreiche Sphären engen Zusammenlebens. Für die Beziehungsforschung scheint eine
so strukturierte Gesellschaft besondere Bedingungen zu bieten. Sowohl eine genauere Charakteristik als auch der Beweis, daß hier etwas Richtiges gesehen worden
ist, muß noch erbracht werden. Der Verf. hat die Absicht, das in nächster Zeit zu tun.

 5 Unter „nordosteuropäischem Kommunikationssystem" soll hier die Beziehungsver-
   flechtung in dem Raum etwa von Petersburg und Moskau im Osten bis zur Linie
   Hamburg — Göttingen im Westen, Skandinavien im Norden und Böhmen im Süden
   verstanden werden. Dieser Begriff wurde eingeführt, da bei vergleichenden Studien,
   die in der Kulturbeziehungsforschung unumgänglich sind, für die zweite Hälfte des
   18. Jahrhunderts die Gegenüberstllung von Nationalliteraturen usw. zu verzerrten Ergebnissen zu führen scheint.
 6 Ein erster Versuch in dieser Richtung wurde in einem Vortrag des Verf. „Buchhandel und Buchhändler im nordosteuropäischen Kommunikationssystem" unternommen, der in absehbarer Zeit in den Wolfenbütteler Studien erscheinen soll. Hier werden auch weitere Erklärungen zu den Begriffen „überschaubare Gesellschaft" und
   „nordosteuropäisches Kommunikationssystem" abgegeben.
 7 Vgl. Georg von Rauch: Johann Georg Schwarz und die Freimaurer in Moskau. In
   diesem Band.
 8 Vgl. hierzu auch Heinz Ischreyt: Ich bliebe aber gerne in Deutschland. Bemerkungen zur Gruppenmentalität in der „Gelehrtenrepublik". In: Deutsche Studien, H. 46,
   Jg. 12, 1974, S. 116 ff.
 9 Cruse (s. Anm. 2) S. 82.
10 Richard Fischer: Geschichte der Johannisloge Zu den drei Kronen. Königsberg o. J.
11 Cruse (s. Anm. 2) S. 82.
12 Fischer (s. Anm. 10) S. 44.
13 F. A. Eckstein: Geschichte der Freimaurer-Loge im Orient von Halle. Halle 1844,
   S. 2 ff.
14 Ein schlüssiger Beweis dafür, daß es sich um Zachar Grigor'evič handelt, konnte bisher nicht gefunden werden.
15 Ernest Krivanec: Die Loge Aux trois canons in Wien (1742—1743). In: Quatuor Coronati Jahrbuch 1975, Nr. 12, S. 95 ff.; A. N. Pypin: Russkoe Masonstvo. Petrograd
   1916, S. 91.
16 Eckstein (s. Anm. 13) S. 26 ff., 329 ff. Biographische Angaben werden nicht im einzelnen dokumentiert, sofern sie auf die üblichen Nachschlagewerke zurückgehen, also auf die veröffentlichten Matrikeln der Universitäten Jena, Königsberg, Leipzig,
   auf J. G. Meusel: Lexikon der vom Jahr 1750 bis 1800 verstorbenen teutschen Schriftsteller, das Deutsch-Baltische Biographische Lexikon, die Allgemeine Deutsche Biographie, die Altpreußische Biographie. Zahlreiche Mitteilungen über die Zugehörigkeit zu den Engbünden und die Ordensnamen stammen aus: Lindt: Verzeichniss
   sämmtlicher innern Ordensbrüder der strikten Observanz. o. O., o. J. (1846).
17 Eckstein (s. Anm. 13) S. 18, 332. Daß er aus Jena stammt, geht aus der eigenhändi-
   gen Eintragung im Stammbuch von Wöldicke (s. Anm. 19) hervor.
18 Vgl. Georg Adolf Schuller: Samuel von Brukenthal. Bd. 1, München 1967, S. 33 f.
19 Den Hinweis auf Studentenstammbücher als Forschungsquelle und viel diesbezüg-
   liches Material verdanke ich Herrn Oberarchivar Dr. Vello Helk, Kopenhagen; insbesondere informierte er mich eingehend über das in einer dänischen Schulbibliothek
   befindliche Stammbuch von Christoph Wöldicke.
20 Charlotte Elisabeth Konstantia von der Recke: Nachricht von des berüchtigten Cagliostro Aufenthalte in Mitau im Jahre 1779. Berlin, Stettin 1787, S. 3.
21 Die neuesten Entdeckungen in der Chemie. Hrsg. v. D. Lorenz Crell, Teil 2, Leipzig
   1782, S. 59 f., Teil 10, Leipzig 1783, S. 140.
22 Nach Eckstein (s. Anm. 13) soll J. A. Müller bei Aufnahme in die Loge (1744) 32
   Jahre alt gewesen sein. In der Jenaer Universitätsmatrikel finden wir unter dem 8.1.
   1725 die Eintragung: Johannes Adolphus Müllerus, Jenensis. H. C.
23 Als Hofrat Müller käme u. U. Gerhard Andreas Müller (1718—1762) in Frage, der
   seit 1743 Garnisonsmedikus in Weimar und Hofrat war. 1750—1754 bekleidete er
   nach Jöcher und Meusel den Posten eines Leibarztes beim poln. Kron-Großschatz-
   meister Graf Sedlnicki. Eine Verteidigungsschrift gegen Beschuldigungen, die gegen
   ihn erhoben worden sind, konnte nicht beschafft werden.

24 Diese Briefe, die mit den Initialen M.W.L.R.B. unterzeichnet sind, werden erwähnt
   bei Wolfram Suchier: Gottscheds Korrespondenten. (Neudruck) Leipzig 1971, und
   bei G. Waniek: Jac. Im. Pyra und sein Einfluß auf die deutsche Literatur des 18.
   Jahrhunderts. Leipzig 1882.
25 Elisa von der Recke: Über C. F. Neanders Leben und Schriften. Berlin 1804.
26 Geschichte der Großen National-Mutterloge in den Preußischen Staaten, genannt Zu
   den drei Weltkugeln. 6. Aufl. Berlin 1903, S. 11.
27 Johann August Starck: Documentirter Anti-Werht nebst einer kurzen Abfertigung
   der drei Berliner und des Herrn Karl von Sacken. Frankfurt, Leipzig 1789, S. 157.
28 Vgl. Johann Friedrich von Recke, Karl Eduard Napiersky: Allgemeines Schriftstel-
   ler- und Gelehrten-Lexikon der Provinzen Livland, Esthland und Kurland. Bd. 3,
   Mitau 1831, S. 462.
29 Das Stammbuch befindet sich im Geheimen Staatsarchiv, Berlin-Dahlem,Sign. VIII.
   Hauptabt. C Nr. 57.
30 Ja. L. Barskov: Perepiska Moskovskich Masonov XVIII-go veka. Petrograd 1915,
   nach Maurerhalle, Altenburg 1843 II,2, 147.
31 Vgl. Johann August Starck: Über Krypto-Katholicismus, Proselytenmacherey, Jesuitismus, geheime Gesellschaften... Bd. 2, Frankfurt, Leipzig 1787, S. 190.
32 Starck (s. Anm. 27) S. 168.
33 Diederichs in: Allgemeine Deutsche Biographie. Bd. 15 (Neudruck Berlin 1969),
   S. 298.
34 Starck (s. Anm. 27) S. 109.
35 Fischer (s. Anm. 10) S. 50.
36 Das Stammbuch des Johann von Brevern wurde besprochen in: Jahrbuch für Genealogie, Heraldik und Sphragistik. Mitau 1909/10, S. 381 f.
37 Vgl. Heinz Ischreyt: Die Königsberger Freimaurerloge und die Anfänge des modernen Verlagswesens in Rußland (1760—1763). In: Rußland und Deutschland. Festschrift für Georg von Rauch = Kieler Historische Studien Bd. 22, Stuttgart 1974,
   S. 108 ff.
38 Näheres darüber bei Heinz Ischreyt: Jakob Friedrich Hinz, ein vergessener Buchhändler und Verleger. In: Nordost-Archiv, H. 22, Lüneburg 1972, S. 3 ff.
39 Vgl. Anm. 1.
40 Starck (s. Anm. 27) S. 157.
41 Johann Bernoulli: Reisen durch Brandenburg, Pommern, Preußen, Curland, Rußland und Polen in den Jahren 1777 und 1778. Bd. 3, Leipzig 1779, S. 242 f.
42 Starck (s. Anm. 27) S. 46, Fischer (s. Anm. 10) S. 55 f., 61.
43 Fischer (s. Anm. 10) S. 70 f.
44 Starck (s. Anm. 27) S. 108.
45 Ebenda S. 280.
46 Ebenda S. 305.
47 Ebenda S. 289.
48 Geschichte (s. Anm. 26) S. 59.
49 Starck (s. Anm. 27) S. 112—116.
50 Johann Friedrich Abegg: Reisetagebuch von 1798. (Frankfurt 1976), S. 191.
51 Barskov (s. Anm. 30) S. 228.
52 Briefe angesehener Gelehrten, Staatsmänner ... an den berühmten Märtyrer D. Karl
   Friedrich Bahrdt ... Teil 2, Leipzig 1798, S. 96 ff.; vgl. auch Starck (s. Anm. 27),
   S. 228.
53 Vgl. Georg von Rauch in diesem Band, Pypin (s. Anm. 15), S. 508.
54 Starck (s. Anm. 27) S. 337.
55 Ebenda S. 212.
56 Ebenda S. 15, 69 f.
57 Ebenda S. 217; ferner Karl Dietrich Wehrdt: Erklärung an das Publikum wegen eines
   Briefes den Herrn Doctor und Oberhofprediger Stark betreffend. Leipzig 1789,S.73.
58 Starck (s. Anm. 27) S. 95.
59 Ebenda.
60 Abegg (s. Anm. 50) S. 202.
61 Starck (s. Anm. 27) S. 74.
62 Ebenda S. 223.
63 Ischreyt (s. Anm. 37) S. 113 f.

64 Vgl. W. Rosenberg: Johann Friedrich Steffenhagen als Verleger lettischer Literatur. In: Buch- und Verlagswesen im 18. und 19. Jahrhundert. Beiträge zur Geschichte der Kommunikation in Mittel- und Osteuropa. = Studien zur Geschichte der Kulturbeziehungen in Mittel und Osteuropa, Bd. 4, Berlin 1977, S. 237.
65 Pypin (s. Anm. 15) S. 510.
66 Recke-Napiersky (s. Anm. 28) Bd. 1, S. 92 f.
67 Vgl. v. Rauch in diesem Band.
68 Ich beziehe mich auf eine freundliche Mitteilung des Leiters des Archivs der Martin-Luther-Universität zu Halle, Dr. Schwabe.
69 G. V. Vernadskij: Russkoe Masonstvo v carstvovanie Ekateriny II. Petrograd 1917, S. 272.
70 Irene Neander: Christoph Friedrich Neander, ein Beitrag zur Geschichte der Aufklärung in Kurland. Mitau 1931, S. 41.
71 Vgl. Hubertus Neuschäffer: Der livländische Pastor und Kameralist Johann Georg Eisen von Schwarzenberg. In: Rußland und Deutschland (s. Anm. 37) S. 142; Erich Donnert: Johann Georg Eisen (1717—1779). Ein Vorkämpfer der Bauernbefreiung in Rußland. Leipzig 1978.
72 Geschichte (s. Anm. 26) S. 47.
73 Starck (s. Anm. 27) S. 114.
74 Ebenda S. 218.
75 (J. A. Starck): Saint-Nicaise oder eine Sammlung merkwürdiger maurerischer Briefe. (Frankfurt a. M.) 1785.
76 Vgl. ebenda und Wehrdt (s. Anm. 57).
77 Barskov (s. Anm. 30) S. 219. H. C. von Heyking teilt u. a. über Dörper, an dem er übrigens kein gutes Haar läßt, mit, daß er „durch ein Wiener Diplom, das die Freimaurer Kurlands und Piltens bezahlten, geadelt" wurde. Vgl. Aus Polens und Kurlands letzten Tagen. Hrsg. von Baron Alfons von Heyking, Berlin 1897, S. 185.
78 Johann Jacob Ferber: Kaliostro in Mitau. In: Berlinische Monatsschrift. Bd. 16, 1790, S. 314.
79 (L. E. Borowsky): Cagliostro, einer der merkwürdigsten Abenteurer des Jahrhunderts. 2. Aufl. Königsberg 1790, S. 51.
80 Vgl. J. Eckardt: Cagliostro in Mitau. In: Baltische Monatsschrift, Bd. 10 (1886 II), S. 324 ff.
81 So in einem von Elisa zitierten Brief aus Straßburg v. 7. Juni 1781, vgl. Recke (s. Anm. 20) S. 20; Zimmermann bezeichnet den aus dem Elsaß gebürtigen Leuchsenring als Erfinder des Argwohns gegen die Jesuiten. Vgl. [Joh. Georg] Zimmermann: Über Friedrich den Großen. Leipzig 1788, S. 88 ff.'
82 Borowsky (s. Anm. 79), S. 52.
83 Ebenda S. 51.
84 Ebenda S. 75.
85 Briefe (s. Anm. 52) S. 74.
86 (Joach. Joh. Christoph Bode): Ein paar Tröpflein aus dem Brunnen der Wahrheit. Ausgegossen vor dem neuen Thaumaturgen Caljostros, o. O. 1781, S. 20.
87 Ebenda S. 23. Cagliostro brachte u. a. ein Empfehlungsschreiben von Otto Herrmann von der Howen an Heyking, der gerade in Petersburg weilte. Vgl. Heyking (s. Anm. 77) S. 223; vgl. auch B. Ivanoff: Cagliostro in Eastern Europe. In: Ars Quatuor Coronatorum 40, London 1927, S. 40—80.
88 Moszyński (s. Anm. 110) S. 1.
89 Recke (s. Anm. 20) S. 24.
90 Die Briefe von Elisa an Lavater befinden sich im Lavater-Archiv der Zentralbibliothek Zürich. Ferner wurden herangezogen: Heinrich Funck: Briefwechsel zwischen Lavater und Frau von der Recke. In: Euphorion, 25, 1924, S. 52 ff. und Martin Schütze: Der Briefwechsel zwischen Lavater und Elisa von der Recke: Neuentdeckte Originale. In: The German Review, Jg. 7, 1932.
91 Recke (s. Anm. 20) S. 58.
92 Ferber (s. Anm. 78) S. 307.
93 Briefe (s. Anm. 52) S. 74.
94 Vgl. Brief Elisas an Lavater v. 15. März 1781; ferner Paul Rachel (Hrsg.): Elisa von der Recke. Bd. 2: Tagebücher und Briefe aus ihren Wanderjahren. Leipzig 1902, S. 248.

95  Berlinische Monatsschrift, Bd. 11, 1788, S. 211–216. Vgl. ferner Roland Seeberg-
    Elverfeldt: Elisa von der Reckes Freundschaft mit Bernhard Becker. In: Jahrbuch
    des baltischen Deutschtums, Bd. 23, 1976, S. 97–107.
96  (Sophie Becker): Vor hundert Jahren. Elisa von der Reckes Reisen durch Deutsch-
    land 1784–1786, Nach dem Tagebuch ihrer Begleiterin Sophie Becker hrsg. u. ein-
    gel. v. G. Karo und M. Geyer. Stuttgart o. J.
97  J. Eckardt: Beitrag zur Charakteristik unserer Provinzialer. In: Rigascher Almanach.
    1863, S. 14.
98  Vgl. J. Stradiņš, A. Strods: Jelgavas Pētera Akadēmija. Riga 1975; Johann Jacob Fer-
    ber: Briefe an Friedrich Nicolai aus Mitau und St. Petersburg. Hrsg. v. Heinz Isch-
    reyt. Herford und Berlin (1974). An Literatur über die Academia Petrina ist ferner
    zu nennen: William Meyer: Die Gründungsgeschichte der Academia Petrina in Mitau.
    Phil. Diss. Königsberg 1921; Karl Dannenberg: Zur Geschichte und Statistik des
    Gymnasiums zu Mitau. Mitau 1875. Roland Seeberg-Elverveldt: Die „Academia Pe-
    trina". In: Baltische Monatshefte 1937, S. 417–423.
99  Vgl. Recke (s. Anm. 20) passim; Starck äußert sich darüber an mehreren Stellen in:
    Auch etwas wider das Etwas der Frau von der Recke. Leipzig 1788 und in: Über
    Krypto-Katholizismus (s. Anm. 31).
100 Vgl. Stradiņš, Strods (s. Anm. 98).
101 Ferber (s. Anm. 78) S. 313.
102 Vgl. Magazin zur Erfahrungsseelenkunde. Berlin 1782–1793.
103 Neander (s. Anm. 70) S. 90 ff.
104 Vgl. Funck (s. Anm. 90) passim.
105 Recke (s. Anm. 20) S. 5.
106 Neander (s. Anm. 70) S. 91.
107 Recke (s. Anm. 20) S. 136.
108 Bode (s. Anm. 86) S. 17.
109 Brief v. 15. März 1781.
110 Vgl. (Graf August Moszyński): Cagliostro in Warschau. Oder Nachricht und Tage-
    buch über dessen magische und alchymische Operationen in Warschau im Jahre 1780,
    geführt von einem Augenzeugen. Aus dem französischen Manuscripte übersetzt und
    mit Anmerkungen erläutert von J. F. Bertuch. o. O. 1786.
111 Über ihn als Freimaurer vgl. J. Wojtowicz in diesem Band.
112 Brief v. 14. Sept. 1781.
113 Der Verf. hofft, diese Polemik in anderem Zusammenhang eingehend darstellen zu
    können.
114 Brief v. 30. August 1787. Dieser Brief befindet sich im Archiv Heinrich Ludwig Ni-
    colay, Universitätsbibliothek Helsinki; vgl. auch Rachel (s. Anm. 94). S. 127 f
115 Brief vom 26. Januar 1783 in: Ferber (s. Anm. 98) S. 130.
116 Briefabschrift in Privatbesitz der Familie von Tiling, Brief v. 10.2.1787. Die Unter-
    stützung der Loge scheint aber nicht nenneswert gewesen zu sein, vgl. einen Brief
    Tilings v. 14.1.1789.

# EINE GESELLSCHAFT GELEHRTER FREUNDE AM ENDE DES 18. JAHRHUNDERTS

„Družeskoe učenoe obščestvo"

*Von B. I. Krasnobaev*

Im Oktober 1782 erschien in der Moskauer Universitätstypographie eine elfseitige Broschüre, die „alle Liebhaber der Wissenschaften und Förderer der Gelehrsamkeit" zur Eröffnung der *Družeskoe učenoe obščestvo* einlud und das Arbeitsprogramm und die Ziele der neuen Institution darlegte. Der Wert dieser außerordentlich seltenen[1] Schrift besteht darin, daß sie eine der wenigen zuverlässigen Quellen für die Geschichte dieser Gesellschaft ist, die von einer Gruppe begeisterter Aufklärer um N. I. Novikov und Johann Georg Schwar(t)z gegründet wurde. Ihr Rang ist durch die Namen ihrer Mitglieder charakterisiert, zu denen der Dichter und Kurator der Moskauer Universität M. M. Cheraskov und der Schriftsteller und Freund Radiščevs A. M. Kutuzov gehörten. In diesem Kreis wurde der künftige Schriftsteller und Historiograph N. M. Karamzin gebildet, in ihm verbrachte der deutsche Dichter Jakob Michael Reinhold Lenz seine letzten Lebensjahre[2].

Trotz der europäischen Bedeutung der Gesellschaft und trotz der Aufmerksamkeit, die ihr die russische Wissenschaft seit der Mitte des vorigen Jahrhunderts zuwandte, gibt es bisher keine Monographie über sie und ihre Tätigkeit. Bis zu den ersten Jahrzehnten unseres Jahrhunderts wurden allerdings einige Quellen und Schriften u. a. über die Rolle Novikovs und Schwarz' als Gründer und über ihre Bedeutung für die Entwicklung Karamzins[3] veröffentlicht. Jedoch konnten die tieferen Ursachen ihres Entstehens sowie die Zusammenhänge mit der russischen und europäischen Kulturentwicklung nicht befriedigend geklärt werden. Man benutzte die Quellen unkritisch zur Illustration, ohne sie zu analysieren. Selbst ein so bedeutender Gelehrter wie N. S. Tichonravov stützte seinen Aufsatz über Schwarz auf die fast wörtliche Wiedergabe von dessen autobiographischen Aufzeichnungen[4].

Im Zuge der sorgfältigen Erforschung des 18. Jahrhunderts durch Gelehrte der Sowjetunion wurden große Fortschritte erreicht. Vor allem gilt das für Repräsentanten des Kulturlebens wie z. B. N. I. Novikov[5], N. M. Karamzin[6], A. M. Kutuzov[7] und A. N. Radiščev[8]. Dadurch ist es möglich, Fragen, die auch für uns wichtig sind, zu beantworten.

Unsere Aufgabe soll es nun sein, die *Gesellschaft der gelehrten Freunde* als russische Kulturerscheinung im europäischen Zusammenhang zu untersuchen. Sie darf nicht isoliert betrachtet werden, sondern nur im Kontext mit umfangreicheren Themen, besser „Themengruppen", also etwa im Zusammenhang mit dem Novikov-Kreis, mit der russischen Aufklärung, der Verbindungen zwischen dem Novikov-Kreis und dem um Radiščev, mit der russischen Freimaurerei und deren Verbindung zur europäischen sowie mit der staatlichen Kulturpolitik. Dazu gehört die russische Verlags- und Buchgeschichte und nicht zuletzt auch die Problematik der Kulturverbindungen, die damals vorwiegend in der Veröffentlichung übersetzter ausländischer Literatur und in persönlichen Kontakten bestanden. Natürlich läßt sich das alles nicht in einem Aufsatz abhandeln. Deswegen beschränken wir uns: Der erste Teil der Ausführungen soll den wichtigsten schriftlichen Quellen gewidmet sein, die — obgleich in der Mehrzahl veröffentlicht — keineswegs befriedigend ausgewertet worden sind. Im zweiten Teil soll dann die Entstehung der Gesellschaft, ihre Eigenart und ihre Tätigkeit im Zusammenhang mit der russischen und europäischen Kulturentwicklung erörtert werden.


I

Die leider nur in kleiner Zahl zur Verfügung stehenden Quellen beziehen sich nicht auf das interne Leben der Gesellschaft: Wir kennen keine Sitzungsprotokolle und wissen auch nicht, ob solche angefertigt wurden; auch ist es uns nicht bekannt, ob Sitzungen regelmäßig einberufen wurden, ob sie eine Tagesordnung hatten usw. Einige Dokumente, die aus der Gesellschaft als Organisation selbst hervorgegangen sind, können als „offiziell" angesehen werden. Das gilt zunächst für zwei Notizen aus dem Jahr 1782 in den *Moskovskie Vedemosti* (Moskauer Nachrichten). Aus der einen erfahren wir, daß eine Gruppe „edel gesinnter Freunde" und „in aufrichtiger Liebe zum Vaterland entflammter Patrioten" beschlossen habe, an der Universität ein Seminar zur Ausbildung von Übersetzern „der besten Autoren und moralischsten Werke in die russische Sprache"[9] zu gründen. Die andere teilt mit, der reiche Moskauer P. A. Tatiščev werde sechs Studenten den Unterhalt bezahlen. Zum ersten Mal taucht hier der Name der *Gesellschaft gelehrter Freunde* auf, und auch ihre Aufgabe, Wissenschaft zu verbreiten, wird ausgesprochen[10].

Daraus ergibt sich, daß schon in der ersten Hälfte des Jahres 1782 die *Gesellschaft* als Organisation bestand. Sie übernimmt aufklärerische und erzieherische Aufgaben, ihre Tätigkeit entspringt der Privatinitiative, trägt philanthropischen Charakter und ist mit der Moskauer Universität verbunden. Das war nach Meinung ihrer Gründer „das sicherste Mittel, eine größere Zahl von Studenten auszubilden und sie dadurch zu nützlichen Gliedern der Gesellschaft zu machen."[11]

Das wichtigste der offiziellen Dokumente ist die bereits erwähnte Einladungsschrift[12], und dennoch wurde sie bisher nicht eingehend analysiert. So hat man angenommen, sie sei von Novikov verfaßt worden[13], und doch ist es viel wahrscheinlicher, daß sie die Frucht gemeinsamer Bemühungen der „Freunde" war, vor allem eine Gemeinschaftsarbeit von Novikov und Schwarz sowie vielleicht auch Cheraskov. Die Einladungsschrift nennt den 6. November 1782 als Gründungsdatum und das Haus des Philanthropen Tatiščev als Gründungsort. Aber sie äußert sich auch über die Ziele der *Gesellschaft* und ihre Tätigkeitsmerkmale: Für jeden gebildeten Menschen sei es wichtig, über seine Freizeit richtig zu verfügen. Ganz im Geist der Zeit werden als Beispiele dafür berühmte Männer des Altertums angeführt: Scipio Africanus und Hannibal. Die Mitglieder der *Gesellschaft* hätten nun beschlossen, ihre Freizeit der Arbeit für das allgemeine Wohl zu opfern. Sie werden folgendermaßen charakterisiert: „Männer und Jünglinge", „angesehen wegen ihrer adeligen" Herkunft, Gelehrte, „erfahren in den Wissenschaften", und alle, die bekannt dafür sind, daß sie die Aufklärung zu verbreiten suchen[14].

Unbeabsichtigt äußern sich die Autoren der Schrift hier über die herrschenden sozialen Verhältnisse. Die Bedeutung, welche den Mitgliedern vornehmer Herkunft beigemessen wird, erklärt sich nicht allein daraus, daß die Gesellschaft auf reiche und vornehme Mäzene angewiesen war. Die beiden Fürsten Trubeckoj, I. V. Lopuchin, A. A. Čerkasskij und der reiche Tatiščev, die zu ihren Mitgliedern zählten, machten die *Gesellschaft* in den Augen der Obrigkeit respektabel, und das war notwendig, da der feudal-absolutistische Staat privaten Initiativen mißtraute. Vor demselben Hintergrund ist der Versuch zu sehen, durch die Beteiligung von Gelehrten der Moskauer Universität eine größere Autorität zu erhalten. Alle diese Persönlichkeiten, die verschiedenen Kreisen angehörten, sollte eines verbinden, „die Liebe zu den Wissenschaften und das allgemeine und private Wohl."[15]

1702 von Peter I. schon verwendet, war dieser Begriff „allgemeines Wohl" in die Terminologie des absolutistischen Staates eingegangen, und man trifft ihn in vielen Regierungsakten an. N. I. Pavlenko hat gezeigt, daß damit im Grunde nur die Fähigkeit, dem Staate zu dienen, gemeint war. Die Existenz sozialer Ungleichheit, die als gegeben angenommen wurde, geriet aber in „Gegensatz zu der idyllischen Vorstellung vom allgemeinen Wohl." Das „Wohl" des Leibeigenen und das „Wohl" seines adeligen Besitzers bedeuteten natürlich etwas ganz Verschiedenes. „Unter diesen Voraussetzungen wurde das ‚allgemeine Wohl' zu einer reinen Fiktion."[16]

Novikov und Aufklärer seiner Art füllten diesen Begriff jedoch mit einem anderen Inhalt. Der Mensch war für sie nicht nur der Untertan. Der unterschiedliche Zugang zu diesem Problem läßt sich an folgendem Beispiel verdeutlichen. Im Gründungsjahr der *Gesellschaft* begann die Schulreform Katharinas II., von der übrigens einige Forscher annehmen, sie habe dadurch Novikov und seinem Kreis die Initiative im Bildungswesen entreißen wollen[17]. Eine wichtige Rolle in dieser Schulreform spielte das Lesebuch *Von den Pflichten des Menschen und des Bürgers*[18]. Während in diesem Buch fast ausschließlich von den Pflichten gesprochen wird und der „Mensch" und „Bürger" dahinter ganz zurücktritt, zeigt ein fast gleichzeitig erscheinender Traktat Novikovs mit dem Titel *Von der Erziehung und Belehrung der Kinder; zur Verbreitung allgemeinnützlicher Kenntnisse und allgemeinen Wohlergehens* eine andere Gesinnung. „Hauptgegenstand der Erziehung", meint Novikov, sei es, „die Kinder zu glücklichen

Menschen zu machen und zu nützlichen Staatsbürgern zu erziehen."[19] Nicht der Untertan, sondern der Mensch, seine Persönlichkeit und sein Glück – wenn auch im organischen Miteinander mit der gesellschaftlichen Nützlichkeit – stehen für ihn obenan. Diese Ansichten Novikovs waren zwar utopisch, führten aber auch zu einer Gegnerschaft gegenüber der herrschenden Ideologie und schließlich zum Kampf gegen den Absolutismus, den im 18. Jahrhundert als erster A. N. Radiščev, Novikovs jüngerer Zeitgenosse, aufnahm[20].

Die Gründer der *Gesellschaft* waren sich klar darüber, daß im Zusammenhang mit der „Leibeigenschaftsmoral" die „Nichtachtung des Menschen an sich"[21] weit verbreitet war und daß der Mensch nach Besitz, Stellung bei Hofe und Rang gewertet wurde, nicht aber nach seiner Persönlichkeit, seiner Stellung zur Aufklärung und zum allgemeinen Wohl. Sie wußten, daß diese Denkweise sich nicht von selbst ändern würde, sondern nur als Ergebnis ernster erzieherischer Arbeit. Das wird im Programm deutlich ausgesprochen: Die Arbeit in der *Gesellschaft* würde jedem Mitglied helfen, seine Qualitäten zu mehren und seine Fehler zu überwinden. Die einen würden zu nützlichen Taten ermuntert, den anderen geholfen, „geheime Begabungen" zu entdecken; die Schüchternen würden mutiger werden, andere „mildere Sitten" und „Höflichkeit" annehmen. Und „schließlich werden alle ganz und gar nützlich und tätig sein."

Das eigentliche wissenschaftliche Programm war unbestimmt. Besondere Aufmerksamkeit wandte man der *„griechischen und lateinischen Sprache*, der Kenntnis der *Altertümer*, der Kenntnis der Eigenschaften und des *Eigentümlichen der Dinge* in der Natur, dem Gebrauch der *Chemie* [...]" zu. Es handelt sich dabei um einen eher esoterisch-maurerischen Begriff von „Gelehrsamkeit" und weniger um aktuelle wissenschaftliche Probleme.

Aber man blieb nicht im Bereich einer Wissenschaft an sich. So wurde geplant, Bücher, vor allem Lehrbücher, zu drucken und Lehranstalten zu gründen. Außerdem wollte man „die berühmtesten ausländischen gelehrten Männer an sich ziehen" und mit „etlichen von ihnen in einen wissenschaftlichen Briefwechsel treten."[22] Die Einladung wurde in Deutschland bekannt und fand ein warmes Echo. Im dritten Band der „Freimaurerbibliothek" (Dessau 1785) heißt es: „Wer kann hier die Vortrefflichkeit und Gemeinnützigkeit solchen Instituts verkennen! [...] und mancher deutsche Staat [...] möge daran ein Beispiel zur Nachahmung nehmen."[23]

Neben den bisher charakterisierten Quellen, die man als offiziell ansehen kann, gibt es eine Fülle formal und inhaltlich unterschiedlicher, sich zuweilen widersprechender, oft sehr subjektiver, wenn nicht sogar tendenziöser Dokumente, die nur kritisch verwendet werden können, was – wie gesagt – keineswegs immer geschehen ist. Wichtig sind vor allem die biographischen Aufzeichnungen von Schwarz aus dem Jahr 1783, die eine Art Rechtfertigungsschrift gegen die Angriffe des Universitätskurators I. I. Melissino darstellen[24]. Schwarz erzählt in ihnen, er habe eine Gesellschaft gründen wollen, die Erziehungsgrundsätze in der Öffentlichkeit verbreitet und nützliche Bücher übersetzt und herausgibt. Die gewissenlosen ausländischen Lehrer, die der russische Adel zur Erziehung der Kinder anzustellen pflege, hätten ihn empört. Deswegen hätte eine Aufgabe der Gesellschaft darin bestehen sollen, gute ausländische Lehrkräfte heranzuziehen, oder – was noch besser sei – russische Lehrer auszubilden. Ferner lenkt er die Aufmerksamkeit auf die von ihm als Lehrer der deutschen Sprache an der Universität erarbeitete Methodik des Sprachunterrichts und teilt mit, er habe 1781 während seiner Reise durch Deutschland das Publikum mit der russischen Literatur bekannt gemacht und an einigen Orten die Einführung des russischen Sprachunterrichts erreicht[25].

Wegen dieser Aufzeichnungen schrieben u. a. Tichonravov und Longinov den Plan und die Gründung der Gesellschaft Schwarz zu. Doch ist zweierlei anzumerken: Schwarz bekennt, daß vor seiner Verbindung mit Novikov seine Pläne ergebnislos waren: „Ich dachte mir Möglichkeiten aller Art, aber scheiterte meist, ebenso wie mit meinen Französischen und Deutschen Nachrichten, die ich 1780 herausgab."[26] Ferner spricht Schwarz von seinem Wunsch, an der verlegerischen Tätigkeit Novikovs teilzuhaben, und erwähnt voller Hochachtung die Organisation der von diesem geleiteten Typographie: „ [...] viele neue Bücher herausgekommen, die Tipographie in einen Zustand gesetzt worden, dass wenige dergleichen in Europa [...]. Bald wurde ich gewahr, dass er eine Entreprise unternommen hatte, wobei einzelner Menschen Kraft zu schwach, und doch war der Fortgang derselben für die Aufklärung Rußlands äusserst wichtig. Ich fasste also Feuer und lebte ganz zu dessen Hülfe."[27]

Auch der Bericht Novikovs über die uns interessierenden Ereignisse diente der Rechtfertigung, aber das geschah unter dramatischeren Umständen: Er ist die Antwort auf die Fragen des Untersuchungsrichters. Novikov verteidigte sein Lebenswerk, ja vielleicht sogar sein Leben. So konnte er nicht offen sein; auch war er schwer krank, niedergeschlagen und sprach von Ereignissen, die ein Jahrzehnt zurücklagen und an die er sich vielleicht nicht mehr genau erinnerte. Die Dokumente über seine Verfolgung durch die Regierung Katharinas II. wurden durch G. P. Makogonenko vollständig veröffentlicht[28], der auch über deren Publikationsgeschichte berichtet[29] und anmerkt, „bisher sei das Verfahren gegen Novikov noch nicht systematisch und wissenschaftlich untersucht worden."[30]

In diesen Untersuchungsakten finden wir viele Daten über die *Gesellschaft der gelehrten Freunde* und über Schwarz, wobei Novikov, entsprechend der Verteidigungstaktik, seine Distanz betont. Dennoch entwirft er ein schmeichelhaftes Bild von Schwarz: „Ich liebte ihn sehr wegen seiner ausgezeichneten Gaben, seiner Gelehrsamkeit und seiner Verdienste."[31] Die Ziele der *Gesellschaft* hätten nur in der Verbreitung von Literatur bestanden. Es sei auch nicht beabsichtigt gewesen, die Studenten des Übersetzerseminars in den Freimaurerorden aufzunehmen, sondern lediglich, „die dafür begabten zu guten Lehrern und Übersetzern auszubilden."[32] Auf diese Weise grenzt Novikov die Gesellschaft vom Freimaurerorden ab.

Der in dieser Akte befindliche Rapport des Gouverneurs von Moskau, P. V. Lopuchin, an Katharina II. über das Verhör Novikovs im Jahr 1786 weist mehrfach auf die Gesellschaft als existierend hin. Die Studenten, die auf seinen Befehl vernommen worden seien, hätten „übereinstimmend erklärt, sie seien ausschließlich auf Kosten der Gesellschaft unterhalten worden."[33] Auch der Universitätsdirektor Fonvizin sprach mit Lopuchin über die *Gesellschaft*. Das alles erlaubt die Folgerung, daß die Gründung der *Typographischen Kompanie* nicht das Ende der *Gesellschaft der gelehrten Freunde* bedeutete, wie Longinov und andere annehmen. Kürzlich wurden bisher unbekannte Dokumente über die Verfolgung Novikovs veröffentlicht[34]. Das läßt auch auf neue Funde über die *Gesellschaft* hoffen.

Unter den Äußerungen über unseren Gegenstand in der Memoirenliteratur beanspruchen die Aufzeichnungen des bekannten Dichters und Politikers I. I. Dmitriev[35] die größte Aufmerksamkeit. Nicht immer exakt in den Angaben, vermitteln sie ein lebendiges Bild von der *Gesellschaft* und ihren Mitgliedern. Dmitriev selbst gehörte ihr nicht an, war aber nahe bekannt mit Cheraskov, Novikov und anderen Angehörigen des Kreises. „Wie gegenwärtig sehe ich noch die bescheidene Behausung der jungen Literaten vor mir"[36], schreibt er in bezug auf Karamzin und A. A. Petrov. Er unterscheidet die *Typographische Kompanie* nicht von der *Gesellschaft* und spricht von der *Obščestvo družeskoe tipografičeskoe*. Wichtig ist auch, daß er den Anstoß zum Beginn der Schulreform Katharinas II. mit der Tätigkeit der *Gesellschaft* in Zusammenhang bringt[37]. Ferner erfahren wir von ihm, daß die Mitglieder der Gesellschaft hellblaue Kaftane gleichen Schnitts mit goldenen Litzen trugen[38]; auf wessen Initiative das geschah, bleibt aber leider unbekannt.

Briefe mit Angaben über die *Gesellschaft* sind selten. Auf ihre Anfangsphase beziehen sich Schreiben, die zwischen Moskauer und Petersburger Freimaurern gewechselt wurden[39]. So teilt Novikov am 14. Februar 1783 A. A. Rževskij die Namen der Freimaurerbrüder mit und verspricht ihm eine Liste der Mitglieder der *Gesellschaft*[40], ein Indiz dafür, daß Loge und *Gesellschaft* keineswegs dasselbe waren.

Nicht unmittelbar über die *Gesellschaft*, sondern über die Bedingungen, unter denen sie existierte, orientiert ein menschlich packendes Zeugnis der Epoche, der Briefwechsel zwischen A. M. Kutuzov und I. P. Turgenev[41]. Durch ihn wird der Leser mit den Zweifeln eines jungen Mannes bekannt gemacht, der eine wichtige Entscheidung zu treffen hat: Für Kutuzov geht es um die Frage, ob er den Militärdienst quittieren solle, um sich in Moskau der literarischen und freimaurerischen Tätigkeit in der *Gesellschaft* und in der Loge widmen zu können. „Vielleicht tue ich den wichtigsten Schritt meines Lebens, also muß ich sehr gründlich sein", schreibt er an den Freund[42].

Eine besondere Form von Quellen sind die Zeitschriften und Bücher, welche in den Typographien, die Novikov leitete, erschienen[43]. Bei ihrer Interpretation ergeben sich die Fragen, ob sie die Anschauungen und Absichten der *Gesellschaft* als Organisation spiegeln, wie deren Mitglieder die Buch- und Zeitschriftenproduktion einschätzen und wer entschied, welche Bücher veröffentlicht werden sollten.

Die Produktion von Novikovs Typographien wurde schon mehrfach untersucht[44]. Dabei wurde von Unterschieden, ja sogar von Gegensätzen zwischen
den Anschauungen Novikovs und Schwarz' gesprochen, z. B. davon, daß die
Zeitschrift *Večernaja Zarja* (Abendröte) nur die Meinung des letzteren aus-
spricht[45]. Zapadov meint, daß man in der Literaturforschung sogar auf gegensätzliche Interpretationen desselben Werkes stößt und führt als Beispiel „Chry-
somander" (Moskau 1783) an[46].

Eine Wertung der Buchproduktion als historische Quelle darf also nicht von
einzelnen „Beispielen" ausgehen, sondern muß den Gesamtkomplex vollständig erfassen. So kann man zwar auf Grund einiger von Novikov herausgegebenen Werke annehmen, er habe die Suche nach dem „Stein der Weisen" und
dem „Lebenselixier" gebilligt, stellt aber andererseits fest, daß beides 1782 in
der von ihm redigierten Zeitschrift *Moskovskie Vedomosti* (Moskauer Nachrichten) kategorisch abgelehnt wird[47].

Auch die Buchbesprechungen und Anzeigen von russischen und ausländi-
schen Büchern enthalten wichtige Hinweise auf den geistigen Hintergrund des
Kreises um Novikov und damit auch der *Gesellschaft*. In diesem Zusammen-
hang sei auf die Besprechung von Werken Rousseaus[48], vor allem aber einer
Komödie *Die Franzosen in London* von Boissy hingewiesen, über die für unsere
Fragestellung besonders interessante Ausführungen gemacht werden. „Über
diese Komödie können wir sagen [...], daß sie die Sitten der Franzosen und
Engländer zeigt und sie ohne nationales Vorurteil vergleicht, indem sie den
Vernünftigen und Rechtschaffenen beider Nationen Gerechtigkeit widerfahren
läßt, ihre Laster und nationalen Vorurteile aber verspottet."[49]

Am Ende dieses ersten Teils der Ausführungen, der die Quellen charakterisieren sollte, sei abschließend gesagt, daß es trotz eines gewissen Mangels genügend Material gibt, um die *Gesellschaft der gelehrten Freunde*, ihre Bedeutung
für die russische Kultur in den achtziger Jahren des Jahrhunderts und deren
Beziehungen zu anderen Kulturen überzeugender darzustellen als das bisher geschehen ist.


## II

In der Tat kann die Entstehung der *Gesellschaft* nicht verstanden werden,
wenn man sie nur im Rahmen des russischen kulturellen Lebens betrachtet und
nicht im Kontext der europäischen Kulturentwicklung. Genauere grundsätzliche Ausführungen darüber wurden vom Verfasser schon früher gemacht[50]. Der
Platz der *Gesellschaft* in Rußland kann aber folgendermaßen umrissen werden.
Innerhalb seiner Feudalordnung bildeten sich damals kapitalistische Lebens-
formen heraus, die zu deren Aushöhlung und Sturz führten, wobei auf die bürgerlichen Reformen von 1860–1870 hingewiesen sei.

Im letzten Drittel des 18. Jahrhunderts erreichte die sich seit dem 17. Jahrhundert entwickelnde neue weltliche russische Kultur ihre Reife und zeigte
immer deutlicher ihren antifeudalen Charakter. Die absolutistische Kulturpoli-

tik entsprach immer weniger den objektiven Forderungen der Gesellschaft[51].
Seit Peter I. hatte der Staat die Entscheidung aller sozialen, wirtschaftlichen
und kulturellen Fragen an sich gezogen, doch war es ihm nicht gelungen, die
Probleme des feudal-absolutistischen Staates selbst zu lösen. Mit ihrem utopi-
schen Versuch, durch staatliche Erziehung der Kinder beiderlei Geschlechts
einen „neuen Menschen" zu schaffen, erlitt Katharina II. Schiffbruch[52].
Auch mußte das Regierungsmonopol im Buchwesen aufgegeben und 1783 ge-
nehmigt werden, „freie" Druckereien zu gründen. Die Bauernfrage beschäftigte
unentwegt die Öffentlichkeit, und die Rolle des Menschen in der Gesellschaft,
seine Würde und sein Recht auf Entwicklung seiner geistigen Kräfte und Talente
war das Thema von Literaten, Künstlern und Gelehrten. Auf den fortschrittlichen Geistern lastete zudem der Druck der feudalen Leibeigenschaft, der Poli-
zei sowie der Staatsbürokratie. Die *Gesellschaft der gelehrten Freunde* war eine
für die Zeit eigentümliche Erscheinung in den komplizierten, ja sogar widersprüchlichen Prozessen. Sie war eine Organisation von Privatpersonen, die auf
die Kulturentwicklung und die moralische Erneuerung der Gesellschaft Einfluß
zu nehmen versuchte. Die Mitglieder waren keineswegs Revolutionäre, ganz
im Gegenteil. Sie suchten auch nicht den politischen Kampf, sondern die sittliche Selbstverwirklichung der Persönlichkeit, die Verbreitung „wahrer Aufklärung", Selbsterkenntnis sowie Natur- und Gotteserkenntnis und moralische
Schulung. Diese Ideen waren utopisch und führten sie bisweilen zu religiösem
und mystischem Suchen.

Trotzdem ist die *Gesellschaft* vor allem wegen ihrer praktischen Tätigkeit,
wegen der Verbreitung wertvoller Bücher und Zeitschriften, der Förderung der
Lehrerbildung und der Herstellung von Kulturverbindungen in historischer
Sicht positiv einzuschätzen. Einer der Hauptriebkräfte im Leben Novikovs war
sein Mitgefühl für die Armen und Unterdrückten. Das findet auch in der philanthropischen Tätigkeit der *Gesellschaft* seinen Niederschlag: Stipendien für
arme Studenten, kostenlose Ausgabe von Medikamenten usw. Obgleich nicht
in unmittelbarem Zusammenhang mit ihr stehend, muß an dieser Stelle doch
auf die Hilfe für notleidende Bauern in der Umgebung Moskaus (1787) während der Hungersnot, die unter Leitung Novikovs geschah, hingewiesen werden, da sie im Einklang mit den Prinzipien der *Gesellschaft* stand. Es handelt
sich um eine umfangreiche Aktion ohne Vorbild, zu der die Regierung unfä-
hig war und die sie deswegen aufmerken ließ[53].

Die Aufklärer des 18. Jahrhunderts setzten ihre Hoffnungen bezüglich der
ersehnten Veränderungen in den „aufgeklärten Monarchen". Der Held in Fon-
vizins *Nedorosl'* (Das Muttersöhnchen; 1783), Starodum, erklärt zwar, daß
der Kaiserhof „unheilbar krank" sei, aber er wie seine Gesinnungsgenossen
wandten sich nicht gegen das  P r i n z i p  der Selbstherrschaft, sondern nur
gegen deren Form unter Katharina II. Diese sei schuld an den Verbrechen der
Skotinin, Prostakovyj und der ihnen gleichen Verteidiger der Leibeigenschaft[54]. Ebenso wie Novikov hoffte Fonvizin auf den Thronfolger Paul als einen „aufgeklärten Monarchen", der dem Volk ein „Grundgesetz" geben wür-

de[55]. Aber in der Praxis verließen sich diese Aufklärer nicht auf die Hoffnung, sondern führten ihren Kampf als „Privatpersonen". Dem allgemeinen Wohl sollte auch die Herausgebertätigkeit der *Gesellschaft* dienen. Sie nahm seit 1783 rasch zu. Seine erste entsprechende Organisation hatte Novikov allerdings schon 1773 gegründet, die *Obščestvo, starajuščejsja o napečatanii knig* (Gesellschaft zur Beförderung des Buchdrucks). Im Zusammenhang damit hatte er sich auch in der Zeitschrift *Živopisec* (Der Maler) über die Notwendigkeit der Privatinitiative im Buchwesen geäußert[56]. Angemerkt sei, daß M. M. Cheraskov schon an dieser Unternehmung beteiligt war. Freilich bestand sie nur zwei Jahre lang, vermutlich weil es Novikov an Mitteln und Erfahrung fehlte. 1775 spricht er in einem Brief von seiner „Verbitterung und beinahe Verzweiflung". Vor allem im Zusammenhang mit dem „Abgang des Hofes" aus Petersburg[57] ließen sich die gedruckten Bücher nicht absetzen. Aber nach einigen Jahren bewies Novikov, daß die in der *Gesellschaft der gelehrten Freunde* und in der *Typographischen Kompanie* vereinigten „Privatleute" sehr wohl ohne jede Hilfe des Hofs Bücher in großer Zahl herausgeben und verbreiten, Schulen und Apotheken einrichten und Studenten unterstützen konnten.

Gesellschaften dieser Art waren in Rußland nicht ohne Vorbild; es sei hier nur an die berühmte *Učenaja družina* (Gelehrte Gesellschaft) von A. D. Kantemir, V. N. Tatiščev und Feofan Prokopovič erinnert[58]. Zwar waren diese Gesellschaften nicht sehr verbreitet, doch nahm ihre Zahl in den sechziger und siebziger Jahren des 18. Jahrhunderts zu. Neu war dabei, daß sie in der Regel zur Herausgabe einer Zeitschrift gegründet wurden.

Diese Erscheinung kann hier leider nicht erschöpfend behandelt werden, doch müssen wir bei einigen Kreisen verweilen, die unmittelbar zur Vorgeschichte der *Gesellschaft gelehrter Freunde* gehören. 1772, ein Jahr vor Gründung von Novikovs *Gesellschaft zur Beförderung des Buchdrucks*, begann ein Kreis junger Adeliger unter Führung von Cheraskov die Zeitschrift *Večera* (Abende) herauszugeben. Im Vorwort zur ersten Nummer heißt es: „Wir bilden eine kleine Gesellschaft. Diese Gesellschaft hat zu untersuchen beschlossen, ob ein Adeliger einen Abend in der Woche auf Whist und L'hombre verzichten kann, um sich fünf Stunden lang den schönen Wissenschaften zu widmen? [...] Ihm steht es an, vor dem Antlitz Minervens angenehme Abendstunden mit uns zu teilen. Darin sind sich die Lieblinge der Themis [...] und die Söhne des Mars einig, die die Mühen des Dichterabends auf sich nehmen. Seht, das ist unsere Gesellschaft!"[59]

Die programmatische Erklärung dieser Gruppe von Herausgebern hat eine auffallende Ähnlichkeit mit der zu Beginn zitierten Einladung der *Gesellschaft*. Hier wie dort wird von einer Gesellschaft von Freunden gesprochen, hier wie dort werden sie in ähnlicher Weise charakterisiert, hier wie dort geht es um nützliche Verwendung „freier Stunden". Wie bereits erwähnt, nahm Cheraskov schon an der ersten Gesellschaft Novikovs teil. Als Kurator der Universität rief er Novikov einige Jahre später nach Moskau und verpachtete an ihn die Universitätstypographie. Novikov andererseits veranstaltete 1788 einen Neudruck von beiden Teilen der *Večera*. Das alles erlaubt anzunehmen, daß Cheraskov an der Abfassung der Einladung zur Gründung der *Gesellschaft der gelehrten Freunde* und an der Ausarbeitung ihres Programms beteiligt war. Trotz Fehlens von Beweisen dafür besteht ein Zusammenhang zwischen diesen Gesellschaften, der zeigt, daß diese Form von Vereinigungen der Intelligenz damals nicht zufällig war.

Eine wichtige Etappe in der hier darzustellenden Vorgeschichte der *Gesellschaft der gelehrten Freunde* wird durch die Gründung der Zeitschrift *Utrennyj svet* (Morgenlicht) markiert. Durch Subskriptionen auf sie, die meist viel höher waren als ihr Preis[60], und durch Spenden konnten die Mittel aufgebracht werden, um zwei Schulen in Petersburg zu gründen, in denen einige Dutzend armer Kinder auf Kosten dieser *Gesellschaft* unterrichtet wurden. Über die Erfolge der Schüler und die Höhe der eingegangenen Spenden wurde in der Zeitschrift berichtet. In der letzten Nummer heißt es, die Herausgeber hätten nichts anderes im Sinne gehabt „als echten Eifer zum Nutzen unseres geliebten Vaterlandes und Mitleid mit den Armen."[61]

Diese Zeitschrift wurde 1781 von der *Moskovskoe Izdanie* (Moskauer Ausgabe) mit demselben Ziel, wenn auch mit einem etwas anderen Programm, abgelöst. An diesem Projekt waren u. a. die späteren Mitglieder der *Gesellschaft* Cheraskov, I. P. Turgenev und A. M. Kutuzov beteiligt.

Die Vorgeschichte der *Gesellschaft der gelehrten Freunde* stellt sich also wie folgt dar:

1773–1774: *Gesellschaft zur Beförderung des Buchdrucks*
1777–1780: *Das Morgenlicht* (Gesellschaft zur Errichtung von Lehranstalten)
1781        *Moskauer Ausgabe* (mit entsprechender Gesellschaft)
1782        *Gesellschaft der gelehrten Freunde.*

Die *Gesellschaft der gelehrten Freunde* verdankt ihre Entstehung also nicht einem Einfall etwa von Schwarz oder Novikov; die Idee dazu reifte langsam während eines Jahrzehnts bei einer Reihe von Persönlichkeiten, die dann ihre Mitglieder wurden. Neben dem Novikov-Kreis gab es freilich noch andere Kreise, in denen sich die fortschrittliche Intelligenz zusammenfand. Sie waren anders geartet und vertraten andere Richtungen. Der bedeutendste bestand u. a. aus N. A. L'vov, G. R. Deržavin, V. V. Kapnist und I. I. Chemnicer. Zwischen 1778 und 1781 scharte er sich um die Zeitschrift *S.-Peterburgskij Vestnik* (St. Petersburger Bote)[62]. Der Verbindungsmann zum Novikov-Kreis war M. N. Murav'ev.

Alle hier genannten Fakten, und es könnten noch weitere angeführt werden, zeugen für das Aufblühen des öffentlichen Lebens und für eine Aktivierung der „Privatperson", die nach einer von offiziellen Organisationen unabhängigen Gemeinschaft strebte. Dadurch läßt sich auch die zunehmende Zahl der Freimaurerlogen erklären, die oft nur Adelsklubs besonderer Art waren.

Aber noch ein weiterer Zug des Lebens jener Zeit verdient Beachtung. Die Ära Katharinas II. war nicht uneingeschränkt das „goldene Zeitalter des Adels", wie das die Literatur des 19. Jahrhunderts vorwiegend meinte. Die Hellhörigen unter den Adeligen empfanden deutlich die Widersprüche des Lebens und die innere Gefährdung, der sie ausgesetzt waren; und das motivierte sie zur Gesellung. Diese inneren Widersprüche klingen unüberhörbar aus vielen Versen Deržavins, L'vovs und Kapnists. Dasselbe Gefühl aber spricht auch Kutuzov aus: „Ich gleiche jetzt einem Schiff, das steuerlos auf offenem Meer von der Willkür der Winde hin- und hergetrieben wird."[63] Bekannt sind die Zweifel Novikovs vor seinem Eintritt in den Freimaurerorden[64], worüber I. V. Lopuchin[65] und I. P. Elagin[66] berichtet haben. Hingewiesen sei hier noch auf ein bisher unveröffentlichtes Zeugnis eines Unbekannten: „Die Kraft der Leidenschaften, die eigenen Ansichten und die anderer, die Gemeinschaft, das Vorbild; sie alle umgaben mit gemeinsamen Kräften die Religion und die ihr entspringende Tugend mit äußersten Zweifeln und sogar mit Raserei. Im dadurch entstandenen Schwanken mußte ich einen quälenden Kampf mit mir selbst führen, denn ich konnte nicht ohne Entschluß bleiben; ich mußte das eine, was es auch sei, annehmen, und das andere zurückweisen [...]. Im 21. Jahr meines Lebens, in der Zeit meines starken Gefühlsstreits zwischen Glauben und Unglauben durchlebte ich eine furchtbare Zeit [...], ich beschloß, von der Religion abzufallen [...] Diesem Schritt war der Wunsch, den mir die damalige Mode eingeflößt hatte, nämlich Freimaurer zu werden, vorausgegangen."[67]

Immer wieder, und so auch in den Briefen Kutuzovs, trifft man auf die qualvolle Suche nach der Wahrheit, und das schuf den Boden für die Verbreitung des religiös-moralischen Suchens sowie bestimmter Formen der Freimaurerei. Die Briefe Kutuzovs enthüllen nicht nur die geistige Welt des Freundes von Radiščev, sondern auch, welche Bedeutung der Freundschaft an sich zugemessen wird. Und das ist wieder wichtig für die Geschichte der *Gesellschaft*, die sich nicht zufällig *Gesellschaft der gelehrten Freunde* nennt. Aufrichtige und ergebene Freunde, die ihn verstehen, die seine Herzensregungen teilen, sind für ihn unentbehrlich. „Wenn die verfluchten Tataren mir nicht den Kopf abschlagen, wird uns der Winter vereinigen, auf daß wir uns bis zu unserem Tode nie mehr trennen"[68], schreibt er, während sein Regiment in Kämpfe verwickelt ist. Und Radiščev ruft in der Widmung seiner *Reise von Petersburg nach Moskau* aus: „Dein Herz schlägt in Harmonie mit meinem − und du bist mein Freund!"

Von der Atmosphäre, die in der *Gesellschaft der gelehrten Freunde* geherrscht haben mag, zeugt eine handschriftliche Aufzeichnung aus dem Jahr 1788 von einer Geburtstagsfeier I. P. Turgenevs auf dem Gut Novikovs Avdot'ino (bzw. Tichvinskoe). Gerade in dieser Gegend war den Bauern während der Hungersnot geholfen worden. „Hier sehen sie [nämlich die Leser dieses Textes] angenehme Bilder der Liebe, hören die süße Sprache der Aufrichtigkeit und spüren das reine Vergnügen und die unschuldige Kurzweil der Freundschaft", die mehrere Tage lang währte und in der Verlesung von Glückwunschversen, der Betrachtung des Sonnenaufgangs – es war im Juni –, und in Gesprächen bestand. Haus und Kirche waren illuminiert, abends wurde ein Feuerwerk abgebrannt. Den Bauern wurde ein Mahl gereicht, Almosen wurden verteilt. Offenbar fanden solche Zusammenkünfte regelmäßig statt[69]. Die Stimmung auf diesem Fest war freundschaftlich und erhaben. Aber über der Betätigung und der „unschuldigen Kurzweil" der Freunde zogen sich dunkle Wolken zusammen. Die Kaiserin verfügte, daß die Pacht Novikovs für die Universitätsdruckerei nicht verlängert werde, und es begann die Liquidation seiner gewaltigen Verlagstätigkeit. Der russischen Kultur wurde ein schwerer Schlag versetzt. Dennoch hatte Novikov Bleibendes geschaffen, das die fortschrittlichen russischen Denker immer hoch eingeschätzt haben. „Die vornehme Natur dieses Menschen", schreibt Belinskij, „wurde immer von der bürgerlichen Leidenschaft beseelt, das Licht der Bildung in seinem Vaterland erstrahlen zu lassen."[70]

*Anmerkungen*

1 Vgl. Svodnyj katalog russkoj knigi graždanskoj pečati XVIII veka (1725–1800). Bd. 1 Moskva 1963, S. 317, Nr. 2044. Nachdruck in: Russkij archiv, 1863, Nr. 3/4.
2 Vgl. M. N. Rozanov: Poèt perioda „burnych stremlenij" Jakob Lenc, ego žizn' i proizvedenija. Moskva 1901, Kap. 15.
3 Vgl. u. a. N. S. Tichonravov: Sočinenija. Bd. 3, Moskva 1898; M. N. Longinov: Novikov i moskovskie Martinisty. Moskva 1867; ders.: Sočinenija. Bd. 1 Moskva 1915; S. Eševskij: Sočinenija po russkoj istorii. Moskva 1900; N. V. Suškov: Moskovskij universitetskij blagorodnyj pansion i vospitanniki Moskovskogo universiteta, gimnazij ego, Universitetskogo blagorodnogo pansiona i Družeskogo obščestva. Moskva 1858; V. V. Sipovskij: N. M. Karamzin, avtor „Pisem russkogo putešestvennika". St. Peterburg 1899; G. V. Vernadskij: N. I. Novikov, Petrograd 1918.
4 N. S. Tichonravov: Professor Ivan Georgievič Švarc. In: Biografičeskij slovar' professorov Moskovskogo universiteta. Bd. 2, Moskva 1855, S. 574–599.
5 Vgl. z. B. Satiričeskie izdanija N. I. Novikova. Hrsg. v. P. N. Berkov. Moskva, Leningrad 1951; N. I. Novikov: Izbrannye sočinenija. Hrsg. v. G. P. Makogonenko. Moskva, Leningrad 1951; G. Makogonenko: Nikolaj Novikov i russkoe prosveščenie XVIII v. Moskva, Leningrad 1951; N. P. Lin'kova: N. I. Novikov i ego rol' v istorii russkoj psichologii. In: Iz istorii russkoj psichologii. Moskva 1961; M. T. Beljavskij: Satiričeskie žurnaly N. I. Novkova kak istoričeskij istočnik. In: Vestnik Moskovskogo universiteta 1963, Serie 9, H. 3; ders.: Novikovskoe Avdot'ino 1792 g. In: Problemy istorii obščestvennogo dviženija i istoriografii. Moskva 1971; A. Zapadov: Novikov. Moskva 1968; L. A. Derbov: Obščestvenno-političeskie i istoričeskie vzgljady N. I. Novikova. Saratov 1974; XVIII vek. Bd. 11. N. I. Novikov i obščestvenno-literaturnoe dviženie ego vremeni. Leningrad 1976.
6 Vgl. N. M. Karamzin: Izbrannye sočinenija. Hrsg. v. P. Berkov u. G. Makogonenko. Moskva, Leningrad 1964, N. M.: Karamzin: Polnoe sobranie stichotvorenij. Hrsg. v. Ju. M. Lotman. Moskva, Leningrad 1966. Ju. M. Lotman: Evoljucija mirovozrenija Karamzina (1789–1803). In: Učenye zapiski Tartuskogo universiteta 1957, Nr. 51; L. G. Kisljagina: Formirovanie obščestvenno-političeskich vzgljadov N.M. Karamzina (1785–1803 gg.). Redakcija: I. A. Fedosov. Moskva 1976.

7 Vgl. Ju. M. Lotman: „Sočuvstvennik" A. N. Radiščeva A. M. Kutuzov i ego pis'ma k I. P. Turgenevu. In: Učennye zapiski Tartuskogo universiteta 1963 Nr. 139.
8 Aus der großen Zahl von Veröffentlichungen nennen wir: A. N. Radiščev: Polnoe sobranie sočinenij. 3 Bde. Moskva; Leningrad 1938—1952; G. P. Makogonenko: Radiščev i ego vremja. Moskva 1956; vgl. hierzu die Rezension von M. T. Beljavskij u. L. V. Krestova in: Istorija SSSR, 1958, Nr. 6; Ju. F. Karjakin, E. G. Plimak: Zapretnaja Mysl' obretaet svobodu. Moskva 1966; G. Štorm: Potaennyj Radiščev. 3. Aufl. Moskva 1974; XVIII vek. Band 12. A. N. Radiščev i literatura ego vremeni. Leningrad 1977.
9 Vgl. Moskovskie Vedomosti 1782, Nr. 48.
10 Ebenda Nr. 52.
11 Ebenda.
12 Die Gesellschaft gelehrter Freunde lädt hierdurch mit gebührender Hochachtung ein und bittet die angesehensten Liebhaber der Wissenschaften und Förderer der Gelehrsamkeit, durch ihre Anwesenheit deren feierliche Eröffnung, die im Hause Seiner Hochwohlgeboren Petr Alekseevič Tatiščev am 6. November 1782 stattfinden wird, zu beehren. Moskau, Universitätsdruckerei, bei N. Novikov. (weiterhin: Priglašenie).
13 Vgl. Zapadov (s. Anm. 5) S. 136.
14 Priglašenie S. 5.
15 Ebenda.
16 Vgl. N. I. Pavlenko: Petr Pervyj. Moskva 1975, S. 269—280.
17 Vgl. M. V. Ivanov: Deržavin i Novikov. In: XVIII vek. Band 11 (s. Anm. 5), S. 79.
18 O dolžnostjach čeloveka i graždanina. Kniga k čteniju opredelennaja v narodnych gorodskich učiliščach Rossijskoj imperii, izdannaja po vysočajšemu poveleniju carstvujuščej imp. Ekateriny Vtoryja. Sanktpeterburg 1783.
19 Moskovskie vedomosti 1783, Beilage zu Nr. 6, S. 21.
20 Vgl. auch B. Krasnobaev: Očerki istorii russkoj kul'tury XVIII v. Moskva 1972, S. 80—91; über die pädagogischen Ansichten vgl. N. A. Trušin: Prosvetitel'-pedagog N. I. Novikov. In: N. I. Novikov: Izbrannye pedagogičeskie sočinenija. Moskva 1959.
21 Zapiski, stat'i pis'ma dekabrista I. D. Jakuškina. Moskva 1951, S. 11.
22 Priglašenie S. 7.
23 Vgl. S. Eševskij: Sočinenija. Bd. 3, Moskva 1870, S. 418.
24 Vgl. Letopisi russkoj literatury i drevnostej. Bd. 5, T. 2. Moskva 1963.
25 Ebenda S. 100.
26 Ebenda S. 104.
27 Ebenda S. 100—103.
28 Novikov: Izbrannye sočinenija (s. Anm. 5), Beilagen: Materialien über die Verfolgungen Novikovs, seine Haft und das Untersuchungsverfahren, S. 577—672.
29 Ebenda S. 740—742.
30 Ebenda S. 742.
31 Ebenda S. 611.
32 Ebenda S. 622.
33 Ebenda S. 581—583.
34 G. N. Moiseeva: Dopolnitel'nye dannye k obstojatel'stvam presledovanija N. I. Novikova. In: XVIII vek. Band 11, S. 149—152.
35 Ivan Ivanovič Dmitriev: Vzgljad na moju žizn'. Zapiski dejstvitel'nogo tajnogo sovetnika I.I.D. 3 Bde. Moskva 1866.
36 Ebenda S. 42.
37 Ebenda S. 45.
38 Ebenda S. 46.
39 Ja. L. Barskov: Perepiska moskovskich masonov XVIII veka. Petrograd 1915, S. 235 ff.
40 Ebenda S. 245 f.
41 „Sočuvstvennik" A. N. Radiščeva A. M. Kutuzov i ego pis'ma k I. P. Turgenevu. Eingel. v. Ju. Lotman, hrsg. v. V. V. Fursenko. In: Učenye zapiski Tartuskogo universiteta. Nr. 139, 1963.
42 Ebenda S. 303.
43 Vgl. B. I. Krasnobaev: Die Bedeutung der Moskauer Universitätstypographie unter Novikov für die Kulturverbindungen Rußlands mit anderen europäischen Ländern. In: Buch- und Verlagswesen im 18. und 19. Jahrhundert. Hrsg. v. H. G. Göpfert, G. Kozielek und R. Wittmann. Redaktion H. Ischreyt = Studien zur Geschichte der Kulturbeziehungen in Mittel- und Osteuropa Bd. 4, Berlin 1977, S. 217—235.

44 Vgl. „Novikov" in: V. P. Stepanov, Ju. V. Stennik: Biografičeskij ukazatel' = Istorija russkoj literatury XVIII veka. Redaktion: P. N. Berkov. Leningrad 1968, S. 326–331.
45 Makogonenko: Novikov (s. Anm. 5), Kapitel 7 u. 10.
46 V. A. Zapadov: K Istorii pravitel'stvennych presledovanij N. I. Novikova. In: XVIII vek. Band 11 (vgl. Anm. 5), S. 37.
47 Moskovskie Vedomosti 1782, Nr. 54.
48 Ebenda 1782, Nr. 58.
49 Ebenda 1782, Nr. 49.
50 Über die Herausgebertätigkeit vgl. auch Krasnobaev (s. Anm. 43).
51 Vgl. auch B. I. Krasnobaev: O nekotorych ponjatijach istorii russkoj kul'tury vtoroj poloviny XVII − pervoj poloviny XIX v. In: Istorija SSSR, 1978, Nr. 1.
52 Vgl. P. M. Majkov: Ivan Ivanovič Beckoj. Opyt ego biografii. Sanktpeterburg 1904; P. F. Kapterev: Istorija russkoj pedagogii. Petrograd 1915, S. 224–247.
53 Vgl. M. T. Beljavskij: Novikovskoe Avdot'ino (s. Anm. 5).
54 G. P. Makogonenko: Denis Fonvizin. Tvorčeskij put'. Moskva, Leningrad 1961, S. 244–261.
55 Ebenda, Kapitel: Drug svobody.
56 Vgl. Krasnobaev (s. Anm. 43), S. 217–221, bes. S. 228.
57 Vgl. V. P. Semennikov: Rannee izdatel'skoe obščestvo N. I. Novikova. In: Russkij bibliofil, Sanktpeterburg 1912, Nr. 5, S. 47.
58 P. P. Epifanov: „Učenaja družina" i prosvetitel'stvo XVIII v. In: Voprosy istorii, 1963, Nr. 3.
59 Večera, eženedel'nyj žurnal na 1772 god. Teil 1, Sanktpeterburg 1772, S. 6–8.
60 In einem Brief des Dichters M. N. Murav'ev (1777) wird ein farbiges Bild entworfen: „Hier in der Stadt subskribieren alle, auch Tver', glaube ich, will Petersburg nachahmen [...]. Es ist schön, Gutes zu tun, aus welchen Gründen auch immer. Sei es nur darum, weil es so üblich ist. Irgend ein Unbekannter, man glaubt Ivan Iv[anovič] Šuvalov, zeichnete im Oktober für ein Exemplar 100 Rubel. Viele 25. Einer Standesperson sagte man bei der Subskription: ‚Alle subskribieren doch.' − Nun, so muß auch ich, aber wieviel? − Drei Rubel ist der Preis, aber einige haben aus Wohltätigkeit fünf oder gar zehn bezahlt. − Dann zahle ich fünfundzwanzig!". Zitiert nach L. I. Kulakova: N. I. Novikov v pis'mach M. N. Murav'eva. In: XVIII vek. Samml. 11 (s. Anm. 5) S. 18.
61 Utrennyj svet, Teil 9, Moskva 1780, S. 241.
62 Vgl. I. F. Martynov: Žurnalist, istorik, diplomat XVIII veka Grigorij Leont'evič Brajko. In: XVIII vek. Band 12, S. 225–241.
63 „Sočuvstvennik" (s. Anm. 41) S. 298.
64 Vgl. M. N. Longinov: Materialy dlja istorii russkogo prosveščenija i literatury v konce XVIII v. In: Russkij vestnik, 1858, Nr. 15, S. 446.
65 I. V. Lopuchin: Zapiski iz nekotorych obstojatel'stv žizni i služby dejstvitel'nogo tajnogo sovetnika i senatora I. V. Lopuchina, sostavlennye im samym, s predisloviem Iskandera. London 1860, S. 21.
66 Russkij archiv, 1864, S. 594, 603.
67 Handschriftenabt. der Staatl. Lenin-Bibliothek F. 147, Nr. 2022, Bl. 1–2.
68 „Sočuvstvennik" (s. Anm. 41), S. 301.
69 E. I. Tarasov: Novye dannye k istorii Novikovskogo kružka. In: Izvestija Otdela russkogo jazyka i slovesnosti imp. Akademii nauk, 1908 Bd. 13, Teil 2. Sanktpeterburg 1908, S. 438–455.
70 V. G. Belinskij: Sočinenija. Bd. 10, Sanktpeterburg 1914, S. 310.

# RUSSISCHE FREIMAURERDICHTUNG IM 18. JAHRHUNDERT

*Von Reinhard Lauer*

I

Unter den russischen Freimaurern des 18. Jahrhunderts finden wir sowohl in den 50er und 60er Jahren als auch in den 70er und 80er Jahren ungewöhnlich viele Literaten − Dichter, Schriftsteller, Publizisten, Historiker. Keineswegs literarische Randfiguren, sondern bedeutende und einflußreiche Autoren der Zeit wie A. P. Sumarokov, I. P. Elagin, M. M. Cheraskov, A. A. Rževskij, I. F. Bogdanovič, V. I. Majkov, V. I. Lukin, N. I. Novikov, M. M. Sčerbatov, I. V. Lopuchin, A. N. Radiščev, N. M. Karamzin − um nur die bekanntesten Namen zu nennen[1] − gehörten Petersburger oder Moskauer Logen an. Hinter der ausgreifendsten Unternehmung, Literatur in Rußland durch Zeitschriften und Buchverlag zu verbreiten, einem Unterfangen, durch das ein Buchmarkt im eigentlichen Sinne in Rußland erst geschaffen wurde[2], standen die Moskauer Rosenkreuzer um N. I. Novikov. Wenn auch nicht übersehen werden darf, daß maßgebliche Exponenten der russischen Literatur des 18. Jahrhunderts, z. B. M. V. Lomonosov und G. R. Deržavin[3], dem Freimaurertum neutral oder ablehnend gegenüberstanden, wäre allein aufgrund der intensiven personellen Verflechtung der Freimaurerei mit der russischen Literatur die spezifische Formation einer durch sie geprägten Literatur − „Freimaurerliteratur" − zu erwarten. In der Tat hat sich die freimaurerische Ideologie vielfältig in der Literatur niedergeschlagen, meist jedoch in der Weise, daß sie aktuelle Trends abschwächend oder verstärkend überlagerte. N. K. Piksanovs Urteil, die russische Freimaurerei habe keinen eigenen Stil hervorgebracht, sondern lediglich die Ausdrucksintentionen des europäischen und russischen Klassizismus und insbesondere des Sentimentalismus ausgenutzt[4], drückt etwas Richtiges mit falschen Begriffen aus. Bei den dichtenden Freimaurern erscheint gerade die klassizistische Komponente abgeschwächt, durch vor- und nachklassizistische Elemente (z. B. des Barock, der mittelalterlichen Mystik) zurückgedrängt. Gleichwohl sieht Piksanov in der literarischen Produktion aus dem Umkreis der Freimaurer Besonderheiten, die aus ihrer Ideologie folgen und die es rechtfertigen, von „Freimaurerlyrik", „Freimaurerpoem", „Freimaurertragödie", „Freimaurerroman" zu sprechen[5]. Wird hier − wie auch in früheren Arbeiten[6] − Freimaurerliteratur verstanden als ein Ensemble von thematischen Varianten einer Reihe literarischer Gattungen, so wurde umgekehrt aus dem Vorherrschen freimaurerischer Themen und Motive in bestimmten literarischen Zirkeln − etwa im Moskauer Cheraskov-Kreis der frühen 60er Jahre − geschlossen, es müsse sich dabei um verkappte Logen oder franc-maçonnistische Gruppen handeln[7].

Nun zeigt eine genauere Betrachtung der als freimaurerisch gekennzeichneten Themen und Motive, daß sie zum großen Teil auf sehr alte Traditionen

(Altes und Neues Testament, Mystik, Kabbala) zurückgehen und zum Gemein-
gut der europäischen Literatur des Mittelalters und der Neuzeit zählen. Von
inhaltlichen Komponenten allein kann Freimaurerliteratur daher nicht sinn-
voll erschlossen werden. Vielmehr müssen, soll Freimaurerliteratur als ein System von Texten eruiert werden, auch die besonderen Funktionen solcher Literatur und die ihr zugeordneten Ausdrucksmittel in die Betrachtung einbezogen werden. Ein solcher Versuch soll hier aus literaturwissenschaftlicher und
dazu noch „profaner" Sicht für den Bereich der Freimaurerdichtung, d. h. der
lyrischen Verstexte aus dem Umkreis der russischen Franc-Maçonnerie, unternommen werden. Er gründet auf den umfangreichen älteren Untersuchungen
zur russischen Freimaurerei (M. Longinov, A. Nezelenov, A. N. Pypin, G. V.
Vernadskij)[8], auf neueren Arbeiten sowjetischer und westlicher Forscher
(N. K. Piksanov, D. D. Blagoj, G. P. Makogonenko, St. L. Baehr)[9] und führt
Ansätze fort, die ich in meiner Arbeit über die lyrischen Gedichtsformen in
der russischen Literatur des 18. Jahrhunderts[10] angesponnen habe.


II

Nicht nur in Rußland, sondern auch in den europäischen Kulturzonen, aus
denen die Franc-Maçonnerie nach Rußland vermittelt wurde, fällt es schwer,
Freimaurerdichtung aus dem Gesamtbereich der Literatur zu isolieren. Auf
der Suche nach einschlägigen Definitionen stößt man einerseits auf allgemeine
Aussagen, die als Freimaurerdichtung im weiteren Sinne „unter dem Einfluß
des Freimaurertums, meist von Ordensmitgliedern verfaßte und seine Ziele
spiegelnde Werke" begreifen, die „durch Weltbürgertum, Toleranz und aktive
Menschenliebe, häufig mit mysteriösem Einschlag" gekennzeichnet seien[11];
andererseits werden nur die Gebrauchstexte der Logen als Freimaurerdichtung
im engeren Sinne angesprochen, also Lieder, Hymnen, Kettenlieder und -sprü-
che, Geleit- und Wandersprüche, Tafellieder, Trauergesänge, Leitsprüche usf.[12]
Lieder und Sprüche scheinen, da aufs engste mit der Geselligkeit und den Ritualen der Logen[13] verbunden, die genuinen poetischen Gattungen der Freimaurerdichtung zu sein, wie im Prosabereich Rede, erbaulicher Traktat und
allegorische Erzählung[14].

Am Anfang standen wohl Tafellieder; erst später, „als das Verständnis für
Weihe der maurerischen Arbeit vertieft war"[15], setzten sich ernste und feierliche Gesänge durch, die im Charakter den Kirchenchorälen ähnelten. Bei den
deutschen Freimaurern war schon früh der Refraingesang verbreitet, bei dem
die Schlußzeile im Chor wiederholt wurde. Über die Rolle der Kettenlieder im
freimaurerischen Ritual schreibt Pypin: „Am Schluß [sc. der Zusammenkunft]
wird ein Freimaurerlied gesungen, wobei die Freimaurer um den Tisch herum
Aufstellung nehmen. Beim letzten Vers fassen sie sich auf folgende Art an den
Händen: der rechts Stehende faßt die linke Hand seines Nachbarn mit der
rechten Hand oder der links Stehende faßt die rechte Hand seines Nachbarn
mit der linken Hand – so wird die Freimaurer k e t t e gebildet. Alle Brüder

singen im Chor, indem sie die Hände im Takte heben und senken und laut mit den Füßen stampfen."[16]

Freimaurerische Liedsammlungen — deren Ausstrahlung in Rußland erst noch zu untersuchen wäre — gab es in Westeuropa seit der Mitte des 18. Jahrhunderts[17]. Um die gleiche Zeit begegnen bereits auch in Rußland handschriftliche Sammelbände mit Freimaurerliedern, die Pozdneev beschrieben hat[18].

Sind Lieder und Spruchtexte von ihrer kultischen Funktion her ziemlich eindeutig als Freimaurerdichtung einzustufen, so erweist sich die Zuordnung aufgrund der ideologischen Funktion als schwieriger. Eine literaturrelevante ideologische Funktion kann nur aus der allgemeinen Charakteristik der Freimaurerei abgeleitet werden: Sie stellt einen „Mysterienmännerbund" dar mit ethischen und humanitären Zielsetzungen, gebunden an ein bestimmtes Symbolsystem[19]. Wichtigstes Anliegen des Freimaurers ist sein Streben nach Weisheit und ethischer Selbstvervollkommnung, das sich an den Idealen der Toleranz, der völkerverbindenden Humanität, der Wahrheitsliebe und Selbstkritik orientiert[20]. Das Symbolsystem der Freimaurer hat seinen Ursprung in der Symbolsprache der alten Bauhütten, greift jedoch auch auf andere Symboltraditionen zurück und gruppiert seinen „unberührten Stock der Sinn- und Lehrbilder" — wie es im *Internationalen Freimaurer-Lexikon* von Lennhoff und Posner heißt[21] — und das Symbol des Salomonischen Tempels. Wie die weltanschaulichen Voraussetzungen (philosophical assumptions) des Freimaurertums in bestimmte „Symbolcodes" transformiert wurden, wobei die Bereiche „Architektur/Bauen", „Raum", „Sehen", „Alchimie" insonderheit ausgenutzt wurden, das hat St. L. Baehr in einer interessanten Studie kürzlich dargetan[22].

Das metaphysische Denken wie auch das theologische Spektrum der Freimaurer, das sich von einem rationalistischen Deismus, wie er der englischen Großloge eigentümlich war, über die christliche Lehrart des Schwedischen Systems bis zur Theosophie der Rosenkreuzer erstreckte, ist in seiner gesamten Breite auch in Rußland rezipiert worden[23]. Freimaurerdichtung kristallisierte sich da, wo unter den genannten kultischen und/oder ideologischen Funktionen Textreihen mit durchgehenden inneren und äußeren Merkmalen entstanden.

## III

Ohne Zweifel hat es in der Zeit zwischen 1750 und 1797[24] mehrere solcher Kristallisationspunkte in Rußland gegeben. Es scheint sich dabei nicht in jedem Falle gleich um Literatur in Logen oder von Logenbrüdern gehandelt zu haben, sondern oftmals um literarische Übungen von Profanen, die in oder noch gar vor dem Lehrlingsgrad standen.

Schon im Cheraskov-Kreis, einer der ersten literarischen Gruppen in Rußland überhaupt, der sich aus jungen, an der Moskauer Universität wirkenden Adeligen und Studenten zusammensetzte, wurde offensichtlich franc-maçonnistisches Gedankengut verarbeitet. Angesichts der vorherrschenden didaktisch-moralischen Themen in der lyrischen Produktion der Zeitschriften *Poleznoe uveselenie* (Nützliche Vergnügung, 1760—1762). *Svobodnye časy* (Freie Stunden, 1763) und *Dobroe namerenie* (Gute Absicht, 1764), der Meditationen über Eitelkeit der Welt, Vergänglichkeit und Tod, Kult der Freundschaft und der wiederholten Schmähung der Verleumder, Feinde und Bösewichter liegt es nahe, eine mehr oder weniger enge Verzahnung dieses Zirkels mit der russischen Freimaurerei anzunehmen. So halten G. V. Vernadskij und A. V. Zapadov aus politisch-ideologischen Erwägungen den Kreis für eine geheime Freimaurergruppe[25]. Nimmt man freilich hinzu, daß die hier dominierenden freimaurerischen Themen großenteils auch in liedhaften (Stanze, Rondeau) und änigmatischen Formen (Spalt-, Rätselsonett) oder als epigrammatischer Spruch begegnen, d. h. daß ideologische und kultische Funktion im Sinne der Maurerei in ihnen zusammentreffen, so kann in der Tat ein guter Teil der aus dem Cheraskov-Kreis stammenden lyrischen Produktion als Freimaurerdichtung eingestuft werden.

Die in dem Kreis von M. M. Cheraskov und A. A. Rževskij inaugurierten Gedichtformen, vor allem Stanze, Sonett, Rondeau und moralisierendes Madrigal, fanden 20 Jahre später breite Nachfolge in den Novikovschen Journalen der Jahre 1777 bis 1785[26]. *Utrennij svet* (Morgenlicht, 1777—1780) war die erste Zeitschrift mit deutlich freimaurerischem Gepräge; ihr Ertrag war wohltätigen Zwecken zugedacht. Zu ihren Mitarbeitern zählten bekannte Autoren wie M. M. Cheraskov, V. I. Majkov und M. N. Murav'ev, die zugleich Ordensmitglieder waren. Majkov, der seit Anfang der 70er Jahre der Petersburger Loge *Urania* angehörte und als Großsekretär der Provinzial-Großloge Elagins fungierte[27], veröffentlichte hier die beiden Oden *Iščuščim mudrosti* (An die Weisheit Suchenden) und *Sčastie* (Das Glück), die zu den besten Beispielen der russischen Freimaurerdichtung gehören. Unter den Mitarbeitern finden sich weiter Studenten der Moskauer Universität. Es sind die nämlichen, die sich seit 1781 in dem von J. G. Schwarz gegründeten *Sobranie universitetskich pitomcev* (Versammlung der Universitätszöglinge) zusammenfanden, einem Zirkel, dessen Ziel zum einen die Erhellung des Verstandes durch literarische Übungen und Übersetzungen, zum anderen die moralische Vervollkommnung der Mitglieder durch erbauliche Reden und karitative Tätigkeit war[28]. Das erste Ziel, so stellte Vernadskij fest[29], wurde mit den Zeitschriften *Večernjaja zarja* (Abendröte, 1782) und *Pokojaščijsja trudoljubec* (Der ruhende Arbeitsame, 1784/85) verwirklicht, die beide fast ausschließlich aus Arbeiten der Universitätszöglinge gespeist wurden; das zweite führte die Studenten des Zirkels unmerklich in die Freimaurerlogen. Die poetischen Texte in den Zeitschriften — sie stehen an Zahl hinter den erbaulichen Traktaten und belehrenden Prosastücken zurück — folgen in peinlich genauer Weise den im Cheraskov-Kreis gesetzten Mustern. Änigmatisches Sonett, mystisch-meditative Stanze, moralisierendes Madrigal und vor allem eine besondere Form des strophischen Rondeaus, das später als „rossijskij rondo" (russisches Rondeau) bezeichnet wurde[30], bilden den Grundbestand einer Dichtung, die das Attribut freimaurerisch verdient.

Eine Sonderstellung nimmt die Zeitschrift *Magazin svobodno-kamen'ščičes-kij* (Freimaurermagazin, 1784) ein, von der freilich nur zwei Hefte im Druck erschienen. Das Magazin war ausdrücklich Freimaurerorgan und sollte Reden, Lieder und Briefe aus dem Leben der Moskauer Logen exklusiv für Ordensmitglieder abdrucken. An poetischen Texten begegnen Chöre und Lieder, die sich in ihrem Inhalt unmittelbar auf die freimaurerischen Kulte und Riten beziehen. Ihre motivische wie auch formale Nähe zu den liedhaften Stanzen Cheraskovs läßt diese rückblickend um so eher als Freimaurerlieder erscheinen.

Der Cheraskov-Kreis, die Journale Novikovs im Zeitraum von 1777 bis 1785, das *Freimaurermagazin* sowie die von Pozdneev beschriebenen handschriftlichen Liedsammlungen bilden die wichtigsten Konzentrationspunkte der Freimaurerdichtung in Rußland. Der folgende Versuch einer näheren Bestimmung der charakteristischsten Gattungen der Freimaurerdichtung wertet das einschlägige Textinventar der genannten Quellen aus.

## IV

Kultische und ideologische Funktion fanden zuerst ihren Niederschlag in den geselligen Liedern und Chören der Freimaurer. Bereits aus der Regierungszeit der Kaiserin Elisabeth sind Logenlieder bekannt, in denen der General James Keith, der 1741 zum zweiten Provinzial-Großmeister für Rußland ernannt worden war, besungen wurde. Die noch sehr unbeholfenen Verse entfalten bereits das Symbolinventar der Freimaurer (Licht, Flamme, Weisheitstempel usw.):

> Po nem svetom ozarennyj,
> Kejt k Rossijanam pribeg
> I userd'em vospalennyj
> Ogon' svjaščennyj zdes' vozžeg.
> Chram premudrosti postavil,
> Mysli i serdca ispravil
> I nas v bratstve utverdil...[31]

Nach ihm [sc. Peter dem Großen] suchte, vom Licht erhellt, Keith bei den Russen Zuflucht, und, von Eifer entbrannt, entzündete er hier das geheiligte Feuer. Er errichtete den Tempel der Weisheit, besserte Gedanken und Herzen und festigte uns in der Bruderschaft...

Pozdneev hat sieben handschriftliche Liedsammlungen mit mehr als 70 verschiedenen Freimaurerliedern beschrieben, deren Entstehung in die zweite Hälfte des 18. Jahrhunderts fällt[32]. Daß die meisten Lieder nur je einmal in den Sammelbänden begegnen, zeugt von geringer Popularität, von der nur Lieder wie *Svet trojakij zrja* (Das dreifache Licht sehend) und *Est' li čestnosti kto znaet* (Wenn jemand die Ehrlichkeit kennt) ausgenommen scheinen[33]. Das letztere zeichnet das ethische Profil des Freimaurers in vierzeiligen Strophen aus vierfüßigen Trochäen:

> Est' li čestnosti kto znaet,
> Vsegda pravdu nabljudaet,
> Pritom skromen možet byt', —
> Tot masonom možet byt'.

Kto druzej ne oblygaet
I zakony družby znaet,
Čtitsja pravdoj s drugom žit' —
Tot masonom možet byt'.

Tot, kto gordosti styditsja,
I tščeslavnym byt' ne tščitsja,
Čest' edinuju chranit, —
Tot masonom možet byt'.

Suetu kto preziraet,
Lichoimstva ubegaet,
Nikogo kto ne vredit, —
Tot masonom možet byt'.

Tot, kto bednym pomogaet,
I ot bed ich zaščiščaet,
Dobrodetelej chranit, —
Tot masonom možet byt'. [34]

Wenn jemand die Ehrlichkeit kennt, immer die Wahrheit im Auge behält, dabei beschei-
den sein kann, der kann Freimaurer sein.
Wer die Freunde nicht verleumdet und die Gesetze der Freundschaft kennt, zu Recht gewürdigt wird, mit dem Freund zu leben, der kann Freimaurer sein.
Wer sich des Stolzes schämt und bestrebt ist, nicht eitel zu sein, die Ehre allein bewahrt,
der kann Freimaurer sein.
Wer die Eitelkeit verachtet, die Bestechlichkeit flieht, wer niemandem Schaden zufügt,
der kann Freimaurer sein.
Wer den Armen hilft und sie vor Unheil beschützt, die Tugenden bewahrt, der kann Freimaurer sein.

Was an diesem trotz offensichtlicher poetischer Mängel erfolgreichen Lied-
text als charakteristisch gelten kann, die Propagierung der freimaurerischen
ethischen Normen im Refraingesang, begegnet auch in zahlreichen anderen
Liedern. Die Beschwörung der freimaurerischen Tugenden wie Ehrlichkeit, Gerechtigkeit, Armenhilfe, Schutz der Unglücklichen, Bescheidenheit und Ver-
achtung der Eitelkeit, Brüderlichkeit und Gleichheit[35] gehört ebenso zu den
vorherrschenden Themen wie die „Einschränkung der Liebe", die Vorstellung
von der Notwendigkeit der Arbeit, die Idee der Gleichheit und die Vaterlandsliebe[36]. Oft werden die ideologischen Postulate in mythologische Bilder gekleidet, wie in dem schon erwähnten verbreiteten Lied *Svet trojakij zrja*, das Janus,
die Vestalinnen, Midas, die Argonauten und die Weltwunder der Alten Welt
beschwört[37]; oder in jenen Strophen, die dem Diogenes mit seiner Laterne
den Lohn seines Suchens in den Logen verheißen:

Fonar' vzjav zasveščen,
Muž strogoj drevnja veka
V Afinach Diogen
Iskal dnem čeloveka.

No nyne dlja čevo
Mež nas ne iščet on:
Najdet ne odnovo, —
Kakov vsjak frank-mason. [38]

Eine angezündete Laterne nahm der strenge Mann des Alten Zeitalters, Diogenes in Athen, und suchte am Tage den Menschen. Doch weshalb sucht er heute nicht unter uns? Er wird nicht nur einen finden, denn jeder Freimaurer ist so.

In dem von Pozdneev aufgestellten Katalog der in den Liedern begegnenden spezifischen Bilder und Symbole sind verzeichnet[39]: das dreifache Licht, das dreimalige Klopfen, das dreimalige Schießen, die sieben Stufen, Dreieck und Richtblei, die Kette der geflochtenen Hände oder Herzen, Salomos Tempel, der Thron der Wahrheit, das Auseinanderziehen des Vorhangs (als Entdeckung des Geheimnisses), Sonnenstrahl und Licht aus dem Osten, Erhellung und Entweichen der Finsternis, das Überschreiten der Schwelle usf. – Bildvorstellungen, die entweder den aus der franc-maçonnistischen Ideologie entwickelten „symbolic codes" oder bestimmten Kulthandlungen zuzuordnen sind. Eine freimaurerische Interpretation erfahren auch die aus der antiken bzw. alttestamentlichen Überlieferung entlehnten Figuren (Pyramus und Thisbe, Orest und Pylades, Solon, Epikur und Plato, Samson, Hiram usf.), von denen die ersteren vor allem in den Liedern aus den achtziger und neunziger Jahren vertreten sind.

Zur poetischen Form der Lieder bemerkt Pozdneev, daß nur wenige Texte eine souveräne Behandlung des Verses verraten; zum großen Teil seien die Verse „technisch schwach"[40]. In einigen Liedern begegnen noch archaische syllabische Verse, doch ist die Mehrzahl der Lieder in dreifüßigen Jamben oder anderen Kurzmetren abgefaßt. Als Strophen erscheinen Kombinationen von vier, fünf, sechs und sieben Versen; einmal ist die zehnzeilige Lomonosovsche Odenstrophe vertreten[41]. Sowohl die vier- als auch die sechszeiligen Strophen enden – und dies ist ein charakteristisches Merkmal dieser Lieder – auf Refrain[42], oftmals auch auf ein dreifaches Vivat, das Wiedergeburt und neues Leben des Logenbruders unterstreichen soll[43].

Die 24 im *Magazin svobodno-kamen'ščičeskij* veröffentlichten Liedtexte können für den russischen Bereich in thematischer und formaler Hinsicht als paradigmatisch gelten. Sie sind vorwiegend in Kurzmetren geschrieben (drei- oder vierfüßige Jamben), die zu vier- oder sechszeiligen Strophen gefügt werden. Die Anzahl der Strophen beträgt drei bis acht. Bei den sechszeiligen Strophen bilden die beiden letzten Verse in der Regel einen Refrain, der – so kann angenommen werden – bei der gesanglichen Ausführung von der Gemeinschaft gesungen wurde, wie in dem folgenden Beispiel aus dem Lied *Novoprinjatomu Bratu* (Dem neu aufgenommenen Bruder):

> Ostavja tlennost' mira,
> Ostavja suetu,
> Proniknes' do efira
> Zret' strojnost', krasotu.
>
> Gonja poroki v ad,
> Glasja vsegda vivat. 44  } Refrain

Verlassend die Vergänglichkeit der Welt, verlassend die Eitelkeit, wirst du bis zum Äther vordringen, um die Harmonie, die Schönheit zu sehen. (Refrain:) Treibend die Laster zur Hölle, singend immer: Vivat.

Ein anderes Aufnahmelied zeigt den gleichen Strophenbau:

> Nastal teper' toboju
> Davno želannyj čas,
> Trojakim ozarilsja
> Ty svetom meždu nas.

> I stav nam vernyj brat,
> V vostorge poj: vivat, vivat, vivat. [45]     } Refrain

Es brach nun die von dir lang erwünschte Stunde an, von dreifachem Lichte wurdest du unter uns erleuchtet. (Refrain:) Und nachdem du unser treuer Bruder wurdest, sing in Begeisterung: vivat, vivat, vivat!

Doch auch ein brisanter politischer Akzent, die Hoffnung der Freimaurer auf besondere Förderung durch den künftigen Zaren Pavel Petrovič, konnte mit einem solchen Lied gesetzt werden:

> Zalog Ljubvi nebesnoj
> V tebe my, PAVEL, zrim,
> V čete Tvoej prelestnoj
> Zrak Angela vse čtim.

> Ukrašennyj vencem,
> Ty budeš' nam Otcem. [46]     } Refrain

Ein Pfand der himmlischen Liebe sehen wir, PAUL, in dir, in deiner anmutigen Gattin verehren wir stets das Bild eines Engels. (Refrain:) Geschmückt mit dem Kranz (d. h. gekrönt), wirst du uns Vater sein!

Den gleichen Formtyp, sechs- wie vierzeilige Strophen, repräsentieren Cheraskovs Stanzen vom Anfang der 60er Jahre, wenngleich dieser trochäische Versmaße und — in seiner bekanntesten Stanze — den zweifüßigen Daktylus verwendete:

> Vremja, o! vremja,
> Čto ty? Mečta.
> Vek nam est' bremja.
> Vse sueta.

> Bože moj, bože!
> Vsjakij den' tože. [47]     } Refrain

Zeit, o Zeit, was bist du? Ein Traum. Unser Leben ist eine Last. Alles ist Eitelkeit. (Refrain:) Gott, mein Gott, jeden Tag dasselbe.

Während in den Logen der Initiationsvorgang — als einer der Erleuchtung — in die alte Licht-Finsternis-Symbolik gekleidet wird, richteten sich Cheraskovs Stanzen stärker auf reale Vorgänge: Eintönigkeit menschlicher Tätigkeit, Verfallenheit des Menschen an Geld und Eitelkeiten. Vor allem verzichtet Cheraskov nicht auf satirische Einsprengsel, die auf das Vorbild A. P. Sumarokovs zurückgehen[48]. Der Typus der sechszeiligen Liedstrophe mit Refrain, der den Zwecken freimaurerischer Geselligkeit offenbar sehr entsprach, begegnet freilich auch in vormaurerischer Zeit in Rußland als Tischlied und Stanze[49]. Das Beispiel dieser Strophe kann verdeutlichen, wie tradierte Formen und Inhalte im Umkreis der Franc-Maçonnerie zu spezifischen Dichtgattungen amalgamierten.

Daß dabei eindeutige Zuordnungen oftmals unmöglich sind, mag das Lied *Blagopolučny dni* (Glückliche Tage) von A. P. Sumarokov verdeutlichen[50], ein aus fünf achtzeiligen Strophen bestehender Text, der eine Reihe von Bildern und Aussagen enthält, die durchaus dem Vorstellungsbereich der Freimaurer entstammen könnten. So die Opposition von Herzensreinheit und Ehrlichkeit (čistota serdca, čestnost') gegen Bosheit und Feindschaft (zloba, vražda) in der ersten Strophe; oder von Freundschaft (družba) gegen Hoffart, Streit und Zank (gordost', spory, bran') in der zweiten. Die Ziele der geselligen Gruppe, zu der Frauen keinen Zutritt haben, formuliert Strophe II:

> My o delach čužich
> Derzko ne rassuždaem;
> I vo slovach svoich
> Sveta ne povreždaem;
> Vse tako čeloveki
> Dolžny sebja javit',
> My zolotye veki
> Tščimsja vozobnovit'. [51]

Wir urteilen nicht dreist über fremde Angelegenheiten, und in unseren Reden verletzen wir die Welt (d. h. die Menschen) nicht; alle Menschen sollten sich so verhalten, wir streben danach, Goldene Zeitalter zu erneuern.

Nach St. L. Baehr gehört die Vorstellung von der Verwirklichung des Goldenen Zeitalters oder von der Wiederherstellung des Paradieses in der Loge zu den Grundpositionen der Freimaurer-Ideologie[52]. Taucht diese Vorstellung in einem Text auf, flankiert von der Evokation freimaurerischer Tugenden, geselliger Brüderlichkeit und der Beteuerung, man sei niemandes Feind, so scheint vom Thema her eine Zuordnung zur Freimaurerdichtung durchaus berechtigt. Zweifel bringt jedoch die metrische Form des Liedes auf: Es ist in syllabischen Sechs- und Siebensilbern abgefaßt, einer Dichtart, die Sumarokov nur in den 30er Jahren des 18. Jahrhunderts gepflegt hat. Andererseits gehörte der Dichter nachweislich erst seit Mitte der 50er Jahre einer Loge an[53]. Der Widerspruch zwischen Thema und Form in dem erst 1780/81 posthum veröffentlichten Lied hat zu verschiedenen Datierungsvorschlägen geführt. Während G. Gukovskij es als Freimaurerlied einstuft, das nach 1756 entstanden sein muß, verweist es P. N. Berkov in die 30er Jahre, als Sumarokov, Zögling des Petersburger Adeligen Landkadettenkorps, seine ersten Lieder schrieb[54]. Die geschilderte Männergesellschaft und die geforderten Tugenden wären dann nicht die der Freimaurer, sondern der Landkadetten. Die Schwierigkeit rührt von daher, daß das Vokabular des Textes sich zwar lückenlos freimaurerisch interpretieren läßt, jedoch ebensogut auch auf andere Lebenssituationen bezogen werden kann. Ein eindeutiges maurerisches Signum enthält es nicht. Hier wird ein weiteres Mal die Fragwürdigkeit thematischer Argumentation im Felde der Freimaurerliteratur erkennbar.

## V

Ähnliche Probleme stellen sich bei einer anderen lyrischen Gattung, die mit
zahlreichen Beispielen in den Novikovschen Journalen *Večernjaja zarja* und
*Pokojaščijsja trudoljubec* zu finden ist, dem schon erwähnten „russischen Rondeau". Mit der klassischen französischen Gedichtform des 15-zeiligen Rondeaus und dessen komplizierter Reim- und Refrainstruktur hat das „russische
Rondeau" nur wenig gemein. Es besteht vielmehr aus einer vierzeiligen Alex-
andrinerstrophe, deren erster und letzter Halbvers jeweils identisch sind, d. h.
einen Refrain darstellen. Die ersten Muster der Gattung in Rußland stammen
wieder von maßgeblichen Vertretern des Cheraskov-Kreises, von A. A. Rževskij
und I. F. Bogdanovič[55]. Rževskijs Beispiel behandelte ein moralisches Thema:

> I vsjakoj tak živet, ty dumaeš' vsečasno;
> No chudo izvinjat' porok v sebe pristrastno.
> Chotja by utonul v porokach zlych ves' svet,
> Ne prav i ty, chotja i vsjakoj tak živet.[56]

Jeder lebt ja so, denkst du allezeit; aber es ist übel, das Laster bei sich voreingenommen
zu entschuldigen. Wenn auch die ganze Welt in bösen Lastern versänke, hättest du doch
nicht recht, wenn auch jeder so lebt.

Die – aller Wahrscheinlichkeit nach – studentischen Mitarbeiter der Novikovschen Journale reproduzieren diesen Gedichtstyp mit pedantischer Genau-
igkeit und spielen eine Reihe thematischer Varianten durch. Als Refrain dient
unter anderem das bei den Freimaurern beliebte delphische Gnoma: Erkenne
dich selbst[57], das dem Thales zugeschrieben wird:

> Znat' samogo sebja, o smertnyj! naučisja,
> Prirodu i Tvorca poznat' potom potščisja,
> Fales, premudryj muž, premudrost' stol' ljubja,
> Razumno govorit: Znaj samogo sebja.[58]

Dich selbst zu erkennen, o Sterblicher, erlerne, sodann trachte danach, die Natur und
den Schöpfer zu erkennen. Thales, der höchst weise Mann, der die Weisheit so sehr liebte,
sagt vernünftig: Erkenne dich selbst.

Ein anderes Rondeau verarbeitet den Topos *vanitas vanitatum*, der zum
ständigen Inventar der Freimaurerdichtung gehört. Durch die insistierende
Wiederholung des Topos ergibt sich im russischen Text eine suggestive Laut-
struktur, die auf der Häufung der Konsonantenphoneme s, v und t beruht:

> Vse v svete sueta, i net v nem krome pracha.
> Vse v svete sueta, glagolet syn Siracha.
> Vse sueta suetstv, i vse liš' pustota,
> Son, prividenie, vse v svete sueta.[59]

Alles auf der Welt ist Eitelkeit, und es gibt auf ihr nichts außer Staub. Alles auf der Welt
ist Eitelkeit, predigt der Sohn Sirachs. Alles ist Eitelkeit der Eitelkeiten und alles nur
Leere, Traum, Schein, alles auf der Welt ist Eitelkeit.

Es ist nicht auszuschließen, daß die Rondeau-Gedichte in *Večernjaja zarja*
und *Pokojaščijsja trudoljubec* ebenfalls als Gemeinschaftslieder gesungen wur-

den, möglicherweise nach dem bei den Freimaurern oftmals praktizierten Parodieverfahren, bei dem neuverfaßte Texte bekannten Melodien unterlegt wurden[60].

## VI

Zu den eindrucksvollsten Beispielen freimaurerischer Dichtung in Rußland zählen einige Oden von V. I. Majkov. Majkov gehörte, wie erwähnt, in den 70er Jahren der Petersburger Loge *Urania* an. Zwei seiner Oden, in denen die kultische und die ideologische Funktion im Sinne der Maurerei stark zur Geltung kommt, erschienen 1778 in Novikovs Zeitschrift *Utrennij svet*; eine weitere, dem Moskauer Erzbischof Platon gewidmet, wurde im selben Jahre in den *Trudy Vol'nogo rossijskogo sobranija* (Schriften der Freien russischen Versammlung) der Moskauer Universität veröffentlicht; eine vierte wurde erst 1867 in der von P. A. Efremov besorgten Ausgabe der Werke Majkovs bekanntgemacht[61].

Als Vorbereitung dieser Freimauroden Majkovs ist seine Ode *O strašnom sude* (Vom Jünsten Gericht) anzusehen, eine visionäre Schilderung des Jüngsten Gerichts, die 1763 in Cheraskovs *Svobodnye časy* veröffentlicht worden war. Auch hier führt also wieder eine Verbindungslinie von den Cheraskovcy zum Wirkungskreis Novikovs.

Die vier genannten Oden behandeln die wesentlichen Themen der Freimaurerideologie: die Suche nach Weisheit, eines der Hauptideale, die die Arbeit des Freimaurers leiten sollen[62]; das Streben nach Glückseligkeit, das als weiteres wichtiges Ziel des freimaurerischen Handelns anzusehen ist[63]; die Hoffnung, von der es bei Lennhoff/Posner heißt, sie sei die Sehnsucht der Menschenseele nach dem Unendlichen, die Fackel, die allein leuchte und den Weg weise, wenn ringsum alles sich in Finsternis hülle[64]; und schließlich die Unsterblichkeit der Seele.

In ihrer inhaltlichen und formalen Struktur weisen die Oden so starke Gemeinsamkeiten auf, daß wiederum von einer spezifischen Gattungsvariante gesprochen werden kann. Strophische Form und Stil folgen weitgehend dem Vorbild der hohen Ode Lomonosovs. Alle vier Stücke sind in der zehnzeiligen Odenstrophe geschrieben, die Lomonosov für die russische Dichtung vorgebildet hatte. Die kanonische Reimfolge ABABCCDEED wird nur im letzten Stück abgewandelt zu: ABBACDDCEE[65]. Auch der von Lomonosov für die Ode kanonisierte vierfüßige Jambus wird von Majkov – mit Ausnahme der Ode *Sčastie*, die im vierfüßigen Trochäus steht – eingesetzt. Mit dem ausgeprägten kirchenslavischen Element in der Lexik und der durch Hyperbaton und Inversion bewirkten erschwerten Syntax entspricht die sprachlich-stilistische Struktur der vier Texte den Normen des hohen Stils. Die Anzahl der Strophen in den einzelnen Oden beträgt 10, 9, 7 und 8. Es ist sogar anzunehmen, daß diese Zahlen jeweils symbolisch – im Sinne der für die Freimaurer bedeutsamen Zahlensymbolik – motiviert sind. Die zehn zehnzeiligen Strophen der Ode *Iščuščim*

*mudrosti* (= 10 x 10 Verse) können das Thema entsprechend alten Symboltraditionen als Totalität, Absolutheit, Vollständigkeit oder Vollkommenheit
symbolisieren[66]. Die Neunzahl – soviel Strophen zählt die Ode *Sčastie* – besaß herausragende Bedeutung im Symbolsystem der Freimaurer. Neun, die
dreifache Wiederholung der heiligen Dreizahl, die Zahl, die die Teile des Tempels Salomos bezeichnet, war die freimaurerische „Meisterzahl": „In 3 x 3",
lesen wir bei Lennhoff/Posner[67], „grüßt der Bruder den Bruder". Genau dies
aber geschieht in der Ode *Sčastie*: Die letzte Strophe bringt eine Apostrophe
an Cheraskov, der als Zeuge für Majkovs These angesprochen wird, daß nur
die Tugendsamen in den Genuß der Glückseligkeit gelangen:

> O Cheraskov, ty svidetel'
> Možeš' vernyj v tom mne byt',
> Čto chranjaščim dobrodetel'
> Dolžno sčastie služit'.[68]

O Cheraskov, du kannst mir ein treuer Zeuge dafür sein, daß das Glück denen dienen
muß, die die Tugend bewahren.

Die Siebenzahl besitzt so vielfältige symbolische Bedeutung im Freimaurer-
milieu[69], daß ihre mögliche Sinngebung in der Ode *Nadežda* sowie in der Ode
auf den Erzbischof Platon über die Unsterblichkeit der Seele – dem Thema
sind sieben Strophen gewidmet, die letzte enthält eine Apostrophe an Platon –
nicht eindeutig zu ermitteln ist.

Allegorie, Symbolik wie auch Rückgriffe auf die antike Überlieferung prä-
gen die Inhaltsstruktur der vier Oden. Die Weisheit wird als „Tochter des Him-
mels" (dščer' neba), als „des Ewigen liebliche Tochter" (predvečnogo ljubezna
dšči), d. h. als allegorische Gestalt, eingeführt, die in der Ratsversammlung der
Maurer (v sobran'i našego soveta) den Vorsitz führt und eine Ansprache hält.
Diese Ansprache bildet den Kern der ersten Ode. In der Ode *Sčastie* wird die
Allegorisierung durch die wiederholte Anrede erreicht, die die Intonation der
ersten vier Strophen beherrscht. Ganz ähnlich wird auch die Hoffnung in der
vierten Ode zur allegorischen Figur: Sie ist Freund und Begleiter des Menschen,
d. h. des Maurers, durch Wüsten, Dickicht und Meere.

Die charakteristischen Freimaurersymbole sind über alle vier Texte in großer
Dichte ausgestreut: Tempel, Weg, Leuchter, Meer des Jammers, Meer der Trä-
nen usw. Beherrschend aber tritt die Symbolik von Licht und Finsternis hervor. Die Ode *Iščuščim mudrosti* ist in ihrer Gänze aus diesem Symboldualis-
mus heraus konstruiert. Licht und Finsternis als zwei in verschiedenen Wort-
kategorien und Bedeutungsdifferenzierungen ausgeführte semantische Felder
symbolisieren Weisheit/Wissen und Ignoranz/Nicht-Wissen[70]. Diese Grundsym-
bole werden nun in der verschiedensten Weise deriviert. Einmal werden die
Logenbrüder in einer Personalmetapher und in Entsprechung der Allegorie der
Weisheit als „Kinder des Morgenlichts" apostrophiert, d. h. des Lichtes aus
dem Osten, das mit der Weisheit gleichzusetzen ist. Durch die Koppelung von
Personalmetaphern entsteht eine Art Genealogie der Weisheit und ihrer
Adepten:

| *Vater* | : | *der Ewige, der Himmel* |
| ↓ | | ↓ |
| *Tochter* | : | *die Weisheit* |
| ↓ | | ↓ |
| *Kinder* | : | *die Logenbrüder* |

Ferner wird das Lichtsymbol im Verlaufe der Ode in verschiedenen metaphorischen Bildern realisiert[71]. In der dritten Strophe werden Bosheit und Weisheit (bzw. Weisheitssucher) auf den Gegensatz Nacht — Tag umgepolt:

> Pust' zloba jadovity oči
> Na vas, svirepstvuja, prostret:
> Ona est' otrasl' adskoj noči,
> A vam roditel' — dnevnyj svet.

Mag die Bosheit ihre erbärmlichen Augen auf euch, wütend, richten: Sie ist ein Abkömmling der höllischen Nacht, doch euer Vater ist das Tageslicht.

Die Erlangung der Weisheit wird in das Bild der Sonne gebracht, die Finsternis oder Nebel (mgla) durchdringt. Die Schmäher der Maurerei leben im Dunkel, wandeln in furchtbarer Nacht; nur durch die Freimaurer vermögen sie das Licht der Weisheit zu erlangen (Strophe IV). Die Erlangung der Weisheit ist zugleich ein Erwachen. Wer vom Morgenlicht nicht erwacht, bleibt von Nacht, d. h. von Unwissen, gefangen (Strophe VI). Das Licht wahrnehmen, also: sehen (zreti) oder nicht wahrnehmen, also: blind sein (zrenija lišen), heißt Weisheit erlangen oder nicht erlangen (Strophe VII). Die typischen Freimaurersymbole in Strophe VIII sind ebenfalls mit dem Lichtbereich verquickt: „Leuchter der Wahrheit/Gerechtigkeit" (Svetil'nik pravdy), „lichter Tempel" (presvetlyj chram). Im gleichen Sinne wird der Ikarus-Mythos (Strophe VII) umgedeutet: Ikarus steht für den Weisheitssucher, dessen Geist noch unvollkommen ist, so daß er im Angesicht des Absoluten (der Sonne) scheitert:

> Tot mysli prostiraet ložno,
> Čej um ešče nesoveršen;
> Imejuščij kryle Ikara
> Ne sterpit solnečnogo žara;
> Kogda ž k nemu on vozletit,
> Luči svetila vosk sogrejut,
> Kryle ot per'ja oskudejut,
> On žizn' s poletom prekratit.

Der breitet seine Gedanken falsch aus, dessen Geist noch unvollkommen ist; derjenige, der die Flügel des Ikarus hat, hält die Sonnenglut nicht aus; wenn er zu ihr nämlich auffliegt, so erwärmen die Strahlen des Himmelslichts das Wachs, die Flügel verlieren ihr Gefieder, er endet sein Leben mit dem Flug.

Auch in der Ode *Sčastie* wird die Frage nach der wahren Glückseligkeit an einem Beispiel aus der antiken Überlieferung gestellt: Wer war glücklicher, Alexander der Große oder Diogenes (Strophen VII/VIII)? Eine Frage, die aus freimaurerischer Sicht nur zugunsten des Diogenes beantwortet werden kann[72]. In der Beispielsreihe der Ode *Nadežda* ist es Herkules, der als klassisches Exempel angeführt wird, daß ohne Hoffnung keine Heldentaten zu vollbringen sind[73].

Majkovs Oden modifizieren, wie zu sehen war, das überkommene System der Gattung hohe Ode (Lomonosovscher Typus) durch spezifische Inhalte und Ausdrucksstrukturen, die aus den genannten freimaurerischen Funktionen herrühren. Sie können als Paradigma freimaurerischer Variantenbildung im Bereich der Poesie gelten, und damit für Freimaurerdichtung überhaupt.


## VII

Prinzipiell gleichartig stellen sich die freimaurerische Stanze und das freimaurerische Sonett dar. Neben der liedhaften Stanze, die Cheraskov vorgebildet hatte, gab es den Typus der moralisch-meditativen Stanze, für den vor allem A. A. Rževskij Anfang der 60er Jahre maßgebliche Muster vorlegte[74]. Trotz der vergleichsweise labilen formalen Strukturierung dieser Gattung lassen sich Linien der „inneren Dimension" – affektive Intonation; dominierende Themen wie vanitas vanitatum, mutatio rerum, Stadt – Land, Einsamkeit, Freundschaft, Tod und ewiges Leben usw. – von Rževskij zum Novikov-Kreis ziehen[75].

Auch in der Sonettdichtung läßt sich diese Linie verfolgen. Nicht nur änigmatische Sonette und Spaltsonette, die einen geheimen Hintersinn enthalten[76], sondern auch Texte mystischen Inhalts begegnen in der Rževskij-Nachfolge. So wird in zwei Stanzen in *Večernjaja zarja* das für die Moskauer Rosenkreuzer charakteristische Thema der Rückkehr der Seele zu Gott behandelt[77].Das Emporsteigen der Seele zu ihrem Ursprung, der Gegensatz Geist – Fleisch, die Vereinigung der Seele mit Gott und die Gottes mit der Seele, dazu die Symbole Feuer und Tempel: Das ist nicht zu verkennen. In dem anderen Text, einem Rollengedicht, schildert die Seele des Sterbenden ihren Flug in die Höhen zur Vereinigung mit Gott. Die ersten drei Strophen erinnern stark an den affektiven Stil der Stanzen Rževskijs:

> Skončaj sraženie, o nežnaja priroda! ...
> O smert'! koliko ty strašna dlja smertnych roda!
> Ne daj, rok, dole mne terzat'sja, trepetat'!
> Počto mne mučit'sja, strašit'sja i drožat'?
>
> Drožu...i ach!...ja vdrug vsech čuvst lišajus'!
> V glazach svet merknet...Ach! ja s telom razlučajus'!
> No kak velikija ja muki i terplju,
> Ešče, ešče svoe ja telo vse ljublju.
>
> Smykajutsja glaza, ruka už ne vladeet.
> Nemeet moj jazyk, i telo vse chladeet,
> Uže ne čuvstvuju sovsem svoich ja nog...
> No čej ja slyšu glas? Nikak zovet mja Bog!

Beende den Kampf, o zarte Natur!... O Tod! wie schrecklich bist du für der Sterblichen Geschlecht! Laß mich nicht länger, Schicksal, martern, zittern! Warum muß ich mich quälen, mich fürchten und beben?

Ich bebe...und ach!... verliere plötzlich alle Gefühle! Das Licht verblaßt in den Augen...
Ach! ich trenne mich vom Körper! Doch wie große Qualen ich auch erleide, noch, noch
immer liebe ich meinen Körper.
Die Augenlider fallen mir zu, die Hand wird schon schwach, meine Zunge verstummt,
und der Körper wird ganz kalt, schon fühle ich meine Beine nicht mehr... doch wessen
Stimme höre ich? Ruft mich denn wirklich Gott?

Ein markantes Beispiel der Freimaurerlyrik der 80er Jahre bildet ein viertei-
liger Gedichtzyklus in der Zeitschrift *Pokojaščijsja trudoljubec*[78]. Es handelt
sich um die Gedichte *Stansy, Sonet: Smert' otčajannogo grešnika, Rondo* und
*Epitafija* (Stanzen, Sonett: Der Tod des verzweifelten Sünders, Rondeau und
Epitaph), die ein in der Freimaurerdichtung immer wieder auftauchendes Thema behandeln: den Weg des Menschen (oder der Seele oder des Herzens) aus
der Verblendung und Eitelkeit des Lebens in die Ewigkeit, zu Gott. Der Zyklus
zeichnet diesen Weg in vier Phasen nach. Die Stanzen schildern die Irrungen
des Herzens, des lyrischen Du in diesem Gedicht, die erst in der Vereinigung
mit Gott überwunden werden. Der Bereich weltlichen Irrsals wird in einem
System verschieden gelagerter Antithesen ausgebreitet, ein Verfahren, das wir
von Rževskij kennen:

> Čto často ljubiš' ty, to často nenavidiš',
> Poroka begaeš', i vsled tečeš' za nim.
> [...]
> Gde čaeš' svet uzret', edinyj mrak tam vidiš'.
> [...]
> Strastjami, dumaeš', umeeš' ty vladet';
> A strasti često tak vladejut nad toboju.

Was du oft liebst, das haßt du oft, du fliehst das Laster und folgst ihm nach. [...] Wo du
Licht zu erblicken hoffst, siehst du einzig Finsternis. [...] Über die Leidenschaften, glaubst
du, vermagst du zu herrschen; aber die Leidenschaften herrschen so oft über dich.

Den Höhepunkt der Gedichtfolge bildet das Sonett *Smert' otčajannogo
grešnika*, in dem der Versuch unternommen wird, den Todeskampf in einer
Art lyrischem Protokoll minutiös festzuhalten. Selbst Rževskij, dessen affektiver Stil unzweifelhaft als Vorbild diente, wird hier an manierierter Überstei-
gerung des Ausdrucks noch übertroffen. Dabei begnügt sich der anonyme Autor
nicht mit den üblichen affektiven Stilfiguren wie Klimax, Anadiplosis, Inter-
rogatio und Exclamatio, sondern versucht darüber hinaus durch expressive
Interpunktion und phonetisch schwierige Konsonantenverbindungen den
Sprachgestus höchster Erregung und Todesangst zu erzeugen. Kurze Syntag-
mata, als Ausruf artikuliert, und schließlich der langgezogene Todesschrei im
Zentrum des Gedichts modellieren Erregung und Angst des Sünders vor dem
Tode. Dies wird unterstrichen durch zahlreiche Lautwiederholungen und ein
Alliterationsstaccato im Schlußvers:

> Oslab' mučenie! o! Bože, poščadi,
> I ščitom tvoego pokrova ogradi!
> Vozzri na skorb' moju, ja v mukach unyvaju!
> Ničto ne pol'zuet! ja gibnu, umiraju!

Čto možet posobit' v stradan'i nyne mne?
Ja cepeneju ves', ja rvus' vnutri i vne,
Zrak merknet! v členach drož'! krov' v žilach zamerzaet;
Jazyk tupeet, sm...m...m...ert' ko telu pristupaet!

Gotovljus' v smertnyj odr, na nem uže ležu,
Skvoz' zyblijuščijsja svet na večnost' ja gljažu,
Gljažu, i užasom sodrogšis' vozmuščajus'!

Vo vsem počuvstvoval ja tele trepet vdrug...
Iz tela rvetsja moj...i izletaet duch;
V peščinku, v perst', v pyl', v prach, v ničto preobraščajus'.

Schwäch' ab die Qual! o! Gott, verschone mich und schütze mich mit dem Schild deines
Leichentuches! Sieh auf mein Leid, ich verzage in den Qualen! Es nützt nichts! ich gehe
zugrunde, ich liege im Sterben!
Was kann mir in meinem Leiden jetzt helfen? Ich erstarre ganz, ich werde von innen und
von außen zerrissen, der Blick verblaßt! in den Gliedern ein Beben! das Blut in den Adern
gefriert; die Zunge wird stumpf, der T...o...d tritt an den Leib heran!
Ich bereite mich zum Totenbett, schon liege ich auf ihm, durch schwankendes Licht
schaue ich in die Ewigkeit, ich schaue und, vor Schrecken erzitternd, fahre ich auf!
Im ganzen Körper fühlte ich plötzlich ein Zittern... Aus dem Körper reißt sich... und fliegt
mein Geist heraus; zu Sand, zu Staub, zu Schmutz, zu Staub, zu Nichts werde ich verwandelt.

Das folgende Rondeau — in der schon bekannten Form des „russischen
Rondeaus" — bringt eine moralisierende Betrachtung über die „letzte Stunde",
die Todesstunde, breit entwickelt im Bilde des Schiffbruches und der Rettung
des Schiffbrüchigen ans „Ufer der Ewigkeit". Das Epitaph beschließt die Gedichtfolge.


## VIII

Auch freimaurerische Epigrammatik begegnet in den Journalen Novikovs,
zum einen als satirisches Epigramm oder moralisierendes Madrigal, wie es Cheraskov in *Poleznoe uveselenie* 1760 vorgebildet hatte[79]; zum anderen als erbaulicher Spruch mit deutlich freimaurerischer Akzentuierung, wie die beiden
folgenden Vierzeiler zeigen[80]:

> *Put' k bezsmertiju*
> K bezsmertnoj slave dve dorogi nas vedut,
> Po onym vse vo chram bezsmertija idut.
> I dobryja dela nas k slave provoždajut,
> I zlodejanija nam onuju raždajut.

*Der Weg zur Unsterblichkeit.* Zum unsterblichen Ruhm führen uns zwei Wege, auf ihnen
gehen alle in den Tempel der Unsterblichkeit ein. Sowohl gute Werke geleiten uns zum
Ruhm, als auch Untaten erzeugen ihn uns.

> *Razum i priroda*
> Priroda mat' vsego; ona vse rodila;
> Priroda mudraja i razum nam dala.

Sej Car', otec veščej, eja ne zabyvaet,
Prirode sledovat' on nam povelevaet.

*Vernunft und Natur.* Die Natur ist die Mutter von allem; sie hat alles geboren; die weise Natur gab uns auch die Vernunft. Dieser Zar, der Vater der Dinge, vergißt sie nicht, er heißt uns, der Natur zu folgen.

Zur Freimaurerdichtung gehört ferner eine Reihe polemischer und apologetischer Gedichtstexte, wie das folgende, auch von Piksanov zitierte Lied von A. P. Sumarokov[81], ein Text, der freilich durch nichts anderes als sein Thema, die Bekundung der Loyalität der Freimaurer gegenüber Staat und Gesetzen, in den hier interessierenden Bereich einzieht:

> Kto chulit franmasonov
> Za tajnyj ich ustav,
> Čto te ne čtut zakonov.
> Svoich deržatsja prav:
> Kogda by ty sprosilsja
> Kak veren franmason.
> V kotorom on rodilsja,
> Tot deržit i zakon...

Jemand schmäht die Freimaurer wegen ihrer geheimen Ordnung, daß sie die Gesetze nicht achten, sich nur an ihre eigenen Rechte halten. Wenn du erfragen würdest, wie loyal ein Freimaurer ist: das Gesetz, in welchem er geboren wurde, das befolgt er auch...

Bei weiteren poetischen Gattungen wie freundschaftliches Sendschreiben, Idylle, Ekloge u. a. wäre zu untersuchen, ob sie in freimaurerischen Varianten vertreten sind.

## IX

Im Gegensatz zu Piksanov — oder zuvor Longinov und Vernadskij —, die den Begriff der Freimaurerliteratur mit der didaktisch-moralischen, allegorisch-erbaulichen Literatur füllten und damit anhand eines vorwiegend inhaltlichen Kriteriums einen sehr weiten Rahmen absteckten, habe ich versucht, Freimaurerdichtung als eine Gruppe von poetischen Gattungen darzustellen, die aus bestimmten inhaltlichen, formalen und stilistischen Elementen konstituiert wurden, um Funktionen zu erfüllen, die ich als kultische und ideologische Funktion im Sinne des Freimaurertums bezeichnet habe.

Die Form- und Ausdruckselemente, die in der Freimaurerdichtung amalgamiert wurden, sind — stiltypologisch betrachtet — nicht solche des Klassizismus, also der rationalistischen Dichtungslehre Boileaus oder Gottscheds, wie Piksanov meinte, sondern sind v o r klassizistische und n a c h klassizistische, also solche, die etwa bei den französischen Preziösen des 17. Jahrhunderts oder in der deutschen Barockliteratur begegnen, und solche des literarischen Sentimentalismus. Auf die weitgehende Identität von Themen, Motiven und Bildern der Freimaurerliteratur und der Stilschicht des Sentimentalismus wurde oftmals hingewiesen[82]. Sie hat ihren Grund nicht nur in der zeitlichen Parallelität beider Erscheinungen, sondern auch in der gemeinsamen irrationalen Grundtendenz, die sich besonders deutlich in der zweiten Phase der Freimaurerei (siebziger und achtziger Jahre) in Rußland abzeichnet. Übereinstimmungen bestehen auch zur Barockepoche, mit der die Freimaurerliteratur ein ähnliches Wert- und Weltverständnis verbindet.

Im Bereich der literarischen Formen bedeutet der Rückgriff auf Rondeau, Sonett, Stanze, Madrigal die Reaktivierung eines vorklassizistischen Kanons. Das gleiche gilt für die starke Rhetorisierung des poetischen Ausdrucks[83] (affektiver Stil, forcierte Lautstrukturen), für Allegorisierung und Symbolsprache. Als ein charakteristisches, aus dem dualistischen Denken der Freimaurer[84] unmittelbar motiviertes Verfahren können die ausgeprägten Antithesen gelten, die in der Freimaurerdichtung in außerordentlicher Häufung begegnen[85]. Wie wir sahen, konnte eine umfangreiche Ode aus einer solchen Antithese (Licht — Finsternis) generiert werden.

Über die Lieder der Franc-Maçonnerie hinaus, die Pozdneev mit Recht als mehr oder weniger gelungene spezifische Stilbildung reklamierte[86], konnten weitere poetische Gattungen dem Bestand der russischen Freimaurerdichtung im 18. Jahrhundert zugeteilt werden, Gattungen, in denen tradierte Themen und Ausdrucksmittel, gesteuert durch ,,freimaurerische Funktion", zu unverwechselbaren Textreihen gerannen.

*Anmerkungen*

1 Vgl. die Aufstellung bei G. V. Vernadskij: Russkoe masonstvo v carstvovanie Ekateriny II. Petrograd 1917 (Reprint, Düsseldorf, Vaduz 1970), S. 272 ff., sowie die Aufzählung in der bisher sachgemäßesten Darstellung der russischen Freimaurerliteratur: N. K. Piksanov: Masonskaja literatura. In: Istorija russkoj literatury, Bd. IV: Literatura XVIII veka. Teil 2, AN SSSR, Moskau, Leningrad 1947, S. 51. Der Katalog ließe sich um viele Namen erweitern.
2 Im Laufe der zehn Jahre, da Novikov die Moskauer Universitätsdruckerei in Pacht hatte, erschienen nicht weniger als 817 Titel, zum beträchtlichen Teil (340 Titel) Belletristik. Die religiöse und Freimaurerliteratur im engeren Sinne betrug zu Beginn der 80er Jahre 10—18 % des Jahresausstoßes; vgl. N. N. Mel'nikova: Izdanija napečatannye v tipografii Moskovskogo universiteta. XVIII vek. Moskau 1966, S. 9. Setzen wir mit V. V. Sipovskij (Iz istorii russkoj literatury XVIII v. Opyt statističeskich nabljudenij, in: Izvestija Otdelenij russkogo jazyka i slovestnosti Imp. AN, Bd. VI, 1, S. 120—165) für das genannte Jahrzehnt eine Gesamtproduktion von 1261 Titeln an, so entfallen auf Novikovs verlegerische Aktivitäten fast zwei Drittel.
3 Vgl. A. N. Pypin: Russkoe masonstvo. XVIII i pervaja četvert' XIX v. Petrograd 1916 (Reprint, Düsseldorf, Vaduz 1970), S. 280.
4 Piksanov (s. Anm. 1) S. 84.
5 Ebenda.
6 Die älteren Arbeiten zu den literarischen Aktivitäten der russischen Freimaurer widmen ihre Aufmerksamkeit vornehmlich der thematischen und motivischen Seite dieser Literatur. So A. Nezelenov: N. I. Novikov, izdatel' žurnalov. St. Petersburg 1875; Vernadskij (s. Anm. 1).
7 Vgl. Longinov (s. Anm. 8) S. 5.

8 Vor allem M. Longinov: Russkoe masonstvo v XVIII veke. In: Vestnik Evropy, II/1867, Bd. III, Abt. II, S. 1–59; A. Nezelenov (s. Anm. 6); A. N. Pypin (s. Anm. 3); G. V. Vernadskij (s. Anm. 1).

9 N. K. Piksanov (s. Anm. 1); D. D. Blagoj: Istorija russkoj literatury XVIII veka. Moskau ³1955; G. P. Makogonenko: Radiščev i ego vremja. Moskau 1956; A. V. Pozdneev: Rannie masonskie pesni. In: Scando-Slavica, VIII (1962), S. 26–64; St. L. Baehr: The Masonic Components in Eighteenth-Century Russian Literature. In: Russian Literature in the Age of Catherine the Great. Oxford 1976, S. 121–139.

10 R. Lauer: Gedichtform zwischen Schema und Verfall. Sonett, Rondeau, Madrigal, Ballade, Stanze und Triolett in der russischen Literatur des 18. Jahrhunderts. München 1975.

11 G. von Wilpert: Sachwörterbuch der Literatur. Stuttgart 1955, S. 180.

12 E. Lennhoff, O. Posner: Internationales Freimaurer-Lexikon, unveränderter Nachdruck der Ausgabe von 1932. München, Zürich, Wien o. J., Sp. 365.

13 Vgl. A. N. Pypin (s. Anm. 3) S. 47 ff.

14 A. N. Pypin (s. Anm. 3, S. 234 ff.) unterscheidet im Bereich der Freimaurerliteratur zwischen „Ordensbüchern" mit positivem freimaurerischem Inhalt und solchen, die lediglich den allgemeinen mystischen Bestrebungen der Freimaurer entsprachen. Zu den letzteren zählen die Schriften der Johannes Chrysostomus, Gregor von Nazianz, Thomas a Kempis, Dmitrij Rostovskij, Marinos „Kindermord", Miltons „Verlorenes Paradies", Klopstocks „Messias" u. a. Den russischen Werken aus diesem Umkreis spricht Pypin nur geringe Originalität zu (S. 242).

15 Lennhoff/Posner (s. Anm. 12) Sp. 936 f.

16 A. N. Pypin (s. Anm. 3) S. 64.

17 Bei Lennhoff/Posner (s. Anm. 12) sind folgende frühe Sammlungen erwähnt: Chansons originaires des Francs-Maçons (Haag 1747), Sammlung von J. A. Scheibe (1749), Recueil de nouvelles chansons (Haag 1752), Neue Freymaurer-Lieder (Kopenhagen 1759), Lire Maçonne (Haag 1763), Recueil des Chansons des Francs-Maçons (Haag 1766), Vollständiges Liederbuch für Freymaurer mit Melodien (1776), A. Blumauer: Freymaurergedichte (nach 1781).

18 A. V. Pozdneev (s. Anm. 9) S. 31 ff. Es handelt sich um sieben Sammelbände mit über 70 verschiedenen Liedern.

19 Lennhoff/Posner (s. Anm. 12) passim.

20 A. N. Pypin (s. Anm. 3) S. 66 ff.

21 Lennhoff/Posner (s. Anm. 12) Sp. 1543, 1567.

22 St. L. Baehr (s. Anm. 9) S. 124 ff. Als „Masonic components " erscheinen einige Ideologeme, so vor allem die Vorstellung vom Verlust und der Wiedergewinnung des ursprünglichen Wissens und die vom Tode und der Wiedergeburt des Menschen in der Loge.

23 Vgl. vor allem die Ausführungen zur Ideologie der Freimaurer bei Vernadskij (s. Anm. 1) S. 91–160.

24 Die erste Loge in St. Petersburg ist um 1750 belegt; 1797 wurde die Freimaurerei durch Paul I. verboten, vgl. Lennhoff/Posner (s. Anm. 12) Sp. 1355 ff., sowie A. N. Pypin (s. Anm. 3) S. 87 ff.

25 G. V. Vernadskij (s. Anm. 1) S. 215; A. V. Zapadov: Vorwort zu M. M. Cheraskov: Izbrannye proizvedenija. Leningrad 1961, S. 16. — Die literarischen Themen und Motive allein geben freilich noch keinen Beweis ab, vgl. dazu R. Lauer (s. Anm. 10) S. 113. Vgl. auch die neue Erörterung der Frage bei H. Rothe: Zu Cheraskovs Dichtungsauffassung. In: Studien zu Literatur und Aufklärung in Osteuropa, hg. von H.-B. Harder und H. Rothe. Gießen 1978 (= Bausteine zur Geschichte der Literatur bei den Slaven 13). S. 94 ff.

26 R. Lauer (s. Anm. 10), S. 264–287.

27 Vgl. A. V. Zapadov: Vorwort zu V. I. Majkov: Izbrannye proizvedenija. Moskau, Leningrad 1966, S. 13, sowie G. V. Vernadskij (s. Anm. 1) S. 17.

28 Vgl. R. Lauer (s. Anm. 10) S. 264 ff.

29 G. V. Vernadskij (s. Anm. 1) S. 277 ff.

30 Vgl. R. Lauer (s. Anm. 10) S. 384 und passim.

31 Zit. nach G. V. Vernadskij (s. Anm. 1) S. 4.

32 A. V. Pozdneev (s. Anm. 9) S. 32 ff.

33 Ebenda S. 38, 43.

34 Zit. nach A. V. Pozdneev (s. Anm. 9) S. 40.
35 Ebenda.
36 Ebenda S. 41 ff.
37 Ebenda S. 43.
38 Zit. nach A. V. Pozdneev (s. Anm. 9) S. 39. — Dieser Text zeigt deutliche Übereinstimmungen mit dem Lied „Diogenes" aus dem von G. Collins 1793 zusammengestellten, auch in Rußland verbreiteten Freimaurer-Liederbuch der Rigaer Loge *Zur kleinen Welt*, S. 25 ff.:

> Bey der hellsten Mittagssonne
> Nahm Diogenes sein Licht,
> Schlich damit aus seiner Tonne,
> Suchte Menschen, fand sie nicht.
> Denn er sah bey seinem Licht
> Fast den Wald vor Bäumen nicht.
> Alle. Denn er sah etc.
>
> Bringt den grämlich steifen Alten,
> Bringt ihn in die Loge her.
> Wisch' aus dem Gesicht die Falten,
> Alter! sey doch freundlicher!
> Was du suchst, und in Athen
> Nicht gefunden, sollst du sehn.
> Alle. Was du etc.

39 A. V. Pozdneev (s. Anm. 9) S. 46 ff., 60 ff.
40 Ebenda S. 54, 63.
41 Ebenda S. 48, 62 ff.
42 Ebenda S. 44.
43 St. L. Baehr (s. Anm. 9) S. 128.
44 Magazin svobodno-kamen'ščičeskij, 1784, I, 2, S. 132. Vgl. St. L. Baehr (s. Anm. 9) S. 128.
45 Magazin svobodno-kamen'ščičeskij, 1784, I, 1, S. 138.
46 Magazin svobodno-kamen'ščičeskij, 1784, I, 1, S. 132. G. V. Vernadskij (s. Anm. 1) zeigt, daß früher ähnliche Erwartungen auch an Peter III. geheftet worden waren.
47 M. M. Cheraskov (s. Anm. 25) S. 112; vgl. R. Lauer (s. Anm. 10) S. 147 ff.
48 R. Lauer (s. Anm. 10) S. 145.
49 Ebenda S. 148.
50 A. P. Sumarokov: Izbrannye proizvedenija, ed. P. N. Berkov, Leningrad 1957, S. 261—262.
51 Ebenda.
52 St. L. Baehr (s. Anm. 9) S. 123.
53 G. V. Vernadskij (s. Anm. 1) S. 6.
54 A. P. Sumarokov (s. Anm. 50) Primečanija, S. 554 ff.
55 R. Lauer (s. Anm. 10) S. 180 f.
56 Ebenda, sowie Poéty XVIII veka. Leningrad 1972, I, 218.
57 Zur Bedeutung der Forderung nach Selbsterkenntnis und Selbstvervollkommnung bei den Freimaurern vgl. St. L. Baehr (s. Anm. 9) S. 122.
58 Večernjaja zarja, 1782, II, 302.
59 Večernjaja zarja, 1782, I, 29. — Da eine phonetische Analyse russischer Texte aus dem 18. Jahrhundert nicht unproblematisch ist, mag hier der Hinweis ausreichen, daß die Konsonantengrapheme v, s, t nicht weniger als 66 % des Konsonanteninventars der zweiten Strophe bestreiten.
60 Vgl. Lennhoff/Posner (s. Anm. 12) Sp. 937.
61 Vgl. V. I. Majkov (s. Anm. 27) Anmerkungen zu den Nrn. 62, 63, 64, 69, S. 471 f.
62 Lennhoff/Posner (s. Anm. 12) Sp. 1680; desgl. St. L. Baehr (s. Anm. 9) S. 121 ff.
63 Lennhoff/Posner (s. Anm. 12) Sp. 612.
64 Ebenda Sp. 705. Die Hoffnung bildet ferner zusammen mit Glaube und Liebe die drei Flammen oder Säulen des Rosenkreuzergrades.
65 Lomonosov selbst hat das Reimschema mehrmals variiert; die obige Folge begegnet bei ihm nicht, vgl. K. F. Taranovskij: Iz istorii russkogo sticha XVIII v. Odiceskaja strofa AbAb//CCdEEd v poézii Lomonosova. In: Rol' i značenie literatury XVIII veka

v istorii russkoj kul'tury. K 70-letiju so dnja roždenija člena-korrespondenta AN SSSR
P. N. Berkova, AN SSSR, Moskau, Leningrad 1966 = XVIII vek. Sb. 7, S. 106.
66 G.-H. Mohr: Lexikon der Symbole. Bilder und Zeichen der christlichen Kunst. Düsseldorf, Köln 1971, S. 312; vgl. auch Lennhoff/Posner (s. Anm. 12) Sp. 1734.
67 Lennhoff/Posner (s. Anm. 12) Sp. 1740.
68 V. I. Majkov (s. Anm. 27) S. 262.
69 Vgl. Lennhoff/Posner (s. Anm. 12) Sp. 1739.
70 Das Inventar des kontrastierenden semantischen Feldes Licht/leuchten und Finsternis
in der Ode Iščuščim mudrosti (Majkov (s. Anm. 27) S. 257—260) stellt sich so dar:

| | | | |
|---|---|---|---|
| Str. I: | Ozarjaet, luč<br>utrennego sveta | — | mračnych (tuč) |
| Str. II: | ... | — | ... |
| Str. III: | dnevnyj svet,<br>dnevnoe svetilo,<br>lučej, sijalo,<br>ogni | —<br>— | adskoj noči,<br>mgla |
| Str. IV: | svet, svetu, luči,<br>vospylat' | —<br>— | vo mrake, v temnoj<br>sej noči |
| Str. V: | ... | — | večnoj mgly |
| Str. VI: | utra svet | — | t'moju noči |
| Str. VII: | sveta, luči svetila | — | ... |
| Str. VIII: | svetil'nik,<br>presvetlyj | — | ... |
| Str. IX: | ... | — | mgloju |
| Str. X: | sveta luč | — | mračivšich (tuč) |

71 Im Sinne der „realisierten Metapher" Roman Jakobsons: ein durch Metaphorisierung
angesprochener Gegenstandsbereich wird als real ausgeführt.
72 V. I. Majkov (s. Anm. 27) S. 262.
73 Ebenda S. 263.
74 R. Lauer (s. Anm. 10) S. 160 ff.
75 Vgl. ebenda S. 267 ff., 271 ff., 278.
76 Ebenda S. 170 ff., 270 ff. Änigmatische Sonette verschiedenen Typus in französischer
Sprache begegnen übrigens auch in der von dem rührigen Freimaurer Baron de Tschoudy
(Chevalier de Luzy) 1755 in St. Petersburg herausgegebene literarischen Zeitschrift
„Le Caméléon Littéraire". Diese Gedichte waren sehr wahrscheinlich Rževskij und seinen Nachfolgern bekannt.
77 R. Lauer (s. Anm. 10) S. 272.
78 Pokojaščijsja trudoljubec, 1784, II, 116—121. Vgl. die Ausführungen bei R. Lauer (s.
Anm. 10) S. 278 ff.
79 Vgl. ebenda S. 275 ff., 280 ff.
80 Večernjaja zarja, 1782, III, 74. Vgl. R. Lauer (s. Anm. 10) S. 277.
81 N. K. Piksanov (s. Anm. 1) S. 73.
82 Zur Identität der in Novikovs Utrennij svet begegnenden literarischen Motive und Bilder mit denen des Sentimentalismus vgl. K. A. Nazaretskaja: O literarnoj pozicii žurnala N. I. Novikova „Utrennij svet". In: Voprosy istorii, filologii i pedagogiki, Kazan'
1965, S. 81—87, bes. 86.
83 Vgl. die alte Feststellung von G. Gukovskij über den sich herausbildenden Gegensatz
zwischen Sumarokov und seinen Schülern zu Anfang der 60er Jahre. Er könnte demnach auch unter dem Aspekt der Freimaurerdichtung erörtert werden.
84 Vgl. Lennhoff/Posner (s. Anm. 12) Sp. 387.
85 Folgende Antithesen aus hier behandelten Texten können als Beispiel dienen: Licht —
Finsternis, Freiheit — Gefangenschaft, Hölle — Paradies, Gift — Süße, Leben — Tod,
Zar — Sklave, Bruder — Feind, Verstand — Seele, arm — reich, Geist — Körper, Geist —
Fleisch, Vernunft — Natur, Stadt — Land, Freundschaft — Liebe, Glaube — Wissenschaft, gute Tat — Verbrechen u. a.
86 A. V. Pozdneev (s. Anm. 9) S. 30.

# FRIEDRICH TIEMAN UND SEINE DEUTSCHEN UND RUSSISCHEN FREUNDE

*Von Antoine Faivre*

Der Freimaurer Friedrich Tieman ist zwar wenig bekannt, gibt jedoch ein typisches Beispiel für das Weltbild der symbolischen Freimaurerei im ausgehenden 18. Jahrhundert, ein Weltbild, das, wie hervorgehoben werden muß, dem spezifischen Geist und Wesen der Freimaurerei an und für sich entspricht. Zugleich ist Tieman auch kennzeichnend für die Kulturinterferenzen in einem Europa intensiven geistigen Verkehrs und gegenseitigen, vielverzweigten Gedankenaustausches. Der Name Tieman wird hie und da erwähnt, aber es gibt noch keine Studie über ihn, obwohl eine Menge von Briefen an ihn existieren. Die vorliegende Arbeit fußt fast ausschließlich auf handschriftlichen Quellen[1].

*

Carl Friedrich Tieman wurde am 28. Februar 1743 als Sohn des Pastors und Gymnasialrektors Johann Georg Tieman in Jüterbog geboren[2]. Meine Aufgabe ist es nicht, seine geistige Entwicklung hier detailliert zurückzuverfolgen[3], ich möchte nur erwähnen, daß er – nach eigenem Bekenntnis – im Alter von 13 bis 14 Jahren Visionen gehabt hat, die er später beschrieb. Er beherrschte, wahrscheinlich dank seiner im Gymnasium erworbenen Kenntnisse, die griechische und die lateinische Sprache, konnte etwas Hebräisch und sprach perfekt Französisch[4].

Über seinen Lebenslauf vor 1777 habe ich wenig ermitteln können, abgesehen davon, daß er seit 1770 begann, sich für Johann Caspar Lavater zu interessieren. Im Jahre 1777 befand sich Tieman in Paris, und seine damalige Hauptbeschäftigung bestand darin, einen jungen livländischen Herrn von Adel durch Europa zu begleiten. Er ist „ami et précepteur" dieses jungen Herrn, der 1762 geboren wurde. Es handelt sich um den Grafen Gotthard Andreas Manteuffel[5]. In Paris verkehrte Tieman (1777) mit dem Alchimisten Touzay-Duchanteau sowie mit dem Freimaurer Gottfried Christian Körner, dem Freund Schillers und Vater des Dichters Theodor Körner. G. Chr. Körner war seit 1775 Mitglied der Loge *Minerva* in Leipzig. Ein Jahr später (1778) finden wir Tieman in Zürich in Begleitung des damals fünfzehnjährigen Grafen von Manteuffel. Beide statteten Lavater einen Besuch ab, und dieser, dessen *Physiognomische Fragmente* schon erschienen waren, interessierte sich für Manteuffels Gesichtszüge[6].

Von Paris aus schrieb Tieman später an Lavater (März 1781) einen langen Brief, worin er dieser Reise nach Zürich gedenkt und einen Teil seiner geistigen Entwicklung resümiert. Da mir letzteres signifikant erscheint, möchte ich einen kurzen Auszug zitieren:

„Die Vorsehung hat mich auf eine sehr wunderbare Art gelehrt, meine Augen auf das zu richten, was ohne einen besonderen Fingerzeig, eines jeden vernünftigen Menschen, ganze Sorge seyn sollte. Ich bin von der Existenz des Lichts das uns allein erleuchten kan, überzeugt, mein Glaube hat seinen Grund im Sehen, und ich folge, indem ich dem Stern der mich leitet, nachgehe, einem allmächtigen und unwiderstehlichen Rufe [...].

Nicht, dass ich mich rühm, diese Kraft durch mein Verdienst erlangt zu haben. Nein, sondern ehe ich ihn noch Vater nannte; da ich den Menschen nur als eine bessere Art von Thier ansahe, da ich noch meine Bestimmung misskannte, da ich noch, dem blossen Lichte der Natur folgend, das Licht nicht sahe, das in die Welt gekommen ist, und durch eine Reihe von Schlüssen der verführerischen neuen Philosophie geblendet, es vor thöricht und abergläubisch hielt, sahe der allwissende Herr voraus, dass ich von der Wahrheit gefangen würde, so balde ich sie erblicken würde."[7]

In diesem Jahr (1781) verkehrte Tieman mit zwei wichtigen Experten der Geheimwissenschaften, dem berühmten Louis-Claude de Saint-Martin und Jean Pierre Paul Savalette de Lange. Aus einem Brief Savalettes an den Lyoner Freimaurer Jean-Baptiste Willermoz erfahren wir, daß Manteuffel, in dessen Begleitung Tieman reiste, „eine charmante und interessante Kreatur ist, in vieler Hinsicht reifer als das Alter dieses jungen Mannes erwarten ließe"[8]. Savalette fügt hinzu, daß Manteuffel verschiedene maurerische Grade in der Schweiz und in England erhalten habe, Mitglied der *Amis Réunis* sei, also der von Savalette geführten Gesellschaft, und daß er sich zur *Strikten Observanz* gesellen möchte. Durch diesen Brief Savalettes erfahren wir auch, daß Tieman Mitglied der *Strikten Observanz des Templerordens* (S. O. T. als Meister), der *Amis Réunis* und der *Elus-Cohens* ist[9].

Im Juni des folgenden Jahres schrieb er von Zürich aus an Savalette über eine schillernde Figur, welche in der damaligen Freimaurerei eine gewisse Sensation erregte: Carl Eberhard Wächter, anders genannt: Plumenoeck, Rechtsanwalt in Stuttgart und wichtiges Mitglied der *Strikten Observanz*. Wächter hatte die Neugierde des Herzogs Ferdinand von Braunschweig (Magnus Superior Ordinis der S. O. T.) und des Prinzen Karl von Hessen-Kassel erregt, indem er beiden Prominenten erzählt hatte, er habe in Italien außerordentliche Erfahrungen mit Geistererscheinungen gemacht, die er mit vielen Details beschrieb. Die Kenntnisse, die er in Italien gesammelt habe, sollten den Templern zu einem tieferen und wirkungsvolleren Orden verhelfen. Dieser Brief ist, wie man weiß, eine der Ursachen des Wilhelmsbader Konvents geworden. Tieman schrieb also an Savalette (Zürich, 10. Juni 1781): „Wachter [!] est le seul homme en Allemagne qui ait de vraies connaissances. Je vous prie de suspendre votre jugement et de n'en croire que du bien en attendant. En un mot c'est l'homme qu'il vous faut. Il a des choses précieuses."[10]

Zwei Monate später finden wir Tieman in Regensburg, wo er mit seinem Freund Karl Heinrich von Gleichen verkehrte. Er schrieb an Savalette am 27. August 1781, er habe erfahren, daß Wächter in Italien eine Offenbarung ge-

habt habe, die Auskunft gebe über Ereignisse, die zeitlich vor denen, die in
der Schöpfungsgeschichte Moses beschrieben werden, lägen. Er fügt hinzu,
Wächter habe die Absicht, zum Frankfurter Konvent (d. h. zum Wilhelmsbader
Konvent) zu gehen, aber nur als Zuschauer[11]. Auch der Baron Johann Christian
Joseph von Waldenfels, Reichskammergerichtsassessor in Wetzlar, gehörte
zum Freundeskreis von Tieman. Er war Mitglied der S. O. T. und der Gold- und
Rosenkreuzer[12]. Acht Tage nach Ankunft in Neapel schrieb Tieman am 29.
Dezember 1781 einen langen Brief an Willermoz. Außer Mitteilungen über die
italienische Freimaurerei erwähnt er in ihm die Gold- und Rosenkreuzer. Dieser Brief zeigt uns, daß er in der zweiten Hälfte des Jahres 1781 Auskünfte
über sie erhalten hat: Er habe Mitglieder des Ordens getroffen, Schriften über
ihn gelesen und sei davon beeindruckt. Schließlich hätten ihn sonderbare Umstände zu einem der echten Mitglieder dieser Gesellschaft geführt, der ihn mit
verschiedenen Brüdern bekannt gemacht habe. Dann heißt es:

„Les Rose-Croix, sont dans ce moment, certainement la société cachée qui
merite le plus d'attention en allemagne. Ils sont difficiles à trouver et à con-
noitre; car ceux qui en prennent le nom, qui ne cherchent que des proselytes
et dont plusieurs endroits d'allemagne sont inondés, n'en sont que des bâtards
méconnus de leurs Peres. Les vrais R. C. ont eu des faux-freres, surtout à munic qui ont publié des libelles contre eux les faisant envisager comme des hommes adroits et fourbes dont le plan est de s'approprier les lumieres repandues
dans la haute maç.·. et dans les autres sociétés secretes. J'avois lu ces horreurs,
j'en avois vu les auteurs et avois la même idee, quand des circonstances singu-
lieres me menerent à un des vrais membres de cette association. Je trouvai en
luy un homme éclairé, conséquent dans les principes et dans les raisonnement,
d'une vertu rigide, aimant Dieu et la Religion et ne cherchant que la vérité et
le bien de ses semblables. Cet homme me rendit attentif, je conçus bientôt
d'autres idées de cet ordre, et un grand nombre de ceux que j'ai eu l'avantage de
connaitre particulierement par sa recommandation, ne les ont point dementi.
Je luy ai donné ma parole de ne le point nommer et je l'ai tenu aussi longtems
que je les ai fréquantés. Ce n'est qu'à vous seul que je le confierai, exigeant de
vous expressement que vous ne nommerez point mon nom, en prononçant le
sien. C'est un mr. de Keller, à Ratisbonne, attaché à la Diete, ministre, je crois,
du Prince-Evêque de Basle. J'ai appris dans la suite qu'il est un de leurs supé-
rieurs et qu'il jouit de la plus grande considération dans l'ordre. Après plusieurs
conversations fort intéressantes que j'ai eu avec luy, il m'a fait espérer que je
pourrois y entrer, mais il faudra que je sois premieremenr fixé quelque part
pour faire membre d'un cercle. J'en ai vu depuis de très estimables et de très
éclairés à Vienne; parlant tous dans les mêmes principes et agissant avec la plus
grande prudence dans leurs receptions. Je ne vous nommerai dans ce moment
que Mr Bacciochi et Mr Mesmer. Ce dernier n'est point le medecin qui prétend
faire des prodiges avec l'aimant et dont vous pouvez avoir entendu parler.
Comme je n'ai point d'engagement avec eux encore, je puis vous communiquer
leur marche, telle que je l'ai trouvée dans les conversations avec eux."[13]

Dann folgt eine ganze Seite, auf der Tieman diese Grundgedanken zu resümieren versucht; es handelt sich um theosophisch-alchimistische Grundprinzipien. Fast hundert Jahre später (1879) hat Nettelbladt in seinem Buch über die *Geschichte Freimaurerischer Systeme* die Bedeutung von Keller bestätigt. Leider ohne Quellenangabe schreibt er:

„Hier [in Regensburg] war ein Herr von Keller, der an der Spitze stand und zu den höchsten Obern des deutschen Großpriorats gehörte. Gebürtig aus der Schweiz, besaß er Güter in Steiermark und hielt sich oft in Wien auf. Mit ihm war der Baron von Broek dort thätig. Diese beiden und v. Kronenberg machten das dortige Triumvirat aus."[14]

Über Keller konnte folgendes ermittelt werden: Im Archiv der Stadt Regensburg wird als Reichstagspersonal vom Jahre 1796 bei dem Abschnitt des Fürstbischofs von Basel vermerkt: „Legationssekretär Herr Carl Rudolf Joseph von Keller. Seit 5. Mai 1778. Wohnt in der Kampischen Behausung." Die Loge *Carl zu den drei Schlüsseln* in Regensburg, gegründet 1767, gibt folgendes an: Der Legationssekretär Carl Rudolf von Keller sei Mitbegründer und seit 1771 ordentliches Mitglied dieser Loge. Als sein Todesjahr wird 1801 angegeben[15]. Weitere Informationen finden wir in einem Artikel von Abafi in der Zeitschrift *Die Bauhütte* (1893): *Die Entstehung der Neuen Rosenkreuzer.* Darin heißt es, Karl Rudolf von Keller (hier: K. R. Ignaz von Keller) sei neben dem bekannten Schleiss zu Löwenfeld der eigentliche Leiter der Ordensangelegenheiten gewesen: Keller in Österreich und Süddeutschland, Schleiss wohl in Westdeutschland. Er soll unter dem Pseudonym Kudnock Stropeng eine Autobiographie geschrieben haben, die heute allerdings verschollen zu sein scheint.

In dem oben genannten Brief erzählt Tieman auch von seinen Beziehungen zu dem Hofchirurgen Fischer, einem Wiener Alchimisten, über den sich Willermoz gleichfalls mit Ferdinand von Braunschweig und Karl von Hessen-Kassel unterhielt. Der dritte Teil dieses Briefes an Willermoz ist ebenso aufschlußreich. Tieman behauptet, daß die Tempelherren freimaurerische, ja „sehr okkulte" Kenntnisse besessen hätten. Er schreibt, daß er den Fürsten Johann Baptist Karl von Dietrichstein kenne, Oberststallmeister in Wien, der mit Joseph II. befreundet sei. Dieser machte Tieman mit einem Friedrich von Gummer bekannt, der in Tirol wohnte. Unweit der kleinen Stadt Klausen habe Gummer in einem Kloster templerische Inschriften gefunden, die zugleich alchimistischer und freimaurerischer Art zu sein schienen. Tieman besichtigte dieses Kloster und war fest davon überzeugt, daß sich die Maurerei aus dem Templerorden entwickelt habe. Er bat Willermoz, Ferdinand von Braunschweig davon zu unterrichten. Wir finden schließlich in diesem Brief die damalige Meinung Tiemans über die Illuminaten. Er ist um so interessanter, als die Sekte Weishaupts gerade im Jahre 1781, als Tieman seinen Brief schrieb, ihren Aufschwung nahm. Es heißt hier:

„J'ai beaucoup entendu parler de la Loge des Illuminés à munic, je'en connois même des membres qu'il m'est defendu de nommer. Autant que j'ai pu conjecturer des entretiens que j'ai eus avec eux, leur but est plus politique que religieux. Un de chefs ne parla de la Providence, de la Revelation et des plus grands points de notre doctrine, d'une manière toute opposée à nos principes: voicy leur but. La Baviere languit dans les bras de la superstition la plus absurde. Depuis le Prince jusqu'au Suisse de la porte, tout en est infesté. Les Prêtres le gouvernent et il est defendu de penser et de parler. Des hommes plus instruits et impatients de porter ce joug se sont associés en secret pour repandre des idées plus saines sur l'administration et sur la tolerance: ils tachent de former des jeunes gens de naissance qui, entrés dans les charges, doivent coopérer à accélérer une révolution dans les esprits. Je vous prie, mon cher ami, de ne point me nommer quand vous en parlerez en Allemagne [in Wilhelmsbad]."[16]

*

Während Tieman in der ersten Jahreshälfte 1782 Italien durchreiste, wurde der Wilhelmsbader Konvent vorbereitet. Er gehörte zwar nicht zu den 35 Abgeordneten, aber es war von ihm die Rede. Willermoz spielte nämlich während einer Sitzung auf den eben zitierten Brief an, d. h. auf die Entdeckung im Tiroler Kloster. Willermoz hatte das Schreiben mitgenommen. Der Verfasser des Briefes, sagte er, ohne den Namen zu nennen, „ein Bruder mit großen Verdiensten und ausgesprochener Urteilskraft", hat den unwiderlegbaren Beweis erbracht, daß es wirkliche Abhängigkeitverhältnisse gibt zwischen der freimaurerischen Lehre und dem Templerorden von Jacques de Molay vor der Aufhebung dieses Ordens. Dieser ehrwürdige Bruder habe selber „an Ort und Stelle und mit eigenen Augen sämtliche Umstände, Dokumente und echte Denkmäler gesehen, welche diese Verhältnisse bestätigen."[17]

Nach einem weiteren Aufenthalt in Paris, während dessen er Willermoz von den dortigen maurerischen Verhältnissen unterrichtete, begab sich Tieman im November 1782 nach Berlin, und zwar ohne in Braunschweig haltzumachen, wo Herzog Ferdinand und dessen Privatsekretär Johann Friedrich von Schwartz auf ihn vergeblich warteten. Schwartz (ab Urna), Archivar der S. O. T., war einer der einflußreichsten Deputierten in Wilhelmsbad gewesen[18]. In einem Brief an Willermoz vom November 1782 bedauerte Schwartz, daß Tieman nicht nach Braunschweig kommen würde. Nach der Beschreibung, die Willermoz vom Bruder Tieman und seinem achtbaren Schüler, dem Grafen Manteuffel, gemacht habe, schreibt Schwartz, wären Herzog Ferdinand und er sehr erfreut gewesen, diese beiden Männer persönlich kennenzulernen, leider habe Tieman wissen lassen, daß er auf der Reise nach Rußland direkt nach Berlin fahren wolle. Schwartz fügt hinzu, Ferdinand befürchte, Tieman habe sich in Paris von Kolowrat und Chefdebien beeinflussen lassen[19].

Im Dezember 1782 kam Tieman in Berlin an. Von hier schrieb er an Willermoz einen interessanten Brief, in dem wieder von den Gold- und Rosenkreuzern die Rede ist, und besonders auch von Johann Christoph Wöllner. Dieser spielte damals in der Politik noch keine wichtige Rolle, erst mit der Thronbesteigung Friedrich Wilhelms II. brachte er es zum Minister, aber er war 1782 schon ein bedeutender Rosenkreuzer, und Tieman erklärt, er habe ihn während dieses Berliner Aufenthalts „oft gesehen". Die Beziehungen zwischen den Willermozianern und den Rosenkreuzern waren nicht besonders gut, hatte doch Ferdinand von Braunschweig auf Anregung von Willermoz die rosenkreuzerischen Delegierten von Hirsch und von Below, die bloß als Beobachter teilnehmen wollten, zum Konvent nicht zugelassen. Trotzdem äußerte sich Tieman positiv über Wöllner:

„J'ai vu souvent ici le fr.∴ Woellner (conseiller de la Chambre de S. A. R. Mgr le Prince Henry de Prusse). La premiere question qu'il me fit, étoit si je connaissais le fr.∴ W[illermoz] à Lyon dont le Duc de Br[unswick] luy avait parlé beaucoup à son retour de Wilhelmsbad. J'ai arrangé la correspondance entre lui et vous: je vous proteste, mon Resp.∴, qu'il y a à gagner avec ce fr.∴ Il est difficile de voir à la fois autant de connoissances, de vertu, de modestie et de piété. Il m'a mis au fait de plusieurs choses qui me sont necessaires pour être lié de plus près avec le vrai ordre: il vous connait assez pour entrer en matiere sur les questions que vous luy ferez. Il est certainement un de leurs Superieurs, quoique je pense que le Fr.∴ Theden (chirurgien général des armées du Roy) luy soit superieur pour la puissance. Après ce que j'ai entendu depuis Ratisbonne et Vienne et ce qui m'a été continué ici, je n'ose plus douter qu'il n'existe un dépot de doctrine et de pouvoir entre les mains de quelques hommes choisis et destinés pour ramener les autres. – Il vous parlera à cœur ouvert de Waechter, j'en suis sûr, si vous luy demandez son avis. Il est très sûr que le Prince Royal de Prusse a renoncé à sa doctrine et luy a renvoyé sa prétendue Bible, avec cette lettre: ‚Si vous êtes trompé, je prie Dieu de vous éclairer, si vous ne l'êtes pas, je le prie de vous pardonner'. Ce prince, le Pr. Frederic de Brunsvic (neveu de notre Em. Gr. M.) et le Pr. Eugene de Wirtenberg (troisieme frère de celuy que vous connaissez), sont ici les colonnes de la Religion de J. C. Ils étonnent le monde et surtout le vieux roi qu'ils confondent tous le jours dans ses propos: il ne sait où donner de la tête; la crainte et la haine s'emparent tour à tour de son cœur. – A son retour de W[ilhelms]bad on a fait voir ici au Gr. M. des choses qui l'ont ébranlé pour la doctrine de Waechter: après avoir vu, il a dit, c'est ce que nous cherchons et on ne desespere point de l'arracher aux bras de ce faux prophète. Tous les traits que j'ai appris ici de cet homme, me prouvent que quoique le fond de sa doctrine soit bon, sa pratique est démoniaque et la plus pure cacomagie. Vous pouvez questionner Wöllner la dessus, sans faire remarquer cependant que je vous en ai instruit. Vous n'avez pas besoin de m'y nommer, parce que vous l'avez vu vous même à Wilhelmsbad. Servez vous souvent du nom du vrai ordre, pour faire voir que vous le connaissez. Au reste vous verrez dans Woellner un homme de Dieu, un enfant de l'Evangile: je puis dire au pied de la lettre que je pars meilleur que je ne suis venu ici."[20]

Im Februar 1783 schrieb Tieman von St. Petersburg aus an Lavater, Katharina II. habe den jungen Grafen Manteuffel zum Offizier ihrer Leibgarde ernannt, obwohl er kaum zwanzig Jahre alt sei. Auch spielte damals Tieman den

Vermittler zwischen der Kaiserin und Lavater. Weniger als zwei Monate später schrieb er dann an Willermoz, Manteuffels Erziehung sei jetzt beendet, und er habe einen guten Beruf gefunden. Seine geistige Entwicklung sei sehr erfreulich. Auch bedauert Tieman, daß Johann Friedrich von Schwartz noch an die Möglichkeit neuer Logen des *Regime Ecossais Rectifié* in Rußland glaube. Die Gründung neuer Logen sei undenkbar, denn die Präfektur in St. Petersburg sei einem unwürdigen Bruder anvertraut worden, dessen Namen er chiffriert mitteilt. Zum Glück stehe a Gladio an der Spitze einer Gesellschaft auserlesener Freunde (Hommes de Désir), deren Wunsch und Streben es sei, „nach den in Wilhelmsbad festgesetzten Einsichten und Kenntnissen zu arbeiten". Diese Brüder hätten Tieman beauftragt, Willermoz um die in Wilhelmsbad theoretisch festgesetzten Rituale zu bitten[21].

Die Nachrichten, die Willermoz im Brief vom November 1783 lesen konnte, waren kaum erfreulicher. Die maurerischen Arbeiten, schreibt Tieman, seien wegen Händel und Zänkereien eingestellt worden. Im Februar 1784 schreibt er an Sebastian Giraud, daß Manteuffel von Katharina II. innerhalb weniger Monate zum „officier aux gardes du corps et Brigadier d'Armée" ernannt worden sei – eine sehr seltene Gunst, die der junge Mann zu schätzen wisse. Tieman selber zog Nutzen daraus, ohne es gewollt zu haben, denn Katharina bestimmte ihn zum Hofmeister des älteren Großfürsten, änderte allerdings bald darauf ihre Meinung. Sie bat Tieman nun, einen jungen Herrn, den Grafen Povrenskij, auf seinen Reisen zu begleiten, und ernannte ihn bei dieser Gelegenheit zum Major und Adjutanten von Potemkin, mit dem Auftrag, sich mit dem jungen Grafen sofort in Neapel zu treffen[22].

In den folgenden Monaten schrieb Tieman interessante Briefe über die Brüder in Italien und Paris. Im März 1785 berichtete er über zwei Angelegenheiten, die ihn in Paris sehr beschäftigten: den Konvent der Philalethen, an dem er teilnahm, und die tiermagnetischen Experimente Mesmers. Tieman gehörte zu den hundert europäischen Brüdern, denen Savalette de Lange eine Einladung zu diesem Konvent geschickt hatte. Zugleich sei daran erinnert, daß die Einladungszettel von einem Rundschreiben begleitet waren, das zehn Anträge enthielt, die das Wesen der Geheimwissenschaften, den Ursprung und die Abstammung der Geheimgesellschaften sowie das Versprechen der Philalethen, ihre reiche Bibliothek dem Konvent zur Verfügung zu stellen, betrafen. Man weiß, daß viele prominente Maurer nicht antworteten. Der Konvent fand vom Februar bis Mai 1785 statt, und zwar in dreißig Sitzungen. Detaillierte Protokolle wurden 1872/73 in der französischen Zeitschrift *Le Monde Maçonnique* ediert. In diesem Protokoll finden wir einen interessanten Bericht über die Debatte, sowie die mündlichen Antworten der Mitglieder auf das oben genannte Schreiben. Unter den deutschen Brüdern, die ihre Meinungen und Ansichten äußerten, waren auch Tieman, Gleichen und Westerholt[23].

Wie aus einem Brief des Herzogs d'Havré de Croy vom August 1785 an Willermoz hervorgeht, war ein Fürst Gallitzin (Golicyn) als Chevalier Bienfaisant de la Cité Sainte in Lyon geweiht worden, und zwar auf Tiemans Empfehlung.

Dessen maurerische Tätigkeit war in diesen Monaten sehr intensiv, doch scheint sie sich auf die westliche Maurerei beschränkt zu haben. Beiläufig erwähne ich nur seine freundschaftlichen Beziehungen zu Lili Schönemann, die aus mehreren Briefen hervorgehen. Sie kamen zustande, weil Lilis Gatte, der Elsässer Bernard de Turckheim, dessen Nachlaß ich 1967 entdeckt habe, ein treuer Anhänger von Willermoz und einer der drei eifrigsten Verbreiter des *Régime Ecossais Rectifié* im Elsaß war[24].

Im März 1786 schrieb Tieman aus St. Petersburg, daß er eine russische Fürstin mit magnetischen Mitteln kuriert habe, wobei er leider ihren Namen verschweigt. Daraus geht hervor, daß er wieder einige Wochen in Rußland verbracht hatte[25]. Im Oktober desselben Jahres heißt es dann in einem Brief an Willermoz:

„Vous ignorez sans doute, mon cher Pere, que le livre des Err(eurs) et de la vérité, traduit en Russe, a causé une si grande effervescence dans les esprits à St. Pet. et à Moscou, qu'on y compte plus de 3000 martinistes: car c'est ainsi qu'on a nommé ceux qui en professent la doctrine. Je fus renversé d'étonnement à mon retour dans ce pays en 1785. La chose alla si loin, que l'Impératrice, instruite de cette association, fit venir auprès d'elle le gouverneur géné-' ral de moscoû pour prendre des mesures contre la secte qu'on accuse d'entretenir les principes de Cromwell et de projetter une revolution dans le gouvernement. On en emprisonna un chef, les autres furent dispersés ou intimidés; cette sévérité n'a eu d'autre effet que d'empêcher leurs assemblées, mais le nombre en a accru considérablement. Les plus grands seigneurs de la Cour y tiennent et au lieu d'aller à l'opéra, remplissent les églises. L'Impératrice les a tourné en ridicule par deux comédies qu'elle a écrites elle-même contre la secte et qu'elle a fait représenter dans la ville et à la cour: c'est dans cet état que j'ai laissé la chose en partant. Le grand Duc, sans oser les favoriser, en a une très bonne idée par ce que la morale a été portée par eux dans toutes les branches de la société."

Tieman erzählt auch von den Zuständen in Deutschland:

„J'ai trouvé, dans mon dernier voyage, l'allemagne dans une crise violente. Trois ou quatre ouvrages publiés cette année, et des ff.·. fort instruits dans cette partie m'ont appris que les jesuites jouent un rôle inoui et inconcevable dans la maç ... qu'ils possedent une initiation grande; profonde et active, que ce sont eux qui ont instruit le Dr. Starck à Darmstadt, et surtout le Bar. de Waechter à Francfort et que c'est par ce canal que leur doctrine a passé aux Pr. Fr.·. a Victoria, a Leone Resurgente, au Roy de Prusse etc et que tous ceux là sont catholiques et jesuites dans le cœur. Vous y êtes nommés par tous vos noms, civils et d'ordre, comme favorisant les jesuites; il n'y est cependant question que le la maç.·. et de la doctrine du livre des E[rreurs] et de la verité. Voicy le titre des livres en question: I/développement du systeme des Cosmopolites [Enthüllung des Weltbürgersystems] 2/Représentation préalable du jesuitisme moderne, des Rose-Croix, du Proselytisme et de la Réunion des Religions: [Vorläufige Darstellung des heutigen Jesuitismus, der Rosenkreuzerey, Proselytenmacherey und Religionsvereinigung] 3/Le journal de Berlin par Gedicke. 4/Nicolai Bibliotheque Universelle.

Ces bruits repandus par toute l'allemagne, ont suspendu le plus grand nombre des LL. Toutes se reunissent pour s'opposer au progrès du jesuitisme, toutes crient à l'allarme. Jugez, mon cher Pere, dans quelle position se trouve un homme qui cherche la vérité pour l'amour d'elle même et pour en être eclairé dans la marche de sa vie."

Beendet wird dieser Brief mit der erneuten Mitteilung, daß er mit magnetischen Mitteln eine Fürstin kuriert habe, deren Namen hier mit Volkenskij angegeben wird[26].

In diesem Zusammenhang sei daran erinnert, daß 1784, also im Jahr der deutschen Originalausgabe, eine russische Übersetzung von Kleukers *Magikon* in Novikovs Druckerei erschien und 1785, von Petr Ivanovič Strachov übertragen, das erste Buch von Saint-Martin,*Des Erreurs et de la Vérité*, das allerdings schon 1777, also zwei Jahre nach der ersten Ausgabe (1775), in Rußland bekannt geworden war. Mit „Martinismus" wurde damals in Rußland eine Lehre bezeichnet, die aus Elementen der freimaurerischen Vorstellungen von Willermoz und aus Gedanken, die in den Büchern von Saint-Martin ausgesprochen wurden, bestand. Die in den achtziger Jahren erscheinenden Theaterstücke Katharinas II., *Der Betrüger, Der Verblendete* und *Der sibirische Schaman*, dürften sich übrigens mehr unmittelbar gegen Cagliostro als gegen die Martinisten gerichtet haben.

Tieman irrt, wenn er in diesem Brief vom Einfluß der Jesuiten auf die Freimaurerei spricht. Es ist ja die Zeit, in der J. J. Chr. Bode diese Gerüchte verbreitete und der Streit um die Jesuitenriecherei der Berliner in der deutschen Publizistik hohe Wellen schlug. Tieman dürfte damals den *Anti-Saint-Nicaise* (1786) des Keßler von Sprengseysen und den 1785 in der „Berlinischen Monatsschrift" erschienenen Artikel über den angeblich als Krypto-Jesuiten entlarvten Saint-Martin (Philosophe Inconnu = Père Jésuite) gelesen haben[27].

1787 hielt er sich einige Monate lang in London auf, wo er Saint-Martin und Duroy d'Hauterive häufig traf, aber auch den Russen Zinov'ev und den Fürsten Gallitzin. Hier schrieb Saint-Martin auf Tiemans Anregung, wie er mitteilt, sein Buch *L'Homme de Désir*[28]; hier erhält er auch einen Brief von Tadéusz Grabianka, der sich bekanntlich 1785 in Avignon als König des neuen auserwählten Volks, dessen Papst der ehemalige Benediktiner Antoine-Joseph Pernety sein wollte, niedergelassen hatte. Diese Sekte zählte damals schon ca. hundert Anhänger unter ihnen Prinz Heinrich von Preussen, Karl Adolf v. Brühl und König Friedrich Wilhelm II. Im Oktober 1787 trifft Tieman selbst in Avignon ein und drückt sich begeistert über die dortigen Adepten und die von ihnen vollbrachten Wunder aus. Im November 1787 fährt er nach Rom, um dort den Winter mit Saint-Martin, Gallitzin und Zinov'ev zu verbringen. Goethe befindet sich bekanntlich schon seit einem Jahr in dieser Stadt[29].

Im Frühling und Sommer 1788 hielten sich Tieman und Saint-Martin in Straßburg auf. Zinov'ev ist auch bei ihnen. Tieman wohnte im Hause von Christian Daniel von Meyer, der Hofmeister in Rußland gewesen war[30]. Dann verlieren wir seine Spur, finden sie aber 1790 dank einem erneuten Briefwechsel mit Lavater wieder. Wir erfahren, daß er in Mömpelgard bei der Herzogin von Württemberg wohnt.

Friederike Dorothea Sophie von Württemberg führte seit 1769 in ihrer Residenz das Leben einer gebildeten Dame; und es ist anzunehmen, daß hier ihr Sohn Friedrich Heinrich Eugen, der Verteidiger Cagliostros gegen Elisa von der Recke und das Vorbild des Prinzen in Schillers *Geisterseher*, Tieman kennengelernt hat[31]. Ins Schloß Mömpelgard kommen interessante Persönlichkeiten wie Raynal, La Harpe, Florian, Nicolai, Friedrich Maximilian Klinger, Lavater. Saint-Martin hielt sich dort 1788 auf, und es ist möglich, daß Tieman auf seine Empfehlung hin eingeladen wurde. Die Tochter der Herzogin, Sophia Dorothea, war seit 1776 als Maria Feodorowna die Gattin des späteren Kaisers Paul I. In Mömpelgard wurden die Schrecknisse der Französischen Revolution bald fühlbar; das herzogliche Paar verließ die Stadt, und im April 1792 erstürmten die Franzosen das Schloß[32].

Für einige Jahre verlieren wir Tieman nun aus den Augen und finden ihn seit 1794 in Erlangen wieder. In seinem Buch über Ludwig Heinrich von Nicolay erwähnt Edmund Heier einen Brief Tiemans an Nicolay (April 1796). Dieser war Lehrer und Sekretär des russischen Großfürsten Paul, und begleitete ihn, als er nach Berlin kam, um seine Braut Sophia Dorothea von Württemberg kennenzulernen. Sein Sohn Paul Nicolay (1777–1866) wurde zur Erziehung zu Johann Heinrich Voss, dem bekannten Dichter, nach Eutin geschickt und dann nach Erlangen. Der Brief Tiemans an den Vater zeigt uns, daß er hier zu seiner Erziehung beigetragen hat[33].

Die letzten Jahre vor seinem Tode am 1. März 1802 dürfte Tieman privatisierend in St. Petersburg verbracht haben. Trotz vieler Bemühungen ist es mir nicht gelungen, nähere Einzelheiten über diese Zeit zu ermitteln.

*

An Hand des Lebenslaufes eines Freimaurers habe ich versucht, einen kleinen Teil der Freimaurerei wieder zum Leben zu erwecken. „Mikrokosmische" Untersuchungen können dazu dienen, Kenntnisse, Aspekte und Interpretationen des „Makrokosmos" zu liefern. Um dieses Ziel zu erreichen, wären aber viele derartige Beiträge notwendig. Am Lebenslauf von Tieman, der uns als Faden der Ariadne durch den damaligen Illuminismus – im französischen Sinne des Wortes – zu leiten geeignet ist, läßt sich das Profil der symbolischen Freimaurerei skizzieren, denn nur darum ging es, und nicht um den geistigen Gehalt der Schriften.

Tieman verfällt nicht in die Exzesse der esoterischen Geheimnistuerei und Goldmacherei. Alchimie bleibt für ihn ein geistiger Illuminationsprozeß. Aber er weiß auch, daß das Wesen der Freimaurerei sich nicht rationalistisch auf zeitbedingte oder deistisch gefärbte metaphysische oder antimetaphysische

Vorstellungen – wären sie auch humanitär – reduzieren läßt. Fragen wir uns, was Freimaurerei ist, welche Eigenart sie hat, dann finden wir keine Antwort, wenn wir das symbolische Moment aus den Augen verlieren. Das ist ein Faktum, unbeschadet dessen, daß die Freimaurerei politisch und literarisch einflußreich gewesen ist und daß sie andererseits aus den traditionellen Quellen der westlichen Hermetik geschöpft hat.

*Anmerkungen*

1 Willermoz-Nachlaß. Bibliothèque Municipale de Lyon (weiter: W). Lavater-Nachlaß. Zentralbibliothek Zürich (weiter: L). René Le Forestier: La Franc-Maçonnerie templière et occultiste aux XVIIIè et XIXè siècles. Paris 1969 (weiter: Le F.).
2 Niedergörsdorf Taufregister, nach einer freundl. Mitteilung von Oberinspektor E. Lüdersdorf, Jüterbog, Archiv.
3 Dieser Aufgabe unterzieht sich der Verf. in einem Buch, dessen Manuskript 1978 abgeschlossen wird.
4 Über seine Visionen vgl. Tieman an Willermoz v. Sept. 1785, W 5868. Über seine Sprachkenntnisse vgl. Savalette an Chefdebien, siehe: Benjamin Fabre: Franciscus Eques a Capite Galeato. Paris 1913, S. 108; Savalette an Willermoz v. 1. Mai 1781, W 5864.
5 Savalette an Chefdebien, vgl. Fabre (s. Anm. 4) S. 108; Tieman an Lavater v. 16. Febr. 1783, L. Über G. A. von Manteuffel vgl. Deutsch-Baltisches Biographisches Lexikon. Hrsg. v. Wilhelm Lenz, Köln 1970, S. 488.
6 Tieman an Lavater v. 15. März 1781, L. Über Duchanteau vgl. Antoine Faivre: Mystiques, Théosophes et Illuminés du XVIIIème siècle. Hildesheim 1977, Namensregister.
7 Tieman an Lavater v. 15. März 1781, L.
8 Savalette an Willermoz v. 1. Mai 1781, W 5864. Bibliographische Angaben über Saint-Martin und Savalette in Le F.
9 Über diese Gesellschaft vgl. Le F. und Antoine Faivre: L'ésotérisme au XVIIIème siècle en France et en Allemagne. Paris 1973.
10 Tieman an Savalette v. 10. Juni 1781. In: La Bastille, journal de propagande anti-maçonique, 2. August 1913.
11 Tieman an Savalette v. 27. August 1781, ebenda 16. August 1913.
12 Antoine Faivre, Jules Keller: Le Fonds Bernard Friedrich von Türckheim (domain germanique). In: Bulletin de la Faculté des Lettres de Strasbourg, Febr. 1969, fasc. 5. Von mir wurde auch ein Briefwechsel zwischen Waldenfels und Türckheim entdeckt.
13 Tieman an Willermoz v. 29. Dezember 1781, W 5864. Zur Bibliographie über die Gold- und Rosenkreuzer vgl. Faivre (s. Anm. 6) S. 204.
14 C. C. F. W. Nettelbladt: Geschichte der Freimaurerischen Systeme in England, Frankreich und Deutschland. Berlin 1879, S. 534; Nachdruck Wiesbaden 1972.
15 Diese Angaben verdanke ich Herrn Oberarchivrat Hable, Regensburg, und dem Leiter des Freimaurer-Museums in Bayreuth, Herrn Lorenz.
16 Über Schleiss zu Löwenfeld vgl. Hans Graßl: Aufbruch zur Romantik. Bayerns Beitrag zur deutschen Geistesgeschichte 1765–1785. München 1968, S. 146 ff. Über Karl von Hessen-Kassel und Ferdinand von Braunschweig vgl. Le F. Über die Illuminaten vgl. René Le Forestier: Les Illuminés de Bavière et la Franc-Maçonnerie allemande. Paris 1914; Ludwig Hammermayer: Der Geheimbund der Illuminaten in Regensburg. In: Verhandlungen des Historischen Vereins für Oberpfalz und Regensburg, Bd. 110, 1970, S. 61–92; Richard van Dülmen: Der Geheimbund der Illuminaten. Darstellung, Analyse, Dokumente. Stuttgart 1975. Zur Geschichte des Konvents vgl. Le F.

17 Réponses aux assertions contenues dans l'ouvragé du R. F. a Fascia ayant pour titre: De conventu generali latomorum apud aquas Wilhelminas, 1784. Zitiert bei Le F. S. 687.
18 E. Lennhoff, O. Posner: Internationales Freimaurer-Lexikon. Graz 1932, S. 1424–1425. Vgl. auch Le F.
19 Schwartz an Willermoz v. 20. November 1782, W 5865.
20 Tiemann an Willermoz v. 15. Dezember 1782, W 5865. Über Wöllner vgl. auch Le F.
21 Tieman an Lavater v. 16. Februar a. St. 1783, L; Tieman an Willermoz v. 6. April a. St. 1783, W 5866.
22 Tieman an Willermoz v. 10/21. November 1783, W 5866. Tieman an Giraud v. 26. Februar 1784, W 5867.
23 Tieman an Willermoz v. 9. März 1785, W. 5868. Le Monde Maçonnique. Revue de la Franc-Maçonnerie française et étrangère. Philosophie, Morale, Littérature. Paris, mai 1872 à avril 1873. D'apres les archives de la Loge La Tripel Unité, Orient de Fécamp.
24 Havré de Croy an Willermoz v. August 1785, W 5868. Über den Türckheim-Nachlaß vgl. Faivre, Keller (s. Anm. 12) und Antoine Faivre: Le fonds Bernard Frédéric de Turckheim (choix de documents inédits). In: Revue de l'Histoire des Religions, Januar/März und April/Juni 1969.
25 Tieman an Willermoz v. 19/30. März 1786, W 5869.
26 Tieman an Willermoz v. 14. Oktober 1786, W 5869.
27 Über die Schriften Katharinas II. vgl. Wilfrid-René Chetteoui: Cagliostro et Catherine II. Paris 1947 und Le F.
28 Saint-Martin an Willermoz v. 15. Januar 1787, zitiert bei Papus: Louis Claude de Saint-Martin. Paris 1902, S. 196–198. Saint-Martin: Mon portrait historique et philosophique. Hrsg. von Robert Amadou. Paris 1962, S. 106. L'Homme de Désir erschien 1790 (neu herausgegeben von Robert Amadou, Paris 1973).
29 Tieman an Willermoz v. 19. März, 28. Oktober, 6. November 1787, W 5870. Über die Illuminés d'Avignon liefert Micheline Meillassoux wertvolles Material in ihrer Dissertation: J. A. Pernety. Diss. Ecole Pratique des Hautes Etudes Vème Section, Paris, Sorbonne 1977.
30 Zinov'ev an Willermoz v. 11. August 1788, W 5871. Über Christian Daniel von Meyer vgl. Eugène Susini: Lettres inédites aux lettres de Franz von Baader. Wien 1951. Namenregister.
31 Mehrere Briefe Tiemans an Lavater 1790–1791 (L) über theologische Fragen, insbesondere die Unsterblichkeit der Seele. Über Mömpelgard vgl. Otto Schanzbach: Mömpelgards schöne Tage. Stuttgart 1887.
32 Ebenda; ferner Saint-Martin: Mon Portrait (s. Anm. 28) S. 117.
33 Edmund Heier: L. H. Nicolay (1737–1820) and his contemporaries. Den Haag 1965, S. 187–191. Der Brief Tiemans an Nicolay v. 28. Dezember 1796 befindet sich in der Universitätsbibliothek Helsinki. In einem Brief v. 28. Dezember 1796 (L) an Lavater beklagt sich Tieman darüber, daß dieser durch Verbreitung falscher Gerüchte über Manteuffel ihm Unannehmlichkeiten bereitet habe. Antwort Lavaters v. Januar 1797, L.

# NIKOLAJ KARAMZIN UND DIE PHILOSOPHISCH-LITERARISCHEN KREISE IN KÖNIGSBERG, BERLIN, WEIMAR UND ZÜRICH

*Von Hans-Bernd Harder*

Nikolaj Karamzin hat, wie es der Auffassung seiner Zeit entsprach, sein ganzes Leben als Schriftsteller in Beziehungen zu philosophischen und literarischen Zeitgenossen und zu deren Zirkeln gestanden. Sein Gesichtskreis ist von Anfang an nicht eng, er weitet sich über Rußland hinaus nach Westeuropa: Deutschland, die Schweiz, Frankreich und auch England, das ist das wechselnde Spannungsfeld der europäischen Aufklärung, das in der Mitte des Jahrhunderts in Rußland spürbar wurde.

Über Karamzins Verhältnis zu seinen Zeitgenossen ist immer wieder geschrieben worden, und stets hat sich seine Bedeutung für die Geschichte der Aufklärung in Rußland bestätigt. Vieles von den Ergebnissen der Forschung auf diesem Felde kann dabei als gesichertes Wissen zur Literatur- und Geistesgeschichte des späten 18. und des frühen 19. Jahrhunderts gelten[1].

Eigenartigerweise sind jedoch die Vermittlungsstufen der Aufklärung in Osteuropa bisher nicht genügend berücksichtigt worden. Kein Zweifel ist möglich, daß die Ausbreitung der Kultur des 18. Jahrhunderts in Europa in besonderem Maße den philosophisch-literarischen Zirkeln der Zeit verpflichtet ist. Bei aller Vielfalt geistiger Ausdrucksformen des 18. Jahrhunderts haben die Kreise jedoch unübersehbare Gemeinsamkeiten: sie bestehen nicht isoliert, sondern bilden ein verzweigtes Kommunikationssystem. Die Mitglieder der Kreise verhalten sich nach den Regeln aller menschlichen Gemeinschaften, zustimmend, ablehnend oder gleichgültig. Es kommt noch etwas Wichtiges hinzu. Der Zusammenhang der Kreise ist grenzüberschreitend und zunächst ohne sprachliche oder politische Barrieren.

Wenn man die Frage stellt, was diese philosophisch-literarischen Zirkel des 18. Jahrhunderts konstituiert, so wird man als entscheidend gewisse Ideen der Zeit, Vorstellungen vom Zusammenleben der Menschen, von der Wahrheit, von Gott, von der Erziehung des Menschen und von den Künsten ausmachen, gemeinsame Überzeugungen im Positiven wie im Negativen.

Es ist das weite Feld der Ideen und Vorurteile einer Zeit, auf dem die Zirkel beginnen, sich entwickeln und verfallen. Sie sind Kristallisationspunkte von geistesgeschichtlichen Prozessen, die keineswegs Homogenität oder gleiche Gewichtung zeigen. Es entwickeln sich Zentren, die die Zeit nicht immer zu erkennen braucht, und mehr rezeptive Felder und Regionen.

Schließlich ist noch von dem Mittel der Kommunikation zu sprechen: Natürlich sind es die Schriften der Mitglieder, die in Form und Inhalt erstaunliche Toleranzen aufweisen. Keineswegs darf man die Zirkel in dieser Hinsicht mit Schulen verwechseln und organisierte Veröffentlichungen erwarten. Die geistigen Prozesse der Zirkel verlaufen über die Grundformen menschlicher Kommunikation: Briefwechsel, Nachrichten und vor allem unmittelbare menschliche Kontakte. Besuche und Reisen und deren Aufbereitung zu weiterer Mitteilung sind eine der Federn, die die geistesgeschichtlichen Prozesse des 18. Jahrhunderts antreiben.

So sind auch für Karamzin Beziehungen zu einzelnen Personen nachzuweisen, die ihn mit den wichtigen Kreisen seiner Zeit verbinden und in deren Entwicklungslinien und Zusammenhänge einordnen. Es sind vor allem Jacob Michael Reinhold Lenz, der Stürmer und Dränger, Johann Georg Hamann, Johann Gottfried Herder, Friedrich Nicolai, der Berliner „Aufklärungspapst", Johann Kaspar Lavater und die Familie Tobler in Zürich. Sie verbinden den Lebenskreis Karamzins in Moskau mit den Städten Königsberg, Berlin, Weimar und Zürich.

Nicht Karamzin hat diese Verbindungen geschaffen, sondern sie waren bereits in der Entwicklung der Aufklärung angelegt. Sie lassen sich aber bei ihm am besten belegen, weil er als erster Russe die Entwicklungslinie sah und durch seine Bildung in der Lage war, den Ertrag dieser Verbindungen für die russische Literatur- und Geistesgeschichte fruchtbar zu machen.

I

Das geistige Zentrum Moskau hatte mit der Gründung der Universität (1755) nur den weiterführenden Schritt aus seiner Stellung als Schulzentrum getan. Sächsische Verbindungen wie frühe Beziehungen nach Preußen zeigen den geistigen Standort der neuen Hochschule, der/mit allen Impulsen, die seit Peter dem Großen Rußland betimmten, in Einklang stand[2]. Das Verhältnis zur Aufklärung wandelte sich in den siebziger Jahren unter der Leitung philosophisch-literarischer Kreise, die vor allem durch die Gründung von Freimaurerlogen ihr Fundament erhielten[3]. Es dürfte nicht zufällig sein, daß sich Karamzin vom Anfang seiner Ausbildung an im Umfeld der Moskauer Freimaurer bewegt[4]. 1766 auf dem väterlichen Gut bei Simbirsk geboren, kam er vierzehnjährig (1779) nach häuslichem Unterricht und dem Besuch eines Pensionats in Simbirsk auf das Adelspensionat von Johann Matthias Schaden in Moskau. Vermutlich hat er auch noch Vorlesungen bei dem Freimaurer und Professor der Universität Moskau Johann Georg Schwarz gehört, ehe er 1783 Moskau verließ und zur Armee und nach Petersburg ging. Im gleichen Jahr kehrte er nach Simbirsk zurück. 1784 gründete sein Nachbar Ivan Petrovič Turgenev in Simbirsk eine Loge, und Karamzin trat ihr nicht nur bei, sondern geriet auch unter den Einfluß Turgenevs, der ihn bestimmte, nach Moskau zurückzukehren.

Seit 1784 war Karamzin, ebenfalls durch Vermittlung Turgenevs, Mitglied der Moskauer Loge *Garmonija*, die unter den zahlreichen Logen der Stadt durch ihre Mitglieder eine besondere Bedeutung hatte[5]. Entscheidend war die Teilnahme Nikolaj Novikovs[6]. 1782 hatte er die *Gesellschaft der gelehrten*

*Freunde (Družeskoe učenoe obščestvo)* und 1784 die *Typographische Kompanie (Tipografičeskaja kompanija)* mitbegründet. Karamzin lebte seit 1784 zeitweise in seinem Hause. Dort lernte er 1786 Jacob Michael Reinhold Lenz, den Pastorensohn aus Livland und Moskauer Zeugen der Weimarer Vorklassik, kennen.

Freimaurer waren seine Freunde und Nachbarn: Aleksej Michailovič Kutuzov[7], seit 1787 Verbindungsmann der Moskauer Freimaurer in Berlin, vor allem aber Aleksandr Andreevič Petrov[8]. Mit diesem schon 1793 verstorbenen Mitarbeiter Novikovs hat Karamzin ein Zimmer geteilt, und es gibt einen Briefwechsel als Zeugnis dieser Freundschaft[9].

In die Kreise der Moskauer Freimaurer führen also die ersten literarischen Verbindungen Karamzins. Hier übersetzte er jene frühen erbaulich-theologischen Schriften, die in der russischen Geistesgeschichte den ersten Hinweis auf ein geschlossenes philosophisches System boten. Gemeinsam mit Petrov und wohl auch Kutuzov übersetzte er Christoph Sturms *Gespräche mit Gott, oder Gedanken in den Morgenstunden auf jeden Tag des Jahres.* Aus der *Palingénésie philosophique* von Charles Bonnet übertrug Karamzin Teile ins Russische, dazu kamen 1786 Shakespeares *Julius Caesar,* 1787 im Auftrag der Freimaurer Albrecht von Hallers *Vom Ursprung des Übels,* 1788 Lessings *Emilia Galotti* und der erste Gesang von Klopstocks *Messias.* Seit 1786 hatte Karamzin brieflichen Kontakt mit Lavater[10]. Er arbeitete an der Zeitschrift *Detskoe čtenie* (Kinderlektüre) mit; die ersten eigenen Werke fallen in diese Zeit.

Die Moskauer Loge *Garmonija* stand u. a. durch Johann Georg Schwarz in Verbindung zu den Logen in Braunschweig, Berlin[11], Königsberg, Riga und Mitau; Karamzin änderte aber die Richtung seiner Entwicklung, als er sich aus den Kreisen der osteuropäischen Freimaurer löste. Erst da fand er Zugang zur ostdeutschen Aufklärung und den Anschluß an die Königsberger Entwicklung, wie sie sich seit den sechziger Jahren zeigte, und sicherte der Moskauer Literatur den eigentlichen Zugang zur Weimarer Klassik.


## II

In einer entscheidenden Phase der deutschen Aufklärung trat Königsberg innerhalb der ostdeutschen Entwicklung in doppelter Veränderung an die Spitze. Als Leipzig und das in der Bedeutung nachrangige Berlin zu seichter Aufklärung und populärer Moral verflachten, regte sich in der preußischen Hauptstadt der Kritizismus Kants und Hamanns Kritik der bisherigen Aufklärung[12]. Kant hatte seine besondere Stellung im Umgang und in der Fortentwicklung der englischen Philosophie des 18. Jahrhunderts gewonnen, in deutlicher Abkehr von der Hauptrichtung der französischen Philosophie, wie sie in Sachsen und in den Berliner Verhältnissen unter Friedrich dem Großen Schule gemacht hatte.

Nicht anders war es Hamann ergangen. In London hatte er eine entscheidende Veränderung seiner Ansichten vom Christentum erfahren, die sein Verhältnis zu Sprache und Schrift, zu Vernunft und Offenbarung berührte[13]. Das brachte ihn in unüberbrückbaren Gegensatz zu Voltaire, ließ ihn die Bedeutung Rousseaus erkennen, obwohl er sich über ihn seit der Mitte der sechziger Jahre kritisch äußerte. Kritik und Veränderung des Geistes der Aufklärung, das war die Aufgabe Königsbergs seit den sechziger Jahren des 18. Jahrhunderts und damit wirkte die Stadt nach Osteuropa hinein. In dieser Form ergriff die Aufklärung Kurland und Livland und die russischen Städte, vor allem aber das Zentrum Moskau.

Den Ausgangspunkt der doppelten Veränderung in Königsberg bildete Kant. Seine Kritik an Humes Skeptizismus hatte 1781 in der *Kritik der reinen Vernunft* zu einer neuen Philosophie von bis dahin unerreichter Tiefe und Klarheit geführt. Die Wurzeln reichten bis in die sechziger Jahre des 18. Jahrhunderts zurück. Hamann und später Herder hatten Kant gehört, und Lenz hatte seine Lehren in den Vorlesungen der Jahre 1768 bis 1770 aufgenommen.

Hamanns neues Verhältnis zur Philosophie der Aufklärung also lag noch vor dem kritischen Kant. Das zeigte sich in seinen philologischen Interpretationen, in der Auffassung, daß Vernunft Offenbarung u n d Überlieferung sei. Der eigentliche Ausgangspunkt von Hamanns Gedanken aber wurde der „geheimnisvolle Spiegel von Wort, Sprache und Schrift". Daraus entwickelte sich ein Verständnis von Geschichte, über das Kant nicht verfügte. Es lag außerhalb der Gedanken der französischen Aufklärung und fand auch in der englischen Geschichtsphilosophie mit ihrer römischen Fundamentierung nur ein Widerlager, aber keine Vorstufe.

Der Begriff der Seele erwies sich für Hamann als fundamentale Erkenntnis gegenüber dem Schlagwort Vernunft, wie es in der Aufklärung gängig geworden war. Dieser Begriff der Seele, der für Kant ohne Leben blieb, spielte in den Überlegungen des jungen Karamzin eine beträchtliche Rolle. Auch der Hörer Kants, J. M. R. Lenz, hatte sich in diesem Punkte Hamann angenähert.

Mit diesen Konturen ist der Kreis Hamanns in Königsberg und darüber hinaus umrissen. Dies waren die geistigen Impulse. Waren sie es, die den Bogen zwischen Königsberg und Moskau schlugen, oder war es nur Gleichklang der nach Osteuropa verlaufenden Bewegung der späten Aufklärung, auf denen die persönlichen Verbindungen zwischen Königsberg und Moskau, also Hamann und dem Moskauer Kreis um Novikov und Ivan Turgenev, beruhten?

Durch Hamanns Haus in Königsberg ging fast alles, was auf der nördlichen Route zwischen Osteuropa und Westeuropa reiste. Hamann kannte die Verhältnisse in Kurland und Livland, und bis ins Innere Rußlands reichte sein nie ermüdendes Interesse an Büchern, Menschen und Meinungen. Nach dem Studium in Königsberg hatte er von 1752 bis 1759 in Livland und Kurland als Hofmeister in adeligen Familien und im Hause der Familie Berens in Riga gelebt, unterbrochen durch einen Aufenthalt in London vom April 1757 bis zum Juni 1758[14]. Im folgenden Jahr wurde er in Königsberg seßhaft und arbeitete an seinen Schriften und Gedanken, von denen die *Kreuzzüge des Philologen* (1762) zum ersten Mal den geistigen Bogen zu seinem künftigen Freunde Herder schlagen. Nochmals vom Juni 1765 bis zum Februar 1767 hat Hamann in Mitau und auf dem Gute Maihof bei dem Hofrat Christoph Anton Tottien gelebt[15].

Nach Osten wiesen auch seine Königsberger Beziehungen. Freundschaften aus der Studienzeit mit Kant und Hartknoch vertieften sich oder bekamen eine andere Bedeutung. Besondere Bindungen hatte Hamann an die französische Kolonie in Königsberg. Dazu gehörten Sophie Marianne Courtan geb. Toussaint, die Schwägerin des Verlegers Johann Friedrich Hartknoch[16], und Caroline Stolz, die Freundin Elisa von der Reckes[17]. Dazu kommen vor allem sein Schüler Johann Gottfried Herder, aber auch sein „Beichtvater" Johann August Starck[18] – um nur einige zu nennen. Wenn Hamann sich 1785 um Nachrichten über Lenz und seinen Zustand in Moskau bemühte und sein in der Schweiz zurückgelassenes Gepäck besorgte[19], dann kam hier nicht nur die räumliche Mitte zwischen der Schweiz und Rußland als Ursache in Frage, sondern langjährige Verbindungen in alle Richtungen und geistiges Interesse.

Der Verleger Hartknoch steht in den achtziger Jahren hinter Hamanns Verbindungen in die Schweiz, über ihn trat Hamann auch in nährere Beziehungen zu Lenz. Hartknoch hatte den in Weimar Gescheiterten in den Jahren 1779 und 1780 in sein Haus in Riga genommen[20]. Noch 1779 trug Hamann auf Anfragen Hartknochs Lenz, zunächst mehr im Scherz, die Herausgabe seiner Schriften an, eine Bemerkung, die Hartknoch aufgriff[21]. Hamann las eine Sammlung von kleineren Schriften aus Lenz' Feder[22]. Das zeugte von mehr als höflichem Interesse. 1780 hatte Lenz Hofmeisterstellen bei den Familien von Berg und von Liphart inne, bis er 1781 als Sekretär des Generals von Bauer über Petersburg nach Moskau kam und damit in den Kreis von Novikov und zur Bekanntschaft mit Karamzin[23].

Auch in den folgenden Jahren hat Hamann Briefe aus der Schweiz an Lenz vermittelt und sich die Rückführung des Nachlasses von Lenz in Schaffhausen angelegen sein lassen. Hinzu kam die Korrespondenz mit dem Vater des Dichters, Christian David Lenz, seit 1779 General-Superintendent von Livland[24]. Als sich Lenz' Krankheit 1786 zu verschlimmern schien, nutzte Hamann eine andere Verbindung nach Moskau, um Aufschluß zu erlangen. Seit 1768 war Salomon Brunner aus Zürich Pfarrer an der Reformierten Kirche in Moskau. Hamann und Herder kannten ihn gut und schätzten seine Schriften[25]. Bei ihm fragte Hamann 1786 an, und Brunners Bericht war so eindeutig, daß keinerlei Veranlassung besteht, Lenz aus dem Kreis der Vermittler Karamzins auszuschließen. Im Juni 1785 bereits hatte Hamann eine Bekanntschaft gemacht, die ihn direkt mit Karamzin in Verbindung brachte. Hartknoch war von einer Reise nach Zürich in Begleitung eines jungen Mädchens zurückgekehrt, das „nach Mohilew als Gouvernante" bestimmt war und nun mit Briefen von ihrem Onkel, Johannes Tobler in Zürich, und Lavater zu Hamann kam[26]. Es war Anna Barbara Tobler aus Zürich[27]. Zu welcher Familie sie in Mogilev gehen wollte, hat sich bisher nicht klären lassen. Immerhin war Johann Georg Schwarz 1776 mit dem Fürsten Ivan Sergeevič Gagarin dort gewesen und bis 1779 im

Hause des Aleksandr Michajlovič Rachmanov als Hauslehrer geblieben[28]. In diesem Kreise wird man den Aufenthalt der Anna Barbara Tobler suchen müssen, die eine Schwester und einen Bruder[29] als Erzieher nach Rußland nachzog. Karamzin hat die Schwester, Anna Margarethe Tobler, noch in der Zeit vor seiner Reise nach Westeuropa gekannt[30]. Seine Verbindung zu Lavater mochte auch hier Quellen haben, wenn man von den geistigen Beweggründen einmal absieht. Vor allem wird man damit rechnen müssen, daß Hamann und seine weitverzweigten Freundschaften und Verbindungen für die Moskauer Literaten fruchtbar waren und daß die ostdeutsche Aufklärung über ihn, wenigstens mittelbar, nach Osteuropa wirkte.

Freilich, als Karamzin im Mai 1789 zu seiner Reise nach Westeuropa aufbrach, war Hamann nicht mehr am Leben. Er war am 21. Juni 1788 in Münster in Westfalen gestorben. Fast auf den Tag genau ein Jahr später, am 19. Juni 1789, stieg Karamzin im Gasthof Schenk in Königsberg ab[31]. Auch Johann Friedrich Hartknoch war kurz zuvor am 1. April 1789 gestorben. Aber sein Sohn war inzwischen aus Zürich, wo er erzogen worden war, nach Hause geeilt und hatte das Geschäft übernommen. So wäre es naheliegend gewesen, wenn er, der mit den Schweizer Verhältnissen vertraut war, die Vermittlerrolle übernommen hätte, doch gibt es bisher keine Zeugnisse dafür.

Über den Anteil von Lenz an dem Plan und den Wegen der Reise Karamzins ist viel gemutmaßt worden, der Anteil der Freimaurer ist dagegen nicht zu übersehen. Wichtig ist etwas anderes: die eigene Entwicklung Karamzins, die ihn aus den Gedankengängen der Freimaurerei herausführte. Sie ist verbunden mit der Wirkung Hamanns; und Karamzins Nähe zu ihm wird in den Stationen seiner Reise vom Jahr 1789 faßbar.

### III

Die erste Station Karamzins nach Königsberg war Berlin. Die Berliner Aufklärung, die sich um Nicolai scharte, hatte ihre große Zeit schon hinter sich[32]. Hamann und Herder hatten schon seit geraumer Zeit die Verbindungen zu Nicolai abgebrochen. Seit 1765 hatte er mit der *Allgemeinen deutschen Bibliothek* ein Sammelbecken der deutschen Aufklärung geschaffen. Sein Stern sank aber mit Hamanns und Herders Kritik der Aufklärung. Er kämpfte gegen die Schwärmerei und den Aberglauben – und für eine „natürliche" Religion. Mit seiner *Beschreibung einer Reise durch Deutschland und die Schweiz*[33] überzog er das Maß, als er sich gegen Hamann, Herder, Kant und Goethe wandte. Nicolais Kampf gegen die Jesuiten trug ebenfalls deutlich die Züge der Mentalität eines einflußreichen Mannes, der die Veränderungen der Zeit nicht mehr wahrnehmen konnte. Theologische und lebensphilosophische Aspekte traten zunehmend in den Vordergrund und mit ihnen manövrierte sich Nicolai aus der Bahn lebendiger Auseinandersetzung.

Insbesondere hatte er sich in einen Streit mit dem Hofprediger Johann August Starck eingelassen. Starck war der „Beichtvater" Hamanns, beide verband ein sehr vielschichtiges Verhältnis[34]. 1777 hatte Starck Königsberg verlassen und ging nach Mitau. Dort schrieb er 1778 die Verteidigungsschrift *Apologie des Ordens der Freimaurer*, im folgenden Jahr eine *Geschichte der christlichen Kirche des ersten Jahrhunderts* und 1780 *Freimütige Betrachtungen über das Christentu.m*.

Nicolai und seine Anhänger hatten ihn 1786 als versteckten Katholiken angeprangert. Starck erwiderte im folgenden Jahr mit der dreiteiligen Schrift *Über Kryptokatholizismus, Proselytenmacherei, Jesuitismus, geheime Gesellschaften*. Das wußte Karamzin, und er bezog deutlich Position gegen Nicolai.

Am 29. Juni 1789, um Mitternacht, passierte Karamzin die Stadtgrenze nach Berlin[35]. Am folgenden Tage suchte er den Moskauer Freund Kutuzov[36], der aber nach Frankfurt am Main gereist war, und am 1. Juli traf Karamzin Karl Philipp Moritz und Nicolai[37]. Karamzin berichtet von dem Streit der Berliner mit Starck und gibt vorsichtig die Worte Nicolais über diesen Streit wieder. Dann aber kommt Karamzin zu einer deutlichen Bewertung. Er distanziert sich vom Ton und Inhalt des Streits und nimmt den ebenfalls angegriffenen Lavater in Zürich in Schutz, obwohl er über vieles nicht so denke, wie jener[38]. Karamzin bedauerte die Intoleranz Nicolais und daß selbst Philosophen andere nicht gelten ließen. Die Wahrheit müsse im Geist der Menschenliebe vertreten werden. Dies waren vorsichtige Urteile, in denen die gedankliche Verbindung zu Hamanns Kritik an Nicolai sichtbar wird[39].

Auf den Spuren der Königsberger ging Karamzin auch in der Bewertung der deutschen Dichter. Die Literatur schob sich für ihn deutlich neben die Philosophie. Zu Ewald Christian von Kleist hatte er eine besondere Beziehung. Sein Grab in der Garnisonskirche besuchte er als erstes[40]. Karl Wilhelm Ramler, von Hamann als „deutscher Horaz" geschätzt, hat Karamzin am 5. Juli aufgesucht[41]. Es war für ihn der Freund Kleists, Lessings und Nicolais. Die Unterhaltung aber ging über Lessing, Christian Felix Weiße und Salomon Geßner, Theokrit und Horaz. Wichtig für die englische Linie der Königsberger Literaturentwicklung war Karl Philipp Moritz, den Karamzin danach aufsuchte und mit ihm über Bildungsreisen und Romane sowie russische Literatur sprach[42]. Das war, wenn man von Nicolai absieht, Tradition des Königsberger Literaturkanons. Es fehlten noch Wieland, Klopstock und Goethe — und natürlich Herder. Die weiteren Stationen seiner Reise und die Kreise, mit denen er in Berührung kam, waren gerade mit diesem Namen verbunden und man kann die geistig vorgezeichnete Bahn erkennen.

Leipzig war für Karamzin im wesentlichen Erinnerung an die frühen Moskauer Jahre und an seinen Plan, dort zu studieren[43]. Mit dem Namen Christian Fürchtegott Gellerts waren Erinnerungen an die ersten Eindrücke der Lektüre seiner Werke verbunden. Daneben traten der alte Weiße und — deutlich abgeschwächt in der Ausstrahlung — die Wirkungen und Ansichten des Professors Ernst Platner. Gegenwart in Leipzig war das Einlesen in die „nordische Dichtung" und der Einkauf von Büchern. Dazu gehörten auch die Werke der Klopstocknachahmer Cramer und Denis, deren „Oden" er an den Leipziger

Abenden lesen wollte. Sicherer traf Karamzin die neue Lage, als er sich den Ossian und Oliver Goldsmiths *Vicar of Wakefield* kaufte[44]. Mit solchen Büchern im Reisegepäck ist Karamzin am 20. Juli in Weimar eingetroffen. Am Ufer der Ilm sitzend, tröstete er sich mit der Lektüre des *Fingal*, nachdem er weder Wieland noch Herder und Goethe in ihrem Hause angetroffen hatte[45]. Als ersten besuchte Karamzin Herder[46]. Hier war der Ausgangspunkt für weitere Besuche in Weimar. Um ihn ordnete sich für Karamzin die geistige Welt Weimars. Dabei muß man sich vergegenwärtigen, daß Lenz mit Herder in Bückeburg und Weimar in längerem Briefwechsel gestanden hatte[47]. Und wenn Hamann einen Schüler und Lebensfreund gehabt hat, dann war es Herder. Wenn Karamzin die Reihenfolge seiner Adressen in Weimar mit Wieland, Herder, Goethe angibt, dann wird das spätere Redaktion, ein Zurechtrücken, sein[48]. Von Herder hat Karamzin die Ermunterung zu einem Besuch Wielands erfahren und zuerst Goethes Gedicht *Meine Göttin* gehört[49].

Daß Herder der Mittelpunkt ist, wird schon an der sorgfältigen Vorbereitung des Besuchs sichtbar. Karamzin hatte von seinen Schriften die *Älteste Urkunde des Menschengeschlechts* gelesen, deren poetische Darstellung er bewunderte, und die Schrift *Gott* sowie die *Paramythien*[50]. Der erste Band von *Älteste Urkunde des Menschengeschlechts* war 1774 bei Hartknoch in Riga erschienen. Mit dem zweiten Band hatte Herder 1776 seine Tätigkeit in Bückeburg abgeschlossen. Die mystischen Beimengungen machten die Lektüre kompliziert, und Karamzin räumte vor Herder ein, und bestätigte dies nochmals bei seinem zweiten Besuch am folgenden Tage, daß er nicht alle Partien der Schrift verstanden habe. Die Schrift *Gott, einige Gespräche* war 1787 erschienen. Karamzin hatte sie gelesen und gab ihren Inhalt, die Auseinandersetzung um den Gottesbegriff bei Spinoza, richtig wieder.

Anfang August 1788 war Herder zu einer Italienreise aufgebrochen, die seit 1769 anstand; und erst am 9. Juli 1789 war er nach Weimar zurückgekehrt. So konnte es nicht ausbleiben, daß das Gespräch auf Italien kam, und in Karamzin erwachte der Wunsch, seine Pläne zu ändern und nach dem Besuch der Schweiz nach Italien zu reisen. Es berührt merkwürdig, daß von Herders Hauptwerk, den *Ideen zur Geschichte der Philosophie der Menschheit*, von dem der erste und zweite Teil 1784 und 1785 und der dritte Teil 1787 bei Hartknoch erschienen waren und deren Fortsetzung ihn auch in dieser Zeit beschäftigen mußte, überhaupt nicht die Rede gewesen sein soll. Daß Karamzin gerade dieses Werk nicht kannte oder kein Interesse daran hätte haben sollen, kommt wohl kaum in Betracht.

Im Augenblick der Gespräche mit Herder konnte zwar die französische Revolution noch keine Rolle spielen, wohl aber im Augenblick der Niederschrift oder der Redaktion dieses Teils des Reiseberichts; und das war im Sommer 1791, in dem diese Briefe im *Moskovskij Žurnal* veröffentlicht wurden. Für die Möglichkeit weitergehender Gespräche zwischen Herder und Karamzin könnte dabei auch die Tatsache sprechen, daß Herder sich nach den politischen Verhältnissen Rußlands erkundigte, aber, wie Karamzin festhält, mit „otmen-

noju skromnostiju" (ausnehmender Bescheidenheit)[52]. Karamzin wußte vielleicht nicht, welches Interesse Hamann und Herder am Ende der sechziger
Jahre an dem Projekt einer russischen Verfassung genommen hatten, Pläne,
wie sie in Herders erst posthum veröffentlichtem *Journal meiner Reise im
Jahr 1769* Eingang fanden[53].

Es ist aber auch zu erwägen, ob der Grund nicht in Meinungsverschieden-
heiten zwischen Herder und Karamzin in der Beurteilung Rußlands zu suchen
ist. Ohne Schwierigkeiten verstanden sich beide, als es um den besten Dichter
ging. Karamzin nannte nach einigem Zögern Klopstock, und Herder stimmte
ihm aus Überzeugung bei[54]. Klopstock war auch für Hamann einer der bedeutenden Namen gewesen, dessen Schriften er mit Aufmerksamkeit verfolgte.
Auf Herder, der gewiß in ihm auch das eigentlich Dichterische des 18. Jahrhunderts schätzte, hatte sich diese Liebe zum Dichter des *Messias* übertragen.
Klopstock schlug zugleich den Bogen zur „nordischen" und zur englischen
Dichtung und schließlich auch nach Zürich, das so merkwürdig von außen in
den Gang der deutschen Literatur eingegriffen hatte.

Gerade wenn man die Stellung Herders in Weimar betrachtet, wird deutlich,
mit welchem Vorbehalt das Bild des philosophisch-literarischen Kreises zu verwenden ist. Von Weimar zu sprechen, setzt die Vorstellung von einem Zirkel
voraus, der Wieland, Herder und Goethe umfaßte. Dabei muß man sich erinnern, daß Schiller nicht dazu rechnete — er lebte noch in Jena — und das die
Entfremdung zwischen Herder und Goethe mühsam in der Arbeit an den *Ideen
zur Geschichte der Philosophie der Menschheit* überwunden worden war. Es
war noch nicht das klassische Weimar, das sich erst zu regen begann, es war jenes Weimar, in dem jeder der bedeutenden Männer seine Welt bildete.

Sucht man aber nach dem Zugang, den Karamzin hatte, so war es nicht
Wieland, mit dem er schließlich ins Gespräch kam, auch nicht Goethe, den
Karamzin verfehlte, sondern Herder, von dem Karamzin nach dem zweiten
Besuch schrieb, es sei angenehm, schließlich denjenigen zu sehen, dessen Werke
man schon kenne, „den wir uns so häufig vorstellten oder vorzustellen ver-
suchten"[55]. Mit „wir" waren die russischen Freunde in Moskau gemeint.


IV

Über Erfurt und Frankfurt strebte Karamzin aus Weimar nach Süden, und
das hieß nach Zürich. In Darmstadt nahm er sich die Zeit, einen Besuch bei
dem Königsberger und Mitauer Johann August Starck einzuplanen, traf ihn jedoch nicht an[56]. In Mannheim besichtigte Karamzin den Antikensaal, und das
waren nun die Spuren Lessings und Winckelmanns und wohl auch Hinweise
Herders[57]. Über Straßburg und Basel reiste er nach Zürich. Wenn eine Stadt ein
einheitliches Lebensgefühl und einen ausgreifenden Kunstwillen entwickelt
hatte, dann war es Zürich. Wenn ein Kreis von Menschen schon 1789 Kulturgeschichte und Geschichte der Literatur geworden war, dann hier. Karamzin
erinnerte sich dessen, als er in die Stadt einfuhr; die Stadt, „wo der zärtliche

Geßner Blumen opferte zum Schmuck seiner Schäfer und Schäferinnen, wo die Seele des unsterblichen Klopstock sich mit den großen Ideen über die heilige Liebe zum Vaterland füllte [...], wo Bodmer die Züge für die Bilder seiner ‚Noachide' sammelte und sich mit dem Geist der Patriarchenzeiten nährte, wo Wieland und Goethe in süßer Hoffnung sich mit den Musen umarmten und für die Nachwelt träumten, wo Friedrich Stolberg [...] in seinem Geiste [...] den grauen alten Homer sah, wo unser L[enz] umherschweifte"[58]. Geschichte waren fast alle literarischen Bezüge: Bodmer, Breitinger, Geßner und die Besuche von Klopstock und Wieland, Goethe und Lenz. Geblieben waren die religiösen und moraltheologischen Ideen, solange Lavater und Pfenninger, Heß und Tobler lebten.

Als ersten hat Karamzin Lavater am Tag seiner Ankunft, dem 9. August, aufgesucht[59]. Lavater ließ ihn erst in seinem physiognomischen Kabinett zurück und stellte ihn dann einer Versammlung von Zürcher Gelehrten im Hause Breitingers vor. Er sah dort Pfenninger, der ihn im Aussehen zunächst an den Moskauer Freimaurer Gamaleja erinnerte, ein Eindruck, der sich schließlich als unzutreffend erwies. Lavater berichtete der Versammlung von seinem Treffen mit Necker, der in das „burnyj Paris" (stürmische Paris) zurückzugehen beabsichtigte. Karamzin konnte aber die dortige Mundart nicht gut verstehen und entfernte sich mit Lavater nach einer Stunde[60]. Bei Lavater stellte er sich am nächsten Morgen wieder ein und traf dort die Frau des Grafen Friedrich von Stolberg[61].

Am Morgen des 12. August besuchten Karamzin, Lavater und Heß einen Landgeistlichen in Stallikon oberhalb des Zürichsees[62]. Er war ein Bruder des Zürcher Chorherrn und theologischen Schriftstellers Johannes Tobler (1732–1808) und des Zürcher Kaufmanns Heinrich Tobler (1737–1803)[63]. Die auch in Moskau bekannte Verwandtschaft Lavaters mit den Toblers ergab sich über Lavaters Frau, eine geborene Schinz, und den Vetter der Toblers, Franz Heinrich (1748–1828), den späteren Besitzer des Landgutes Au am Zürichsee, der die Schwester von Lavaters Frau geheiratet hatte. Die Tochter des Kaufmanns Tobler hatte Karamzin in Moskau kennengelernt. Sie hieß Anna Margaretha (1772–1857) und war Erzieherin an einem Pensionat. Die Mitreisende Hartknochs vom Jahre 1785 war ihre ältere Schwester Anna Barbara Tobler. Und man wird diese Beziehungen der Toblers zu Hartknoch und seinen russischen Bekannten nun wohl nicht mehr für Zufall halten.

Am 14. und 15. August unterbrach Karamzin seinen Aufenthalt in Zürich für zwei Tage und wanderte nach Schaffhausen[64]. Man braucht sich seine Adressen in Schaffhausen nur anzusehen, um ihn wieder auf den Wegen der Bekanntschaften Hamanns und Herders auszumachen. Er besuchte den „Kandidaten" Müller, der ihm durch seine *Philosophischen Aufsätze* bekannt war[65]. Es war jener Johann Georg Müller, der im Winter 1781/82 in Herders Haus gewohnt hatte, Herders Korrespondent zur Fortsetzung der *Briefe, das Studium der Theologie betreffend* gewesen war und Hamann in den schönsten Worten bewundert hatte[66]. An den Kaufmann Eberhard Gaupp in Schaffhausen wurde Karamzin mit einem Briefe Lavaters verwiesen[67]. Es wird schon in Zürich der Wunsch Karamzins gewesen sein, ihn aufzusuchen. Mit Gaupp hatte Hamann im Sommer 1784 im Briefwechsel gestanden, wegen des Lenzschen Nachlasses, der in seinem Hause verwahrt wurde[68].

Wieder in Zürich, hörte Karamzin Lavater predigen. Er erhielt das Angebot Lavaters, eine Auswahl von dessen Schriften in russischer Übersetzung herauszubringen[69]. Auch lernte Karamzin den Chorherrn Johannes Tobler kennen[70]. Er war der Freund Geßners und Klopstocks, Übersetzer Thomsons und Verfasser von theologischen Schriften, die auch Hamann in Königsberg kannte und deren Verfasser er schätzte[71]. Mit ihm durchlebte er auf dem Wasser Klopstocks Ode *Der Zürchersee* noch einmal[72]. Karamzin empfand diese Kahnfahrt als Augenblick höchster Freude. Mit Johannes Tobler traf er nochmals zusammen, um über Bodmer und Geßner zu reden und die Etappen der Zürcher Literatur zu überdenken[73].

Karamzin hatte sich in Zürich zwischen Lavater und Tobler zu entscheiden. Zwischen Bodmer und Geßner auf der einen und Lavater auf der anderen Seite hatte es eine deutliche Kluft gegeben. Sie bestand auch noch für Karamzin, und er nahm schließlich lieber den Abstand zu Lavaters Mystik in Kauf, um sich so freier der mit englischen Impulsen versehenen Zürcher Literatur zuwenden zu können. Lavaters alemannisch tradierte und verwobene Mystik, die Suche nach Gott in tätiger und unbekümmerter praktischer Nächstenliebe erregten Karamzins persönliche Bewunderung, und er hielt sie gewiß auch für ein Ideal, aber sie stellte gegenüber dem ersten geschlossenen gedanklichen System der Freimaurerei für Rußland keine nennenswerte Erweiterung der Möglichkeiten dar. Es war eher eine Verdichtung, der aber die Möglichkeit der Anwendung fehlte, die nur in kleinerer Münze für Rußland umsetzbar schien. Das aber hatten Novikov und die russischen Freimaurer bereits in ihre Hände genommen.

Karamzin konnte auch nicht verborgen bleiben, daß sich die literarischen Verhältnisse schon lange zugunsten der Weimarer verschoben hatten. 1786 hatte Lavater seine letzte Reise nach Weimar unternommen[74]. Vielleicht hat er das Ende seiner gleichrangigen Stellung im Kreise von Weimar gar nicht bemerkt. Die Zürcher Anregungen hatten längst ihre Wirkung getan. Gegenüber den weitausgreifenden Schritten Goethes und Herders war Lavater zurückgeblieben, und beide hatten sich geistig und äußerlich von ihm getrennt. Die Anstöße der Zürcher Literatur aber hat Karamzin nochmals belebend erfahren und sie während und nach der Reise in einen Gewinn für die russische Literatur umzumünzen verstanden.

Mit Johann Jacob Bodmer und Salomon Geßner hat Karamzin auch in ihren Vorbildern, den Engländern, und ihrem Nachfolger, wenn man in gewissen Zügen Klopstock dafür nehmen darf, die Moskauer Literatur auf neue Grundlagen gestellt, die ihr die Aufnahme der geistigen Schwingung der Klassik von Weimar zu einem Zeitpunkt erlaubte, als sie literarisch noch in den Anfängen steckte. Die Eigenständigkeit Karamzins bestand schließlich darin, daß er mit dem *Moskovskij žurnal*[75] den Anschluß an die westeuropäische Literatur praktisch vollzog, nachdem er sie in den Zürcher Grundlagen in der Fortentwicklung durch Hamann und Herder in ihrer Bedeutung für die russische Literatur erkannt hatte.

## V

Mit dem Besuch in Zürich war der Kreis ausgeschritten. Geschlossene Zirkel hat Karamzin danach in Westeuropa nicht mehr kennengelernt. Er schloß einzelne Bekanntschaften und auch die vor allem auf den vorgezeichneten Bahnen der Zürcher. Dazu gehörten Charles Bonnet, der Naturforscher in Genthod[76], ferner Friedrich Matthisson in Lyon, dessen Verse seinem Ideal von Dichtung nahekamen[77], schließlich Wilhelm von Wolzogen in Paris, der mit ihm Schiller las[78]. Rousseau und Voltaire betrachtete er nun als die vorhergehende Generation mit deutlicher Distanz, die wie die Vorform eines historischen Abstandes anmutet. Es lag jetzt auch die Französische Revolution zwischen den Zeiten und zwischen den Ländern Westeuropas, wenigstens aus dem Zeitpunkt der Veröffentlichung dieser Teile der Reiseberichte (1792) betrachtet. Es spricht alles dafür, daß Karamzin in Zürich zur Erkenntnis der eigenen und der fremden geistigen Situation gelangte. Als er Weimar verließ, hatte er den Wechsel noch nicht verstanden, obwohl er ihn in den Briefen, die er während seiner Reise verfaßte, beschrieb.

Wachsende Einsicht war das Kennzeichen seiner Reise, die ihn zu den Kreisen in Königsberg, Berlin, Leipzig, Weimar und Zürich führte. Den Unterschied zwischen Königsberg und Berlin hatte er mit den Augen von Hamanns Freundschaften und Gegnerschaften gesehen, den Wechsel zwischen sächsischer Aufklärung und Weimarer Vorklassik selbst beschrieben. Erst die Einsicht in die historische Bedeutung Zürichs für die deutsche Literatur hatte ihn die Höhe Weimars und die Stellung Königsbergs erkennen lassen.

Der eigentliche Wechsel wurde zwischen den Kreisen Leipzigs und Weimars sichtbar. Das war die Aufklärung in Sachsen und die neue Dichtung und Lebensauffassung in Weimar, die nicht ohne die Zürcher und die Königsberger Kant, Hamann und Herder möglich geworden war. Es war der Wechsel zwischen französischem und englischem Vorbild in Literatur, Kunst und Denken, der nur durch die Entwicklung in Zürich und in Königsberg vollziehbar war. Und nochmals der Wechsel von der forcierten Dichtung und Lebensphilosophie der Aufklärung zur Tiefe und Klarheit der Weimarer Dichtung und Denkweise einer neuen Klassik; und auch dies nicht ohne Zürich und Königsberg.

Wenn man ein Beispiel für die Eigenart geistesgeschichtlicher Prozesse sucht, hier ist eines. Zürich und Königsberg — der Anfang und der Abschluß als Vorstufen zur Höhe der neuen Klassik in Weimar. Dazwischen lag eine Generation — und eine weitere, die der russischen Literatur den Anschluß an die Literaturbewegung Europas sicherte. Es wiederholte sich in den russischen Verhältnissen, was die deutschen Verhältnisse gestaltet hatte.

Die Freimaurerzirkel Ostdeutschlands hatten die Landschaften einer vor allem an England orientierten höheren Bildung und Aufklärung geöffnet. Auf diesen Spuren und den Spuren der verinnerlichten Frömmigkeit des Pietismus war die Zürcher Bewegung direkt und auf Zwischenstationen ins ferne Preußen gelangt. Mit Kant, Hamann und Herder hatte sie zu einem aus den ostdeutschen Verhältnissen hervorgehenden Höhepunkt geführt. Das war der Eintritt Osteuropas in das 18. Jahrhundert. In ihren Schriften, die der Verbreitung durch Freimaurerzirkel nicht mehr bedurften, hatten sie die Weimarer Klassik ermöglicht, in mehreren Sprüngen, aber doch zielstrebig: Herder als Lehrer Goethes 1770 in Straßburg, Herders Berufung nach Weimar 1776 durch Goethes Vermittlung, Kants Wirkung auf Schiller seit 1785 und Goethes Bemühungen um Hamann seit 1770, dann 1775 und in den achtziger Jahren bis in die ersten Jahrzehnte des neuen Jahrhunderts.

Das Freimaurertum als eine nördliche von England ausgehende Bewegung hatte seit der Mitte des Jahrhunderts in Osteuropa Fuß fassen können. Etwa gleichzeitig wie in Preußen entstanden die Logen in Kurland, Livland und Rußland. Die spätere Stufe der Rosenkreuzer hat gerade in Moskau zu einem bedeutenden Zirkel geführt.

Mit dem Besuch in Zürich hatte sich Karamzin aus der Gedankenwelt der Freimaurer gelöst. Auch Zürich hat er aus dem Abstand als historische Größe gesehen. Nach seiner Rückkehr nach Moskau, 1790, hat Karamzin noch mit Lavater wegen einer russischen Ausgabe seiner Werke in brieflicher Verbindung gestanden. Mit den Toblers war es anders. Über sie bekam er Anerkennung und Zuspruch von Klopstock[79]. Die Verbindung zu ihnen weitete sich zu einer Verbindung zwischen den Zürchern und den Moskauern Ivan Petrovič Turgenev und Ivan Vladimirovič Lopuchin aus. Der Hauslehrer der Söhne Ivan Turgenevs, Andrej und Aleksandr, ist dann ein Tobler[80]. In Andrej Turgenevs Verhältnis zu Karamzin und in seinem literarisch-philosophischen Kreis, dem *Družeskoe literaturnoe obščestvo* (*Gesellschaft der Literaturfreunde*) von 1801, setzt sich die Wirkung der Reise Karamzins fort[81]. Hier wird zum ersten Male die Literatur von Weimar mit einbezogen: Goethe, Schiller und der von der Romantik wiederentdeckte Shakespeare. Aus diesem Kreise ging Vasilij Andreevič Žukovskij hervor, und er übertrug die Schwingung des jugendlichen Kreises auf den literarischen Zirkel des „Arzamas", der 1815 in Petersburg gegründet wurde. Er war der erste bedeutende literarische Zirkel in Rußland, von dem man mit Fug und Recht behaupten kann, daß er ein Kreis der Schüler Karamzins war und unmittelbar am Eingang zur russischen Klassik steht.

So wie Herder die sichtbare Mitte zwischen der Zürcher und Königsberger Entwicklung in Weimar einnahm, stand er auch für die osteuropäische Entwicklung im geistigen Mittelpunkt. Die neue Auffassung von Sprache, Literatur und Kultur hatte er in den Rigaer Frühschriften niedergelegt. Sie wirkten, mit den Jahrzehnten wachsend, unmittelbar und mittelbar nach Rußland hinein.

In der russischen Entwicklung wiederholten sich auch die zwei Stufen der Entdeckung der Geschichte, wie sie in Zürich und Königsberg vorgegangen waren. Karamzin durchwanderte sie beide, und gleich Herder gelangte er erst in der zweiten Phase seiner Arbeit zur Abkehr von der Literatur und zur Hinwendung zur Geschichte.

Weimar, räumlich zwischen Zürich und Königsberg, den äußersten Enden des deutschen Sprachgebiets, liegend, aus beiden Städten zu seiner Höhe emporgewachsen — das ist das Symbol für den neuen Sinn der europäischen Aufklärung. Der Moskauer Zugang zu Zürich und Königsberg und zur Klassik von Weimar, den Karamzin gebahnt hatte, das ist das Bild der Kette der Jahrhunderte und der Nationen, in die sich Rußland zu seiner Zeit eingereiht hat.

*Anmerkungen*

1 Aus der älteren Literatur über Karamzin ist zu nennen: V. V. Sipovskij: N. M. Karamzin, avtor „Pisem russkogo putešestvennika". Sanktpeterburg 1899. Von neueren Arbeiten ist als grundlegend anzusehen: H. Rothe: N. M. Karamzins europäische Reise. Der Beginn des russischen Romans. Philologische Untersuchungen. = Bausteine zur Geschichte der Literatur bei den Slawen, Bd. 1, Bad Homburg vor der Höhe 1968. (Im Folgenden: Rothe).
   Weitere Beiträge zu grundsätzlichen Fragen der Einordnung Karamzins sind erschienen in dem Band: Deržavin i Karamzin v literaturnom dviženii XVIII — načala XIX veka = XVIII vek, Bd. 8, Leningrad 1969.
2 Für die frühe Zeit der Universität Moskau fallen vor allem die Verbindungen nach Leipzig und Halle, aber auch nach Königsberg und Göttingen auf. Vgl. Dokumenty i materialy po istorii moskovskogo universiteta vtoroj poloviny XVIII veka. Bd. 1—3, Moskva 1960—1963.
3 Über die Logen in Moskau in den 60er und 70er Jahren des 18. Jahrhunderts vgl. A. V. Semeka: Russkoe masonstvo v XVIII v. — In: Masonstvo v ego prošlom i nastojaščem. Hrsg. von S. P. Sidorov und N. P. Sidorov, Moskva 1915, S. 132 ff.
4 Zur Biographie und zum frühen Bildungsgang Karamzins vgl. Rothe, S. 46 f.
5 Mitglieder waren Fürst N. N. Trubeckoj, Novikov, M. M. Cheraskov, I. P. Turgenev, A. M. Kutuzov, Schwarz u. a. Weiterhin wurden Mitglieder Fürst Ju. N. Trubeckoj, P. A. Tatiščev, I. V. Lopuchin und S. I. Gamaleja. Vgl. A. V. Semeka (wie Anm. 3), S. 155.
6 Vgl. V. N. Tukalevskij: N. I. Novikov i I. G. Švarc. — In: Masonstvo (wie Anm. 3), S. 175 ff. Vgl. auch Rothe, S. 26 ff.
7 Vgl. Rothe, S. 48.
8 Vgl. Rothe, S. 50 ff.
9 Vgl. A. A. Petrov: Pis'ma k Karamzinu (1785—1792). In: Russkij archiv, Bd. 1 (1866), S. 881—895.
10 Der Briefwechsel umfaßt den Zeitraum von 1786 bis 1790. Vgl. Perepiska Karamzina s Lafaterom. Hrsg. von Ja. Grot und F. Waldmann. In: Sbornik otdelenija russkogo jazyka i slovesnosti, Bd. 54, Nr. 5 (1893). Beil. I—V, S. 1—67.
11 Vgl. N. S. Tichonravov: Professor I. G. Švarc. In: Ders.: Sočinenija, Bd. 3,1, Sanktpeterburg 1898, S. 60—81; V. N. Tukalevskij (wie Anm. 6), S. 197 ff. Rothe, S. 26 f.
12 Zur geistesgeschichtlichen Stellung Königsbergs im 18. Jahrhundert vgl. Josef Nadler: Literaturgeschichte der deutschen Stämme und Landschaften. Bd. 2, Regensburg ³1931, S. 399—402; S. 538—550.

13 Vgl. Josef Nadler: Johann Georg Hamann. Der Zeuge des Corpus Mysticum. Salzburg 1949 (im Folgenden: Nadler, Hamann), S. 75—81.
14 Vgl. Nadler, Hamann, S. 48 ff.; Leonid Arbusow: Herder und die Begründung der Volksliedforschung im deutsch-baltischen Osten. In: Im Geiste Herders. Gesammelte Aufsätze zum 150. Todestage J. G. Herders. Hrsg. von Erich Keyser. = Marburger Ostforschungen, Bd. 1, Kitzingen a. M. 1953, S. 130 f.
15 Vgl. Nadler, Hamann, S. 163 ff.
16 Ebenda, S. 304 f.
17 Ebenda, S. 305.
18 Ebenda, S. 189—192.
19 Vgl. Johann Georg Hamann. Briefwechsel. Bd. 6 (1785—1786). Hrsg. von Arthur Henkel, Frankfurt a. M. 1975, S. 167.
20 Vgl. Johann Georg Hamann. Briefwechsel. Bd. 4 (1778—1782). Hrsg. von Arthur Henkel, Wiesbaden 1959, S. 122.
21 Vgl. ebenda.
22 Vgl. ebenda S. 126.
23 Vgl. Deutsch-baltisches biographisches Lexikon. 1710 bis 1960. Hrsg. von Wilhelm Lenz, unter Mitarbeit von Erik Amburger und Georg von Krusenstjern. Köln-Wien 1970, S. 447.
24 Vgl. Johann Georg Hamann (wie Anm. 19), Bd. 6, S. 262.
25 Vgl. ebenda.
26 Vgl. Johann Georg Hamann. Briefwechsel. Bd. 5 (1783—1785). Hrsg. von Arthur Henkel, Frankfurt am Main 1965, S. 451.
27 Vgl. Werner Ganz: Die Tobler aus Zürich (1626—1926). Eine historische Studie. Zürich 1928, Stammtafel 7, Generation VI.
28 Vgl. V. N. Tukalevskij (wie Anm. 6), S. 191.
29 Vgl. unten, S. 16. Vgl. auch Hans-Bernd Harder: „Vospominanie minuvšich dnej blažennych". Eine Eintragung N. M. Karamzins und A. I. Turgenevs im Stammbuch F. von Matthissons. – In: Archivalische Fundstücke zu den russisch-deutschen Beziehungen. Erik Amburger zum 65. Geburtstag. Hrsg. von Hans-Jürgen Krüger. = Giessener Abhandlungen zur Agrar- und Wirtschaftsforschung des europäischen Ostens, Bd. 59, Berlin 1973, S. 67 ff.
30 Vgl. S. 313.
31 Vgl. N. M. Karamzin: Pis'ma ruskago putešestvennika. In: Moskovskoj žurnal, Teil 1, S. 24—55, 152—193, 308—349 (1791); Teil 2, S. 11—51, 147—173, 288—315 (1791); Teil 3, S. 43—75, 165—197, 291—322 (1791); Teil 4, S. 50—82, 167—204, 286—325 (1791); Teil 5, S. 15—52, 347—379 (1792); Teil 6, S. 30—63, 182—204, 330—354 (1792); Teil 7, S. 13—57, 160—209 (1792); Teil 8, S. 76—111, 310—330 (1792). (Im Folgenden: Karamzin); hier Teil 1, S. 165.
32 Vgl. Josef Nadler (wie Anm. 12), S. 489—498).
33 Vgl. Christoph Friedrich Nicolai: Beschreibung einer Reise durch Deutschland und die Schweiz im Jahre 1781. 12 Bde. Berlin, Stettin 1783—1796.
34 Vgl. Nadler, Hamann, S. 189—192.
35 Vgl. Karamzin, Teil 1, S. 323.
36 Vgl. ebenda, S. 328 f. Dort mit der Initiale „A." abgekürzt.
37 Vgl. ebenda, S. 339 ff.
38 Vgl. ebenda, S. 345.
39 Vgl. Nadler, Hamann, S. 118 f. u. ö.
40 Vgl. Karamzin, Teil 2, S. 11 ff.
41 Vgl. ebenda, S. 34 ff.
42 Vgl. ebenda, S. 41 ff.
43 Vgl. ebenda, S. 299 f.
44 Vgl. Karamzin, Teil 3, S. 56.
45 Vgl. ebenda, S. 67 f.
46 Vgl. ebenda, S. 69—75.
47 Seit 1775, aus Straßburg, hat Lenz an Herder geschrieben. Vgl. Aus Herders Nachlaß. Ungedruckte Briefe von Herder und dessen Gattin, Goethe, Schiller, Klopstock, Lenz, Jean Paul, Claudius, Lavater, Jacobi und andern bedeutenden Zeitgenossen. Hrsg. von Heinrich Düntzer und Ferdinand Gottfried von Herder. Bd. 1, Frankfurt a. M. 1856, S. 225—446. Von Herders Briefen haben sich nur wenige erhalten.

48 Dazu abweichend vgl. Konrad Bittner: Der junge Nikolaj Michajlovič Karamzin und Deutschland. In: Herder-Studien. Hrsg. von Walter Wiora. = Marburger Ostforschungen, Bd. 10, Würzburg 1960, S. 93.
49 Vgl. Karamzin, Teil 3, S. 73 f.
50 Die ersten zwölf Paramythien erschienen in: Zerstreute Blätter. Erste Sammlung, Gotha 1785.
51 Es handelt sich um das zweite Gespräch mit Herder am 21. Juli 1789. Vgl. Karamzin, Teil 3, S. 170 f.
52 Vgl. ebenda, S. 73.
53 Vgl. Hans-Bernd Harder: Johann Gottfried Herders „Journal meiner Reise im Jahr 1769". Zur Entstehung eines Fragments. In: Zeitschrift für Ostforschung, Jg. 25 (1976), S. 385–402; hier: S. 399 f.
54 Vgl. Karamzin, Teil 3, S. 73.
55 Vgl. ebenda, S. 172.
56 Vgl. ebenda, S. 309 ff.
57 Vgl. ebenda, S. 319–322.
58 Vgl. Karamzin, Teil 4, S. 179 f.
59 Vgl. ebenda, S. 181 ff.
60 Vgl. ebenda, S. 185 f.
61 Vgl. ebenda, S. 189.
62 Vgl. ebenda, S. 191 f.
63 Zu den Angaben über die Mitglieder der Familie Tobler vgl. Werner Ganz (wie Anm. 27).
64 Vgl. Karamzin, Teil 4, S. 198 ff.
65 Vgl. ebenda, S. 200.
66 Vgl. Nadler, Hamann, S. 369 f.
67 Vgl. Karamzin, Teil 4, S. 200.
68 Vgl. Johann Georg Hamann (wie Anm. 26), S. 173 f.
69 Vgl. Karamzin, Teil 4, S. 289 f. und 292.
70 Vgl. ebenda, S. 300.
71 Vgl. Johann Georg Hamann (wie Anm. 20), Bd. 4, S. 235.
72 Vgl. Karamzin, Teil 4, S. 300 ff.
73 Vgl. ebenda, S. 315 ff.
74 Vgl. Johann Georg Hamann (wie Anm. 19), Bd. 6, S. 513.
75 Vgl. Rothe, S. 79 ff.
76 Vgl. Karamzin, Teil 6, S. 339 ff. u. ö.
77 Vgl. Karamzin, Teil 7, S. 200 f. u. ö.
78 Vgl. Karamzin: Pis'ma ruskago putešestvennika. In: Sočinenija Karamzina. Bd. 5, Moskva 1820, S. 117 f. Bezeichnenderweise ist diese Stelle erst in die Ausgabe der „Pis'ma ruskago putešestvennika" von 1801 aufgenommen worden.
79 Vgl. Pis'ma N. M. Karamzina k Dmitrievu. Hrsg. von Ja. Grot und P. Pekarskij, Sanktpeterburg 1866, S. 67.
80 Vgl. Anm. 29.
81 Vgl. V. M. Istrin: Mladšij Turgenevskij kružok i Aleksandr Ivanovič Turgenev. In: Archiv brat'ev Turgenevych, Bd. 2, Sanktpeterburg 1911, S. 1–134.

REGISTER

*Bearbeitet von Wolfgang Kessler*

Die *kursiv* geschriebenen Zahlen verweisen auf Erwähnungen im Anmerkungsapparat.

## A. PERSONENNAMEN

## B. GEOGRAPHISCHE NAMEN

## C. LOGEN UND VEREINIGUNGEN

# STUDIEN ZUR GESCHICHTE DER KULTUR-
# BEZIEHUNGEN IN MITTEL- UND OSTEUROPA

Die vom Studienkreis für Kulturbeziehungen in Mittel- und Osteuropa herausgegebenen „Studien" enthalten die z. T. stark erweiterten Vorträge, die auf seinen Arbeitstagungen gehalten wurden, ergänzt durch eingesandte Beiträge. In den fünf vorliegenden Bänden kommen Gelehrte aus Jugoslawien, Österreich, Polen, Rumänien, aus der Sowjetunion, Spanien, der Tschechoslowakei, aus Ungarn, England, Frankreich und Deutschland zu Wort.

**Studienkreis für Kulturbeziehungen in Mittel- und Osteuropa**
Sekretariat: D-2120 Lüneburg · Herderstraße 1 · Telefon (04131) 4 20 94

Band 1

## Die Aufklärung in Ost- und Südosteuropa

Aufsätze, Vorträge, Dokumentationen. Hrsg. v. Erna Lesky, Strahinja K. Kostić, Josef Matl und Georg von Rauch; Redaktion: Heinz Ischreyt. Böhlau Verlag Köln, Wien 1972, 248 Seiten, Leinen, 36,— DM.

Der erste Band behandelt Themen der Sozial- und Wirtschaftsgeschichte, der Pädagogik und der Publizistik im Zeitalter der Aufklärung, die im Rahmen der Kulturbeziehungsforschung von Bedeutung sind. Zahlreiche Fragen, die in den folgenden Bänden dieser Reihe eingehender erörtert werden, sind bereits in ihm angedeutet.

Band 2

## Der Bauer Mittel- und Osteuropas im sozioökonomischen Wandel des 18. und 19. Jahrhunderts

Beiträge zu seiner Lage und deren Widerspiegelung in der zeitgenössischen Publizistik und Literatur. Hrsg. v. Dan Berindei, Wolfgang Gesemann, Alfred Hoffmann, Walter Leitsch, Albrecht Timm und Sergij Vilfan; Redaktion: Heinz Ischreyt. Böhlau Verlag Köln, Wien 1973, 408 Seiten, Leinen, 64,— DM.

Die Bauernfrage ist das große sozio-ökonomische Problem für die von der Landwirtschaft abhängigen Länder Mittel- und Osteuropas im 18. und auch noch im 19. Jahrhundert. An der Schwelle der Entwicklung zum modernen Staat ging es um die Eingliederung dieser unterprivilegierten Schicht in die Gesellschaft. Die in diesem Band gesammelten Aufsätze behandeln einleitend die rechtlichen, wirtschaftlichen und sozialen Grundlagen und methodischen Fragen sowie im Hauptteil deren Reflexion in den verschiedenen Spielarten der Literatur, wobei das Augenmerk besonders auf die Bedeutung der Kommunikation gerichtet ist.

Aus dem Inhalt: Die Agrarpolitik von Maria Theresia bis Kudlich / Der lesende Landmann. Zur Rezeption aufklärerischer Bemühungen durch die bäuerliche Bevölkerung im 18. Jahrhundert / Die erste böhmische Zeitschrift für den Landmann / Das Bauernproblem in Schlesien in der Publizistik und in den Quellen an der Wende vom 18. zum 19. Jahrhundert / Die Bauernfrage in der russischen Publizistik am Vorabend der Reform von 1861 in Rußland / Die Bauernbefreiung in Livland und Estland und die Universität Göttingen / Das Bild des Bauern in der Literatur des südslawischen Donaubereichs in den siebziger und achtziger Jahren des 18. Jahrhunderts.

Band 3

## Wissenschaftspolitik in Mittel- und Osteuropa

Wissenschaftliche Gesellschaften, Akademien und Hochschulen im 18. und beginnenden 19. Jahrhundert. Hrsg. v. Erik Amburger, Michał Cieśla und László Sziklay; Redaktion: Heinz Ischreyt. Verlag Ulrich Camen, Berlin 1976, 385 Seiten, Leinen, 54,— DM.

Aus dem Inhalt: Ludwig Hammermayer: Akademiebewegung und Wissenschaftsorganisation / Eduard Winter: Die katholischen Orden und die Wissenschaftspolitik im 18. Jahrhundert / Alexandru Duţu: Die Bildung des Philosophen und des Patrioten / Max Demeter Peyfuss: Die Akademie von Moschopolis und ihre Nachwirkungen im Geistesleben Südosteuropas / Zoran Konstantinović: Wissenschaft und Kultur im befreiten Fürstentum Serbien / Strahinja K. Kostić: Die höheren Lehranstalten und die Anfänge der wissenschaftlichen Gesellschaften bei den Serben in der Donaumonarchie Ende des 18. und Anfang des 19. Jahrhunderts / László Sziklay: Wissenschaftliche und literarische Gesellschaften in Ofen-Pest am Anfang des 19. Jahrhunderts / Florin Constantiniu: Der Beitrag der siebenbürgischen Aufklärung und des fanariotischen Reformismus zur Entstehung des höheren Schulwesens in rumänischer Sprache / Dan Berindei: Die Vorläufer der Rumänischen Akademie der Wissenschaften / Heinz Stanescu: Deutschsprachige wissenschaftliche und Lesegesellschaften der achtziger Jahre des 18. Jahrhunderts in Siebenbürgen und im Banat / Mikuláš Teich: Ignaz von Born als Organisator wissenschaftlicher Bestrebungen in der Habsburger Monarchie / Jozef Vlachović: Die Bergakademie in Banská Štiavnica (Schemnitz) im 18. Jahrhundert / Eduard Wondrák: Die Verstaatlichung der Jesuitenuniversität Olmütz und ihre Folgen für Wissenschaft und Lehre / Karl Sablik: Die Van-Swieten-Schüler in Osteuropa / Heinz Ischreyt: Zu den Wirkungen von Tissots Schrift „Avis au peuple sur sa santé" in Nordosteuropa / Erik Amburger: Die Gründung gelehrter Gesellschaften in Rußland unter Katharina II. / Gert Robel: Die Sibirienexpeditionen und das deutsche Rußlandbild im 18. Jahrhundert / Jürgen Kämmerer: Katharina II. im Rahmen hugenottischer Bildungsbemühungen / Jacek Staszewski: Die ersten wissenschaftlichen Gesellschaften in Polen und ihre Bedeutung für die Entwicklung der Aufklärung / Gerard Koziełek: Aufgeklärtes Gedankengut in der Tätigkeit der Deutschen Gesellschaft in Königsberg / Michał Cieśla: Die polnische Hochschulreform der siebziger und achtziger Jahre des 18. Jahrhunderts / Personen- und Ortsregister.

## Band 4

BUCH- UND VERLAGSWESEN IM 18. UND 19. JAHRHUNDERT. Beiträge zur Geschichte der Kommunikation in Mittel- und Osteuropa.

Herausgegeben von Herbert G. Göpfert, Gerard Koziełek und Reinhard Wittmann. Redaktion: Heinz Ischreyt. Berlin 1977, VIII, 388 Seiten, Leinen, 64,— DM.

ISBN 3-921515-02-5

Aus dem Inhalt: H. G. Göpfert: Einführung / R. Wittmann: Soziale und ökonomische Voraussetzungen des Buch- und Verlagswesens / H. Wagner: Die Zensur in der Habsburger Monarchie / J. Wojtowicz: Zensurbestimmungen und Zensurpraxis in Polen / W. Gesemann: Grundzüge der russischen Zensur / H. Neuschäffer: Zur Manipulation einer Schrift von J. G. Eisen / N. Gavrilović: Die kyrillische Buchdruckerei J. Kurzböcks / H. Zeman: Der Drucker-Verleger J. von Kurzböck und seine Bedeutung für die österreichische Literatur / A. Měšťan: Die Produktion von Büchern in tschechischer Sprache / M. Cieśla: Drei ausländische Warschauer Buchdrucker und Verleger / A. Donath: Zum Verlagsprogramm von Michael Grölls Warschauer Buchhandlung / J. Pirożyński: Die Bedeutung Krakaus für den polnischen Buchdruck und Buchhandel / G. Koziełek: Der Verlag W. G. Korn / E. Amburger: Buchdruck, Buchhandel und Verlage in St. Petersburg / B. I. Krasnobaev: Die Bedeutung der Moskauer Universitätstypographie unter Novikov / W. Rosenberg: J. F. Steffenhagen als Verleger lettischer volkspädagogischer Bücher / S. K. Kostić: Buchankündigungen sowie Pränumerations- und Subskriptionswesen bei den Serben / H. Stanescu: Die Vertriebsformen der Hochmeisterschen Buchhandlung in Hermannstadt / A. Duţu: Die Lektüre als soziale Pflicht / I. Fried: Leserschaft und literarische Produktion während der Aufklärung in Ungarn / A. S. Myl'nikov: Die Rolle des Buches bei der Festigung der tschechisch-russischen Kulturkontakte / W. Kessler: Lesebarrieren / J. Kämmerer: Zur Rezeption von Russica und Polonica in einer Gelehrten-Zeitschrift.